Handeln in Organisationen der Migrationsgesellschaft

Paul Mecheril · Matthias Rangger
(Hrsg.)

Handeln in Organisationen der Migrationsgesellschaft

Differenz- und machttheoretische Reflexionen einer praxisorientierten Fortbildungsreihe

Hrsg.
Paul Mecheril
Fakultät für Erziehungswissenschaft
Universität Bielefeld
Bielefeld, Deutschland

Matthias Rangger
Fakultät für Erziehungswissenschaft
Universität Bielefeld
Bielefeld, Deutschland

ISBN 978-3-658-18999-0   ISBN 978-3-658-19000-2 (eBook)
https://doi.org/10.1007/978-3-658-19000-2

Die Deutsche Nationalbibliothek verzeichnet diese Publikation in der Deutschen Nationalbibliografie; detaillierte bibliografische Daten sind im Internet über http://dnb.d-nb.de abrufbar.

© Der/die Herausgeber bzw. der/die Autor(en) 2022
Das Werk einschließlich aller seiner Teile ist urheberrechtlich geschützt. Jede Verwertung, die nicht ausdrücklich vom Urheberrechtsgesetz zugelassen ist, bedarf der vorherigen Zustimmung des Verlags. Das gilt insbesondere für Vervielfältigungen, Bearbeitungen, Übersetzungen, Mikroverfilmungen und die Einspeicherung und Verarbeitung in elektronischen Systemen.
Die Wiedergabe von allgemein beschreibenden Bezeichnungen, Marken, Unternehmensnamen etc. in diesem Werk bedeutet nicht, dass diese frei durch jedermann benutzt werden dürfen. Die Berechtigung zur Benutzung unterliegt, auch ohne gesonderten Hinweis hierzu, den Regeln des Markenrechts. Die Rechte des jeweiligen Zeicheninhabers sind zu beachten.
Der Verlag, die Autoren und die Herausgeber gehen davon aus, dass die Angaben und Informationen in diesem Werk zum Zeitpunkt der Veröffentlichung vollständig und korrekt sind. Weder der Verlag noch die Autoren oder die Herausgeber übernehmen, ausdrücklich oder implizit, Gewähr für den Inhalt des Werkes, etwaige Fehler oder Äußerungen. Der Verlag bleibt im Hinblick auf geografische Zuordnungen und Gebietsbezeichnungen in veröffentlichten Karten und Institutionsadressen neutral.

Planung/Lektorat: Stefanie Laux
Springer VS ist ein Imprint der eingetragenen Gesellschaft Springer Fachmedien Wiesbaden GmbH und ist ein Teil von Springer Nature.
Die Anschrift der Gesellschaft ist: Abraham-Lincoln-Str. 46, 65189 Wiesbaden, Germany

Inhaltsverzeichnis

1 Handeln in Organisationen der Migrationsgesellschaft –
   Einleitung 1
   Paul Mecheril und Matthias Rangger

Teil I Der Ort der Untersuchung und ihre Gestalt

2 Eine praxisorientierte Fortbildungsreihe 15
   Paul Mecheril und Matthias Rangger

3 Ethnografische Praxisforschung – Skizze eines Vorgehens 29
   Paul Mecheril und Matthias Rangger

Teil II Praxisepisoden: Professionelles Handeln in der
        Migrationsgesellschaft

4 *...dass das Lernen der Kinder aus gutbürgerlichem
   Haushalt gefährdet ist* – Artikulationen von Rassismus
   in Organisationen 53
   Paul Mecheril und Matthias Rangger

5 *Was, wenn die sich selbst kulturalisieren?* – Essentialisierung
   unter Bedingungen migrationsgesellschaftlicher
   Subjektivierung 89
   Paul Mecheril und Matthias Rangger

6 *Eigentlich solltet ihr eine Kontrollfunktion übernehmen* –
   Professionelles Handeln in Zeiten der Integration 121
   Paul Mecheril und Matthias Rangger

7 Sogar gut gemeint und nicht einmal schlecht gemacht – Anerkennung als normative Handlungsreferenz 151
Paul Mecheril und Matthias Rangger

Teil III Die politische Dimension des Pädagogischen – Zugänge zum Fortbildungsgeschehen

8 Aber brauche ich für diese Reflexionsfähigkeit nicht eine Distanz zum Feld? – Professionalität und der Status von Diskriminierungs- und Rassismuserfahrungen 177
Paul Mecheril und Matthias Rangger

9 Und wenn ich dann das Wort – zum Beispiel: Rassismus – nenne... – (Nicht-)Sprechen-Können und Professionalität 193
Paul Mecheril und Matthias Rangger

10 Pippi Langstrumpf oder die Frage der Gültigkeit von Normen und Wissen 205
Paul Mecheril und Matthias Rangger

11 Was ist aber, wenn ich gar nicht will, dass bestimmte Tendenzen in unserer Gesellschaft eine normative Bedeutung bekommen... – Professionelles Handeln und die Legitimität sozialer Ordnungen 223
Paul Mecheril und Matthias Rangger

12 Involviertheit, Sprechen-Können, Pippi Langstrumpf und „die Salafisten" – Zur politischen Dimension pädagogischer Praxis 237
Paul Mecheril und Matthias Rangger

Teil IV Migrationsgesellschaftliche Öffnung

13 Migrationsgesellschaftliche Öffnung von Organisationen 255
Paul Mecheril, Matthias Rangger und Andreas Tilch

Teil V Perspektiven migrationspädagogischer Professionalisierung

14 Theorie-Praxis-Verwobenheit. Eine Perspektive auf (pädagogische) Professionalität in der Migrationsgesellschaft 321
Arzu Çiçek und Saphira Shure

15 „*Wenn du ihn heute fragst: ‚Wie heißt das auf Ungarisch?', will er's nicht sagen.*" – **Zusammenhänge zwischen Sprache(n), Positionierung und Bildung** 343
İnci Dirim und Birgit Springsits

16 **Geschlechterverhältnisse in der Migrationsgesellschaft – ein Versuch mit Begriffen und Methoden im Rahmen politischer Bildung** 359
Rudolf Leiprecht und Charlotte Triebus

17 **Der neue und alte antimuslimische Rassismus im (post-) kolonialen-Europa** 383
Zülfukar Çetin

18 **Doing Empowersharing – Empowerment und Powersharing als machtkritische und inklusive Handlungsstrategien gegen Rassismus und intersektionale Diskriminierungen** 397
Halil Can

Herausgeber- und Autorenverzeichnis

Über die Herausgeber

Prof. Dr. Paul Mecheril Fakultät für Erziehungswissenschaft, Universität Bielefeld, Bielefeld, Deutschland. E-Mail: paul.mecheril@uni-bielefeld.de

Matthias Rangger Fakultät für Erziehungswissenschaft, Universität Bielefeld, Bielefeld, Deutschland. E-Mail: matthias.rangger@uni-bielefeld.de

Autorenverzeichnis

Halil Can Berlin, Deutschland

İnci Dirim Universität Wien, Wien, Österreich. E-Mail: inci.dirim@univie.ac.at

Rudolf Leiprecht CvO Universität Oldenburg, Oldenburg, Deutschland. E-Mail: rudolf.leiprecht@uni-oldenburg.de

Prof. Dr. Paul Mecheril Universität Bielefeld, Bielefeld, Deutschland. E-Mail: paul.mecheril@uni-bielefeld.de

Matthias Rangger Universität Bielefeld, Bielefeld, Deutschland. E-Mail: matthias.rangger@uni-bielefeld.de

Saphira Shure Universität Bielefeld, Bielefeld, Deutschland. E-Mail: saphira.shure@uni-bielfeld.de

Birgit Springsits Akademisches Gymnasium Wien, Wien, Österreich. E-Mail: birgit.springsits@akg-wien.at

Andreas Tilch CvO Universität Oldenburg, Oldenburg, Deutschland. E-Mail: andreas.tilch@uol.de

Charlotte Triebus Köln, Deutschland. E-Mail: charlotte.triebus@hs-duesseldorf.de

Zülfukar Çetin Evangelische Hochschule Berlin, Berlin, Deutschland. E-Mail: cetin@eh-berlin.de

Arzu Çiçek Bergische Universität Wuppertal, Wuppertal, Deutschland. E-Mail: cicek@uni-wuppertal.de

Handeln in Organisationen der Migrationsgesellschaft – Einleitung

Paul Mecheril und Matthias Rangger

1.1 Migrationsgesellschaftlichkeit – ein Gegenwartsthema

Migration stellt ein universelles Phänomen in der Geschichte der Menschheit dar (Pries 2001). Bewegungen, die relevante politische und kulturelle Grenzen überschreiten, hat es zu allen historischen Zeiten und fast überall gegeben. Gleichwohl gelten gegenwärtig spezifische Bedingungen: Noch nie waren weltweit so viele Menschen bereit, aufgrund von Kriegen, ökologisch bedingten Verunwirtlichungen ihrer Lebensbedingungen und anderer existenzieller Restriktionen und Bedrohungen der jeweiligen Gegenwart und einsehbaren Zukunft gezwungen sowie aufgrund der transport- und kommunikationstechnologisch bedingten Veränderung von Raum und Zeit in der Lage, den zentralen Ort von Arbeit, sozialen Beziehungen und anderen libidinösen Bindungen, sei es vorübergehend oder auf Dauer, zu verändern. Wir leben in einer Gesellschaft, für die *(auch)* migrationsgesellschaftliche Verhältnisse konstitutiv sind.

„Die Frage nach den Folgen von Migration für die deutsche Gesellschaft", so heißt es beispielsweise in einer Ausschreibung einer Forschungsförderung zu „Migration und gesellschaftlicher Wandel" des deutschen Bundesministeriums für

---

Zum Teil verwenden wir in diesem Text in überarbeiteter Version einige Passagen bereits veröffentlichter Texte (Mecheril 2016; Mecheril et al. 2010).

P. Mecheril · M. Rangger (✉)
Fakultät für Erziehungswissenschaft, Universität Bielefeld, Bielefeld, Deutschland
E-Mail: matthias.rangger@uni-bielefeld.de

P. Mecheril
E-Mail: paul.mecheril@uni-bielefeld.de

© Der/die Herausgeber bzw. der/die Autor(en) 2022
P. Mecheril und M. Rangger (Hrsg.), *Handeln in Organisationen der Migrationsgesellschaft*, https://doi.org/10.1007/978-3-658-19000-2_1

Bildung und Forschung (BMBF 2016), „ist nicht zuletzt angesichts der stark gestiegenen Flüchtlingszahlen vordringlich. Ihre Beantwortung wird sowohl die Bundesrepublik Deutschland als auch die Europäische Union in den nächsten Jahrzehnten beschäftigen." Die allgemeine Anerkennung der Migrationstatsache ist auch darauf zurückzuführen, dass Institutionen und Organisationen der Politik, Pädagogik und Sozialen Arbeit von Migrationsphänomenen in vielerlei Hinsicht grundlegd betroffen sind. Die jahrzehntelange Weigerung, den Umstand, dass Migrationsphänomene empirisch die Realität der Bundesrepublik Deutschland prägen, wahrzunehmen und anzuerkennen (Bade 2007, S. 39 ff.), kann unter gegenwärtigen Bedingungen kaum noch aufrechterhalten werden. Nicht nur gewohnte Praxen sowie Institutionalisierungs- und Organisationsformen des Handelns, sondern auch professionelle Selbstverständnisse und Programme werden hierbei unter Bedingungen der Vielfalt von natio-ethno-kulturellen Zugehörigkeiten[1] und demokratisch nicht legitimierbarer Ungleichheit prekär bzw. in ihrem prekären Status sichtbar.

Allgemein kommt der Sprache, den verwendeten Begrifflichkeiten und Begriffen eine zentrale Bedeutung bei der Frage zu, was als Wirklichkeit erscheint. „Zum Beispiel können Palästinenser", so Stuart Hall (2008, S. 152), „die um die Wiedererlangung ihres Landes in der Westbank kämpfen, entweder als ‚Freiheitskämpfer' oder als ‚Terroristen' beschrieben werden. Es ist eine Tatsache, dass sie kämpfen; aber was *bedeutet* dieser Kampf?" Tatsachen alleine entscheiden noch nicht darüber, welche Bedeutung einem Ereignis gegeben wird. Bereits die bewusste oder unbewusste Entscheidung von „Wiedererlangung ihres Landes" zu sprechen, geht damit einher, die sozialen und materiellen Gründe des palästinensischen Einsatzes in einer spezifischen Weise zu deuten. Die Bedeutung, die einem Ereignis je gegeben wird, ist entscheidend dafür, als was dieses Ereignis gilt und wie wir es behandeln. Bezeichnungen ko-konstruieren Wirklichkeit.

---

[1] „Natio-ethno-kulturelle Zugehörigkeit" stellt eine Analyseperspektive dar, mit der die vorherrschende Vermischung, Gleichsetzung und/oder Verwobenheit nationaler, ethnischer und kultureller Zugehörigkeiten in alltäglichen als auch wissenschaftlichen Bezeichnungen und Praktiken der Unterscheidung in „deutsch", „türkisch" oder „russisch" gefasst wird. Wenn in Deutschland etwa von „Migrant/innen" oder „Deutschen" die Rede ist, dann ist in der Regel nicht allein von Kultur, Nation oder Ethnizität die Rede, sondern in einer diffusen und mehrwertigen Weise von den auch begrifflich aufeinander verweisenden Ausdrücken Kultur (auch: Sprache und Religion), Nation und Ethnizität (auch: Rassekonstruktionen). Der Ausdruck natio-ethno-kulturell ruft in Erinnerung, dass die sozialen Zugehörigkeitsordnungen, für die Phänomene der Migration bedeutsam sind, von einer diffusen, auf Fantasie basierenden, unbestimmten und mehrwertigen „Wir"-Einheit strukturiert werden (Mecheril 2003, Kap. 4).

1 Handeln in Organisationen der Migrationsgesellschaft – Einleitung

Wie wir ein Phänomen beschreiben, wie wir es deuten und mit welcher Bedeutung wir es versehen, hat relevante Konsequenzen. Die Wirkungen der eigenen (auch affektiv und von Interessen gebahnten) Deutungs- und Bezeichnungspraxis reflexiv verfügbar zu machen und damit einer Kritik zuzuführen, stellt ein wesentliches Moment von professionellem Handeln in der Migrationsgesellschaft dar.

Was bewirkt die Bezeichnungspraxis „Migrationsgesellschaft"? Mit dem Ausdruck *Migration* ist eine allgemeine Perspektive verbunden, mit der Phänomene der natio-ethno-kulturell kodierten Grenzüberschreitung und des Kampfes um die Legitimität und Funktionalität von Grenzen in den Blick kommen, wie beispielsweise die Entstehung von transnationalen Zwischenwelten, neuen Zugehörigkeiten und Mehrfach-Zugehörigkeiten, Phänomene der Zurechnung auf Fremdheit, Strukturen und Prozesse alltäglichen Rassismus, Erschaffung neuer Handlungsformen und Selbstverständnisse. Wichtig ist hierbei, diese Phänomene als nicht allein für als Migrant/innen angesehene Personen relevante, sondern als allgemein relevante Phänomene zu verstehen. Migration verändert gesellschaftliche Kontexte und beeinflusst die Handlungsspielräume und Selbstverständnisse *aller* Menschen.

Der Ausdruck Migrationsgesellschaft setzt sich von Begriffen wie Einwanderungs- oder Zuwanderungsgesellschaft ab. Der in Deutschland politisch eingeführte Ausdruck der Zuwanderung ist problematisch, weil er die migrationsgesellschaftliche Wirklichkeit nur eingeschränkt thematisiert und beispielsweise Formen der Pendelmigration oder der Auswanderung nicht beachtet. Dies ist bedeutsam, da diese Phänomene sehr wohl empirisch relevant sind (Castles et al. 2014; Karakayali 2010; Pries 2010; Pries/Sezgin 2010), im allgemeinen Diskurs über Migration und in der Begrifflichkeit, die mit dem Ausdruck Zuwanderungsgesellschaft assoziiert ist, jedoch nur selten zum Thema werden. Zudem suggeriert Zuwanderung als Begriff, dass es sich bei Migrationsphänomenen um Phänomene handle, die zusätzlich und additiv zu einer bereits in sich und an sich bestehenden, als Einheit imaginierten gesellschaftlichen Realität hinzukämen. Die begriffliche Praxis „Zuwanderung" setzt demnach eine homogene und statische deutsche Gesellschaft implizit voraus, die als grundlegende Referenz für Zuwanderung und die Zugewanderten gelte. Einwanderungsgesellschaft hingegen ist ein Begriff, der in einer bestimmten historischen Situation der Bundesrepublik Deutschland im letzten Viertel des 20. Jh. eine Art politischer Kampfbegriff geworden war und dort eine wichtige Funktion hatte, da er als politischer Gegenbegriff „von unten" zu der lange unverrückbaren Position offizieller Politik, „Deutschland ist kein Einwanderungsland", Kritik artikulierte.

Zugleich aber impliziert der Ausdruck Einwanderungsgesellschaft, dass Phänomene der Migration auf den Migrationstyp der Immigration beschränkt seien, also jenen Typ, bei dem die transnationale Wanderung im Wesentlichen als einmalige und unidirektionale Überschreitung einer relevanten Grenze gedacht wird, der sich in der Regel Prozesse der Eingliederung in den neuen nationalstaatlichen Kontext anschließen. Dieses Modell beschreibt nun nicht nur einen klassischen Wanderungstyp (Einwanderung); das Modell ist in dieser Akzentsetzung auch selektiv, da es unter der Perspektive Einwanderung Migrant/innen politisch wie pädagogisch immer nur als Immigrant/innen adressiert (Mecheril 2004, Kap. 2).

Wenn Einwanderung oder Zuwanderung an die Stelle des Ausdrucks Migration rücken, wird ein Teil der Migrationsphänomene nicht mehr thematisch und der Nationalstaat in Form eines nach außen abgeschlossenen Containers, als selbstverständlicher Bezugsraum der Wanderungsbewegungen von Menschen in Szene gesetzt, was Interessen und Positionen dient, die nicht nur auf die Wahrung des jeweiligen Nationalstaats, sondern auch auf die Wahrung des Prinzips des Nationalstaats zielen. Migrationsgesellschaftliche Phänomene, die nicht ohne weiteres in diesem Format erkennbar sind, so wie beispielsweise transnationale, hybride Lebensäußerungen, unbestimmte und mehrfachbestimmte Artikulationen, sind dabei einem größeren Risiko der Verwehrung von kultureller und politischer Anerkennung ausgesetzt, insbesondere dann, wenn diese Lebensäußerungen weder intellektuell-künstlerisch noch unternehmerisch-kapitalistisch reüssieren (zu Anerkennung s. Kap. 7).

Der Ausdruck Migrationsgesellschaft impliziert eine Perspektive, mit der die gegenwärtige und historische Vielfalt der Wanderungsgeschehen und die wechselseitig konstitutive Dynamik von Grenzformationen und Zugehörigkeitsordnungen sowie die damit einhergehenden Phänomene *allgemein* in den Blick kommen. Phänomene der Übersetzung oder Vermischung als Folge von Wanderungen, der Entstehung von Zwischenwelten und post-nationalen Identitäten und Bürgerschaftsverhältnissen, Geschlechterverhältnisse als thematische Arena der Konstruktion von natio-ethno-kulturell kodierten Hierarchien, der Umstand, dass in immer mehr Staaten die Beibehaltung der Staatsbürgerschaft auch nach Emigration und Einbürgerung möglich ist, die Auseinandersetzungen um die Frage, wer „wir" sind, die Pluralisierung von kollektiven Erinnerungsnarrativen etwa mit Bezug auf die Shoa oder Antisemitismus oder die zuweilen an rassistische Konstruktionen des und der Anderen anschließende Form der Unterscheidung von Menschen (s. Kap. 6) sind einige Themen, die beispielhaft auf das Spektrum der Phänomene hinweisen, die unter der Perspektive Migrationsgesellschaft in den Blick geraten.

1 Handeln in Organisationen der Migrationsgesellschaft – Einleitung

Während die Tatsache der Migration seit etwa 20 Jahren eine anhaltende gesellschaftliche Beachtung als eine der zentralen Herausforderungen für Institutionen, Organisationen und professionelles Handeln erfährt, kann zugleich auch eine Konjunktur von auf Schließung und Zurückdrängung migrationsgesellschaftlicher Realität zielenden kulturellen, politischen und wissenschaftlichen Bestrebungen konstatiert werden. Anschläge auf „Flüchtlingsunterkünfte", rassistische Übergriffe körperlicher und sprachlicher Art, politische Maßnahmen, die als Andere Geltende im Mittelmeer sterben lassen sowie die kulturelle Legitimierung dieser Praxis, pauschale Urteile über die kollektive Rückständigkeit „Anderer", die Wahrnehmung und das Erleben der Gefahr, die von ihren Körpern ausgehe als auch die rezente mediale, politische und alltagsweltliche Behandlung von Flucht und Migration haben deutlich gemacht, wie sehr in Deutschland (auch) die Bereitschaft zu Denk- und Handlungsweisen besteht, die an rassistische Deutungs- und Urteilsmuster anschließen, von diesen vermittelt sind und diese stärken. Rassismusaffines und rassistisches Sprechen, Argumentieren, Empfinden und Handeln findet hierbei nicht nur in den sich statistisch ausbreitenden sogenannten rechten, rechtsnationalen oder rechtsextremen Milieus (wie AfD, PEGIDA, Identitäre) statt. Vielmehr handelt es sich bei diesen Praktiken um ein verbreitet zur Verfügung stehendes und in Anspruch genommenes Muster der Selbst-, Welt- und Fremddeutung.[2]

Diese widersprüchlichen Bezugnahmen auf migrationsgesellschaftliche Verhältnisse können auch darauf zurückgeführt werden, dass Migration als Überschreitung relevanter Grenzen immer auch mit einer Beunruhigung, zuweilen einer Krise des Bestehenden einhergehen. Grenzen – etwa die politische Grenzziehung, die zwischen nationalstaatlich Zugehörigen und Nicht-Zugehörigen unterscheidet, aber auch linguale Grenzen in Ämtern und Organisationen der Bundesrepublik Deutschland – werden im Moment ihrer Überschreitung in besonderer Weise sichtbar. Einerseits macht oft erst die Überschreitung von Grenzen ihre Existenz und Geltung deutlich. Andererseits zieht die Überschreitung auch die Infragestellung der Grenzen und ihrer Gültigkeit nach sich, da Überschreitungen auf die funktionale und normative Begrenztheit von (migrations-)gesellschaftlichen Ordnungen verweisen können. Migration wird somit unweigerlich zu einem Phänomen der Beunruhigung, zum Gegenstand von Diskursen wie auch von politischen und alltagsweltlichen Auseinandersetzungen.

---

[2] Für einen Überblick über quantitative Studien s. etwa https://mediendienst-integration.de/desintegration/rassismus.html (Zugriff am 26.05.2021).

1.2 Migrationspädagogik – Anliegen und Ziel einer Analyseperspektive

Im Rahmen der breiten gesellschaftlichen Aufmerksamkeit für die Migrationstatsache werden sowohl pädagogische Organisationen als auch die erziehungswissenschaftliche Forschung oftmals als Akteur/innen adressiert, die einen Beitrag zur „Lösung" der mit Migration einhergehenden „Herausforderungen" leisten sollen. So werden pädagogische Organisationen dazu angehalten[3], Maßnahmen zur besseren Einschulung von Seiteneinsteiger/innen zu schneidern, Programme zur besseren Integration von Migrant/innen zu entwickeln, Deutschlernangebote zu forcieren, Wertekurse, Berufsorientierungen sowie Projekte zur interkulturellen Verständigung anzubieten, interkulturelle Öffnung zu betreiben etc. Erziehungswissenschaftliche Forschung hingegen soll Wissen über Migration, die damit einhergehenden gesellschaftlichen sowie als notwendig erachteten institutionellen und organisationalen Veränderungen und möglichen Umgangsweisen mit migrationsgesellschaftlicher Heterogenität produzieren und dieses Wissen in Fortbildungen, auf Fachtagungen und über Publikationen verbreiten. Diese Erwartung stand auch am Anfang der Fortbildungsreihe „Professionelles Handeln in Organisationen der Migrationsgesellschaft", die für Teilnehmer/innen aus dem weiten Feld der Migrations- und Integrationsarbeit (zu dem Handlungsfeld und dem Typ von Organisationen, in denen die Teilnehmer/innen arbeiten, s. Kap. 2) durchgeführt wurde, und die in dem vorliegenden Buch aus unterschiedlichen Perspektiven zum Thema wird. Die Fortbildungsreihe, die in diesem Buch thematisiert und reflektiert wird, ist somit selbst Teil dieses florierenden Feldes, vielleicht besser: des prosperierenden Marktes, und im Grunde genommen Produkt der hochkonjunkturellen Thematisierung migrationsgesellschaftlicher Verhältnisse, bei der es nicht allein, was immer dies heißt, um die Sache, sondern vielmehr auch um marktspezifische Interessen (etwa auf dem Markt der sogenannten Sprachförderung) und zuweilen affektiver Verhaftungen (etwa als Professionelle/r, der es bisher gewohnt war, für Fragen in seiner Institution zuständig und befähigt zu sein) geht.

---

[3] Siehe etwa die vom Bundesamt für Migration und Flüchtlinge im Jahre 2010 veröffentlichte Publikation „Bundesweites Integrationsprogramm. Angebote der Integrationsförderung in Deutschland – Empfehlungen zu ihrer Weiterentwicklung" mit den Schwerpunkten „Sprachliche Integration", „Bildung und Integration" sowie „Gesellschaftliche Integration". Zugriff am 31.06.2018 unter http://www.bamf.de/SharedDocs/Anlagen/DE/Downloads/Infothek/Integrationsprogramm/bundesweitesintegrationsprogramm.pdf?__blob=publicationFile.

1 Handeln in Organisationen der Migrationsgesellschaft – Einleitung

Pädagogik und pädagogische Organisationen waren und sind immer schon in die Bearbeitung von (migrations-)gesellschaftlicher Differenz verwoben (Mecheril 2015). Pädagogik nimmt einen zentralen Stellenwert in der Produktion, Reproduktion und Transformation von gesellschaftlichen Differenzordnungen im Allgemeinen und natio-ethno-kulturell kodierten Ordnungen im Speziellen ein (siehe hierzu unten). Dies bezeichnet einen guten Grund, sich in ein reflexives Verhältnis zu den aktuellen Entwicklungen sowie den historischen Kontinuitäten des Feldes zu setzen, wobei sich dieses Feld selten als ein homogen harmonisches, sondern eher als ein spannungsreiches, facettiertes, auch widersprüchliches Verhältnis darstellt. Der Bezug auf das aus der Reflexion resultierende bzw. in der Reflexion erfahrbar und erkennbar werdende Spannungsverhältnis kann als grundlegende Anforderungsstruktur professionellen Handelns verstanden werden. Da, wo die dilemmatische, paradoxe und widersprüchliche Struktur des beruflichen Handelns dem handelnden Subjekt bewusst wird sowie zum Referenz- und Ausgangspunkt des eigenen Handelns wird, da haben wir es mit professionellem Handeln zu tun (vgl. Kap. 3). Mit der Frage, wie in dieser Weise verstandene Professionalisierung mit Blick auf migrationsgesellschaftliche Verhältnisse und Positionen gelingen (oder: weniger misslingen) kann, ist das grundlegende Anliegen der vorliegenden Buchpublikation angesprochen.

Diesem gehen wir aus migrationspädagogischer Perspektive nach. Mit der Perspektive Migrationspädagogik wird die Bedeutung und Funktionalität natio-ethno-kultureller Ordnungen (Mecheril 2003, 2016) für die Konstitution gesellschaftlicher Verhältnisse und Phänomene in den Blick genommen. Die Analyse von Handeln in Organisationen der Migrationsgesellschaft richtet ihren Blick somit darauf, wie Handeln in Organisationen durch Zugehörigkeitsordnungen strukturiert wird und welche Effekte dies auf das Handeln, die Subjekte und Organisationsformen hat. Mit dem Begriff der *Ordnung* rückt eine Größe in den Blick, die soziales Geschehen zwar nicht determiniert, aber doch bedeutsam vorstrukturiert bzw. rahmt. Ordnungen können hierbei als explanative Konstrukte verstanden werden, um Aussagen über die semantische, machtbezogene und normative Dimension sozialen Geschehens zu machen. Ordnungen sind dabei den Praktiken der Subjekte nicht äußerlich, sondern stellen einerseits Produkte sozialer Praxis dar, gehen aber zugleich dieser voraus. Soziale Praxis ist sinnhaft und nachvollziehbar, weil sie im Sinne einer Wiederholung auf vorangegangene Praktiken bezogen ist. Ordnungen werden über Wiederholungen in den Praktiken von Subjekten, Institutionen und Organisationen sowohl hergestellt, aufrechterhalten als auch verändert. In diesem Sinne dient das Konzept Ordnung in diesem Text als explanatives Konstrukt. Ordnungen präformieren soziale Praktiken (wie Denken, Handeln und Wahrnehmen) semantisch, machtbezogen und normativ, sie sind strukturierende Voraussetzungen sozialen Geschehens, durch das sie selbst wiederum hergestellt, aufrechterhalten und verändert werden (ausführlicher auch mit Bezug auf die hier anklingende Strukturierungstheorie von Anthony Giddens: Gottuck/Mecheril 2014).

Insofern die auf die Fortbildungsreihe bezogenen Reflexionen zu Spannungsverhältnissen, die das Handeln in Organisationen der Migrationsgesellschaft kennzeichnen, von der Perspektive Migrationspädagogik geleitet sind, ist es sinnvoll, diese Perspektive kurz vorzustellen: Migrationspädagogik hat sich im durch Kontinuitäten und Diskontinuitäten geprägten erziehungswissenschaftlichen Feld der Thematisierung von migrationsgesellschaftlicher Differenz als ein distinkter, freilich an verwandte Ansätze wie die Interkulturelle Pädagogik (etwa: Gogolin et al. 2018), die Diversitätspädagogik (etwa: Leiprecht 2011, Prengel 2006), die Menschenrechtspädagogik (etwa: Brumlik/Mendel 2013; Hormel/Scherr 2004) oder Antirassistische Erziehung (Essed/Mullard/Essinger 1991) anschließender, gleichsam davon auch absetzender *approach* etabliert. Migrationspädagogik lässt sich hierbei als selbstreflexive Such-Bewegung in einem – da es seit einigen Jahren vermehrt Kapital und Ansehen zu erlangen gibt – von zunehmenden Distinktionspraktiken geprägten akademischen, bildungspolitischen und -praktischen Feld fassen. Sie ist eine Such-Bewegung, die sich der eigenen theoretischen Ausrichtungen und Grundlagen wie der Entscheidung für die Auseinandersetzung mit bestimmten empirischen Themen beständig neu vergewissert.

Migrationspädagogik (ausführlich: Mecheril 2004, 2016; Mecheril et al. 2010) wendet ihren Blick vornehmlich weder auf Defizite „migrantischer" Gruppen (die nicht selten auch aufgrund dieses pädagogisch-politischen Blicks als spezifische Gruppen konstruiert werden) noch auf die spezifischen Ressourcen und Opportunitäten, die mit der Pluralität „kultureller Identitäten" verbunden sein mögen. Migrationspädagogik richtet ihren Blick auf natio-ethno-kulturell kodierte Ordnungen, auf die Macht dieser Ordnungen über Individuen und auf die Frage, wie diese Ordnungen hergestellt, aufrechterhalten und verändert werden. Hierbei geht es der Migrationspädagogik auch um die Analyse und die Erkundung der Möglichkeiten der Veränderung natio-ethno-kulturell kodierter Ordnungen. Dabei wird davon ausgegangen, dass Schemata und Praktiken, in denen zwischen einem natio-ethno-kulturell kodierten „Wir" und „Nicht-Wir" unterschieden wird, die Erfahrungen, Selbstverständnisse und Handlungsweisen *aller* vermitteln und beeinflussen. In natio-ethno-kulturellen Ordnungen werden Individuen spezifische Subjektstatus zugewiesen, die mit differenziellen und hierarchisch angeordneten Positionen der Privilegierung und Diskriminierung, der Aufwertung und Degradierung, der Vermenschlichung und Entmenschlichung etc. einhergehen. Mit der Entscheidung, das Verhältnis Migration und Bildung unter der Perspektive

Migrationspädagogik zu thematisieren und nicht etwa unter der Frage, wie die Integration von Migrant/innen optimierbar sei, geht es mithin *nicht* um spezifische Gruppen, sondern vielmehr um die allgemeine Bedeutung und Funktionalität, die natio-ethno-kulturelle Differenzordnungen in alltagsweltlichen, medialen und politischen Diskursen sowie Praktiken von Subjekten, Institutionen, Organisationen etc. zukommt und welche Effekte diese für die Konstitution der sozialen Wirklichkeit aller haben.

Ziel dieses Buchprojekts ist es, zentrale Spannungsverhältnisse des Handelns in Organisationen der Migrationsgesellschaft sowie Formen des reflexiven Umgangs mit ihnen zum Gegenstand der empirischen Sondierung, aber auch begrifflich-theoretisierenden Erkundung zu machen. Hierbei wird die Praxis der Reflexion selbst zum Gegenstand der Reflexion werden.

Bezugs- und Ausgangspunkt dieses Vorhabens ist eine zweijährige Fortbildungsreihe zu „Professionellem Handeln in Organisationen der Migrationsgesellschaft", die vom Center for Migration, Education and Cultural Studies an der Carl von Ossietzky Universität Oldenburg in Kooperation mit der Landesweiten Koordinierungsstelle Kommunale Integrationszentren (LaKI) in Dortmund und gefördert von der Stiftung Mercator mit Teilnehmer/innen aus der politischen, sozialarbeiterischen und pädagogischen Migrations- und Integrationsarbeit durchgeführt wurde. Diese Fortbildungsreihe stellt die empirische Basis und den Referenzpunkt der Analysen, Überlegungen und Ausführungen in diesem Buch dar. Es geht hierbei im Sinne von Gabi Elverich, Annita Kalpaka und Karin Reindlmeier (2009) darum, empirische Spuren migrationsgesellschaftlicher Alltagsrealität wie beruflicher Praxis zu sichern und einer gesellschafts- wie professionalitätsanalytischen Thematisierung zugänglich zu machen.

Das zentrale Ziel und Anliegen dieses Buches ist es, über die Darstellung und Reflexion des Geschehens im Rahmen einer praxisorientierten Fortbildungsreihe relevante Themen und Aspekte von (professionellem) Handeln in Organisationen der Migrationsgesellschaft zu bestimmen und zu diskutieren.

Um diesem Anliegen im Rahmen dieses Buches nachzugehen, werden in Teil I des Buches die Fortbildungsreihe (Kap. 2) und die wissenschaftliche Begleitung (Kap. 3), die als ethnografisch angelegte Praxisforschung durchgeführt wurde, vorgestellt. Weiterhin werden in den Buchteilen II und III anhand fallbezogener Analysen nicht nur relevante Themen und Aspekte, die im Rahmen der Fortbildungsreihe bedeutsam wurden, erörtert, sondern auch die hier präferierte Praxis der Reflexion (zum Reflexionsbegriff s. Kap. 13) einerseits vorgeführt und andererseits selbst der kritischen Reflexion zugänglich gemacht (Kap. 4–12). Die daraus im Rahmen des Gesamtprojekts bedachten zentralen Aspekte und Schlussfolgerungen in Bezug auf Bedingungen der Ermöglichung professionellen Handelns in Organisationen der Migrationsgesellschaft fassen wir programmatisch unter der Perspektive „Migrationsgesellschaftliche Öffnung" zusammen (Kap. 13). Im abschließenden Buchteil V stellen einige der an der begleiteten Fortbildungsreihe beteiligten Workshopleiter/innen (Kap. 14–18) die von ihnen in den Fortbildungskontext eingebrachten theoretischen Perspektiven selbst vor und reflektieren diese.

Die Kapitel, die das Buch umfasst, sind so verfasst, dass sie auch je allein gelesen werden können, weil sie in sich und an sich einen je abgeschlossenen Text darstellen. Dies geht bezogen auf den Gesamttext mit gewissen Redundanzen einher. Die Ausführungen in den Kapiteln beziehen sich weitgehend auf das Geschehen in der Fortbildungsreihe, sind damit auf eine bestimmte, empirische gesellschaftliche Realität bezogen; jüngere migrationsgesellschaftliche Entwicklungen der letzten fünf, sechs Jahre sind in der Analyse nicht berücksichtigt. Auch wenn es bedauerlich ist, dass diese Nachzeitigkeit, die wissenschaftliche Analysen allgemein kennzeichnet, durch verschiedene Verzögerungen in der vorliegenden Veröffentlichung eine gewisse Ausprägung aufweist, sind die Schlussfolgerungen und Interpretationen bezogen auf die migrationsgesellschaftliche Öffnung von Organisationen wie die Überlegungen zu Professionalität in der Migrationsgesellschaft so gehalten, dass ihre Geltung durch partiell veränderte gesellschaftliche Verhältnisse nicht geschmälert wird.

An dem langjährigen Fortbildungsforschungsprojekt, das nunmehr im vorliegenden Buch seinen Abschluss findet, waren in unterschiedlichen Phasen und mit unterschiedlichen Aufgaben unterschiedliche Menschen beteiligt. Ihnen möchten wir sehr herzlich danken. Die Arbeit hat zumindest uns große Freude bereitet, war voller Anregungen und getragen von dem Eindruck, „dass etwas passiert".

Wir danken sehr herzlich den Mitarbeiter/innen des wissenschaftlichen Projektteams, Peter Kramer, Anna-Lena Hunze, Herta Márki und Katharina Sufryd, die das gesamte Projekt in der Organisation und Durchführung, der Datenerhebung und -interpretation sowie der Konzeption und Verschriftlichung begleitet und maßgeblich mitgestaltet haben; unseren geschätzten Kolleg/innen, Fatoş Atali-Timmer, Susanne Bücken, Susanne Gottuck, Irina Grünheid, Bettina Hauke, Marcus Keidel, Natascha Khakpour, Tobias Linnemann, Nicole Moosmüller, Matthis Puhlmann, Rukiye Serin, Saphira Shure, Diana Uffmann und Jan Wolter für die redaktionelle und intellektuelle Unterstützung bei der Manuskripterstellung; der Landesweiten Koordinierungsstelle Kommunale Integrationszentren (LaKI) sowie den beteiligten Kommunalen Integrationszentren (KI) in Nordrhein-Westfalen für die Unterstützung und Kooperation bei der Durchführung der Fortbildungsreihe; den Workshopleiter/innen und Referent/innen der jeweiligen Module und Veranstaltungen im Rahmen der Fortbildungsreihe, die zum Teil auch diese Publikation mit einem Beitrag bereichern sowie der Stiftung Mercator für die finanzielle Ermöglichung des Projekts (und Ina Bömelburg für dessen Begleitung) als auch dem Springer VS Verlag und hier insbesondere Stefanie Laux für die Veröffentlichung dieser Publikation und ihre Geduld.

Literatur

Bade, K. J. (2007). Versäumte Integrationschancen und nachholende Integrationspolitik. In K. J. Bade & H.-G. Hiesserich (Hrsg.), *Nachholende Integrationspolitik und Gestaltungsperspektiven der Integrationspraxis. Beiträge der Akademie für Migration und Integration, 11* (S. 21–95). Göttingen: V&R unipress.

BMBF – Bundesministerium für Bildung und Forschung (2016). *Richtlinie zur Förderung der Maßnahme ‚Migration und gesellschaftlicher Wandel' im Rahmen des Forschungsrahmenprogramms ‚Geistes-, Kultur- und Sozialwissenschaften'*. Zugriff am 21.01.2017 unter https://www.bmbf.de/foerderungen/bekanntmachung-1272.html

Brumlik, M., & Mendel, M. (2013). Menschenrechtspädagogik. In B. Hafenegger (Hrsg.), *Handbuch außerschulische Jugendbildung* (S. 357–368). 2. Aufl., Schwalbach/Ts.: Wochenschau.

Castles, S., de Haas, H., & Miller, M. J. (2014). *The Age of Migration. International Population Movements in the Modern World*. 5. Aufl., New York: Palgrave Macmillan.

Elverich, G., Kalpaka, A., & Reindlmeier, K. (2009). *Spurensicherung. Reflexion von Bildungsarbeit in der Einwanderungsgesellschaft*. Münster: Unrast.

Essed, Ph., Mullard, C., & Essinger, H. (1991). *Antirassistische Erziehung. Grundlagen und Überlegungen für eine antirassistische Erziehungstheorie*. Felsberg: Migro.

Gogolin, I., Georgi, V., Krüger-Potratz, M., Lengyel, D., & Sandfuchs, U. (2018). *Handbuch Interkulturelle Pädagogik*. Bad Heilbrunn: Julius Kllinkhardt.

Gottuck, S., & Mecheril, P. (2014). Einer Praxis einen Sinn zu verleihen, heißt sie zu kontextualisieren. Methodologie kulturwissenschaftlicher Bildungsforschung. In F. von Rosenberg & A. Geimer (Hrsg.), *Bildung unter Bedingungen kultureller Pluralität* (S. 87–108). Wiesbaden: Springer VS.

Hall, S. (2008). Der Westen und der Rest: Diskurs und Macht. In S. Hall, *Rassismus und kulturelle Identität* (S. 137–179). 4. Aufl., Hamburg: Argument.

Hormel, U., & Scherr, A. (2004). *Bildung für die Einwanderungsgesellschaft. Perspektiven der Auseinandersetzung mit struktureller, institutioneller und interaktioneller Diskriminierung*. Wiesbaden: Springer VS.

Karakayali, J. (2010). *Transnational Haushalten. Biografische Interviews mit care workers aus Osteuropa*. Wiesbaden: Springer VS.

Leiprecht, R. (2011). *Diversitätsbewusste Soziale Arbeit*. Schwalbach/Ts.: Wochenschau.

Mecheril, P. (2003). *Prekäre Verhältnisse. Über natio-ethno-kulturelle (Mehrfach-)Zugehörigkeit*. Münster/New York: Waxmann.

Mecheril, P. (2004). *Einführung in die Migrationspädagogik*. Weinheim/Basel: Beltz.

Mecheril, P. (2015). Das Anliegen der Migrationspädagogik. In R. Leiprecht & A. Steinbach (Hrsg.), *Schule in der Migrationsgesellschaft. Ein Handbuch. Bd. 1: Grundlagen – Diversität – Fachdidaktiken* (S. 25–53). Schwalbach/Ts.: Debus Pädagogik.

Mecheril, P. (2016). Migrationspädagogik – ein Projekt. In P. Mecheril (Hrsg.), *Handbuch Migrationspädagogik* (S. 8–30). Weinheim/Basel: Beltz.

Mecheril, P., Castro Varela, M. d. M., Dirim, İ., Kalpaka, A., & Melter, C. (2010). *Bachelor | Master Migrationspädagogik*. Weinheim/Basel: Beltz.

Prengel, A. (2006). *Pädagogik der Vielfalt. Verschiedenheit und Gleichberechtigung in Interkultureller, Feministischer und Integrativer Pädagogik*. 3. Aufl., Wiesbaden: Springer VS.

Pries, L. (2001). *Internationale Migration*. Bielefeld: transcript.

Pries, L. (2010). *Transnationalisierung. Theorie und Empirie grenzüberschreitender Vergesellschaftung*. Wiesbaden: Springer VS.

Pries, L., & Sezgin, Z. (2010). *Jenseits von ‚Identität oder Integration'. Grenzen überspannende Migrantenorganisationen*. Wiesbaden: Springer VS.

Prof. Dr. Paul Mecheril, Universität Bielefeld, Professur für Erziehungswissenschaft mit dem Schwerpunkt Migration, AG 10 Migrationspädagogik und Rassismuskritik, Email: paul.mecheril@uni-bielefeld.de

Matthias Rangger, Universität Bielefeld, Fakultät für Erziehungswissenschaft, Wissenschaftlicher Mitarbeiter in der AG 10 Migrationspädagogik und Rassismuskritik, Email: matthias.rangger@uni-bielefeld.de

Teil I
Der Ort der Untersuchung und ihre Gestalt

Den Ausführungen in diesem Buch liegen Materialien aus einer zwischen Januar 2014 und Februar 2016 durchgeführten Fortbildungsreihe mit dem Titel „Professionelles Handeln in Organisationen der Migrationsgesellschaft" (s. Kap. 2) zugrunde. Die Fortbildungsreihe wurde von uns, Matthias Rangger und Paul Mecheril, konzipiert und durchgeführt wie auch wissenschaftlich begleitet. Der erste Teil des Buches führt zum einen (Kap. 2) in das allgemeine Konzept und die Struktur der in diesem Buch zum Gegenstand gemachten Fortbildungsreihe und zum anderen (Kap. 3) in die wissenschaftliche Begleitung der Fortbildung vermittels eines durch Ethnografie und Praxisforschung inspirierten Zugangs ein.

Eine praxisorientierte Fortbildungsreihe

Paul Mecheril und Matthias Rangger

2.1 Einleitung

Der für dieses Buchprojekt bedeutsame Ort bzw. Gegenstand, auf den das Nachdenken und Reflektieren über das Verhältnis von Handeln und Organisation unter Bedingungen migrationsgesellschaftlicher Differenz bezogen ist, stellt eine Fortbildungsreihe mit dem Titel „Professionelles Handeln in Organisationen der Migrationsgesellschaft" dar. Diese stellen wir nachfolgend kurz vor. Dabei werden wir in einem ersten Schritt in das allgemeine Konzept der Fortbildungsreihe einführen, um darauf aufbauend den allgemeinen Typ von Organisationen, in denen die Teilnehmer/innen der Fortbildungsreihe beruflich tätig sind, zu skizzieren. Abschließend werden die allgemeine Struktur der Fortbildung sowie die einzelnen Module der Reihe kompakt veranschaulicht.

2.2 Die Fortbildungsreihe

Die Fortbildungsreihe „Professionelles Handeln in Organisationen der Migrationsgesellschaft" richtete sich an Teilnehmer/innen aus der kommunalen politischen, (sozial-)pädagogischen und sozialadministrativen Migrationsarbeit (genauer unten). Die Teilnehmer/innen arbeiteten zwar an unterschiedlichen Orten und in unterschiedlichen Organisationseinheiten, waren jedoch alle in

---

P. Mecheril · M. Rangger (✉)
Fakultät für Erziehungswissenschaft, Universität Bielefeld, Bielefeld, Deutschland
E-Mail: matthias.rangger@uni-bielefeld.de

P. Mecheril
E-Mail: paul.mecheril@uni-bielefeld.de

einem Verbund als kommunale „Agenturen für Integration" organisiert. Ziel der Fortbildung war es, mit den Teilnehmer/innen an migrationsgesellschaftlichen Herausforderungen für Organisationen und professionelles Handeln zu arbeiten. Die Fortbildungsreihe wurde in zwei Durchgängen durchgeführt, die einerseits unabhängig voneinander, andererseits aufeinander aufbauend und vertiefend konzipiert waren. Der erste Durchgang bestand aus insgesamt acht, der zweite aus sechs Modulen. Insgesamt nahmen am ersten Durchgang 60 und am zweiten Durchgang 50 Personen teil. Die Module wurden hierbei meist in parallelen Kleingruppen von maximal 30 Personen im Workshopformat durchgeführt. Zugleich fanden auch Workshops in der Großgruppe statt. Abgeschlossen wurde die Fortbildungsreihe durch eine öffentliche Tagung zum Thema „Möglichkeiten der migrationsgesellschaftlichen Öffnung von Organisationen".

Das allgemeine Konzept der Fortbildungsreihe bestand einerseits darin, die Teilnehmer/innen mit grundlegenden theoretischen Perspektiven auf das Thema „Professionelles Handeln in Organisationen der Migrationsgesellschaft" bekanntzumachen, welche allgemein als differenz- und machttheoretische Perspektiven bezeichnet werden können. Zudem war es ein zentrales Anliegen der Fortbildungsreihe, praktisch in die Form einer reflexiven Praxis einzuführen, die darauf fokussiert ist, die komplexen, widersprüchlichen und kontingenten Bedingungen sowie die leitenden Wissensbestände des eigenen Handlungsfeldes zu erkennen, zum Thema zu machen und mit diesem Wissen nach angemesseneren Formen des Handelns Ausschau zu halten. Im Zentrum des Fortbildungskonzepts stand demnach auch die theoriegeleitete Arbeit an eigenen Praxiserfahrungen und das gemeinsame Einüben einer reflexiven Praxis, die vom normativen Standpunkt geleitet ist, zu weniger einschränkenden und entwürdigenden Verhältnissen beizutragen (s. Kap. 13).

Die grundlegenden differenz- und machttheoretischen Perspektiven der Fortbildungsreihe orientieren sich an dem migrationspädagogischen Ansatz (s. Kap. 1). Zu dem durchaus nicht endgültig festgelegten und sich weiterentwickelnden Rahmen der Migrationspädagogik tragen auch die Perspektiven derjenigen Personen bei, die eines oder mehrere Module in dieser Fortbildungsreihe durchgeführt haben und zum Teil auch mit einem Beitrag in diesem Buch vertreten sind. Das Handeln steht immer in Relation zu seinen Ermöglichungsbedingungen und ist durch diese vorstrukturiert. Migrationspädagogik geht davon aus, dass diese Ermöglichungsbedingungen komplex, widersprüchlich, notwendig kontingent sowie durch Macht- und Herrschaftsverhältnisse strukturiert sind. Zugleich stellt Handeln – nicht zuletzt pädagogisches, institutionelles, organisationales Handeln – immer auch machtvolles Handeln dar. Diese allgemeinen Bedingungen von Handeln sind nicht widerspruchsfrei und können deshalb nicht schlicht übergangen werden, sondern bedürfen der kontinuierlichen und situationsbezogenen Reflexion, wie von wem und aus welcher Position ein bestimmtes Phänomen (etwa als Problem) gedeutet und artikuliert wird, unter welchen Bedingungen und mit welchen Konsequenzen dies geschieht und welcher normative Maßstab dafür herangezogen wird (genauer s. Kap. 13). Dies stellt aus migrationspädagogischer Perspektive einen wesentlichen Aspekt der Ermöglichung professionellen pädagogischen Handelns unter den gegenwärtigen gesellschaftlichen Bedingungen dar.

2.3 Die beteiligten Organisationen

Der Typ von Organisationen, in denen die Teilnehmer/innen der Fortbildungsreihe beschäftigt sind, ist in dem allgemeinen Handlungsfeld der Migrations- und Integrationsarbeit zu verorten. Mit der in diesem Buch verwendeten Bezeichnung „Migrationsarbeit" als allgemeine Bezeichnung für das Handlungsfeld der Teilnehmer/innen beziehen wir uns auf berufliche Tätigkeiten, die explizit auf Fragen der Migration(sgesellschaft) ausgerichtet sind. Im Gegensatz zu dem Begriff „migrationsgesellschaftliche Arbeit", der für uns als Begriff alle beruflichen Tätigkeiten in den gegenwärtigen (migrations-)gesellschaftlichen Verhältnissen umfasst, bezeichnet „Migrationsarbeit" ein spezifisches berufliches Handlungsfeld bzw. spezifische Tätigkeiten, die von dem expliziten Anspruch getragen werden, Themen, Fragen, Bedarfe in Bezug auf Migration zu bearbeiten. Da die Organisationen formal insbesondere auf Fragen der Integration im Handlungsfeld der Migrationsarbeit ausgerichtet sind und unter der Bezeichnung Integrationsarbeit firmieren, greifen wir die Bezeichnung „Integrationsarbeit" gelegentlich auch auf, auch wenn mit der Integrationsprogrammatik eine Reihe von Problemen verbunden sind (s. Kap. 6).

Die Organisationen der Teilnehmer/innen richten sich an unterschiedliche Zielgruppen (bezeichnet als: Migrant/innen, Politiker/innen, Lehrer/innen, Sozialarbeiter/innen, Verwaltungsangestellte etc.) und Organisationen (Schulen, Unternehmen, Behörden, Vereine, Migrant/innen-Selbstorganisationen etc.), operieren in verschiedenen Handlungsfeldern (Soziale Arbeit, Schule, Verwaltung, Politik, Kultureinrichtungen etc.) und verüben unterschiedliche Tätigkeiten (Beratung, Konzeptentwicklung, Bildungsangebote und Schulungen, Organisationsentwicklung, Mentoring, Erstellung von Analysen, Vernetzungsarbeit etc.). Dabei weisen sie insbesondere auch sozialarbeiterische und pädagogische Ansprüche und Ausrichtungen auf (so stellt der Bereich der sprachlichen Bildung einen wichtigen Schwerpunkt bei allen Organisationen dar). Vor diesem Hintergrund begründet sich auch die migrationspädagogische Ausrichtung der Fortbildungsreihe und dieses Buchprojekts.

Die Ausführungen in diesem Buch beziehen sich in diesem Sinne insbesondere auf Organisationen des eben dargestellten Typs; Organisationen, die in dem Handlungsfeld der Migrationsarbeit vorzugsweise auf Integration und Bildung ausgerichtet sind und zugleich einer Vielzahl unterschiedlicher Tätigkeiten in verschiedenen Handlungsfeldern nachgehen. Dieser Typ von Organisationen unterscheidet sich etwa von anderen Organisationen, insbesondere von denen, die nicht explizit auf Migrationsarbeit ausgerichtet sind und keinen (sozial-) pädagogischen Anspruch verfolgen, wie etwa Krankenhäuser, Wirtschaftsunternehmen, Verwaltungen etc. Die Ausführungen in diesem Buch können gleichwohl von Relevanz für andere Organisationstypen sein (müssten dabei in bestimmten Aspekten gewiss auf das jeweilige Handlungsfeld, die Tätigkeiten und normativen Ansprüche hin spezifiziert werden).

2.4 Aufbau der Fortbildungsreihe

Im Folgenden findet sich überblicksartig in tabellarischer Form der gesamte Aufbau der Fortbildungsreihe, die aus zwei Durchgängen und einer Abschlusskonferenz bestand.

Durchgang I
Modul 1 – *Migration – Politik – Bildung. Einführung in einen Spannungszusammenhang*
Paul Mecheril – Format: Workshop in der Großgruppe

Modul 2 – *Von der interkulturellen zur migrationsgesellschaftlichen Öffnung – gibt es Unterschiede?*
Paul Mecheril – Format: Workshops in Kleingruppen

Modul 3 – *Was sind Diskriminierungserfahrungen und welche Rolle spielen Institutionen?*
Arzu Çiçek und Saphira Shure – Format: Workshops in Kleingruppen

Modul 4 – *Critical Whiteness und der Integrationsdiskurs*
Martina Tißberger – Format: Workshops in Kleingruppen

Modul 5 – *Sprache(n), Diskriminierung und Bildung*
Inci Dirim und Birgit Springsits – Format: Workshop in der Großgruppe

Modul 6 – *Zukunftswerkstatt zu „Migrationsgesellschaftlicher Öffnung von Institutionen"*
Oscar Thomas-Olalde – Format: Workshops in Kleingruppen

Modul 7 – *Widersprüche als strukturelle Konstante der Arbeit in der Migrationsgesellschaft*
Paul Mecheril/Oscar Thomas-Olalde – Format: Workshops in Kleingruppen

Modul 8 – *Migration – Politik – Bildung. Zwischenresümee der Reihe*
Paul Mecheril – Format: Workshops in Kleingruppen

Durchgang II
Modul 1 – *Einführung in die Fortbildungsreihe und die Perspektive Migrationspädagogik*
Paul Mecheril – Format: Workshop in der Großgruppe

Modul 2 – *Geschlechterverhältnisse in der Migrationsgesellschaft*
Rudolf Leiprecht – Format: Workshop in der Großgruppe

Modul 3 – *Antimuslimischer Rassismus*
Zülfukar Çetin – Format: Workshops in Kleingruppen

Modul 4 – *Handlungsfähigkeit, Agency und Empowerment als Zielperspektiven der Migrationsarbeit*
Nuran Yiğit/Halil Can – Format: Workshops in Kleingruppen

Modul 5 – *Migrationsgesellschaftliche Öffnung von Organisationen*
Oscar Thomas-Olalde – Format: Workshops in Kleingruppen

Modul 6 – *Zum Abschluss nochmals Spannungsverhältnisse: Demokratie als Vision – Kapitalismus als Realität*
Paul Mecheril – Format: Workshop in der Großgruppe

Abschlusskonferenz – *Migrationsgesellschaftliche Öffnung von Organisationen. Ausgewählte Konzepte, Erfahrungen und Perspektiven*

2.5 Modulbeschreibungen

Im Weiteren führen wir sowohl die einzelnen Module der beiden Fortbildungsdurchgänge als auch die Abschlusskonferenz in Form allgemeiner Modulbeschreibungen (Format, Inhalte, Methoden) kurz aus.

Durchgang I

I. Modul 1 – Migration – Politik – Bildung. Einführung in einen Spannungszusammenhang
Paul Mecheril – Format: Workshop in der Großgruppe
In diesem Modul wird in das thematische Spannungsfeld Migration, Bildung und Politik aus einer differenz- und machttheoretischen Perspektive eingeführt. Im Spezifischen wird dieser Zusammenhang aus einer regimetheoretischen Perspektive in den Blick genommen, die auf die politischen Verstrickungen pädagogischer Institutionen in übergeordnete Macht- und Herrschaftsverhältnisse verweist. Darauf aufbauend wird das allgemeine Fortbildungskonzept und -anliegen vorgestellt, das sich an der Idee orientiert, mittels der gemeinsamen Reflexion der (migrations-)gesellschaftlichen und politischen Handlungsbedingungen der Organisationen der Teilnehmer/innen zu alternativen Umgangsformen mit den vorherrschenden Machtverhältnissen beizutragen.
Methoden: Inputvortrag, Arbeit an Material, Praxisreflexion, Diskussionen

I. Modul 2 – Von der interkulturellen zur migrationsgesellschaftlichen Öffnung – gibt es Unterschiede?
Paul Mecheril – Format: Workshops in Kleingruppen
Im Zentrum dieses Moduls steht die Kritik an Praktiken der Kulturalisierung, die migrationsgesellschaftliche Differenz auf Kultur reduzieren

und hierbei zu einem an Rassekonstruktionen anschließenden Weltverständnis beitragen. Basierend auf den Erfahrungen der Teilnehmer/innen wie auch wissenschaftlichen Untersuchungen werden die kulturalisierenden Ansätze auch in Praxen der „interkulturellen Öffnung von Organisationen" reflektiert. Abschließend werden Leitlinien einer migrationsgesellschaftlichen Öffnung entworfen, die das Spannungsverhältnis von Anerkennung und Dekonstruktion von Differenz konstitutiv einbeziehen.

Methoden: Inputvortrag, Arbeit an Material, Praxisreflexion, Fallarbeit, Diskussionen

I. Modul 3 – Was sind Diskriminierungserfahrungen und welche Rolle spielen Institutionen?

Arzu Çiçek und Saphira Shure – Format: Workshops in Kleingruppen

Dieses Modul beschäftigt sich mit der Analyse und Theoretisierung von Diskriminierungserfahrungen in Institutionen der Migrationsgesellschaft. Mit der Kategorie der migrationsgesellschaftlichen Diskriminierungserfahrung wird eine Analyseperspektive eingeführt, die die Reflexion institutioneller und organisationaler Verhältnisse auf Basis von Erfahrungen der rassistischen Degradierung und Benachteiligung ermöglicht und so Möglichkeiten zu weniger machtvollen Verhältnissen verdeutlicht. Auch jene Erfahrungen, die darauf gründen, durch Rassismus einen privilegierten Zugang zu gesellschaftlichen Ressourcen und Positionen zu erlangen, werden zum Thema.

Methoden: Inputvortrag, Arbeit an Material, Fallarbeit, Diskussionen

I. Modul 4 – Critical Whiteness und der Integrationsdiskurs

Martina Tißberger – Format: Workshops in Kleingruppen

In diesem Modul wird der allgemein vorherrschende Diskurs zu Integration kritisch aus der Perspektive der Critical Whiteness Studies (CWS) reflektiert. Aus der Perspektive der CWS wird hierbei der Integrationsdiskurs daraufhin befragt, inwiefern dieser auf Basis impliziter, historisch tradierter eurozentristischer Konstruktionen der Überlegenheit Formen von

Whiteness direkt oder indirekt aufruft. Im Zentrum stehen die Fragen, wer eigentlich wie und aus welcher Position über wen spricht und wer davon profitiert.

Methoden: Inputvortrag, Bildanalyse, Selbstreflexion, Fallarbeit, Diskussionen

I. Modul 5 – Sprache(n), Diskriminierung und Bildung
İnci Dirim und Birgit Springsits – Format: Workshop in der Großgruppe

In diesem Workshop wird eine subjektivierungs- und hegemonietheoretische Perspektive auf Sprachen in der Migrationsgesellschaft vorgestellt. Basierend darauf werden allgemeine sprachwissenschaftliche Hypothesen zu (Mehr-)Sprachigkeit und Spracherwerb kritisch reflektiert und ein Verständnis von migrationsgesellschaftlicher Sprachigkeit entworfen, das einen methodologischen Nationalismus zu überwinden versucht.

Methoden: Inputvortrag, Arbeit an Material, Praxisreflexion, Fallarbeit

I. Modul 6 – Zukunftswerkstatt zu „Migrationsgesellschaftlicher Öffnung von Institutionen"
Oscar Thomas-Olalde – Format: Workshops in Kleingruppen

Mittels der Methode „Zukunftswerkstatt" wird in diesem Modul die Entwicklung von Handlungsperspektiven ins Zentrum gesetzt. Basierend auf den bisherigen theoretischen Perspektiven der Fortbildungsreihe ermöglicht die Methode der Zukunftswerkstatt eine intensive Beschäftigung mit dem eigenen Arbeitsfeld und die Suche nach möglichen (alternativen) Handlungsperspektiven. Methodisch angeleitet wird der Frage nachgegangen, wie eine gelungene migrationsgesellschaftliche Öffnung der eigenen Organisationen unter den gegebenen gesellschaftlichen Bedingungen aussehen könnte. Als Ergebnis der Zukunftswerkstätten sollen zunächst pragmatische und realistische Handlungsperspektiven für einen konkreten Zeitraum entwickelt werden, deren Umsetzungsversuche in einem weiteren Schritt in Bezug auf Gelingensbedingungen reflektiert werden.

Methoden: Zukunftswerkstatt (Ziele und Visionen, Kritik, Utopie, Verwirklichung)

I. Modul 7 – Widersprüche als strukturelle Konstante der Arbeit in der Migrationsgesellschaft
Paul Mecheril/Oscar Thomas-Olalde – Format: Workshops in Kleingruppen
In diesem Modul werden unterschiedliche Perspektiven auf pädagogische Professionalität zum Thema gemacht. Der Fokus liegt hierbei auf strukturtheoretischen Perspektiven, die Widerspruchsverhältnisse als strukturelle Konstante professionellen Handelns verstehen und untersuchen. Anhand allgemeiner Antinomien pädagogischer Professionalität soll das eigene Handlungsfeld reflektiert werden, spezifische Widersprüche herausgearbeitet und über Möglichkeiten einer nicht-technologischen Auseinandersetzung mit diesen Widersprüchen nachgedacht werden.
Methoden: Inputvortrag, Praxisreflexion, Diskussion

I. Modul 8 – Migration – Politik – Bildung. Zwischenresümee der Reihe
Paul Mecheril – Format: Workshops in Kleingruppen
Dieses Modul dient einerseits als Abschluss des ersten Fortbildungsdurchgangs und markiert zugleich ein Zwischenresümee für die weiteren Beschäftigungen im zweiten Durchgang. In einem ersten Schritt wird deshalb eine allgemeine Zwischenreflexion der Fortbildungsreihe vorgenommen. Anhand des Themas Integration soll nochmals der allgemeine Zusammenhang von Migration, Bildung und Politik zum Gegenstand der Reflexion und auf das Handlungsfeld der Teilnehmer/innen übertragen werden. In einem zweiten Schritt findet eine gemeinsame Reflexion und Vorausschau auf den zweiten Fortbildungsdurchgang statt. Die gemeinsamen Überlegungen dienen der endgültigen Konzeption des zweiten Fortbildungsdurchgangs.
Methoden: Inputvortrag, Praxisreflexion, Diskussion

Durchgang II

II. Modul 1 – Einführung in die Fortbildungsreihe und die Perspektive Migrationspädagogik

Paul Mecheril – Format: Workshop in der Großgruppe

In diesem Modul wird eine allgemeine Einführung und Rahmung der Fortbildungsreihe vorgenommen, die sowohl den neuen Teilnehmer/innen als auch den Teilnehmer/innen des ersten Durchgangs einen angemessenen (Wieder-)Einstieg ermöglicht. Hierzu wird in einem ersten Schritt theoretisch in die migrationspädagogische Perspektive sowie in das allgemeine, theoretisch fundierte, praxisreflexive Vorgehen eingeführt. In einem zweiten Schritt steht die Konkretisierung dieser Ansätze anhand von Fallarbeit im Vordergrund.

Methoden: Inputvortrag, Fallarbeit, Diskussion

II. Modul 2 – Geschlechterverhältnisse in der Migrationsgesellschaft

Rudolf Leiprecht – Format: Workshop in der Großgruppe

In diesem Modul werden migrationsgesellschaftliche Geschlechterverhältnisse in den Blick genommen. Vermittels einer migrationsgesellschaftlichen Kommentierung von Diskursen und Perspektiven auf Geschlechterverhältnisse sollen die Intersektionen unterschiedlicher gesellschaftlicher Differenzordnungen zum Thema gemacht werden. Kontextspezifische Artikulationen von Geschlecht und Migration werden hierbei aus einer diskursanalytischen Perspektive untersucht.

Methoden: Inputvortrag, Arbeit an Material, Diskussion

II. Modul 3 – Antimuslimischer Rassismus

Zülfukar Çetin – Format: Workshops in Kleingruppen

Dieses Modul nimmt das Phänomen des antimuslimischen Rassismus in den Blick. Es wird in die Perspektive des „antimuslimischen Rassismus" eingeführt und aktuelle Diskurse über die „muslimischen Anderen" analysiert, um in einem weiteren Schritt die eigenen institutionellen

und organisationalen Praktiken im Hinblick auf implizit an Rassismus anschließende Konstruktionen der „muslimischen Anderen" zu betrachten.
Methoden: Inputvortrag, Arbeit an Material, Fallarbeit, Diskussion

II. Modul 4 – Handlungsfähigkeit, Agency und Empowerment als Zielperspektiven der Migrationsarbeit
Nuran Yiğit/Halil Can – Format: Workshops in Kleingruppen
In diesem Modul werden die Konzepte des Empowerments und Power Sharings basierend auf theoretischen Perspektiven in Bezug auf Handlungsfähigkeit und Agency als mögliche Zielperspektiven der Migrationsarbeit eingeführt, diskutiert und anhand der eigenen Praxis reflektiert. Mit den Konzepten verbinden sich zwei allgemeine Strategien zur Veränderung gesellschaftlicher Verhältnisse, ohne dabei Handlungsfähigkeit schlicht auf ein autonomes, selbstverantwortliches Subjekt zu reduzieren, sondern in einem konstitutiven Zusammenhang mit den jeweiligen Macht- und Herrschaftsverhältnissen zu denken.
Methoden: Inputvortrag, Sensibilisierungsübungen, Arbeit an Material, Fallarbeit, Diskussion

II. Modul 5 – Migrationsgesellschaftliche Öffnung von Organisationen
Oscar Thomas-Olalde – Format: Workshops in Kleingruppen
In diesem Modul wird die Perspektive der migrationsgesellschaftlichen Öffnung von Organisationen wieder aufgegriffen und ein Raum zur Verfügung gestellt, um kollektiv über Möglichkeiten der Verwirklichung migrationsgesellschaftlicher Öffnung der eigenen Organisationen nachzudenken und Handlungsperspektiven zu entwerfen.
Methoden: Inputvortrag, Praxisreflexion, Verwirklichungsperspektiven

II. Modul 6 – Zum Abschluss nochmals Spannungsverhältnisse: Demokratie als Vision, Kapitalismus als Realität

Paul Mecheril – Format: Workshop in der Großgruppe
In diesem Modul findet eine Auseinandersetzung mit Widerspruchsverhältnissen als strukturelle Konstanten von Handeln in Organisationen der Migrationsgesellschaft statt. Anhand des Topos „Flucht und globale Ungleichheit" wird jenes Spannungsverhältnis, das zwischen Demokratie als visionärer, normativer Perspektive und Kapitalismus als gesellschaftlicher Realität aufgespannt ist, analysiert und auf das Feld der Teilnehmer/innen übertragen.
Methoden: Inputvortrag, Fallarbeit, Diskussion

2.6 Abschlusskonferenz

Möglichkeiten der migrationsgesellschaftlichen Öffnung von Organisationen. Ausgewählte Konzepte, Erfahrungen und Perspektiven
Datum: 18. Januar 2016
Ort: Jugendgästehaus Dortmund

Basierend auf ausgewählten Konzepten, empirischen wie praktischen Erfahrungen und theoretischen Perspektiven im Feld der migrationsgesellschaftlichen Öffnung von Organisationen soll ein Raum für gemeinsame Reflexionen geschaffen werden, der die migrationsgesellschaftliche Realität gegenwärtiger Verhältnisse zum Ausgangspunkt nimmt, um Möglichkeiten einer migrationsgesellschaftlichen Öffnung von Organisationen zu diskutieren, die vom normativen Anspruch geleitet sind, allen gleichermaßen Handlungsvermögen und Teilhabebedingungen zu ermöglichen sowie migrationsgesellschaftliche Öffnung von Organisationen weder in abgeschlossenen Gesellschaftsmodellen noch in einer Reduktion auf „Kultur" zum Thema zu machen.
Formate: Vortrag, Workshops, Plenumsreflexion, Podiumsdiskussion

Tagungsprogramm
Begrüßung und Einführung
(Paul Mecheril & Matthias Rangger)

2 Eine praxisorientierte Fortbildungsreihe 27

Vortrag
Migrationsgesellschaftliche Herausforderungen für Organisationen und professionelles Handeln. Überlegungen aus einem Fortbildungsprojekt (Paul Mecheril & Matthias Rangger)

Workshops
Interkulturelle Öffnung der sozialen Arbeit: Ausgewählte Konzepte, Erfahrungen, Perspektiven (Stefan Gaitanides)
Institutionelle Diskriminierung in Organisationen erkennen: Handlungskonzepte, Erfahrungen, Perspektiven (Mechthild Gomolla)
Rassismuskritische Pädagogik: Ausgewählte Konzepte, Erfahrungen, Perspektiven (Astrid Messerschmidt)

Reflexion der Diskussionsergebnisse der Workshops im Plenum
(Moderation: Matthias Rangger)

Podiumsdiskussion und Ausblicke
Migrationsgesellschaftliche (Bildungs-)Arbeit: Entwicklungen, Erfahrungen und Perspektiven (mit Christiane Bainski, Yasemin Karakaşoğlu und Ina Bömelburg; Moderation: Paul Mecheril)

Prof. Dr. Paul Mecheril, Universität Bielefeld, Professur für Erziehungswissenschaft mit dem Schwerpunkt Migration, AG 10 Migrationspädagogik und Rassismuskritik, Email: paul.mecheril@uni-bielefeld.de

Matthias Rangger, Universität Bielefeld, Fakultät für Erziehungswissenschaft, Wissenschaftlicher Mitarbeiter in der AG 10 Migrationspädagogik und Rassismuskritik, Email: matthias.rangger@uni-bielefeld.de

Ethnografische Praxisforschung – Skizze eines Vorgehens

3

Paul Mecheril und Matthias Rangger

3.1 Zum Anliegen der wissenschaftlichen Begleitung einer Fortbildungsreihe: exemplarische Reflexionen von (professionellem) Handeln in Organisationen der Migrationsgesellschaft

Die Frage nach dem Verhältnis von Handeln und Organisationen ist im Diskurs über (pädagogische) Professionalität alles andere als eine neue Frage. Gleichwohl wird das Thema in unterschiedlichen (Teil-)Disziplinen und mit unterschiedlichen Akzentsetzungen immer wieder gewissermaßen neu entdeckt. So werden an unterschiedlichen diskursiven Orten wie beispielsweise dem der „pädagogischen Professionalität" (etwa: Busse et al. 2016a; Combe/Helsper 1996; Helsper et al. 2008; Schicke 2012) oder dem der „Organisationsentwicklung", etwa als „Schulentwicklung" (Altrichter/Posch 1996; Bohl et al. 2010; Gomolla 2005) oder als „interkulturelle Öffnung" (Fischer et al. 2013; Eppenstein/Kiesel 2008; Gaitanides 2004; Hinz-Rommel 1995; Vanderheiden/Mayer 2014), Fragen danach gestellt, wie professionelles Handeln in Organisationen, trotz oder aufgrund der organisationalen Rahmung, als angemessenes Handeln stattfinden kann. Es geht um die Frage, ob sich Organisation und Professionalität wechselseitig bedingen oder ausschließen und ob nicht eigentlich über professionelle Organisationen nachgedacht werden müsste etc. (Busse et al. 2016a). Diese wiederholte Befragung des Verhältnisses von Professionalität, Handeln und Organisation verweist

P. Mecheril · M. Rangger (✉)
Fakultät für Erziehungswissenschaft, Universität Bielefeld, Bielefeld, Deutschland
E-Mail: matthias.rangger@uni-bielefeld.de

P. Mecheril
E-Mail: paul.mecheril@uni-bielefeld.de

darauf, dass die soziale Form „Organisation" und das – nicht allein auf den Erhalt der Organisation ausgerichtete – Handeln der Professionellen in einem Spannungsverhältnis zueinander stehen. Unabhängig davon, wie dieses Spannungsverhältnis theoretisch aufgefasst wird, kann als Ausgangspunkt für die folgenden Überlegungen zunächst gelten, dass Organisationen Handeln in spezifischer Form sowohl ermöglichen als auch erschweren oder gar verhindern können. So stehen Interaktion und Organisation in der strukturtheoretischen Perspektive Werner Helspers (2009) in einem antinomischen Verhältnis zueinander. Organisationsstrukturen dienen aus dieser Perspektive in erster Linie zur „routinehafte[n] Entlastung angesichts der nicht technologisierbaren pädagogischen Handlungsstruktur und ersetzen den anstrengenden kommunikativen Aushandlungsbedarf" (ebd., S. 21). Zugleich besteht für Helsper in Routinisierung und Strukturierung von Interaktion die Gefahr einer Verfehlung des Einzelfalls, sobald das Handeln zu sehr von starren (Organisations-)Regeln strukturiert wird (ebd.; auch Schütze 1996). Insbesondere in Ansätzen, die den Gehalt von Organisationen an routinisierte und strukturierte Handlungspraktiken von Akteur/innen rückbinden und damit die in strukturlogischen Verständnissen nahegelegte Dichotomie zwischen organisationalem und professionellem Handeln aufheben (Altrichter/Posch 1996; Busse et al. 2016b; Göhlich 2008), stellt sich weniger die Frage danach, ob sich professionelles Handeln und Organisation ausschließen, sondern vielmehr, wie eine spezifische berufliche Tätigkeit „,organisiert' sein muss, damit sie professionell ausgeübt werden kann" (Busse et al. 2016b, S. 4). Das Spannungsverhältnis zwischen Organisation und (professionellem) Handeln besteht demnach darin, dass die soziale Form „Organisation" einerseits als notwendig für professionelles Handeln erachtet wird, professionelles Handeln jedoch gleichzeitig durch Organisationsstrukturen begrenzt wird (Dewe/Peter 2016, S. 131).

Unabhängig davon, ob Organisation als zwar handlungsentlastend, aber dennoch de-professionalisierend verstanden wird, oder aber Organisation und Handeln als relational, das heißt: sich wechselseitig konstituierend, aufgefasst werden, gehen Thematisierungsweisen des Verhältnisses von Professionalität und Organisation nicht selten von der Diagnose eines Mangels, also der Professionalisierungsbedürftigkeit einer bestimmten Praxis oder Organisation aus, der es dann in Form der, was immer dies heißt, angemessenen Verhältnisbestimmung von Organisation und Handeln nachzugehen gilt. Die konjunkturelle Wiederkehr der Thematisierung des Verhältnisses von professionellem Handeln und Organisation bzw. des Spannungsverhältnisses von Verhinderung und Ermöglichung professionellen Handelns durch Organisationen ist insofern nicht außerordentlich verwunderlich – immerhin können wir von einer grundlegenden und dauerhaften Professionalisierungsbedürftigkeit beruflichen Handelns ausgehen. Auch ist es nicht erstaunlich, dass die Frage nach dem Verhältnis von Organisation und Handeln in den letzten Jahren vermehrt mit Blick auf migrationsgesellschaftliche Phänomene gestellt wird (etwa: Filsinger 2016; Göhlich et al. 2012; Griese/Marbuerger 2012; Heinemann et al. 2018; Schröer 2018; Kiel et al. 2017), begegnete der Diskurs um Professionalität der durch diese Phänomene konstituierten Realität doch lange Zeit eher ignorant und wird zweitens der insbesondere auf Migrationsgesellschaftlichkeit bezogene Diskurs dominiert von Diagnosen des Mangels, der Krisenhaftigkeit und der Professionalisierungsbedürftigkeit (s. Kap. 1).

In den nachfolgenden Teilen II und III dieses Buches nehmen wir Spannungsverhältnisse, die sich im beruflichen Handeln in Organisationen der Migrationsgesellschaft zeigen, in Form fallspezifischer Reflexionen in den Blick. Hierbei gehen wir aus einer macht- und differenztheoretischen Perspektive, insbesondere der Perspektive Migrationspädagogik (s. Kap. 1), der allgemeinen Frage nach, welche Bedingungen das berufliche Handeln in Organisationen der Migrationsgesellschaft kennzeichnen und wie unter diesen Bedingungen professionelles Handeln gelingen kann, das heißt: welche Bedingungen ein solches Handeln eher ermöglichen.

In diesen Fragen klingt bereits ein Verständnis von Professionalität an, das Professionalität weder als Handlungsvermögen allein spezifischer, „höherrangiger" Berufsgruppen *(Professionen)* versteht noch Professionalität auf das individuelle Vermögen Einzelner *(Kompetenz)* reduziert. Vielmehr verwenden wir Professionalität als eine Bezeichnung für eine spezifische berufliche Handlungsform; sie ist weder exklusives Charakteristikum bestimmter Berufsgruppen (Professionen) noch das exklusive Kennzeichen bestimmter Personen *(„sie ist sehr professionell")*. Vielmehr gehen wir davon aus, dass es in beruflichen Kontexten pädagogischen Handelns unter bestimmten Bedingungen möglich und auch geboten ist, professionell zu handeln. Was macht berufliches Handeln nun zu professionellem Handeln? Wir schließen hier an strukturtheoretische Ansätze pädagogischer Professionalität an (Helsper 2009). Nach Thomas Geier (2016; auch Terhart 2011) können strukturtheoretische Perspektiven allgemein von kompetenztheoretischen und biografietheoretischen unterschieden werden. Während kompetenztheoretische Ansätze die Aneignung spezifischer Vermögen und Wissensbestände „für die Bewältigung von Aufgaben und Anforderungen" (Geier 2016, S. 186) pädagogischer Tätigkeiten betonen, richten biografietheoretische Perspektiven den Fokus verstärkt auf die Untersuchung „gelungener und erfolgreicher Biographien" (ebd., S. 187) für professionelles pädagogisches Handeln. Strukturtheoretische Ansätze hingegen richten den Fokus auf handlungsfeldspezifische, strukturelle Bedingungen und fragen danach, wie sich berufliches Handeln unter diesen Bedingungen als professionelles Handeln konstituiert. Hierbei weisen sie insbesondere auf die unbestimmte, kontingente und widersprüchliche strukturelle Verfasstheit jeden sozialen Handelns hin (Helsper 2008), zu dem auch pädagogisches Handeln zu zählen ist (Giesecke 2015, S. 20). Soziales Handeln ist stets ungewiss, mehrdeutig, komplex und widersprüchlich; es lässt sich nicht – zumindest dann, wenn es nicht mit einem hohen Maß an Gewalt und Gewaltandrohung verknüpft ist – als Funktion technologisch gefasster Handlungsrezepte, -kompetenzen oder -instrumente sowie des eindeutigen, kausal möglich zu bestimmenden Effekts der Anwendung dieser Rezepte, Kompetenzen und Instrumente fassen. Vielmehr ereignet sich soziales Handeln kontext- und situationsrelativ, somit singulär. Dies trifft insbesondere auf professionelles Handeln zu, zumal wenn wir Professionalität als einen Handlungstypus auffassen, der sich durch die Bezugnahme auf Problem- und Krisenlagen, einer Art Wissensvorsprung, bei gleichzeitiger Anerkennung von Kontingenz und damit Nicht-Wissen sowie durch ein erhöhtes Maß an Verantwortung auszeichnet (Helsper 2008, S. 164).

Die Auseinandersetzung mit der Frage nach Professionalität in Organisationen der Migrationsgesellschaft findet in diesem Buch in Form exemplarischer Reflexionen von Praxisepisoden und Fortbildungssequenzen statt. Hierzu erläutern wir in diesem Kapitel in einem ersten Schritt Anliegen und Vorgehen der wissenschaftlichen Begleitung der Fortbildungsreihe. Im darauffolgenden Buchteil II befassen wir uns mit einzelnen Praxiserfahrungen, die im Rahmen der Fortbildungsreihe berichtet und im Rahmen der wissenschaftlichen Begleitung festgehalten wurden und die wir als *Praxisepisoden* bezeichnen. In Teil III dieses Buches wird anhand exemplarischer *Fortbildungssequenzen* das Fortbildungsgeschehen selbst zum Gegenstand der Untersuchung. Im Zentrum aller in II und III versammelten Reflexionen steht hierbei das allgemeine Nachdenken über (professionelles) Handeln in Organisationen der Migrationsgesellschaft aus einer macht- und differenztheoretischen Perspektive.

Die in den Teilen II und III vorgelegten Reflexionen gehen zum Teil über das spezifische Feld der Pädagogik hinaus. Dennoch beziehen wir uns hauptsächlich auf im erziehungs- und bildungswissenschaftlichen Diskurs vertretene Positionen, Ansätze und theoretische Perspektiven, nicht zuletzt die Perspektive der Migrationspädagogik. Dies geschieht, weil die zugrundeliegende Fortbildungsreihe explizit als migrationspädagogische Fortbildung konzipiert war. Die Übersetzung erziehungs- und bildungswissenschaftlicher Perspektiven auf nichtpädagogische Handlungsfelder scheint nicht nur deshalb nicht unmöglich zu sein, weil der erziehungswissenschaftliche Diskurs auch Wissen und Themen aus anderen Disziplinen aufnimmt, sondern insbesondere auch deshalb, weil Fragen, die wir hier behandeln, zentral um Fragen des organisationalen Lernens kreisen: Wie können Organisationen der Migrationsgesellschaft lernen, der migrationsgesellschaftlichen Realität zu entsprechen? Zugleich sind wir an der Frage interessiert, wie Organisationen in der Migrationsgesellschaft migrationsgesellschaftlich angemessene (zu der Frage, was hier Angemessenheit heißen kann, s. Kap. 13) Formen des Lernens auf der Seite ihrer Adressat/innen ermöglichen und anregen können. Diese doppelte Frage nach dem Lernen in und mittels sowie von Organisationen stellt eine pädagogische Frage dar und bedarf eines erziehungs- und bildungswissenschaftlichen Zugangs zu Organisationen (s. etwa Göhlich 2005).

3.2 Praxisforschung als Praxis

Den Ausführungen in diesem Buch liegen Materialien der zwischen Januar 2014 und Februar 2016 durchgeführten Fortbildungsreihe „Professionelles Handeln in Organisationen der Migrationsgesellschaft" (s. Kap. 2) zugrunde. Diese wurde von uns konzipiert und durchgeführt sowie von Matthias Rangger und einem Team (an dem in unterschiedlichen Konstellationen die Kolleg/innen Anna-Lena Hunze, Peter Kramer, Herta Márki und Katharina Sufryd beteiligt waren) unter der Leitung von Paul Mecheril wissenschaftlich begleitet.

Bei der wissenschaftlichen Untersuchung der Fortbildungsreihe handelt es sich um eine Art von Praxisforschung, die in gewisser Weise praxistheoretisch ausgerichtet ist. Als Praxistheorien lassen sich grundsätzlich jene Ansätze begreifen, so Hilmar Schäfer (2016, S. 11), „in denen ‚Praktiken' die fundamentale theoretische Kategorie bilden und die damit eine Reihe etablierter philosophischer und soziologischer Dichotomien zu überwinden suchen, wie etwa die Differenz zwischen Struktur und Handlung, einer Regel und ihrer Anwendung, der Makro- und der Mikroperspektive sowie zwischen Gesellschaft und Individuum". Grundlegender Konsens praxistheoretischer Analysen besteht darin, dass „die Frage, was *eine* Praxis ist, nur relational [zu] beantworten [ist]" (ebd.). Praktiken stellen hierbei:

> „das Tun, Sprechen, Fühlen und Denken [dar], das wir notwendig mit anderen teilen. Dass wir es mit anderen gemeinsam haben, ist Voraussetzung dafür, dass wir die Welt verstehen, uns sinnvoll darin bewegen und handeln können. Praktiken bestehen bereits, bevor der/die Einzelne handelt, und ermöglichen dieses Handeln ebenso wie sie es strukturieren und einschränken. Sie werden nicht nur *von uns* ausgeführt, sie existieren auch *um uns herum* und historisch *vor uns.*" (ebd., S. 12)

Mit der Untersuchung sozialer Praktiken werden sowohl der spezifische Kontext der Fortbildungsreihe als auch die jeweiligen praktischen Tätigkeiten der Teilnehmer/innen in ihren organisationalen Kontexten zum Thema. Praktiken verstehen wir hierbei nicht als in sich abgeschlossene Einheiten, sondern als solche, die von situationsübergeordneten, migrationsgesellschaftlichen Ordnungen vorstrukturiert und gewissermaßen gebahnt sind. Das Fortbildungsgeschehen verstehen und interpretieren wir deshalb über den Nachvollzug des Singulären einer je kontextspezifischen Praxis hinaus auch als Ausdruck allgemeinerer (migrations-) gesellschaftlicher Macht- und Differenzverhältnisse, die dem jeweiligen Mikrokontext der Situation, dem Raum-Zeit-Zusammenhang, in dem gehandelt wird, vorgelagert sind.

Der Begriff der Praxisforschung wird in methodologischen Debatten unterschiedlich verwendet. Zum Teil wird er dabei mit Begriffen wie Handlungs- und Aktionsforschung gleichgesetzt, die sich als Zugänge zu sozialer Realität verstehen, die die strikte Unterscheidung zwischen grundlagenorientierter und angewandter Forschung aufgeben und sich mit dem Geltungsanspruch praktischer Relevanz auf die außerwissenschaftliche Praxis beziehen (Prengel et al. 2008). Der „action-research-approach" stellt eine „vergleichende Erforschung der Bedingungen und Wirkungen verschiedener Formen des sozialen Handelns und eine zu sozialem Handeln führende Forschung [dar]" (Lewin 1946 zitiert nach Altrichter et al. 2013, S. 809). Mit der Verbindung von professioneller Praxis und forschender Praxis sowie der reflexiven Bezugnahme auf Praxis, die für die Praxis praktisch wird, wird auch dem Umstand entsprochen, dass Praxis „komplex, ungewiss, mehrdeutig sowie von Wert- und Interessenkonflikten geprägt" (ebd., S. 804) ist.

Das zentrale Ziel der hier präferierten erziehungswissenschaftlichen Praxisforschung besteht darin, pädagogische Praxis im Einzelfall zu analysieren und Ergebnisse der Analyse so zu kommunizieren, dass die Autonomie der Praxis dadurch nicht infrage gestellt wird. Freilich kann wissenschaftliche Kommunikation im Sinne einer Anregung oder eines Impulses im jeweiligen praktischen Feld wie etwa einer Organisation durchaus wirksam sein, wobei der Impuls im Rahmen der symbolischen Routinen und Deutungsmöglichkeiten sowie der Handlungserfordernisse des jeweiligen Praxiszusammenhangs spezifisch gedeutet und aufgegriffen wird, sozusagen Sinn machen kann oder auch nicht. Die Anregung, die eine wissenschaftliche Analyse der Praxis für die Praxis zu geben vermag, hängt letztlich davon ab, wie die Analyse in den Rahmen des jeweiligen Praxiszusammenhangs von dem jeweiligen Praxiszusammenhang übersetzt wird. Dass es hierbei Deutungskonkurrenzen innerhalb der jeweiligen Praxiszusammenhänge geben kann, dass die Anregung durch wissenschaftliche Texte zudem zu einer Modifikation der Deutungsschemata beitragen kann, auf deren Grundlage auch wissenschaftliche Ergebnisse gedeutet werden, ändert nichts an dem Grundsatz, dass, in unserem Verständnis, Wissenschaft der außerwissenschaftlichen Praxis weniger Empfehlungen ausspricht als Anregungen offeriert, die von dem jeweiligen Praxiszusammenhang aufgegriffen (oder nicht) und gedeutet werden.

Wissenschaftliche Grundlagenforschung und Praxisforschung können sich unseres Erachtens hierbei durchaus wechselseitig befruchten. So fließen Einzelfallbetrachtungen und -analysen in die Bildung abstrakter gefasster theoretischer Einsichten ein (Prengel et al. 2008). Zugleich ermöglicht der Rückgriff auf abstrakt gefasstes Grundlagenwissen, die im jeweiligen Praxisfeld empirisch gewonnenen Erkenntnisse mit Blick auf allgemeinere theoretische Zusammenhänge auszulegen. In diesem Sinne war es für die von uns durchgeführte wissenschaftliche Begleitung einerseits ein Anliegen, Anregungen und Impulse für die konkrete Praxis der Teilnehmer/innen und der Fortbildungsreihe zu geben, andererseits ebensolche von den Teilnehmer/innen und den Workshopleiter/innen zu erhalten. Gleichwohl bestand das zentrale Anliegen darin, empirisches Material (Texte über Erfahrungen, Beobachtungen, Interviewauskünfte) zu generieren, dessen „Modellierung" zu Anregungen für eine Leser/innenschaft beitragen soll (zur Praxis des Modellierens: Mecheril 2003, S. 32 ff.), die an Fragen von (professionellem) Handeln in Organisationen der Migrationsgesellschaft überhaupt interessiert ist und nicht allein an Antworten auf die Frage: „Was kann und soll konkret getan werden?"

Das Angebot, das mit der wissenschaftlichen Analyse eines Handlungsfeldes einhergeht, ist eine Art *andere Konstruktion* des Feldes, eine Art Neubeschreibung, die von den Akteur/innen dieses Feldes ins Feld übersetzt werden und die für sie eine Bedeutung entfalten kann; bestenfalls eine, die einen Beitrag zur Professionalisierung im Feld und auch des Feldes leistet. Es geht hier also nicht um einen sogenannten Transfer von wissenschaftlichem Wissen in außerwissenschaftliche Praxis, noch viel weniger um einen Theorie-Praxis-Transfer. Diese terminologische Dichotomie verkennt, dass es sich auch bei Wissenschaft um eine spezifische Praxisform handelt. Die üblich gewordene Unterscheidung unterschiedlicher Praxisformen als Theorie und Praxis verstärkt unseres Erachtens hierbei den irrigen Eindruck der grundsätzlichen Überlegenheit wissenschaftlicher Praxis. Zudem verschleiert die Gegenüberstellung die Bedeutung, die theoretische Weltbezüge und Reflexionen sowie auf Erfahrung basierende Verallgemeinerungen für jegliche Form von Praxis haben und konstruiert eine künstliche Unvereinbarkeit von wissenschaftlicher und nicht-wissenschaftlicher Praxis. Wissenschaftliche Praxis führt zu Einsichten und Erkenntnissen, die auf den spezifischen Bedingungen wissenschaftlichen Handelns beruhen (etwa methodische und methodologische Reflektiertheit; mit Blick auf die Handlungsform, die Gegenstand wissenschaftlicher Interpretation wird, wird die der Handlungsform zugrundeliegende Zeitlichkeit aufgehoben und es entsteht eine Entlastung von den institutionellen und situativen Handlungserfordernissen durch Praktiken etwa der Distanzierung, Befremdung oder der Konservierung). Diese Einsichten und Erkenntnisse können für die Felder und in den Feldern, die Gegenstand der Analyse waren, übersetzt werden (oder nicht), worauf die wissenschaftliche Praxis auch als Praxis der Praxisforschung keinen hoheitlichen Einfluss nehmen kann und auch nicht nehmen sollte, da damit die relative Autonomie der konkreten außerwissenschaftlichen Praxis in Abrede gestellt würde. Insofern professionelle Formen beruflichen Handelns aber grundsätzlich, das macht sie zu einer professionellen Form (Radtke 1996), mit einem privilegierten Zugang zu wissenschaftlichem Wissen und den Reflexions- und Begründungsofferten dieses Wissens verknüpft sind, wird unter der Voraussetzung, dass „mehr Professionalität" in dem von uns untersuchten Feld als erstrebenswert erachtet wird, mehr und mehr wissenschaftliches Wissen eine anstoßende, orientierende, wirklichkeitsstiftende Rolle einnehmen – wir werden sehen, ob dies auch dem in diesem Buch versammelten Wissen widerfährt.

Der Ausdruck Modellierung kennzeichnet eine interpretative Praxis sowohl bezogen auf die Art des interpretativen Umgangs mit dem Untersuchungsmaterial als auch mit Blick auf den Geltungsanspruch der Interpretationsergebnisse (ausführlich: Mecheril 2003, Kap. 2). Der interpretative Umgang mit Texten, die die Datengrundlage bezeichnen (in unserem Fall: Beobachtungsprotokolle, Aufzeichnungen von Gesprächen und Interviews), generiert neue Texte. Die Beobachtungs- und Interviewtexte, an denen der Modellierungsprozess seinen Ausgang nimmt und zu denen er beständig zurückkehrt, sind hierbei gewissermaßen das Medium der Erzeugung der Interpretationstexte. Interpretative Modellierungsergebnisse stehen im Verhältnis relativer Unabhängigkeit zum „Daten-Text" und zugleich sind sie relativ abhängig von ihm.

Modellierungen nehmen in konkreten Beobachtungs- und Interviewtexten ihren Ausgangspunkt und entwickeln Lesarten, die immer wieder auf Passagen aus den Datentexten verweisen und dadurch ihre Plausibilität ausweisen (oder verfehlen). Für den praktischen Vorgang des Modellierens stellen die Datentexte somit eine Art Autorität dar. Der Datentext nimmt in einer doppelten Weise maßgeblich Einfluss auf den Interpretationstext. Er bildet zum einen die Grundlage oder den (zumeist fruchtbaren) Boden der Generierung von Ideen, Kategorien und Zusammenhängen; und andererseits wird die interpretative Ausgestaltung dieser Ideen, Kategorien und Zusammenhänge von diesen Texten, die wir Praxisepisoden und Fortbildungssequenzen nennen (s. weiter unten), getragen. Die interpretative Modellierung wird erst durch den Bezug auf Datentexte möglich, ist aber mit Bezug auf ihren Geltungsanspruch von den Datentexten relativ unabhängig. Modellierungen können insofern in Bezug auf die Datentexte als eine *Ko-Konstruktion* bezeichnet werden (ebd.). Modellierungen präsentieren Lesarten, die sich im Prozess des Modellierens entwickeln. Hierbei fungieren die in den Praxisepisoden und Fortbildungssequenzen (Datentexte) auffindbaren Zusammenhänge über Handeln in Organisationen der Migrationsgesellschaft als auslegbare Konkretisierungen figurativer Muster, die im Sinne von hypothetischen wie auch sensibilisierenden Konzepten teilweise bereits vor dem Modellieren bekannt waren und mithilfe der Anregungen des empirischen Datenmaterials sondiert, differenziert und expliziert werden konnten, teilweise aber erst durch das Modellieren zugänglich wurden.

Die wissenschaftliche Begleitung und Analyse der Fortbildungsreihe schließt somit an eine Tradition von Praxisforschung an, deren Ziel es ist, einerseits allgemeine Erkenntnisse über Praxis zu generieren und andererseits Impulse für die Praxis anzubieten. Bereits im Zuge der Forschung wurden der Praxis, also den an der Fortbildung Teilnehmenden wie den Organisationen, in denen sie tätig sind, kommunikative Angebote auf der Ebene der Analyse wie der Ebene normativer, auch regulativer Orientierung gemacht. Ein weiteres Ziel der wissenschaftlichen Begleitung bestand darin, konkrete Hinweise zur kontinuierlichen Überarbeitung, Anpassung und Revision des Fortbildungskonzepts aufzufinden. Im Mittelpunkt aber stand die Suche nach übergeordneten Einsichten und Erkenntnissen zu dem allgemeinen Gegenstand „professionelles Handeln in Organisationen der Migrationsgesellschaft".

3.3 Ein ethnografisch inspiriertes Rahmenverständnis

Um einen möglichst offenen Zugang zum Untersuchungsfeld zu gewinnen und zugleich das allgemeine Interesse an dem Thema „(professionelles) Handeln in Organisationen der Migrationsgesellschaft" nicht aus dem Blick zu verlieren, entschieden wir uns für ein ethnografisch inspiriertes Vorgehen. Ethnografie, so Georg Breidenstein, Stefan Hirschauer, Herbert Kalthoff & Boris Nieswand (2013, S. 7), „verfolgt die einfache, aber nicht voraussetzungslose Grundidee, Menschen in ihren situativen oder institutionellen Kontexten beim Vollzug ihrer Praktiken zu beobachten". Dabei wird davon ausgegangen, „dass nur die andauernde Präsenz vor Ort einen direkten Einblick in verschiedene Wissensformen der Teilnehmer ermöglicht" (ebd.). Ethnografie versteht sich nicht so sehr als eine konkrete Methode, sondern als explorativer Erkenntnisstil, in dessen Zentrum die Erkenntnisgenerierung über den zentralen Forschungsgegenstand steht (Amann/Hirschauer 1997, S. 8 f.). Zentrale Kennzeichen des ethnografischen Vorgehens nach Breidenstein et al. (2013, S. 33 ff.) sind: eine andauernde und unmittelbare Felderfahrung, ein „Methodenopportunismus" und die Methode der „Versprachlichung des Sozialen".

Felderfahrungen ermöglichen *first-hand explorations* kontextspezifischer sozialer Praxis (Atkinson et al. 2008, S. 4 f.). Es handelt sich hier um einen Forschungsstil, der sich von an naturwissenschaftlicher Wissenschaftsperformanz orientierten, sich künstlich abschottenden Forschungsarrangements (Experimente) abgrenzt und in erster Linie „das persönliche Aufsuchen von Lebensräumen" (Breidenstein et al. 2013, S. 33) favorisiert. Zentrale Kennzeichen für solch eine Feldforschung sind:

> „zum einen die sinnliche Unmittelbarkeit der gesuchten Forschungserfahrung, das Drängen auf Wissen ‚aus erster Hand' und eine möglichst direkte Form der Begegnung mit sozialer Wirklichkeit; zum anderen die Dauerhaftigkeit dieses Realitätskontaktes: (…). Die allmähliche [dauerhafte] Akkumulation von Felderfahrungen schafft bei der Forscherin ein umfangreiches Kontext- und Hintergrundwissen, eine Kennerschaft, die über Datensammlungen weit hinausreicht und einzelnen Daten erst ihren Sinn zuweist." (ebd., S. 33 f.)

Wie diese Felderfahrung erlangt und methodisch realisiert werden kann, gilt es jeweils am Forschungsgegenstand und -feld zu klären und ist nicht durch die vorhergehende Festlegung bevorzugter Methoden zu bestimmen. Dies meint die vielleicht etwas forsche Rede vom „Methodenopportunismus" des ethnografischen Erkenntnisstils (ebd., S. 34). Das ethnografische Vorgehen ist in erster Linie dem Forschungsgegenstand und nicht der Methode verpflichtet. Die Methode hat sich dem Forschungsgegenstand anzupassen, nicht umgekehrt. Anstatt der Unterordnung des Gegenstandes unter die Voraus-Setzungen strukturierter Methodenzwänge, werden – so zumindest die programmatische ethnografische Selbstbeschreibung – die Methoden der Logik des Feldes und des Untersuchungsgegenstandes untergeordnet. Dies erfordert eine sukzessive Anpassung, Modifikation und Revision des methodischen Vorgehens im Rahmen der rekursiv stattfindenden Erhebungs- und Auswertungsphasen. Entgegen einem szientistischen und objektivistischen Begehren, das Feld mittels der „Reinheit der Methode" zu kontrollieren, stellt das Feld im Rahmen der Ethnografie keinen „Dschungel [dar], sondern ein sich ständig selbst methodisch generierendes und strukturierendes Phänomen" (Amann/Hirschauer 1997, S. 19). Die

Ordnung, die durch die Logik des Feldes selbst hergestellt wird, gilt es sukzessive zu erschließen (Breidenstein et al. 2013, S. 34 f.). Der zentrale Erkenntnismodus der Ethnografie bezieht sich dabei weniger auf das Beschreiben oder Erklären, sondern vielmehr auf die *Explikation* des Sozialen (Amann/Hirschauer 1997, S. 13). Hiermit verbunden steht ein weiteres Kennzeichen ethnografischer Forschung, das sich vor allem über den Modus des Schreibens vollzieht: die Versprachlichung des Sozialen. Schreiben gilt als Modus der Erschließung sozialer Phänomene, „die noch gar nicht in sprachlicher Form vorliegen, sondern erst durch die Beschreibungen zur Sprache gebracht werden. Durch die Verschriftlichung des Ethnografen wird die vielschichtige soziale Welt nicht nur in eine zweidimensionale Form – die Schrift – übersetzt, sondern erst in Sprache überführt, das heißt benannt und bezeichnet." (Breidenstein et al. 2013, S. 35) Implizites, praktisches Wissen – bspw. darüber, wie man Fahrrad fährt (ebd., S. 35 f.) oder wie man sich in der krisenhaften Situation der zeitlich und räumlich intensivierten Begegnung mit Fremden beim Fahrstuhlfahren sozial angemessen verhält (Hirschauer 1990) – soll über den Modus des „dichten Beschreibens" (Geertz 1983), „*zur Sprache gebracht* werden" (Breidenstein et al. 2013, S. 35).

Der ethnografische Erkenntnisstil verpflichtet sich einer Art methodischer Naivität und findet seinen Ausgangspunkt an der „,unmethodischen' Ausgangsfrage" (Amann/Hirschauer 1997, S. 20), „what the hell is going on here?" (Geertz 1983). Damit ist methodologisch der Ansatz des Befremdens, des Fremdmachens von bislang weitgehend Vertrautem und Selbstverständlichem bzw. von „normalen" alltäglichen Abläufen und Interaktionsroutinen verbunden. Die methodische Praxis des Befremdens verhindert die rasche Erklärung und das unmittelbare Verstehen eines Phänomens und führt es einer detaillierten begrifflichen Explikation zu. Durch ein kontinuierliches Pendeln zwischen Teilnahme und Distanzierung bzw. Nähe und Distanz, das stets von der Praxis des Schreibens begleitet wird, wird ein methodologischer Ausgleich zwischen Praxisnähe und „objektiver" Distanz systematisch verankert (Amann/Hirschauer 1997; Breidenstein et al. 2013).

3.4 Die Praxis der Modellierung sozialer Praxis – das methodische Vorgehen

Die wissenschaftliche Begleitung und Analyse des Fortbildungsgeschehens war geprägt von unterschiedlichen Vorgehensweisen bei der Generierung von Daten.

Die wichtigste Erhebungsmethode war die audiogestützte, teilnehmende Beobachtung. Die sozialen Praktiken des Fortbildungsgeschehens wurden so in eine dauerhaft zugängliche Form übersetzt. Hierbei wurden alle Workshops der Fortbildungsreihe in der Regel von zwei Personen begleitet. Die im Feld gewonnenen Erfahrungen wurden mittels Feldnotizen festgehalten und anschließend mit den parallel durchgeführten Audioaufnahmen zu ausführlichen Protokollen zusammengestellt. Während oder nach den Feldaufenthalten wurden weitere Materialien (Flyer, Konzepte, Workshop-Artefakte etc.) gesammelt, die in den Workshops von den Workshop-Leiter/innen eingebracht wurden oder sich während der Auswertung des Materials als zusätzlich relevante Datenquelle herausstellten.

Neben den teilnehmenden Beobachtungen wurden Interviews mit einigen Teilnehmer/innen und den Workshopleiter/innen durchgeführt. Die Interviews mit den Teilnehmer/innen dienten dazu, Einblicke in die Einschätzungen, Ansichten und subjektiven Konstruktionen der Teilnehmer/innen zum Workshopgeschehen zu erhalten. Von der Annahme ausgehend, dass sich in der spontanen Fortbildungspraxis häufig nur zeitlich begrenzte Kommunikationsräume ergeben, nutzten wir die Interviews auch dafür, zusätzliche und weitergehende Hinweise über das Handlungsfeld, die organisationalen Kontexte sowie gesellschafts- und berufspolitische Einschätzungen der Teilnehmer/innen zu erhalten. Die Interviews mit den Workshopleiter/innen dienten vor allem dazu, ihre Einschätzungen in Bezug auf das Fortbildungsgeschehen sowie ihre eigenen Erfahrungen zu eruieren. Über diese Einschätzungen und Erfahrungen wurden Hinweise auf spezifische, aber auch allgemeinere Themen, Aspekte und Dynamiken der Fortbildungsreihe gewonnen, die den Aufmerksamkeitsfokus im Rahmen der teilnehmenden Beobachtungen sowie der Interviews mit den Teilnehmer/innen schärften.

Bereits vor der Fortbildungsreihe wurde eine Befragung aller Teilnehmer/innen mittels eines Fragebogens durchgeführt. Darüber hinaus fand bereits zu jenem Zeitpunkt eine umfangreiche Recherche zu den Organisationen und dem allgemeinen Handlungsfeld der Teilnehmer/innen statt. Diese Erhebungen dienten dazu, den Kenntnisstand, die Erwartungen und Bedarfe der Teilnehmer/innen in einem ersten Schritt in Erfahrung zu bringen und in diesem Zuge – entsprechend dem Forschungsstil der Grounded Theory (Corbin/Strauss 2008; Strauss 1998) – für die Bewegung der Suche nach Wissenswertem bedeutsame, gleichwohl nur lose orientierende, erste sensibilisierende Konzepte (Blumer 1954) in Bezug auf die spezifischen Handlungsbedingungen der institutionellen wie organisationalen Kontexte der Teilnehmer/innen zu generieren.

Im Rahmen der Analysen nehmen wir eine forschungspragmatische Unterscheidung zwischen *Praxisepisoden* und *Fortbildungssequenzen* vor. „Praxisepisoden" verweisen auf Erfahrungen aus der alltäglichen beruflichen Praxis, die während des Fortbildungsgeschehens oder im Rahmen der Interviews von den Teilnehmer/innen berichtet wurden. „Fortbildungssequenzen" stellen Aus- bzw. Abschnitte aus den aufgezeichneten und dokumentierten Beobachtungen im Rahmen der Fortbildung dar, in denen sich Ausführungen einzelner Teilnehmer/innen und Diskussionen oder Verständigungen zwischen den Teilnehmer/innen finden, die teilweise über die Schilderung konkreter beruflicher Erfahrungen (Praxisepisoden) hinausgehen und die wir als Hinweise auf Formen und Inhalte professioneller Reflexion behandeln, in denen sich grundsätzlichere, allgemeinere, abstrakter gefasste Fragen und Probleme professionellen Handelns in der Migrationsgesellschaft zeigen. Sowohl die berichteten Praxiserfahrungen als auch die Sequenzen des Fortbildungsgeschehens fassen wir hierbei in dem oben dargestellten Verständnis als (Ausdruck von) Praktiken, die weder für sich und singulär gelten noch von allgemeinen Regeln determiniert werden, jedoch von interaktiven, strukturellen und diskursiven Kontextbedingungen vorstrukturiert sind. Über die Analyse der in den Praxisepisoden artikulierten Erfahrungen alltäglicher beruflicher Praxis zeichnen wir ein Bild der Handlungsfelder und der Organisationen der Teilnehmer/innen, das auf allgemeine strukturelle Anforderungen an professionelles Handeln in Organisationen der Migrationsgesellschaft verweist. Die Interpretation der Fortbildungssequenzen dient der differenz- und professionalitätstheoretischen Auseinandersetzung mit dem Fortbildungsgeschehen und -kontext.

Aufgrund der zeitlichen Struktur der Fortbildungsreihe (ein bis zwei Workshops pro Monat) liefen die Auswertungsphasen meist parallel zu den Erhebungsphasen. Zwischen den beiden Fortbildungsdurchgängen sowie nach dem zweiten Fortbildungsdurchgang fanden ausführliche Auswertungsphasen statt. Während der Auswertungsphasen wurden die Beobachtungsprotokolle, die Interviewtranskripte sowie die zusätzlichen Materialien in anonymisierter Form in projektinternen wie weiteren Forschungswerkstätten gemeinsam interpretativ erschlossen und kodiert. Interpretative Forschungswerkstätten ermöglichen in der kollektiven interpretativen Praxis:

> „empirische Erfahrungen systematisch zu rekonstruieren, Methoden kritisch anzuwenden und zu hinterfragen und sich gedanklich mit Phänomenen auseinanderzusetzen, also eigene theoretische ‚Modelle' und argumentative ‚Netze' zu entwickeln – und zwar in einem Rahmen, der sie [die Forscher/innen] potenziell immer wieder darauf zurückführt, die Bedingungen und Praktiken, in denen derartige Modelle oder Interpretationen entwickelt werden, kritisch in den Blick zu nehmen" (Dausien 2007, S. 2).

Vor dem Hintergrund weiterer Feldaufenthalte wurden im Rahmen eines von Vorschlägen der Grounded Theory (Strauss 1998) inspirierten, sukzessive die eigenen Erkenntnismittel verfeinernden Vorgehens zunächst Aufmerksamkeitsrichtungen, sodann Kategorien und schließlich Schlüsselkategorien gebildet.

Die Auswertung des Datenmaterials orientierte sich hierbei an Grundsätzen einer interpretativen Sozialforschung (etwa: Keller 2012; Rosenthal 2008), die davon ausgeht, dass sowohl alltagsweltlichem als auch wissenschaftlichem Handeln „[e]in deutender, weltauslegender Bezug" (Keller 2012, S. 2) zugrunde liegt, der selbst nur interpretativ erschlossen werden kann. Das wissenschaftliche Tun verstehen und betreiben wir weniger als neutrale Praxis der Rekonstruktion oder Beschreibung. Wissenschaftler/innen bringen vertraute soziale Praktiken *„zur Sprache"* (Breidenstein et al. 2013, S. 35); sie verleihen situierten sozialen Praktiken einen Sinn, indem sie diese kontextualisieren und mit (vorausgehenden) Differenzordnungen sinnhaft verknüpfen (Gottuck/Mecheril 2014). „Das Verhältnis von sozialer Wirklichkeit und wissenschaftlicher Erkenntnis", so Bettina Dausien (2007, S. 2), „ist nicht als einseitiges Abbildungsverhältnis zu denken, sondern als eine Praxis des ‚Modellierens', in der die Forschung ihren Gegenstand aktiv formt".

Bei den Modellierungen in II und III wird zwar bewusst eine Strategie der naiven Distanzierung angewandt, mittels der die Praxisepisoden und Fortbildungssequenzen in gewisser Weise so behandelt werden, als sei zunächst gänzlich unklar, was in diesen Episoden und Sequenzen zum Thema und Problem, was hier verhandelt wird. Es geht hierbei aber um eine methodische Befremdung des Geschehens, die dieses einer kontextualisierenden Analyse zugänglich macht.

Ein Kontext[1] kann als Regel-Code-Ressourcen-Komplex verstanden werden, wobei Differenzordnungen wie etwa natio-ethno-kulturell kodierte Ordnungen besonders einflussreiche Regel-Code-Ressourcen-Komplexe darstellen. Um uns zunächst einem formal-abstrakten Verständnis von sozialem Kontext zu nähern, nutzen wir hier in heuristischer Weise den Strukturbegriff der Strukturierungstheorie von Anthony Giddens (1997) und verstehen „sozialen Kontext" als explanatives Konstrukt, das ermöglicht, Aussagen über die semantische, machtbezogene und normative Dimension des sozialen Geschehens zu machen. Kontexte können als Medium und Resultat von sozialer Praxis verstanden werden. Der Kontext stellt hierbei gegenüber dem Handeln und der Situation kein „Außen" dar (was nicht heißt, dass Kontexte nicht als Außen kommunikativ adressiert werden können), sondern wirkt – sei dies den Akteur/innen nun bewusst oder

---

[1] Die folgende Passage stammt aus Gottuck/Mecheril (2014).

nicht – aufgrund von Verinnerlichung und Materialisierung in der Situation und in dem Handeln. Kontexte präformieren Situationen semantisch, machtbezogen und normativ; sie sind strukturierende Voraussetzungen des Geschehens, durch das sie selbst wiederum strukturiert werden. Wichtig für unseren Zusammenhang ist hier insofern die Giddenssche Unterscheidung zwischen Signifikation, Herrschaft und Legitimation. Signifikation, Herrschaft und Legitimation sind strukturelle Dimensionen oder Strukturmomente, die soziale Zusammenhänge kennzeichnen. Jeder soziale Zusammenhang ist im Hinblick auf strukturelle Momente der Konstitution von semantischer Bedeutung, wechselseitiger Beeinflussung und normativer Begründung charakterisierbar. Prozesse der Signifikation, Herrschaft und Legitimation sind zudem als Dimensionen jeder Interaktion zu verstehen (Giddens 1997, S. 84).

Code, Ressource und Norm stellen die Dimensionen dar, auf denen Strukturmomente jeder Handlung und Situation beschreibbar werden. Als Kontext bezeichnen wir einen spezifischen Regel-Code-Ressourcen-Komplex, der transsituativ Sinn stiftet und durch fortlaufende Sinnstiftung in und mittels sozialer Praxis Geltung beansprucht. Kontexte sind normative, semantische und machtmittelnde Bezugsrahmen sozialer Praktiken[2]. Diese Bezugsrahmen sind Vorstrukturierungen und Bahnungen situativer Praktiken. Allerdings, und deshalb sprechen wir von Kon-Text und nicht von Struktur, haben wir es mit einer fortwährenden Verschiebung der Regel-Code-Ressourcen-Komplexe in ihrer praktischen Aktualisierung bzw. Wiederholung zu tun. Kontexte sind fluide, an soziale Praxis konstitutiv gebundene Voraus-Setzungen der Praxis selbst. Weiterhin gehen wir davon aus, dass kontextuelle Bahnungen von Situationen in einem radikalen Sinne kontingent sind. Sie sind in ihrer Wirksamkeit nicht nur an historische Bedingungen ihres Auftauchens und ihrer Wirksamkeit gebunden, vielmehr stehen den Handelnden in Situationen in der Regel mehrere Bahnungs- und Kontextualisierungsoptionen zur Verfügung, die sie womöglich konkurrierend einbringen, ohne dass dieses ihnen in jedem Fall bewusst sein muss. Kontextualisierungen sind (nicht notwendig bewusste) Einsätze in den Auseinandersetzungen, die um die Frage geführt werden, was hier eigentlich vor sich geht und gehen sollte.

Wenn wir in einem zweiten Schritt danach fragen, welche inhaltlichen Regel-Code-Ressourcen-Komplexe besonders bedeutsam sind, wodurch also wissenschaftliche Tätigkeit als Kontextualisierungspraxis inhaltlich angeleitet sein

---

[2] Mit Giddens können wir sagen, dass in jeder Interaktion „interpretative Schemata zur Kommunikation von Bedeutung, Machtmittel zur Durchsetzung von Interessen und Normen zur Sanktionierung" benutzt werden (Müller 1997, S. 180).

kann, dann stehen wir vor einem Problem, das Lawrence Grossberg so beschreibt: „der Kontext ist alles, und alles ist kontextuell" (Grossberg 1999, S. 60). Grossberg spricht von „sogenannten Hintergrundthemen" und „historischen Kräften", welche das unmittelbare soziale Phänomen materiell und kulturell hervorbringen. Auch die Beschreibung eines Kontexts – entweder „eng gefasst" als „Stadtteil zu einem bestimmten Zeitpunkt, [...] eine urbane Region, [...] eine Schule, an der es Rassenprobleme gibt" oder „weit gefasst" als „der globale Kapitalismus nach dem kalten Krieg" (ebd., S. 60) – bleibt vage im Hinblick auf die Frage, welche inhaltlichen Regel-Code-Ressourcen-Komplexe von besonderer Relevanz sind. Grossbergs Unentschiedenheit an diesem Punkt folgt der programmatischen Figur radikaler Kontextualität, die bewusst keine kontextbezogenen Vorab-Setzungen macht, um die Beziehungen und das konkrete Feld als „Milieu menschlicher Machtbeziehungen" (ebd.) zu erforschen. Der Kontext sei nicht vorher bestimmbar, sondern entstehe in der Zirkularität des Forschungsprozesses, der Kontext und Phänomene auf deren gegenseitige Konstitutionsbedingungen befragt. Der Kontext selbst sei:

> „genau das, was man zu analysieren versucht, und stellt die am schwierigsten zu konstruierende Sache dar. Der Kontext eines bestimmten Projektes ist nicht im Vorhinein empirisch vorgegeben; er muß erst durch diese definiert werden, das heißt durch die zur Debatte stehenden politischen Fragen." (ebd., S. 59)

Eine solche Auffassung von Kontext bringt uns methodologisch freilich in Schwierigkeiten, weil nunmehr Kontextualisierung zu einer nicht nur ungeordneten, sondern beliebigen Praxis wird. Wenn die Mannigfaltigkeit der grundsätzlich gegebenen Kontextualisierungsmöglichkeiten – „Rasse, soziale Klasse, ethnische Zugehörigkeit, regionale Lage, Generation, Religion, wirtschaftliche Umstände, politisches Klima, Familiengeschichte, Wetter" (Ang 1997, S. 93) –, von denen die meisten womöglich auch eine gewisse Plausibilität aufweisen, „nicht irgendwie im Zaum gehalten wird, so kann das Bewußtsein der interkontextuellen Unendlichkeit leicht zu einem außer Kontrolle geratenen Kontextualismus führen!" (ebd.). Ang plädiert letztlich dafür, sich als Ethnograf/in erstens einzugestehen, dass die Arbitrarität der Kontextualisierung unumgänglich ist und zweitens daraus den Schluss zu ziehen, die eigenen Erkenntnisse als „standpunktbezogene Wahrheiten" zu begreifen und zu kommunizieren.

Auch wenn Grossberg (1999) den Kontext per se als von Machtverhältnissen hervorgebracht begreift, lehnt er es dennoch ab, spezifische Herrschaftsverhältnisse und gesellschaftliche Ordnungen als besonders wirkmächtige Kontexte zu bestimmen. Diese Zurückhaltung ist insofern verständlich, als sie die Gefahr der unangemessenen Voreingenommenheit, die Gefahr der Wiederentdeckung des ewig Gleichen minimiert. Angesichts der Vielfalt von Kontextualisierungsmöglichkeiten sollte unseres Erachtens eine an dem Interesse, Kontext-Praxis-Relationen dezidiert in Bezug auf die Dimension der Macht zu untersuchen, orientierte Perspektive dennoch einem Typ von Kontext eine besondere Aufmerksamkeit widmen: nämlich jenen Kontexten und Bahnungen des Sozialen, die in einem doppelten Sinn, quantitativ und qualitativ, besonders wirkungsvoll sind. Denn obwohl „alles" einen Kontext darstellen kann, haben wir es doch mit gesellschaftlichen Verhältnissen zu tun, in denen bestimmte Code-Norm-Ressourcen-Komplexe von besonderer Bedeutung sind.

Diese besonders bedeutsamen Regel-Norm-Ressourcen-Komplexe nennen wir Differenzordnungen (ausführlicher: Mecheril/Vorrink 2011). Differenzordnungen sind in besonderer Weise wirkungs- und machtvoll, weil sie, wie etwa die Unterscheidung zwischen „Migrant/innen" und „Nicht-Migrant/innen", zwischen „Heterosexuellen" und „Nicht-Heterosexuellen", zwischen „Behinderten" und „Nicht-Behinderten" viele, wenn nicht alle Menschen eines zeit-räumlichen, historisch-kulturellen Kontexts betreffen und weil sie den positiven oder negativen Rahmen darstellen, in dem sich Selbstverständnisse der Menschen bilden[3]. Differenzordnungen führen Unterscheidungen ein, die das gesellschaftliche Geschehen symbolisch und materiell, diskursiv und außer-diskursiv für Mitglieder von Gesellschaften begreifbar machen. Differenzordnungen vermitteln ein Verständnis der sozialen Welt, in dem sich die je eigene Stellung in ihr darstellt. Sie sind Ordnungen hegemonialer Differenz; in ihnen wird folgenreich unterschieden, in ihnen lernt man sich kennen, in ihnen bilden sich Routinen des Körpers, der Sprache, des Denkens aus, die den eigenen Platz in einer sicher nicht starren, aber gut gesicherten Reihe von hierarchisch gegliederten Positionen wiedergeben. Solche fundamentalen (Differenz-)Ordnungen – etwa *race, class, gender* –, die ihren Widerhall beispielsweise in der Funktionsweise von Organisationen und Institutionen oder in den Mustern von Interaktionen finden, wirken als Rahmen, in dem Gewohnheiten des Denkens und Handelns ermöglicht und nahegelegt werden. Diese Vorgaben determinieren nicht schlicht das individuelle Tun, sie werden vielmehr in individuelles Tun und Erfahrungen transformiert und über Erfahrungen und durch das Tun angeeignet.

Den Einzelnen stoßen diese Zuschreibungen also nicht einfach nur sozusagen mechanisch zu. Die subjektivierende Wirkung der Kategorien ist vielmehr

---

[3] Dies heißt nun nicht, dass Menschen „contextual dopes" sind. Nur gehen wir davon aus, dass bestimmte Differenzordnungen – wie die Gender-Unterscheidung oder migrationsgesellschaftliche Differenzierungen – von fundamentaler Bedeutung für die Strukturierung gesellschaftlicher Realität sind und die Gegebenheit dieser Ordnungen in Bezug auf Subjektivierungsprozesse allgemein Wirkung entfaltet.

auf die „Mitarbeit" der Individuen angewiesen, die dadurch – handelnd, interpretierend – zu Subjekten werden. Im Rahmen dieses Sich-ins-Verhältnis-Setzens der Subjekte zu Differenzordnungen können Zuordnungen und Identifizierungen nicht nur angenommen, sondern auch zurückgewiesen, herausgefordert, transformiert oder erweitert werden. Zwischen Ordnungen und Subjekten gilt eine Art Antwortverhältnis, in dem sich Individuen auch aktiv, affirmativ wie kritisch, zu den an sie herangetragenen Differenzkategorien verhalten (können).

Die bewusste Entscheidung, ein Wissen um bestimmte Kontexte – Differenzordnungen – einzubringen, kann mit Bezug auf die Wirkgeschichte dieser Kontextgrößen begründet werden: weil wir wissen, dass etwa hegemoniale Ordnungen, die zwischen „behindert" und „nicht-behindert" unterscheiden, grundlegende gesellschaftliche Unterscheidungen darstellen, ist es sinnvoll und ist es plausibilisierbar, genau diesen Kontexten besondere Aufmerksamkeit zu schenken. Hierbei geht es weniger um den empirischen Nachweis der Wirksamkeit solcher Kontexte in den je untersuchten Situationen, als vielmehr um die Analyse ebendieser Situationen, sodass die allgemeine Struktur spezifischer Differenzordnungen, ihre inhaltlichen und historischen Variationen, die semantischen Figuren, die sie kennzeichnen, die Machtpraktiken und normativen Momente, die für sie charakteristisch sind, beschreibbar werden. Es geht in anderen Worten um das Auffinden einer theoretisierenden Sprache über Macht und Herrschaft.

Ziel der kontextualisierenden Modellierung ist es, über die Interpretation der Episoden sowie der Sequenzen, in denen sich letztlich, nicht ohne Kontroversen und Debatten, reflexive Bezugnahmen der Teilnehmer/innen auf ihr berufliches Feld finden, etwas über allgemeine Eigenschaften der Anforderungen des Handlungsfeldes zu erfahren und hierbei insbesondere das in den Episoden und Sequenzen zum Ausdruck kommende Deutungs- und Handlungswissen über das jeweils thematisierte Phänomen aufzufinden und zum Gegenstand der Analyse zu machen.

Die in dieser interpretativen Praxis des Artikulierens, Kodierens und der sukzessiven Entwicklung von Schlüsselkategorien entstandenen Erkenntnisse zu relevanten Themen und Aspekten des Handelns in Organisationen der Migrationsgesellschaft stellen wir in den folgenden Teilen II und III in Form von einzelfallbezogenen Reflexionstexten vor.

Literatur

Altrichter, H., & Posch, P. (1996). *Mikropolitik der Schulentwicklung. Förderliche und hemmende Bedingungen für Innovationen in der Schule.* Innsbruck u. a.: Studien-Verlag.

Altrichter, H., Aichner, W., Soukup-Altrichter, K., & Welte, H. (2013). PraktikerInnen als ForscherInnen. Forschung und Entwicklung durch Aktionsforschung. In B. Friebertshäuser, A. Langer & A. Prengel (Hrsg.), *Handbuch Qualitative Forschungsmethoden in der Erziehungswissenschaft* (S. 803–818). 4. Aufl., Weinheim/Basel: Beltz Juventa.

Amann, K., & Hirschauer, S. (1997). Die Befremdung der eignen Kultur. Ein Programm. In S. Hirschauer & K. Amann (Hrsg.), *Die Befremdung der eigenen Kultur. Zur ethnographischen Herausforderung soziologischer Empirie* (S. 7–52). Frankfurt a. M.: Suhrkamp.

Ang, I. (1997). Radikaler Konstruktivismus und Ethnographie in der Rezeptionsforschung. In A. Hepp & R. Winter (Hrsg.), *Kultur – Medien – Macht* (S. 92–101). Wiesbaden: Springer VS.

Atkinson, P., Coffey, A., Delamont, S., Lofland, J., & Lofland, L. (2008). Editorial Introduction. In P. Atkinson, A. Coffey, S. Delamont, J. Lofland & L Lofland (Hrsg.), *Handbook of Ethnography* (S. 1–7). Los Angeles et al.: SAGE.

Bohl, T., Helsper, W., Holtappels, H. G., & Schelle, C. (Hrsg.) (2010). *Handbuch Schulentwicklung: Theorie, Forschungsbefunde, Entwicklungsprozesse, Methodenrepertoire*. Bad Heilbrunn: Klinkhardt.

Blumer, H. (1954). What is wrong with social theory? *American Sociological Review 19*(1), 3–10.

Breidenstein, G., Hirschauer, S., Kalthoff, H., & Nieswand, B. (2013). *Ethnografie. Die Praxis der Feldforschung*. Konstanz: UTB.

Busse, S., Ehlert, G., Becker-Lenz, R., & Müller-Hermann, S. (Hrsg.) (2016a). *Professionalität und Organisation*. Wiesbaden: Springer VS.

Busse, S., Ehlert, G., Becker-Lenz, R., & Müller-Hermann, S. (2016b). Einleitung: Professionelles Handeln in Organisationen. In S. Busse, G. Ehlert, R. Becker-Lenz & S. Müller-Hermann (Hrsg.), *Professionalität und Organisation* (S. 1–12). Wiesbaden: Springer VS.

Combe, A., & Helsper, W. (1996). *Pädagogische Professionalität. Untersuchungen zum Typus pädagogischen Handelns*. Frankfurt a.M.: Suhrkamp.

Corbin, J., & Strauss, A. (2008). *Basics of Qualitative Research. Techniques and Procedures for Developing Grounded Theory*. 3. Aufl., Los Angeles et al.: SAGE.

Dausien, B. (2007). *Reflexivität, Vertrauen, Professionalität. Was Studierende in einer gemeinsamen Praxis qualitativer Forschung lernen können. Forum Qualitative Sozialforschung, 8*(1). Zugriff am 18.03.2020 unter http://www.qualitative-research.net/index.php/fqs/rt/printerFriendly/220/485

Dewe, B., & Peter, C. (2016). Professionelles Handeln – Relationierungen von Professionswissen und organisationalen Strukturen. Dargestellt am Fallbeispiel der Familienbeihilfe im Kontext Sozialer Arbeit. In S. Busse, G. Ehlert, R. Becker-Lenz & S. Müller-Hermann (Hrsg.), *Professionalität und Organisation* (S. 127–157). Wiesbaden: Springer VS.

Eppenstein, T., & Kiesel, D. (2008). *Soziale Arbeit interkulturell. Theorien – Spannungsfelder – reflexive Praxis*. Stuttgart: W. Kohlhammer.

Filsinger, D. (2016). Interkulturelle Öffnung von Kommunen. In A. El-Mafaalani, E. Gökcen Yüksel & A. Scherr (Hrsg.), *Handbuch Diskriminierung* (S. 639–655). Wiesbaden: Springer VS.

Fischer, V., Springer, M., & Zacharaki, I. (2013). *Interkulturelle Kompetenz. Fortbildung – Transfer – Organisationsentwicklung*. Schwalbach/Ts.: Debus Pädagogik.

Gaitanides, S. (2004). Interkulturelle Öffnung in der Sozialen Arbeit. In B. Rommelspacher (Hrsg.), *Die offene Stadt. Interkulturalität und Pluralität in Verwaltung und sozialen Diensten. Tagungsdokumentation* (S. 4–18). Berlin: ASF Berlin.

Geertz, C. (1983). *Dichte Beschreibungen. Beiträge zum Verstehen kultureller Systeme.* Frankfurt a.M.: Suhrkamp.

Geier, T. (2016). Reflexivität und Fallarbeit. Skizze zur pädagogischen Professionalität von Lehrerinnen und Lehrern in der Migrationsgesellschaft. In A. Doğmuş, Y. Karakaşoğlu & P. Mecheril (Hrsg.), *Pädagogisches Können in der Migrationsgesellschaft* (S. 179–200). Wiesbaden: Springer VS.

Giddens, A. (1997). *Die Konstitution der Gesellschaft. Grundzüge einer Theorie der Strukturierung.* Frankfurt a.M.: Campus.

Giesecke, H. (2015). *Pädagogik als Beruf: Grundformen pädagogischen Handelns.* Basel: Beltz.

Göhlich, M. (2005). Pädagogische Organisationsforschung. Eine Einführung. In M. Göhlich, C. Hopf & I. Sausele (Hrsg.), *Pädagogische Organisationsforschung* (S. 9–24). Wiesbaden: Springer VS.

Göhlich, M. (2008). Schulentwicklung als Machbarkeitsvision. Eine Re-Vision im Horizont professioneller Ungewissheit. In W. Helsper, S. Busse, M. Hummrich & R. T. Kramer (Hrsg.), *Pädagogische Professionalität in Organisationen. Neue Verhältnisbestimmungen am Beispiel der Schule* (S. 263–275). Wiesbaden: Springer VS.

Göhlich, M., Weber, S., & Engel, N. (Hrsg.) (2012). *Organisation und kulturelle Differenz. Diversity, interkulturelle Öffnung, Internationalisierung.* Wiesbaden: Springer VS.

Gomolla, M. (2005). *Schulentwicklung in der Einwanderungsgesellschaft. Strategien gegen institutionelle Diskriminierung in England, Deutschland und in der Schweiz.* Münster u. a.: Waxmann.

Gottuck, S., & Mecheril, P. (2014). Einer Praxis einen Sinn zu verleihen, heißt sie zu kontextualisieren. Methodologie kulturwissenschaftlicher Bildungsforschung. In F. von Rosenberg & A. Geimer (Hrsg.), *Bildung unter Bedingungen kultureller Pluralität* (S. 87–108). Wiesbaden: Springer VS.

Griese, C., & Marburger, H. (2012). *Interkulturelle Öffnung. Ein Lehrbuch.* München: Oldenbourg.

Grossberg, L. (1999). Was sind Cultural Studies? In K. H. Hörning & R. Winter (Hrsg.), *Widerspenstige Kulturen. Cultural Studies als Herausforderung* (S. 43–83). Frankfurt a.M.: Suhrkamp.

Heinemann, A. M. B., Stoffels, M., & Wachter, S. (Hrsg.) (2018). *Erwachsenenbildung für die Migrationsgesellschaft. Institutionelle Öffnung als diskriminierungskritische Organisationsentwicklung.* Bielefeld: wbv.

Helsper, W. (2008). Ungewissheit und pädagogische Professionalität. In Bielefelder Arbeitsgruppe 8 (Hrsg.), *Soziale Arbeit in Gesellschaft* (S. 162–168). Wiesbaden: Springer VS.

Helsper, W. (2009). Pädagogisches Handeln in den Antinomien der Moderne. In H.-H. Krüger & W. Helsper (Hrsg.), *Einführung in Grundbegriffe und Grundfragen der Erziehungswissenschaft* (S. 15–34). 9. Aufl., Opladen & Farmington Hills: Barbara Budrich.

Helsper, W., Busse, S., Hummrich, M., & Kramer, R.-T. (2008). *Pädagogische Professionalität in Organisationen. Neue Verhältnisbestimmungen am Beispiel Schule.* Wiesbaden: Springer VS.

Hinz-Rommel, W. (1995). *Interkulturelle Kompetenz. Ein neues Anforderungsprofil für die soziale Arbeit.* Münster: Waxmann.
Hirschauer, S. (1990). Die Praxis der Fremdheit und die Minimierung von Anwesenheit. Eine Fahrstuhlfahrt. *Soziale Welt 50*(1), 221–246.
Kiel, E., Syring, M., & Weiß, S. (2017). Wie kann interkulturelle Schulentwicklung gelingen? Gruppendiskussionen zu erforderlichen Maßnahmen und Haltungen einer interkulturellen Öffnung von Schule. *Forum Qualitative Sozialforschung. 18*(2), Zugriff am 16.03.2020 unter https://www.qualitative-research.net/index.php/fqs/article/view/2679/4106
Keller, R. (2012). *Das interpretative Paradigma. Eine Einführung.* Wiesbaden: Springer VS.
Mecheril, P. (2003). *Prekäre Verhältnisse. Über natio-ethno-kulturelle (Mehrfach-) Zugehörigkeit.* Münster/New York: Waxmann.
Mecheril, P., & Vorrink, A. J. (2011). „Letzte Woche habe ich mich beim Lächeln ertappt". Bildungstheoretische Anmerkungen zur subjektivierenden Kraft der (Hartz IV-)Differenzordnung. In B. Lederer (Hrsg.), *Bildung – was sie war, ist, sein sollte. Zur Bestimmung eines strittigen Begriffs* (S. 193–218). Hohengehren: Schneider.
Müller, H.-P. (1997). *Sozialstruktur und Lebensstile. Der neuere theoretische Diskurs über soziale Ungleichheit.* Frankfurt a.M.: Suhrkamp.
Prengel, A., Heinzel, F., & Carle, U. (2008). Methoden der Handlungs-, Praxis- und Evaluationsforschung. In W. Helsper & J. Böhme (Hrsg.), *Handbuch der Schulforschung* (S. 181–197). 2. Aufl., Wiesbaden: Springer VS.
Radtke, F. O. (1996). *Wissen und Können – Grundlagen der wissenschaftlichen Lehrerbildung.* Opladen: Leske + Budrich.
Rosenthal, G. (2008). *Interpretative Sozialforschung. Eine Einführung.* 2. Aufl., Weinheim/München: Juventa.
Schäfer, H. (2016). Grundlagen, Rezeption und Forschungsperspektiven der Praxistheorie. In H. Schäfer (Hrsg.), *Praxistheorie. Ein soziologisches Forschungsprogramm* (S. 9–25). Bielefeld: transcript.
Schicke, H. (2012). *Organisation als Kontext der Professionalität. Beruflichkeit pädagogischer Arbeit in der Transformationsgesellschaft.* Bielefeld: Bertelsmann.
Schröer, H. (2018). Interkulturelle Öffnung und Diversity Management. In B. Blank, S. Gögercin, K. E. Sauer & B. Schramkowski (Hrsg.), *Soziale Arbeit in der Migrationsgesellschaft* (S. 773–785). Wiesbaden: Springer VS.
Schütze, F. (1996). Organisationszwänge und hoheitsstaatliche Rahmenbedingungen im Sozialwesen: Ihre Auswirkung auf die Paradoxien des professionellen Handelns. In A. Combe & W. Helsper (Hrsg.), *Pädagogische Professionalität. Untersuchungen zum Typus pädagogischen Handelns* (S. 183–275). Frankfurt a.M.: Suhrkamp.
Strauss, A. (1998). *Grundlagen qualitativer Sozialforschung. Datenanalyse und Theoriebildung in der empirischen soziologischen Forschung.* 2. Aufl., Paderborn: W. Fink/UTB.
Terhart, E. (2011). Lehrerberuf und Professionalität: Gewandeltes Begriffsverständnis – neue Herausforderungen. *Zeitschrift für Pädagogik, 57.* Beiheft, 202–224.
Vanderheiden, E., & Mayer, C.-H. (2014). *Handbuch Interkulturelle Öffnung. Grundlagen, Best Practice, Tools.* Göttingen: Vandenhoeck & Ruprecht.

Prof. Dr. Paul Mecheril, Universität Bielefeld, Professur für Erziehungswissenschaft mit dem Schwerpunkt Migration, AG 10 Migrationspädagogik und Rassismuskritik, Email: paul.mecheril@uni-bielefeld.de

Matthias Rangger, Universität Bielefeld, Fakultät für Erziehungswissenschaft, Wissenschaftlicher Mitarbeiter in der AG 10 Migrationspädagogik und Rassismuskritik, Email: matthias.rangger@uni-bielefeld.de

Teil II
Praxisepisoden: Professionelles Handeln in der Migrationsgesellschaft

Im zweiten Teil des Buches werden Erfahrungen aus der und in der beruflichen Alltagspraxis der Teilnehmer/innen präsentiert und aus einer migrationspädagogischen Perspektive (s. Kap. 1) reflektiert. Die Form, in der die dargestellten Erfahrungen wiedergeben, kommentiert und interpretiert werden, die Form der Modellierung führt uns zu etwas, das wir *Praxisepisode* nennen. Mit dem Ausdruck wird hervorgehoben, dass die im Datenmaterial ersichtlich werdenden Erfahrungen der Teilnehmer/innen methodologisch als Aufführung, Schilderung und Darstellung von beruflichen Erfahrungen aus und in den organisationalen Kontexten der Teilnehmer/innen betrachtet werden. Die in diesem Teil herangezogenen Erzählungen und Berichte der Teilnehmer/innen werden demnach auch durch ihren spezifischen Entstehungskontext vorstrukturiert. Auswahl, Detaillierungsgrad, Art und Weise der Darstellung und Darbietung, die Perspektive und Haltung dazu, all dies wird durch den Kontext der Fortbildungsreihe – die zur Verfügung stehende Zeit, die behandelten Perspektiven und Themen (s. Teil V), die sozialen Konstellationen etc. – vermittelt und gerahmt. Da die Praxisepisoden aber nicht allein Hervorbringungen des Kontextes sind, in dem sie formuliert wurden, verweisen sie zugleich auf relevante Erfahrungen aus und in den organisationalen beruflichen Zusammenhängen der Teilnehmer/innen und damit auf ihre berufliche Alltagspraxis. Die Praxisberichte geben also zugleich Hinweise darauf, wie sich das Handlungsfeld der Teilnehmer/innen für die Teilnehmer/innen darstellt, welche Zwänge, Begrenzungen, aber auch Möglichkeiten sie wahrnehmen, wie sie in diesem Rahmen ihre berufliche Praxis entwerfen, welche Widersprüche sie ausmachen und von welchen Deutungsmustern diese geleitet sind.

Die in den folgenden Kapiteln präsentierten Reflexionen werden anhand von vier allgemeinen Themen, die für den Gegenstand „Handeln in Organisationen der Migrationsgesellschaft" bedeutsam sind, strukturiert: Rassismus (Kap. 4), Essentialisierung/Othering (Kap. 5), Integration (Kap. 6) und Anerkennung (Kap. 7). Die Auswahl derjenigen Erfahrungen, die die Grundlage für die nachfolgenden

Reflexionen darstellen, basiert auf den Relevant-Setzungen durch die Teilnehmer/innen im Fortbildungsgeschehen. Die vier Texte sind so verfasst, dass sie unabhängig voneinander gelesen werden können; sie ergänzen sich jedoch zugleich inhaltlich in einer über-summativen Weise.

4 …dass das Lernen der Kinder aus gutbürgerlichem Haushalt gefährdet ist – Artikulationen von Rassismus in Organisationen

Paul Mecheril und Matthias Rangger

4.1 Einleitung

In öffentlichen wie auch in wissenschaftlichen Zusammenhängen herrscht mittlerweile weitgehende Einigkeit darüber, dass es „keine wissenschaftliche Grundlage für die Einteilung der Menschheit in biologisch unterscheidbare ‚Rassen'" (Hall 2000a, S. 7) gibt. Während unterschiedliche biologische Einteilungen von Menschen in Menschengruppen zu unterschiedlichen historischen Zeiten mindestens so viele „Rasse-Theorien" wie „Rasse-Theoretiker" hervorgebracht haben und zwischen zwei bis mehr als zweihundert unterschiedliche „Rassen" aufgeführt wurden (Geiss 1988), kommen aktuelle Forschungen zu dem Ergebnis, dass „die Unterschiede innerhalb einer als genetisch gleich definierten Gruppe genauso groß sind wie die Unterschiede zwischen zwei als genetisch verschieden definierten Gruppen" (Hall 2000a, S. 7). Hieraus kann der Schluss gezogen werden, dass „es kein objektives Kriterium zur Unterscheidung der Rassen gibt und daß man den Begriff ‚Rasse' als soziale Kategorie und als soziale Konstruktion betrachten sollte" (Teo 1994, S. 89). Der Begriff „Rasse", so Robert Miles (2000, S. 20), gehöre auf den „Müllhaufen analytisch nutzloser Ausdrücke". So hält auch die UNESCO in einer „Erklärung über ‚Rassen' und rassistische Vorurteile" aus dem Jahre 1978 fest, dass:

„[j]ede Theorie, welche die Behauptung enthält, dass bestimmte ‚Rassen' oder Volksgruppen von Natur aus anderen überlegen oder unterlegen sind, und somit impliziert, dass einige das Recht hätten, andere als unterlegen angesehene zu beherrschen oder zu beseitigen, oder welche Werturteile auf Rassenunterschiede gründet, entbehrt jeder wissenschaftlichen Grundlage und widerspricht den moralischen und ethischen Grundsätzen der Menschheit" (UNESCO 1978, Artikel 2).

Mit der Zurückweisung des Denkens biologisch definierter „Rassen" sowie der wissenschaftlichen und moralischen Ablehnung des Rassismus geht nun aber nicht die vollständige Tilgung rassistischen Denkens und Handelns einher. Weder in der Wissenschaft noch in öffentlichen und alltäglichen Zusammenhängen sind Vorstellungen, die auf impliziten wie expliziten Rassekonstruktionen basieren, verschwunden. Das Denken in Rassekonstruktionen und der darauf basierende Rassismus haben zwar ihre vermeintlich naturwissenschaftliche Faktizität, ihre biologistische Grundlage, als auch ihre fraglose moralische Legitimität verloren. Unterscheidungspraxen, die Menschen im Anschluss an und in Analogie zu Rassekategorien in unterschiedliche Gruppen unterteilen, dienen und wirken aber bei der Konstitution gesellschaftlicher Verhältnisse auch nach der offiziellen Ächtung des Rassismus vor dem Hintergrund der Shoa und kolonialistischer Gräuel (Balibar 1991). Auch wenn die explizit rassistische Argumentation, die die asymmetrische Existenz von biologisch unterschiedenen „Rassen" behauptet, in öffentlichen Räumen der Gegenwart eher selten anzutreffen ist, bestehen die Praktiken des Rassismus und der Rassekonstruktion unter veränderten Bedingungen und in gewandelter Form fort. Es haben sich mithin sowohl die Formen der Artikulation als auch die Arten der Ausprägung von Rassismus verändert. Der neue, postkoloniale und postnationalsozialistische Rassismus tritt auch und zuweilen vermehrt auf als ein „Rassismus ohne Rassen" (Balibar 1991, S. 23), also eine Herrschaftspraxis, die rassistisch wirksam ist, ohne *explizit* auf den Code der Rasse zurückgreifen zu müssen (Guillaumin 1995). So sind an die Stelle von „Rasse" unter anderem die Signifikanten „Kultur" (etwa: Balibar 1991), „Sprache" (etwa: Dirim 2010) oder „Religion" (etwa: Attia 2009) getreten. In ihnen werden willkürlich bestimmte körperliche oder soziale Merkmale zur Konstruktion unterscheidbarer Gruppen hervorgehoben und dadurch soziale Ungleichbehandlung als irgendwie nachvollziehbar und verständlich ausgegeben, letztlich also legitimiert.

Die in den Fortbildungsworkshops thematisierten Praxisepisoden aus den Handlungsfeldern der Teilnehmer/innen verweisen darauf, dass das Geschehen in den Feldern nicht selten an rassistische Deutungs-, Erklärungs- und Handlungsmuster anschließt, von rassistischen Mustern vermittelt ist bzw. diese Muster bekräftigt[1]:

1. Bei der Eröffnungsveranstaltung führt der Workshopleiter in das Feld von Migration, Politik und Gesellschaft ein. Er stellt dar, dass Migration gegenwärtig zu einem gesellschaftlich bedeutsamen Thema geworden ist; zumindest in dem Sinne, dass die Migrationstatsache mittlerweile allgemein als gesellschaftliche Herausforderung anerkannt wird. Dadurch haben sich unterschiedliche diskursive wie praktische Bezugnahmen auf die Thematik Migration herausgebildet, die es sich genauer anzusehen gilt. Exemplarisch stellt er hierzu einen Interviewauszug eines Politikers vor, indem seines Erachtens ein ökonomistischer Rassismus zum Ausdruck kommt, der gute und schlechte Migrant/innen nach Kriterien der kapitalistischen Nützlichkeit unterscheidet[2]. In einer anschließenden, kurzen Kleingruppenarbeit zu zweit machen sich die Teilnehmer/innen Gedanken darüber, wie Migration in ihrem Handlungsfeld zum Thema gemacht wird. Nach der Kleingruppenarbeit meldet sich eine Teilnehmerin zu Wort und sagt, dass sie mit ihrer Partnerin besprochen hat, dass „*man (…) gar nicht drum herum*" kommt, auch in dieser ökonomistischen Weise zu argumentieren, denn die Arbeit, die die Teilnehmer/innen in ihren Organisationen machten, muss legitimiert werden im Rahmen der vorherrschenden Logik. Zur Legitimation der eigenen Arbeit müssen somit diese Logiken bestätigt werden, weil diese bspw. bereits in den Gesetzen enthalten sind. So gibt das Gesetz bereits vor, dass Zuwanderer/innen ein bestimmtes Alter und einen bestimmten Ausbildungsgrad aufweisen müssen, um überhaupt eine Chance auf Anerkennung als Zuwanderer/innen zu haben[3]. (Be/1.01/Z.217–226R)

---

[1] Bei den nachfolgenden Episoden handelt es sich um Auszüge aus den Beobachtungsprotokollen der wissenschaftlichen Begleitung, die hier verdichtet wiedergegeben sind.

[2] „Wir waren es auch, die über den Bundesrat versucht haben, dass geduldete Ausländer, die einen Schulabschluss gemacht haben, bleiben können. Weil es mich krank macht zu sehen, wie jemand hier einen Abschluss macht und dann abgeschoben wird." (Olaf Scholz – zu dem Zeitpunkt Oberbürgermeister von Hamburg; Interview SZ, 13. Januar 2014).

[3] In dem Bericht der 2001 gegründeten Unabhängigen Kommission „Zuwanderung" wird an mehreren Stellen für ein Zuwanderungsgesetz plädiert, das auf die Herausforderungen der sogenannten Wissensgesellschaft und der zunehmenden „Alterung der deutschen Gesellschaft" mit der Anwerbung „junger Arbeitskräfte" reagiert. Die Autor/innen verweisen darauf, dass „[f]ür den erfolgreichen Übergang zur Wissensgesellschaft […] auch eine ausreichende Zahl junger Arbeitskräfte gebraucht [werde]. Deshalb ist es bereits jetzt notwendig,

2. In einem Workshop mit dem Titel „*Critical Whiteness und der Integrationsdiskurs*" geht es nach einer biografischen Selbstreflexionsübung, einem theoretischen Input und einer gemeinsamen Bildanalyse zu Rassismus und der versteckten Hervorbringung sowie Unsichtbarkeit von „Weißsein" als Privileg in eine Gruppenarbeitsphase. Meine Kleingruppe – bestehend aus drei Teilnehmer/innen und mir – geht in den Kopierraum neben dem Workshopraum und wir beginnen gleich mit dem Gespräch über die erste von der Workshopleiterin vorgegebene Frage: „Wie prägen rassistische Privilegien/rassistische Dominanz unser Leben?" Nachdem ein Teilnehmer einbringt, dass er noch gar nicht richtig im Thema wäre, da er zu spät zum Workshop gekommen sei, sagt ein anderer Teilnehmer unserer Kleingruppe: „*Ja, wir hatten heute morgen schon Mal so ein Stückchen weit festgestellt, dass es unheimlich schwierig ist, für weiße Männer überhaupt mitzukriegen, dass wir von rassistischen Privilegien geprägt sind. Also es sind ja oft eher die Antibeispiele. Also jemand kriegt die Wohnung nicht, weil er halt Schwarz ist. Jemand kriegt den Job nicht, weil sie Schwarz ist. Und ich glaube, deswegen, zu dieser ersten Fragestellung, wäre eigentlich für mich noch ein erster Schritt wichtiger: erstmals eine Erkenntnis dafür zu entwickeln, dass es Rassismus gibt, also in unserer Arbeit. Und wenn ich auch meine Kolleginnen mir anschaue, die heute nicht bei dieser Fortbildung sind – und ich will da jetzt keine Kategorien aufmachen, aber diese typischen Menschen, die seit 25 Jahren in der Verwaltung arbeiten oder so –, die haben sich mit diesem Thema vielleicht nochmals weniger auseinandergesetzt, als manche andere in unserer Organisationseinheit. Und da ist es erstmal wichtig, ein Bewusstsein dafür zu schaffen, dass es Rassismus überhaupt gibt.*" (Be/1.04/02/09R)
3. In einem Workshop mit dem Titel „Von der interkulturellen zur migrationsgesellschaftlichen Öffnung?!" führt der Workshopleiter kurz in den Workshop und die gemeinsame Arbeitsweise ein. Er stellt vor, dass es um eine Kritik an Kulturalisierung gehen wird und darauf aufbauend diskutiert werden soll, was diese Kritik, wenn sie denn überzeugt, für migrationsgesellschaftliche Öffnung bedeuten kann. Im Anschluss fragt er die Teilnehmer/innen, welche Rolle „Interkulturalität", „interkulturelle Differenz", „kulturelle Vielfalt" etc. in ihren Handlungsfeldern spielen. Eine Teilnehmerin antwortet: „*Hauptrolle.*" Nachdem ein anderer Teilnehmer die Vieldeutigkeit des Begriffs befragt („*Was ist eigentlich Interkulturalität? Wo fängt es an, wo hört es auf?*"), entsteht eine kurze Diskussion darüber, ob es Kulturen überhaupt gibt und inwiefern das

---

das vorhandene Potenzial an Arbeitskräften durch Zuwanderung zu ergänzen." (Unabhängige Kommission „Zuwanderung" 2001, S. 4) Oder: „Zukünftig sollen junge, gut ausgebildete Menschen als Einwanderer nach Deutschland gewonnen werden." (ebd., S. 5)

überhaupt ein sinnvoller Ausgangspunkt für die migrationsgesellschaftliche Arbeit der Teilnehmer/innen ist. Ein Teilnehmer merkt in diesem Zusammenhang an: „*Auf jeden Fall, was alltäglich vorkommt, ist, dass jemand oder eine Gruppe zu kulturell Fremden gemacht werden und uns dafür für zuständig erklärt.*" Er wartet kurz und fährt dann fort: „*Also die Stadtverwaltung weiß schon, wen sie für kulturell fremd hält.*" Der Großteil der Teilnehmer/innen stimmt dieser Einschätzung sichtlich zu, während ein anderer Teilnehmer sagt, dass es sich bei der Praxis „Kultur" folglich vielmehr um eine Praxis der Ausgrenzung handelt, denn um eine Bestimmung tatsächlicher „Kulturen". (Be/1.02/01/09R)

Um zu verstehen, dass die in den Workshops berichteten Praxiserfahrungen auf die gewissermaßen verborgene Wirksamkeit rassistischer Deutungs- und Handlungsmuster verweisen, ist es erforderlich, rassismustheoretische Klärungen vorzunehmen. Dies soll nachfolgend geschehen: Die Ausführungen beziehen sich auf die Bedeutung und Funktion von (zumeist implizit bleibenden) Rassekonstruktionen in Prozessen der Organisationsentwicklung. Zunächst werden wir dafür kurz in unterschiedliche theoretische Überlegungen zum Phänomen Rassismus einführen, um darauf aufbauend ein ideologietheoretisches Rassismusverständnis vorzustellen. Mit diesem Verständnis kann Rassismus als Erklärungswissen für soziale Ungleichheit und als Legitimationspraxis dafür verstanden werden, dass Privilegien ungleich verteilt sind und werden. Auf der Grundlage dieser Überlegungen richten wir anschließend den Blick auf spezifische, in einem Workshop der Fortbildungsreihe berichtete Praxiserfahrungen, die das Thema der migrationsgesellschaftlichen Öffnung von Schulen zum Gegenstand haben. Hierbei verstehen und modellieren wir die in den Praxisberichten zum Ausdruck kommenden Erfahrungen als Auseinandersetzung damit, welche organisationale sowie institutionelle Ordnung zu bevorzugen und wie diese Bevorzugung zu begründen ist.

4.2 Rassismus – Sondierung einer Analyseperspektive

Individualisierende, anthropologisierende und kontextualisierende Perspektiven auf Rassismus

„Die Definition des Gegenstandes (…) ist ein heikles Unterfangen. Bereits die reine Benennung des Gegenstandes transportiert bestimmte Annahmen über seine Beschaffenheit. Tatsächlich geht es wohl von vornherein konzeptuell jeweils um etwas anderes, wenn wir von Vorurteilen, Stereotypen, Ausländerfeindlichkeit, Fremdenfeindlichkeit (Xenophobie) oder Rassismus sprechen. Hinter jedem dieser Begriffe verbirgt sich ein spezifischer Prozeß der ‚Gegenstandsgewinnung'." (Terkessidis 1998, S. 67)

Begrifflichkeiten und wie diese in einem spezifischen Kontext mit Bedeutung versehen werden, kommt eine besondere Rolle dabei zu, wie Wirklichkeit konstruiert, gedacht und erfahren wird. Begriffe und Bezeichnungspraktiken können als Werkzeuge der Konstruktion und Wahrnehmung von Wirklichkeit verstanden werden. In Begriffen werden unterschiedliche Aspekte in den Vordergrund gerückt, die daher eine bestimmte Sicht auf soziale Wirklichkeiten ermöglichen und zugleich auf diese einwirken, indem sie mit bestimmten Praktiken verknüpft sind, die soziale Realitäten hervorbringen (s. etwa Butler 2013 sowie die Beiträge in dem Band „Wie Rassismus aus Wörtern spricht" von Arndt/Ofuatey-Alazard 2011).

In der Thematisierung und Beschäftigung mit migrationsgesellschaftlichen Verhältnissen gibt es eine Reihe von unterschiedlichen Begriffen für diejenigen Phänomene, für die hier mit Gründen die Bezeichnung Rassismus bevorzugt wird. „Ausländerfeindlichkeit", „Xenophobie", „ethnisches Vorurteil", „autoritärer Charakter" etc. rücken bereits auf begrifflicher Ebene unterschiedliche Aspekte in den Vordergrund. Unseres Erachtens bringen diese jedoch nicht angemessen zum Ausdruck, dass es sich bei all den bezeichneten Phänomenen um Konstruktionen handelt, die implizit auf „Rasse"-Konstruktionen Bezug nehmen – auch wenn andere Begrifflichkeiten als der „Rasse"-Begriff Verwendung finden.

Rudolf Leiprecht (2016) differenziert Ansätze, die migrationsgesellschaftliche bzw. natio-ethno-kulturell kodierte Dominanz- und Ungleichheitsverhältnisse zu erfassen und zu erklären versuchen, idealtypisch in individualwissenschaftliche und gesellschaftstheoretische Ansätze. An diese Unterscheidung anschließend unterscheiden wir im Folgenden zwischen individualisierenden, anthropologisierenden und kontextualisierenden Perspektiven auf natio-ethno-kulturell kodierte Dominanz- und Ungleichheitsverhältnisse. Auch wenn eine solche idealtypische Unterscheidung den im Feld vorherrschenden Ansätzen und Theorien, ihren Überlappungen und je singulären Ausdifferenzierungen im Einzelfall nur begrenzt gerecht werden kann, ermöglicht sie eine gewisse Sortierung der nicht nur wissenschaftlichen, sondern auch in Handlungsfeldern implizit wie explizit Verwendung findenden und damit wirksamen Begriffsverständnisse und damit die Reflexion ihrer Angemessenheit.

Individualisierende Perspektiven verorten natio-ethno-kulturell kodierte Dominanz- und Ungleichheitsverhältnisse in Bezeichnungen wie Ausländer- oder Fremdenfeindlichkeit auf der Ebene von Einstellungen und Charaktereigenschaften (exemplarisch: Adorno 1973) und/oder Vorurteilen (exemplarisch: Allport 1971) bei individuellen Akteur/innen. Rassismus wird damit auf die moralische Unzurechenbarkeit (bspw. als „Pathologie"), spezifische Charaktereigenschaften (bspw. als „autoritärer Charakter") oder mangelndes Wissen (bspw. über „andere Kulturen") zurückgeführt. Rassismus wird hierbei eher als „Ausnahmephänomen" (Terkessidis 1998, S. 10) verstanden und konstruiert. In der Vorurteilsforschung (etwa bei Allport 1971) wird Rassismus bspw. als Vorurteil in Form einer Antipathie gegenüber ethnischen Gruppen, die auf eine fehlerhafte Verallgemeinerung zurückgeführt wird, beim Individuum selbst verortet. Obgleich dabei auch sozialisationstheoretisch (Vorurteile als in der Kindheit erlernte Muster) und zuweilen anthropologisierend (Generalisierungen und Feindseligkeiten als natürliches Repertoire menschlicher Existenz) argumentiert wird, bleibt Rassismus ein individuelles Phänomen, gewissermaßen eine individuelle Fehlleistung. Auch Studien zum „autoritären Charakter" (Adorno 1973), die den Zusammenhang von faschistischer Gesellschaft und faschistischem Individuum untersuchen, verorten rassistische Haltungen in den Persönlichkeitsstrukturen der Individuen. Autoritäre Charaktere werden als Produkt einer rigiden, autoritären Erziehung verstanden, die tendenziell anfällig für faschistisches Gedankengut sind. Auch wenn hier sozialisatorische und gesellschaftliche Bedingungen in den Blick kommen, und der Zusammenhang zwischen kapitalistischer Ökonomie, der kapitalistischen Gesellschaftsform, dem „kulturellen Klima", der Familie und dem Individuum betrachtet wird, wird Rassismus letztlich doch so thematisiert, dass er als Empfindungs-, Denk- und Handlungspraxis einzelner Individuen in Erscheinung tritt. Der Effekt dieser Perspektiven ist letztlich, dass einer Individualisierung des Phänomens „Rassismus" Vorschub geleistet wird, indem das Individuum als Ursache von Rassismus und Bezugsgröße seiner Bekämpfung gesehen wird. Rassismus wird mit Blick auf Individuen (ihre Sozialisation, ihr Denken, ihre Einstellungen etc.) zum Thema, wodurch die strukturelle Verankerung rassistischer Unterscheidung im Funktionieren etwa weltgesellschaftlicher und postkolonialer Verhältnisse eher aus dem Blickfeld rückt.

Anthropologisierende Perspektiven, die zur Analyse von natio-ethno-kulturell kodierten Dominanz- und Ungleichheitsverhältnissen auf Bezeichnungen wie Xenophobie oder Fremdenangst zurückgreifen, neigen dazu, sozialpsychologische (exemplarisch: Erdheim 1997) oder (verhaltens-)biologische (exemplarisch: Eibl-Eibesfeldt 1984) Erklärungsansätze zu verallgemeinern. Dominanz- und

Ungleichheitsverhältnisse werden damit auf anthropologische Konstanten zurückgeführt und als eine Art natürliche Abwehrreaktion von homogen gedachten Menschengruppen gegenüber Fremden gefasst. Der Effekt dieser Perspektive ist letztlich die indirekte Legitimation oder zumindest Relativierung von Rassismus dadurch, dass die hypostasierte „Angst und Abwehr gegenüber Fremden" in der vermeintlichen Natur des Menschen verankert wird. Hierbei ist es erforderlich, die Fremdheit der Fremden bereits vorauszusetzen.

„[Die] alten, zum Teil rassistisch geprägten Weltbilder und -vorstellungen und damit verbundene Macht- und Herrschaftsasymmetrien [sind] keineswegs verschwunden, im Gegenteil, sie überdauern und prägen allzu oft die soziale Konstruktion des ‚Fremden' und die auf ihn projizierte Bedrohung. Nicht alle ‚Fremden' sind auf gleiche Weise ‚fremd'. Die Wahrnehmung und Bewertung folgt nicht zufälligen Auswahlkriterien und beruht eben zumeist nicht auf tatsächlichen Differenzen, sondern kann als Ergebnis machtpolitischer, sozialer und historischer Entwicklungen gedeutet werden. Das heißt, welche MigrantInnengruppen als ‚fremd' und ‚bedrohlich' wahrgenommen werden, ist immer auch eine Frage aktueller Machtverhältnisse." (Kluge/Bostanci 2012, S. 30 f.)

Da, wo etwa Theorien zu Fremdenfeindlichkeit eine anthropologische Tendenz behaupten, der zufolge der Mensch auf das, was ihm fremd ist, mit Distanznahme und Vorsicht reagiert und dieser Modus verantwortlich gemacht wird für rassistische Akte, werden in der Erklärung rassistischer Vorkommnisse die negativ von Rassismus Betroffenen ein zweites Mal fremd gemacht. Anthropologische Erklärungsansätze setzen insofern die Logik des Rassismus eher fort, als dass sie diese aufklären.

Kontextualisierende Perspektiven auf natio-ethno-kulturell kodierte Dominanz- und Ungleichheitsverhältnisse, denen auch das hier präferierte und unten näher ausgeführte Verständnis von Rassismus zuzurechnen ist, richten ihren Blick auf die symbolischen wie materiellen gesellschaftlichen Bedingungen, die Dominanz- und Gewaltverhältnisse etwa mit Blick auf Handlungsdispositionen oder organisationale Regelungen hervorbringen. Rassismus wird hier als ein kontextrelatives Wissenssystem zur Welt- und Selbstdeutung sowie zur Legitimation von Handlungen, Strukturen etc. verstanden, das Individuen, Organisationen und Institutionen anleiten kann.

Rassismus als kontingente gesellschaftliche Differenzordnung
Rassismus kann als eine aufgrund historischer Sedimentierung kulturell verfügbare Ideologie verstanden werden, die gesellschaftliche Ordnung und soziale Praxis bedeutsam (vor)strukturiert. Ideologie verstehen wir hierbei weniger als eine Art falsches Bewusstsein, sondern vielmehr als eine interessenvermittelte

Interpretation von Wirklichkeit zur Bewahrung spezifischer Vorteile (Hall 2004a). In Ideologien werden Bedeutung (Wissen) und Macht in spezifischer Art und Weise verknüpft. Stuart Hall (ebd.) nutzt zur Beschreibung dieses Zusammenhangs von Ideologie und Praxis den Diskursbegriff, indem er Rassismus als „ideologischen Diskurs" kennzeichnet. Ein Diskurs umfasst für ihn eine Gruppe von nicht notwendig systematisch aufeinander bezogenen, macht- und bedeutungsvollen Aussagen. In ihrer Gesamtheit stellen sie eine spezifische Art von Wissen über einen Gegenstand bereit, mit dem dieser gedacht, wahrgenommen und ihm begegnet wird (Hall 2008, S. 150 f.). In diesem Sinne macht der Diskursbegriff, so Hall (2000a, S. 8), „keinen Unterschied zwischen dem, was normalerweise Praxis und Ideologie genannt wird. Der Unterschied zwischen Geist und Körper, der für das ganze westliche Denken charakteristisch ist […], wird im Diskursbegriff aufgehoben. In ihm sind alle Praxen durch Ideen bestimmt und alle Ideen sind in Praxen eingeschrieben." Rassismus als ideologischen Diskurs zu verstehen, bedeutet Rassismus als eine spezifische und vorherrschende Art und Weise des Denkens und Wahrnehmens von Welt sowie des Handelns in dieser zu begreifen.

Gesellschaftliche Institutionen und Organisationen wie Schule, Politik, (Staats-)Grenzen, aber auch Massenmedien etc. stellen bedeutsame Einrichtungen der Produktion und Reproduktion ideologischer Diskurse dar (Castro Varela 2016; Hall 2004b). In der Schule bspw. werden Schüler/innen über Schulbücher, Interaktionen und den Unterricht mit spezifischen Perspektiven auf die Welt, auf sich und ihre Mitmenschen vertraut gemacht. Schule stellt einen gesellschaftlich autorisierten Ort dar, an dem Individuen in Selbst-, Fremd- und Weltverhältnisse eingeführt werden (etwa Schiffauer et al. 2002). In der Schule lernen sie, was Deutschland vermeintlich ist, wer, was und welche Geschichte dazugehören oder nicht dazugehören, welche Werte und Normen wichtig sind, in welchem Verhältnis Deutschland zum Rest der Welt steht und welchen Platz sie, die Schüler/innen darin einnehmen. Was Deutschland „ist", ist hierbei historisch kontingent – also immer Produkt einer jeweils historisch-spezifischen Konstruktion von „Deutschland". „Schule befähigt", so María do Mar Castro Varela (2016, S. 45), „nicht nur zum Lesen und Schreiben, sondern gewöhnt daran, den vorgesehenen Platz innerhalb der Gesellschaft als den wahren und mithin allein richtigen Platz wahrzunehmen und schließlich auch anzunehmen".

Rassismus als hegemoniales Deutungs- und Legitimationswissen privilegiert und depriviligiert, wertet auf und degradiert die zunächst unterschiedenen Subjektformen in unterschiedlicher, hierarchischer Weise und stattet diese mit unterschiedlichen Möglichkeiten der Einflussnahme aus. Zugleich wird Rassismus als hegemoniales Erklärungswissen in und durch die Praktiken *aller* Subjekte, Organisationen und Institutionen hergestellt, aufrechterhalten und auch verändert. In der hier skizzierten Perspektive stellt Rassismus ein praktisch bedeutsames Wissen über die Verfasstheit der Welt dar, das über vier Merkmale charakterisiert werden kann (s. auch: Mecheril 2003, S. 68 f.; Mecheril/Melter 2010, S. 156). Obwohl es keinen universellen Rassismus, sondern nur „historisch-spezifische Rassismen" (Hall 2008, S. 127) gibt und weiterhin konkrete Analysen von Rassismus nicht auf der Ebene des Allgemeinen verbleiben können (ebd.), können und müssen gemeinsame Charakteristika unterschiedlicher, historisch und kontextuell spezifischer Rassismen herausgearbeitet werden, „um diese Bezeichnung zu rechtfertigen" (Miles 1992, S. 197).

Vier analytisch unterscheidbare Elemente kennzeichnen die Herrschaftspraxis des Rassismus:

1. homogenisierende und naturalisierende Differenzierung von Menschen in natio-ethno-kultureller Hinsicht,
2. Verknüpfung dieser imaginierten und phantasierten Gruppen mit differenziellen Eigenschaften und Mentalitäten,
3. Hierarchisierung der unterschiedenen Gruppen und
4. Vorhandensein von Macht zur Durchsetzung und zum Wirksam-Machen der Unterscheidungslogik;

Diese Elemente stellen das analytische Instrumentarium der Rassismuskritik (Mecheril 2004) dar, mit dem weniger die Identifikation des rassistischen Aktes oder der, was immer dies heißen mag, Rassist/in angestrebt ist, sondern vielmehr die Untersuchung, wann und wie Rassismus als bedeutsame gesellschaftliche Differenzordnung hergestellt, aufrechterhalten oder verändert wird (s. u.).

Einige Anmerkungen zu den analytischen Elementen:

1. Kern der rassistischen Strukturierungslogik stellt die Unterscheidung eines natio-ethno-kulturell kodierten „Wir" von natio-ethno-kulturell kodierten „Anderen" dar. Mit Bezug auf humandifferenzierende Symbole (Haarfarbe, Hautfarbe, Name, Sprache, religiöse Überzeugungen indizierende Zeichen...) werden Menschen in unterschiedliche natio-ethno-kulturell kodierte Gruppen eingeteilt, denen eine Art Natur und Wesenhaftigkeit zugesprochen wird (Rommelspacher 2009, S. 26) und die sowohl in globaler wie lokaler Hinsicht territorialisiert, also als in bestimmten Räumen ansässig phantasiert werden.

2. Die Unterscheidung zwischen natio-ethno-kulturell kodierten Gruppen ist mit spezifischen, dem vorgestellten Wir und Nicht-Wir zugeschriebenen Mentalitäten verknüpft. Wir und Nicht-Wir werden unterschiedliche Eigenschaften zugeschrieben und dabei in ein antagonistisches Verhältnis zueinander gestellt. Wird das Nicht-Wir als „faul" imaginiert, so konstruiert sich das Wir gegengleich als „fleißig". In der Fremdkonstruktion der Anderen konstituiert sich das Wir als das Gegenbild des Anderen. Magdalena Knappik und Inci Dirim (2013) zeigen in diesem Zusammenhang beispielsweise auf, dass das Unterscheidungsschema „Migrationshintergrund" mit höherer Wahrscheinlichkeit mit der Zuschreibung von Deutschdefiziten einhergeht. Im Gegensatz hierzu werden Personen, die als „ohne Migrationshintergrund" gelten, tendenziell gute Deutschkenntnisse unterstellt, da der Diagnose eine Vorstellung von „Eingeborenheit" inhärent ist. Der diese Unterscheidung ermöglichende Wissenshaushalt operiert mit einem „native speakerism" (ebd.), in dem nationale, ethnische und linguale Zugehörigkeit in einem statischen und essentialistischen Sinne als miteinander verknüpft imaginiert werden.
3. Die hierarchische Imagination und Anordnung der mit spezifischen Eigenschaften assoziierten Gruppen ist das dritte analytische Kennzeichen der rassistischen Unterscheidungspraxis. Das Wir wird dabei dem Nicht-Wir hierarchisch übergeordnet, wobei hierbei durchaus komplexe Systeme der Über- und Unterordnung vorliegen können (etwa: der untergeordneten Gruppe werden Eigenschaften wie Natürlichkeit und Körperlichkeit zugeschrieben, die die übergeordnete Gruppe auch als zivilisatorischen Verlust, als Entfremdung oder als Mangel erlebt). Es findet eine Positionierung im sozialen Raum statt, die einer „Dialektik der Ein- und Ausgrenzung" (Terkessidis 1998, S. 78) folgt. Die vermeintlich Anderen werden in den gesellschaftlichen Raum eingeschlossen und zugleich auf einen spezifischen Platz verwiesen, der sie von dem selbstverständlichen und gleichberechtigten Zugang zu symbolischen und materiellen Privilegien und Ressourcen ausschließt.
4. Eine auf Rassekonstruktionen basierende Ideologie wirkt als rassistische Konstruktion und Imagination, sobald die notwendigen Machtmittel vorhanden und verfügbar sind, um die jeweilige natio-ethno-kulturell kodierte Unterscheidungslogik sozial wirksam, das heißt: hegemonial werden zu lassen. Hegemonial oder dominant wird eine bestimmte ideologische Interpretation von Wirklichkeit dann, wenn sie in die Praktiken von Institutionen, Organisationen und Individuen eingeht (Hall 2004a).

Wenn etwa Phänomene der Ausgrenzung mehrheitsgesellschaftlich positionierter Schüler/innen als „Deutschenrassismus" bezeichnet werden, wie dies von einer ehemaligen deutschen Familienministerin auch im Bundestag formuliert wurde (s. hierzu auch: Räthzel 2012, S. 215), wird verkannt, dass Rassismus nicht schlichtweg vorliegt, wenn auf Rassekonstruktionen zurückgegriffen wird, sondern darüber hinaus kontextspezifisch jene Mittel vorliegen müssen, um die ideologische Konstruktion „wahr" zu machen. Sich in Rassekonstruktionen artikulierende Abschätzigkeit gegenüber „weißen Deutschen" in Deutschland ist gesamtgesellschaftlich erst dann als Rassismus zu betrachten, wenn Macht zur kontinuierlichen und regelmäßigen Durchsetzung dieses Musters der Ausgrenzung bei als Andere geltenden Deutschen vorhanden ist. Dies aber ist sicher nicht der Fall. Zugleich muss darauf hingewiesen werden, dass der Diskurs über den „Rassismus der Minderheiten" schnell dazu dient und benutzt wird, „die dominanten Formen von Rassismus in der deutschen Gesellschaft zu negieren bzw. klein zu reden" (ebd.). Die kontextspezifisch verfügbare Macht, natio-ethnokulturell kodierte Systeme des differenziellen Wertes der Menschen praktisch durchzusetzen und als bedeutsame gesellschaftliche Differenzordnung wirksam werden zu lassen, ist das vierte Kennzeichen von Rassismus. Dieses Kennzeichen verweist nicht darauf, dass nur bestimmte Subjekte („Weiße") rassistisch sein können (ein solches essentialistisches Denken wäre der Ideologie des Rassismus verwandt), sondern auf die Kontextspezifität als rassistisch bezeichenbarer Praktiken und Wissensformen.

Diese vier konstitutiven Charakteristika stellen unseres Erachtens allgemeine Merkmale von Rassismus dar. Gleichwohl artikuliert sich Rassismus diachron und synchron in je spezifischer Weise (Hall 2008, S. 127 f.). Die verallgemeinerte Abstraktion mag zwar „dabei helfen, diejenigen sozialen Phänomene, die auf der Basis rassistischer (biologischer oder sozialer) Zuschreibungen verschiedene soziale Gruppen und Klassen positionieren, von anderen Systemen mit ähnlicher sozialer Funktion zu unterscheiden" (ebd., S. 127), doch können verschiedene Rassismen nur „richtig als ‚ein Produkt historischer Verhältnisse' verstanden werden, die ‚ihre Vollgültigkeit nur für und innerhalb dieser Verhältnisse besitzen'" (ebd.).

„Einiges könnte aus der Unterscheidung dessen, was im Alltagsverstand nur als Varianten ein und derselben Sache erscheint, gelernt werden: z. B. wäre der Rassismus der Sklaverei in den Südstaaten von dem Rassismus zu unterscheiden, der nach dem Bürgerkrieg in den Nordstaaten mit der Eingliederung der Schwarzen in die Formen ‚freier Arbeit' einherging; oder der Rassismus der karibischen Sklavenhaltergesellschaften von dem Rassismus metropolitaner Gesellschaften wie Britannien, die gezwungen waren, schwarze ArbeiterInnen in die industrielle Produktion des 20. Jahrhunderts zu integrieren." (ebd., S. 127 f.)

Die Unterscheidung historisch-spezifischer Rassismen ist für Stuart Hall auch deshalb notwendig, „weil der Rassismus nicht unter Abstraktion von anderen sozialen Verhältnissen erklärbar ist – selbst wenn er, umgekehrt, auch nicht auf diese Verhältnisse reduziert werden kann" (ebd., S. 128). Diese gleichsam lose Kopplung von Rassismus mit anderen sozialen Verhältnissen unter jeweils spezifischen historischen und kontextuellen Bedingungen fasst Hall in dem Konzept der Artikulation, das spezifische Ausdrucksformen von Rassismus zu erfassen erlaubt (auf das Artikulationskonzept gehen wir weiter unten ein).

Auf einer allgemeinen Ebene können in diesem Zusammenhang „Neo-Rassismus" bzw. „Kultur-Rassismus" (Balibar 1991), „Antimuslimischer Rassismus" (Attia 2009), „Linguizismus" (Dirim 2010) sowie „Antisemitismus" (etwa: Brumlik 2009; wenn auch die Subsumierung von Antisemitismus unter Rassismus umstritten ist; s. bspw. Stender 2010, S. 26) etc. von einem „kolonialen Rassismus" unterschieden werden. Während im kolonialen Rassismus den vermeintlich Anderen zwangsläufig und überall, mithin universell, eine Minderwertigkeit zugesprochen wird, wird den als Andere Geltenden im kulturellen Rassismus in der Regel vordergründig nicht ein universeller Makel, also keine Minderwertigkeit an sich, zugeordnet, sondern vielmehr herausgestellt, dass „die andere Kultur" hier bei „uns" nicht am richtigen Ort sei. Im kulturellen Rassismus wird hierbei eine Art „Wissen" produziert, das soziale Ungleichheit vermeintlich erklärt und rechtfertigt. Rassismus und insbesondere die kulturalistischen Spielarten des Rassismus basieren auf Ordnungsvorstellungen, die einen engen Zusammenhang zwischen dem äußeren Erscheinungsbild des Menschen, seinem vermeintlichen Wesen und Territorien herstellen. Rhetorische Figuren, wie: „Weil die türkischen Schüler aufgrund ihrer kulturellen Prägung keinen Zugang zu unserem Schulsystem finden, schneiden sie in unserem Schulsystem auch schlecht ab", schließen häufig – auch ohne dass eine individuelle Absicht identifiziert werden könnte – an rassistische Ordnungsvorstellungen an und bestärken diese.

Die Analyse der Konstruktion und Diskriminierung „des Anderen" im migrationsgesellschaftlichen Diskurs kommt letztlich nicht ohne ein Verständnis rassistischer Strukturen und Prozesse aus. Wenn beispielsweise schulische Bildungsinstitutionen auf ethnische Kategorien zurückgreifen, um Entscheidungen zu rechtfertigen (Gomolla/Radtke 2009), dann ist es sinnvoll, diesen Rückgriff auf ethnische Kategorien („kurdisch", „albanisch") oder quasi-ethnische Kategorien („Migrationsgeschichte") und die Verwendung des Schemas, das zwischen Migrant/innen und Nicht-Migrant/innen differenziert, in den allgemeineren Zusammenhang gesellschaftlich dominanter Unterscheidungslogiken zu stellen. Bildungsinstitutionen wie die Schule sind Teil einer von politischen, kulturellen und symbolischen Machtverhältnissen durchzogenen Gesellschaft. Birgit Rommelspacher (1998) hat hierfür den Begriff der „Dominanzkultur" geprägt. In dem Begriff kommt zum Ausdruck, dass „unsere ganze Lebensweise, unsere Selbstinterpretationen sowie die Bilder, die wir von anderen entwerfen, in Kategorien der Über- und Unterordnung gefaßt sind" (Rommelspacher 1998, S. 22).

Wenn Institutionen und Organisationen auf natio-ethno-kulturelle Unterscheidungskategorien zurückgreifen, dann tun sie dies letztlich, weil diese Unterscheidungsmuster jeweils gesellschaftlich anerkannt und anschlussfähig sind. Natio-ethno-kulturelle Kategorien können nur deshalb so zur Erklärung bestimmter Sachverhalte Verwendung finden, die für Migrationsandere[4] nachteilig und für Nicht-Migrationsandere von Vorteil sind, weil wir in einer Dominanzgesellschaft leben, in der die Differenz zwischen Anderen und Nicht-Anderen als Über- und Unterordnung der „Identitäten" produziert, hingenommen, verstanden und etwa – mithilfe des Kulturbegriffs (s. auch Kap. 5) – legitimiert wird.

Die hier skizzierte ideologietheoretische Perspektive auf Rassismus, so kann zusammengefasst werden, geht davon aus, dass durch das Wissen, das in rassistischen Erklärungssystemen zirkuliert, Dominanzverhältnisse bekräftigt und iterativ hergestellt werden. Dieses Wissen muss den Subjekten nicht immer bewusst sein. Es gehört vielmehr zum Haushalt der selbstverständlich plausiblen Bilder und Imaginationen, die in einem gesellschaftlichen Zusammenhang als Unterscheidungsoptionen zur Verfügung stehen. Dieses Wissen wird in machtvollen – wissenschaftlichen, politischen, medialen, institutionellen und alltäglichen – Praktiken und Diskursen kontinuierlich produziert, reproduziert aber auch verändert. Rassismus entfaltet seine Wirksamkeit auf allen Ebenen gesellschaftlichen Funktionierens (in institutionellen, organisationalen, interaktiven als auch individuellen Praktiken) und erfüllt hierbei unterschiedliche Funktionen (Legitimierung von Ungleichbehandlung, Schaffung von Sündenböcken, Aufwertung der eigenen Person, Beanspruchung von Privilegien etc.). Rassismus stellt

---

[4] Das Kunstwort „Migrationsandere" (Mecheril 2004) verweist darauf, dass es „Migrant/innen" und „Menschen mit Migrationshintergrund" sowie komplementär „Nicht-Migrant/innen" und „Menschen ohne Migrationshintergrund" nicht an sich, sondern nur als relationale Phänomene gibt. „Migrationsandere" stellt eine Formulierung dar, die auf Praktiken, Prozesse und Strukturen der machtvollen Herstellung „Anderer" und „Nicht-Anderer" in Verhältnissen der Differenz und Dominanz aufmerksam macht. Der Begriff weist somit auf partiell ähnliche Bedingungen der Bildungs- und Lebenssituation bestimmter Personen hin, nicht aber, dass diese in irgendeiner Weise gleich wären oder zu einer bestimmten Gruppe gehören würden. (Nicht-)Migrationsandere ist ein Werkzeug der Konzentration, Typisierung und Stilisierung, das auf Kontexte, Strukturen und Prozesse der Herstellung der in einer Migrationsgesellschaft als (Nicht-)Andere geltenden Personen und die damit einhergehenden Konsequenzen verweist.

in dieser Perspektive ein in machtvollen sozialen Praktiken und Diskursen konstruiertes und tradiertes Wissen über die Beschaffenheit der Welt dar. Da dieses Wissen Praxis konstituiert, strukturiert und ordnet es soziale Wirklichkeit, indem Menschen in natio-ethno-kulturell kodierte Gruppen unterschieden und ihnen unterschiedliche soziale Positionen zugewiesen werden, die mit asymmetrischen Verhältnissen der Einflussnahme (Macht) einhergehen.

Individuelle Einstellungen, Vorurteile und/oder Gefühle der Angst vor vermeintlicher Fremdheit, und die sie begleitende Aggressivität, können zwar rassistische Praktiken darstellen; Rassismus ist aber nicht auf diese Praktiken zu reduzieren. Formen institutioneller Diskriminierung in der Schule (Gomolla/Radtke 2009; Gogolin 2008), bei Bewerbungsverfahren (Scherr et al. 2015), Polizeikontrollen (Behr 2017; Belina 2016), der Gewährung von Grenzübertritten (Breljak 2017) etc. können weder über rassistische Einstellungen, individuelle Vorurteile oder bewusste rassistische Handlungen noch mithilfe des Konstrukts der „Angst vor Fremdheit" *hinlänglich* erklärt werden. Das Gefühl der Bedrohung und der Angst beispielsweise, das etwa das Hören einer als Migrationssprache geltenden Sprache bei Mehrheitsangehörigen im öffentlichen Raum im Gegensatz zu einer als Weltsprache geltenden Sprache (wie Spanisch oder Französisch) auszulösen vermag (Dirim 2016, S. 321 ff.), obwohl Migrations- wie Weltsprache womöglich nicht verstanden werden und die Migrationssprache womöglich sogar stärker im öffentlichen Raum (im Bus, in der Schule, bei der Arbeit etc.) vertreten sein mag, ist nicht hinlänglich mit dem Erklärungsmuster einer anthropologisch gedachten Fremdenangst beschreibbar. Welche Sprache bei wem mit Furcht oder mit Interesse und Wertschätzung assoziiert ist, wird vielmehr nicht unmaßgeblich von ideologischen Konstruktionen vermittelt, die Sprachen und ihren Sprecher/innen bestimmte Werte, Zugehörigkeiten sowie bestimmte Absichten unterstellen.

Dass jemand als migrationsgesellschaftlich Andere/r erkannt wird (und sich selbst in Folge entsprechender Erfahrungen selbst in dieser Weise erkennt), dass mit diesem Erkennen bestimmte Wahrnehmungen, Gefühle, Assoziationen, Handlungsbereitschaften und Affekte verbunden sind, verweist auf die ideologisch-diskursive Vermitteltheit dieses Erkennens, Fühlens und Assoziierens. Rassismus ist jenseits der (antirassistischen) Einstellungen und Absichten Einzelner wirksam; dies verweist auf die Bedeutung einer rassismuskritischen Perspektive bei der Analyse des Geschehens in Organisationen.

Einer rassismuskritischen Analyse geht es hierbei nicht um die moralische Charakterisierung, Be- oder gar Verurteilung derjenigen, die auf an Rassismen anschließende Deutungs- und Handlungsmuster zurückgreifen. Vielmehr geht es um die Frage, *wann, wie und wo, von wem und mit welchen Effekten implizit oder explizit auf Rassekonstruktionen zurückgegriffen wird* – und zwar von Subjekten,

Institutionen und/oder Organisationen, unabhängig davon, wie sie selbst durch Rassismus positioniert werden.

▸ **Rassismuskritik heißt:** „zum Thema machen, in welcher Weise, unter welchen Bedingungen und mit welchen Konsequenzen Selbstverständnisse und Handlungsweisen von Individuen, Gruppen, Institutionen und Strukturen durch Rassismen vermittelt sind und Rassismen stärken.

Rassismuskritik zielt darauf ab, auf Rassekonstruktionen beruhende beeinträchtigende, disziplinierende und gewaltvolle Unterscheidungen zu untersuchen, zu schwächen und alternative Unterscheidungen deutlich zu machen.

Rassismuskritik kann in einem allgemeinen Sinne als reflexive und unabschließbare, zugleich entschiedene Praxis verstanden werden, die von der Überzeugung getragen wird, dass es sinnvoll ist, nicht in dieser Weise auf rassistische Handlungs-, Erfahrungs- und Denkformen angewiesen zu sein.

Rassismuskritik beinhaltet macht- und selbstreflexive Betrachtungsperspektiven auf Handlungen, Institutionen, Diskurse und Strukturen. Die Option der natio-ethno-kulturellen Differenzierung zwischen Wir und Nicht-Wir, in der das Nicht-Wir mit Bezug auf sein (etwa kulturelles) Wesen als legitim diskriminierbar verstanden und behandelt wird, ist der europäischen Geschichte in unterschiedlichen Weisen eingeschrieben und in institutionellen Strukturen verfestigt. Diese (etwa bildungs-) institutionell und alltagsweltlich gegebene Möglichkeit der hegemonialen Unterscheidung kann mithilfe des Rassismusbegriffs untersucht werden. Rassismuskritische Ansätze treten hierbei mit dem Anspruch auf, einen Beitrag zu alternativen, ‚gerechteren' Verhältnissen zu leisten.

Gesellschaftliche Verhältnisse, die über lange Zeit hinweg von Rassismen beeinflusst sind, können zwar nicht durch singuläre Praxen verändert werden. Das Bestreben, nicht dermaßen dem Ensemble rassistischer Deutungs- und Handlungsschemata unterworfen zu sein, kann gleichwohl lokale Veränderungsprozesse einleiten. Wichtig ist hierbei die kritische Reflexion auf die eigene (im biografischen wie historischen Sinn) Geschichte und Position. Das Bestreben, nicht dermaßen auf Rassismus zurückgreifen zu müssen, bedarf einer Standpunktsensibilität und -reflexivität, die eigene Verstrickungen, Vor- und Nachteile sowie Handlungsmöglichkeiten und

Verantwortungsübernahme in einer von Rassismen und anderen Herrschaftsformen strukturell beeinflussten Gesellschaft berücksichtigt." (Mecheril/Melter 2010, S. 172)

4.3 Artikulation von Rassismus in der Organisierung von Schule

Mithilfe der skizzierten Perspektive auf Rassismus sollen nun exemplarisch und etwas ausführlicher Praxisepisoden betrachtet werden, die im Rahmen eines Workshops in Modul 2 zu migrationsgesellschaftlicher Öffnung von Organisationen thematisiert wurden.

Der Workshop war mit der Frage „Von der Interkulturellen zur Migrationsgesellschaftlichen Öffnung?" überschrieben. In diesem Workshop stellt der Workshopleiter die Kritik an Praktiken vor, die unter Bezeichnungen wie „kulturelle Differenz", „interkulturelle Öffnung", „interkulturelle Kompetenz" etc. firmieren und sich als Formen der Kulturalisierung (s. Kap. 5) beschreiben lassen. Insofern sie dazu beitragen, natio-ethno-kulturelle Andere hervorzubringen, stehen kulturalistische Praktiken in der Gefahr, migrationsgesellschaftliche Differenzen, in denen superiore und inferiore Positionen angelegt sind, aufrechtzuerhalten. Infolge dieser Kritik am Konzept der interkulturellen Öffnung wurde der Ansatz der migrationsgesellschaftlichen Öffnung (s. Kap. 13) eingeführt. Dieser fokussiert natio-ethno-kulturell kodierte Ordnungen und die Frage, mit welchen Effekten diese Ordnungen (für alle) einhergehen. Ziel und Anliegen dieser Perspektive ist es, zu einer organisationalen Wirklichkeit beizutragen, die gerechtere Bedingungen für alle bereitstellt und schafft.

Arbeitsblatt aus dem Workshop[5]
Was heißt migrationsgesellschaftliche Öffnung von Institutionen?
Leitlinie migrationsgesellschaftlicher Öffnung

a. Ermöglichung der Handlungsfähigkeit ALLER in dem vielsprachigen und multi-, inter- und transkulturellen, von multiplen Zugehörigkeitsformen geprägten gesellschaftlichen Kontext auf der Grundlage von reflektierten Welt-, Selbst- und Gegenstandsverhältnissen

b. Differenzfreundlichkeit und Zuschreibungsreflexivität leiten diesen Bezug auf Handlungsfähigkeiten an
c. Es gibt keine pädagogischen Rezepte: strukturelle Widersprüche des Feldes sind unüberwindbar; ein reflexiver und kluger Umgang mit diesen Widersprüchen ist geraten

Standards migrationsgesellschaftlicher Öffnung[6]

- Migrationsgesellschaftliche Öffnung folgt aus dem Streben nach „mehr Gerechtigkeit"

- Migrationsgesellschaftliche Öffnung ist „Chefsache"
- Partizipative Anlage des Veränderungsprozesses
- Migrationsgesellschaftliche Orientierung *aller* Angebote (Querschnittsaufgabe)
- Migrationsgesellschaftliche Orientierung als Mindeststandard für erfolgreiche und anerkannte Arbeit (Verknüpfung: Migrationsgesellschaftliche Öffnung – Qualitätsentwicklung-Organisationsentwicklung)
- Strukturelle Verankerung der migrationsgesellschaftlichen Öffnung in Leitbildern, Konzepten, Selbstverständnis, Personalpolitik

- Etablierung einer selbstreflexiven und -kritischen Organisationskultur
- (Fehler-)Freundlicher Umgang mit Differenz
- Erweiterung der Palette der sprachlich-kulturellen Darstellungs- und Handlungsweisen der Organisation
- Professionalisierung der Dolmetsch- und Übersetzungsdienste
- Abbau von Zugangsbarrieren
- Einbindung migrationsgesellschaftlicher Orientierung in Anti-Diskriminierungsstrategien und umgekehrt

- Personalentwicklung, die ermöglicht, dass vermehrt Menschen mit Migrationsgeschichte und aus Minderheitengruppen eingestellt werden, auch in Leitungspositionen
- Die Mitarbeiter/innenstruktur entspricht den natio-ethno-kulturellen Zugehörigkeitsrealitäten der Klient/innen bzw. Besucher/innen bzw. Kund/innen

- Die Vermittlung von Fachwissen (z. B. über den nationalen und monokulturellen Habitus der Institutionen) und Methoden zur Reflexion der beruflichen Praxis sowie die Aus-, Fort- und Weiterbildung der Mitarbeiter/innen
- Die Reflexion auf der persönlichen Ebene von Haltungen, Wertungen und Bewertungen

Die hier relevante Praxisepisode, in der zwei Teilnehmer/innen Erfahrungen aus ihrer beruflichen Praxis schildern, findet sich zu Beginn des Workshops.

Auf die Anfrage des Workshopleiters, ob die Teilnehmer/innen Beispiele aus ihrer Praxis mitgebracht haben[7], hebt eine Teilnehmerin kurz die Hand und beginnt zu schildern, dass sie zuletzt an einem Gymnasium gearbeitet hat. An diesem wurde eine internationale Förderklasse eingerichtet, was sie als „schon recht revolutionär" beschreibt, da es kein anderes Gymnasium „in ihrer Provinz" gibt, das Vergleichbares anbietet. Sie hat dann mit einem, wie sie sagt, Gewerkschafter dieses Gymnasiums gesprochen und ihre Freude darüber kundgetan, dass „sich die Schule auf den Weg gemacht hat". Sie sagte zu ihm, dass jetzt der nächste Schritt eigentlich sein sollte, eine Migrationssprache als zweite Fremdsprache einzuführen. Dies hat der Kollege jedoch abgelehnt. Er meinte, dass sie bisher schon eine gute Mischung von Schülern hätten. Und wenn sie jetzt auch noch eine Migrationssprache anerkennen würden, würden sie ja nur „noch die arabischen Schüler oder die russischen oder so" anziehen. Dies könnten sie dem Ruf der Schule nicht antun.
Sie fügt hinzu, dass sie das auch in anderen Bereichen erlebt habe, wo es um die Anerkennung von gelebter Mehrsprachigkeit geht. Obwohl von der zuständigen Behörde gefördert, erlebt sie immer wieder Vorbehalte, „nicht gegen das inhaltliche Konzept, sondern: ‚Wenn wir uns darauf einlassen, dann werden wir Ausländerschule und das schadet unserem Ruf'."
Sie ist der Ansicht, dass diese Ablehnung sehr viel mit Ängsten und Stigmatisierung zu tun hat. Es entsteht eine Pause. Nach einem kurzen Moment meldet sich ein anderer

---

[5] In den Kapiteln zu Praxisepisoden wie zu den Fortbildungssequenzen (in Teil II und III dieses Buches) finden sich gelegentlich grau hinterlegte Kästchen, in denen sich entweder in einer Art Mini-Exkurs weitere, die Ausführungen und Kommentare unterlegende Beispiele (Praxisepisoden oder Fortbildungssequenzen) finden oder aber Arbeitsmaterialien aus den Workshops der Fortbildung.

[6] Die hier formulierten Standards migrationsgesellschaftlicher Öffnung sind teilweise übernommen und inspiriert aus bereits vorliegenden Arbeiten zu „interkultureller Öffnung von Organisationen" etwa von Handschuck/Schroer (2002).

[7] In der Fortbildungsreihe wurden von den Workshopleiter/innen zwischen den Workshops als Vorbereitung zuweilen Reflexionsaufgaben formuliert und den Teilnehmer/innen per Mail übermittelt.

Teilnehmer zu Wort und schließt an, indem er sagt, dass er ähnliche Erfahrungen gemacht hat, so beispielsweise mit einer Schulklasse auf einem Gymnasium: „Eine Klasse, in der einige Kinder mit Migrationshintergrund erkennbar darin waren, führte schon zu einer Eingabe bei der zuständigen Schulbehörde, dass das Lernen der Kinder aus gutbürgerlichem Haushalt an unserer Schule gefährdet sei. Das wurde in dem Moment als massive Debatte geführt. Die Klasse war übrigens besser als die anderen drei Klassen, aber das hat natürlich bei der Eingabe keine Rolle gespielt."

Die zweite Erfahrung in dieser Schule war, so führt der Teilnehmer aus, dass sich mindestens zehn bis zwanzig Schüler/innen weniger anmeldeten, als den Eltern mitgeteilt wurde, dass die Schule Inklusionsklassen einrichten wollte. Die Institution und vor allem die Klasse ist aber „sehr tolerant": „Und die sind alle keine Rassisten und keine Ausländerfeinde oder wie man das auch immer nennen will, aber sie kämpfen um die Interessen der Kinder, die sie gefährdet sehen."

Es folgt eine kurze Pause, in der einige der Teilnehmer/innen leise miteinander sprechen. Andere schauen zum Workshopleiter und warten ab. Zwei weitere Teilnehmerinnen zeigen auf und der Teilnehmer fügt hinzu: „Und das wird sehr konkret im Einzelfall." (Be/1.02/02/02R)

In der wiedergegebenen Fortbildungssituation ermuntert der Workshopleiter die Teilnehmer/innen zur Artikulation eigener Praxiserfahrungen. Zwei Teilnehmer/innen nutzen den Raum und verweisen in ihren Praxisepisoden auf Erfahrungen mit der Thematisierung migrationsgesellschaftlicher Aspekte an Gymnasien, an denen sie gearbeitet haben.

In den Episoden geht es um die Bezugnahme der Gymnasien auf den symbolischen, migrationsgesellschaftlichen Status von Schüler/innen. Beide Teilnehmer/innen beobachten durchaus ein großes Engagement der Schulen für die Veränderung der curricularen und/oder institutionellen Ausrichtung, verweisen aber zugleich auf bestimmte Barrieren. Vergleichbar werden beide in dieser Praxisepisode wiedergegebenen Erfahrungen darüber, dass entlang der Kriterien *„Migrationshintergrund"* bzw. *„gutbürgerlich"* eine Ablehnung von „Ausländerschulen" bzw. der Kampf um Eigeninteresse deutlich wird. In beiden Episoden werden an rassistische Muster anschließende bzw. diese bestärkende Deutungs- und Unterscheidungsmuster deutlich, die die Ablehnungspraktik sowie den Kampf um das Eigeninteresse vermitteln. So werden die Schüler/innen unterschiedlichen natio-ethno-kulturell kodierten Gruppen (arabische/russische Schüler/innen, Schüler/innen mit „erkennbarem" Migrationshintergrund) zugeordnet. Diejenigen, die als natio-ethno-kulturell Andere etikettiert sind, werden als schädlich für den Ruf der Schule, lerngefährdend oder nicht-gutbürgerlich adressiert. Die Bildungs- und Entwicklungsprozesse der nicht-anderen Schüler/innen werden in Abhängigkeit von ihren Erstsprachen sowie ihren Lernvoraussetzungen in den berichteten Episoden als fragloser Bezugspunkt der Schulentwicklung gesetzt. Den Teilnehmer/innen zu Folge verweisen diese Erfahrungen auf allgemeinere

Diskurse und schulische Kulturen. Die Einführung einer „*Migrationssprache*" wird abgelehnt und die Anwesenheit von zu vielen Schüler/innen mit Migrationshintergrund bewirkt eine „*Eingabe bei der zuständigen Schulbehörde*", weil „*das Lernen der Kinder aus gutbürgerlichem Haushalt [...] gefährdet sei*", obwohl die Klasse „*übrigens besser*" war. Mit Bezug auf die vier konstitutiven Momente von Rassismus (Rassekonstruktion, Verknüpfung mit Eigenschaften, Hierarchisierung und Macht) verweisen die berichteten Episoden auf Praktiken der schulischen (Aus-)Schließung, die von rassistischen Deutungen vermittelt sind bzw. diese stärken.

Das in den Praxisepisoden dargestellte schulische Feld ist ein kompetitives Terrain, in dem sowohl Schulen untereinander als auch die Schüler/innen in ein Verhältnis des Wettkampfs zueinander gesetzt sind. Während, wie die Episoden verdeutlichen, die Schulen untereinander um ihren Ruf sowie die Gunst der als nicht-anders geltenden Schüler/innen und ihrer Eltern konkurrieren („dann ziehen wir nur noch die arabischen und russischen Schüler an, das können wir unserem Ruf nicht antun"; „es haben sich mindestens zehn bis zwanzig Schüler/innen weniger angemeldet"), stehen die Schüler/innen in einem Kampf um Eigeninteressen (s. etwa auch: Krüger 2020; Roch 2020).

Vor allem in dem Hinweis auf die Gefährdung des Lernens der Schüler/innen aus gutbürgerlichem Hause kommt dieser Kampf zum Ausdruck. Wer ist legitimer Weise am Gymnasium anwesend? Bei der Beantwortung dieser Frage wird die Unterscheidung der Schüler/innen in mit und ohne Migrationshintergrund mit der Unterscheidung in gutbürgerlich und nicht-gutbürgerlich verknüpft. Diejenigen, die als natio-ethno-kulturell Andere gelten, werden zugleich als nicht-gutbürgerlich verstanden, inszeniert und – so ist zu vermuten – auch in der konkreten Schulsituation und auch in Lehrerbesprechungen entsprechend adressiert. Komplementär werden die als gutbürgerlich geltenden Schüler/innen als nicht-migrantisch imaginiert. Darin, dass das Lernen der gutbürgerlichen Kinder gefährdet ist und dass die Mitglieder der Schule und der Klasse („*die Klasse*" wird damit nur über die nicht-migrantischen Schüler/innen definiert und gedacht) aber eigentlich „*alle keine Rassisten und Ausländerfeinde*" sind, wird das Gymnasium als ein Ort markiert, der eigentlich den vermeintlich gutbürgerlichen und nicht-migrantischen Kindern zustehe. Die als Andere geltenden Schüler/innen werden zwar toleriert, aber nur, wenn sie, so zumindest die Erzählung, nicht das Lernen der fraglos legitim anwesenden Schüler/innen stören. Diese Privilegien-Konstruktion ist über die singuläre Situation hinaus allgemein so bedeutsam, dass es zu einer Eingabe bei der zuständigen Schulbehörde kommt. In die Frage über die legitime Anwesenheit bestimmter Schüler/innen am Gymnasium spielt demnach die Verknüpfung von an Rassekonstruktionen (mit und ohne Migrationshintergrund) anschließenden Deutungs- und Unterscheidungsmustern mit der Unterscheidung zwischen gutbürgerlich und nicht-gutbürgerlich hinein[8].

Obschon sich die in den Episoden berichteten Praktiken als über Rassismus vermittelt lesen lassen, werden *„die Institution und vor allem die Klasse"* vom Teilnehmer als *„sehr tolerant"* und als *„keine Rassisten und Ausländerfeinde"* beschrieben. Die Wirksamkeit rassistischer Deutungsmuster ist somit nicht darauf angewiesen, dass rassistische Ideologien jedes Mal ausdrücklich artikuliert werden (dies wird zuweilen als post-rassistischer Rassismus bezeichnet; Balibar 1991, S. 26 f.; Bojadžijev 2015, S. 285 f.). In diesem Sinne sind auch auf den ersten Blick weniger von rassistischen Ideologien und eher von realistisch-rationalen Erwägungen geleitete Praktiken (Versuche zu verhindern, als „Ausländerschule" zu gelten bzw. der Kampf um Eigeninteressen) als solche zu verstehen, deren Sinn sich nur aufgrund der dominanzkulturellen Geschichte und der Wirksamkeit rassistischer Unterscheidungen ergibt und in ihrem Effekt die Gewöhnlichkeit rassistischer Unterscheidungen stärkt. Rassismus wird (zuweilen) auch ohne einen Willen zum Rassismus wirksam, insbesondere in kulturellen Kontexten, in denen der Wille zum Rassismus desavouiert ist (Weiß 2013).

Artikulation von Rassismus unter Bedingungen kapitalistischer Verhältnisse
Die bis hierher vorgeschlagene Interpretation der berichteten Episoden soll nun in einer weiteren Einstellung und Perspektive zum Thema gemacht werden, die den Zusammenhang von Rassismus und kapitalistischer Gesellschaftsordnung anspricht. Hierfür nutzen wir eine artikulationstheoretische Perspektive. *Articulation* hat im Englischen die Bedeutung, dass etwas zum Ausdruck gebracht wird, verweist zugleich aber auch auf das vorübergehende Verkoppeln von zwei eigenständigen Elementen, etwa das Verkoppeln eines Lastwagens mit einem Anhänger (Hall 2000b, S. 65).

---

[8] Es geht uns hier, wie insgesamt, nicht darum, an einem Einzelbeispiel die allgemeine empirische Eigenschaft von etwas, hier: dem Gymnasium überhaupt, zu behaupten. Das ist in der eher einzelne empirische Episoden auslotenden Anlage der Untersuchung nicht möglich. Die an einzelnen Fällen gewonnenen Zusammenhänge (wie etwa: die Verknüpfung von natio-ethno-kulturell kodierter Humandifferenzierung mit Klassenverhältnissen und kulturellem Kapital) stellen somit eine Art heuristisches Reflexionsangebot für die eigene Praxis dar (etwa: Wann, wie und wo werden in unserer Organisation natio-ethno-kulturell kodierte Kategorien mit Kategorien, in denen sich Klassenverhältnisse artikulieren, verbunden? Wer profitiert davon? Wer nicht?). Dieses Angebot wird insbesondere für jene Akteur/innen interessant und zugänglich sein, die nicht – etwa mit dem Hinweis, dass in ihrem Handlungsfeld alles in Ordnung ist und Diskriminierung nicht vorkommt – darauf verzichten, die Relevanz des Angebotes zu prüfen.

In dieser doppelten Bedeutung fasst Stuart Hall (2000b; 2008) in Anlehnung an Louis Althusser und Ernesto Laclau mit Artikulation sowohl das Resultat als auch das Prinzip (das Artikulieren) der Verknüpfung unterschiedlicher ideologischer Elemente, Lebensbedingungen und sozialer Positionierungen der Subjekte zu einer sinnvoll, kohärent und identisch erscheinenden Einheit. Artikulationen dienen der sinnhaften Erklärung der bestehenden Verhältnisse und der je individuellen Positionierung in diesen. Sie sind aber auch Einsätze in gesellschaftlichen Auseinandersetzungen und Kämpfen um den Erhalt oder die Veränderung gegebener Verhältnisse. Gesellschaftsformationen werden nicht einfach durch bestimmte objektive, etwa ökonomische Bedingungen determiniert, wie dies in Perspektiven eines Ökonomiedeterminismus gedacht wird, der das Soziale als Produkt der ökonomischen Basis sieht (Hall 2008, S. 122). Gesellschaftliche Formationen befinden sich vielmehr in einem Zustand des kontinuierlichen Umkämpft-Seins, das maßgeblich auch mit einem Ringen um die als gültig geltende Interpretation der Verhältnisse verknüpft ist. Hegemonial werden Interpretationen, wenn sie sich ideologisch durchsetzen und als sinnvoll zur Deutung der jeweiligen Verhältnisse erfahren werden. Alle Gesellschaften, so Hall (ebd., S. 124) im Anschluss an Gramsci und Althusser, benötigen:

„besondere Ideologien mit ihren Bedeutungs-, Kategorien- und Vorstellungssystemen, die der Welt einen Sinn geben und durch die die Menschen (wenn auch unbewußt und über eine Reihe von ‚Verkennungen') ihre Beziehung zu ihren wirklichen, materiellen Existenzbedingungen, die für sie nur über Bewußtseinsformen in und durch Ideologie erfahrbar sind, auf imaginäre Weise ‚leben' können".

Artikulation verweist hierbei auf den Modus und das Ergebnis der Verknüpfung ideologischer Elemente wie Rassismen, Sexismen oder Klassismen mit bestehenden Existenzbedingungen unter den je gegebenen historischen Möglichkeiten und Begrenzungen zu einer scheinbar identischen Einheit, die es ermöglicht, die vorherrschenden Existenzbedingungen und gesellschaftlichen Verhältnisse als sinnhaft zu erfahren. Diese Einheit muss kontinuierlich hergestellt, reproduziert und aufrechterhalten werden, nicht zuletzt, weil die jeweils artikulierten Elemente nie aus sich selbst heraus eine natürliche Identität aufweisen.

„Die so genannte ‚Einheit' eines Diskurses ist in Wirklichkeit die Artikulation verschiedener, unterschiedlicher Elemente, die in sehr unterschiedlicher Weise reartikuliert werden können, weil sie keine notwendige ‚Zugehörigkeit' haben. Die ‚Einheit', auf die es ankommt, ist eine Verbindung zwischen diesem artikulierten Diskurs und den sozialen Kräften, mit denen es, unter bestimmten historischen Bedingungen aber nicht notwendig, verbunden werden kann. Eine Theorie der Artikulation ist daher zugleich eine Art und Weise zu verstehen, wie ideologische Elemente unter bestimmten Bedingungen sich in einem Diskurs verbinden und eine Art zu fragen, wie sie in bestimmten Konjunkturen mit politischen Subjekten artikuliert oder nicht artikuliert werden. Oder anders gesagt: die Theorie der Artikulation fragt, wie eine Ideologie ihre Subjekte entdeckt und nicht wie das Subjekt die notwendigen und unvermeidlichen Gedanken denkt, die zu ihm gehören. Sie ermöglicht es uns zu denken, wie die Ideologie Menschen handlungsfähig macht und es ihnen ermöglicht, auf eindrucksvolle Weise ihre historische Situation zu begreifen, ohne diese Formen der Einsicht auf ihre sozioökonomische, Klassen- oder soziale Position zu reduzieren." (Hall 2000b, S. 65 f.)

Soziale Praktiken, Handlungen sowie die Handlungsfähigkeit und -bereitschaft Einzelner wie die von Gruppen können als von Artikulationen vermittelt und ermöglicht verstanden werden. Auch wenn Prozesse der Verknüpfung kontingente Prozesse sind und auch Reartikulationen möglich sind, so ist doch „nicht alles potenziell mit allem artikulierbar" (ebd., S. 71). Verkopplungen sind nicht unbegrenzt möglich. Die Beschränkung der Möglichkeiten der Verkopplung, die empirisch in Form von Phänomenen des Anschließen-Könnens und des Anschließen-Wollens beobachtbar ist, muss hierbei in erster Linie als eine Limitierung durch Verhältnisse gedacht werden, die Möglichkeiten der Bewegung und des Anknüpfens quantitativ und qualitativ differenziell verteilen.

Die Praxisepisoden verweisen darauf, dass das institutionelle Feld der beiden Gymnasien über das Moment der Kompetitivität strukturiert ist. Im Zentrum der Auseinandersetzung steht dabei auch der Wettstreit um bestimmte Schüler/innen-Gruppen. Während die Anwesenheit von zu vielen Schüler/innen einer bestimmten Gruppe vermeintlich dem Ruf der Schule schadet, müssen die Eltern derjenigen Schüler/innen, die dem Ruf der Schule vermeintlich förderlich sind, überzeugt werden, ihre Kinder genau dieser Schule anzuvertrauen. Vor der Folie dessen, dass Schulen miteinander konkurrieren, stellen etwa sogenannte internationale Förderklassen eine symbolische Ressource auf dem schulischen Markt dar. In einem institutionellen Feld, das nicht nur die Einzelschulen in ein Verhältnis des Wettkampfs stellt, sondern auch unterschiedliche Schulformen (Haupt-, Gesamt-, Realschule und Gymnasium) in ihrem Wert hierarchisch unterscheidet, stellt die Antwort auf die Frage nach der Wahl der Schule eine bedeutsame und weitreichende Entscheidung dar. In den rhetorisch-symbolischen wie faktischen Auseinandersetzungen um die Zuordnung von Schüler/innen zu Schulen geht es damit immer auch um die Frage, wer welche Schule und welche Schulform legitimer Weise in Anspruch nehmen darf. Hierbei wird die Differenz zwischen Legitimität und Illegitimität, zwischen legitimen und illegitimen Schüler/innen, erwünschten, weniger erwünschten und unerwünschten diskursiv hergestellt. Die Schüler/innen sind grundlegend von diesem Wettkampf betroffen. Denn der Wettkampf ist nicht nur ein Wettkampf um bestimmte Schüler/innen, sondern auch immer einer gegen bestimmte Schüler/innen, die dadurch zu unerwünschten Schüler/innen werden.

Da eine zentrale gesellschaftliche Funktion und eine bedeutsame Wirkweise des schulischen Bildungssystems der Gegenwart in der Positionierung bzw. Allokation der Schüler/innen in Bezug auf die gesellschaftliche Sozialstruktur besteht (Fend 2008, S. 49 ff.), wird der Besuch der „richtigen" Schule und Schulform entscheidend und zu einem Interesse der Eltern. Damit scheint der Kampf um gesellschaftliche Positionen, Ansehen, Status und Ressourcen im und durch das Bildungssystem gleichsam rational gezähmt (ebd., S. 39).

Die selektive und kompetitive Strukturierung des schulinstitutionellen Feldes wird hierbei, wie sich auch in den Praxisepisoden zeigt, rhetorisch wie praktisch durch das Konzept Lernleistung strukturiert. Bildungssysteme moderner Gesellschaftsformationen gehen von den Prinzipien der Chancengleichheit und Leistungsgerechtigkeit aus (ebd., S. 38 f.). Hierbei wird vorausgesetzt, dass das Schulsystem allen Schüler/innen die gleichen Ausgangsbedingungen zur Verfügung stellt. Unter diesen gleichen Ausgangsbedingungen liege es an ihnen, „ihr Schicksal in die eigene Hand zu nehmen und über schulische Leistungen sozial aufzusteigen" (ebd., S. 39). Obgleich empirische Analysen mehrfach aufgezeigt haben, dass es sich hierbei bloß um eine „Illusion der Chancengleichheit" (Bourdieu/Passeron 1971) und einen Mythos der Leistungsgerechtigkeit (Hartmann 2002) handelt, halten sich sowohl das Narrativ der Leistungsgerechtigkeit – jede/r wäre seines eigenen Glückes Schmied – als auch das Konzept der (Lern-) Leistung als Maßstab für schulische Qualität hartnäckig (ebd.). In der soziologischen Elitenforschung wird auf die Bedeutung des ideologisch-diskursiven Konzepts der Leistungsgerechtigkeit für die Verschleierung der Bewahrung von Privilegienstrukturen hingewiesen:

> „Mit dem ständigen Verweis auf das Prinzip der ‚Leistungsgerechtigkeit' werden nicht nur die entscheidenden Karrierevorteile, die Bürgerkinder aufgrund ihrer Herkunft besitzen, vollkommen ignoriert, sondern es wird zugleich versucht, die daraus resultierenden, immer krasser werdenden Unterschiede in Macht und Einkommen öffentlichkeitswirksam zu legitimieren. Es geht also im Kern um nichts anderes als [...] die Verteidigung der Interessen der ‚Oberklasse' [...]." (ebd., S. 180)

Obgleich die Re-/Produktion einer bürgerlichen und kapitalistischen Gesellschaftsordnung durch das Bildungssystem als klassische Funktionsweise von Schule angesehen werden kann (paradigmatisch: Bourdieu/Passeron 1971; überblicksartig und einführend: Bünger 2016), stellen die höhere Autonomie der

Einzelschulen mit gleichzeitiger Profilbildungsverpflichtung, Anrufungen der Bildungssubjekte als eigenverantwortliche, unternehmerische Selbste (Freytag 2008) sowie Output-Kontrollen über die Leistungen der Schüler/innen und Schulen aktuell in besonderem Maße Momente einer umfassenden Neustrukturierung des Schulsystems dar (Höhne 2015). Grundlage dieser Neustrukturierung ist eine Ausweitung neoliberaler Strategien der marktförmigen Steuerung durch Dezentralisierung und Rationalisierung wohlfahrtsstaatlicher Systeme auf den Bildungsbereich (Dalin 2005; Gomolla 2005). Bildung wird hierbei einem verstärkten Zugriff neoliberal-kapitalistischer Vergesellschaftung ausgesetzt. Dies erfolgt maßgeblich über die kompetitive Strukturierung des Feldes.

Insbesondere in der Episode zur Gefährdung der gutbürgerlichen Kinder wird die wirkmächtige Artikulation von zwei Differenzordnungen deutlich, die in dem Kampf um Eigeninteressen miteinander verknüpft werden: einerseits eine klassenbezogene, die auf die Unterscheidung zwischen gutbürgerlichen und nicht-gutbürgerlichen Schüler/innen rekurriert; andererseits die auf einer natio-ethno-kulturellen Differenzordnung basierende Unterscheidung zwischen migrantischen und nicht-migrantischen Schüler/innen. Beide Differenzordnungen werden dabei so artikuliert, dass das vermeintlich Gutbürgerliche als nicht-migrantisch und das vermeintlich Migrantische als nicht-gutbürgerlich erscheinen. Indem das Migrantische mit der Bedeutung der Lerngefährdung artikuliert wird, verbindet sich das Gutbürgerliche gegengleich mit einer vermeintlich natürlichen Lern- und Leistungsorientierung (jener, deren Lernen durch diejenigen mit Migrationshintergrund gefährdet werde). Diese Verknüpfung steht im Einklang mit der allgemeinen Imagination des Gymnasiums als Ort der Lern- und Leistungselite (Gass-Bolm 2005). Das Migrantische stellt in der Logik dieser Artikulationspraxis eine Gefährdung des „*Lernens der Kinder aus gutbürgerlichem Haushalt dar*". Hierbei wird der Einsatz gegen migrantische Schüler/innen nicht offen rassistisch begründet, sondern nüchtern-rational, nahezu als würde man den normalistischen Lehren der Statistiken folgen (Link 2013), als Notwendigkeit im Dienst an den Interessen der eigenen Kinder ausgegeben (*„Und die sind alle keine Rassisten und keine Ausländerfeinde oder wie man das auch immer nennen will, aber sie kämpfen um die Interessen der Kinder, die sie gefährdet sehen."*). Diese vermeintlich unideologisch erscheinende Form Praxis, die von impliziten Rassekonstruktionen vermittelt ist, ermöglicht, sich selbst als eigentlich tolerant zu verstehen und so wahrgenommen zu werden – ein bürgerlich, tolerantes Milieu, das durchaus nichts gegen Migrant/innen hat, sich jedoch für die Interessen der eigenen Kinder einsetzt und deshalb gegen zu viele migrantische Schüler/innen am Ort der eigenen Kinder sein muss. Diese Spielart des Rassismus kommt ganz ohne einen Willen zum Rassismus aus, kann sich vielmehr auch mit antirassistischen Einstellungen und antirassistischem Lebensstil artikulieren. Trotz und aufgrund der Abwesenheit „feindseliger Einstellungen" entfalten Rassekonstruktionen unbewusst eine bedeutsame Wirksamkeit. Die Ordnung der Schule in der Migrationsgesellschaft wird nicht allein über (Lern-)Leistungen hervorgebracht („*Die Klasse war übrigens besser als die anderen drei Klassen, aber das hat natürlich bei der Eingabe keine Rolle gespielt.*"), sondern auch über bedeutsame Differenzordnungen, die wirkmächtig miteinander artikuliert werden (können). Haupteffekt der Artikulation ist eine hierarchische Kodierung der Legitimität der Anwesenheit von Schüler/innen an den jeweiligen Gymnasien nach natio-ethno-kulturellen Kriterien.

Die Schwierigkeit „mit Gymnasien zu kooperieren"?
In einem der Fortbildungs-Workshops zum Thema „Diskriminierungserfahrungen" wird eine Kleingruppenarbeit zu der Frage und dem Thema durchgeführt, inwiefern den Teilnehmer/innen auf einer institutionell-organisationalen, einer strukturell-gesellschaftlichen und einer interaktiven Ebene in ihrem Handlungsfeld Diskriminierungserfahrungen begegnen. Hierzu sollen sie drei konkrete Beispiele zu Erfahrungen und Sachverhalten festhalten, bei denen sie Handlungsbedarf sehen. Die Kleingruppenarbeit und die drei Beispiele werden im Plenum vorgestellt. Eine Teilnehmerin berichtet, dass sie es alle…:

„*…sehr schwierig finden, mit Gymnasien zu kooperieren, sei es um Seiteneinsteigerschüler dann zu vermitteln in diese Schulform oder Seiteneinstiegsklassen dann zu gründen, weil diese Schulform auch in sich so geschlossen ist als elitäre Gruppe und das war jetzt unser, das konkreteste Beispiel, ne?!*"

Sie blickt zu einem anderen Teilnehmer, der wieder neben mir [dem Beobachter] Platz genommen hat. Einige sagen „mhm" und der Teilnehmer neben mir setzt dann fort:

„*Oder dass oft so diese Verfestigungstendenz da ist, dass es auch so bleiben soll. Und dass das dann aber auch nicht thematisiert wird unter dem Stichwort Rassismus oder so. Man glaubt, man würde erschlagen werden, wenn man jetzt irgendwo sagen würde, deutsche Gymnasien sind rassistisch.*"

Ein anderer Teilnehmer ruft dazwischen: „*Die meisten sind ja auch noch dazu Schule ohne Rassismus.*" *Es bricht lautes Gelächter unter den Teilnehmer/innen aus. (Be/1.03/02/06R)*

Juliane Karakayali und Birgit zur Nieden (2013) verweisen in ihrer empirischen Untersuchung zu „Segregation nach Herkunft an Berliner Grundschulen" auf ähnliche Formen der Artikulation von Rassismus mit klassenbezogenen Differenzen. In der Verknüpfung von natio-ethno-kulturell kodierten und klassenbezogenen Differenzkonstruktionen wird ein „postliberaler Rassismus" deutlich, im Zuge dessen eine verstärkte Segregation nach natio-ethno-kulturell kodierter Herkunft beobachtbar ist, „die sich entweder in Schulen mit sehr hohem Anteil migrantischer Schüler_innen oder in einer Schulklasseneinteilung nach Herkunft zeigen" (ebd., S. 61). Die empirische Untersuchung verweist auf eine Vielzahl unterschiedlicher Artikulationsformen zur Aufrechterhaltung einer rassistisch-strukturierten schulischen Ordnung über „neue, flexiblere Formen des rassistischen Ausschlusses, die die Einteilung in ‚Deutsche' und ‚Ausländer_innen' ablösen" (ebd., S. 64). Zugleich machen die Autorinnen auch auf Praktiken des Protests von migrantisch positionierten Subjekten gegen separierte Schulklassen aufmerksam. Hierzu verweisen sie exemplarisch auf den Widerspruch migrantischer Vereine gegen die schulische Segregation von sogenannten türkischen Kindern in den 1990er Jahren. Dieser führte letztlich 1995 zur Änderung des Berliner Schulgesetzes samt Abschaffung von sogenannten Ausländerschulklassen und der Segregation produzierenden Quotenregelung. Die damaligen Bedingungen unterscheiden sich von den heutigen. Gleichwohl ist es interessant, dass die Unrechtmäßigkeit der gegebenen Gesetzeslage und Praxis damit von migrantischen Vereinen begründet wurde, „dass die schulische Segregation der türkischen Kinder deren Bildungschancen verschlechtere und nicht zu einer Verbesserung ihrer spezifischen Probleme wie teilweise mangelnden Sprachkenntnissen beitrage" (ebd., S. 66). Die hegemoniale Figur der defizitbehafteten Migrant/in wird von den migrantischen Vereinen aufgegriffen, um erfolgreich gegen schulische Segregation zu protestieren. Artikulationstheoretisch formuliert wird hier die mit dem Bild (deutsch-)sprachlicher Defizite verbundene Positionierung als Migrationsandere im Rahmen eines politischen Anliegens mit anderen ideologisch-diskursiven Elementen wie „Bildungschancen" und „Bildungsgerechtigkeit" verknüpft. Es wird damit das Bild des untergeordneten und defizitären Status migrationsanderer Schüler/innen reproduziert, zugleich wird die vorherrschende Ordnung der schulischen Segregation kritisiert und in Bewegung gebracht.

Gute und schlechte Mehrsprachigkeit?
In einem Workshop der Fortbildungsreihe zu institutionellen Diskriminierungserfahrungen werden die Ergebnisse der Kleingruppenarbeiten im Plenum präsentiert. Die Aufgabe war es, das eigene Handlungsfeld unter der Perspektive von institutionell-organisationalen, strukturell-gesellschaftlichen und individuellen Diskriminierungserfahrungen zu thematisieren. Dabei sollten drei konkrete Beispiele festgehalten werden. Eine Teilnehmerin berichtet dabei, dass in ihrer Kleingruppe insbesondere über die „überdimensionale Präsenz von Kindern mit Migrationshintergrund in Haupt- und Förderschulen" gesprochen wurde. Dabei haben sie strukturell festgestellt:

„dass die Haltung zu Mehrsprachigkeit aber sehr verschieden ist. Das heißt, auf der einen Seite wird Mehrsprachigkeit beim Übergang von Grundschule in Hauptschule als Problem gesehen und auf der anderen Seite gibt es Schulen, in die Eltern, einsprachige Eltern, ihre Kinder schicken, damit die in der Grundschule oder im Kindergarten chinesisch oder japanisch lernen. Dann ist der Übergang in die weitere Schule anscheinend kein Problem. Es gibt also verschiedene Definitionen davon, wann Mehrsprachigkeit gut und Mehrsprachigkeit nicht gut ist und wir haben irgendwie das Gefühl gehabt, das Ganze könnte auch kulturell codiert sein: es gibt gute und schlechte Kulturen."
Eine Teilnehmerin kommentiert dies leise mit: „Auf jeden Fall." Eine andere mit einem sehr deutlichen „mhm". (Be/1.03/02/06R)

4.4 Reflexion organisationskultureller Muster

Wie kann nun Organisationsentwicklung in Schulen, Verwaltung und Politik stattfinden, wie eine Kooperationskultur zwischen den dem Bildungssystem zugehörigen Institutionen und Organisationen gefördert werden, die nicht dermaßen auf Unterscheidungen angewiesen ist, die auf Rassekonstruktionen basieren oder diese stärken? Wie kann eine Organisationskultur ermöglicht werden, die Achtsamkeit und Wertschätzung für Unterschiede als allgemeine Aufgabe versteht, zugleich einer Festschreibung von Unterschieden gegenüber selbstreflexivskeptisch eingestellt ist und eine aktive Auseinandersetzung mit den eigenen Organisationspraktiken als zentrale Aufgabe versteht? Wie sehen beispielsweise Schulen aus, die sich an den Unterschieden der Schüler/innen orientieren, ohne sie auf bestimmte Identitäten festzulegen?

In der Analyse der oben angeführten Praxisepisoden haben wir zwei Erfahrungen daraufhin betrachtet, inwiefern natio-ethno-kulturell kodierte Denk- und Unterscheidungsmuster im Sinne von Rassekonstruktionen wirksam sind. Hierbei haben wir exemplarisch die unterschiedlichen, auf rassistischen Unterscheidungslogiken basierenden Wissensbestände sondiert, die in die unterschiedlichen Praxiszusammenhänge eingehen. Da auch professionelle Praxis ideologisch vermittelt ist, reichen Ansätze, die Organisationsentwicklung auf die Veränderung von Organisationsstrukturen beschränken, nicht aus. Dies wird etwa in der Episode, in der die Einrichtung von Inklusionsklassen angesprochen wird, deutlich. Die Schule entscheidet sich, eine Veränderung vorzunehmen und richtet Inklusionsklassen ein, was wiederum Eltern dazu veranlasst, ihre Kinder nicht an dieser Schule anzumelden (mit Bezug zu Inklusion s. etwa: Rabenstein/Gerlach 2016; allgemein zu Schulwahlverhalten s. etwa: Altrichter et al. 2011; Krüger et al. 2020; Stošić 2015). Ein ähnlicher Sachverhalt wird auch bei dem Phänomen der „Furcht vor Ausländerklassen" ersichtlich: die Einführung einer Migrationssprache als Schulsprache wird abgelehnt, weil die Befürchtung besteht, dies würde nicht-migrantische Schüler/innen von der Schule fernhalten und dem Ruf der Schule schaden. Anders formuliert: Organisationale Veränderungen sind nur schwer gegen die Akteur/innen durchzusetzen und sind somit darauf angewiesen, dass die angezielten Prozesse und Strukturen von den Subjekten auch als sinnvoll verstanden, angeeignet und mitgetragen werden.

Von Rassekonstruktionen vermittelte Deutungs- und Empfindungsroutinen von Akteur/innen erschweren eine nach Erweiterung von Teilhabe zielende Veränderung der jeweiligen Organisationsstrukturen. Änderungen, die strukturell eingeleitet werden, können sich nur verwirklichen, wenn neben der strukturellen Änderung auch eine Änderung in den Köpfen und der Selbstverständlichkeit der alltäglichen bildungsinstitutionellen Praxis, mithin eine kulturelle Änderung stattfindet. Die aufmerksame Ermöglichung und behutsame Begleitung und Moderation dieser organisationskulturellen Änderung in Richtung der Berücksichtigung migrationsgesellschaftlicher Realität und der demokratisch vertretbaren, organisatorischen Beantwortung der Fragen, die diese Realität stellt, stellt eine zentrale Aufgabe dar. Damit rücken die institutionell-organisationalen Bedingungen und die ideologischen Wissensbestände, die die jeweilige Praxis vermittelt, verstärkt in den Blick. Die Analyse und Reflexion der Involviertheiten der relevanten Akteur/innen in ideologische, etwa auf Rassekonstruktionen beruhende und diese festigende Wissenssysteme kann als bedeutsame Ermöglichungsbedingung einer angemesseneren, also zu gerechteren Verhältnissen beitragenden Veränderung der Praxis in und von Organisationen erachtet werden (vgl. genauer Kap. 13). Es geht hier also um eine (selbst-)kritische Reflexion, die zum Thema macht, in welcher Weise, unter welchen Bedingungen und mit welchen Konsequenzen,

Selbstverständnisse und Handlungsweisen von Individuen, Gruppen, Institutionen und Strukturen durch rassistisch grundierte Deutungs-, Wahrnehmungs- und Empfindungsmuster vermittelt sind und Rassismus stärken.

Perspektiven für die Organisationsentwicklung
Organisationen stellen mehr und anderes als allein rationale Steuerungseinheiten und allein nach Vernunftprinzipien funktionierende Orte und Instrumente menschlichen Handelns dar. Organisationsentwicklung ist insofern „nicht einfach praktische Folge einer in Zielsetzung und Plan gegossenen Reflexion oder eines Trainings vorgegebener Techniken" (Göhlich 2005, S. 21). Die Entwicklung von Organisationen, etwa in Richtung einer migrationsgesellschaftlichen Öffnung, kann nur realisiert werden, wenn sich auch die Praktiken und die diese tragenden Habitus oder Dispositionen ihrer Mitglieder ändern. Eine Praxis der Organisationsentwicklung, die von dem Anspruch geleitet ist, weniger gewaltvolle Unterscheidungen vorzunehmen, wird ermöglicht von einer auf Dauer gestellten, selbstverständlichen kollektiven Reflexion der (organisations-)eigenen Praktiken, Wissenshaushalte und Deutungsmuster. Die organisationseigenen Praktiken können hierbei daraufhin befragt werden:

- von welchen impliziten wie expliziten Wissensbeständen über soziale Wirklichkeit diese vermittelt sind,
- welche (bewusste/unbewusste; intendierte/nicht-intendierte) Funktion die Verknüpfung unterschiedlicher Wissensbestände unter den gegebenen Bedingungen einnimmt,
- mit welchen Effekten dies einhergeht (wer profitiert davon, wer nicht?) und
- wie eine normativ angemessenere Praxis aussehen kann, die das Ausmaß des demokratisch nicht legitimierbaren Ausschlusses von Gruppen und Lebensformen reduziert?

Literatur

Adorno, T. W. (1973). *Studien zum autoritären Charakter*. Frankfurt a.M.: Suhrkamp.
Allport G. W. (1971). *Die Natur des Vorurteils*. Köln: Kiepenheuer & Witsch.

Altrichter, H, Bacher, J., Beham, M., Nagy, G., & Wetzelhütter, D. (2011). Neue Ungleichheiten durch freie Schulwahl? Die Auswirkungen einer Politik der freien Wahl der Primarschule auf das elterliche Schulwahlverhalten. In F. Dietrich, M. Heinrich & N. Thieme (Hrsg.), *Neue Steuerung – alte Ungleichheiten? Steuerung und Entwicklung im Bildungssystem* (S. 305–326). Münster et al.: Waxmann.
Arndt, S., & Ofuatey-Alazard, N. (2011). *Wie Rassismus aus Wörtern spricht. (K)Erben des Kolonialismus im Wissensarchiv deutsche Sprache. Ein kritisches Nachschlagewerk.* Münster: Unrast.
Attia, I. (2009). Diskurse des Orientalismus und antimuslimischen Rassismus in Deutschland. In C. Melter & P. Mecheril (Hrsg.), *Rassismuskritik. Band 1: Rassismustheorie und -forschung* (S. 146–162). Schwalbach/Ts.: Wochenschau.
Balibar, E. (1991). Is there a "Neo-Racism"? In E. Balibar & I. Wallerstein (Hrsg.), *Race, Nation, Class. Ambiguous Identities* (S. 17–28). London/New York: Verso.
Behr, R. (2017). Diskriminierung durch Polizeibehörden. In A. Scherr, A. El-Mafaalani & G. Yüksel (Hrsg.), *Handbuch Diskriminierung* (S. 301–320). Wiesbaden: Springer VS.
Belina, B. (2016). Der Alltag der Anderen: Racial Profiling in Deutschland? In B. Dollinger & H. Schmidt-Semisch (Hrsg.), *Sicherer Alltag? Politiken und Mechanismen der Sicherheitskonstruktion im Alltag* (S. 125–146). Wiesbaden: Springer VS.
Bojadžijev, M. (2015). Rassismus ohne Rassen, fiktive Ethnizitäten und das genealogische Schema. Überlegungen zu Étienne Balibars theoretischem Vokabular für eine kritische Migrations- und Rassismusforschung. In J. Reuter & P. Mecheril (Hrsg.), *Schlüsselwerke der Migrationsforschung. Pionierstudien und Referenztheorien* (S. 275–288). Wiesbaden: Springer VS.
Bourdieu, P. & Passeron, J.-C. (1971). *Die Illusion der Chancengleichheit. Untersuchungen zur Soziologie des Bildungswesens am Beispiel Frankreichs.* Stuttgart: Klett.
Breljak, A. (2017). Subjektivierungsgefüge Grenzkontrolle. Warten, sich ausweisen, weitergehen?. *Movements. Journal für kritischen Migrations- und Grenzregimeforschung, 3*(1), 205–214.
Brumlik, M. (2009). Antisemitismus. Die rassistische Form des Judenhasses. In C. Melter & P. Mecheril (Hrsg.), *Rassismuskritik. Band 1: Rassismustheorie und -forschung* (S. 98–105). Schwalbach/Ts.: Wochenschau.
Bünger, C. (2016). Kapitalismus. In P. Mecheril (Hrsg.), *Handbuch Migrationspädagogik* (S. 106–120). Weinheim/Basel: Beltz.
Butler, J. (2013). *Haß spricht. Zur Politik des Performativen.* 4. Aufl., Berlin: Suhrkamp.
Castro Varela, M. d. M. (2016). Von der Notwendigkeit eines epistemischen Wandels. Postkoloniale Betrachtungen auf Bildungsprozesse. In T. Geier & K. U. Zaborowski (Hrsg.), *Migration: Auflösungen und Grenzziehungen. Perspektiven einer erziehungswissenschaftlichen Migrationsforschung* (S. 43–59). Wiesbaden: Springer VS.
Dalin, P. (2005). *School Development. Theories and Strategies.* London/New York: Continuum.
Dirim, İ. (2010). „Wenn man mit Akzent spricht, denken die Leute, dass man auch mit Akzent denkt oder so." Zur Frage des (Neo-)Linguizismus in den Diskursen über die Sprache(n) der Migrationsgesellschaft. In P. Mecheril, I. Dirim, M. Gomolla, S. Hornberg & K. Stojanov (Hrsg.), *Spannungsverhältnisse. Assimilationsdiskurse und interkulturell-pädagogische Forschung* (S. 91–114). Münster: Waxmann.

Dirim, İ. (2016). Sprachverhältnisse. In P. Mecheril (Hrsg.), *Handbuch Migrationspädagogik* (S. 311–325). Weinheim/Basel: Beltz.

Eibl-Eibesfeldt, I. (1984). *Die Biologie des menschlichen Verhaltens. Grundriß der Humanethologie.* München u.a.: Piper.

Erdheim, M. (1997). Das Eigene und das Fremde. Über ethnische Identität. In Wolf, A. (Hrsg.), *Neue Grenzen. Rassismus am Ende des 20. Jahrhunderts* (S. 99–126). Wien: Sonderzahl.

Fend, H. (2008). *Neue Theorie der Schule. Einführung in das Verstehen von Bildungssystemen.* 2. Aufl., Wiesbaden: VS.

Freytag, T. (2008). *Der unternommene Mensch. Eindimensionalisierungsprozesse in der gegenwärtigen Gesellschaft.* Weilerswist: Velbrück Wissenschaft.

Gass-Bolm, T. (2005). *Das Gymnasium 1945–1980. Bildungsreform und gesellschaftlicher Wandel in Westdeutschland.* Göttingen: Wallstein.

Geiss, I. (1988). *Geschichte des Rassismus.* 2. Aufl., Frankfurt a.M.: Suhrkamp.

Gogolin, I. (2008). *Der monolinguale Habitus der multilingualen Schule.* 2. Aufl., Münster u.a.: Waxmann.

Göhlich, M. (2005). Pädagogische Organisationsforschung. Eine Einführung. In M. Göhlich, C. Hopf & I. Sausele (Hrsg.), *Pädagogische Organisationsforschung* (S. 9–24). Wiesbaden: Springer VS.

Gomolla, M. (2005). *Schulentwicklung in der Einwanderungsgesellschaft. Strategien gegen institutionelle Diskriminierung in England, Deutschland und in der Schweiz.* Münster u.a.: Waxmann.

Gomolla, M., & Radtke, F.-O. (2009). *Institutionelle Diskriminierung. Die Herstellung ethnischer Differenz in der Schule.* 3. Aufl., Wiesbaden: Springer VS.

Guillaumin, C. (1995). *Racism, Sexism, Power and Ideology.* London u.a.: Routledge.

Hall, S. (2008). „Rasse", Artikulation und Gesellschaften mit struktureller Dominante. In S. Hall, *Rassismus und kulturelle Identität. Ausgewählte Schriften 2* (S. 89–136). 4. Aufl., Hamburg: Argument.

Hall, S. (2000a). Rassismus als ideologischer Diskurs. In N. Räthzel (Hrsg.), *Theorien über Rassismus* (S. 7–16). Hamburg: Argument.

Hall, S. (2000b). Postmoderne und Artikulation. In S. Hall, *Cultural Studies. Ein politisches Theorieprojekt. Ausgewählte Schriften 3* (S. 52–77). Hamburg: Argument.

Hall. S. (2004a). Bedeutung, Repräsentation, Ideologie. Althusser und die poststrukturalistischen Debatten. In S. Hall, *Ideologie, Identität, Repräsentationen. Ausgewählte Schriften 4* (S. 34–65). Hamburg: Argument.

Hall, S. (2004b). Kodieren/Dekodieren. In S. Hall, *Ideologie, Identität, Repräsentationen. Ausgewählte Schriften 4* (S. 66–80). Hamburg: Argument.

Handschuck, S., & Schröer, H. (2002). Interkulturelle Orientierung und Öffnung von Organisationen. Strategische Ansätze und Beispiele der Umsetzung. *neue praxis, 5*(02), 511–521.

Hartmann, M. (2002). *Der Mythos von den Leistungseliten. Spitzenkarrieren und soziale Herkunft in Wirtschaft, Politik, Justiz und Wissenschaft.* Frankfurt a.M.: Campus.

Höhne, T. (2015). *Ökonomisierung und Bildung. Zu den Formen ökonomischer Rationalisierung im Feld der Bildung.* Wiesbaden: Springer VS.

Karakayali, J., & zur Nieden, B. (2013). Rassismus und Klassen-Raum. Segregation nach Herkunft an Berliner Grundschulen. sub\urban. *Zeitschrift für kritische Stadtforschung, 1*(2), 61–78.
Kluge, U., & Bostanci, S. (2012). MigrantInnen als Bedrohung – Die neue Diskursfähigkeit einst abgelegter Weltbilder. In A. Heinz & U. Kluge (Hrsg.), *Einwanderung – Bedrohung oder Zukunft? Mythen und Fakten zur Integration* (S. 16–35). Frankfurt a.M.: Campus.
Knappik, M., & Dirim, İ. (2013). „Native-Speakerism" in der LehrerInnenbildung. *Journal für Lehrerbildung, 13*(3), 20–23.
Krüger, J. O. (2020). Der Ruf der Schulen. In J. O. Krüger, A. Roch & G. Breidenstein (Hrsg.), *Szenarien der Grundschulwahl. Eine Untersuchung von Entscheidungsdiskursen am Übergang zum Primarbereich* (S. 117–128). Wiesbaden: Springer VS.
Krüger, J. O., Roch, A., & Breidenstein, G. (2020). *Szenarien der Grundschulwahl. Eine Untersuchung von Entscheidungsdiskursen am Übergang zum Primarbereich.* Wiesbaden: Springer VS.
Leiprecht, R. (2016). Rassismus. In P. Mecheril (Hrsg.), *Handbuch Migrationspädagogik* (S. 226–242). Weinheim/Basel: Beltz.
Link, J. (2013). *Versuch über den Normalismus. Wie Normalität produziert wird.* 5. Aufl., Göttingen: Vandenhoeck & Ruprecht.
Mecheril, P. (2003). *Prekäre Verhältnisse. Über natio-ethno-kulturelle (mehrfach-) Zugehörigkeit.* Münster u.a.: Waxmann.
Mecheril, P. (2004). *Einführung in die Migrationspädagogik.* Weinheim/Basel: Beltz.
Mecheril, P., & Melter, C. (2010). Gewöhnliche Unterscheidungen. Wege aus dem Rassismus. In P. Mecheril, M. d. M. Castro Varela, İ. Dirim, A. Kalpaka & C. Melter, *Bachelor | Master Migrationspädagogik* (S. 150–178). Weinheim/Basel: Beltz.
Miles, R. (1992). Die Idee der „Rasse" und Theorien über Rassismus: Überlegungen zur britischen Diskussion. In U. Bielefeld (Hrsg.), *Das eigene und das Fremde. Neuer Rassismus in der Alten Welt?* (S. 189–219). Hamburg: Junius.
Miles, R. (2000). Bedeutungskonstitution und der Begriff des Rassismus. In N. Räthzel (Hrsg.), *Theorien über Rassismus* (S. 17–33). Hamburg: Argument.
Rabenstein, K., & Gerlach, J. M. (2016). Sich entscheiden als praktisches Tun. Methodologische Überlegungen einer praxistheoretischen Erforschung der Elternwahl zur inklusiven Schule. *Zeitschrift für qualitative Forschung (ZGF), 17*(1), 205–219.
Räthzel, N. (2012). 30 Jahre Rassismusforschung. Begriffe, Erklärungen, Methoden, Perspektiven. In H. Kauffmann & M. Jäger (Hrsg.), *Skandal und doch normal. Impulse für eine antirassistische Praxis* (S. 190–220). Münster: Unrast.
Roch, A. (2020). „Internationalität, die man eher positiv als negativ bewertet". Modi der Kulturalisierung am Zugang zur Grundschule – das Beispiel Berlin. In J. O. Krüger, A. Roch & G. Breidenstein (Hrsg.), *Szenarien der Grundschulwahl. Eine Untersuchung von Entscheidungsdiskursen am Übergang zum Primarbereich* (S. 93–113). Wiesbaden: Springer VS.
Rommelspacher, B. (1998). *Dominanzkultur. Texte zu Fremdheit und Macht.* 2. Aufl., Berlin: Orlanda Frauenverlag.
Rommelspacher, B. (2009). Was ist eigentlich Rassismus? In C. Melter & P. Mecheril (Hrsg.), *Rassismuskritik. Band 1: Rassismustheorie und -forschung* (S. 25–38). Schwalbach/Ts.: Wochenschau.

Scherr, A., Janz, C., & Müller, S. (2015). *Diskriminierung in der beruflichen Bildung. Wie migrantische Jugendliche bei der Lehrstellenvergabe benachteiligt werden.* Wiesbaden: Springer VS.
Schiffauer, W., Baumann, G., Kastoryano, R., & Vertovec, S. (2002). *Staat–Schule–Ethnizität. Politische Sozialisation von Immigrantenkindern in vier europäischen Ländern.* Münster u.a.: Waxmann.
Stender, W. (2010). Konstellationen des Antisemitismus. In W. Stender, G. Follert & M. Özdogan (Hrsg.), *Konstellationen des Antisemitismus. Antisemitismusforschung und sozialpädagogische Praxis* (S. 7–38). Wiesbaden: Springer VS.
Stošić, P. (2015). Horizontale Segregation im deutschen Schulsystem. In L. Fölker, T. Hertel & N. Pfaff (Hrsg.), *Brennpunkt(-)Schule. Zum Verhältnis von Schule, Bildung und urbaner Segregation* (S. 29–48). Opladen u.a.: Barbara Budrich.
Teo, T. (1994). „Ich muß mich nicht entscheiden. Ich bin beides...". Zur Entwicklung und Sozialisation „bi-/multirassischer" Identität. In A. Thomas (Hrsg.), *Psychologie und multikulturelle Gesellschaft: Problemanalysen und Problemlösungen* (S. 82–92). Göttingen: Verlag für angewandte Psychologie.
Terkessidis, M. (1998). *Psychologie des Rassismus.* Opladen u.a.: Westdeutscher Verlag.
Unabhängige Kommission „Zuwanderung" (2011). *Zuwanderung gestalten – Integration fördern.* Zugriff am 17.03.2020 unter http://www.fluechtlingsrat.org/download/berkommzusfas.pdf
UNESCO (1978). *Erklärung über „Rassen" und rassistische Vorurteile.* Zugriff am 17.03.2020 unter http://www.unesco.de/infothek/dokumente/unesco-erklaerungen/erklaerung-rassist-vorurteile.html
Weiß, A. (2013). *Rassismus wider Willen. Ein anderer Blick auf eine Struktur sozialer Ungleichheit.* 2. Aufl., Wiesbaden: Springer VS.

Prof. Dr. Paul Mecheril Universität Bielefeld, Professor für Erziehungswissenschaft mit dem Schwerpunkt Migration, AG 10 Migrationspädagogik und Rassismuskritik, Email: paul.mecheril@uni-bielefeld.de

Matthias Rangger Universität Bielefeld, Fakultät für Erziehungswissenschaft, Wissenschaftlicher Mitarbeiter in der AG 10 Migrationspädagogik und Rassismuskritik, Email: matthias.rangger@uni-bielefeld.de

5 Was, wenn die sich selbst kulturalisieren? – Essentialisierung unter Bedingungen migrationsgesellschaftlicher Subjektivierung

Paul Mecheril und Matthias Rangger

5.1 Einleitung

Migrationsgesellschaftliche Verhältnisse sind von Fragen danach geprägt, wem in Abhängigkeit von Rechten, Teilhabemöglichkeiten und Ressourcen, aber auch Selbst- und Fremdverständnissen der Status der Zugehörigkeit zukommt und wem nicht. Es geht bei diesen Fragen um Praktiken und Strukturen, die Unterschiede machen, durchaus auch im Sinne von Über- und Unterordnung. Wie im vorangegangenen Kapitel (Kap. 4) ausgeführt, sind hierbei rassistische Deutungsmuster und solche Wahrnehmungs- und Legitimationsmuster, die rassistische Einteilungen bekräftigen, potenziell wirksam. Die Analysekategorie Rassismus verweist in diesem Zusammenhang auf hegemoniales, als selbstverständlich verstandenes Wissen über die als weitgehend stabil geltende natio-ethno-kulturelle Unterschiedlichkeit der Menschen, auf dessen Grundlage das Vorrecht einzelner Gruppen auf Privilegien, Ressourcen und territoriale Anwesenheit gerechtfertigt wird. Ein bedeutsames Moment dieser Humandifferenzierung stellen hierbei Essentialisierungspraktiken dar, über die die Differenz zwischen den Menschengruppen als Ausdruck ihres je spezifischen, also unterschiedlichen Wesens verstanden und präsentiert wird. Dadurch wird nicht nur die Differenz zwischen den Menschen zum Ausdruck ihrer Natur bzw. ihres quasi-natürlichen Wesens sowohl er- als auch verklärt, sondern auch der Umstand, dass ihnen in

---

P. Mecheril · M. Rangger (✉)
Fakultät für Erziehungswissenschaft, Universität Bielefeld, Bielefeld, Deutschland
E-Mail: matthias.rangger@uni-bielefeld.de

P. Mecheril
E-Mail: paul.mecheril@uni-bielefeld.de

der – um es typisierend, somit empirisch/historisch vereinfachend zu sagen – kolonialrassistischen Spielart universell oder in der kulturrassistischen Variante kontextspezifisch unterschiedliche Rechte, Werte des Ansehens sowie Grade des Vermögens zukommen.

Praktiken, die migrationsgesellschaftliche Differenz an der Unterscheidung zwischen „ihrer" und „unserer" Kultur festmachen, können als Praktiken der Kulturalisierung bezeichnet werden (etwa: Kalpaka 2015; Kiesel 1996; Messerschmidt 2008). Wenn in diesen Praktiken zudem die Wesenhaftigkeit von kulturellen Identitäten und damit von Differenz behauptet wird, haben wir es mit Formen kulturalistischer Essentialisierung zu tun.

Mit der Analyse, der Beschreibung und der Kritik von Praktiken, die sich in einer bestimmten Weise auf die Kategorie „Kultur" beziehen als „Praktiken der Kulturalisierung" sowie der „kulturalistischen Essentialisierung"[1] wird die Angemessenheit des Begriffs der Kultur allerdings nicht generell zurückgewiesen. Im Gegensatz zu einem statischen und wesenhaften Kulturverständnis wird von uns ein dynamischer und kontextrelationaler Begriff von Kultur bevorzugt (einführend etwa: Kalpaka/Mecheril 2010; Leiprecht 2001). Kultur ist in dieser Perspektive keine feste und wesenhafte Programmierung des Menschen und Menschen keine Marionetten dieser vermeintlichen Kultur. Gleichzeitig ist Kultur aber auch nicht beliebig. Kultur wird vielmehr als ein sich wandelndes, komplexes Ensemble von Praktiken der kollektiven Bedeutungsgebung verstanden, die den historischen und kontextspezifischen materiellen Existenzbedingungen von Gruppen und Individuen nicht nur einen Sinn verleihen, sondern sie darüber auch herstellen. Davon vermittelt ist Kultur ein Instrument der Beschreibung und auch der Erklärung des Handelns und Empfindens von Menschen durch Menschen („sie verhält sich so eigentümlich im Swimmingpool, weil sie einer bestimmten Kultur zugehört", denkt der Bademeister und übersieht, dass die Schwimmerin ihre Brille in der Umkleidekabine gelassen hat). Wenn wir Kultur als (dominanzkulturell plausible) Deutungskategorie verstehen, mit der es möglich wird Unterschiede zu schaffen und auf Kultur zuzurechnen, dann geht es nicht um Fragen danach, wie sich unterschiedliche Kulturen in ihrem Wesen voneinander unterscheiden oder wie angemessen zwischen unterschiedlichen Kulturen vermittelt werden kann. Im Zentrum des Interesses steht vielmehr die Frage danach, wann, von wem, unter welchen Bedingungen und mit welchen Effekten auf die Kategorie „Kultur" zurückgegriffen wird.

---

[1] Nicht jede Kulturalisierung muss zugleich die Wesenhaftigkeit des kulturalistisch Identifizierten annehmen oder behaupten.

Unter einer solchen Perspektive können Praktiken der (kulturalistischen) Essentialisierung als Ausdruck einer *Dominanzkultur* verstanden werden. Mit dem Ausdruck weist Birgit Rommelspacher darauf hin, „daß unsere ganze Lebensweise, unsere Selbstinterpretationen sowie Bilder, die wir vom Anderen entwerfen, in Kategorien der Über- und Unterordnung gefaßt sind" (Rommelspacher 1998, S. 22).

Wenn wir uns kritisch mit Praktiken der Kulturalisierung und der kulturalistischen Essentialisierung beschäftigen, kommen zwei Dimensionen in den Blick: a) Die Kategorien und Praktiken der Über- und Unterordnung, die mit Praktiken der kollektiven Bedeutungsgebung einhergehen, insbesondere jener Gruppe, die in einem bestimmten sozialen Feld vorherrschend ist (Dominanzkultur), b) die Muster der Zuschreibung von Kultur, mit denen Muster der Über- und Unterordnung bewahrt werden.

Insbesondere unter Bedingungen der Delegitimierung der offenen Affirmation und Artikulation rassistischer Positionen in der Öffentlichkeit (s. Kap. 4) kommt kulturalistischen Essentialisierungen eine – quantitativ wie qualitativ – zentrale Rolle in dominanzkulturellen, migrationsgesellschaftlichen Diskursen und Praktiken zu. Denn mit „Kultur" wird es unter diesen Bedingungen möglich, Rassekonstruktionen implizit aufzurufen, ohne diese explizit machen zu müssen (Balibar 1991; Leiprecht 2001). Berufliches Handeln in der Migrationsgesellschaft ist deshalb nicht nur der fortwährenden Möglichkeit ausgesetzt, in Diskurse und Praktiken der Kulturalisierung involviert zu werden, sondern ist auch gefährdet, kulturalisierende und essentialistische Deutungs- und Handlungsmuster aktiv zu reproduzieren. Für professionelles Handeln in der Migrationsgesellschaft ist es insofern von beträchtlicher Bedeutung, sich intensiv und differenziert mit der eigenen Beteiligung an der Produktion und Reproduktion von natio-ethno-kulturell kodierten Differenzverhältnissen zu beschäftigen. Praktiken der Kulturalisierung und Essentialisierung stellen somit einen bedeutenden Gegenstand professioneller migrationsgesellschaftlicher Reflexion und Kritik dar.

Vor diesem Hintergrund setzen wir uns im Folgenden in einem ersten Schritt mit dem Phänomen natio-ethno-kultureller Differenz und der Funktion von (kulturalisierenden) Essentialisierungspraktiken zur Herstellung dominanter Differenzverhältnisse auseinander. Anhand der Kommentierung einer Praxisepisode vertiefen wir unsere Auseinandersetzung. Wir greifen dabei auf subjektivierungstheoretische Perspektiven zurück und gehen auch der Frage nach einem professionellen Umgang mit Fremd- und Selbstkulturalisierungen unter Bedingungen migrationsgesellschaftlicher Subjektivierung nach.

5.2 Essentialisierung und die Herstellung natio-ethno-kultureller Differenz

Der zweite Workshop der Fortbildungsreihe beschäftigt sich mit Fragen der migrationsgesellschaftlichen Öffnung von Organisationen. Einen zentralen Gegenstand des Workshops stellt dabei der Umstand dar, dass migrationsgesellschaftliche Verhältnisse nicht nur in Alltagsgesprächen, sondern auch in beruflicher Kommunikation häufig und zumeist nicht weiter begründet unter der Perspektive „Kultur" und „kulturelle Unterschiede" thematisiert werden. Die Reduktion migrationsgesellschaftlicher Differenz auf Kultur wird im Workshop einer grundlegenden Kritik unterzogen. In dem mit „Von der Interkulturellen zur Migrationsgesellschaftlichen Öffnung?!" überschriebenen Workshop stellt der Workshopleiter im ersten Teil das Thema „kulturelle Differenz" und ihre Bedeutung in Institutionen vor. Vor dem Hintergrund der Kritik an kulturalisierenden Praktiken soll im Workshop ein alternatives Verständnis migrationsgesellschaftlicher Öffnung von Organisationen erarbeitet werden. Auf die allgemeine Einführung in die Workshopthematik und die gegenseitige Verständigung über das gemeinsame Vorgehen zu Beginn folgt eine Kleingruppenarbeitsphase, in der die Teilnehmer/innen sich mit ihren eigenen Ansprüchen in Bezug auf ihre Tätigkeit auseinandersetzen und dabei auf die Bedeutung der Praxis „kulturelle Differenz" in ihrer Arbeit eingehen. Nach der Kleingruppenphase steigt der Workshopleiter mit der Frage nach der Rolle von „Interkulturalität", „interkulturelle Differenz", „interkulturelle Kompetenz" etc. im beruflichen Handlungsfeld der Teilnehmer/innen ein. Während eine Teilnehmerin unmittelbar *„Hauptrolle"* antwortet und ein anderer sich erkundigt, ob der Workshopleiter dies in Bezug auf *„den Begriff oder als Realität"* meint, äußert sich ein weiterer Teilnehmer folgendermaßen:

> *„Die Frage, die sich mir immer stellt ist: Was ist dann überhaupt Interkulturalität? Wo fängt es an, wo hört es überhaupt auf? Ist Interkulturalität schon alleine, dass man Migrationshintergrund hat? Ist Interkulturalität, dass man mehrere Sprachen spricht? Ist Interkulturalität vielleicht auch schon Empathie? Was ist Kultur? Das geht halt dann auch schon in den nächsten Schritt hinein. Hat man eine andere Kultur, weil man aus einem anderen Land kommt? Oder weil man anders erzogen wurde? Oder was ist mit Straßenkultur (betont)? Ist das vielleicht auch ein Teil von Interkulturalität? Jugendkulturen, ja? Das ist ja, das sind alles Begrifflichkeiten, die immer wieder auftauchen und für mich schwierig zu greifen sind. Die halt alle irgendwo (...)."* (Be/1.02/01/09R)

Die Geschichte der Thematisierung von professionellem Handeln in der Migrationsgesellschaft im amtlich deutschsprachigen Raum ist gekennzeichnet von dem signifikanten Rekurs auf Themen wie kulturelle Unterschiede, kulturelle Identität und interkulturelle Begegnung und Kommunikation. Interkulturelle Kompetenzen wurden hierbei als notwendige professionelle Fähigkeiten und Haltungen konzipiert (Castro Varela 2003). Dabei ist häufig, wie in dem Zitat aus dem Protokoll des Workshopgeschehens angesprochen wird, gar nicht so klar, worin eigentlich die Anforderung besteht, auf die „interkulturelle Kompetenz" reagiert: Was ist eigentlich Kultur? Was meint kulturelle Differenz? Und was bedeutet es migrationsgesellschaftliche Verhältnisse unter der Kategorie „Kultur" zum Thema zu machen? Welche Effekte hat dies? Was kommt dabei in den Blick? Was wird dadurch bereits ausgeblendet? Wer profitiert davon? Wer nicht? Wenn wir auch von Jugendkulturen sprechen, warum werden interkulturelle Fortbildungsangebote meist nur in Bezug auf das Thema Migration angeboten? Was kommt in der Tatsache zum Ausdruck, dass es keine interkulturellen Angebote für die Kommunikation unter Bedingungen unterschiedlicher Jugendkulturen gibt, es sei denn, sie werden irgendwie als „migrantisch" adressiert? Wie verhalte ich mich professionell in einem Feld, das den Anspruch an mich stellt, dass ich „interkulturell kompetent" sein soll? Wie verhalte ich mich professionell in einem Feld, dass Migration durchgängig unter der Kategorie „Kultur" und mit Blick auf interkulturelle Phänomene behandelt? Mit Fragen dieser Art ist professionelles Handeln in der Migrationsgesellschaft beschäftigt, zumindest dann, wenn es der dominanz*kulturell* plausibel klingenden Rede von „Interkultur" nicht so ohne Weiteres folgen kann.

Bevor wir zu einer thematisch relevanten Praxisepisode und ihrer Analyse kommen, setzen wir uns in diesem Abschnitt zunächst ein wenig mit der Frage auseinander, was unter kultureller Differenz verstanden werden kann. In einem ersten Schritt gehen wir hierzu kurz auf unterschiedliche Perspektiven auf Differenz ein, um darauf aufbauend genauer die Praktik der kulturalistischen Essentialisierung zu erläutern.

Perspektiven auf Differenz
Fragen nach Differenz sowie dem gesellschaftlichen Umgang damit stellen einen zentralen Bezugspunkt politischer Auseinandersetzungen und sozialtheoretischer Reflexionen der Gegenwart dar (s. etwa: Fraser/Honneth 2003). Auch in erziehungswissenschaftlichen Debatten nimmt die Auseinandersetzung mit gesellschaftlichen Differenzverhältnissen spätestens seit den 1990er Jahren einen zentralen Stellenwert ein (s. etwa: Diehm/Kuhn/Machold 2017; Lutz/Wenning 2001). Die Debatten über Differenz können hierbei grob und idealtypisch in zwei allgemeine Richtungen eingeteilt werden. Die eine, die Differenz als gegeben, und die andere, die Differenz als Produkt sozialer Praxis versteht. Letzterer Zugang zum Verständnis gesellschaftlicher Differenzverhältnisse, der nicht zuletzt

in durchaus widersprüchlicher Weise, weil Kontingenz wie Non-Kontingenz von Identität und Differenz zugleich behauptet wird, auf soziale Bewegungen wie den Feminismus oder Antirassismus zurückgeht, hat vor allem die Bedeutung von Macht- und Herrschaftsverhältnissen für die Produktion von Differenz herausgearbeitet (Maurer 2019). Differenzverhältnisse gehen in macht- und herrschaftstheoretischer Perspektive immer mit der Hervorbringung bestimmter Positionen einher, die sich nicht nur horizontal, sondern auch vertikal unterscheiden, also mit differenziellen Privilegien verknüpft sind. Differenztheoretische Positionen, die Differenz als Konstruktion begreifen, können hierbei allgemein in sozialkonstruktivistische und dekonstruktive Perspektiven unterschieden werden.

Als paradigmatisch für eine sozialkonstruktivistische Perspektive auf Differenz kann der Ansatz des *doing difference* (West/Fenstermaker 1995), der auf dem Konzept *doing gender* (West/Zimmerman 1987) basiert, gelten. Differenz wird in diesem Ansatz als Resultat sozialer Interaktionen begriffen. Individuen werden demnach zu spezifischen Subjekten, bspw. zu „Frauen" und „Männern", indem und weil sie sich selbst in Interaktionen als Männer oder Frauen darstellen und von ihrem Gegenüber auch als solche wahrgenommen werden. Da mit unterschiedlichen Subjekt- oder Identitätspositionen auch unterschiedliche Macht- , Herrschafts- und Ungleichheitsverhältnisse verknüpft sind, können soziale Interaktionen, die diese Positionen hervorbringen und bekräftigen, immer auch als Teil der gesellschaftlichen Reproduktion von materiellen wie symbolischen Verteilungsverhältnissen verstanden werden.

Dekonstruktive Perspektiven auf Differenz (paradigmatisch: Butler 1991, 1997) richten ihren Blick weniger darauf, wie Differenz in Interaktionen hergestellt wird oder was beispielsweise getan werden kann, um unter den gegebenen Bedingungen soziale Ungleichheitsverhältnisse auszugleichen. Der Blick richtet sich vielmehr auf die allgemeinen symbolischen Ordnungen, die solche differenzschaffenden Praktiken erst ermöglichen, begrenzen und rahmen. Den interaktiven Praktiken der Differenzproduktion gehen in diesem Verständnis immer bereits bedeutsame gesellschaftliche Differenzordnungen voraus, die diese erst ermöglichen und vorstrukturieren. Differenz wird diesem Verständnis folgend zwar auch in Interaktion mit symbolischen und konkreten Anderen, in Kontexten sozialen Handelns hergestellt. Dies ist jedoch kein beliebiges Spiel, sondern findet im kulturellen Rahmen einer hegemonial anerkannten Differenzordnung – wie etwa „Zweigeschlechtlichkeit" oder migrationsgesellschaftlicher Differenzverhältnisse – statt und stärkt diesen Rahmen (oder schwächt ihn). Die symbolischen Differenzordnungen vermitteln spezifische Macht- und Herrschaftsverhältnisse, die interaktive, organisationale und institutionelle Praktiken präformieren. Symbolische Differenzordnungen sind wirksam aufgrund des Umstands, dass die vielfach wiederholte praktische Aufführung dieser Ordnungen sie als selbstverständliche, nicht weiter erläuterungsbedürftige Ordnungen erscheinen lassen. Die empirische Feststellung, dass Menschen, die in den hegemonialen Verhältnissen bspw. als Migrant/innen, als Frauen oder Menschen mit Behinderung gelten, mit höherer Wahrscheinlichkeit Erfahrungen der Diskriminierung machen, kann demnach nicht in eine schlichte Politik der Anerkennung von Differenz zur Umverteilung materieller und symbolischer Ressourcen münden. Ein solcher Zugang ließe die zugrundliegende Differenzordnung letztlich intakt, anstatt sie ihrem Prinzip nach zu thematisieren und infrage zu stellen.

2014 beschloss die deutsche Bundesregierung etwa ein „,Gesetz für die gleichberechtigte Teilhabe von Frauen und Männern an Führungspositionen in der Privatwirtschaft und im öffentlichen Dienst'" (Bundesregierung 2014). Das Gesetz kann als Maßnahme dagegen verstanden werden, dass „Frauen in Führungspositionen in Wirtschaft und Verwaltung noch immer" (ebd.) unterrepräsentiert sind. Unter der Überschrift „Die Frauenquote kommt" (ebd.) bewirbt die Bundesregierung die Einführung eines Gesetzes, „das Arbeitgeber [verpflichtet], das jeweils unterrepräsentierte Geschlecht – in der Regel Frauen – stärker zu berücksichtigen" (ebd.). Das politische Programm der „Frauenquote" (etwa Hendrix 2019) zielt auf eine Veränderung bestehender Repräsentationsverhältnisse in prestigeträchtigen und einflussreichen gesellschaftlichen Positionen. Zugleich transportiert dieser Zugang auch die Vorstellung einer starren und natürlichen Ordnung der Zweigeschlechtlichkeit, in der („in der Regel") Frauen zusätzlicher Unterstützung bedürften. Zunächst handelt es sich hierbei also um ein Programm der Umverteilung gesellschaftlicher Positionen. Symbolische Ordnungen (Wissensbestände) und Praktiken, die Individuen erst zu „Frauen" und „Männer" machen und damit machtvolle symbolische Zuordnungen vornehmen, werden hier jedoch nicht Gegenstand der Analyse und der Veränderung, sondern tendenziell bestätigt (s. etwa Hark 2001).

Auf die Auseinandersetzung mit solchen Praktiken der symbolischen Reproduktion richtet die dekonstruktive Perspektive ihren Blick. Dekonstruktion fragt nach den symbolischen Bedingungen, die Macht- und Herrschaftsverhältnisse legitimieren und darin nur bestimmte Zugehörigkeitspositionen als legitime möglich sein lassen, und sie fragt danach, wie und wo sich solche symbolischen Verhältnisse selbst schwächen. Diese Befragung dient auch einer kontinuierlichen Öffnung des Feldes des Legitimen hin zu einer Vervielfältigung anerkannter Zugehörigkeitspositionen.

Kulturalistische Essentialisierung

Sowohl sozialkonstruktivistische als auch dekonstruktive Perspektiven setzen sich von Positionen ab, in denen Differenz als gegebene oder natürliche Unterschiede gefasst werden. Beide Ansätze verstehen die soziale Hervorbringung von Differenz als Unterscheidungspraktik, die (machtvoll) Unterschiede *herstellt*. Praktiken der Unterscheidung beruhen demnach nicht auf natürlicher Grundlage; die vermeintliche Natürlichkeit von Unterschieden wird vielmehr sozial hergestellt. Mit dem Begriff „Essentialisierung" werden Herstellungspraktiken dieser Art gefasst. Essentialisierung bezeichnet den interpretativen und signifizierenden Vorgang, mit dem Handlungen und Verlautbarungen Anderer auf ihr vermeintlich wesenhaftes Sein zurückgeführt werden, welches als relativ unbeeinflussbar und unveränderlich gedacht wird. Essentialisierung umfasst unseres Erachtens insofern zwei Schritte; zunächst das Erkennen einer übergeordneten Regel oder zumindest eines Zusammenhangs, auf die konkrete Handlungen, Verlautbarungen, Mühen, Emotionen, Leidenschaften und Einsätze, Formen von Mitmenschlichkeit und In-der-Welt-Sein des oder der Anderen verweisen. Es geht dabei um das Erkennen abstrakterer Figuren. Zweitens werden Gültigkeit und Wirklichkeit dieser Figuren der „wahren Natur" der anderen zugeschrieben, einem verborgenen Sein, das als eine Art Essenz existiere. Diesem verborgenen wesenhaften Sein ist es, so die essentialistische Grundannahme, zu verdanken, dass die Formen des Handelns und Erlebens, des Lachens und Weinens, des Fühlens und Denkens, des Liebens und Begehrens, die beobachtbar sind, sich notwendigerweise so ereignen.

Essentialisierungen von Zugehörigkeit, Identität und Handlungsweisen gehen mit dem Effekt einher, dass die politischen und historisch spezifischen, mithin gewordenen und veränderbaren gesellschaftlichen Verhältnisse auf den beständigen Zusammenhang des von Natur aus notwendig Seienden verschoben werden. Praktiken der Essentialisierung können somit als Legitimation ungleicher sozialer Verhältnisse fungieren, insofern diese als Ausdruck natürlicher und somit notwendiger Gegebenheiten und eben nicht als Konsequenz gesellschaftlicher und somit kontingenter Zusammenhänge verstanden werden. Essentialisierung stellt einen Mechanismus der Verschleierung der Bedingungen sozialer Ungerechtigkeit dar (Werbner 1997).

Edward Said (1978/2009) hat in seiner umfangreichen Studie mit dem Titel „Orientalismus" die Bedeutsamkeit der essentialistischen Konstruktion „des Orients" für die diskursive Konstruktion „des Okzidents" herausgearbeitet. In wissenschaftlichen, medialen und politischen Diskursen wurden die mittels dieser Diskurse orientalisierten Länder des Orients zu einer Gegenfolie gemacht, vor der der okzidentale Westen eher indirekt und gleichsam unter der Hand entstehen konnte. Saids Arbeiten machen deutlich, wie diese ideologische Konstruktion dem Westen dienlich war, den Orient sowohl materiell als auch symbolisch zu unterwerfen. Das Konzept „Orientalismus" ermöglicht den Nachvollzug dessen, „mit welcher enorm systematischen Disziplin es der europäischen Kultur in nachaufklärerischer Zeit gelang, den Orient gesellschaftlich, politisch, militärisch, ideologisch, wissenschaftlich und künstlerisch zu vereinnahmen – ja sogar erst zu schaffen" (ebd., S. 11 f.). Im Rahmen eines umfangreichen Wissenssystems wurden hierbei die orientalischen Anderen als homogene Einheit konstruiert und dem Eigenen als negatives Gegenbild essentialistisch entgegengestellt. Die hier bedeutsamen Essentialisierungsdiskurse und -praktiken wirken hierbei nach „innen" wie nach „außen" produktiv. Sie sind Teil der Konstitution des Eigenen und des Fremden. Stuart Hall (2008a, S. 141 f.) zufolge erfüllt dies eine doppelte Funktion. Die essentialisierende Gegenüber- und Entgegenstellung von „eigen" und „fremd" dient der Legitimierung der eigenen Vormachtstellung in Bezug auf die Anderen sowie deren gewaltvollen Unterwerfung. Zugleich dient sie zur Regierung derjenigen, die zum Eigenen gezählt werden, indem über die Abgrenzung zu Anderen eine interne Homogenisierung vorgenommen wird. Dabei funktioniert der Diskurs vor allem über Vereinfachung und Komplexitätsreduktion:

„Er [der Diskurs] stellt als homogen dar (den Westen), was tatsächlich sehr differenziert ist (die verschiedenen europäischen Kulturen). Und er behauptet, daß diese verschiedenen Kulturen durch eine Tatsache vereinigt sind: Dadurch, daß *sie sich alle vom Rest unterscheiden*. Genauso stellen die Kulturen des Rests, obwohl untereinander verschieden, in dem Sinn dasselbe dar, daß *sie alle vom Westen verschieden sind*. Kurz, der Diskurs stellt, als ein ‚Repräsentationssystem', die Welt entsprechend einer einfachen Dichotomie geteilt dar – in den Westen und den Rest." (ebd., S. 142)

Said verdeutlicht in seiner Analyse weiterhin, dass diese Praktiken der degradierenden Essentialisierung der Anderen nicht bloß auf spezifischen Absichten weniger Mächtiger basieren, sondern dass es vielmehr „eine ganze Reihe von Themen gibt, die in Texten über kolonialisierte Länder derart häufig erscheinen, dass sie nicht als rein individuelle Ansichten eines Autors gelten können, sondern als Reflexe umfassenderer Systeme von Überzeugungen, die durch diskursive Rahmen strukturiert werden und denen durch die imperialistischen Machtbeziehungen Glaubwürdigkeit und Kraft zukommt" (Mills 2007, S. 115). Die reduktive und abwertende Wahrnehmung der kolonialisierten Länder in der westlichen Wissensproduktion diente den kolonisierenden Ländern als machtvolles Instrument der Beherrschung, Legitimation und Dominanzausübung (ebd., S. 115 ff.).

Mit einem postkolonialen Ansatz kann davon ausgegangen werden, dass solche kolonialen Wahrnehmungs-, Deutungs- und auch Empfindungsmuster gegenwärtig weiterhin wirksam sind und die globalen migrationsgesellschaftlichen Verhältnisse mitkonstituieren. Doch insbesondere in Deutschland herrscht viel eher eine beharrliche Verdrängung und Leugnung der eigenen kolonialen Geschichte und Gegenwart sowie den materiellen wie epistemischen und ideologischen Kontinuitäten des Kolonialismus vor (Castro Varela/Dhawan 2005)[2]. Praktiken, die diese Kontinuitäten zum Gegenstand der Reflexion machen, stellen einen wichtigen, wenngleich auch nie widerspruchsfreien Beitrag zur Ermöglichung von Verhältnissen dar, die weniger von (post-)kolonialen Differenzierungen strukturiert sind.

„Kultur" in der eigenen Praxis

Im dritten Modul der Fortbildungsreihe, das mit „Was sind Diskriminierungserfahrungen und welche Rolle spielen Institutionen?" überschrieben ist, ging es allgemein um Fragen, wann, wie und von wem Erfahrungen der Diskriminierung zum Thema gemacht werden und was im Zuge dieser Thematisierung geschieht. In einem kurzen Vortrag zu Beginn des Workshops stellen die Workshopleiterinnen eine Heuristik zur Analyse von Diskriminierungserfahrungen vor. Diskriminierungserfahrung erläutern sie als die gesellschaftlich vermittelte subjektive Erfahrung, als Andere zu gelten und dadurch potenzieller wie tatsächlicher Diskriminierung ausgesetzt zu sein. In ihrem Vortrag sprechen sie auch über den Zusammenhang zwischen Praktiken der Kulturalisierung und Diskriminierungserfahrungen. Eine der Workshopleiterinnen erläutert, dass Kulturalisierung als eine machtvolle Unterscheidungspraxis aufgefasst werden kann, in der kulturelle Merkmale zur Unterscheidung von „Wir" und „Andere" herangezogen werden. In diesem Zusammenhang berichtet eine Teilnehmerin:

„In unserem pädagogischen Alltag erleben wir zum Beispiel häufig, dass viele Kolleginnen und Kollegen in den Schulen oder Kitas gerne hätten, dass wir ihnen für jede entsprechende Herkunftskultur die Schublade öffnen würden. Also die Griechen sind so und die behandeln wir so. Und die Türken sind so

---

[2] So wird darauf hingewiesen, dass Deutschland nicht nur aktiv (etwa in Namibia) oder in anderweitiger materieller Verstrickung als Kolonialmacht im weltpolitischen Geschehen agierte und insofern als kolonialer Akteur zu betrachten ist (Zimmerer 2003), sondern auch „kulturell und intellektuell gesehen im 19. Jahrhundert eine der Hauptquellen sorgfältigster orientalistischer Gelehrsamkeit darstellte – gingen doch von diesem geopolitischen Ort eine Vielzahl autoritative, mit universellen Ansprüchen ausgestattete orientalistische Erzählungen aus" (Castro Varela/Dhawan 2005, S. 7).

> *und die behandeln wir so. So und damit unterstellen wir, den Kindern und ihren Familien eine bestimmte Sichtweise, Orientierungsweise, Verhaltensweise, die aber möglicherweise überhaupt nicht vorhanden ist, weil die sich ganz anders orientieren. Aber da wir das im Kopf haben, ne, ich sag nur Übergang Grundschule zu Sek. 1, (sie wechselt in einen anderen Tonfall) ‚deine Eltern können dir ja nicht helfen, deshalb geh du mal besser zur Realschule und nicht zum Gymnasium'. So, ne. In der Überweisung..." (Be/1.03/02/03R)*

Kulturalisierung – drei Beispiele
Die Kategorie „Kultur" (Hormel/Jording 2016) sowie die zum Teil äquivalent benutzten Signifikanten „Religion" (Karakaşoğlu/Klinkhammer 2016; Riegel 2011) oder „Ethnizität" (Dietrich/Radtke 1990; Ha 2000) stellen bedeutsame Kategorien im aktuellen Diskurs über migrationsgesellschaftliche Differenzverhältnisse dar. So ist etwa das, was „interkulturelle Kompetenz" genannt wird (Auernheimer 2008), spätestens seit dem sogenannten PISA-Schock (Seitz 2003) zu einer Schlüsselkompetenz und -qualifikation im Bereich pädagogischer Professionalität avanciert. Exemplarisch sei hier auf einen Auszug aus dem Ankündigungstext einer Fortbildungsreihe des Augsburger Zentralinstituts für didaktische Forschung und Lehre verwiesen:

„In den Pisa-Studien hat sich bislang mehrfach gezeigt, dass Kinder mit Migrationshintergrund noch schwächere Leseleistungen erreichen als ihre deutschen Mitschüler. Untersuchungen haben zutage gefördert, dass die Lesekompetenz der zweiten Zuwanderergeneration erheblich unter jener der ersten Generation liegt. Diese Erkenntnisse scheinen endlich einen angemessenen Widerhall zu finden, sodass nun ernsthaft versucht wird, Kinder mit Migrationshintergrund in unseren Schulen besser zu fördern. Einer der Schlüssel zum Erfolg ist dabei die Stärkung der interkulturellen Kompetenz der Lehrkräfte." (Zugriff am 02.11.2015 unter: http://www.presse.uni-augsburg.de/unipressedienst/2008/okt-dez/2008_142/)

Was passiert hier? Der Text unterscheidet zunächst die Gruppe der Schüler/innen mit der Gegenüberstellung von Kindern mit Migrationshintergrund und deutschen Mitschüler/innen. Diese Gegenüberstellung verweist – anders als der administrative Gebrauch des Ausdrucks Migrationshintergrund – darauf, dass deutsche Schüler/innen keinen Migrationshintergrund haben und Schüler/innen mit Migrationshintergrund keine Deutschen sind. Dass die Lehrer/innen im Umgang mit den Schüler/innen mit Migrationshintergrund (und nicht im Umgang mit deutschen Schüler/innen) über interkulturelle Kompetenz verfügen sollen, weist auf zweierlei hin. Erstens, dass Lehrer/innen selbstverständlich als

„deutsch" eingeführt werden; Lehrer/innen „mit Hintergrund" kommen nicht vor. Zweitens wird der Unterschied zwischen „deutsch" und „Migrationshintergrund" als kulturelle Differenz ausgegeben, wodurch „deutsch" wie „Migrationshintergrund" weniger mit Staatsangehörigkeit, weniger mit Migrationsbiografien, weniger mit Ressourcenzugängen in Verbindung gebracht werden, sondern vielmehr kulturelle Zugehörigkeiten indizieren. Und mit Kultur scheint auch die Erklärung für die „schwächere Leseleistungen" erbracht: Es liegt an ihrer Kultur.

Auch wenn in Texten zu „interkultureller Kommunikation" häufig die Rede davon ist, dass Kultur nicht umstandslos mit Nation und Ethnizität gleichgesetzt werden darf, finden sich in den meisten Konzepten unter dem Label der Thematisierung kultureller Differenz beinahe ausnahmslos Auseinandersetzungen mit inter- oder transnationalen Zusammenhängen wieder (Hormel/Jording 2016). Dies gilt für die gesamte Bandbreite der Verwendungsweise des Ausdrucks „interkulturell": „interkulturelle Theaterarbeit" (etwa: Hoffmann/Klose 2008), „interkulturelle Kommunikation" (etwa: Broszinsky-Schwabe 2011; Heringer 2017; Thomas 2005), „interkulturelle Pädagogik" (etwa: Auernheimer 2012; Fürstenau 2012; Gogolin et al. 2018), „interkulturelle Öffnung" (etwa: Handschuck/Schröer 2001; Vanderheiden/Mayer 2014), „interkulturelle Mediation" (etwa: Mayer 2006; Mayer/Boness 2004) etc. Indem kulturelle Differenz und Interkulturalität in diesen Texten nahezu ausschließlich auf migrationsgesellschaftlich bedeutsame Differenzen bezogen werden, werden diese unter der Hand zu fraglos kulturellen Differenzen, was, wie im obigen Text, dazu führen kann, dass „deutsch" zu einem Ausdruck kultureller Zugehörigkeit und Identität wird, dem „mit Migrationshintergrund" als Ausdruck einer anderen kulturellen Zugehörigkeit und Identität entgegengestellt ist. Es findet hier also sowohl eine Kulturalisierung der phantasierten Differenz zwischen „mit" und „ohne Migrationshintergrund" statt, die zweitens zu einer kulturalistischen Fassung von „deutsch" führt. Da diese Verhältnisse als schlicht gegeben eingeführt, die Schüler/innen mit Migrationshintergrund aufgrund ihrer vermeintlich anderen Kulturzugehörigkeit als nahezu zwangsläufig schlechtere Schulleistungen erbringende Schüler/innen dargestellt werden, wird Kultur zu einer Art Gehäuse, in dem man nicht nur verortet ist, sondern aus dem man auch ohne fremde Hilfe („interkulturelle Trainer") nicht herauskommt.

Mittels dieser Assoziation wird auch in „gut gemeinten" Konzepten zu kultureller Differenz eine Logik reproduziert, die Menschen tendenziell und implizit als Marionetten einer bestimmten „Nationalkultur" denkt (Leiprecht 2001, S. 31). Analog zum Diskurs über den „Orient" wird hier einerseits Differenz zwischen den als Kulturen verstandenen, unscharfen sozialen Zusammenhängen (über-)betont, andererseits Differenz innerhalb der Zusammenhänge unterschätzt.

Die im oben angeführten Textbeispiel deutlich werdende Verknüpfung von Kultur mit an den Ausdruck „Migrationshintergrund" gehefteten Vorstellungen national-ethnischer Herkunft und Zugehörigkeit impliziert, dass kulturelle Zugehörigkeiten gewissermaßen von selbst aus über Generationen hinweg andauern und als zentrale Ursache für schulische Leistungsunterschiede ausgewiesen werden können, ohne dass dies weiter begründet werden müsste. Indem das nach Maßstäben der Schule bemessene schlechtere Abschneiden der als migrationsgesellschaftlich anders geltenden Schüler/innen nun nicht primär auf schulische Bedingungen, sondern auf (imaginierte) kulturelle Kennzeichen der Schüler/innen zurückgeführt wird, dient der Bezug auf „kulturelle Differenz" hier zur vermeintlichen Erklärung der schulischen Verhältnisse durch Zuschreibung von Verantwortung und Defiziten an die als Andere markierten Schüler/innen und ihrem vermeintlichen Hintergrund. Durch diese Operation werden die Schüler/innen in ihrem migrationsanderen Status (Mecheril 2004) bestätigt. Ein zentraler Effekt dieser Praktik der Kulturalisierung besteht darin, dass die spezifischen Eigenschaften des Kontexts, der Ort des Handelns selbst, die Schulkultur und der Unterricht etwa, nicht in das Blickfeld geraten. „Kultur" definiert das Sein der Anderen und ihre Defizite, womit die Notwendigkeit von Sonderaufgaben ausgewiesen ist, denen durch Stärkung interkultureller Kompetenz der Lehrkräfte, die in oben angeführtem Beispiel offensichtlich keinen Hintergrund oder zumindest einen anderen als die entsprechenden Schüler/innen haben, nachgegangen werden kann.

Nicht zuletzt die öffentliche Darstellung der Analysen der PISA-Daten legt den Eindruck nahe, dass besonders eine Gruppe von Schüler/innen schlechtere Leistungen als andere erzielen: jene „mit Migrationshintergrund". Die bildungspolitische Diskussion der Ergebnisse der PISA-Studie hat damit nicht unmaßgeblich Diskurse gestärkt, in denen „Kultur" und „mit Migrationshintergrund" zu einer Art Erklärungsvariable für das schlechtere Abschneiden verstanden und gehandelt wird (Stošic 2017). Ein weiteres Beispiel aus dem deutschsprachigen Diskurs, hier aus Österreich (Knappik/Mecheril 2018, S. 172 f.):

„Beim Migrationshintergrund zeigen sich ebenfalls die erwarteten Effekte. Die geringere Teilhabe in maturaführenden Schulen von SchülerInnen mit Migrationshintergrund ist durch schlechtere Leseleistungen, durch geringeren kulturellen Besitz zuhause und durch niedere berufliche Positionen ihrer Eltern bedingt, wobei migrantische Eltern auch bei gleicher formaler Bildung eine geringere berufliche Position einnehmen. Ursache hierfür ist die restriktive Anerkennungspraxis in Österreich. Die Ergebnisse zeigen weiters die auch aus anderen Untersuchungen bekannte geringere Erwerbsquote von Migrantinnen […]. Der Migrationshintergrund wirkt primär über

Leistungsunterschiede auf den Besuch einer maturaführenden Schule ein." (Bacher et al. 2012, S. 444)

Mit Formulierungen wie „[d]er Migrationshintergrund wirkt primär über Leistungsunterschiede auf den Besuch einer maturaführenden Schule ein" (ebd.) wird Migrationshintergrund zu einer Art Entität und Substanz, zu einer Ursache, die den sogenannten Bildungsmisserfolg vermeintlich zu erklären vermag. Formulierungen wie diese entfalten eine Wirkung: Diese Operation ermöglicht nicht nur, die Verantwortung für die Schwäche der nationalstaatlichen Bildungsinstitution „Schule" einer spezifischen Gruppe zuzuweisen und damit die Verantwortung von Lehrkräften, Schulen und Bildungspolitik für Bildungsbenachteiligung von 15-Jährigen „mit Migrationshintergrund" auszublenden. Es ist zudem so, dass eine wissenschaftliche Operation und Unterscheidungsweise, die Wirklichkeit in bestimmten Kategorien sortiert, im öffentlichen Diskurs als Unterscheidung von Wesensmerkmalen und zu etwas wird, das man hat oder nicht hat. „Der Migrationshintergrund" wird somit selbst zu einem Wesen und hat ein „Sein"; weswegen er nun auch als Ursache für etwas angegeben werden kann. Die alltagsweltliche Wirklichkeit wird insbesondere unter Bedingungen der wissensgesellschaftlichen Medienpräsenz der Erziehungswissenschaft und Pädagogik von erziehungswissenschaftlichen Vokabeln, Themen, Fragen und Termini beeinflusst, was, wie Heinz-Hermann Krüger formuliert (2012, S. 250), als „Dissemination des pädagogischen Wissens in den Alltag und in den Horizont biographischer Selbstkonzepte" ein bedeutsames erziehungswissenschaftliches Phänomen bezeichnet; (auch) pädagogische Begriffe „rücken den Subjekten gleichsam auf den Leib" (Winkler 1999, S. 274) und entfalten in Zeiten erforderlicher „Selbstbezüglichkeit eine neue Form von Handlungsrelevanz" (ebd.). Diese Macht der pädagogischen Vokabulare zeigt sich in unserem Zusammenhang nicht nur darin, dass Menschen vermittelt über Medien, aber auch (schul-)pädagogische Kommunikation und darin wirksame Deutungskategorien gelernt haben, eine „Lernblockade", ein „Aufmerksamkeitsdefizit" oder ein „Motivationsloch" zu haben, sondern auch darin, dass es ihnen vertraut geworden ist, sich danach zu unterscheiden, ob sie einen „Migrationshintergrund" haben oder nicht, und zwar als sei dies eine Unterscheidung ihrer wesenhaften Natur.

Ein weiteres Beispiel: Annita Kalpaka (2015, S. 291) stellt fest, dass in Praxisreflexionen der Topos kulturelle Differenz in vielen Fällen dann als vorrangiges Erklärungsmuster fungiert, wenn wie auch immer problematische Situationen zum Thema werden, in denen als Migrant/innen identifizierte Personen vorkommen:

"So stellt eine Kollegin vom Gesundheitsamt fest, die an TBC erkrankte Familien betreut, dass sie es fast ausschließlich mit türkischen Familien zu tun habe. Auf Nachfrage nach vermuteten Hintergründen, weshalb türkische Familien überrepräsentiert seien, erwähnt sie im Nebensatz, dass es kein Wunder sei, sie hätten so schlechte Wohnungen, die feucht sind, im Souterrain liegen u. Ä. Als Unterstützung wünscht sie sich von mir bzw. von der Fortbildung Hintergründe über die Kultur und Religion dieser Klientinnen/Klienten zu erfahren, damit sie besser mit ihnen umgehen könne. Ihr Rückgriff auf Kultur ist zwar nicht das Problem der Familien, aber es scheint eine Hilfe für die Professionelle zu sein, das durch eigene Arbeit ‚machbar' Erscheinende anzupacken, statt das fern liegende ‚Politische' (Skandalisierung und Veränderung schlechter Wohnverhältnisse) anzugehen." (ebd.)

„Kultur" wird in all diesen Beispielen als natürliche Differenz vorausgesetzt und als Erklärung (explanans) und weniger als etwas, das selbst zu erläutern wäre (explanandum) verwendet. „Kultur" erweist sich als besonders funktional, um unterschiedliche Problemlagen und Ungleichheitsverhältnisse zu erklären. Wir haben es hier mit einer dominanzkulturellen Plausibilität kulturalistischer Deutungen der Lage migrationsgesellschaftlich als Andere Geltender zu tun; eine Art *Kultur der Kultur*. Diese vorherrschende migrationsgesellschaftliche Verwendung von „Kultur" geht mit der Annahme einher, dass „Andere" durch ihre vermeintlich andere Kultur weitgehend bestimmt seien und deshalb einer Andersbehandlung bedürften. Effekt dieser Kulturalisierungspraktiken ist die Konstruktion der und des Anderen, die mit einer Zuschreibung der Verantwortung für Ungleichheiten im Bildungssystem an die (natio-ethno-)kulturelle Ausstattung dieser Anderen verbunden ist.

So wie Kulturalisierungspraktiken bisher skizziert wurden, sollte klar geworden sein, dass es sich hierbei nicht um bloß situative und voluntaristische Praktiken der Herstellung von Differenz handelt. Kulturalisierungspraktiken beruhen auf (dominanz-)kulturellen Annahmen darüber, wie es sich mit kulturellen Differenzen und Identitäten in der Migrationsgesellschaft verhält. Solche dominanzkulturellen Annahmen weisen eine lange Geschichte auf, in der ideologisch-diskursiv, institutionell, organisational und interaktiv andere als „kulturell Andere" hergestellt werden. Die angeführten Diskursfragmente („Lesekompetenz der zweiten Zuwanderergeneration" – „Der Migrationshintergrund wirkt" – „an TBC erkrankte Familien") stellen entsprechende Beispiele dar. Die iterative Performanz solcher und anderer Episoden in alltäglichen Zusammenhängen wie *Small Talks* und Streit, in Organisationen und Institutionen erzeugt die Wirkung und Wirksamkeit essentialistischer Kulturalisierungen in der Migrationsgesellschaft.

Praktiken der Kulturalisierung bzw. der kulturalistischen Essentialisierung verstehen wir zusammenfassend als machtvolle Praktiken,

- die über die Reduktion auf eine zugeschriebene kulturelle, religiöse Zugehörigkeit und
- die Verknüpfung dieser mit national-ethnischen Komponenten
- Menschen zu homogenen Gruppen zusammenfassen,
- sie auf diese quasi natürliche Gruppenzugehörigkeit wesenhaft festlegen,
- ihr Denken, Handeln und Wahrnehmen als durch diese national-ethnisch verfasste „Kultur" determiniert beschreiben und dadurch
- Differenz- und Ungleichheitsverhältnisse im Lokalen wie im Globalen vermeintlich er- und aufklären sowie
- dadurch bekräftigen, fortsetzen und legitimieren.

5.3 Selbstkulturalisierung unter Bedingungen migrationsgesellschaftlicher Subjektivierung

In einem Feld, das nicht unmaßgeblich von Deutungs- und Handlungsmustern geprägt ist, die auf ein statisches und homogenes Kulturverständnis rekurrieren, stellt ein Wissen zur Analyse und Reflexion von Kulturalisierungspraktiken ein grundlegendes Moment von Professionalität in der Migrationsgesellschaft dar.

Haben wir uns allerdings bisher, ohne dies explizit zu machen, mit Formen der kulturalistischen Essentialisierung aus einer dominanten Position beschäftigt, gilt es hier mindestens zwei Differenzierungen einzuführen. Einerseits kann unter Bedingungen der Dominanz kulturalistischer Deutungen ein essentialistisches Kulturverständnis nicht nur für migrationsgesellschaftlich privilegierte Subjekte (sogenannte Mehrheitsangehörige), sondern auch für diejenigen, die in den dominanten Diskursen und Praktiken als Andere gelten, eine bedeutsame Deutungs- und Handlungsressource darstellen. „Kultur" ist grundsätzlich eine allgemein verfügbare, optionale Ressource des Denkens, Handelns und Wahrnehmens. Die Dominanz kulturalistischer Deutungen geht somit nicht nur mit der Möglichkeit der Fremdkulturalisierung einher, sondern auch mit der Möglichkeit sich selbst zu kulturalisieren und zu essentialisieren. Insgesamt kann somit zwischen Fremdessentialisierung und Selbstessentialisierung unterschieden werden. Kulturalistische Selbstessentialisierung beschreibt hierbei allgemein die Praktik der Selbstdarstellung, Selbstaufführung und des Selbstverstehens als dem Wesen nach kulturell Nicht-Andere/r oder kulturell Andere/r.

Wie mit Bezugnahme auf Subjektivierungstheorie weiter unten noch ausgeführt wird, kann davon ausgegangen werden, dass Handlungsfähigkeit und damit die Möglichkeit, als Subjekt in Erscheinung zu treten, nicht zuletzt von der

Anerkennung und von der Aneignung der dominanzkulturell vorherrschenden Repräsentationsverhältnisse vermittelt werden. Dies gilt sowohl für die Ermöglichung affirmativer als auch kritisch-transformativer Handlungsfähigkeit, obwohl die kritisch-transformative Praxis sich von vorherrschenden Repräsentationen des „Eigenen" und/oder „Anderen" absetzt. Welchen Effekt Fremd- oder Selbstessentialisierungen jedoch bewirken, ist auch – ohne von einer Determiniertheit auszugehen – von der jeweiligen migrationsgesellschaftlichen Positioniertheit der jeweiligen Subjekte beeinflusst.

In einem solchen Verständnis *können* Selbstessentialisierungen minorisierter Subjekte (sogenannte Minderheitenangehörige) unter anderem auch funktionaler Teil politischen Widerstands und kultureller Selbstermächtigung sein (Werbner 1997). Mittels Praktiken der Selbstkulturalisierung kann es möglich werden, vorherrschende Teilhabeoptionen zu ergreifen, aber auch auf die Veränderung von hegemonialen Verhältnissen zu zielen und Widerstand in und gegen sie zu leisten. Gayatri Ch. Spivak (zit. nach Nandi 2006, S. 133 f.) beschreibt bewusste Formen der Selbstessentialisierung als einen „strategischen Essentialismus". Selbst wenn keine essentialistischen Begründungen für „Frau-Sein" möglich sind, sondern die Subjektposition „Frau" in einer Ordnung der Zweigeschlechtlichkeit immer nur über ihre Negativität genüber dem Signifikant „Mann" bestimmt werden kann, so rekonstruiert Spivak einen internationalen feministisch-strategischen Essentialismus, der auf unterschiedliche Formen der Unterwerfung der weiblichen Sexualität, „symbolische Klitoridektomie" (ebd., S. 133), weltweit hinweist. Die These der Unterwerfung aller „Frauen" betrachtet Spivak nicht als ein „empirisches Faktum, sondern als eine strategisch sinnvolle Redeweise" (ebd., S. 134), um unter bestimmten Bedingungen, in Bezug „auf eine konkrete Situation oder ein bestimmtes politisches Problem" (ebd.) Wirksamkeit zu entfalten – in diesem Falle in einem von „westlichen" Perspektiven dominierten feministischen Diskurs[3].

Ein anderes Beispiel: *Black is beautiful* stellt eine andere selbstessentialisierende Strategie der Herstellung von Handlungswirksamkeit in einem durch

---

[3] Spivak selbst spricht sich aber nicht für einen strategischen Essentialismus aus. Selbst wenn „[i]hrer Ansicht nach […] Handlungsmacht nur innerhalb dominanter Diskurse entstehen [kann] – eine Situation, die sie beschreibt als: ‚ein unmögliches ‚nein' zu einer Struktur, die man kritisiert, aber mit der man zugleich aufs Engste vertraut ist'" (Castro Varela/Dhawan 2015, S. 202), plädiert sie vielmehr für eine Strategie der *affirmative sabotage*: „[…] eine Strategie, die die Instrumente des Kolonialismus in Werkzeuge für dessen Überschreitung verwandelt und damit Gift zu Medizin macht. Dekolonisierung beruht somit nicht auf einem Verzicht auf die ‚Werkzeuge des Herren', sondern zielt vielmehr darauf, den Subalternen Zugang zu eben diesen Werkzeugen zu ermöglichen." (ebd., S. 203)

Rassismus dominierten Diskurs über die „Schwarzen Anderen" dar. Es „ist der Versuch, die ‚negative' Bildsprache, die immer noch die alltagskulturelle Repräsentation dominiert, durch eine Reihe ‚positiver' Bilder von Schwarzen, ihrem Leben und ihrer Kultur zu ersetzen. Dieser Ansatz […] wird von einer Akzeptanz […] der Differenz untermauert und kehrt die binären Gegensätze um, indem er den untergeordneten Begriff privilegiert und manchmal das Negative positiv liest." (Hall 2004 S. 162) Selbstessentialisierung in Kategorien der Kultur oder Ethnizität kann mit Kien Nghi Ha (2000, S. 380) im Anschluss an Hall als Überlebensstrategie in rassistischen Verhältnissen, als Reaktion auf dominante Formen der Fremdessentialisierung verstanden werden. Demnach kann ethnische bzw. kulturelle Identität „gerade in rassistisch strukturierten Gesellschaften" (ebd., S. 379) ein positives Selbstbild ermöglichen, „indem die eigene ethnische Herkunft vom Zeichen der Minderwertigkeit und Unterlegenheit zum identitätsstiftenden Privileg umgewertet wird" (ebd.). Der „Verweigerung der Gesellschaftlichkeit kann das Gefühl, in einer historischen Kontinuität zu stehen, die kollektive Gewissheit vermittelt, entgegengesetzt werden" (ebd.). Diese Strategien ermöglichen es im dominanten Diskurs, neue, andere Bedeutungen zu etablieren, verbleiben aber trotzdem widersprüchlich: „Da die Gegensätze [Schwarz/Weiß] bestehen bleiben, wird Bedeutung weiterhin von ihnen bestimmt und begrenzt. Diese Strategie fordert die Binaritäten heraus – aber sie unterminiert sie nicht." (Hall 2004, S. 163)

Eine Praxisepisode zum Ausgangspunkt nehmend beziehen wir uns im Folgenden auf diesen widersprüchlichen Typus der kulturalistischen und die dominanten Repräsentationsverhältnisse wiederholenden Selbstessentialisierung aus der Position migrationsgesellschaftlich marginalisierter Subjekte. Es geht dabei darum, diesen Typ von Selbstessentialisierungspraktik auf ihren dominanzkulturellen Sinn sowie ihre Bedeutung für professionelles Handeln zu befragen. Diese Weise der Thematisierung von Kulturalisierungspraktiken geht mit der Gefahr der simplifizierten Reduktion von Praktiken der Fremdessentialisierung als Praktiken der Dominanz und Praktiken der Selbstessentialisierung als Praktiken der (subversiven) Subalternität einher. Dies ist freilich nicht unser Anliegen. Aber auch wenn die Thematisierung mit der Gefahr eines vereinfachten und strukturdeterministischen Binarismus oder der Romantisierung subalterner (potenziell essentialisierender) Selbstkulturalisierungspraktiken einhergeht, würde auch die Nicht-Thematisierung eines möglichen Unterschieds zwischen Praktiken der Fremd- und Selbstkulturalisierung aus unterschiedlichen gesellschaftlichen Subjektpositionen dem Dilemma der Thematisierung von Differenz (Kiesel 1996) *nicht* entkommen. Es geht mit der folgenden Perspektivierung deshalb darum, für die Frage zu sensibilisieren, wer, wann, wie und mit welchen Effekten sich selbst oder andere kulturalisiert.

Die hier bedeutsame Praxisepisode wurde im Rahmen eines Workshops zu migrationsgesellschaftlicher Öffnung durch einen Teilnehmer vorgestellt. Das Modul ist mit dem Titel: „Von der Interkulturellen zur Migrationsgesellschaftlichen Öffnung?!" überschrieben und findet in zwei getrennten Workshops statt, auf die sich die Teilnehmer/innen gleichmäßig aufteilen. Die nachfolgende Episode ist dem Beobachtungsprotokoll des ersten Workshops entnommen, bei dem insgesamt 28 Teilnehmer/innen anwesend waren. Im Titel des Moduls deutet sich bereits an, dass ein zentrales Anliegen des Workshops die kritische Absetzung vom Begriff des „Interkulturellen" darstellt. Im Workshop werden deshalb vom Workshopleiter im ersten Teil Praktiken der Kulturalisierung im Feld migrationsgesellschaftlicher Differenz kritisch diskutiert. Kulturalisierung wird als machtvolle und essentialisierende Produktion von natio-ethno-kulturell Anderen in Praktiken von Institutionen, Organisationen und Subjekten interpretiert. Zur Erläuterung greift der Workshopleiter unter anderem auf eine Analyse aus dem Text „Pädagogische Professionalität in der Kulturalisierungsfalle. Über den Umgang mit ‚Kultur' in Verhältnissen von Differenz und Dominanz" von Annita Kalpaka (2015) zurück.

In dem Aufsatz von Annita Kalpaka wird ein von der Autorin im Rahmen von Schulbesuchen beobachtetes Ereignis in der Schulklasse wiedergegeben, das „interkulturelles Frühstück" heißt. Kalpaka unterscheidet die Vorder- und die Hinterbühne des migrationsgesellschaftlichen Geschehens. *Vorderbühne:* „Die Klassenlehrerin und die angehende Schulsozialarbeiterin möchten im Rahmen eines interkulturellen Projektes in der Klasse den Kindern die Vielfalt der Kulturen nahebringen (Stichwort: fremde Kulturen kennenlernen, Toleranz fördern, und zwar lebensnah), und sie fordern daher alle Kinder auf, am nächsten Morgen ‚das in ihren Herkunftsländern typische Frühstück' mitzubringen. Es soll gemeinsam gefrühstückt und über die Frühstücksgewohnheiten der in der Klasse vertretenen Länder geredet werden, so die Vorstellung der Lehrerin. Das Frühstück wird liebevoll vorbereitet, alle haben sich bemüht, die Stimmung ist gut. Die Lehrerin ist mit dem Ergebnis zufrieden." (Kalpaka 2015, S. 299) *Hinterbühne:* „Der Blick von außen durch meine Hospitation und die anschließenden Gespräche mit einzelnen Kindern, mit der Lehrerin und der Berufspraktikantin werfen ein anderes Licht auf das Geschehen: Es stellt sich heraus, dass mehrere der Kinder diese Herkunftsländer, als deren Vertreter_innen sie für die Lehrerin und z. T. auch für die Mitschüler_innen gelten, gar nicht kennen bzw. nur aus einzelnen Urlaubserlebnissen. Ferner berichten zwei Kinder, dass weder sie selbst noch die Eltern noch ihre Oma (im Herkunftsland der Eltern) frühstücken würden. Sie würden selbst nicht frühstücken, um morgens eine Viertelstunde länger zu schlafen. Allerdings führe dies immer wieder zu Streit zwischen ihnen und der Mutter, da sie ohne zu frühstücken in die Schule wollten. Für den interkulturellen Unterricht hätten sie Schafskäse und Oliven mitgebracht. Sie wollten nicht ohne etwas dastehen, wenn alle etwas mitbringen, und wenn die Lehrerin es so gerne möchte. Auch die Neue (die Berufspraktikantin) sei so nett zu ihnen, dass sie ihr den Wunsch nicht abschlagen wollten. Außerdem hätte es allen geschmeckt." (ebd., S. 299 f.)

In der Reflexion Kalpakas wird deutlich, dass die „interkulturelle Bemühung" mit ethnischen und kulturalistischen Zuschreibungen durch die Pädagoginnen verbunden ist. Durch die Zuschreibungen der Lehrerin werden die einzelnen Kinder als Vertreter/innen von Nationalitätengruppen angerufen; Migrant/innen als Repräsentant/innen ihrer Herkunftskultur – eine verbreitete Denkfigur.

Das Beispiel zeigt weiterhin, wie Kinder lernen – die an sie gestellten kulturalistisch pauschalisierenden und ethnisierenden Erwartungen antizipierend – mit Fremdzuschreibungen umzugehen, manchmal allerdings in Form von und um den Preis der Unterwerfung unter diese. Sie besitzen ein Wissen und ein Gespür dafür, dass sie sich im Feld der Zuschreibungen bewegen, gehen als „Empfänger/innen" solcher Zuschreibungen mit Ambivalenzen um, entwickeln Handlungsstrategien und nutzen zugleich aber auch gegebene Spielräume (genauer: ebd., S. 300).

In pädagogischen Settings dieser Art werden demnach gerade die Schüler/innen, die als Andere gelten, dazu aufgefordert, sich selbst als Andere darzustellen und ihre Andersheit zur Schau zu stellen. Die gut gemeinte Intention hat eine Reduktion der Schüler/innen auf ihre vermeintliche natio-ethno-kulturelle Herkunft zur Folge, die die tatsächlichen Lebensbedingungen und ihre kulturellen Bedeutungen (etwa: nicht frühstücken, um länger schlafen zu können) nicht thematisierbar machen. Auch werden sowohl Pädagog/innen wie auch die Schüler/innen in solchen und aufgrund solcher Konstellationen dazu ermutigt, die Lebensbedingungen von als migrationsanders geltenden Personen kulturalisierend zu deuten und zuweilen kulturalistisch zu inszenieren.

Im Anschluss an diese Einführung durch den Workshopleiter wird „Kulturalisierung" gemeinsam mit den Teilnehmer/innen diskutiert und besprochen. Dabei werden mehrere Erfahrungen aus den unterschiedlichen beruflichen Kontexten der Teilnehmer/innen benannt und erkundet, in denen institutionelle Kulturalisierungsroutinen (bspw. die Durchführung interkulturell attribuierter Frühstücke und anderer Essensrituale) aber auch Kulturalisierungszwänge (bspw. bei der Beantragung von Projektgeldern) deutlich werden. Am Ende der Gespräche meldet sich ein Teilnehmer und sagt, dass es *„an einem Punkt allerdings schwierig"* werde:

5 Was, wenn die sich selbst kulturalisieren? ...

„Ich habe ein ganz konkretes Beispiel. Ein marokkanischer Kulturverein ist an uns herangetreten, sie würden gerne eine Veranstaltung über Marokko machen, mit traditionellem Essen und so weiter und so fort. Also ich bin nicht der Akteur, der sagt: ‚Du, erzähl du mir was von Marokko', sondern es kommt von ihnen selbst. Und ich sehe da an ganz vielen Stellen genau das, von denen transportiert, was wir hier kritisiert haben. Sage ich da jetzt als (Name der Institution) zu denen, ‚schöne Veranstaltung, aber ohne uns'? Bringe ich da irgendwie eine Reflexionsfähigkeit rein in die Veranstaltung? Oder ja, wie gehe ich damit um? Und andererseits möchte er ja aus seiner Sicht auch gerne über sein Land und seine Kultur aufklären. Der hat ja auch einen Kulturverein. Ist ja sein Auftrag, dann in dem Sinne zu sagen: ‚Hallo, so sieht unsere Kultur nicht aus'. Würde ich jetzt sagen. Aber da bin ich ja dann genau in dieser Rolle, wie gehe ich damit um, genau mit diesem Thema."
Eine andere Teilnehmerin sagt gleich darauf: „Wir haben ja viele Migrantenselbstorganisationen, die unter dem Fokus ihrer Herkunftsnationalität, besonders ihre Kultur zu pflegen, auch auftreten. Das ist ja eigentlich in ganz vielen Fällen Thema."
(Be/I.02/01/13R)

Im Anschluss an die weitgehend konsensuale und unstrittige Besprechung der Essentialisierungs- und Kulturalisierungsproblematik wie sie in dem Beispiel des interkulturellen Frühstücks deutlich wird, wird im Workshop die allgemeine Problematisierung von Praktiken der Fremdkulturalisierung mittels eines konkreten Beispiels aus der Praxis eines Teilnehmers ergänzt und befragt. Dabei artikuliert dieser keine prinzipielle Ablehnung gegenüber der vorangegangenen Problematisierung, sondern formuliert eher einen Hinweis darauf, dass sich die Verhältnisse in der konkreten Praxis etwas komplexer und widersprüchlicher darstellen, als in der bisherigen allgemeinen Kritik im Rahmen des Workshopgeschehens.

Durch das Beispiel der Selbstkulturalisierungspraktik wird deutlich gemacht, dass im Workshopgeschehen bisher nur Praktiken der dominanten Fremdbestimmung in den Blick genommen wurden, wobei aber diejenigen, die migrationsgesellschaftlich als Andere gelten und deren Verobjektivierung zum Gegenstand der Kritik gemacht wurde, selbst nicht als aktiv handelnde Subjekte in Erscheinung getreten sind, eine freilich widersprüchlich einzuschätzende Subjektivität: So kann die Praxis der Selbstkulturalisierung von migrationsgesellschaftlich minorisierten Akteur/innen zum einen entsprechend der allgemeinen Essentialisierungskritik auch kritisiert und mit der Praxis der Kulturalisierung durch die Dominanzgesellschaft gleichgesetzt werden. Selbstkulturalisierung wird dann zu einer problematischen Praktik. Sie bleibt dem Denken in Essenzen verpflichtet, bekräftigt diese und verhindert die Auslotung von Kontingenzräumen („*Und ich sehe da an ganz vielen Stellen genau das, von denen transportiert, was wir hier kritisiert haben.*"). Zum anderen wird allerdings auch darauf hingewiesen, dass die selbstkulturalisierende Performanz durchaus sinnvoll sein kann. Selbstkulturalisierung, so der Teilnehmer, kann auch ermächtigend sein und falsches Wissen, das möglicherweise auch herabwürdigend wirkt, korrigieren („‚Hallo, so sieht unsere Kultur nicht aus'"). Indem die Organisation des Teilnehmers mit dem selbstkulturalisierenden Anliegen angesprochen wird, ergibt sich aus der kritischen Beschäftigung mit Praktiken der Kulturalisierung für den Teilnehmer das Problem, wie nun damit umzugehen sei, um nicht selbst wiederum zu einem kulturalistischen Diskurs beizutragen („*Aber da bin ich ja dann genau in dieser Rolle, wie gehe ich damit um, genau mit diesem Thema.*"). Auch der Beitrag einer weiteren Teilnehmerin in der Workshopsituation bestätigt, dass Selbstkulturalisierungen relativ häufig anzutreffen seien; dafür benötige es einen Umgang.

Wie kann das geschilderte Handlungsproblem aus einer essentialisierungsreflexiven Perspektive analysiert werden? Und was wird darüber für einen professionellen Umgang mit Fremd- und Selbstkulturalisierungspraktiken deutlich? Zur Klärung dieser Fragen greifen wir auf eine subjektivierungstheoretische Perspektive zurück (s. ausführlicher Mecheril/Rose 2014) und nutzen diese zur Kommentierung von Kulturalisierungspraktiken.

Mit dem Subjektivierungsbegriff kommt jener doppelgesichtige Prozess in den Blick, in dem Subjekte hervorgebracht und zugleich den normativen Vorgaben des Sozialen unterworfen werden (exemplarisch: Foucault 1994; Butler 2001). Er ermöglicht so auch ein Verständnis davon, wie „Andere" dem Wissen und der affektgenerativen Struktur, die etwa in kulturalisierenden Othering-Prozessen vermittelt werden, produktiv unterworfen und dabei erst zu diesen Anderen (gemacht) werden.

> „Othering arbeitet mit Normen und Normalitäten, häufig ohne offensichtliche Gewalt und Kontrolle auszuüben. […] Minorisierte Subjekte entstehen, werden produziert und bilden sich selbst. […] Selbstverständnisse entstehen, die ethisch und individuell ein Hinauswachsen über die von der Herrschaft vorgegebenen Bahnen herstellen und/oder auch eine weitere Verankerung von hegemonialer Normalität in Form eines Bewusstseins über sich selbst [als Andere] in den Subjekten vorantreiben." (Velho 2010, S. 119)

In Form von Subjektivierungen werden Individuen einerseits zu Subjekten (gemacht) und lernen dabei andererseits wiederum, nach der sie zugleich hervorbringenden und unterwerfenden Ordnung zu funktionieren (Rieger-Ladich 2004, S. 211). Dominante Differenzordnungen und darin vorhandene institutionalisierte Unterscheidungen (bspw. die juristische Unterscheidung zwischen „Ausländern" und „Inländern", aber auch die weniger formalisierte Unterscheidung zwischen „mit" und „ohne Migrationshintergrund") wirken demnach nicht allein als Wissen, sondern konstituieren auch die Selbstbeschreibungen oder

-thematisierungen der Subjekte, da sie sich selbst in diesen dominanten Strukturen bewegen und erfahren. Ein Prozess, den Stuart Hall (2008b, S. 20) in Bezug auf die vermeintlich Anderen als „Internalisierung des Selbst als Anderes" beschreibt[4].

Der Subjektivierungsbegriff setzt sich vom klassischen Descarteschen Subjektverständnis des bewussten, kohärenten und autonom handlungsfähigen Subjekts ab (Rose 2016, S. 327). Entgegen dem Descarteschen Voluntarismus des autonomen Subjekts wird der Umstand fokussiert, dass der Wille selbst und die Richtungen, die dieser einschlägt – sogar der Wille zum Willen – als gesellschaftlich gerahmte, vermittelte und gebahnte Phänomene zu verstehen sind. Subjektivierungstheoretisch sind gesellschaftliche Bedingungen den Subjekten nicht äußerlich, sondern durchziehen sie in einer Weise, die sie in ihren Erfahrungen, ihren Stellungnahmen, Wünschen und Ansichten konstituieren. Das Subjekt unterwirft sich und erhält zugleich einen Platz in der sozialen Ordnung. Es wird zu jemandem. Um jemand zu sein, so könnte gesagt werden, muss ich mich den mir vorausgehenden vorherrschenden Bedingungen zuerst unterwerfen, wobei das ich, das sich da unterwirft, sich erst im Akt der Unterwerfung konstituiert. Dabei eröffnen sich Handlungsspielräume, *wie* auch der Notwendigkeit der Unterwerfung nachgegangen werden kann. In Anlehnung an Stuart Hall konstatiert Linda Supik: „Das Subjekt wird einerseits durch die umgebenden Verhältnisse historisch, sozial und kulturell *positioniert,* und andererseits positioniert es sich *selbst.*" (Supik 2005, S. 13)

Betrachten wir die oben angeführte Praxisepisode, so zeigt sich, dass das Feld, über das gesprochen wird, von der Differenz zwischen zwei Gruppen strukturiert wird: „Wir" (vielleicht weniger ein natio-ethno-kulturelles und wohl viel eher ein organisationell-professionelles Wir) und „Migrant/innen" (marokkanisch, Migrantenselbstorganisationen), wobei das „Wir" dennoch durch die Abgrenzung von „Migrant/innen" (von denen; ihre Kultur) natio-ethno-kulturell kodiert wird. Diese Unterscheidung wird in dem Praxisbericht nicht weiter in Zweifel gezogen. Hinterfragt wird jedoch der selbstessentialisierende Charakter, der in dem

---

[4] Die Internalisierung des Selbst als Anderes beschreibt Stuart Hall (2008b, S. 20) in Anlehnung an Franz Fanons „Schwarze Haut, weiße Masken" (1985) und Gayatri Spivak (1987) als „epistemische Gewalt", die „gleichzeitig Außen und Innen funktioniert durch einen Aufsplitterungsprozeß auf beiden Seiten der Teilung – drinnen wie auch draußen. Aus diesem Grund ist es nicht nur eine Frage von ‚schwarzer Haut und weißer Haut', sondern von ‚*schwarzer Haut und weißen Masken'* – der Internalisierung des Selbst als Anderes. So wie Männlichkeit immer Weiblichkeit in Form eines Doppels konstruiert – gleichzeitig Heilige und Hure – so konstruiert der Rassismus das schwarze Subjekt: edler Wilder und gewalttätiger Rächer. In dieser Dopplung vertreten sich Furcht und Begehren gegenseitig, spielen durch die Strukturen des Andersseins hindurch und verkomplizieren ihre Politik." (ebd.)

Anliegen eine Veranstaltung – „*mit traditionellem Essen und so weiter*" – über Marokko zu machen, zum Ausdruck kommt. Fraglich wird diese Praktik in und mithilfe der Auseinandersetzung mit dem Thema Kulturalisierung im Workshop („*Und ich sehe da an ganz vielen Stellen genau das, von denen transportiert, was wir hier kritisiert haben. Sage ich da jetzt zu denen, ‚schöne Veranstaltung, aber ohne uns'?*"). Ein essentialisierendes Kulturverständnis wird hier, wie auch in den vorangegangenen Diskussionen im Rahmen des Workshops, als grundlegende Deutungs-, Wahrnehmungs- und (Be-)Handlungsressource des Handlungsfeldes der Teilnehmer/innen angeführt. Während im Workshopkontext die Kritik an Kulturalisierungspraktiken eingeübt wird, stellt ein essentialistischer Rückgriff auf „Kultur" ein übliches Muster in den alltäglichen beruflichen Kontexten der Teilnehmer/innen dar.

Unter den gegebenen migrationsgesellschaftlichen Bedingungen können Selbstessentialisierungspraktiken als eine zuweilen instrumentell und bewusst eingesetzte Möglichkeit zur Herstellung von Handlungsfähigkeit beschrieben werden (Kalpaka 2015, S. 305 ff.). „Die Spielregeln", so Annita Kalpaka (ebd., S. 306), können „im eigenen Interesse eingesetzt" werden, um Zugeständnisse, Einfluss und Teilhabemöglichkeiten zu erhalten. Selbstessentialisierung stellt eine potenziell symbolische Ressource im Kampf um gesellschaftliche Anerkennung, Teilhabe und Ressourcenverteilung dar, auch wenn sie zugleich die zugrundeliegende ideologische Logik zumindest nicht explizit infrage stellt, sondern aufrechterhält.

Unter Bedingungen der Dominanz kulturalistischer Deutungsweisen migrationsgesellschaftlicher Verhältnisse werden Individuen zu kulturell unterschiedenen und unterscheidbaren Subjekten. Dies geht mit unterschiedlichen Konsequenzen für die Subjekte einher, so auch für die Bedeutung von Fremd- und Selbstkulturalisierung. Fremdkulturalisierung minorisierter Subjekte und Lebensformen erweist sich unter diesen Bedingungen als Bestandteil der Herstellung und Aufrechterhaltung migrationsgesellschaftlicher Differenzverhältnisse. Selbstkulturalisierung Minorisierter auch. Sie kann zugleich als eine Art Selbstaufführung aufgefasst werden, um, ob nun bewusst oder nicht, Handlungsfähigkeit unter den vorherrschenden Bedingungen zu gewinnen. Damit stellt sich weniger die Frage, ob Selbstkulturalisierungen per se angemessen sind oder nicht, als vielmehr, wie professionelles Handeln gestaltet werden kann, um nicht in ausgeprägter Weise Macht über als Andere geltende Subjekte auszuüben, etwa durch die Verhinderung von Handlungs- und Selbstdarstellungsmöglichkeiten.

An dieser Stelle ist es sinnvoll, den Blick umzukehren und nicht zu fragen, ob es legitim ist, dass sich Menschen selbst kulturalisieren, sondern vielmehr zu fragen, aufgrund welcher gesellschaftlichen, politischen und auch institutionellen

Bedingungen, sich Migrationsandere als (kulturell) Andere ein- und aufführen. Kien Nghi Ha (2000, S. 380) problematisiert in Bezug auf Praktiken der Ethnisierung die vorherrschende Tendenz „Fremd- und Selbstethnisierung gleichzusetzen, da sie aus unterschiedlichen Positionen im machtbesetzten Gesellschaftsdiskurs sprechen [...]. Beide Ethnisierungspraktiken doch identisch zu lesen, würde bedeuten, die relative Differenz zwischen Privilegierten und Ohnmächtigen (...) aufzuheben."

Wir haben es mit einer doppelten Differenz zu tun, die zu beachten ist: Das, was hier Fremd- und Selbstethnisierung bzw. -kulturalisierung genannt wurde, verweist aufgrund von materiellen und symbolischen Ressourcenunterschieden erstens auf unterschiedliche soziale Praktiken, deren sozialer Sinn unterschiedlich ist. Unabhängig hiervon besteht zweitens die Aufgabe professionellen Handelns weniger darin, die Angemessenheit von Phänomenen der Fremd- und Selbstessentialisierung minorisierter oder migrationsgesellschaftlich etablierter Akteur/innen zu beurteilen, sondern den sozialen Sinn dieser Praktiken zu erfassen.

Dies bedeutet aber nicht, dass auf Entschiedenheit verzichtet werden kann. Völkisch-nationalistische Artikulationen auch von „Minorisierten", die auch mit hilfe von Selbstessentialisierungen in Abgrenzung von „anderen", essentialistisch-fremdkulturalisierten (Minderheiten-) Gruppen ihre Kraft und Stärke ziehen, sind als solche auszuweisen und auch im Rahmen der Möglichkeiten des Handlungsfeldes in ihrer Unangemessenheit deutlich zu machen.

5.4 Essentialisierungsreflexive Professionalität

Für professionelles Handeln wird deutlich, dass es vor allem bedeutsam ist, die eigenen Essentialisierungspraktiken einer kontinuierlichen kritischen Reflexion zu unterziehen. Zu fragen wäre etwa, wie und wann in den eigenen organisationalen Praktiken essentialisierende Zuschreibungen und Festlegungen stattfinden bzw. inwiefern die Adressat/innen (sowohl Migrationsandere als auch Nicht-Migrationsandere) ermuntert, eingeladen, vielleicht auch aufgefordert werden, sich selbst zu essentialisieren. Gleichzeitig ist es bedeutsam, die Praktiken der eigenen Adressat/innen (wie auch immer diese migrationsgesellschaftlich positioniert sind) daraufhin zu befragen, wann Essentialisierungen, aus welcher Position, mit welchem Sinn und mit welchen Effekten im Rahmen des dominanzkulturellen Diskurses vorgenommen werden. Dass bestimmte Typen der Selbstkulturalisierung unter Bedingungen migrationsgesellschaftlicher Subjektivierung mögliche und im Zuge von Identitätsbehauptung wirksame Muster der Selbstwahrnehmung und -aufführung darstellen können, heißt nicht, dass diese unbedingt als wünschenswert erachtet werden müssen. Den sozialen und (migrations-) gesellschaftlichen Sinn der Handlungen und die Deutungen der Adressat/innen gilt es nachzuvollziehen und diese Deutung der Handlungen und Deutungen, diese Interpretationsinterpretationen[5], um es in Anlehnung an Alfred Schütz (1971) zu sagen, der Klientel zur Verfügung zu stellen, weniger im Sinne einer Deutungsvorschrift anstatt als Interpretations- und Verständnisofferte. Was sie jedoch mit dieser Einladung anfangen, wie sie diese in ihren Sinnzusammenhang übersetzen, bleibt letztlich ihnen überlassen.

Perspektiven für Organisationsentwicklung

In einem Feld, das nicht unmaßgeblich von Deutungs- und Handlungsmustern geprägt ist, die auf ein essentialistisches Kulturverständnis rekurrieren, können Kulturalisierung und kulturalisierende Essentialisierung zu einer bedeutsamen Deutungs- und Handlungsressource werden. Dies gilt sowohl für privilegiert als auch für marginalisiert positionierte Subjekte – jedoch in unterschiedlicher Weise und mit unterschiedlichen Effekten. Ein Wissen zur Analyse und Reflexion von (Selbst- und Fremd-)Kulturalisierungspraktiken stellt deshalb ein grundlegendes Moment von Professionalität dar. Eine essentialisierungsreflexive Professionalität ist nicht vorrangig von dem Interesse geleitet, ob es kulturelle Unterschiede gibt und wie mit diesen umgegangen werden kann. Vielmehr interessiert die eigene organisationale Praxis und damit die Frage, unter welchen Bedingungen „Kultur" von wem, wie, unter welchen Bedingungen und mit welchen Effekten zum Einsatz gebracht wird oder womöglich werden muss. In einer essentialisierungsreflexiven Einstellung werden die eigenen organisationalen Praktiken und Strukturen dahingehend befragt:

---

[5] Die interpretative Gebundenheit sozialer Erkenntnispraxis gilt für interpretative oder verstehende Ansätze in den Sozialwissenschaften in einem doppelten Sinne, weil sie Verfahren der Konstruktion von Bedeutungszusammenhängen einsetzen, die letztlich auf alltägliche Verfahren der Bedeutungskonstruktion zurückgehen und von diesen getragen werden. Sozialwissenschaftliche Analysen sind interpretative Konstruktionen von interpretativen Alltagskonstruktionen. Sie sind Konstruktionen von Konstruktionen, mithin – in der Formulierung von Alfred Schütz (1971) – „Konstruktionen zweiten Grades". Für das Verhältnis von Wissenschaftswissen und Alltagswissen bedeutet dies, dass das sozialwissenschaftliche Wissen gegenüber dem Alltagswissen nicht im Sinne eines „richtigeren Wissens" privilegiert ist.

- inwiefern sie einen Beitrag dazu leisten, dass als Andere positionierte Subjekte sich selbst kulturalisieren müssen, um an bestimmten Bereichen, Ressourcen etc. teilhaben zu können,
- inwiefern der vorherrschende Kontext so verändert werden kann, dass Selbstessentialisierungen weniger erforderlich sind, um Handlungsfähigkeit und Teilhabe herzustellen und zugleich
- inwiefern Teilhabe- und Handlungsansprüche, die auch auf Selbstessentialisierungen basieren mögen, respektiert werden können,
- inwiefern ein Beitrag zur kritischen Reflexion eigener und anderer dominanter institutioneller, organisationaler wie interaktiver Fremdkulturalisierungspraktiken geleistet werden kann und
- inwiefern Räume der Reflexion dominanter wie minorisierter Positioniertheiten und der damit einhergehenden Einflussmöglichkeiten geschaffen werden können, die sich an dem normativen Maß der Reduktion von natio-ethno-kulturell kodierten Machtasymmetrien orientieren.

Literatur

Auernheimer, G. (Hrsg.) (2008). *Interkulturelle Kompetenz und pädagogische Professionalität*. 2. Aufl., Wiesbaden: VS.
Auernheimer, G. (2012). *Einführung in die interkulturelle Pädagogik*. 7. Aufl., Darmstadt: WBG.
Bacher, J., Leitgöb, H., & Weber, C. (2012). Bildungsungleichheiten in Österreich. Vertiefende Analyse der PISA 2009-Daten. In F. Eder (Hrsg.), *PISA 2009. Nationale Zusatzanalysen für Österreich* (S. 432–456). Münster u.a.: Waxmann.
Balibar, E. (1991). Is there a "Neo-Racism"? In E. Balibar & I. Wallerstein (Hrsg.), *Race, Nation, Class. Ambiguous Identities* (S. 17–28). London/New York: Verso.
Broszinsky-Schwabe, E. (2011). *Interkulturelle Kommunikation: Missverständnisse – Verständigung*. Wiesbaden: Springer VS.
Bundesregierung (2014). *Die Frauenquote kommt*. Zugriff am 17.03.2020 unter https://www.bundesregierung.de/-Content/DE/Artikel/2014/12/2014-12-11-frauenquote.html
Butler, J. (1991). *Das Unbehagen der Geschlechter*. Frankfurt a.M.: Suhrkamp.
Butler, J. (1997). *Körper von Gewicht. Die diskursiven Grenzen des Geschlechts*. Frankfurt a.M.: Suhrkamp.
Butler, J. (2001). *Die Psyche der Macht. Das Subjekt der Unterwerfung*. Frankfurt a.M.: Suhrkamp.

Castro Varela, M. d. M. (2003). Interkulturelle Kompetenz – ein Diskurs in der Krise. In G. Auernheimer (Hrsg.), *Interkulturelle Kompetenz und Professionalität* (S. 35–48). Opladen: Leske + Budrich.
Castro Varela, M. d. M., & Dhawan, N. (2005). *Postkoloniale Theorie: Eine kritische Einführung*. 1. Aufl., Bielefeld: transcript.
Castro Varela, M. d. M., & Dhawan, N. (2015). *Postkoloniale Theorie. Eine kritische Einführung*. 2. Aufl., Bielefeld: transcript.
Diehm, I, Kuhn, M., & Machold, M. (Hrsg.) (2017). *Differenz – Ungleichheit – Erziehungswissenschaft. Verhältnisbestimmungen im (Inter-)Disziplinären*. Wiesbaden: Springer VS.
Dietrich, E. J., & Radtke, F.-O. (1990). Der Beitrag der Wissenschaften zur Konstruktion ethnischer Minderheiten. In E. J. Dietrich & F.-O. Radtke (Hrsg.), *Ethnizität. Wissenschaft und Minderheiten* (S. 11–40). Opladen: Westdeutscher Verlag.
Fanon, F. (1985). *Schwarze Haut, weiße Masken*. Frankfurt a.M.: Suhrkamp.
Foucault, M. (1994). *Überwachen und Strafen. Die Geburt des Gefängnisses*. Frankfurt a.M.: Suhrkamp.
Fraser, N., & Honneth, A. (2003). *Umverteilung oder Anerkennung? Eine politisch-philosophische Kontroverse*. Frankfurt a.M.: Suhrkamp.
Fürstenau, S. (2012). *Interkulturelle Bildung und Sprachliche Bildung: Herausforderungen für die Lehrerbildung*. Wiesbaden: Springer VS.
Gogolin, I., Georgi, V. B., Krüger-Potratz, M., Lengyel, D., & Sandfuchs, U. (2018). *Handbuch Interkulturelle Pädagogik*. Bad Heilbrunn: Julius Klinkhardt.
Ha, K. N. (2000). Ethnizität, Differenz und Hybridität im der Migration: Eine postkoloniale Perspektive. *PROKLA. Zeitschrift für kritische Sozialwissenschaft, 39*(120), 377–397.
Hall, S. (2004). Das Spektaktel der Anderen. In S. Hall, *Ideologie, Identität, Repräsentationen. Ausgewählte Schriften 4* (S. 108–167). 2. Aufl., Hamburg: Argument.
Hall, S. (2008a). Der Westen und der Rest: Diskurs und Macht. In S. Hall, *Rassismus und kulturelle Identität. Ausgewählte Schriften 2* (S. 137–179). 4. Aufl., Hamburg: Argument.
Hall, S. (2008b). Neue Ethnizitäten. In S. Hall, *Rassismus und kulturelle Identität. Ausgewählte Schriften 2* (S. 15–25). 4. Aufl., Hamburg: Argument.
Handschuck, S., & Schröer, H. (2001). Interkulturelle Orientierung als Qualitätsstandard Sozialer Arbeit. In G. Auernheimer (Hrsg.), *Migration als Herausforderung für pädagogische Institutionen* (S. 147–180). Opladen: Leske + Budrich.
Hark, S. (2001). Der „männliche" Wissenschaftskörper und die Frauenförderung – Paradoxien eines un/aufhaltsamen Einstiegs. In C. Batisweiler, E. Lembeck & M. Jansen (Hrsg.), *Geschlechterpolitik an Hochschulen: Perspektivwechsel. Zwischen Frauenförderung und Gender Mainstreaming* (S. 57–65). Opladen: Leske + Budrich.
Hendrix, U. (2019). Frauenquote: zwischen Legitimität, Effizienz und Macht. In B. Kortendiek, B. Riegraf & K. Sabisch (Hrsg.), *Handbuch Interdisziplinäre Geschlechterforschung. Geschlecht und Gesellschaft* (S. 993–1002). Wiesbaden: Springer VS.
Heringer, H. J. (2017). *Interkulturelle Kommunikation*. Stuttgart: utb.
Hoffmann, K., & Klose, R. (2008). *Theater Interkulturell: Theaterarbeit mit Kindern und Jugendlichen*. Berlin: Schibri.
Hormel, U., & Jording, J. (2016). Kultur/Nation. In P. Mecheril (Hrsg.), *Handbuch Migrationspädagogik* (S. 211–225). Weinheim/Basel: Beltz.

Karakaşoğlu, Y., & Klinkhammer, G. (2016). Religionsverhältnisse. In P. Mecheril (Hrsg.), *Handbuch Migrationspädagogik* (S. 294–310). Weinheim/Basel: Beltz.

Kalpaka, A., & Mecheril, P. (2010). „Interkulturell". Von spezifisch kulturalistischen Ansätzen zu allgemein reflexiven Perspektiven. In P. Mecheril, M. d. M. Castro Varela, İ. Dirim, A. Kalpaka & C. Melter, *Bachelor | Master: Migrationspädagogik* (S. 77–98). Weinheim/Basel: Beltz.

Kalpaka, A. (2015). Pädagogische Professionalität in der Kulturalisierungsfalle – Über den Umgang mit „Kultur" in Verhältnissen von Differenz und Dominanz. In R. Leiprecht & A. Steinbach (Hrsg.), *Schule in der Migrationsgesellschaft. Ein Handbuch. Bd. 2* (S. 289–312). Schwalbach/Ts: Debus.

Kiesel, D. (1996). *Das Dilemma der Differenz. Zur Kritik des Kulturalismus in der Interkulturellen Pädagogik.* Frankfurt a.M.: Cooperative-Verl.

Knappik, M., & Mecheril, P. (2018). Migrationshintergrund oder die Kulturalisierung von Ausschlüssen. In İ. Dirim, P. Mecheril u.a., *Heterogenität, Sprache(n), Bildung. Eine differenz- und diskriminierungstheoretische Einführung* (S. 159–177). Bad Heilbrunn: utb/Klinkhardt.

Krüger, H.-H. (2012). *Einführung in Theorien und Methoden der Erziehungswissenschaft.* 6. Aufl., Opladen/Toronto: Barbara Budrich.

Leiprecht, R. (2001). *Alltagsrassismus. Eine Untersuchung bei Jugendlichen in Deutschland und in den Niederlanden.* Münster u.a.: Waxmann.

Lutz, H., & Wenning, N. (2001). *Unterschiedlich verschieden. Differenz in der Erziehungswissenschaft.* Opladen: Leske + Budrich.

Mayer, C.-H. (2006). *Trainingshandbuch Interkulturelle Mediation und Konfliktlösung: Didaktische Materialien zum Kompetenzerwerb.* Münster: Waxmann.

Mayer, C.-H., & Boness, C. (2004). *Interkulturelle Mediation und Konfliktberatung. Bausteine deutsch-afrikanischer Wahrheiten.* Münster: Waxmann.

Maurer, S. (2019). Soziale Bewegung. In F. Kessl & C. Reutlinger (Hrsg.), *Handbuch Sozialraum. Grundlagen für den Bildungs- und Sozialbereich* (S. 359–380). 2. Aufl., Wiesbaden: Springer VS.

Mecheril, P. (2004). *Einführung in die Migrationspädagogik.* Weinheim/Basel: Beltz.

Mecheril, P., & Rose, N. (2014). Die Bildung der Anderen. Ein subjektivierungstheoretischer Zugang zu migrationsgesellschaftlichen Positionierungen. In C. Thompson, K. Jergus & G. Breidenstein (Hrsg.), *Interferenzen. Perspektiven kulturwissenschaftlicher Bildungsforschung* (S. 130–152). Weilerswist: Velbrück Wissenschaft.

Messerschmidt, A. (2008). Pädagogische Beanspruchungen von Kultur in der Migrationsgesellschaft. Bildungsprozesse zwischen Kulturalisierung und Kulturkritik. *Zeitschrift für Pädagogik, 54*(1), 5–17.

Mills, S. (2007). *Der Diskurs. Begriff, Theorie, Praxis.* Tübingen u.a.: A. Francke.

Nandi, M. (2006). Gayatri Chakrovorty Spivak: Übersetzungen aus Anderen Welten. In S. Moebius & D. Quadflieg (Hrsg.), *Kultur. Theorien der Gegenwart* (S. 129–139). Wiesbaden: Springer VS.

Riegel, C. (2011). Religion als Differenzmarker. In B. Allenbach, U. Goel, M. Hummrich & G. Weissköppel (Hrsg.), *Jugend, Migration und Religion. Interdisziplinäre Perspektiven* (S. 319–342). Zürich: Pano.

Rieger-Ladich, M. (2004). Unterwerfung und Überschreitung. Michel Foucaults Theorie der Subjektivierung. In N. Ricken & M. Rieger-Ladich (Hrsg.), *Michel Foucault. Pädagogische Lektüren* (S. 203–224). Wiesbaden: Springer VS.
Rommelspacher, B. (1998). *Dominanzkultur. Texte zu Fremdheit und Macht*. 2. Aufl., Berlin: Orlanda Frauenverlag.
Rose, N. (2016). Subjektverhältnisse. In P. Mecheril (Hrsg.), *Handbuch Migrationspädagogik* (S. 326–339). Weinheim/Basel: Beltz.
Said, E. (1978/2009). *Orientalismus*. Frankfurt a.M.: Fischer.
Seitz, K. (2003). Der schiefe Turm von PISA – nur die Spitze eines Eisberges? Der PISA-Schock und der weltweite Umbau der Bildungssysteme. *ZEP – Zeitschrift für internationale Bildungsforschung und Entwicklungspädagogik, 26*(1), 2–8.
Spivak, G. Ch. (1987). *In Other Worlds. Essays in Cultural Politics*. New York/London: Methuen.
Stošic, P. (2017). Kinder mit „Migrationshintergrund". Reflexionen einer (erziehungs-) wissenschaftlichen Differenzkategorie. In I. Diehm, M. Kuhn & C. Machold (Hrsg.), *Differenz – Ungleichheit – Erziehungswissenschaft. Verhältnisbestimmungen im (Inter-) Disziplinären* (S. 81–99). Wiesbaden: Springer VS.
Supik, L. (2005). *Dezentrierte Positionierung: Stuart Halls Konzept der Identitätspolitiken*. Bielefeld: transcript.
Schütz, A. (1971). *Gesammelte Aufsätze. Bd. I: Das Problem der sozialen Wirklichkeit*. Den Haag: Martinus Nijhoff.
Thomas, A. (2005). *Handbuch interkulturelle Kommunikation und Kooperation*. Göttingen: Vandenhoeck & Ruprecht.
Vanderheiden, E., & Mayer, C.-H. (2014). *Handbuch interkulturelle Öffnung: Grundlagen, Best Practice, Tools*. Göttingen: Vandenhoeck & Ruprecht.
Velho, A. (2010). (Un-)Tiefen der Macht. Subjektivierung unter den Bedingungen von Rassismuserfahrungen in der Migrationsgesellschaft. In A. Broden & P. Mecheril (Hrsg.), *Rassismus bildet. Bildungswissenschaftliche Beiträge zu Normalisierung und Subjektivierung in der Migrationsgesellschaft* (S. 113–140). Bielefeld: transcript.
Werbner, P. (1997). Essentialising Essentialism, Essentialising Silence: Ambivalence and Multiplicity in the Constructions of Racism and Ethnicity. In P. Werbner & T. Modood (Hrsg.), *Debating Cultural Hybridity. Multicultural Identities and the Politics of Anti-Racism* (S. 226–254). London u.a.: Zed Books.
West, C., & Zimmerman, D. H. (1987). Doing Gender. *Gender and Society, 1*(2), 125–151.
West, C., & Fenstermaker, S. (1995). Doing Difference. *Gender and Society, 9*(1), 8–37.
Winkler, S. (1999). Reflexive Pädagogik. In H. Sünker & H.-H. Krüger (Hrsg.), *Kritische Erziehungswissenschaft am Neubeginn?!* (S. 270–300). Frankfurt a.M.: Suhrkamp.
Zimmerer, J. (2003). Deutsche Kolonialgeschichte in neuerer Forschung. *Archiv für Sozialgeschichte, 43*, 475–485.

Prof. Dr. Paul Mecheril Universität Bielefeld, Professor für Erziehungswissenschaft mit dem Schwerpunkt Migration, AG 10 Migrationspädagogik und Rassismuskritik, Email: paul.mecheril@uni-bielefeld.de

Matthias Rangger Universität Bielefeld, Fakultät für Erziehungswissenschaft, Wissenschaftlicher Mitarbeiter in der AG 10 Migrationspädagogik und Rassismuskritik, Email: matthias.rangger@uni-bielefeld.de

Eigentlich solltet ihr eine Kontrollfunktion übernehmen – Professionelles Handeln in Zeiten der Integration

6

Paul Mecheril und Matthias Rangger

6.1 Einleitung

Die ehemalige deutsche Bundeskanzlerin Angela Merkel sendete etwa ein Jahr nach dem sogenannten „lange[n] Sommer der Migration" (Hess et al. 2017) im Jahr 2015 die beruhigende Botschaft: „,Deutschland wird Deutschland bleiben'"[1].

Diese Beruhigung ist erforderlich, weil das zentrale imaginäre gesellschaftliche Moment (Castoriadis 1984), das in der Frage wiedergegeben werden kann, wer *wir* sind bzw. wer *wir* sein wollen, nicht nur dauerhaft und konstitutiv ein Krisenphänomen darstellt, sondern unter bestimmten empirischen Bedingungen als nicht eindeutig beantwortbare Frage deutlich und spürbar wird. In der alltagsweltlichen, der politischen, der wissenschaftlichen, aber auch kommunalarbeiterischen und pädagogischen Auseinandersetzung mit dem Themenfeld Migration wird diese Beunruhigung deutlich. Sie betrifft grundlegende, nationalgesellschaftliche Selbstvergewisserungs- und Konstitutionsformen und damit etwa auch die Frage, wer in Deutschland juristisch legal sowie kulturell legitim von sich behaupten darf, Bürger/in dieses Landes zu sein und als Bürger/in zu handeln. Sie betrifft die traditionell von monokulturellen und monolingualen

---

P. Mecheril · M. Rangger (✉)
Fakultät für Erziehungswissenschaft, Universität Bielefeld, Bielefeld, Deutschland
E-Mail: matthias.rangger@uni-bielefeld.de

P. Mecheril
E-Mail: paul.mecheril@uni-bielefeld.de

[1] Siehe etwa auf: https://www.tagesspiegel.de/politik/angela-merkel-ueber-fluechtlinge-und-integration-deutschland-wird-deutschland-bleiben/14477390.html (Zugriff am 10.03.2018).

Routinen geprägten und entsprechende Habitus ausgebildet habenden Institutionen und Organisationen der sozialen und gesundheitlichen Subsysteme, die durch Migrationsphänomene in ihren Selbstverständnissen, Strukturen und Mustern gewissermaßen chronisch irritiert werden und sich in einer dauerhaften Gereiztheit befinden. Schließlich zeigt sich die Beunruhigung aber auch auf einer individuellen und persönlich-biographischen Ebene, da durch Migration Ressourcenverteilungen auf der Ebene von Zugehörigkeit (im Sinne von: „Wer bin ich und was steht mir aufgrund dieser migrationsgesellschaftlichen Position legitimer Weise zu?") problematisiert werden. Die Frage danach, wer als legitimes, berechtigtes, privilegiertes Mitglied eines spezifischen politischen Raumes gilt, ist weit davon entfernt, eine unbedeutende Frage zu sein, nicht nur weil sie mit Fragen symbolischer Privilegierung einhergeht, sondern auch weil sie grundlegend mit Fragen der materiellen Existenzbedingungen und Möglichkeiten der politischen Artikulation verbunden ist.

Migration, verstanden als Überschreitung von signifikanten Grenzen durch Menschen, beunruhigt gesamtgesellschaftlich, organisationell-institutionell sowie individuell. Migration beunruhigt, nicht weil Migration ungewöhnlich ist oder zwangsläufig zu Wirrwarr und Durcheinander führt. Migration beunruhigt vielmehr, da durch Migration Ordnungsmuster, die Zugehörigkeiten und die Verteilung von Privilegien regeln, sowie die Formen und Inhalte der Legitimation dieser Ordnungsmuster problematisiert werden. Migrationsphänomene – wie die Überschreitung nationalstaatlicher Grenzen, die Vermischung von Sprachen, die Herstellung transnationaler Räume, die Infragestellung der Fiktion eindeutiger Zugehörigkeit etc. – zeigen die Kontingenz natio-ethno-kulturell kodierter Ordnungen und ihre vermeintliche Normalität an. Sie verweisen darauf, dass es auch anders sein könnte und säkularisieren damit, worauf vor fast 100 Jahren bereits Robert Park (1928) hingewiesen hat, die gewöhnlichen Routinen und Institutionen, denen ein sakraler Nimbus ihre Geltung verleiht.

In der deutschsprachigen Öffentlichkeit ist es üblich geworden, das Thema Migration in einem so engen Zusammenhang mit der Vokabel „Integration" zu behandeln, dass die Ausdrücke Integration und Migration zuweilen gleichbedeutend und insofern austauschbar wirken (Mecheril/Thomas-Olalde 2018). In der öffentlichen Debatte kommt der Bedeutsamkeit dessen, was sich mit dem Ausdruck Integration zu verbinden scheint, mittlerweile beinahe ungebrochene Geltung zu (Marvakis 2010; Zick/Preuß 2019). Integration wird sogar eine

Bestimmungsfunktion für politische Positionen zugeschrieben: So sind Schlagzeilen wie „‚Integration ist Grundfrage unseres gesellschaftlichen Friedens' [Röttgen, CDU]"[2] oder „Wir sollten alle Kraft aufbringen, sie in unsere Gesellschaft zu integrieren [Schäuble, CDU]"[3] in der tagespolitischen Berichterstattung alltäglich geworden. Diese semantische und letztlich auch erkenntnispolitische sowie praktische Verbindung zwischen Migration und Integration zeigt sich in Maßnahmen, Programmen, Gesetzen, Regelungen, Forderungen und Förderungen.

Da es bei der Thematisierung von Migration zumeist nicht ausschließlich um eine Analyse, sondern immer auch um normative und regulative Fragen geht, bezieht sich die Integrationsvokabel auch auf die Frage, welche Gestalt gesellschaftliche Verhältnisse sinnvoller Wiese einnehmen sollen. Integration stellt mittlerweile den zentralen und tendenziell „leeren Signifikanten" (Laclau 2002, S. 65 ff.) im Feld der Migrationsarbeit dar, mit dem Praktiken der Einflussnahme auf migrationsgesellschaftliche Verhältnisse bezeichnet werden. Es ist dabei gelungen, in einem Feld, in dem eine Vielzahl an unterschiedlichen und partikularen sowie zum Teil widerstreitenden Forderungen und Interessen zirkulieren, den Signifikanten Integration als normativ positiven Wert und Orientierungsgröße, die nahezu alternativlos zu sein scheint, zu platzieren. Um unter Bedingungen einer Vielzahl an Partikularinteressen „auf das Allgemeine zu verweisen, muss ein Signifikant in seiner partikularen Verweisungsfunktion (großteils) entleert werden" (Nonhoff 2010, S. 43). Die Integrationsvokabel leistet dies relativ zuverlässig, obgleich sie in ihrer grundlegenden Ausrichtung auf Migrant/innen, auf die migrationsgesellschaftlich als Andere Geltenden klare und zum Teil restriktive Vorgaben macht. „Die positiven Konnotationen staatlicher Integrationspraxen", so Kien Nghi Ha (2009, S. 141), „stehen in einem krassen Gegensatz zu ihren repressiven Zügen. Der Widerspruch zwischen politischer Zielsetzung und öffentlichem Image ist ein beunruhigender Ausdruck der gesellschaftlichen Unfähigkeit zur Selbstreflexion. Obwohl die Widersprüche der sich liberal und tolerant gebenden Integrations(an)gebote offenkundig sind, werden sie selten diskutiert."

Da Migration in der deutschsprachigen Öffentlichkeit nahezu ausnahmslos in Verbindung mit der Vokabel Integration thematisiert wird, Integration zweitens eines der zentralen Ziele gegenwärtiger Migrationspolitik darstellt[4], die

---

[2] Zugriff am 10.03.2018 unter https://www.welt.de/politik/deutschland/plus175060409/Norbert-Roettgen-Integration-ist-Grundfrage-unseres-gesellschaftlichen-Friedens.html.
[3] Zugriff am 10.04.2019 unter https://www.spiegel.de/politik/deutschland/wolfgang-schaeuble-warnt-vor-zu-grosser-hoffnung-auf-abschiebung-von-fluechtlingen-a-1229564.html.
[4] Auf der Internetseite des Bundesministeriums für Inneres und Heimat der Bundesrepublik Deutschland wird ausgeführt: „Die Migrationspolitik der Bundesrepublik Deutschland dient

Migrationsforschung drittens zu einem nicht unbeträchtlichen Teil als Integrationsforschung angelegt ist[5] und schließlich viertens Stiftungen[6] sowie die Bundesregierung[7] hohe Summen an Geldern in Integrationsprojekte investieren, stellt Integration auch die zentrale gesellschaftliche Erwartungs-, Ziel- und Orientierungsgröße für Migrationsarbeit dar. Vier Punkte hierzu:

1. Integration fungiert als zentrale *Orientierungsgröße* im Feld der Migrationsarbeit. Integration bietet einen allgemeinen Rahmen dafür, was in einem bestimmten Kontext als gelungen, also erstrebens- und wünschenswert gilt, und wie dies erreicht werden kann. Das deutsche Bundesministerium des Inneren und Heimat (BMI) schreibt auf seiner Homepage bspw.:

„Die Integration von Zugewanderten soll Chancengleichheit und die tatsächliche Teilhabe in allen Bereichen ermöglichen, insbesondere am gesellschaftlichen, wirtschaftlichen und kulturellen Leben. Voraussetzung dafür ist, dass die Menschen, die mit einer dauerhaften Bleibeperspektive zu uns kommen, die deutsche Sprache lernen und sich um Grundkenntnisse unserer Geschichte und unseres Staatsaufbaus bemühen. Hierbei geht es besonders um die Bedeutung der freiheitlichen demokratischen Grundordnung Deutschlands, des Parteiensystems, des föderalen Aufbaus, der Sozialstaatlichkeit, der Gleichberechtigung sowie der Toleranz und der Religionsfreiheit. Das Grundgesetz als die deutsche Verfassung gilt für alle: Als Grundlage für das Zusammenleben der Menschen in Deutschland muss es gelebt werden. Auch Zugewanderte müssen sich genauso wie die hier lebenden Menschen an die deutschen Gesetze halten und die geltenden Werte und Gepflogenheiten respektieren." (Zugriff am 28.02.2020 unter https://www.bmi.bund.de/DE/themen/heimat-integration/integration/integration-bedeutung/integration-bedeutung-node.html)

Die Vielzahl konkreter Vorstellungen, wie Integration aus der Perspektive des BMI umzusetzen ist und gelingen kann, verweisen, jenseits der Frage, ob die

---

der Steuerung, Kontrolle und Begrenzung des Zuzugs von Ausländern in unser Land. Dabei sind die Aufnahme- und Integrationsfähigkeit unserer Gesellschaft sowie unsere wirtschaftlichen und arbeitsmarktpolitischen Interessen zu berücksichtigen. Zugleich dient die Migrationspolitik der Erfüllung unserer humanitären Verpflichtungen." (Zugriff am 20.05.2018 unter https://www.bmi.bund.de/DE/themen/migration/migration-node.html).

[5] Siehe etwa das *Berliner Institut für empirische Integrations- und Migrationsforschung* (https://www.bim.hu-berlin.de).

[6] Etwa die Bertelsmann- Stiftung (https://www.bertelsmann-stiftung.de), die Deutschlandstiftung Integration (https://www.deutschlandstiftung.net), die Stiftung Mercator (https://www.stiftung-mercator.de/de) etc.

[7] Etwa: „Mehr Geld für Sicherheit und Integration" (Zugriff am 10.03.2018 unter https://www.bundesregierung.de/Content/DE/Artikel/2016/09/2016-09-06-etat-bmi.html).

hier relevanten Normen angemessen und begründbar sind, darauf, dass mit Integration ein Orientierungsrahmen für das Handeln in der Migrationsarbeit angeboten ist und sie in der Orientierung an Integration auf spezifische Handlungsaufgaben und Ziele begrenzt wird, die das gesellschaftliche Geschehen vermeintlich handhabbar machen.

2. Damit stellt Integration zugleich eine *Handlungsaufgabe* und das zentrale Ziel von Migrationsarbeit dar. Tätigen in der Migrationsarbeit obliegt es daher, zu „mehr Integration" beizutragen. Scheitert sie daran, scheitert auch die Migrationsarbeit.

3. Hiermit erfüllt Integration auch die Bedeutung einer *Prüfgröße* für den Sinn von Migrationsarbeit. Mit Integration ist es möglich, gelungene Migrationsarbeit anhand bestimmter Parameter zu operationalisieren und den (Miss-) Erfolg der in der Migrationsarbeit Tätigen zu bemessen. Die Messbarkeit des Erfolgs von Migrationsarbeit ermöglicht die externe Überprüfung bzw. Evaluation von Migrationsarbeit und dient damit auch als Instrument zur Steuerung von Migrationsarbeit.

4. Unter diesen Bedingungen wird Integration zur grundlegenden *Legitimationsgröße* für Migrationsarbeit unter den gegenwärtigen Verhältnissen. Migrationsarbeit hat ihre Legitimität entlang ihres Beitrags zu Integrationsprozessen zu belegen. Das heißt auch, dass die Orientierung an Integration es der Migrationsarbeit ermöglicht, ihren gesellschaftlichen Nutzen und damit ihre Nützlichkeit auszuweisen. Integration umwirbt die Migrationsarbeit mit der Verlockung, die Bedeutsamkeit und Legitimität des eigenen Tuns in Begriffen des gesamtgesellschaftlichen Nutzens hervorzuheben und zu betrachten.

Orientierung, Handlungsaufgabe, Prüfbarkeit und Legitimation stellen funktionale Prinzipien dar, die Migrationsarbeit in einer spezifischen Weise ermöglichen und hervorbringen.

Wir widmen uns im Folgenden dem Signifikanten Integration und seinen vorherrschenden Verwendungsformen. Hierzu nähern wir uns den Verwendungsformen aus einer macht- und differenztheoretischen Perspektive an. Aus der hierbei entwickelten Perspektive beziehen wir uns in einem zweiten Schritt auf eine Praxisepisode und reflektieren diese allgemein in Bezug auf die widersprüchliche Involviertheit professionellen Handelns in die vorherrschenden migrationsgesellschaftlichen Verhältnisse.

6.2 Integration[8] – Zwischen Anerkennung von Bürger/innen-Rechten, Disziplinierung und Kontrolle

Der Ausdruck Integration hat eine lange Geschichte in Deutschland. Ist er zunächst noch ein Ausdruck, mit dem von gesellschaftlich durchaus nicht überaus einflussreichen Akteur/innen die gleichberechtigte Teilhabe von migrationsgesellschaftlichen Minderheitengruppen in unterschiedlichen gesellschaftlichen Bereichen gefordert wird, so erlebt er seit Anfang des 21. Jahrhunderts eine „Hochkonjunktur" (Hess/Moser 2015, S. 12) und ist aus dem öffentlichen Sprechen über Migration nicht mehr wegzudenken (ebd., S. 12 f.). Diese Hochkonjunktur geht dabei tendenziell mit einer Bedeutungsverschiebung des Begriffs einher:

> „Wenn von Fragen der Migration und Einwanderung in Deutschland die Rede ist, dann seit einigen Jahren stets erweitert um den Zusatz ‚und Integration'. So lud Angela Merkel in den Jahren 2006 und 2007 zu ‚Integrationsgipfeln' nach Berlin, städtische und nationale Integrationspläne wurden diskutiert und erlassen, in Zeitungen und im Fernsehen begegnet man Themenreihen zur ‚Integration'. Die *webpages* der großen Stiftungen der Wissenschaftsförderung sprechen die gleiche Sprache: Ob Robert-Bosch-Stiftung oder Volkswagen-Stiftung, die Förderprogramme zu Migration führen alle den Doppelausdruck ‚Migration und Integration' im Titel […]." (ebd., S. 11).

Integration wird mittlerweile als legitim erwartbare und einforderbare Anpassungsleistung von „Migrant/innen" an eine imaginäre deutsche Kultur entworfen und bedeutsam gemacht (ebd., S. 12 ff.; Geisen 2010, S. 16). Damit werden alternative Fassungen dessen, was mit Integration gemeint sein könnte, ausgeblendet[9]. Der Aufschwung der Rede von und des Glaubens an Integration beschränkt sich dabei nicht auf einzelne Bereiche und „ist […] mehr als nur eine konjunkturelle Schwankung: sie bedeutet vielmehr einen Paradigmenwechsel, eine politische Zäsur im Denken, Handeln und Forschen, im wissenschaftlichen wie im politischen Umgang mit der Faktizität des Einwanderungslandes" (Hess/Moser 2015, S. 13). Integration umfasst mithin nicht bloß

---

[8] Teilweise gehen die Ausführungen zurück auf bereits erschienene Texte (Mecheril 2011; Mecheril/Thomas-Olalde 2018).

[9] Mit dem Ausdruck Integration wäre es grundsätzlich möglich, Strategien der Bewältigung eines von Restriktionen geprägten Alltags, die Anerkennung von Bürger/innen-Rechten, alternative Praktiken der sozialen Selbstinklusion oder subversive Praktiken der Zugehörigkeitsaneignung von Migrant/innen zum Thema zu machen. Auch könnten darunter Strategien verstanden werden, die eine soziale Einbeziehung in bedeutende gesellschaftliche Teilbereiche wie Arbeitsmarkt, Politik, Verwaltung oder Bildung ermöglichen.

einzelne, abgrenzbare gesellschaftliche Bereiche, sondern stellt eine allgemeine und umfassende, paradigmatische gesellschaftliche Perspektive dar. Diese prägt und zeigt sich sowohl in Wissenschaft, Politik als auch in der professionellen Arbeit in der Migrationsgesellschaft.

Wir möchten schlaglichthaft einige Punkte ansprechen: Nach einer langen Zeit der Leugnung der Migrationstatsache durch die offizielle Politik Deutschlands (Bade 2007a, S. 38 ff.), wurde im Jahr 2000 Deutschland offiziell von der Politik als Einwanderungsland anerkannt. Diese offizielle Anerkennung der Migrationstatsache wurde begleitet von einer Rhetorik der „verschlafenen Integration", die im Jahr 2000 zu einer Reform des Staatsangehörigkeitsrechts und schlussendlich im Jahr 2005 zu einem Zuwanderungsgesetz führte (ebd., S. 49 ff.). „Es verband Migrations- und Integrationsrecht in einem großen Gesetzesentwurf und erklärte Integration zur staatlichen Aufgabe." (ebd., S. 52) Hieraus entstand auf der Bundesebene das Bundesamt für Migration und Flüchtlinge (BAMF), das von nun an spezifisch für Migration und Integration zuständig war. Seither ist das Thema Migration nicht mehr vom Thema Integration zu trennen. Es entstanden ein „Nationaler Aktionsplan Integration"[10] sowie „Integrationspläne" auf Landes- und Kommunalebene, „Integrationszentren" wurden eingerichtet, jährliche „Integrationsberichte" werden erstellt und Projekte sowohl in der Forschung als auch in der Zivilgesellschaft in großem Umfang in allen gesellschaftlichen Systembereichen (Bildung, Wirtschaft, Innere Sicherheit etc.) gefördert (ebd.).

Sowohl allgemeine Migrationsforschung als auch Migrationsforschung als Integrationsforschung existierten bereits vor der Anerkennung der Migrationstatsache durch die offizielle Politik Deutschlands. Während aber beide lange Zeit ein Nischendasein fristeten und ihnen die Anerkennung durch Politik und Zivilgesellschaft verwehrt blieb (Bade 2007a), erfährt Migrationsforschung als Integrationsforschung spätestens seit dem gestiegenen öffentlichen Interesse an dem Thema Migration einen deutlichen Aufschwung. Nicht nur, dass Anerkennung und Förderung von staatlicher Seite immens zugenommen haben, vielmehr gibt es auch immer mehr Stiftungen (einige der nicht unwichtigsten sind hierbei: Bertelsmann Stiftung, Stiftung Mercator, Robert Bosch Stiftung, Hertie-Stiftung, Vodafone Stiftung), die ihre Förderprogramme explizit auf Integrationsprojekte

---

[10] „Der Nationale Aktionsplan Integration (NAP-I) [...] benennt Ziele für die deutsche Integrationspolitik. [...] Um die Integrationspolitik in Deutschland noch verbindlicher zu gestalten, wurde der NIP [Nationaler Integrationsplan] im Jahr 2011 gemeinsam mit zivilgesellschaftlichen Akteuren zum Nationalen Aktionsplan Integration (NAP-I) mit konkreten, verbindlichen und überprüfbaren Zielvorgaben weiterentwickelt." (Zugriff am 13.04.2017 unter https://www.bmbf.de/de/nationaler-aktionsplan-integration-1095.html; Herv. nicht berücksichtigt).

und -forschung ausrichten. In diesem Zuge entstand bspw. das „Berliner Institut für Integrations- und Migrationsforschung", das 2014 auf Initiative der Hertie-Stiftung, der Bundesagentur für Arbeit (BA), des Deutschen Fußball-Bundes (DFB) und der Beauftragten der Bundesregierung für Migration, Flüchtlinge und Integration gegründet wurde (Zugriff am 28.02.2020 unter https://www.ghst. de/integrationsforschung-am-bim/)); oder etwa auch das Deutsche Zentrum für Integrations- und Migrationsforschung (DeZIM), das 2017 gegründet wurde und die „kontinuierliche methodisch fundierte Forschung und deren Transfer in Politik, Öffentlichkeit und Zivilgesellschaft" als zentrale Aufgabe hat (Zugriff am 28.02.2020 unter https://www.dezim-institut.de/das-dezim-institut/). Bereits im Jahre 2008 konstatieren deshalb Almut Zwengel und Gudrun Hentges (2008, S. 7), dass sich inzwischen „Migrations- und Integrationsforschung […] als eigenständiges Untersuchungsfeld etabliert" hat.

Alle diese Veränderungen haben auch die Migrationsarbeit nicht unberührt gelassen. Sie hat sich mittlerweile als Integrationsarbeit etabliert. Neben einer Vielzahl an Integrationsberatungen, die in der Zwischenzeit entstanden sind, wurde in NRW im Jahre 2012 eine Förderrichtlinie erlassen, auf deren Basis in der Zwischenzeit „54 Kreise und kreisfreie Städte in NRW ein Kommunales Integrationszentrum[…] beantragt und eingerichtet [haben]" (Zugriff am 07.01.2020 unter http://www.kommunale-integrationszentren-nrw.de/rahmen bedingungen). Die flächendeckende Einrichtung von Kommunalen Integrationszentren soll die Weiterentwicklung und Verstetigung der bereits vorhandenen Förderstrukturen für Integration ermöglichen und die „Integrationsarbeit vor Ort" unterstützen (Zugriff am 07.01.2020 unter https://kommunale-integrationszentren-nrw.de/kommunale-integrationszentren).

Obschon der Ausdruck Integration in der öffentlichen Debatte auf nicht einheitlich formulierte, konkrete Zielsetzungen wie auch unterschiedliche Wege der Zielerreichung verweist, wird die Vokabel verwendet, als ob ihr ein klares politisches Paradigma zugrunde liegen würde. Hierbei wird die Bedeutungsoffenheit des Begriffs durch rhetorische Vereinheitlichung und Einbettung in einen ordnungspolitischen Kontext kompensiert (Karakayali 2010). Integration wirkt als „Pseudo-Paradigma", dessen eigentümlicher Charakter darin besteht, dass der Begriff einer konkreten und fixen konzeptionellen Klärung entzogen, aber weitgehend und ohne Diskussion, so als sei dies gar nicht weiter auszuweisen, als positive Zielsetzung gehandelt wird, wodurch der Begriff eine große normative Kraft entwickelt. Einige Aspekte des aktuell dominierenden Integrationsdispositivs (Mecheril 2011; Bojadžijev 2018) möchten wir kurz anführen:

(1) Integration als (verschleierte) Disziplinierung: Während „Integration" vor seiner Hochkonjunktur als politischer Begriff und politisches Engagement durchaus dem Einsatz für Minderheitenrechte und Gleichberechtigung diente, hat er sich in den dominanten gesellschaftlichen Diskursen und Praktiken mittlerweile vor allem als eine disziplinierende Perspektive auf als Migrant/innen geltende Personen durchgesetzt (Hess/Moser 2015, S. 12). So heißt es in der „Erklärung des Bundes zum Nationalen Integrationsplan" der Bundesregierung unter anderem: „Maßgebend [für Integration] ist zum einen die Bereitschaft der Zuwandernden, sich auf ein Leben in unserer Gesellschaft einzulassen, unser Grundgesetz und unsere gesamte Rechtsordnung vorbehaltlos zu akzeptieren und insbesondere durch das Erlernen der deutschen Sprache ein sichtbares Zeichen der Zugehörigkeit zu Deutschland zu setzen." (Presse- und Informationsamt der Bundesregierung 2007, S. 13) Im Koalitionsvertrag der – zum Zeitpunkt der Durchführung der hier zugrunde liegenden Fortbildungsreihe – aktuellen Bundesregierung von CDU/CSU und SPD wird in Kapitel VIII unter dem Titel „Zuwanderung steuern – Integration fordern und unterstützen" (CDU/CSU/SPD 2018, S. 103) unter Punkt 3 „gelingende Integration" (ebd., S. 105) von „Menschen mit Migrationshintergrund" (ebd.) nicht nur angekündigt, Maßnahmen zur Verbesserung von „Integrationsforschung und -messung im Sinne eines echten Integrationsmonitorings [zu] intensivieren, um die Erfolge der Integrationspolitik sichtbar zu machen und Fehlentwicklungen frühzeitig zu korrigieren" (ebd., S. 106), sondern auch beim Deutschspracherwerb die Mitwirkung der als „mit Migrationshintergrund" Adressierten stärker einzufordern, „zusätzliche Anreize [zu] setzen, Hilfestellungen aus[zu]bauen und Sanktionsmöglichkeiten konsequent [zu] nutzen" (ebd.). Mit der Integrationsvokabel verbindet sich mittlerweile vor allem eine assimilationistische Politik und politische Rhetorik. Integration zielt auf soziokulturelle Anpassung der Migrant/innen an eine nicht näher definierte und mit wiederum leeren Signifikanten wie „Tradition", „Werte" ihrer bestimmbaren Identität beschworene Aufnahmegesellschaft, in der ausgrenzende und kulturrassistische Denkfiguren (Hess 2016), neokoloniale Diskurse (Ha 2007, 2009), restriktive Zuwanderungsregulierung sowie utilitaristische und neoliberale Argumentationsformen (Lanz 2009) Platz finden und ein Regime (Ha 2003; Tsianos/Karakayali 2008; Castro Varela 2015) bzw. Dispositiv (Mecheril 2011; Bojadžijev 2018) ausbilden.

Das vorherrschende, disziplinierende politische Verständnis von Integration operiert mit einer Rhetorik, die dringliches Handeln forciert, indem auf jahrzehntelange Versäumnisse und Untätigkeiten verwiesen wird. Auf die politische Kenntnisnahme der migrationsgesellschaftlichen Wirklichkeit Anfang des 21. Jahrhunderts und einiger weniger institutioneller Anpassungen folgte zunächst kein Ausbau von Maßnahmen auf strukturell-politischer Ebene (Bommes 2006, S. 10 f.). Vielmehr setzte eine Versäumnisrhetorik ein. Diese drückte sich in einer nahezu rituell wiederholten „Schlafmetaphorik" (Bade 2007a, S. 49 ff.;2007b, S. 13) aus, die auf Sätze wie „wir haben es verschlafen, auf Zuwanderung zu reagieren", restriktive, exkludierende und sanktionierende Maßnahmen gegenüber den als Migrant/innen bzw. Menschen mit Migrationshintergrund adressierten Personen folgen ließ[11]. Die Wachrufe[12] waren Rufe nach Kontrolle, Selektion und nach einer sicherheitspolitischen Handhabe von Migrations- und Integrationsfragen. Die alarmistische Inszenierung der langjährigen politischen Indifferenz gegenüber der migrationsgesellschaftlichen Wirklichkeit als Versäumnis, die immer lauter werdenden Rufe Integration *zu fördern und zu fordern* oder – wie es im Koalitionsvertrag von CDU/CSU und SPD (2018, S. 103) heißt – zu „fordern und [zu] unterstützen", steht somit in einer direkten Verbindung mit der disziplinierenden Verschärfung der Integrationspolitik. Dies impliziert in der Regel die Einschränkung von Rechten, ihre Androhung oder die Erhöhung von „Integrationsanforderungen" und damit verbundene Sanktionen (Ha 2009).

Als Legitimationsbeschafferin für die disziplinierende Qualität, die sich mit dem Integrationsdispositiv verbindet, dient auch der Umstand, dass in der Regel von Integration unter dem Vorzeichen der Nicht-Integration, der Desintegration gesprochen wird (Geisen 2010; Mecheril/Thomas-Olalde 2018). Der Integrationsdiskurs basiert auf Negativnarrativen über die „verweigerte"[13], „misslungene"[14],

---

[11] „Diejenigen Migrantinnen und Migranten, die sich einer Integration dauerhaft verweigern, müssen auch mit Sanktionen rechnen." (Presse- und Informationsamt der Bundesregierung 2007, S. 13).

[12] Im Koalitionsvertrag der aktuellen Bundesregierung heißt es etwa: „Deswegen setzen wir unsere Anstrengungen fort, die Migrationsbewegungen nach Deutschland und Europa angemessen mit Blick auf die Integrationsfähigkeit der Gesellschaft zu steuern und zu begrenzen, damit sich eine Situation wie 2015 nicht wiederholt." (CDU/CSU/SPD 2018, S. 103).

[13] Siehe etwa: „Das Gespenst der Integrationsverweigerung" (Zugriff am 10.03.2018 unter http://www.deutschlandfunkkultur.de/migranten-in-deutschland-das-gespenst-der.976.de.html?dram:article_id=330352).

[14] Siehe etwa: „Merkel warnt: Bürger sollen Migranten helfen – Misslungene Integration könne Deutschland jahrzehntelang schwer beschäftigen" Zugriff am 10.03.2018 unter http://www.handelsblatt.com/politik/deutschland/integration-weitgehend-misslungen-altkanzler-schmidt-bedauert-anwerbung-von-gastarbeitern/2441118.html?ticket=ST-95355-Zp6sYsY20sU2pN4aePkB-ap1).

die „verpasste"[15] oder gar die „unmögliche"[16] Integration. Gerade aus dieser Negation entfaltet der Integrationsimperativ seine normative Kraft. Das fortwährend erneuerte Attest der gescheiterten Integration ermöglicht die beständige Neuformulierung von Integrationsaufforderungen.

Hierbei ist es wichtig, sich zu vergegenwärtigen, dass das politische und dominanzkulturelle Konstrukt der „Integrationsunwilligkeit" gar nicht auf eine vorhandene „Unwilligkeit" angewiesen ist. So heißt es in einer Ausarbeitung der Wissenschaftlichen Dienste des Deutschen Bundestags (2016[17]) mit dem Titel „Sanktionen gegenüber ‚integrationsunwilligen' Asylbewerbern und asylrechtlich Schutzberechtigten im Asyl- und Aufenthaltsgesetz":

> „Die ‚Integrationsunwilligkeit' von Ausländern würde u. a. in der Nichtteilnahme an Integrationskursen oder in dem Verstoß gegen Residenzpflichten zum Ausdruck kommen. […] Die Rechtsfolgen bei ‚Integrationsdefiziten' im genannten Sinn knüpfen aber nicht – subjektiv – an einem fehlenden Integrationswillen an. Vielmehr ist entscheidend, ob die Ausländer die Integrationsanforderungen – objektiv – nicht erbringen." (ebd., S. 4)

Das Konstrukt „Integrations(un)willigkeit" suggeriert also einen (Mangel an) Willen, wo weder Mangel noch Wille vorhanden sein müssen, macht also verantwortlich, responsibilisiert[18] das Subjekt und macht es damit sanktionierbar (s. auch: Wodak 2015). „Integrationsunwilligkeit" ist damit letztlich ein bei Bedarf einsetzbares Instrument der Legitimation von Sanktionen, die unter bestimmten Umständen existenzielle Konsequenzen aufweisen können.

(2) Integration als Othering und Anrufung eines vorrangigen Wir (Selfing): Die Feststellung, „dieser Migrant ist gut integriert"[19], eine Art diagnostisches Kompliment, das im Rahmen des vorherrschenden Sprechens über Integration für als

---

[15] Siehe etwa: „Die Integration von Zuwanderern in Deutschland macht Fortschritte und ihr Bildungsniveau steigt. Doch die Folgen verpasster Integrationsangebote in den vergangenen 40 Jahren seien weiterhin klar zu erkennen, zeigt eine Studie." (Zugriff am 10.03.2018 unter http://www.fr.de/politik/studie-zur-lage-der-integration-in-deutschland-int egration-macht-fortschritte-a-569345).

[16] Siehe etwa: „Jeder Dritte hält Integration für unmöglich" (Zugriff am 10.03.2018 unter https://www.welt.de/politik/deutschland/article152753192/Jeder-Dritte-haelt-Integration-fuer-unmoeglich.html).

[17] Verfügbar unter: https://www.bundestag.de/resource/blob/425294/c9bbd09f7d1c4734a6 8ab65369b6d5bd/WD-3-113-16-pdf-data.pdf (Zugriff am 27.04.2019).

[18] Zum Ausdruck s. etwa: Henkel et al. (2018).

[19] Etwa: https://www.tagesspiegel.de/politik/bertelsmann-studie-muslime-sind-gut-integr iert-unter-vorbehalten/20232038.html (Zugriff am 10.03.2018).

Migrant/innen geltende Personen reserviert ist, sowie das regelmäßige Erscheinen von Integrationsberichten (etwa durch die Beauftragte der Bundesregierung für Migration, Flüchtlinge und Integration), die auf „Fortschritte" und „Rückschritte" bei der Integration hinweisen, sind nur zwei Beispiele, die auf den Zusammenhang von Kontrolle und Verfügung im Zeichen der Integration verweisen. Kontrolle im Sinne von „dauernder Überwachung", „Überprüfung" als auch „Herrschaft über jemanden"[20] stellt ein zentrales Moment des aktuellen Integrationsdiskurses und seiner Praktiken dar. Integration als ein Bündel von Praktiken und Maßnahmen, die vor allem auf als Migrant/innen geltende Personen bezogen sind und im Kontext des „aktivierenden Sozialstaats" die aktive Einpassung von Migrant/innen in eine vermeintlich bestehende und homogene Gesellschaft zum Ziel haben (Lanz 2009), praktiziert, plausibilisiert und legitimiert Kontrolle und Dominanz über diejenigen, die (auch dadurch) diskursiv als migrationsgesellschaftliche Andere hervorgebracht werden.

Die disziplinierenden Praktiken und Diskurse der Integration produzieren migrationsgesellschaftliche Andere. Während Migrierte aus EU-Ländern zwar ein Recht zur Teilnahme an Integrationsangeboten besitzen, aber dazu nicht verpflichtet sind, sind von den „repressiven Auswirkungen" (Ha 2009, S. 139) der Integrationsgebote „vornehmlich People of Color aus den postkolonialen Staaten des Trikonts, insbesondere muslimische Communities mit türkischen und arabischen Hintergründen, betroffen" (ebd.).

Integration produziert und bestätigt mithin differenziell die Zuschreibung von Fremdheit, da die Vokabel nahezu ausschließlich benutzt wird, um über so genannte Menschen mit Migrationshintergrund zu sprechen (Hofer 2016). Indem sie als Menschen mit Migrationshintergrund bezeichnet werden, werden sie, selbst wenn sie in Deutschland geboren und aufgewachsen sind und hier ihren Lebensmittelpunkt haben, als potenziell „suspekte Elemente", die zu integrieren seien, konstruiert. Die Frage der Integration wird aber beispielsweise nicht mit Bezug auf sexuelle Vergehen an Kindern durch „inländische", christliche Geistliche gestellt oder mit Bezug auf wirtschaftskriminelle Biografien von Menschen, die selbstverständlich und fraglos als Deutsche gelten.

Integration kann somit verstanden werden als ein Bündel symbolischer und außersymbolischer Praktiken, das auf die mit Migrationsphänomenen diskursiv assoziierte Beunruhigung eines nationalen „Wir" bezogen ist (Mecheril 2011). Die Vorstellung des nationalen Wir's bedarf fortwährender Imaginationspraktiken im Sinne einer konstanten Selbstbestätigung. Dazu gehören etwa nationale Wettbewerbe wie der Eurovision Song Contest oder die Fußball-Weltmeisterschaft,

---

[20] Siehe: https://www.duden.de/rechtschreibung/Kontrolle (Zugriff am 13.08.2017).

bei welchen mit Fahnen und Fähnchen an Autos und Häusern und recht simplen Farbcodes das „Wir" bestätigt wird. Aber auch die Vermittlung bestimmter Geschichtsbilder im Schulunterricht (Alavi 1998; Sternfeld 2013) oder „nationale Selbstbilder", die über Medienberichte oder auch im Zusammenhang mit den Diskussionen über eine Leitkultur vermittelt werden sollen (Abadi et al. 2016; Jäger 2000; Spieß 2018), sind Teil der Selbstimagination. Imaginationen dieser Art sind insbesondere dann erforderlich, wenn das *phantasierte* Wir in eine Krise gerät – sei dies nun eine durch die politische und mediale Inszenierung der so genannten Globalisierung nahegelegte Krise (Brand 2003; Oberndörfer 2009) oder eine, die aus der öffentlichen Thematisierung dessen erfolgt, dass als fremd geltende Menschen und ihre Lebensweisen sich dauerhaft in dem Raum niederlassen, der als eigener beansprucht wird. Das Insistieren auf der Integration der Anderen kann mithin verstanden werden als Reaktion, nicht auf den Umstand, dass sich in Deutschland zu viele „Nicht-Deutsche" aufhalten und es einer statistischen und bevölkerungspolitischen Regulation bedarf, sondern darauf, dass das, was Deutschland ist, als Krisenphänomen in Erscheinung tritt. Solange sowohl die Integrationsvokabel als auch alle zwischen Fürsorglichkeit und Sanktion stattfindenden Integrationspraktiken – unabhängig von der moralischen und professionellen Legitimität der Normen, die diesen Praktiken zugrunde liegen – nicht auch in Bezug auf als Inländer/innen geltende Personen Anwendung finden, ist „Integration" eine Praxis der Erzeugung, Behandlung und Unterordnung der dadurch hervorgebrachten Anderen. Zugleich erzeugt sie ein Wir und verdeutlicht diesem Wir, dass es vermeintlich integriert und insofern „in Ordnung" ist. Die Praxis der Integration ist zentraler Bestandteil der Erzeugung und Aufrechterhaltung einer gesellschaftlichen Ordnung, die die Differenz zwischen fraglos legitimen und prekären Zugehörigkeitssubjekten herstellt. Die Anderen sind imaginierte Phänomene; sie konstituieren sich im zumeist unbenannten Blick der Nicht-Anderen. Die Anderen sind Ausdruck einer Relation, deren sozialer Ausgangspunkt zumeist, da als selbstverständlich geltend, unbenannt bleibt, wodurch die Andersheit der Anderen gewissermaßen de-relationiert und essentialisiert wird. Wenn aber die Anderen essentiell Andere sind, dann ist Integration eigentlich unmöglich. Die real existierende Integrationspraxis schafft also selbst die Voraussetzung ihres Scheiterns, was aber nicht der Praxis der Integration zum Nachteil gereicht, sondern den Anderen angelastet wird.

(3) Integration als paradox unmöglicher Voluntarismus: Von den migrationsgesellschaftlich als Andere geltenden Personen wird in der Öffentlichkeit Eingliederung und Angleichung als Ausdruck und Leistung ihres Willens zur Integration gefordert, wobei gleichzeitig – auch durch die Forderung – die

phantasmatische Differenz zwischen den Anderen und Nicht-Anderen betont, eingebracht und beständig bestätigt wird. „Integration wird [...] negativ bestimmt, indem den Individuen eine Art Bringschuld auferlegt wird. Beispielsweise müssen sie ihren Integrationswillen und ihre Integrationsbereitschaft aktiv darstellen und belegen. Dieser Anspruch wird auch dort erhoben, wo die Integrationsanforderungen nicht konkretisiert werden und unspezifisch bleiben." (Geisen 2010, S. 16)

Integration ist auf der einen Seite unklar, auf der anderen Seite unbedingt. Denn Integration, so Hubertus Schröer (2013, o. S.) mit Bezug auf das vorherrschende öffentliche Sprechen darüber, „gelingt eigentlich nur durch totale Anpassung". Dabei geht es nicht unbedingt um die Anpassung an eine „Leitkultur", wohl aber um die Anpassung an „eine männlich und weiß bestimmte, westlich-kapitalistische Dominanzkultur der Über- und Unterordnung, die das Verhältnis von vermeintlich Einheimischen zu den Eingewanderten bestimmt" (ebd.). Will man sich nun erfolgreich im Sinne des vorherrschenden Integrationsdiskurses integrieren, dann bedeutet dies zweierlei: Erstens sind, da der Integrationsdiskurs davon ausgeht, dass es prinzipiell erstrebenswert ist, sich in die in einer Art Einheit gleichförmiger Tradition und Kultur entworfene deutsche Gesellschaft zu integrieren, die gegebenen strukturellen und dominanzkulturellen Zusammenhänge zu affirmieren. Integration heißt dann aber auch, sich über die eigene Kritik an dominanzkulturellen Momenten hinwegzusetzen, diese zu ignorieren und sich etwa in eine Körper sexualisierende Dominanzkultur einzufügen und sich womöglich selbst zu sexualisieren: „Auch das Leben um mich herum machte mich unruhig. Manches kapierte ich einfach nicht", so heißt es in einer biografischen Reflexion eines in den 1960ern nach Deutschland aus Südindien immigrierten Mannes, „manches provozierte mich. Die Isolierung der alten Menschen und Kinder vom Kern des gesellschaftlichen Lebens, die strenge Unterordnung des Menschen nach Normen wie Pünktlichkeit, Ordnung und Sauberkeit; die Darstellung der Frau als genießbare Ware; der äußere Zwang des Wechsels von Beziehungen, Geschmack und Erlebnissen; die automatengerechte Nivellierung vielfältiger menschlicher Wünsche und Bedürfnisse – um nur einiges von dem zu nennen, was mir in den ersten Jahren als sehr bedenklich erschien." (Punnamparambil 1986, S. 20)

Weiterhin stellt das Versprechen der Integration, wie sie in dominanten Diskursen formuliert wird, unter Bedingungen gesellschaftlicher Dominanzverhältnisse, die auch durch an Rassekonstruktionen anschließende Bilder über die migrationsgesellschaftlich Anderen vermittelt sind (vgl. Kap. 4), ein unmögliches

Versprechen dar[21]. Solange das phantasmatische Bild des Wir, das das Nicht-Wir zu seiner Integration auffordert, ein *weiß* imaginiertes Wir ist[22], stellt Integration für nicht-weiß positionierte Personen eine unmögliche Aufforderung dar, der letztlich nur entsprochen werden kann, wenn neben den üblichen Integrationsanstrengungen auf der sozialen, strukturellen, kulturellen und identifikativen Dimension (Esser 2001) auch eine Bereitschaft zu einer Art physiognomischen Integration besteht: die Haut und das Haar bleichen bzw. das Kopftuch abnehmen (Choi et al. 2019; Kreutzer 2015; Weichselbaumer 2016).

Dies verweist letztlich auf eine Paradoxie, die den dominanten Diskurs und die vorherrschende Politik mit Bezug auf Migration grundsätzlich kennzeichnet. Die zielgruppenspezifische und -konstitutive Aufforderung zur Integration, die Aufforderung zur Anpassung wird als eine Frage des Willens, etwa im Topos *mangelnde Integrationsbereitschaft,* verhandelt und über das Angebot von Integrationshilfen und die Androhung von Sanktionen gesichert. Zugleich wirken die in der Regel nicht thematisierten, natio-ethno-kulturell kodierten Grenzen der Anerkennung exkludierend.

6.3 Die Fragwürdigkeit von Migrationsarbeit in Zeiten der Vorherrschaft der Integration

Das Modul 3 der Fortbildungsreihe ist mit „Diskriminierungserfahrungen und die Rolle von Institutionen" überschrieben. Es findet in Form von zwei separaten Workshops statt, auf die sich die Teilnehmer/innen gleichmäßig verteilen. Das nachfolgende Dokument einer berichteten Praxiserfahrung stammt aus dem zweiten Workshop. Die Workshopleiterinnen führen hierbei im ersten Teil in ihr Verständnis von Diskriminierungserfahrung ein: gesellschaftlich vermittelte,

---

[21] Quantitative Untersuchungen zur Gegenwärtigkeit von Rassismen und Rechtsextremismus in Deutschland finden sich etwa bei Zick/Küpper/Berghan (2019), auf der Seite des Verbands der Beratungsstellen für Betroffene rechter, rassistischer und antisemitischer Gewalt (https://www.verband-brg.de), dem Mediendienst Integration (hhttps://mediendienst-integration.de/desintegration/rassismus.html) oder etwa auch in einer aktuellen Studie der Antidiskriminierungsstelle des Bundes zu „Rassistische[r] Diskriminierung auf dem Wohnungsmarkt" (Zugriff am 02.02.2020 unter https://www.antidiskriminierungsstelle.de/SharedDocs/Downloads/DE/publikationen/Umfragen/Umfrage_Rass_Diskr_auf_dem_Wohnungsmarkt.pdf?__blob=publicationFile&v=6).

[22] Insbesondere okzidentalismuskritische Perspektiven (Attia 2009; Dietze et al. 2010) sowie Ansätze der Critical Whiteness Studies (Eggers et al. 2009; Tißberger et al. 2009) verweisen auf die implizite Konstruktion von „Whiteness als unsichtbare Norm" (Walgenbach 2008, S. 47) in orientalistischen Diskursen über die Anderen.

subjektive Erfahrungen als Andere/r zu gelten und damit potenzieller wie tatsächlicher Diskriminierung ausgesetzt zu sein. Im Workshop geht es zentral um Phänomene der Thematisierung und Dethematisierung von Diskriminierungserfahrungen in gesellschaftlichen Institutionen, also darum, wann und wie Diskriminierungserfahrungen durch wen zum Thema (gemacht) sowie wann und wie diese durch wen dethematisiert werden. Um diesen Fragen nachzugehen, stellen die Leiterinnen den Teilnehmer/innen eine Heuristik zur Analyse von Diskriminierungserfahrungen zur Verfügung. Der zweite Teil des Workshops besteht aus Arbeit in Kleingruppen. Anhand eines Arbeitsblatts (s. Kap. 14 am Ende), das die allgemeine Analyseheuristik für die Teilnehmer/innen zusammenfasst, sind diese aufgefordert, folgende Frage zu diskutieren: *„In welchen Handlungsfeldern Ihrer professionellen Praxis kann Wissen über Diskriminierungserfahrungen [...] relevant sein/werden?"* Hierbei sollen die Ebenen „strukturell-gesellschaftlich", „institutionell-organisational" und „interaktiv" unterschieden werden. Ziel des Austauschs ist es, am Ende drei Beispiele aus der eigenen Praxis festzuhalten und im Plenum vorzustellen, bei denen die Teilnehmer/innen *„Handlungsbedarfe"* sehen.

Nach der Vorstellung durch zwei Gruppen, platziert sich ein Teilnehmer in den vorderen Bereich des Seminarraums und beginnt, die Ergebnisse seiner Gruppe zu präsentieren. Er führt aus, dass sie *„verschiedene Fälle besprochen und versucht haben, diese durch die Brille [Diskriminierungserfahrung] zu sehen"*. Beim ersten Fall ging es um das Phänomen der *„überproportionale[n] Präsenz von Kindern mit Migrationshintergrund in Haupt- und Förderschulen"*. Die Analyseergebnisse der Kleingruppe skizziert er mit Blick auf die von den Workshopleiterinnen vorgegebenen Ebenen. Danach geht er zum zweiten Fall über, der in der Kleingruppe besprochen wurde; diesen stellt er etwas ausführlicher vor. Im entsprechenden Beobachtungsprotokoll heißt es:

Er spricht dann gleich weiter und spricht recht lebendig und emotional. Er wirkt wie ein Schauspieler, der sich in der Rolle des Erzählers voll und ganz verausgabt und sagt: „Ähm, das war der erste Punkt, vielen Dank. Der zweite Punkt, ein konkreter Fall: Meine politische Führungsebene tritt an mich heran und sagt: ‚Wäre das nicht super, wenn ihr Dossiers erstellen könntet, von den verschiedenen Kulturen, die wir in der Stadt haben. So macht die Wirtschaft das auch. Das heißt, wenn die einen Manager nach Japan schicken, dann kriegt der vorhin so mit, was machst du in Japan, damit du gewinnbringend zurückkommst, das sollten wir doch auch machen'. Das Problem ist, in meiner Stadt gibt es in einigen Stadtteilen, gibt es Probleme, massive Probleme mit Kriminalität, die von der Presse und von der öffentlichen Diskussion in dieser Stadt mit einer bestimmten ethnischen Gruppe identifiziert wird. Vor diesem Hintergrund stellt meine eigene politische Führungsebene dieses Ansinnen an mich. Ähm, ich habe mich auf der individuellen Ebene diskriminiert gefühlt." Er pausiert, blickt etwas nachdenklich und spricht dann wieder weiter: „Weil ich wusste, dass er das im Hinterkopf haben wird wahrscheinlich und mir sagt: ‚Du müsstest das doch eigentlich machen, weil du gehörst doch eigentlich auch dazu oder zumindest siehst du so aus, als könntest du dazu gehören.' Auf der institutionellen Ebene ist das so etwas für mich, äh, das Ansinnen: ich soll so etwas machen wie eine Kontrollfunktion. Das ist ein bisschen der Inhalt an das, ähm, an das Hauptamt der Nazis, wo man ja auch über verschiedene Gruppierungen dann Dossiers angelegt hat. Das heißt, ich mache die Zuschreibung und sage, es gibt..., bestimmte Menschen haben bestimmte, was ich am Anfang schon einmal sagte, kulturelle Dinge in sich drin und die könnte man sozusagen dann klassifizieren und dann entsprechend die Menschen ansprechen." *(Be/1.03/02/06R).*[23]

Der Teilnehmer schildert in dieser Episode, dass er und die Organisationseinheit, für die er tätig ist[24], von der *„politische[n] Führungsebene"* mit einem spezifischen Anliegen angesprochen wurden. Es gibt ein Problem und dafür benötigt es eine Person, die an der Lösung dieses Problems mitarbeiten kann, was *„super wäre"*.

---

[23] Die hier dargestellte Praxisepisode stellt die Wiedergabe einer in der Kleingruppenarbeit berichteten Praxiserfahrung einer Teilnehmerin durch einen anderen Teilnehmer der Fortbildungsreihe im Plenum des Workshops dar. Die aus der Perspektive der Teilnehmerin und auf den Fokus des Workshops hin wiedergegebene oder modellierte Erfahrung (zum Modellierungsbegriff vgl. Mecheril 2003, Kap. II) wurde nochmals von einer anderen Person, die die Referenzsituation selbst nicht miterlebt hatte, modelliert und mit einer spezifischen Akzentsetzung sowie in eigenen Begriffen in den Kontext des Workshops eingebracht. Wir haben uns entschieden, diese mehrfach „entfremdete" Episode an dieser Stelle heranzuziehen, da sie in den Zugzwängen der Darstellung vor der Großgruppe nicht nur kompakter und ohne die Zwischenfragen aus der Kleingruppenarbeit abbildbar ist, sondern auch, weil sie von den Teilnehmer/innen der Kleingruppe gemeinsam als allgemein bedeutsam ausgewählt und im Anschluss in der hier wiedergegebenen Weise in der Großgruppe zum Thema gemacht und diskutiert wurde. Zusätzlich haben wir uns entschieden, die Episode an bestimmten Stellen durch Auszüge aus der Kleingruppenarbeit anzureichern und geben auch diese Ergänzungen der Einfachheit beim Lesen wegen ungebrochen als Aussagen des Teilnehmers wieder. Auch wenn beide Teilnehmer/innen die Episode mit anderen Begriffen, anderen Zielsetzungen und auch einem anderen Grad an Authentizität berichten, erlauben wir uns diese Verschränkung, da wir auch die Praxisberichte „aus erster Hand" nicht als unmittelbare und ungefilterte Rekonstruktion des tatsächlichen Geschehens verstehen und behandeln (s. hierzu auch Kap. 3 zur Materialtheorie). Es geht uns vielmehr darum, welchen spezifischen Sinn die Teilnehmer/innen den Erfahrungen im Rahmen des Fortbildungskontextes geben und setzen uns dazu, als der Reflexion einzig zur Verfügung stehenden „Wirklichkeit", interpretierend in ein Verhältnis. Ziel des interpretativen Vorgehens ist es, anhand des Materials und am Material Reflexionen auf einer der Singularität der ursprünglichen Situation und Erfahrung abgerückten, allgemeinen Abstraktionsebene zu produzieren.

[24] Der Teilnehmer arbeitet in einer Kommunalverwaltung angehörenden Organisationseinheit, die für „Integration" in der Kommune zuständig ist. Die Organisationseinheit ist der Oberbürgermeister/in der Kommune zugeordnet.

Die Organisationseinheit wird damit als potenziell kompetent in diesem Fall angesprochen. Zugleich geht der Teilnehmer davon aus, dass er auch deshalb angesprochen wurde, weil er als Repräsentant der in diesem Fall bedeutsamen, als natio-ethno-kulturell anders adressierten Zielgruppe gilt („*Du müsstest das doch eigentlich machen, weil du gehörst doch eigentlich auch dazu oder siehst zumindest so aus, als könntest du dazu gehören.*"").

Mittels dieser vom Teilnehmer so erinnerten und wiedergegeben Ansprache wird von vorgesetzter Seite die Idee geäußert, dass die Organisationseinheit, für die er tätig ist, Dossiers über die Kulturen der Stadt erstellen könnte. Der entsprechende städtische Raum wird als ein Zusammenhang skizziert, in dem klar unterscheidbare Kulturen leben. Gerade diese Unterscheidbarkeit soll nun durch die Organisationseinheit in Form der Erstellung von „*Dossiers*", also gewissermaßen Akten, in denen sich alles Wissenswerte zu der jeweiligen Kultur findet, soweit inhaltlich festgehalten werden, dass man die jeweiligen Menschen, die diese unterscheidbaren „*kulturellen Dinge in sich drin*" haben, „*dann [Kultur-]entsprechend [...] ansprechen*" kann. Das dies „*super*" wäre, wird damit begründet, dass „*die Wirtschaft*" dies auch so mache: „*Das heißt, wenn die einen Manager nach Japan schicken, dann kriegt der vorhin so mit, was machst du in Japan, damit du gewinnbringend zurückkommst*". Mit dem Bezug auf letztlich interkulturelle Ansätze im Feld der Ökonomie (s. etwa Dathe 2007) plädiert die „politische Führungsebene" für ein kommunalpolitisches Vorgehen, dessen Hauptkennzeichen kulturalistische Pauschalisierung und ökonomistisches Gewinnstreben sind: Da es in der Stadt unterscheidbare Kulturen gäbe, müsse man ein Wissen über diejenigen Kulturen, die nicht die eigenen sind, akkumulieren, um in der Kommunikation mit diesen Kulturen erfolgreich zu sein und gewissermaßen Gewinne zu erzielen. Zielsetzung und Grund der Erstellung von Kultur-Dossiers finden sich im eigenen Vorteil. Um diesen zu erzielen, müssen die einzelnen Kulturen zunächst genau analysiert werden.

Als „*Hintergrund*" der Anfrage der Führungsebene vermutet der Teilnehmer eine städtische Problemdiagnose („*massive Probleme mit Kriminalität*"). In der Kleingruppenarbeit wird die Perspektive der politischen Führungsebene kritisch kommentiert. Der Teilnehmer gibt die Worte der politischen Führungsebene wie folgt wieder: „*Ja, das ist alles sehr schwierig [...], Sie wissen doch, wie schwierig das ist mit den arabischen Menschen. Da können Sie mir doch nur zustimmen.*" (Be/1.03/02/04 H)

Die massiven Probleme mit Kriminalität in der Stadt werden hierbei von der Presse und in öffentlichen Diskussionen „*mit einer bestimmten Gruppe, die in dieser Stadt wohnt*", in Verbindung gebracht. Zur Lokalisierung der

Kriminalitätsprobleme werden mithin natio-ethno-kulturelle Kategorien der Identifizierung und Unterscheidung herangezogen. „Kultur" wird pauschalisierend als zentrales Erklärungs- und Deutungsmuster für Kriminalität herangezogen. In der Kleingruppenarbeit führt eine Teilnehmerin aus:

> *„[...] wenn man die Berichterstattung liest, das heißt, der Punkt ist klar, wenn du aus X [der Teilnehmer verweist hier auf einen als muslimisch geltenden Nationalstaat] kommst, bist du gewalttätig. Das steht ja auch ständig in der Zeitung (einige stimmen zu). Da kommen ja die Artikel: ‚Im Norden [der Stadt] hat es wieder...' und dann klar: ‚X'er' [der Teilnehmer verweist auf die dem erwähnten Nationalstaat zugehörige Personengruppe]. Das wird dann selbsterklärend. Da werden andere Dinge gar nicht mehr gefragt und dann ist das selbsterklärend, das sind eben die X'er."* (Be/1.03/02/04 H)

Was passiert hier? Nicht nur werden mögliche Bedingungen für Kriminalität wie sozio-ökonomisch vermittelte Teilhabeschwierigkeiten, rechtliche und strukturelle Einschränkungen, die ein (verengtes) Handlungsfeld erzeugen können, in dem deviante Praktiken nahegelegt sind, ausgeblendet, auch wird eine (imaginierte) Gruppe gewissermaßen unter Generalverdacht gestellt. „Kultur" wird hierbei unter der Hand mit nationalstaatlicher Herkunft verknüpft. In ethnisierenden und kulturalisierenden Sprechweisen werden diejenigen Subjekte, über die gesprochen und etwas gewusst wird, als Wesen vorstellig, die „bestimmte kulturelle Dinge in sich drinnen" haben und nach diesen „Dingen" funktionieren (zur Problematik der Kulturalisierung s. auch Kap. 5). Sie werden als „kulturelle Deppen" (Garfinkel 1967, S. 68) imaginiert und inszeniert, deren Handeln von einem allgemeinen, statischen und vorgängigen Werte- und Normensystem gesteuert wird. Die „Kultur" des gegenwärtigen Handlungskontexts und/oder die Lebensbedingungen treten damit aus dem Fokus; „Herkunftskultur" haftet den Körpern, Geschichten und Handlungsweisen der Anderen untrennbar an: *sticky cultures* sozusagen. Die „andere Kultur" ist in dieser Logik ein Ausdruck, der nicht weiter erklärt werden muss, aber alles erklärt, zumindest die Kriminalität der Anderen.

Der Teilnehmer vermutet, dass es auch dieser kulturalistischen Logik geschuldet ist, dass er angesprochen wurde. Eine verzwickte Ansprache. Im Kontext natio-ethno-kulturell interpretierter Verhältnisse repräsentiert der Teilnehmer die Gruppe der Anderen: *„Weil ich wusste, dass er das im Hinterkopf haben wird wahrscheinlich und mir sagt: ‚Du müsstest das doch eigentlich machen, weil du gehörst doch eigentlich auch dazu oder zumindest siehst du so aus, als könntest du dazu gehören'"*. Mit dieser Zuschreibung und im Rahmen der kulturalistischen Logik kommt dem Teilnehmer eine berufliche Aufgabe zu, zu deren Erledigung wohl nicht jede/r imstande ist. Er wird als eine Art *kultureller Schließdienst* für die Organisation funktional. Während die Organisationseinheit eine Art *kulturelle Bedienungsanleitung* für die als Anders Geltenden erstellen soll, wird dem Teilnehmer implizit die Funktion und Kompetenz eines *kulturellen Agenten* zugewiesen, der Zugang zu den vermeintlich Anderen verspricht.

Im Rahmen des Workshopkontexts und orientiert an der von den Workshopleiterinnen zur Verfügung gestellten Analyseheuristik zum Thema Diskriminierungserfahrungen wird die Bedeutung des an den Teilnehmer herangetragenen Angebots für ihn und die anderen Kleingruppenmitglieder einigermaßen eindeutig interpretiert: Es handele sich um Diskriminierung sowohl auf der individuellen Ebene als auch auf der institutionellen Ebene. Das *„Ansinnen"* der politischen Führungsebene wird als Versuch thematisiert, die Organisationseinheit des Teilnehmers als Kontrollinstanz zu gewinnen („*…das Ansinnen ich soll so etwas machen wie eine Kontrollfunktion"*). Das Erstellen von Dossiers über andere Kulturen der Stadt wird mit dem *„Hauptamt der Nazis"* verglichen, *„wo man ja auch über verschiedene Gruppierungen dann Dossiers angelegt hat"*, womit im Workshopkontext die Diagnose Diskriminierung zugespitzt und skandalisiert wird.

Der Wunsch nach Wissen über andere Kulturen wird damit vom Teilnehmer dramatisch in einen Verweisungszusammenhang gestellt, in dem die Macht- und Gewaltförmigkeit als auch die unbewusste Tradierung bestimmter Praktiken und Strukturen der Wissensproduktion nicht nur angesprochen, sondern auch pejorativ als schändliche Praxis markiert wird. Nun, das Wirken des *„Hauptamt der Nazis"* kann sicher nicht mit den Wirkungen der Praktiken und Institutionen des Integrationsimperativs (Bojadžijev 2018) verglichen werden. Der Teilnehmer greift auf diesen Vergleich zurück, um seiner Erfahrung womöglich auch in ironischer Geste eine politische Tiefe zu verleihen, die diese womöglich nicht in dem Maße aufweist. Historische Vergleiche sind nicht unproblematisch, vor allem dann, wenn Bezug genommen wird auf Gräuel, die das allgemeine Vorstellungsvermögen überschreiten, wie die Shoa. Das heutige migrationsgesellschaftliche Integrationsdispositiv (Mecheril 2011) mit dem Handeln des *„Hauptamt der Nazis"* gleichzusetzen, stellt eine Verharmlosung der totalitären Gewalt des nationalsozialistischen Deutschlands dar. Gleichwohl kann auf Äquivalenzen und Nachwirkungen (ein Ausdruck von Messerschmidt 2017) im Rahmen von Professionalisierung, in der es auch um eine Art Kontingenzausweis der kontemporären Dominanzkultur auch durch historische Kontextualisierung der Realität geht, hingewiesen werden, sodass die professionell Tätigen ein Stück weit mehr wissen, unter welchen Bedingungen sie eigentlich was tun.

Denn in der Tat verweisen etliche Arbeiten auf die enge Verbindung zwischen Wissen und Macht respektive der „lukrativen Dialektik von Information und Kontrolle" (Said 2009, S. 49), die auch für offen rassistische staatliche Kontexte kennzeichnend ist. Zwar hätte es, wie Zygmunt Bauman (2012, S. 77) formuliert, „ohne Nazi-Projekt eines rassisch reinen Deutschlands keinen Genozid gegeben. Aber gleichermaßen hätte es kein solches Projekt gegeben ohne die Wissenschaft und die Technologie, die es sowohl denkbar wie – so sei es – respektabel machten." Auch für Edward Said (2009, S. 53) steht außer Frage, dass der Diskurs des Orientalismus nicht erst als Rechtfertigung für die Kolonialherrschaft entstand, sondern diese Herrschaft in einem weit zurückreichenden Wissensfundus gründend „auch schon vorbereitend legitimierte" (ebd.). Das Wissen über die Anderen bringt diese spezifisch als Andere hervor und stellt damit die Grundlage zur Regierung und Unterwerfung bis hin zur Legitimation der Ausweisung, Abschiebung, gar Auslöschung der Anderen dar. Identifikation ist eine Praxis der Anerkennung (s. Kap. 7), sie ermöglicht aber auch Kontrolle, Verfolgung und Überwachung. Hier geht es nicht darum, denjenigen, die nach Wissen über Andere streben, böse Absichten zu unterstellen. Im Gegenteil scheint es vielmehr bedeutsam, „daß wir uns nicht selbst vormachen, daß ideologische Ungeheuerlichkeiten von Ungeheuern konstruiert worden sind" (Ryan 1971 zit. nach Bauman 2012, S. 72), um die der Wissensproduktion eingelagerte Macht- und Gewaltförmigkeit zu reflektieren – eine Ambivalenz, die der Moderne und ihrer Wissen schaffenden Praktiken im Allgemeinen eingelagert ist (Bauman 2012, S. 71).

Wenn wir uns in Erinnerung rufen, dass der Teilnehmer in einer Organisationseinheit angestellt ist, die explizit für die Ermöglichung und Beförderung der Integration von Migrant/innen zuständig ist, und wir uns vergegenwärtigen, dass „die neu aufflammende Integrationsdebatte gleich von Anfang an auf eine kulturalistische, restriktive Schiene" (Hess/Moser 2015, S. 12) gesetzt wurde, so ist naheliegend, dass die angeführte Episode wohl keine Ausnahme darstellt, sondern im Kontext der aktuellen Politiken der Integration als gewöhnliche Form der kulturalistischen Erzeugung und Behandlung Anderer zu verstehen ist. Dieser Prozess des Otherings verweist darauf, dass die „[d]eutsche Integrationspolitik als koloniale Praxis" (Ha 2009, S. 145) gelesen werden kann, wodurch die (je eigene) Migrations- und Integrationsarbeit zu einer im Hinblick auf ihre Machteffekte zu befragenden Angelegenheit wird, da „augenfällige Parallelen und Analogien zwischen der tradierten Praxis der deutschen Ausländerpolitik und kolonialen Kategorisierungen des Anderen auf(treten)" (ebd.).

Kien Nghi Ha ordnet den Integrationsdiskurs und die damit einhergehenden Politiken in den ambivalenten Raum des modernen Rassismus ein, in dem „,,Abwehrpolitik' und selektive Zuwanderung unter Nützlichkeitsvorbehalt [nicht] als Gegensätze an[ge]sehen" (Ha 2003, S. 67) werden müssen. Dem Autor zufolge kommt der primär „migrantische Gruppen aus den postkolonialen Staaten des Trikonts" (Ha 2009, S. 148) adressierenden Integrationskursverordnung in „ihrer Ein- und Unterordnungsfunktion" (ebd., S. 141) eine Ergänzung der „arbeitsmarktpolitischen und nationalökonomischen Zielsetzungen des neuen Zuwanderungsgesetzes [zu], das die ‚guten', d. h. gehorsamen und lernwilligen von den ‚schlechten', d. h. vermeintlich integrationsunwilligen bzw. integrationsunfähigen MigrantInnen zu trennen sucht" (Ha/Schmitz 2006, S. 234).

Wie kann nun im Feld der Migrationsarbeit gehandelt werden, ohne dabei schlicht die politisch erwünschte „*Kontrollfunktion*" auszuüben und als kultureller Schließdienst bzw. Agent/in instrumentalisiert zu werden, ohne also in der eigenen Beruflichkeit eine Art Erfüllungsgehilf/in für disziplinierende Praktiken unter dem irgendwie positiv klingenden Ausdruck Integration zu sein? In der Kleingruppe wird dies als Schwierigkeit zum Thema, unter rassistischen Bedingungen, von denen man selbst nicht ausgenommen ist, handeln zu müssen: Nachdem eine andere Teilnehmerin die Praxisepisode mit dem Hinweis kommentiert, dass sie von Führungskräften und Vorgesetzten erwarten würde, dass diese „*gescheit*" mit diesen Themen „*umgehen können*", sagt der Teilnehmer, der die Erfahrung berichtet hat:

„Aber das ist das existentielle, das gesellschaftliche Problem, womit wir zu tun haben. Das obwohl die Realität von Vielfalt geprägt ist, ist es in dem Bewusstsein der Menschen nicht verankert, also es ist trotzdem auch, glaube ich, bei uns [unverständlich]. Wer ist denn die deutsche Gesellschaft? Und ich ertappe mich manchmal auch dabei, dass ich erst mal nicht an die Dunkelhäutigen denke oder selbst auch nicht an Menschen, die mein Aussehen haben. Also, das ist so prägend, obwohl ich das immer wieder reflektiere und bearbeite, aber trotzdem ist es so in den Köpfen fest, dass es selbst uns betrifft, die einen Migrationshintergrund haben." (Be/1.03/02/04 H)

Für den Teilnehmer ist klar, dass seine migrationsgesellschaftliche Arbeit aufgrund der Erwartungen des gesellschaftlichen und institutionellen Kontexts gefährdet ist, Unterscheidungen zu reproduzieren und auf Wahrnehmungs- und Deutungsmuster zurückzugreifen, die er problematisch findet, weil sie etwa im Zeichen der Integration die Differenz zwischen einem fraglosen Wir und dem befragten Nicht-Wir wiederholen.

In Modul 3 („Diskriminierungserfahrungen und die Rolle von Institutionen") im Rahmen der Vorstellung der Ergebnisse von Kleingruppenarbeiten zu Diskriminierungserfahrungen berichtet ein Teilnehmer:

> *„Das erste, was wir [in der Kleingruppe] eigentlich gesagt haben, wo wir uns dann einig waren, dass das Wissen um Diskriminierungserfahrung eigentlich in jedem Handlungsfeld unseres professionellen Daseins eine Rolle spielt. Denn man kann bereits bei unserem Namen anfangen, ‚Agentur für Integration'. Damit unterstellen wir schon, dass es mindestens zwei Gruppierungen in dieser Gesellschaft gibt, die irgendwie zusammenkommen wollen. Und dann ist es ganz schnell, dass ich damit schon anfange, Leute zu diskriminieren. Ein Migrant sagt dann irgendwann, ich habe keinen Bock mehr mich zu integrieren oder überhaupt noch die Debatte zu haben, weil das habe ich jetzt schon lange genug et cetera pp."* (Be/1.03/02/06R)

6.4 Anerkennung und Reflexion der eigenen Involviertheit

Wie kann nun professionell mit den strukturell im gegenwärtig existierenden Integrationsdispositiv angelegten Gefahren des *Otherings*, der Sanktionierung der Anderen, ihrer Anrufung im Rahmen eines Nützlichkeitskalküls sowie der Technologisierung des Sozialen umgegangen werden, auch mit der Fragwürdigkeit der eigenen Tätigkeit, ohne dabei in chronisch-rituelle Selbstbeteuerungen und Nihilismus zu verfallen? Kurz: Wie kann unter den Begrenzungen des vorherrschenden Integrationsdispositivs professionell gehandelt werden? Und inwiefern ist es hierbei sinnvoll, die Widersprüchlichkeit und Fragwürdigkeit des eigenen Tuns zum Thema zu machen?

„Der Blick auf eigene Abhängigkeiten und auf Verhältnisse, die dem eigenen Bildungsanspruch widersprechen, verunsichert", so Astrid Messerschmidt (ebd., S. 61), doch ist er „[…] zugleich der Ausgangspunkt für eine kritische Professionalisierung" (ebd.). Erst die Verunsicherung der eigenen Überlegenheit und Unangreifbarkeit durch Anerkennung und Thematisierung der eigenen Involviertheit ermöglicht Wege aus den vorherrschenden Macht- und Herrschaftsverhältnissen (ebd.).

Voraussetzung für einen gelingenderen, professionellen Umgang mit der strukturell angelegten Besonderung und Disziplinierung Anderer stellt ein Wissen und eine Einstellung dar, welche ermöglichen, die disziplinierenden Mechanismen und Effekte von Integrationsangeboten zu erkennen. Das Erkennen der disziplinierenden Macht von Praktiken der Integration verdeutlicht zwar auch die Fragwürdigkeit der eigenen Praxis; gleichzeitig wird es damit aber auch möglich, alternative Handlungsweisen und Spielräume im Rahmen des Integrationsdispositivs in den Blick zu nehmen und Möglichkeiten der Handlungsfähigkeit Anderer, die nicht allein an die Unterordnung unter hegemoniale Normen und Regeln gebunden bleiben.

Die Fragwürdigkeit des eigenen Tuns ist hierbei als Merkmal der Integrationsarbeit zu betrachten. Diese Fragwürdigkeit kann im Wissen darum, dass die Befragbarkeit und die Fragwürdigkeit eine allgemeine Eigenschaft professionellen Handelns darstellt, womöglich einfacher anerkannt und zum kontinuierlichen Gegenstand der Reflexion gemacht werden. „Kritik", so Astrid Messerschmidt (2016, S. 68), „bedeutet in der Konsequenz der Anerkennung eigener Integration in bestehende Machtverhältnisse wesentlich Selbstkritik und diese ist auch von den Bildungsarbeiter_innen in universitären, schulischen und außerschulischen Feldern zu erwarten". Dabei geht es nicht bloß um das Bewusstmachen der eigenen Verstricktheit und Involviertheit in Machtverhältnisse, sondern auch um die Eröffnung eines Raumes, in dem neue Wege ersichtlich werden können: „Die Macht des Integrationsdiskurses und der interkulturellen Bildung zu thematisieren und das eigene Unbehagen daran zu benennen, eröffnet einen Raum der immanenten Kritik, der in einem hierarchisch strukturierten Feld das Sprechen derer, die von Bewertungen abhängig sind, erst möglich macht." (ebd.)

Organisationen und professionelles Handeln stehen in einem engen Zusammenhang zu gesellschaftlichen Macht- und Herrschaftsverhältnissen. Diese ermöglichen und begrenzen das eigene Handeln. Die Machtförmigkeit des eigenen Handelns wird unter anderem von gesellschaftlichen Ansprüchen und Erwartungen an das professionelle Handeln vermittelt. Diesen Ansprüchen und Erwartungen hat professionelles Handeln nicht schlicht zu entsprechen, sondern sich dazu zu verhalten, in ein Antwortverhältnis zu diesen Vorgaben und Normen zu treten. Zu den von diesen Ansprüchen und Erwartungen abweichenden oder diesen entsprechenden Vorstellungen der Adressat/innen professionellen Handelns, zu Vorstellungen in relevanten wissenschaftlichen Diskursen und nicht zuletzt zu den eigenen Vorstellungen haben professionell Tätige sich zu verhalten. Ziel einer macht- und differenztheoretischen Thematisierung ist es hierbei, die unterschiedlichen Verantwortungsverhältnisse explizit zu machen und mit Blick auf übergeordnete normative Maßstäbe wie „Menschenrechte" oder „Einsatz für weniger Grausamkeit" (s. Kap. 13) zu reflektieren. Diese Reflexion ermöglicht, Spielräume auszuloten, um nicht dermaßen „Agent/in eines Integrationsdispositivs" zu sein (Shure 2016, S. 38). Es geht darum, die „Verstrickung und die potentielle Anrufung als Agent_innen [des Integrationsdispositivs] in einem […] professionellen Sinne zu reflektieren" (ebd.) und über Alternativen nachzudenken und diese auf den Weg zu bringen.

Perspektiven für die Organisationsentwicklung
Im Gegensatz zu Institutionen, „die ein ubiquitäres Phänomen menschlicher Vergesellschaftung darstellen, sind Organisationen typische Einrichtungen *moderner* Gesellschaften. Oder anders formuliert: Moderne Gesellschaften sind differenzierte Gesellschaften und Organisationen sind ihre elementaren Bestandteile." (Kuper/Thiel 2010, S. 490) Organisationen und professionelles Handeln stehen in einem konstitutiven Verhältnis zu historisch und kontextuell spezifischen gesellschaftlichen Macht- und Herrschaftsverhältnissen. Die gesellschaftlichen Bedingungen, unter denen sich Handeln ereignet, ermöglichen und begrenzen sowohl Organisationen als auch professionelles Handeln in einer spezifischen Weise, indem sie diese mit einer besonderen Legitimität ausstatten, aber auch spezifische Erwartungen und Ansprüche an diese stellen und formulieren. Organisationen und professionelles Handeln stellen damit besonders machtvolle gesellschaftliche Phänomene dar.

Die (kollektive) Thematisierung der eigenen Involviertheit in gegenwärtige Macht- und Herrschaftsverhältnisse aus einer macht- und differenzkritischen Perspektive ermöglicht ein professionelles Handeln, das sowohl um die Begrenztheit als auch die Machtförmigkeit des eigenen Handelns weiß und Spielräume auslotet, um auf weniger macht- und gewaltvolle Praktiken angewiesen zu sein.

Literatur

Abadi, D., d'Haenens, L., Roe, K., & Koeman, J. (2016). Leitkultur and discourse hegemonies: German mainstream media coverage on the integration debate between 2009 and 2014. *International Communication Gazette, 78*(6), 557–584.
Alavi, B. (1998). *Geschichtsunterricht in der multiethnischen Gesellschaft*. Frankfurt a.M.: IKO-Verlag.
Attia, I. (2009). *Die „westliche Kultur" und ihr Anderes. Zur Dekonstruktion von Orientalismus und antimuslimischen Rassismus*. Bielefeld: transcript.
Bade, K. J. (2007a). Versäumte Integrationschancen und nachholende Integrationspolitik. In K. J. Bade & H.-G. Hiesserich (Hrsg.), *Nachholende Integrationspolitik und Gestaltungsperspektive der Integrationspraxis. Beiträge der Akademie für Migration und Integration, 11* (S. 21–95). Göttingen: V& R Unipress.

Bade, K. (2007b). *Leviten lesen. Migration und Integration in Deutschland* [Abschiedsvorlesung an der Universität Osnabrück]. Zugriff am 15.03.2020 unter http://kjbade.de/bilder/LevitenHomepage.pdf

Bauman, Z. (2012). *Moderne und Ambivalenz. Das Ende der Eindeutigkeit*. 2. Aufl., Hamburg: Hamburger Edition HIS.

Bojadžijev, M. (2018). Migration und Integration. Zur Genealogie des zentralen Dispositivs. *Migration und Soziale Arbeit, 40*(1), 54–61.

Bommes, M. (2006). Einleitung: Migrations- und Integrationspolitik in Deutschland zwischen institutioneller Anpassung und Abwehr. In M. Bommes & W. Schiffauer (Hrsg.), *Migrationsreport 2006. Fakten – Analysen – Perspektiven* (S. 9–29). Frankfurt/New York: Campus.

Brand, U. (2003). Nach der Krise des Fordismus. Global Governance als möglicher hegemonialer Diskurs des internationalen Politischen. *Zeitschrift für Internationale Beziehungen, 10*(1), 143–166. Zugriff am 02.02.2020 unter https://www.jstor.org/stable/40843924

Castoriadis, C. (1984). *Gesellschaft als imaginäre Institution. Entwurf einer politischen Philosophie*. Frankfurt a.M.: Suhrkamp.

Castro Varela, M. d. M. (2015). Integrationsregime und Gouvernementalität. In M. Gomolla (Hrsg.), *Bildung, Pluralität und Demokratie: Erfahrungen, Analysen und Interventionen in der Migrationsgesellschaft Teil II* (S. 66–83). Hamburg: Helmut-Schmidt-Univ.

CDU, CSU, & SPD (12.03.2018). *Ein neuer Aufbruch für Europa. Eine neue Dynamik für Deutschland. Ein neuer Zusammenhalt für unser Land. Koalitionsvertrag zwischen CDU, CSU und SPD*. Zugriff am 11.03.2020 unter https://www.bundesregierung.de/resource/blob/975226/847984/5b8bc23590d4cb2892b31c987ad672b7-/2018-03-14-koalitionsvertragdata.pdf?download=1

Choi, D. D., Poertner, M., & Sambanis, N. (2019). Parochialism, social norms, and discriminations against immigrants. *Proceedings of the National Academy of Sciences. 116*(33), 16274–16279. Zugriff am 15.03.2020 unter https://www.pnas.org/content/pnas/116/33/16274.full.pdf

Dathe, M. (2007). Wirtschaftskommunikation. In J. Straub, A. Wiedemann & D. Wiedemann (Hrsg.), *Handbuch interkulturelle Kommunikation und Interkulturelle Kompetenz. Grundbegriffe – Theorien – Anwendungsfelder* (S. 586–594). Stuttgart: Metzler.

Die Beauftragte der Bundesregierung für Migration, Flüchtlinge und Integration (2016). *11. Bericht der Beauftragten der Bundesregierung für Migration, Flüchtlinge und Integration – Teilhabe, Chancengleichheit und Rechtsentwicklung in der Einwanderungsgesellschaft Deutschland*. Zugriff am 14.10.2020 unter https://www-bundesregierung.de/resource/blob/975292/729998/fdcd6fab942558386be0d47d9add51bb/11-lagebericht-09-12-2016-download-ba-ib-data.pdf?download=1

Dietze, G., Brunner, C., & Wenzel, E. (2010). *Kritik des Okzidentalismus. Transdisziplinäre Beiträge zu (Neo-)Orientalismus und Geschlecht*. 2. Aufl., Bielefeld: transcript.

Eggers, M. M., Kilomba, G., Piesche, P., & Arndt, S. (Hrsg.) (2009). *Mythen, Masken und Subjekte: Kritische Weißseinsforschung in Deutschland*. 2. Aufl., Münster: Unrast.

Esser, H. (2001). Integration und ethnische Schichtung. *Arbeitspapiere – Mannheimer Zentrum für Europäische Sozialforschung, 40*. Zugriff am 17.03.2020 unter http://edoc.vifapol.de/opus/volltexte/2014/5134/pdf/wp_4-0.pdf

Garfinkel, H. (1967). *Studies in Ethnomethodology*. Englewood Cliffs: Pretence-Hall.

Geisen, T. (2010). Vergesellschaftung statt Integration. Zur Kritik des Integrations-Paradigmas. In P. Mecheril, İ. Dirim, M. Gomolla, S. Hornberg & K. Stojanov (Hrsg.), *Spannungsverhältnisse. Assimilationsdiskurse und interkulturell-pädagogische Forschung* (S. 13–34). Münster u.a.: Waxmann.

Ha, K. N. (2003). Die kolonialen Muster deutscher Arbeitsmarktpolitik. In H. Steyerl & E. Gutiérrez Rodríguez (Hrsg.), *Spricht die Subalterne deutsch? Migration und postkoloniale Kritik* (S. 56–107). Münster: Unrast.

Ha, K. N. (2007). „Integration" *als Disziplinierungs- und Normalisierungsinstrument. Die kolonialisierenden Effekte des deutschen Integrationsregimes*. Zugriff am 17.03.2020 unter https://www.rosalux.de/fileadmin/static/archiv_rls-bw/cms/files/ha_integrationsregime.pdf

Ha, K. N. (2009). Deutsche Integrationspolitik als koloniale Praxis. In G. Dietze, C. Brunner & E. Wenzel (Hrsg.), *Kritik des Okzidentalismus: transdisziplinäre Beiträge zu (Neo-) Liberalismus und Geschlecht* (S. 137–150). Bielefeld: transcript.

Ha, K. N. & Schmitz, M. (2006). Der nationale Impetus der deutschen Integrations(dis)kurse im Spiegel post-/kolonialer Kritik. In P. Mecheril & M. Witsch (Hrsg.), *Cultural Studies und Pädagogik. Kritische Artikulationen* (S. 225–266). Bielefeld: transcript.

Henkel, A., Lüdtke, N., Buschmann, N., & Hochmann, L. (2018). *Reflexive Responsibilisierung. Verantwortung für nachhaltige Entwicklung*. Bielefeld: transcript.

Hess, S. (2016). Von der Integrationskritik zur Kritik des migrationswissenschaftlichen Kulturalismus. In S. Kostner (Hrsg.), *Migration und Integration: Akzeptanz und Widerstand im transnationalen Nationalstaat. Deutsche und internationale Perspektiven* (S. 211–236). Berlin: Lit.

Hess, S., & Moser, J. (2015). Jenseits der Integration. Kulturwissenschaftliche Betrachtungen einer Debatte. In S. Hess, J. Binder & J. Moser (Hrsg.), *No integration?! Kulturwissenschaftliche Beiträge zur Integrationsdebatte in Europa* (S. 11–26). Bielefeld: transcript.

Hess, S., Kasparek, B., Kron, S., Rodatz, M., Schwertl, M., & Sontowski, S. (Hrsg.) (2017). *Der lange Sommer der Migration. Grenzregime III*. Berlin/Hamburg: Assoziation A.

Hofer, M. (2016). *Integration, das sind die Anderen. Migrationsgesellschaftliche Positionierungen durch Sprache im österreichischen Integrationsdiskurs*. Münster u.a.: Waxmann.

Jäger, S. (2000). Von deutschen Einzeltätern und ausländischen Banden: Medien und Straftaten. In H. Schatz, C. Holtz-Bacha & J.-U. Nieland (Hrsg.), *Migration und Medien. Neue Herausforderungen an die Integrationsfunktion von Presse und Rundfunk* (S. 207–216). Wiesbaden: VS.

Karakayali, J. (2010). *Transnational Haushalten. Biografische Interviews mit care workers aus Osteuropa*. Wiesbaden: Springer VS.

Kreutzer, F. (2015). *STIGMA „KOPFTUCH". Zur rassistischen Produktion von Andersheit*. Bielefeld: transcript.

Kuper, H., & Thiel, F. (2010). Erziehungswissenschaftliche Institutionen- und Organisationsforschung. In R. Tippelt & B. Schmidt (Hrsg.), *Handbuch Bildungsforschung* (S. 483–498). Wiesbaden: Springer VS.

Laclau, E. (2002). *Emanzipation und Differenz*. Wien: Turia und Kant.

Lanz, S. (2009). In unternehmerische Subjekte investieren. Integrationskonzepte im Workfare-Staat. Das Beispiel Berlin. In S. Hess, J. Binder & J. Moser (Hrsg.), *No integration?! Kulturwissenschaftliche Beiträge zur Integrationsdebatte in Europa* (S. 105–122). Bielefeld: transcript.

Marvakis, A. (2010). Integration: Versprechen, Kampffeld und Chimäre. *Forum Kritische Psychologie, 54*, 81–94.

Mecheril, P. (2003). *Prekäre Verhältnisse. Über natio-ethno-kulturelle (mehrfach-) Zugehörigkeit.* Münster u.a.: Waxmann.

Mecheril, P. (2011). Wirklichkeit schaffen. Integration als Dispositiv. *Aus Politik und Zeitgeschichte, 61*(43), 49–54.

Mecheril, P., & Thomas-Olalde, O. (2018). migrationundintegration. Schlaglichter auf einen Diskurs und seine Machtwirkungen auf die Praxis. In M. Grimm & S. Schlupp (Hrsg.), *Flucht und Schule. Herausforderungen der Migrationsbewegung im schulischen Kontext* (S. 16–26). Weinheim: Beltz-Juventa.

Messerschmidt, A. (2016). Involviert in Machtverhältnisse. Rassismuskritische Professionalisierungen für die Pädagogik in der Migrationsgesellschaft. In A. Doğmuş, Y. Karakaşoğlu & P. Mecheril (Hrsg.), *Pädagogisches Können in der Migrationsgesellschaft* (S. 59–70). Wiesbaden: Springer VS.

Messerschmidt, A. (2017). Rassismusthematisierungen in den Nachwirkungen des Nationalsozialismus und seiner Aufarbeitung. In K. Fereidooni & A. El-Mafaalani (Hrsg.), *Rassismuskritik und Widerstandsformen* (S. 857–867). Wiesbaden: Springer VS.

Nonhoff, M. (2010). Chantal Mouffe und Ernesto Laclau: Konfliktivität und Dynamik des Politischen. In U. Bröckling & R. Feustel (Hrsg.): *Das Politische denken. Zeitgenössische Positionen* (S. 33–57). Bielefeld: transcript.

Oberndörfer, D. (2009). Das Ende des Nationalstaates als Chance für die offene europäische Republik. In C. Butterwege & G. Hentges (Hrsg.), *Zuwanderung im Zeichen der Globalisierung. Migrations-, Integrations- und Minderheitenpolitik* (S. 237–252). 4. Aufl., Wiesbaden: Springer VS.

Park, R. (1928). Human Migration and the Marginal Man. *The American Journal of Sociology, 33*(6), 881–893. Zugriff am 15.03.2020 unter https://www.jstor.org/stable/2765982?seq=1#metadata_info_tab_contents

Presse- und Informationsamt der Bundesregierung (2007). *Der Nationale Integrationsplan. Neue Wege – Neue Chancen.* Zugriff am 11.03.2020 unter https://www.bundesregierung.de/resource/blob/975226/441038/acd-b01cb90b282-05d452c83d2fde84a2/2007-08-30-nationaler-integrationsplan-data.pdf?download=1

Punnamparambil, J. (1986). Die Geschichte meiner Entwicklung. *Meine Welt. Zeitschrift zur Förderung des Deutsch-Indischen Dialogs, 2*(3), 19–20.

Said, E. (2009). *Orientalismus.* Frankfurt a.M.: S. Fischer.

Schröer, H. (2013). *Inklusion versus Integration – Zauberformel oder neues Paradigma?* Zugriff am 17.03.2020 unter http://www.i-iqm.de/dokus/Inklusion-versus-Integration.pdf

Shure, S. (2016). Die Schule als Agens eines Integrationsdispositivs? Anmerkungen aus der Perspektive einer kritischen (erziehungswissenschaftlichen) Migrationsforschung. *SEMINAR – Lehrerbildung und Schule, 22*(4), 27–41.

Spieß, C. (2018). „*Deutschland muss Deutschland bleiben*" – Sprachliche Selbst- und Fremdpositionierungsaktivitäten im Kontext politischer Äußerungen über Migration am Beispiel des Ausdrucks *Leitkultur. Kulturwissenschaftliche Zeitschrift, 3*(1), 35–55. Zugriff am 17.03.2020 unter https://www.degruyter.com/downloadpdf/j/kwg.2018.3.issue-1/kwg-2018-0003/kwg-2018-0003.pdf

Sternfeld, N. (2013). *Kontaktzonen der Geschichtsvermittlung. Transnationales Lernen über den Holocaust in der postnazistischen Migrationsgesellschaft*. Zugriff am 17.03.2020 unter http://abschlussarbeiten.akbild.ac.at/files/dissertation_norasternfeld_0 9032012113703.pdf

Tißberger, M., Dietze, G., Hrzán, D., & Husmann, J. (2009). *Weiß – Weißsein – Whiteness. Kritische Studien zu Gender und Rassismus*. 2. Aufl., Frankfurt a.M. u.a.: Lang.

Tsianos, V., & Karakayali, S. (2008). Die Regierung der Migration in Europa. Jenseits von Inklusion und Exklusion. *Soziale Systeme, 14*(2), 329–348.

Walgenbach, K. (2008). Whiteness Studies als kritisches Paradigma für die historische Gender- und Bildungsforschung. In W. Gippert, P. Götte, & E. Kleinau (Hrsg.), *Transkulturalität. Gender- und bildungshistorische Perspektiven* (S. 45–66). Bielefeld: transcript.

Weichselbaumer, D (2016). *Discrimination against Female Migrants Wearing Headscarves. IZA DP No 10217*. Zugriff am 17.03.2020 unter http://ftp.iza.org/dp10217.pdf

Wodak, R. E. (2015). „Normalisierung nach rechts": Politischer Diskurs im Spannungsfeld von Neoliberalismus, Populismus und kritischer Öffentlichkeit. *Linguistik Online, 73*(4), 27–44.

Zick, A., Küpper, B., & Berghan, W. (2019). *Verlorene Mitte Feindselige Zustände. Rechtsextreme Einstellungen in Deutschland 2018*. Bonn: Dietz.

Zick, A., & Preuß, M. (2019). *Einstellungen zur Integration in der deutschen Bevölkerung – Dritte Erhebung im Projekt „Zugleich – Zugehörigkeit und Gleichwertigkeit"*. Zugriff am 17.03.2020 unter https://www.stiftung-mercator.de/media/downloads/3_Publ ikationen/2019/2019_01/ZugleichIII_Stiftung_Mercator_Langfassung.pdf

Zwengel, A., & Hentges, G. (2008). Einleitung. In G. Hentges, V. Hinnenkamp & A. Zwengel (Hrsg.), *Migrations- und Integrationsforschung in der Diskussion. Biografie, Sprache und Bildung als zentrale Bezugspunkte* (S. 7–19). Wiesbaden: Springer VS.

Prof. Dr. Paul Mecheril Universität Bielefeld, Professor für Erziehungswissenschaft mit dem Schwerpunkt Migration, AG 10 Migrationspädagogik und Rassismuskritik, Email: paul.mecheril@uni-bielefeld.de

Matthias Rangger Universität Bielefeld, Fakultät für Erziehungswissenschaft, Wissenschaftlicher Mitarbeiter in der AG 10 Migrationspädagogik und Rassismuskritik, Email: matthias.rangger@uni-bielefeld.de

Sogar gut gemeint und nicht einmal schlecht gemacht – Anerkennung als normative Handlungsreferenz

7

Paul Mecheril und Matthias Rangger

7.1 Einleitung

Menschen sind soziale Wesen. Entgegen der wenig überzeugenden Vorstellung, dass der Mensch sich selbst setzt, kommt der Mensch nur in sozialen Verhältnissen zu sich und gewinnt seine gesellschaftliche und soziale Existenz vermittelt der Gegenwart und der Aktivität Anderer, insbesondere im Rahmen jener kommunikativen Akte, in denen sich Anerkennung artikuliert (Schäfer/Thompson 2010, S. 8 ff.).

Soziale Anerkennung wird insofern als Kern einer ethisch reflektierten und orientierten Gesellschaftstheorie verstanden. Diese geht, zumindest in der Tradition, die an Axel Honneth (2014) anschließt, davon aus, dass Subjekte nur in und durch die Anerkennung durch Andere ein positives Verhältnis zu sich selbst und zu anderen ausbilden können. „Dass pädagogisches Handeln grundsätzlich mit Fragen und Problemen der Anerkennung verbunden ist", so Nicole Balzer und Norbert Ricken (2010, S. 35), „ist ebenso offensichtlich wie vielfältig belegt: Unzählige Erfahrungsberichte über ermutigende wie aber auch demütigende Erziehungs- und Schulszenen verdeutlichen eindrücklich, wie bedeutsam wechselseitige Wahrnehmungen und Adressierungen, Rückmeldungen jeglicher Art und Bewertungen im pädagogischen Geschehen sind – und das für alle Beteiligten." Nicht zuletzt deshalb wird gerade in pädagogischen Diskursen

P. Mecheril · M. Rangger (✉)
Universität Bielefeld, Bielefeld, Deutschland
E-Mail: matthias.rangger@uni-bielefeld.de

P. Mecheril
E-Mail: paul.mecheril@uni-bielefeld.de

Anerkennung als normatives Konzept und Handlungsreferenz recht intensiv diskutiert (etwa: Bedorf 2010; Dederich/Schnell 2011; Hafenegger et al. 2002, 2013; Prengel 2019; Stojanov 2006). Normative Handlungskonzepte und -referenzen können professionellem Handeln sowohl einen Maßstab zur Einschätzung des eigenen Handelns an die Hand geben als auch eine Orientierungsrichtung für das eigene Handeln offerieren. Da Handeln immer auf der Grundlage von impliziten oder expliziten, bewussten oder unbewussten normativen Handlungskonzepten und -referenzen erfolgt, ist es gerade für professionell Tätige von besonderer Bedeutung, die gesellschaftlich vorherrschenden, organisational präferierten, aber auch die eigenen normativen Konzepte und Referenzen sowie die mit diesen einhergehenden und nicht immer einfach voraussehbaren Effekte einer Befragung zu unterziehen.

Wir setzen uns in diesem Kapitel mit dem normativen Konzept der Anerkennung auseinander. In einem ersten Schritt führen wir hierfür anhand ausgewählter, exemplarischer Praxisepisoden das Handlungskonzept der Anerkennung ein und würdigen es kritisch. Anhand dieses Verständnisses von Anerkennung analysieren wir in einem zweiten Schritt eine Praxisepisode ausführlicher und vertiefen die Auseinandersetzung mit dem Thema Anerkennung. Anerkennung als normative Orientierungsgröße professionellen Handelns wird dabei in seiner Widersprüchlichkeit als Ermöglichung und Einschränkung deutlich.

7.2 Anerkennung und Pädagogik – theoretische Schlaglichter

7.2.1 Anerkennung als normatives Handlungskonzept

In Modul 5 der Fortbildungsreihe, das mit „Sprache(n), Positionierung und Bildung" überschrieben ist, wird zum Thema, wie sprachliche Adressierungen etwa als „Verbrecher", „Mädchen" oder „Migrantin" Individuen als spezifische Subjekte positionieren und ihnen dadurch einen bestimmten Platz im gesellschaftlichen Raum zuweisen. Die Workshopleiterinnen führen hierzu in ein subjektivierungstheoretisches Verständnis ein und verdeutlichen, dass das Subjekt nicht als autonomes, über sich selbst verfügendes Wesen gedacht werden kann, sondern immer Produkt spezifischer Macht- und Herrschaftsverhältnisse ist. Sprachlichen Adressierungspraktiken kommt hierbei besondere Bedeutung zu (Reh/Ricken 2012). Nach der inhaltlichen Einführung bitten die Workshopleiterinnen die Teilnehmer/innen, sich konkrete Beispiele dazu zu überlegen, welche Bedeutung sprachliche Subjektpositionierungen im Rahmen ihrer beruflichen

Tätigkeit einnehmen. Die Beispiele werden dann im Plenum gesammelt. Eine Teilnehmerin verweist dabei auf ein Gespräch in ihrem beruflichen Kontext, in dem über besondere Maßnahmen zur Anwerbung unterrepräsentierter Gruppen in der kommunalen Organisation[1], in der sie tätig ist, gesprochen wurde. Sie sagt:

„Fall in der Personalabteilung. Es geht dabei um Auszubildende mit Zuwanderungsgeschichte. Rekrutierung. Und da wurde darüber gesprochen, ob spezielle Maßnahmen, ja oder nein, und woraufhin dann die Ansprechperson bei uns in der Verwaltung sagte: ‚Ach wir haben doch bei uns im Sektionsbüro den so und so, der hat doch auch eine Zuwanderungsgeschichte und (sie wechselt in einen eher flüsternden Ton) der macht das aber genau so gut wie jeder andere. Und da merkt man nicht, dass er…' Pünktchen, Pünktchen, Pünktchen." (Be/1.05/06R)

Die Teilnehmerin berichtet hier von Überlegungen innerhalb des Personalbüros der kommunalen Organisationsstruktur, der ihre Organisationseinheit angegliedert ist, spezielle Maßnahmen zur „*Rekrutierung*" einer spezifischen Gruppe (*"Auszubildende mit Zuwanderungsgeschichte"*) zu ergreifen. Die Notwendigkeit besonderer Rekrutierungsmaßnahmen verweist auf eine Unterrepräsentation einer gesellschaftlichen Gruppe, die in Kontrast zu „Personen ohne Zuwanderungsgeschichte" als „Personen mit Zuwanderungsgeschichte" erkannt und bezeichnet werden. Die Praxis der besonderen Rekrutierung folgt hierbei einem identitätspolitischen Verständnis von Anerkennung (Taylor 1993), das davon ausgeht, dass es der Schaffung spezifischer Bedingungen bedarf, die zu einem Ausgleich ungleicher Ausgangsbedingungen führen. Entgegen einer „Politik der gleichheitlichen Anerkennung" (ebd., S. 26) wird davon – wenn auch weniger formalisiert und eher in einem Modus des pragmatischen So-können-wir-es-machen – ausgegangen, dass die spezifischen Voraussetzungen unterrepräsentierter Gruppen Widerhall in (gruppen-)spezifischen Anerkennungsmaßnahmen und -bedingungen finden sollten.

Im Zuge des Sprechens über Rekrutierungsmaßnahmen bringt die zuständige Person des Personalbüros ein, dass sie im Sektionsbüro doch bereits jemanden mit „Zuwanderungsgeschichte" hätten. Dabei hebt sie hervor, dass diese Person ihre Tätigkeit *"aber genauso gut wie jeder andere"* mache. Der Blick wechselt von strukturellen Maßnahmen des Einbezugs zu der Frage nach der beruflichen Kompetenz. Das Bild der Auszubildenden mit Zuwanderungsgeschichte als tendenziell defizitäre Subjekte wird hierbei aufgerufen. Etwas genauso gut zu können

---

[1] Die für „Integration" zuständige Organisation, in der die Teilnehmerin tätig ist, ist in mehrere kommunale Unterorganisationen gegliedert. Diese Einheiten wiederum sind jeweils in eine kommunale Verwaltungs- und Organisationsstruktur eingebunden, die umfassende kommunale Verwaltungs- und Dienstleistungsaufgaben abdeckt.

wie jede/r Andere, wird für Auszubildende mit Zuwanderungsgeschichte zu einer besonderen Leistung, die offensichtlich nicht selbstverständlich erwartet wird. Das Sprechen über besondere Anerkennungsmaßnahmen geht mit der Besonderung von Auszubildenden mit Zuwanderungsgeschichte einher. Die Praxis der Anerkennung ist unter Bedingungen von Differenz einerseits notwendig, auf der anderen Seite ist sie immer gefährdet, die den Differenzverhältnissen zugrundeliegenden symbolischen Ordnungen aufzurufen und zu bestätigen. Dies sei im Folgenden etwas genauer ausgeführt[2].

Anerkennung stellt ein wichtiges Schlagwort sowohl identitätspolitischer Bewegungen, in denen der Kampf um mehr Gerechtigkeit aus der Perspektive sich darüber konstituierender Gruppen geführt wird (Lenz 2010), als auch gesellschaftswissenschaftlicher Diskurse der letzten Jahrzehnte dar. Die Notwendigkeit des Nachdenkens über und des Einforderns von Anerkennung wird hierbei vor allem auf strukturelle Veränderungen gegenwärtiger, moderner und post-traditionaler Vergesellschaftungsformen zurückgeführt, in denen Anerkennung des und der Einzelnen zu einem prekären Phänomen geworden ist (Taylor 1993, S. 24 f.). Hierbei wird einerseits davon ausgegangen, dass die „gesellschaftlichen Hierarchien, die früher die Grundlage der Ehrenvorstellungen bildeten" (Taylor 1995, S. 55) und Anerkennung aus „der gesellschaftlich abgeleiteten Identität" (Taylor 1993, S. 24) stifteten, zusammengebrochen, mindestens deutlich geschwächt sind. In solchen gesellschaftlichen Kontexten ist der Wert des Menschen nicht mehr uneingeschränkt über eine Position festgelegt, die ihm über die gesellschaftliche Ordnung mehr oder weniger klar zugeteilt ist. Vielmehr wird der Wert des Menschen von einer weitgehend aus engen gesellschaftlichen Vorgaben und Determinierungen freigesetzten Form des „Kampfes um Anerkennung" (Honneth 2014) abhängig und darin auch der Verantwortung des Individuums und seinem eigenen Tun im Austausch mit anderen überantwortet (Taylor 1993, S. 21 ff.).

Während in vormodernen, traditionalen Vergesellschaftungsformen gesellschaftliche Anerkennung respektive Nicht-Anerkennung ein noch relativ stabiles Phänomen darstellte, da gesellschaftliche Zugehörigkeit und Positioniertheit eher aus übersozial gestifteten gesellschaftlichen Ordnungen (etwa einer göttlichen) abgeleitet wurden (Schäfer/Thompson 2010), zeichnen sich moderne, post-traditionale Ordnungen durch eine zunehmende allgemeine Offenheit und Unsicherheit gesellschaftlicher Anerkennungsbedingungen aus. Dass Anerkennung in gesellschaftspolitischen und wissenschaftlichen Diskursen – nicht zuletzt

---

[2] Wir greifen hierbei teilweise auf Passagen aus einem früher publizierten Text (Mecheril (2005) zurück.

auch in der Pädagogik – eine wichtige Rolle spielt (Balzer 2014; Balzer/Ricken 2010), hängt genau hiermit zusammen: Anerkennung wird zum Thema, da die Frage der Anerkennung nicht bereits beantwortet, Anerkennung insofern ein Problem ist.

Die Frage nach sozialer Anerkennung, so lässt sich festhalten, hat demnach deshalb an Bedeutung gewonnen, da die Bedingungen, die durch gesellschaftliche Veränderungsprozesse geschaffen worden sind, das individuelle und kollektive Bemühen um Anerkennung forcieren, das gelingen kann oder nicht.

Ein sowohl in alltagsweltlichen wie wissenschaftlichen Diskursen nicht ungewöhnliches Verständnis von Anerkennung erfasst diese „im Sinne von Ermutigung und Lob, Wertschätzung und Würdigung, Achtung und Ehre vorrangig als eine – ein positives Werturteil ausdrückende – Bestätigung einer Person oder Personengruppe bzw. ihrer Leistungen, Taten, Eigenschaften und Fähigkeiten" (Balzer/Ricken 2010, S. 41). Anerkennung wird dabei als „unverzichtbare Bedingung menschlicher Subjekte und ihrer Subjektwerdung" (ebd., S. 41), als grundlegender normativer Imperativ („Du musst anerkennen") aufgefasst. Mit dem Fokus auf die wertschätzende Haltung anderen Individuen, Gruppen oder einer Sache gegenüber geraten strukturelle Anerkennungsbedingungen weniger in den Blick (ebd., S. 41). In diesem Verständnis von Anerkennung wird die Wertschätzung anderer zu der moralischen Pflicht des Individuums, wodurch symbolische wie materielle Bedingungen der Möglichkeit wechselseitiger Anerkennung eher weniger Beachtung finden.

Demgegenüber beziehen sich identitätspolitische Anerkennungskonzepte klarer auf Strukturen und Bedingungen der (Nicht-)Anerkennung, die gesellschaftlichen Gruppen eine gleichberechtigte, würdevolle und selbstbestimmte Teilhabe ermöglichen bzw. vorenthalten. Im Gegensatz zum Universalismus, der auf die gleichberechtigte Teilhabe am Gegebenen zielt, strebt die identitätspolitische Anerkennung an, „die unverwechselbare Identität eines Individuums oder einer Gruppe anzuerkennen, ihre Besonderheit gegenüber allen anderen" (Taylor 1993, S. 28).

Wie Stuart Hall (2004) an der sogenannten *Black-is-beautiful*-Bewegung verdeutlicht, kann der Kampf um Anerkennung in identitätspolitischen Diskursen und Praktiken zum Ausdruck kommen, in denen essentialistische und abwertende Gruppenbezeichnungen aufgegriffen (s. auch Kap. 5), dabei aber womöglich mit einer neuen, positiven Konnotation versehen werden. Hierdurch wird das ehemals abschätzige Zeichen zu einem, in dem (politische) Achtung, Teilhabe und Selbstbestimmung eingefordert werden. Macht- und Herrschaftsverhältnisse artikulierende Differenzordnungen[3] werden hierbei einerseits bestätigt, zugleich aber wird eine Umverteilung gesellschaftlicher Privilegien und Ressourcen wie auch eine neue Bedeutungsgebung der grundlegenden Differenzkategorien auf einer symbolischen Ebene gefordert und aufgeführt. Die Einforderung selbst ist hierbei bereits der fundamentale Akt der Selbstkonstitution als wertvolles, anerkennungswürdiges Wesen.

Freilich kann der Bezug auf Identität nicht schlicht affirmativ ausfallen. Am Beispiel der Anerkennung ihrer Identitäten einfordernden (kulturellen) Minderheiten wird deutlich, dass der Identitätsdiskurs sowie Identitätspolitiken „Identität" machtvoll als homogene und statische Größe behandeln, erfinden und erzählen sowie erzählen müssen, um ihren Forderungen Gewicht und Glaubwürdigkeit zu verleihen. Seyla Benhabib (2015, S. 19) formuliert diesen Zusammenhang so: „Alle Identitätsbewegungen sind soziologisch gesehen folgendem Paradox ausgesetzt: Sie sind gezwungen, die Kontingenz oder Willkür behaupteter Identitätsdefinitionen festzustellen, während sie gleichzeitig für deren *essentiellen* Charakter eintreten. Identitätsansprüche gelten als fundamental, essentiell, nicht verhandelbar und als eindeutig unterscheidbar von den Ansprüchen anderer, mit denen die jeweiligen Gruppen um Einlösung ihrer Ansprüche rivalisieren."

In einem Interview mit Christian Höller hat Stuart Hall (1999) mit Bezug auf die historische Relevanz des Identitätsdiskurses für die Cultural Studies zwei Phasen unterschieden, die er Identitätspolitik eins und zwei nennt. Zunächst bestand das produktive Potenzial des Identitätsdiskurses für die Cultural Studies darin, dass er „Fragen zuließ, die zuvor aufgrund der vermeintlichen Klassenfundierung von Identität ausgeschlossen worden waren" (ebd., S. 101). Mit dem

---

[3] „Mit Blick auf das Verhältnis von Macht und Differenzordnungen können hierbei drei Aspekte analytisch unterschieden werden: Differenzordnungen sind erstens machtvoll, weil jede Subjektwerdung immer im Rahmen von Differenzordnungen stattfindet. Das heißt, Differenzordnungen führen dazu, dass Individuen wiederholt als z. B. Männer und Frauen, Gesunde oder Behinderte gesetzt und angesprochen werden und durch diese iterativ aufgeführten Setzungen und Ansprachen geordnet, diszipliniert, sozialisiert, eben als Subjekte, als Männer oder Frauen, Gesunde oder Behinderte hervorgebracht werden. […] Differenzordnungen sind zum zweiten machtvoll, da in diesen bestimmte Zugehörigkeiten und Identitätspositionen politisch und kulturell gegenüber anderen Identitäten kontingent privilegiert sind […]. Drittens sind Differenzordnungen machtvoll, weil sie sich immer wieder in einem binären Dualismus schließen, einer Entgegensetzung in der Logik des Entweder-Oder, die den Einzelnen auferlegt, sich in dieser Ordnung darzustellen und zu verstehen: als Subjekt mit oder ohne Migrationshintergrund, als schwarz oder weiß, als entweder homo- oder heterosexuell, als Mann oder Frau, als entweder deutsch oder portugiesisch […]." (Dirim/Mecheril 2018, S. 43)

politischen Identitätsdiskurs gelangte die Fragmentarität und Vielfältigkeit, die Kontingenz und damit der Möglichkeitsraum von Selbst- und Fremdverortungen in den Blick. „Das gleiche passierte auf kultureller Ebene mit der Explosion der britischen Rockmusik: Arbeiterklassen-Kids, die ans College oder auf die Kunsthochschule gingen, ihr Studium abbrachen und zu so etwas wie Straßen-Intellektuellen wurden. All diese Bewegungen schrieben keine Klassenidentitäten oder klaren Positionen im politischen Spektrum mehr zu. Auf die Frage, wo sich jemand zugehörig fühle, folgten vielmehr Sätze wie: ‚Ich bin eine Frau', ‚Ich bin schwarz', ‚Ich bin ein Peacenick'. Cultural Studies versuchten damals, diese Prozesse zu verstehen und sich mit ihnen natürlich auch politisch zu identifizieren. Im Nachhinein könnte man diese Phase als ‚Identity Politics One' bezeichnen." (ebd., S. 102) Als Phase der „Identity Politics Two" (ebd.) bezeichnet Hall den sich anschließenden Diskurs, der sein Augenmerk einerseits dem ausschließenden Charakter jeder Identität zuwandte und jede „Identität als extrem komplex, intern differenziert, auch als widersprüchlich" (ebd., S. 103) betrachtete und andererseits darauf hinwies, dass die Zuwendung zum Identitätsthema mit dem Problem einherging, Fragen der Verteilung von Ressourcen und Wohlstand sowie Fragen der staatlichen Ordnung eher in den Hintergrund zu rücken. Als Ergebnis dieser kritischen Beschäftigung mit Identität folgt für Hall, dass Identität und Identifizierung zwar bedeutsam für die Beschäftigung mit der Frage sind, wie Menschen ihr Leben führen und verändern[4], dass aber erstens „Identität" keineswegs die alleinige Dimension ist, auf der Fragen kollektiver und personaler Praxis entschieden werden, und dass zweitens nur ein non-essentialistisches Identitätsverständnis Referenzpunkt eines angemessenen Subjektkonzepts sein kann.

„Identität" ist im Zuge dieses Verständnisses weder ein zeitlich stabiles noch ein einheitliches und vereinheitlichendes Phänomen, dessen Ausgangspunkt gewissermaßen vor-sozial und außer-diskursiv zu denken ist. Vielmehr muss „Identität" verstanden werden als kontingentes und temporäres Angeschlossen-Sein (und Nicht-Angeschlossen-Sein) des Individuums an unterschiedliche, spannungsreiche und machtvolle Zusammenhänge. „Identitäten", heißt es an einer anderen Stelle bei Hall (2008, S. 29), „sind [...] die Namen, die wir unterschiedlichen Verhältnissen geben, durch die wir positioniert sind, und durch die wir uns selbst anhand von Erzählungen über die Vergangenheit positionieren". Sobald in diesem Sinne Identitäten als narrative Relationierung und relationierende Narration gedacht werden, stellen Identitäten temporäre Vergegenwärtigungen des Prozesses dar, der Individuen mit Diskursen verbindet.

---

[4] „Ohne Identifikation [mit einer Sache, einer Bewegung, einer Gruppe] lassen sich überhaupt keine Leute irgendwo für ein Anliegen versammeln." (Hall 1999, S. 103)

Wichtige Impulse für die Debatte um Anerkennung auch in pädagogischen Kontexten gehen von der Anerkennungstheorie Axel Honneths (2014) aus. Anerkennung bezeichnet nach Honneth die nicht suspendierbare Voraussetzung intersubjektiv sinnvollen Handelns Einzelner. Erst unter Bedingungen der Anerkennung durch Andere vermögen es Einzelne, sich in Selbstverhältnissen des Vertrauens, der Achtung und der Schätzung zu erfahren. Liebe, Recht und Solidarität sind nach Honneth jene Anerkennungsverhältnisse, in denen sich Einzelne in befriedigenden und erfüllenden Selbstverhältnissen erfahren können. Liebe ist Voraussetzung der Ausbildung physischer Integrität, das Recht ermöglicht soziale Integrität und Solidarität die Erfahrung eigener Würde. Für Honneth bilden diese drei Anerkennungsformen „intersubjektive Schutzvorrichtungen, die jene Bedingungen äußerer und innerer Freiheit sichern, auf die der Prozeß einer ungezwungenen Artikulation und Realisierung von individuellen Lebenszielen angewiesen ist" (ebd., S. 279). Die drei Anerkennungsdimensionen grenzt Honneth hierbei von drei Formen der Nicht-Anerkennung bzw. Missachtung ab: (1) Misshandlung und Vergewaltigung, (2) Entrechtung und Ausschließung sowie (3) Entwürdigung und Beleidigung. Diese drei Formen der Missachtung bedrohen die physische und soziale Integrität sowie die Würde von Einzelnen und Gruppen (ebd.).

Der Anerkennungsbegriff hat in den letzten Jahren schrittweise Eingang und Verbreitung in pädagogische Diskurse gefunden und kann mittlerweile als eine zentrale Grundkategorie allgemein-pädagogischer Auseinandersetzungen bezeichnet werden (Balzer 2007, 2014; Balzer/Ricken 2010; Hafenegger et al. 2002; Schäfer/Thompson 2010). Insbesondere da, wo pädagogische Erwägungen direkt auf Fragen von Differenz bezogen waren, kamen anerkennungstheoretische und -praktische Ansätze früh in den Blick (Prengel 2019; Auernheimer 2012). Anerkennung wird hier nicht nur als grundlegende Voraussetzung gelingender Prozesse der Selbstentwicklung, sondern auch als Grundlage und damit normative Bezugsgröße gelingender pädagogischer Beziehungen verstanden (Balzer 2007, S. 49 f.). Eine „Pädagogik der Anerkennung" (Hafenegger et al. 2002) geht hierbei davon aus, dass das normative Ziel professionellen pädagogischen Handelns nicht allein von externen, etwa ökonomischen, politischen oder rechtlichen Instanzen definiert werden sollte, sondern sie ihre normative Begründung und Orientierung eigenständig „auf der Grundlage einer Klärung des konstitutiven Zusammenhangs von Sozialität und Subjektivität" (Scherr 2002, S. 28) gewinnt. Auf Basis sozialwissenschaftlicher Theorien und Untersuchungen, die „die wechselseitige Anerkennung von Individuen als Subjekte" (ebd.) als konstitutive Bedingungen für eine positive Selbst-Bildung hervorheben, kennzeichnet Albert Scherr (ebd.;

Herv. unberücksichtigt) eine Pädagogik, die anerkennungstheoretisch grundgelegt ist, wie folgt:

„Anerkennungs- und subjekttheoretisch fundierte Pädagogik beabsichtigt, zur Entwicklung von Selbstwahrnehmung, Selbstachtung, Selbstbewusstsein und Selbstbestimmungsfähigkeit in Anerkennungsverhältnissen beizutragen. Dazu ist es unverzichtbar, Individuen Erfahrungen der Anerkennung (im Sinne von Beachtung und Wertschätzung) ihrer Erfahrungen, Fähigkeiten, Bedürfnisse, Interessen und Lebensentwürfe zugänglich zu machen sowie Prozesse der Aneignung und kritischen Überprüfung vielfältiger Sichtweisen ihrer selbst, der Gesellschaft und der Natur anzuregen."

Anerkennung stellt hier Medium wie auch zugleich Ziel pädagogischen Handelns dar. Mittels „grundlegende[m] Respekt vor der Eigenverantwortlichkeit der Einzelnen für ihre Lebensgestaltung" (ebd., S. 40) soll eine selbstbestimmte Lebenspraxis möglich werden.

Insbesondere in pädagogischen Ansätzen, die gesellschaftliche Differenzverhältnisse reflektieren, wie die „Pädagogik der Vielfalt" von Annedore Prengel (2019) oder die „Interkulturelle Pädagogik" (etwa: Auernheimer 2001, S. 45), spielt Anerkennung eine zentrale konzeptionelle Rolle. In der Interkulturellen Pädagogik etwa stellt – neben dem Prinzip der Gleichheit der Menschen kultureller Differenz – die Anerkennung der „für den einzelnen bedeutsamen kulturellen Symbole und Praxen" (Auernheimer 1990/2012, S. 68) die Grundlage für die angemessene Ermöglichung von Bildungsprozessen dar (ebd.). Dieser Ansatz folgt der Erkenntnis, dass eine simple Gleichbehandlung von Menschen in Bildungsinstitutionen zu einer systematischen Benachteiligung derer beiträgt, die den Normalitätsskripts der Institutionen und den darin eingelassenen Erwartungen nicht entsprechen. Deshalb benötigt es einer Achtsamkeit für Unterschiede, die über das bloße Einhalten des Gleichheitsgebots hinausgeht. Pädagogiken der Anerkennung von Differenz plädieren mithin „für eine Regelung pädagogischer Angelegenheiten, die die Handlungsfähigkeit Einzelner fördert und ermöglicht, indem Strukturen geschaffen werden und zugestanden sind, in denen die Einzelnen Bedingungen der Möglichkeit zum Handeln vorfinden, die ihren basalen Handlungsdispositionen, aktuale oder qua kultureller Zugehörigkeit antizipierten Dispositionen, entsprechen und ‚antworten'" (Castro Varela/Mecheril 2010, S. 94).

Wenn Möglichkeitsräume für Lernen und Bildung sowie die Aktualisierung des eigenen Handlungsvermögens an Anerkennungserfahrungen geknüpft sind, stellt sich pädagogisch die Aufgabe, die Bandbreite und Pluralität der motivationalen, affektiven, kognitiven und inhaltlichen individuellen Lernvoraussetzungen zu berücksichtigen.

(Berufliche) Missachtungserfahrungen

Im zweiten Workshop der Fortbildungsreihe werden Praxiserfahrungen zum Thema. Eine Teilnehmerin führt aus, dass sie momentan das „Thema Migration – Sprache [...] im politischen Kontext" „sehr heftig beschäftigt". Sie berichtet über die Rede einer bedeutsamen Politikerin in einer Sitzung der Kommunalpolitik der Stadt, in der die Organisation ansässig ist, in der die Teilnehmerin arbeitet. Während dieser Sitzung begrüßte die Politikerin explizit „die Vielfalt der Gesellschaft". Die Teilnehmerin lobt die Ansprache der Politikerin und sagt, dass diese in der Rede den Eindruck vermittelt habe, dass sie eine „gute Menschenkennerin" wäre. Nach dem öffentlichen Teil der Sitzung, setzt die Teilnehmerin fort, stehe sie:

„(...) mit einem Mann, den ich nach langer Zeit wieder getroffen habe, da, und er begrüßt mich auf Arabisch und fragt, wie's mir geht. Und die Politikerin von vorhin steht mit einem anderen Politiker hier" – sie verdeutlicht mit ihren Händen, dass sie in kurzer Entfernung zueinander standen – „und ich habe ihm auf Arabisch die Antwort gegeben. Wir haben uns unterhalten. Und diese Frau sagt ganz laut hörbar zu ihrem Kollegen: ‚Guck mal, die sprechen Arabisch und ich hab so einen Hals.'" (Be/1.02/02/01R)

7.2.2 Anerkennung als machtvolle Praxis

Differenz- und machttheoretische Perspektiven, die etwa auf performativitätstheoretischen Grundlagen (Balzer/Ricken 2010) oder postkolonialen Theorien (Castro Varela/Mecheril 2010) beruhen, weisen nicht allein auf den normativen Orientierungswert von Anerkennungspraktiken für professionelles Handeln hin, sondern auch auf Schwierigkeiten, die mit Praktiken der Anerkennung verknüpft sind.

Anerkennungspädagogiken[5] haben zum Ziel, Erfahrungen der Missachtung zu reduzieren und Subjekte in ihren jeweiligen Identitäten und Zugehörigkeiten wertzuschätzen und anzuerkennen. Sollen Individuen als Subjekte anerkannt werden, geht diese Forderung für die Einzelnen aber mit dem Druck einher, dass sie sich in den je vorherrschenden gesellschaftlichen und diskursiven Strukturen

---

[5] Pädagogiken, die die Anerkennung von Identitäten in den Blick nehmen, die auf andere Differenzordnungen als derjenigen natio-ethno-kulturell kodierter Zugehörigkeit bezogen sind, finden sich beispielsweise in der „Inklusionspädagogik" (etwa: Simon 2012) oder in Ansätzen der Mädchen-Pädagogik (als frühes Beispiel: Berliner Pädagoginnengruppe (1979).

einfügen, in denen spezifische Subjekt- und Identitätspositionen bereits vorherbestimmt sind. Dass die Einzelnen sich, um anerkannt zu werden, in den gegebenen Ordnungen darstellen, einordnen, begreifen und artikulieren müssen, verweist darauf, dass Anerkennung einen Beitrag dazu leistet, Subjekte auf eine bestimmte Weise hervorzubringen. Anerkennung ist eine produktive Praxis, in der die Gefahr besteht, dass „konkrete empirische Merkmale wie beispielsweise Leistungsfähigkeit, Intelligenz, Schönheit, Hautfarbe, ethnische, soziale oder religiöse Zugehörigkeit, sexuelle Orientierung usw., die als Kriterien fungieren, ob und in welcher Hinsicht jemand anerkannt wird oder nicht" (Dederich 2011, S. 117), in ihrer Wirkmächtigkeit und Identitäten produzierenden und das heißt gleichbedeutend: Differenzen stiftenden Bedeutung bekräftigt werden. Leistet beispielsweise Pädagogik einen Beitrag zur Anerkennung von Menschen in ihrer kulturellen Besonderheit, dann bestätigt eben diese Anerkennungspraxis diese Differenz. Der Einsatz für die Ausweitung pädagogischer Anerkennung ist daher nicht unproblematisch, weil er Gefahr läuft, Differenzen und die Schemata, die diese Unterschiede generieren, zunächst einmal zu affirmieren (vgl. etwa: Wischmann 2015).

Die Praxis der Anerkennung setzt zudem das anzuerkennende Subjekt bereits voraus. Um anerkennen zu können, benötigt es bereits der Existenz des (anzuerkennenden) Gegenübers in seiner spezifischen Eigenheit, die dann in der Praxis der Anerkennung bestätigt werden kann und soll (Balzer/Ricken 2010, S. 63 ff.). Anerkennung schafft somit insofern das anzuerkennende Gegenüber und *verfehlt* es dabei zugleich:

> „Weil der Anerkannte […] dem Anerkennen nicht schon vorausliegt, sondern durch dieses auch hervorgebracht wird, wird er in der Anerkennung auch nur vermeintlich bloß (wieder) bestätigt und wiedererkannt. Daher eignet jedem Anerkennen ein – weder einfach positiv noch negativ markierbarer – Charakter der Hervorbringung wie auch der Einschränkung des Anderen, so dass Anerkennung von Macht nicht nur nicht zu trennen ist, sondern als ‚Grund der Macht' selbst verstanden werden kann." (ebd., S. 66)

Mit der Praxis der Anerkennung gehen weiterhin auch Ausschlüsse einher. Anerkennung ist als Praxis des Erkennens immer eine Identifikationspraxis, die als eine solche das, was nicht identifiziert wird – sei es, weil es übersehen wird, sei es, weil es nicht im Rahmen des jeweiligen Sehregimes (Gottuck 2018; s. auch Abschn. 13.3.2, Kap. 13) sichtbar ist –, ausschließt. In der Praktik der Anerkennung wird das Subjekt jeweils spezifisch, etwa in spezifischen (Lern-) Dispositionen anerkannt und darin unterschieden. Diese Anerkennung geht dabei mit dem Ausschluss dessen einher, was nicht vom Scheinwerferkegel der Anerkennung erfasst wird (Balzer/Ricken 2010, S. 67). In der Praxisepisode, die im vorangegangenen Kapitel (Kap. 6) angeführt wurde, berichtet ein Teilnehmer, dass er von seinem Vorgesetzten als wertvoller Mitarbeiter anerkannt wird, weil er ihm spezifisches „kulturelles Wissen" über eine soziale Gruppe zugesteht, der er „ethnisch" zugerechnet wird. Die Anerkennung des Teilnehmers aufgrund seiner vermeintlichen ethnischen Zugehörigkeit verfehlt hierbei diesen nicht nur aufgrund der Zuschreibung und Festlegung auf eine ethnisch-kulturelle Zugehörigkeit, sondern schließt zugleich auch andere Fertigkeiten und Kenntnisse des Mitarbeiters (die in der Arbeit mit der als distinkt und ethnisch identifizierten Gruppe bedeutsam sein können) aus. In der Anerkennung wird er auf sein vermeintliches Anders-Sein festgelegt.

In der Praxisepisode berichtet der Teilnehmer zudem, dass in den öffentlichen Diskursen ein „massives Problem mit Kriminalität" beklagt und mit einer bestimmten, ethnisch kodierten Gruppe in Verbindung gebracht wird. Als politische Strategie des Umgangs wird deshalb vorgeschlagen, „Dossiers über die Kulturen der Stadt" zu erstellen, um diese „gewinnbringender" ansprechen zu können. In dieser Strategie findet eine Anerkennung der vermeintlich anderen Kulturen statt, die jedoch mit dem Effekt einhergeht, Kriminalität nicht nur mit der „Kultur der Anderen", die über diese Operationen zu Anderen werden, zu verknüpfen, sondern auch als Problem dieser „anderen Kultur" zu konstruieren. Es zeigt sich hier, dass Anerkennung als mögliche gouvernementale Strategie eines disziplinierenden Migrationsregimes[6] Einsatz findet, das die Funktionalität einer hierarchischen natio-ethno-kulturell kodierten Ordnung bewahren und (wieder-)herstellen soll.

Diese Beispiele verdeutlichen, dass neben den skizzierten Spannungen zwischen Stiftung und Verfehlung, zwischen Ein- und Ausschluss, die Anerkennungspraktiken inhärent sind, mit Anerkennung auch eine Unterordnung des Subjekts unter ihm vorausgehende Normen und Ordnungen einhergeht. Das Subjekt ist, so Judith Butler (2001, S. 25), dazu „genötigt, nach Anerkennung seiner

---

[6] Einen guten Überblick über regimetheoretisch unterschiedlich akzentuierte Verständnisse des Begriffs Migrationsregime bieten die Beiträge in Pott et al. (2018). In der Perspektive einer migrationsgesellschaftlichen Regimeforschung geht es, vereinfachend gesagt, um die Analyse von politischen, kulturellen und interaktiven Mechanismen der Regulation und Steuerung von Migration bzw. globalen Wanderungsprozessen (Düvell 2001), also um Fragen der Migrationspolitik und -kontrolle (Mecheril 2018). „Regime", so Karakayali und Tsianos (2007, S. 14) stellen ein „Ensemble von gesellschaftlichen Praktiken und Strukturen – Diskurse, Subjekte, staatliche Praktiken – [dar,] deren Anordnung nicht von vornherein gegeben ist, sondern das genau darin besteht, Antworten auf die durch die dynamischen Elemente und Prozesse aufgeworfenen Fragen und Probleme, zu generieren".

eigenen Existenz in Kategorien, Begriffen und Namen zu trachten, die es selbst nicht hervorgebracht hat". Gesellschaftliche Kategorien, Begriffe und Namen transportieren immer schon historisch und kontextuell spezifische Normen, unter die sich das auf Anerkennung angewiesene Subjekt unterordnen muss, da es nur im Rahmen solcher Normen anerkannt werden kann. Die Bedingungen für die Existenz des Subjekts „liegen [...] von Anfang an außerhalb meiner selbst, wurzeln außerhalb meiner selbst in einer Sozialität, die keinen einzelnen Urheber kennt (und die Idee der Urheberschaft selbst grundlegend in Frage stellt)" (Butler 2012, S. 9). Indem Anerkennung soziale Existenz ermöglicht, unterwirft sie das Subjekt zugleich unter Bedingungen, die es selbst nicht geschaffen hat.

Diese Unterwerfung birgt nun aber auch die Möglichkeit der Thematisierung und auch der *Überschreitung* der vorausgehenden normativen Bedingungen sozialer Existenz (Balzer/Ricken 2010, S. 67 f.), denn, wie Judith Butler (2013, S. 10) anhand verletzender Namensgebungen ausführt, „wenn ‚angesprochen werden' eine Anrufung bedeutet, dann läuft die verletzende Anrede Gefahr, ein Subjekt in das Sprechen einzuführen, das nun seinerseits die Sprache gebraucht, um der verletzenden Benennung entgegenzutreten". Auf Anerkennung als Unterwerfung gewendet, bedeutet das, dass auch diese somit zugleich Überschreitung ermöglicht. In der Anerkennung des professionell Tätigen auf Basis seiner vermeintlichen ethnischen Zugehörigkeit wird dieser den vorherrschenden Normen des Feldes unterworfen, spätestens sobald er die Adressierung als ethnisch Anderer in seiner professionellen Praxis bestätigt. Zugleich bietet erst die Bestätigung der Ansprache die Möglichkeit, die vorherrschenden normativen Bedeutungen in dem Feld aus einer „anerkannten", sozial wirksamen Position zurückzuweisen, zu modifizieren und umzudeuten.

Anerkennung sind immer Macht- und Herrschaftsverhältnisse vorgelagert, die ein Feld ungleicher Positionierungen begründen, in denen dann Anerkennung stattfindet.

„[...] An-Erkennen impliziert immer auch Aneignung und galt [zum Beispiel] als elementarer Bestandteil imperialistischer Strategie. Die Anderen zu kennen war Voraussetzung kolonialer Gouvernementalität. Die An-Erkennung der Anderen *als* Andere ermöglichte Ausbeutung und Unterdrückung – mit ‚humanem Gesicht' und war immer auch Strategie kolonialer pädagogischer Interventionen." (Castro Varela/Mecheril 2010, S. 100 f.)

Individuen werden durch Anerkennungspraktiken zu In-Macht-und-Herrschaftsverhältnissen-positionierten-Subjekten und finden zugleich darin die Mittel vor, auf diese Verhältnisse Bezug zu nehmen.

7.3 Praxisepisode – Anerkennung in Zeiten der Integration

Anerkennung als normative Orientierung professionellen Handelns in der Migrationsgesellschaft stellt eine spannungsreiche Praxis dar, da die Veränderung wie die Bestätigung von Macht- und Herrschaftsverhältnissen damit verbunden sein kann. Als Konsequenz daraus kann die Notwendigkeit formuliert werden, gewissermaßen einen Schritt hinter Anerkennung zurückzugehen und die politischen, rechtlichen, ökonomischen und kulturellen Bedingungen zu befragen, die bestimmte Subjekte (als anzuerkennende) hervorbringt. Dem gehen wir im Folgenden anhand der Auseinandersetzung mit einer Praxisepisode etwas genauer nach, die im Rahmen eines Workshops in Modul 4 zu „Critical Whiteness und Integrationsdiskurs" geschildert wird. Im ersten Teil führt die Workshopleiterin mittels einer biografischen Übung und eines Kurzvortrags in die Perspektive der *Critical Whiteness Studies* ein – eine Perspektive, der es darum geht, die von rassistischen Ideologien vermittelten Konstruktionen von Superiorität *(Whiteness)* zu erkennen und zu untersuchen (s. etwa Tißberger 2017). In Kleingruppen machen die Teilnehmer/innen im Anschluss daran eigene Privilegien, die womöglich von rassistischen Mustern vermittelt sind, zum Thema. In einer Kleingruppe verweist ein Teilnehmer, noch ehe die Reflexion auf die Bedeutung von Rassismus und die eigenen Privilegien beginnt, darauf, dass er *„eigentlich noch bei einer anderen Frage hängen geblieben"* ist, und zwar bei der Frage nach dem Unterschied zwischen bewusstem und unbewusstem Rassismus. Diesen versucht er anhand eines Beispiels zu erläutern und verweist darauf, dass in der kommunalen Einrichtung, in der er tätig ist, ein Integrationskonzept geschrieben wird. Bei der Erstellung des Konzepts hätten sie sich ganz bewusst entschieden, keine Illustrationen zu verwenden, auf denen Menschen abgebildet sind, um keine stereotype und womöglich stigmatisierende Reproduktion von Differenz vorzunehmen. Um das Konzept dennoch nicht schmucklos auf Text reduziert zu präsentieren, habe man beschlossen, andere Illustrationen zu verwenden. Der Teilnehmer hat sich bereit erklärt, im Internet nach geeigneten Möglichkeiten zu suchen:

„Und dann bin ich nach langer Recherche so auf ein paar Flaggen gestoßen. ‚Flaggen der Welt' hieß das. Ich habe noch geguckt: ‚Okay, da ist eine israelische Flagge'; Dann habe ich noch geguckt: ‚Okay, da sind ein paar mit einem Halbmond'; Und ich kenn mich auch ehrlich nicht richtig aus und wir haben das da drauf gedruckt. Und dann haben wir noch einen zweiten Fehler gemacht: Die türkische Übersetzung hat uns der Computer zerschossen. Da hatte unsere Qualitätssicherung nicht gegriffen. Weil wenn man da manche Wörter aus dem türkischen Word ins normale deutsche

Word rein kopiert, verändert sich etwas. Diesen einen Fehler haben wir gemacht. Daraufhin hatten wir erboste Anrufe, zu Recht, von der türkischen Community wegen der Übersetzung. Aber der zweite Punkt, es war keine türkische Fahne drauf. Da haben wir von ganz vielen Leuten (ändert leicht die Stimme und wechselt in die direkte Rede): ‚Und nie werden wir repräsentiert'; Und das war für mich wirklich so ein Punkt, ähm, ich weiß nicht wie ich mich hierzu heute positionieren würde, aber das war erst Mal ganz klar, was absolut Unbewusstes, sogar gut gemeint und nicht einmal schlecht gemacht, also relativ neutral nach einem langen Prozess und trotzdem haben wir es wieder geschafft, Leute damit irgendwie vor den Kopf zu stoßen. Und manchmal frage ich mich, ob man das nicht sogar aushalten muss, also ob ich nicht vielleicht dazu stehen muss, dass ich in meiner Arbeit immer irgendjemand auf die Füße steigen werde, wahrscheinlich auch rassistisch." (Be/1.04/02/09R)

Der Teilnehmer berichtet hier von der Erstellung eines kommunalen Integrationskonzepts durch die Organisation, in der er tätig ist. Er schildert, welche Überlegungen er und seine Kolleg/innen sich dabei gemacht, wie sie diese umgesetzt und welche Erfahrungen sie damit gemacht haben, um abschließend einen selbstkritischen Schluss zu ziehen. Er und sein Team haben sich Mühe gegeben, anderen nicht auf die Füße zu steigen. Die Überlegungen für das Integrationskonzept sind von dem normativen Anspruch geleitet gewesen, *„keine [rassistischen] Stigmatisierungen"* vorzunehmen. Um diesem Anspruch zu entsprechen, wurden keine menschlichen Figuren auf dem Konzeptpapier abgebildet. Zugleich aber ging es darum, dass bestimmte soziale Gruppen mittels bildlicher wie sprachlicher Repräsentation explizit anerkannt und angesprochen werden sollten. So war es das explizite Anliegen bei der Erstellung des Integrationskonzepts, bestimmte, in nationalstaatlichen Kategorien gefasste (Israel, Türkei) *Communities* – zumindest visuell in Form einer ikonographischen politischen Repräsentation[7] wie auch sprachlich in Form von Übersetzung – symbolisch darzustellen und anzusprechen. Beide Versuche der anerkennenden Repräsentation scheiterten aber in gewisser Hinsicht, da mindestens eine Gruppe nicht mittels der Flaggen repräsentiert wurde und die türkische Übersetzung des Konzepts fehlerhaft war, was erboste Anrufe zur Folge hatte *(„,Und nie werden wir repräsentiert'")*. Die Gründe für das Scheitern werden zumindest zum Teil im eigenen Unwissen *(„Und ich kenne mich auch ehrlich nicht richtig aus...")* sowie in den technischen und finanziellen

---

[7] „Die Flagge als Zeichen nationaler Zugehörigkeit läßt sich mithin [...] auf ganz unterschiedliche Art und Weise verwenden. Ist sie einerseits als motivisch-attributives Beiwerk selbstverständlicher Bestandteil von Allegorien, Historienbildern, Landschaften oder Portraits, so kann sie andererseits [...] zu einem eigenständigen Ausdrucksträger werden und die an sie geknüpften politisch-emotionalen Affekte für eine kritische oder affirmative, patriotische oder provokative Bildaussage nutzbar machen." (Fleckner 2011, S. 330) Es „lassen sich mit ihrem ikonographischen Einsatz, mit dem sprichwörtlichen ‚Flagge zeigen', auf ästhetisch überzeugende Weise politische Bekenntnisse formulieren" (ebd.).

Voraussetzungen (das ‚normale' deutsche Word habe die türkische Übersetzung „*zerschossen*") verortet. Diese Erfahrung resümiert der Teilnehmer für sich mit der Erkenntnis darüber, dass auch ambitioniertes, nicht-rassistisches Handeln unter bestimmten, gegebenen Bedingungen („Schwierigkeit nicht zu stigmatisieren", „Geiz in der Stadt", „Unwissen"...) Rassismus auch indirekt reproduzieren kann.

Im Kontext der Thematisierung von an *Whiteness* geknüpfte Privilegien formuliert der Teilnehmer das Problem, dass es unter den gegebenen Bedingungen schwierig bis unmöglich ist, nicht rassistisch zu sein. „Die Schwierigkeit, nicht rassistisch zu sein" (Kalpaka/Räthzel 1986), führt er anhand eines Beispiels aus, indem er vereinzelte Versuche der symbolischen Repräsentation von Gruppen, die als natio-ethno-kulturell Andere gelten, im Rahmen der Erstellung eines Integrationskonzepts ins Zentrum der Argumentation rückt. Die angesprochenen Versuche der Repräsentation interpretieren wir einerseits als einen Versuch, eine verbreitete Form der Anerkennung zu realisieren (mittels der symbolischen Repräsentation durch Flaggen), die Anerkennung als wertschätzende Bezugnahme und Honorierung anderer versteht. Weiterhin kann die Übersetzung des Konzepts in unterschiedliche Sprachen als Versuch interpretiert werden, den vorgestellten und angenommenen unterschiedlichen sprachlichen Disponiertheiten der Adressat/innen zu entsprechen. Die Herausstellung einer dieser Art wertschätzenden Praxis, die gleichwohl scheitert, nutzt der Teilnehmer zur Verdeutlichung der Widersprüchlichkeit des Handlungsfeldes und der Unumgänglichkeit, *„dass ich in meiner Arbeit immer irgendjemand auf die Füße steigen werde, wahrscheinlich auch rassistisch"*. Bereits in der wertschätzenden Geste der Repräsentation durch Flaggen wird deutlich, dass „auch alltagsweltlich mit Anerkennung nicht nur etwas oder jemand einfach bloß bestätigt, sondern auch *als etwas* oder *als jemand* bestätigt [wird], so dass Anerkennung immer eine dreistellige Relation bildet: x anerkennt y als z" (Balzer/Ricken 2010, S. 39).

Dem Versuch der symbolischen Repräsentation spezifischer Gruppen in der Praxisepisode geht ein Akt des Erkennens dieser Gruppen in Form von Symbolen („Flaggen der Welt") und Zeichensystemen (Sprachen wie Türkisch) voraus: So werden im Bild der „Flaggen der Welt" die Gruppen in einzelnen, sich unterscheidenden nationalstaatlichen Fahnen zunächst identifiziert, um sie dann auf dem Integrationskonzept abzubilden und damit zu repräsentieren. Dieser Vorgang des Erkennens geht auch der Übersetzung in andere Sprachen als Deutsch voraus. Die Gruppen werden als nicht-deutschsprachige Gruppen identifiziert. Die Übersetzung des Integrationskonzepts in diese Sprachen kann dann als Anerkennung der imaginierten sprachlichen Disponiertheiten der vorab identifizierten Gruppen verstanden werden. Hierin zeigen sich einige Merkmale der Praxis der Anerkennung:

- In dem Praxisbericht des Teilnehmers wird deutlich, dass sich Anerkennung in einem machtvollen und hierarchischen Verhältnis zwischen Anerkennenden („*wir haben uns bewusst entschieden...*") und Anzuerkennenden *(„,Und nie werden wir repräsentiert'")* ereignet. Das Anerkennungsverhältnis wird strukturiert von der Differenz zwischen natio-ethno-kulturell fraglosen und prekären Zugehörigkeitspositionen. Die Anerkennungspraxis vermittelt hierbei auch bereits die Bedingungen, unter denen sich die prekär Zugehörigen darzustellen haben – sie werden als spezifische Andere („Türkisch", „Israelisch") an-erkannt. Die Reklamation von Anerkennung – Repräsentation im Integrationskonzept – spricht demnach den impliziten Vorgaben des Integrationskonzepts (die Unterscheidung zwischen Anderen und Nicht-Anderen) eine Autorität zu.
- In dem (nicht näher ausgeführten) Verständnis von Integration wird die dem Handlungsfeld inhärente machtvolle Unterscheidung zwischen denjenigen, die als fraglos Deutsch gelten, und denjenigen, die als Andere gelten, zum Ausdruck gebracht. Das hierarchische Verhältnis zwischen Anderen und Nicht-Anderen, das Anerkennungsbedarfe und -wünsche erst ermöglicht, ist der Erstellung des Konzepts bereits vorausgelagert und in Form einer dafür zuständigen Einrichtung (Integrationsagentur) sowie der überformenden politischen Leitlinie (Integration) bereits institutionalisiert. Wer ein Integrationskonzept für wen erstellen darf, wird hier über natio-ethno-kulturell kodierte Unterscheidungen vermittelt und stärkt dadurch diese Unterscheidungspraxis.
- In der geschilderten Praxisepisode scheitern die Versuche der Anerkennung auch daran, dass mit der Praxis der Anerkennung sowohl ein Ausschluss als auch eine Verfehlung bestimmter Gruppen einhergehen. Sowohl in der fehlerhaften Übersetzung als auch in der Festlegung bestimmter Sprachen werden sowohl die adressierte Gruppe verfehlt (so werden sie als türkischsprachig anerkannt, artikulieren sich bspw. aber auch auf Deutsch) als auch andere Sprachen (bspw. auch in der Türkei nicht offiziell anerkannte, wie das Kurdische, aber auch andere offiziell anerkannte) ausgeschlossen.

> **Mentoring, Anerkennung und Integration – ein verkennendes Verhältnis?!**
> Anhand eines Zitates aus dem Nationalen Integrationsplan erläutert der Leiter des mit „Migration – Politik – Bildung. Zwischenresümee der Reihe" überschriebenen Abschlussmoduls 8 der ersten Fortbildungsreihe, dass die politische Praxis der Integration zumeist mit der Konstruktion eines Wir und eines Nicht-Wir einhergehe, wobei das natio-ethno-kulturelle Wir fraglos als integriert und das Nicht-Wir als integrierungspflichtig und desintegrationsverdächtig phantasiert werde.
>
> *Eine Teilnehmerin meldet sich zu Wort und schildert eine Erfahrung aus einem mit dem Integrationspreis des Landes ausgezeichneten Mentoringprojekts für Jugendliche mit Migrationshintergrund. Ein von einem Mentor im Rahmen des Projekts betreuter Jugendlicher, mit der die Teilnehmerin Kontakt hatte, teilte ihr mit, dass das Projekt „okay" war, aber er dieses eigentlich nicht „gebraucht" hätte, zumal er sich auch immer so gefühlt habe, als sei er nicht so gewesen, wie der Mentor ihn gerne gehabt hätte. Die Teilnehmerin zitiert den Jugendlichen mit: „Ich bin nicht der Migrant, so wie er sich das vorstellt und ich weiß auch nicht, was er von mir will, wenn er sagt, ich helfe dir bei der Integration." (Be/1/08/4R)*

Die Verbindung des Anerkennungsgedankens mit der Praxis der Integration ist von Anfang an prekär und problematisch; dies nicht, weil eine Form wahrhafter Anerkennung möglich wäre, die durch Integration nicht gewährleistet würde. Unter Bedingungen der Integration wird vielmehr die generelle Widersprüchlichkeit der Praxis der Anerkennung deutlich. Integration hat sich in der deutschsprachigen Öffentlichkeit als Vokabel eingebürgert, mit der vor allem regulative Fragen der Migration thematisiert werden. Integration stellt gegenwärtig eine der grundlegenden kulturellen Bedingungen der Erzeugung von natio-ethno-kulturell kodierten Anderen und Nicht-Anderen sowie der politischen, rechtlichen und ökonomischen Verwirklichung ungleicher sozialer Verhältnisse dar (Näheres zur Kritik an Integration s. Kap. 6). Motiv und Ziel des Anerkennungsansatzes ist es hingegen, Verhältnisse der Ungleichheit und Ungerechtigkeit durch die Schaffung von Bedingungen zu überwinden, die die Subjekte in ihrem (minorisierten) Status politisch, rechtlich, ökonomisch und kulturell anerkennen und dadurch Handlungsfähigkeit ermöglichen.

In der Schaffung von Bedingungen, die „Andere" in ihrer Lebenslage anerkennen, werden diese als spezifisch Andere identifiziert und als solche einbezogen. Sobald etwa im Rahmen eines Ansatzes, den Jürgen Habermas (1996, S. 58) als „differenzempfindlichen Universalismus" bezeichnet hat, der und die Andere erkannt wird, findet eine Festschreibung des domestizierten Anderen als Andere/r statt. Der differenzempfindliche Universalismus verlangt einen reziprok gleichmäßigen Respekt „von der Art einer nicht-nivellierenden und nicht beschlagnahmenden Einbeziehung des Anderen in seiner Andersheit" (ebd.). Das Problem der Einbeziehung des Anderen in seiner Andersheit, besteht darin, dass sie im Akt der Anerkennung die Logik, die das Anderssein produzierte, reproduziert.

Der subjektivierende Einbezug der Individuen, etwa dadurch, dass sie in ihrem politischen, sozialen und personalen Subjektstatus anerkannt werden, ist zunächst eine Vereinnahmung durch eine Realität, die inhaltlich und performativ vorgibt, wie Anerkennung bspw. mit Blick auf politische Partizipation, soziale Wohlfahrt oder individuelle Freiheit aussieht. Nicht ein vorgängiges Subjekt wird in einem freien Akt der Repräsentation einbezogen, das Subjekt konstituiert sich vielmehr erst im Prozess der einbeziehenden Anerkennung. Dieser Prozess der Anerkennung der Anderen als Subjekte, ihre Subjektivierung, der Prozess, der sie zu handlungsfähigen Subjekten macht, verlangt von ihnen, dass sie sich in jener vorherrschenden gesellschaftlichen und diskursiven Struktur darstellen, einordnen, begreifen und artikulieren, in der Subjekt-Sein überhaupt und dieses je spezifische Subjekt-Sein im Besonderen möglich ist.

Was bedeutet dies nun für das Konzept der Anerkennung und für professionelles Handeln unter Bedingungen migrationsgesellschaftlicher Differenz? Einerseits ist Anerkennung bedeutsam und notwendig, andererseits problematisch und herrschaftsstabilisierend. Dieses Spannungsverhältnis sei abschließend kommentiert.

7.4 Reflexive Anerkennung

Professionelles Handeln in der Migrationsgesellschaft, das sich für würdevollere (migrations-)gesellschaftliche Lebensbedingungen und -formen einsetzt, wird von Widersprüchen strukturiert (Mecheril 2010), die in diesem Kapitel mit Bezug auf anerkennungstheoretische Fragen diskutiert wurden. Wie kann im Rahmen dieser Widersprüche ein angemessener und zu gerechteren (vgl. Abschn. 13) Verhältnissen beitragender Umgang mit migrationsgesellschaftlichen Realitäten aussehen? Professionelles Handeln, das reflexiv an der Idee der Anerkennung orientiert ist, wird einerseits bestrebt sein, die Grenzen, die zwischen anerkennbaren Subjekten und nicht-anerkennbaren Subjekten liegen, stetig so hinauszuschieben, dass Ausschlüsse in geringerem Maße stattfinden. Andererseits wird der Einbezug der Subjekte auch mittels professionellen Handelns auf seine Machteffekte zu befragen sein und die Frage thematisch bleiben, wie „ein nächstes Mal" von Praktiken des Einbezugs mit geringerem assimilativen Zwang bzw. schwächeren stigmatisierenden Effekten aussehen könnte.

Professionelle Handlungen und Strukturen werden daraufhin befragt, inwiefern sie zu einer Ausschließung migrationsgesellschaftlicher Gruppen (aufgrund von Aufenthaltstitel, Sprachvermögen, natio-ethno-kulturellen Zuschreibungen etc.) und/oder zu einer reproduktiven Erschaffung migrationsgesellschaftlicher Differenz und womöglich migrationsgesellschaftlicher „Anderer" beitragen. Sowohl Ausschluss als auch die reproduktive Erschaffung des Anderen durch professionelles Anerkennungshandeln sind unvermeidlich. Möglich allerdings ist es, die spezifischen Formen von Ausschluss und Erschaffung an den konkreten Orten, an denen professionell gehandelt wird, zu beschreiben, zu bedenken und so zu verändern, dass das Spektrum und der Raum des Einbezugs sich vergrößern.

Perspektiven für die Organisationsentwicklung

Konkret kann sich ein reflexiver Anerkennungsansatz an Fragen orientieren, die die Auseinandersetzung mit der eigenen Praxis strukturieren und leiten können:

a) Wie und wen schließt das professionelle Tun/der professionelle Ort aus?
b) Wie werden „Andere" und in welcher Weise durch das professionelle Tun/in der Organisation hergestellt?
c) Von welchen übergeordneten gesellschaftlichen Verhältnissen und dominanzkulturellen Mustern sind Ein- und Ausschlüsse vermittelt? Wie kann sich professionelles Handeln von diesen Verhältnissen und Mustern lösen? Welche Möglichkeiten kommen der Organisation zu, sich beispielsweise von rechtlichen Einschränkungen oder kulturellen Verengungen zu distanzieren, die die professionelle Arbeit der reflexiven Ausweitung des Anerkennungsraums behindern?
d) Wie kann der kommunikative Einbezug von migrationsgesellschaftlich Marginalisierten und materiell und/oder symbolisch Deprivilegierten aussehen, der sie ein Stück weit weniger nötigt, sich als „Andere" auszudrücken und zugleich die Freiheit und den Freiheitsspielraum maximiert, sich anders einzubringen und darzustellen?

Literatur

Auernheimer, G. (2001). *Interkulturalität im Arbeitsfeld Schule. Empirische Untersuchungen über Lehrer und Schüler*. Opladen: Leske + Budrich.
Auernheimer, G. (2012). *Einführung in die interkulturelle Pädagogik*. 7. Aufl., Darmstadt: WBG.
Balzer, N. (2007). Die doppelte Bedeutung der Anerkennung. Anmerkungen zum Zusammenhang von Anerkennung, Macht und Gerechtigkeit. In M. Wimmer, R. Reichenbach & L. Pongratz (Hrsg.), *Gerechtigkeit und Bildung* (S. 49–76). Paderborn u. a.: Ferdinand Schöningh.
Balzer, N. (2014). *Spuren der Anerkennung. Studien zu einer sozial- und erziehungswissenschaftlichen Kategorie*. Wiesbaden: Springer VS.
Balzer, N., & Ricken, N. (2010). Anerkennung als pädagogisches Problem – Markierungen im erziehungswissenschaftlichen Diskurs. In A. Schäfer & C. Thompson (Hrsg.), *Anerkennung* (S. 35–87). Paderborn: Ferdinand Schöningh.
Bedorf, T. (2010). *Verkennende Anerkennung*. Frankfurt a.M.: Suhrkamp.
Benhabib, S. (2015). *Kulturelle Vielfalt und demokratische Gleichheit. Politische Partizipation im Zeitalter der Globalisierung*. Frankfurt a.M.: Fischer.
Berliner Pädagoginnengruppe (1979). Feministische Mädchenarbeit. In Sozialwissenschaftliche Forschung und Praxis für Frauen e. V. (Hrsg.), *Berichte vom Kölner Kongress (Nov. 78). Feministische Theorie und Praxis in sozialen und pädagogischen Berufsfeldern, Bd. 2*. (S. 87–96). München: Frauenoffensive.
Butler, J. (2001). *Psyche der Macht. Das Subjekt der Unterwerfung*. Frankfurt a.M.: Suhrkamp.
Butler, J. (2012). *Die Macht der Geschlechternormen und die Grenzen des Menschlichen*. Frankfurt a.M.: Suhrkamp.
Butler, J. (2013). *Haß spricht. Zur Politik des Performativen*. 4. Aufl., Berlin: Suhrkamp.
Castro Varela, M. d. M., & Mecheril, P. (2010). Anerkennung als erziehungswissenschaftliche Referenz? Herrschaftskritische und identitätsskeptische Anmerkungen. In A. Schäfer & C. Thompson (Hrsg.), *Anerkennung* (S. 89–118). Paderborn: Ferdinand Schöningh.
Dederich, M. (2011). Behinderung, Identitätspolitik und Anerkennung. Eine alteritätstheoretische Reflexion. In M. Dederich & M. W. Schnell (Hrsg.), *Anerkennung und Gerechtigkeit in Heilpädagogik, Pflegewissenschaft und Medizin. Auf dem Weg zu einer nichtexklusiven Ethik* (S. 107–128). Bielefeld: transcript.
Dederich, M., & Schnell, M. W. (2011). *Anerkennung und Gerechtigkeit in Heilpädagogik, Pflegewissenschaft und Medizin. Auf dem Weg zu einer nichtexklusiven Ethik*. Bielefeld: transcript.
Dirim, İ., & Mecheril, P. (2018). *Heterogenität, Sprache(n), Bildung*. Bad Heilbrunn: Julius Klinkhardt.
Düvell, F. (2001). Grundzüge des europäischen Migrationsregimes. *Flüchtlingsrat. Zeitschrift für Flüchtlingspolitik in Niedersachsen, 75*(76), 32–37.
Fleckner, U. (2011). Flagge. In U. Fleckner, M. Warnke & H. Ziegler (Hrsg.), *Handbuch der politischen Ikonographie. Bd. I: Abdankung bis Huldigung* (S. 324–330). München: C.H. Beck.

Gottuck, S. (2018). Macht – Sehen – Differenzen (be-)deuten. Cultural Studies als Analyseperspektive im Kontext pädagogischer Professionalisierung. In S. Gottuck, I. Grünheid, P. Mecheril & J. Wolter (Hrsg.), *Sehen lernen und verlernen. Perspektiven pädagogischer Professionalisierung* (S. 95–125). Wiesbaden: Springer VS.

Habermas, J. (1996). *Die Einbeziehung des Anderen. Studien zur politischen Theorie.* Frankfurt a.M.: Suhrkamp.

Hafenegger, B., Henkenborg, P., & Scherr, A. (Hrsg.) (2002). *Pädagogik der Anerkennung. Grundlagen, Konzepte, Praxisfelder.* Schwalbach/Ts.: Wochenschau-Verlag.

Hafenegger, B., Henkenborg, P., & Scherr, A. (Hrsg.) (2013). *Pädagogik der Anerkennung. Grundlagen, Konzepte, Praxisfelder.* 2. Aufl., Schwalbach/Ts.: Debus Pädagogik.

Hall, S. (1999). Ein Gefüge von Einschränkungen. Gespräch zwischen Stuart Hall und Christian Höller. In J. Engelmann (Hrsg.), *Die kleinen Unterschiede. Der Cultural Studies-Reader* (S. 99–122). Frankfurt/New York: Campus.

Hall, S. (2004). Das Spektakel der Anderen. In S. Hall, *Ideologie, Identität, Repräsentationen. Ausgewählte Schriften 4* (S. 108–167). 2. Aufl., Hamburg: Argument.

Hall, S. (2008). Kulturelle Identität und Diaspora. In S. Hall, *Rassismus und kulturelle Identität. Ausgewählte Schriften 2* (S. 26–43). 4. Aufl., Hamburg: Argument.

Honneth, A. (2014). *Kampf um Anerkennung. Zur moralischen Grammatik sozialer Konflikte.* 8. Aufl., Frankfurt a.M.: Suhrkamp.

Kalpaka, A., & Räthzel, N. (1986). *Die Schwierigkeit, nicht rassistisch zu sein.* Berlin: Express.

Karakayali, S., & Tsianos, V. (2007). Movements that matter. In Transit Migration Forschungsgruppe (Hrsg.), *Turbulente Ränder. Neue Perspektiven auf Migration an den Grenzen Europas* (S. 7–17). Bielefeld: transcript.

Lenz, I. (2010). Frauenbewegungen und Gleichstellungspolitiken. In R. Becker & B. Kortendiek (Hrsg.), *Handbuch Frauen- und Geschlechterforschung. Theorie, Methoden, Empirie* (S. 867–877). 3. Aufl., Wiesbaden: Springer VS.

Mecheril, P. (2005). Pädagogik der Anerkennung. Eine programmatische Kritik. In F. Hamburger, T. Badawia & M. Hummrich (Hrsg.), *Migration und Bildung. Über das Verhältnis von Anerkennung und Zumutung in der Einwanderungsgesellschaft* (S. 311–328). Wiesbaden: VS Verlag.

Mecheril, P. (2010). Anerkennung und Befragung von Zugehörigkeitsverhältnissen. Umriss einer migrationspädagogischen Orientierung. In P. Mecheril, M. d. M. Castro Varela, İ. Dirim, A. Kalpaka & C. Melter, *Bachelor | Master Migrationspädagogik* (S. 179–191). Weinheim/Basel: Beltz.

Mecheril, P. (2018). Ordnung, Krise, Schließung. Anmerkungen zum Begriff Migrationsregime aus zugehörigkeitstheoretischer Perspektive. In A. Pott, R. Christoph & F. Wolff (Hrsg.), *Was ist ein Migrationsregime? What Is a Migration Regime?* (S. 313–330). Wiesbaden: Springer VS.

Pott, A., Christoph, R., & Wolff, F. (2018). *Was ist ein Migrationsregime? What Is a Migration Regime?.* Wiesbaden: Springer VS.

Prengel, A. (2019): *Pädagogik der Vielfalt. Verschiedenheit und Gleichberechtigung in Interkultureller, Feministischer und Integrativer Pädagogik.* 4. Aufl., Wiesbaden: Springer VS.

Reh, S., & Ricken, N. (2012). Das Konzept der Adressierung. Zur Methodologie einer qualitativ-empirischen Erforschung von Subjektivation. In I. Miethe & H.-R. Müller

(Hrsg.), *Qualitative Bildungsforschung und Bildungstheorie* (S. 35–56). Opladen u.a.: Barbara Budrich.
Schäfer, A., & Thompson, C. (2010). Anerkennung – Eine Einleitung. In A. Schäfer & C. Thompson (Hrsg.), *Anerkennung* (S. 7–33). Paderborn: Ferdinand Schöningh.
Scherr, A. (2002). Subjektbildung in Anerkennungsverhältnissen. Über „soziale Subjektivität" und „gegenseitige Anerkennung" als pädagogische Grundbegriffe. In B. Hafenegger, P. Henkenborg & A. Scherr (Hrsg.), *Pädagogik der Anerkennung. Grundlagen, Konzepte, Praxisfelder* (S. 26–44). Schwalbach/Ts.: Wochenschau-Verlag.
Taylor, C. (1993). *Multikulturalismus und die Politik der Anerkennung.* Frankfurt a.M.: Fischer.
Taylor, C. (1995). *Das Unbehagen an der Moderne.* 2. Aufl., Frankfurt a.M.: Suhrkamp.
Simon, T. (2012). Bildungsphilosophische Überlegungen zum Zusammenhang von Anerkennung und professioneller Entwicklung in der (Sonder)Pädagogik. *Zeitschrift für Inklusion,* 5(4). Zugriff am 29.05.2020 unter https://www.inklusion-online.net/index.php/inklusion-online/article/view/58
Tißberger, M. (2017). *Critical Whiteness. Zur Psychologie hegemonialer Selbstreflexion an der Intersektion von Rassismus und Gender.* Wiesbaden: Springer VS.
Stojanov, K. (2006). *Bildung und Anerkennung. Soziale Voraussetzung von Selbst-Entwicklung und Welt-Erschließung.* Wiesbaden: Springer VS.
Wischmann, A. (2015). Ist das Bildung? Eine anerkennungstheoretische Perspektive auf Bildung und Benachteiligung im Kontext Kritischer Sozialer Arbeit. In M. Dörr, C. Füssenhäuser & H. Schulze (Hrsg.), *Biografie und Lebenswelt. Perspektiven einer Kritischen Sozialen Arbeit* (S. 175–190). Wiesbaden: Springer VS.

Prof. Dr. Paul Mecheril Universität Bielefeld, Professur für Erziehungswissenschaft mit dem Schwerpunkt Migration, AG 10 Migrationspädagogik und Rassismuskritik, Email: paul.mecheril@uni-bielefeld.de

Matthias Rangger Universität Bielefeld, Fakultät für Erziehungswissenschaft, Wissenschaftlicher Mitarbeiter in der AG 10 Migrationspädagogik und Rassismuskritik, Email: matthias.rangger@uni-bielefeld.de

Teil III
Die politische Dimension des Pädagogischen – Zugänge zum Fortbildungsgeschehen

Die Kapitel des dritten Teils des Buches gehen der Frage nach, wie sich der Raum der Fortbildung in der Fortbildungspraxis *als Raum der Fortbildung* konstituiert und welche Hinweise sich darüber in Bezug auf grundlegende Bedingungen pädagogischen Handelns in der Migrationsgesellschaft und professionell pädagogischen Handelns überhaupt gewinnen lassen. Das Interesse liegt hierbei vor allem auf Praktiken im Rahmen des Fortbildungsgeschehens, in denen die politische Dimension (fortbildungs-)pädagogischer Praxis und zwar als „migrationsgesellschaftliche Wirklichkeit" zum Thema wird, sei es über die Thematisierung spezifischer Vorstellungen in Bezug auf migrationsgesellschaftliche Sachverhalte, sei es in Bezug auf Themen, die auf natio-ethno-kulturell kodierte Differenzverhältnisse bezogen sind (s. Kap. 12).

Diesem Interesse gehen die ersten vier Kapitel (Kap. 8–11) anhand der Auseinandersetzung mit ausgewählten Materialauszügen nach. Der Schwerpunkt der Betrachtung liegt in diesem Zusammenhang auf der Frage, wann migrationsgesellschaftliche Wirklichkeit mit welcher Bedeutung in und für das Fortbildungsgeschehen thematisch wird und was darin allgemein über den Fortbildungsraum zum Ausdruck kommt. Neben diesem Interesse werden in den folgenden Reflexionstexten auch die inhaltlichen Aspekte und Fragen aufgegriffen, die in dem Fortbildungsgeschehen, so wie es sich in den Materialauszügen darstellt, aufgeworfen werden. Die dafür exemplarisch ausgewählten Fortbildungs- und Interviewsequenzen werden aus einer rassismuskritischen Perspektive in Bezug auf professionelles Handeln in der Migrationsgesellschaft interpretiert und unter vier allgemeinen Aspekten der Thematisierung migrationsgesellschaftlicher Wirklichkeit behandelt: (Nicht-)Rassismuserfahrungen und Professionalität (Kap. 8), Sprechordnungen und die Legitimität des Sprechens (Kap. 9), Wissen und die Deutung von Wirklichkeit (Kap. 10) und Vorstellungen „guter" sozialer Ordnung (Kap. 11). Die vier Aspekte werden anschließend (Kap. 12) auf einer allgemeinen Ebene mit Fokus auf die politische Dimension des Fortbildungsraums respektive pädagogischer Praxis diskutiert.

8

Aber brauche ich für diese Reflexionsfähigkeit nicht eine Distanz zum Feld? – Professionalität und der Status von Diskriminierungs- und Rassismuserfahrungen

Paul Mecheril und Matthias Rangger

8.1 Reflexion und Diskriminierung

Die nachfolgende Sequenz stammt aus einem Beobachtungsprotokoll des Workshops „Von der Interkulturellen zur Migrationsgesellschaftlichen Öffnung?!" in Modul 2 der Fortbildungsreihe. Das Modul fand in zwei separaten Workshops statt, auf die sich die Teilnehmer/innen gleichmäßig verteilten. Bei dem hier zum Thema werdenden Workshop waren knapp 30 Teilnehmer/innen anwesend.

In der ersten Einheit des Workshops führt der Workshopleiter in das allgemeine Thema und die Arbeitsweisen ein. Im Workshop soll es um eine Kritik an Praktiken der Kulturalisierung (s. auch Kap. 5) gehen, um darauf aufbauend Perspektiven für eine migrationsgesellschaftliche Öffnung von Institutionen zu verdeutlichen. Als zentraler Aspekt des Workshops wird die Beschäftigung mit dem Verhältnis von kultureller Differenz und Institutionen bezeichnet.

Im zweiten Teil des Workshops richtet der Workshopleiter die Frage an die Teilnehmer/innen, welche Rolle „interkulturelle Differenz" im Rahmen ihrer Migrations- und Integrationsarbeit spielt. Die Teilnehmer/innen erläutern, dass „Interkulturalität", „interkulturelle Differenz" sowie „interkulturelle Kompetenz" sowohl als Bezeichnungen als auch als Handlungsformen einflussreiche Konzepte und mithin bedeutsam seien, wobei auch festgestellt wird, dass es weder

P. Mecheril · M. Rangger (✉)
Fakultät für Erziehungswissenschaft, Universität Bielefeld, Bielefeld, Deutschland
E-Mail: matthias.rangger@uni-bielefeld.de

P. Mecheril
E-Mail: paul.mecheril@uni-bielefeld.de

unter ihnen noch allgemein ein klares und geteiltes Verständnis dieser Begriffe gibt. Die Unklarheit des Begriffs Kultur löst eine Diskussion zwischen den Teilnehmer/innen über unterschiedliche Kulturverständnisse und über Erfahrungen in Bezug auf „kulturelle Differenz" aus. Bei diesen Diskussionen geht es auch darum, ob der Begriff der Kultur in ihrem Handlungsfeld zum Zwecke der Ausgrenzung bestimmter Gruppen herangezogen wird oder nicht. Im Anschluss an die Diskussionen der Teilnehmer/innen kommentiert der Workshopleiter die Äußerungen und die Diskussion, indem er darauf verweist, dass Professionalität in der Migrationsgesellschaft auch darin bestehe, ein reflexives Verhältnis dazu zu entwickeln, wie „Kultur" benutzt wird, *„also in der Lage zu sein, zu beobachten, von wem wird wann mit welcher Konsequenz das Thema Kultur eingebracht"*. Der Workshopleiter merkt an, dass sich auch im Sprechen der Teilnehmer/innen gezeigt hat, dass „Kultur" herangezogen wird, um zum Beispiel eine Gruppe als „fremd" zu bezeichnen und damit eine Grundlage zu schaffen, diese Gruppe symbolisch und praktisch in einer bestimmten Weise zu behandeln.

Diese Aussage wird von einem Teilnehmer aufgegriffen. Er bringt ein, dass seines Erachtens zwischen der *„sozialen Verständigung"* darüber, was als fremd gelte und dem eigenen Erleben von Fremdheit, unterschieden werden muss. Der Teilnehmer erläutert diese Unterscheidung damit, dass sich das persönliche Erleben von Fremdheit in „erhöhtem Blutdruck" und „einer erhöhten Adrenalinausschüttung" zeigt, was nicht gleichgesetzt werden kann, mit der sozialen Konstruktion von Fremdheit. Der Workshopleiter erwidert darauf, dass auch subjektive Phänomene nicht diskursiv *un*vermittelt sind, auch wenn dies gerade bei Gefühlen so erscheint. Die diskursive Vermitteltheit von Gefühlen verweist darauf, dass einerseits „gefühlsgebildete Professionelle" wichtig sind, *„die das Panorama der unterschiedlichen Empfindungen kennen und auch stehen lassen können"*. Andererseits ist es, so der Workshopleiter weiter, gerade im auch emotional stark besetzten Feld „Migration" wichtig, dass Professionelle aus einer distanzierten Position beobachten können, was in Diskursen über migrationsgesellschaftliche Differenz und in entsprechenden Interaktionen eigentlich passiert und wie damit umgegangen werden kann.

Im Anschluss daran verweist der Workshopleiter auf ein entsprechendes Verständnis von Differenzkonstruktion. Er verwendet dazu eine vor ihm stehende Mineralwasserflasche, greift sich diese, beschreibt, dass die Flasche selbst nicht an sich fremd ist, sondern dass sie zu einer fremden Flasche wird, wenn sie als „fremd" gedeutet und behandelt wird – hier von ihm, dem Workshopleiter. Die Fremdheit der Flasche hat demnach wenig mit der Flasche selbst zu tun, vielmehr aber mit ihm, dem Workshopleiter. Ein weiterer Teilnehmer (Tn1) unterbricht ihn an dieser Stelle und ergreift das Wort:

*„Aber brauche ich für diese Reflexionsfähigkeit, um den Diskurs beobachten zu können, nicht eine Distanz zum Feld? Also in dem Punkt, wo ich selber betroffen bin, zum Beispiel als Migrant von bestimmten rassistischen Zuschreibungen betroffen, habe ich möglicherweise Probleme in der distanzierten, reflektierten Wahrnehmung von gesellschaftlichen Diskursen. Also in der Bestimmung von politischen Positionen zum Beispiel, dass ich sehr vorschnell in der eigenen Betroffenheit nicht nur auf den Diskurs reagiere, sondern auf die politische Zuschreibung. Und wäre das im Sinne einer gefühlsgebildeten – und das gefällt mir sehr schön (Workshopleiter: „mhm mhm") – Professionalität nicht doch dann etwas..., sagen wir mal... wie soll ich sagen... in der politischen Kompetenz, aber nicht in der selbstreflexiven Gestaltung von gesellschaftlichen Diskursen oder Beteiligung an gesellschaftlichen Diskursen?"
(Be/1.02/01/09R)*

Der Teilnehmer (Tn1) unterbricht den Workshopleiter und stimmt ihm zu. Zugleich bringt er mit der Konjunktion „Aber" eine Art Einspruch zum Ausdruck. Für diesen Einspruch knüpft er an eine vom Workshopleiter eingebrachte Formulierung – „distanzierte Position" – an. Tn1 versieht „distanzierte Position" mit einer spezifischen Bedeutung. Diese basiert auf der Gegenüberstellung von zwei Gruppen, die eine unterschiedliche Distanz in Bezug auf ein bestimmtes Phänomen aufweisen: auf der einen Seite „Migranten", die von rassistischen Zuschreibungen betroffen sind; auf der anderen „Nicht-Migranten", die von rassistischen Zuschreibungen persönlich nicht betroffen sind. Über die Betroffenheit wird eine unterschiedliche Positioniertheit in Bezug auf bestimmte Diskurse, etwa rassistische, abgeleitet, die die Fragen nach einer unterschiedlichen Distanziertheit der einen („Nicht-Migranten") im Gegensatz zu den anderen („Migranten") aufwirft. Insofern Professionalität Reflexionsfähigkeit erfordert, könnte eine womöglich strukturell gegebene, beträchtlichere Distanziertheit von „Nicht-Migranten" eine erhöhte Eignung für professionelles Handeln in dem Feld der Migrationsarbeit darstellen. Entgegen der vom Workshopleiter geäußerten Position, dass Gefühle *allgemein* zu reflektieren sind, wird somit von Tn1 die Position (nicht konstativ, sondern fragend) eingebracht, dass Rassismuserfahrungen (zu diesem Begriff s. u.) nicht die notwendige Distanz gewährleisten, die erforderlich ist, um professionell – zumindest in dem hier angesprochenen Tätigkeitsbereich – handeln zu können. Die Eignung für professionelles Handeln im Bereich der Migrationsarbeit wird durch Rassismuserfahrungen eingeschränkt. Personen, die keine Rassismuserfahrungen machen, benötigen zwar „politische Kompetenz", sind jedoch aufgrund ihrer Positioniertheit in Bezug auf rassistische Diskurse letztlich geeigneter für die professionelle Arbeit. Das Geschehen, so wie es im Beobachtungsprotokoll festgehalten ist, setzt sich wie folgt fort:

Eine andere Teilnehmerin (Tn2), die als einzige innerhalb der in U-Form aufgestellten Tische sitzt, reagiert gleich darauf und bringt sich in die Diskussion ein:

„*Jeder der keine Empathie entwickelt hat, kann die Arbeit nicht leisten, hat letztens in Zusammenhang von Behinderung jemand gesagt.*"
Es entwickelt sich ein rasches hin und her der Wortmeldungen. Noch während die vorherige Teilnehmerin spricht, kommentiert der Teilnehmer (Tn1), auf den die Wortmeldung bezogen ist: „*Das wäre die Gegenposition dazu.*"
Ein anderer Teilnehmer (Tn3) bringt sich auch in die Diskussion ein, indem er im Anschluss das Wort ergreift:

„*Das wäre ja, wie soll man überhaupt auch so etwas erkennen oder wissen, dass das jetzt gerade in eine Richtung geht, die vielleicht falsch sein könnte, wenn man selbst niemals in dieser Situation gesteckt hat. Das wäre ja eigentlich genauso die Frage, was für Personen machen zum Beispiel in der Integrationsarbeit mehr Sinn, Leute mit Migrationshintergrund oder Personen ohne Migrationshintergrund, weil vielleicht Personen ohne eher die Distanz hätten, aber die mit Migrationshintergrund vielleicht halt eher von der Thematik mehr wissen oder die empathischer, also das schon mal durchlebt haben.*" *(Be/1.02/01/09R)*

Im Anschluss an die Frage von Tn1, ob rassistisch nicht-degradierbare Personen strukturell geeigneter für Migrationsarbeit sind, werden zwei weitere Standpunkte eingebracht. Tn2 zieht in ihrer Argumentation einen anderen Ort des Sprechens über Differenz heran (*„im Zusammenhang von Behinderung"*) und argumentiert – sich auf die Autorität eines anonym bleibenden „Jemand" stützend –, dass es Empathie benötigt, um die Arbeit leisten zu können. Tn2 bringt damit allgemein zum Ausdruck, dass diejenigen, die nicht direkt bestimmte Diskriminierungserfahrungen machen, einen strukturellen Mangel aufweisen, wenn sie in dem jeweils diskriminierungsspezifischen Handlungsfeld (Behinderung, Migration...) tätig sind. Auf das in der Fortbildung im Zentrum stehende Handlungsfeld der Migrationsarbeit und auf die Aussage von Tn1 übertragen, verweist die Äußerung darauf, dass diejenigen Subjekte, die nicht direkt aufgrund rassistischer Schemata negative Erfahrungen machen, einen Mangel an relevanter Kenntnis aufweisen. So zumindest scheint auch ihr Vorredner (Tn1) den eingebrachten Standpunkt zu verstehen und markiert diesen als *„Gegenposition"*, wobei er den Standpunkt mit der Verwendung der Konjunktivform (*„Das wäre die Gegenposition dazu"*) gleichzeitig etwas abschwächt.

Ein weiterer Teilnehmer (Tn3) greift die Stellungnahme von Tn2 auf und konkretisiert diese, indem er in Form einer Frage die Bedeutsamkeit des eigenen Erlebens bestimmter Situationen, mit denen die berufliche Tätigkeit der *„Integrationsarbeit"* in Verbindung steht, hervorhebt. Der Position, dass persönliche

Involviertheit *(„zum Beispiel als Migrant von bestimmten rassistischen Zuschreibungen betroffen")* die notwendige Distanz zur Reflexion erschwert, wird das Argument gegenübergestellt, dass diese Involviertheit auch mit einer differenzierteren und fundierteren Kenntnis über die Verhältnisse verbunden sein kann, ein Wissen, dass bei sogenannten Menschen ohne Migrationshintergrund nicht in dem Maße vorhanden ist. Die unterschiedliche Positioniertheit in Bezug auf rassistische Diskurse, die von Tn1 eingebracht wurde, wird demnach mit einer anderen Bedeutung verknüpft. Wenn bestimmte persönliche migrationsgesellschaftliche Erfahrungen für den Nachvollzug und das Erkennen, *„dass das jetzt gerade in eine Richtung geht, die vielleicht falsch sein könnte"*, bedeutsam sind, dann stellt sich die Frage, ob es nicht eher vor allem *„Leute mit Migrationshintergrund"* für die Tätigkeit der *„Integrationsarbeit"* braucht.

In dieser Fortbildungssequenz werden unterschiedliche Deutungen in Bezug auf das Thema und die Frage ersichtlich, inwiefern und ob bestimmte Personen nicht aufgrund ihrer beruflichen Qualifikation, sondern vielmehr ihrer lebensweltlichen Position und den daran geknüpften Erfahrungen sowie Empfindungs- und Handlungsbereitschaften geeigneter für die Tätigkeit der *„Integrationsarbeit"* sind als andere. Insbesondere wird diskutiert und erkundet, welche Bedeutung der Erfahrung, gesellschaftlich als rassistisch degradierbares oder rassistisch nicht-degradierbares Subjekt zu gelten, für die professionelle Arbeit im Kontext von Integration zukommt. Die unterschiedlichen Argumentationsstränge stehen hierbei für unterschiedliche Erfahrungen der Sprecher/innen, aber auch für unterschiedliche Konzepte von Professionalität; sie können jedoch auch mit der je eigenen Positionierung im Feld zusammenhängen, das bedeutsam zwischen „Menschen mit Migrationshintergrund" und „Menschen ohne Migrationshintergrund" unterscheidet. Die Frage, ob Rassismuserfahrungen oder Nicht-Rassismuserfahrungen eine bedeutsame Ressource im beruflichen Handlungsfeld der Integrationsarbeit darstellen, stellt damit nicht allein eine abstrakte Frage dar. Verhandelt wird vielmehr auch der professionelle Status der sich in das Gespräch einbringenden Teilnehmer/innen – ohne hier diesbezügliche Intentionen suggerieren zu wollen. Denn Tn1 kann als nicht rassistisch belangbar gelesen werden, während Tn2 und Tn3 rassistisch belangbar erscheinen. Der Kontext der Fortbildung ermöglicht die Verhandlung der Frage, was professionelles Handeln in der Migrationsgesellschaft auszeichnet und ermöglicht, und fordert vielleicht auch die konkrete Aushandlung des professionellen Status der Teilnehmer/innen.

Das Sprechen über Kulturalisierungserfahrungen im Workshopkontext löst somit die Auseinandersetzung über den Status von Rassismuserfahrungen für professionelles Handeln aus. Der Raum der Fortbildungsreihe wird – gewiss auch nicht ganz unmaßgeblich vermittelt über die rassismuskritische Sensibilisierung, die im Rahmen der Fortbildungsreihe stattfand – zu einem Raum der Aushandlung der Bedeutung von Rassismuserfahrungen. Diese Diskussion des Status von Rassismuserfahrungen betrifft die allgemeine Ordnung des spezifischen Handlungsfeldes *(„was für Personen machen zum Beispiel in der Integrationsarbeit mehr Sinn, Leute mit Migrationshintergrund oder Personen ohne Migrationshintergrund")*. Dies wird auch durch die Formulierung und Einschätzung des Workshopleiters, es brauche eine „distanzierte Position" für professionelles Handeln, angestoßen; zumal der Workshopleiter in der Fortbildungssituation wiederholt als Experte adressiert und ihm dadurch Autorität zugesprochen wird.

Die macht- und differenzkritische Thematisierung von Praktiken der Kulturalisierung hat Aushandlungen über die Bedeutung von Rassismuserfahrungen im Rahmen von Integrationsarbeit zur Folge. Im Fokus steht hierbei die Position *belangbarer/degradierter Involviertheit* in rassistisch strukturierte gesellschaftliche Verhältnisse. Was es heißt, rassistisch nicht degradierbar respektive belangbar zu sein und keine entsprechenden Diskriminierungserfahrungen zu machen *(privilegierte Involviertheit)* und welche Implikationen dies für die Arbeit mit sich bringen kann, wird nicht explizit zum Thema gemacht. Die hier relevante Privilegierung wird allenfalls indirekt im Zuge der Auseinandersetzung um die Frage der Distanziertheit angesprochen. Allerdings verbleibt die Thematisierung der Differenz „mit Migrationshintergrund" vs. „ohne Migrationshintergrund" bzw. rassistisch belangbare Position vs. rassistisch nicht belangbare Position in der binären Figur, die der einen Seite eine bestimmte Affektivität und Empfindsamkeit zuspricht (die als entweder behindernd, da Distanz raubend, oder ermöglichend, da als Beziehungs- und Verstehensgrundlage fungierend) und der anderen Seite eine relativ affektive Neutralität zuweist. Als affektiv involviert bzw. nicht-distanziert mit Bezug auf Rassismus gelten vornehmlich „Migranten". Die affektive Involviertheit, die nicht nur in Bezug auf mögliche Verletzungs- und Degradierungserfahrungen, sondern auch in Bezug auf die privilegierte Position bestehen kann (Bönkost 2016, 2017; DiAngelo 2011), wird in der Thematisierung als „Distanziertheit" damit ausgeblendet[1].

Die in dieser Sequenz deutlich werdenden Aushandlungen über den Status von Rassismuserfahrungen machen wir in einem nächsten Schritt auf einer allgemeineren, theoretischen Ebene zum Gegenstand. Zunächst beschäftigen wir uns dabei mit der Kategorie Rassismuserfahrung und beziehen diese auf das

---

[1] Es erscheint uns hier nochmals wichtig, dass wir diese Ausblendung nicht auf (bewusste oder auch unbewusste) Intentionen der Teilnehmer/innen zurückführen wollen, auch wenn dies durchaus eine Möglichkeit darstellt. Vielmehr gehen wir davon aus, dass diese Ausblendungen bereits in den diskursiv vorherrschenden Thematisierungs- und Unterscheidungsweisen angelegt sind.

Thema Involviertheit/Nicht-Involviertheit. Abschließend gehen wir der Frage nach, was in Aushandlungen über den Status von Rassismuserfahrungen für professionelles Handeln über „Professionalität" und den Fortbildungsraum zum Ausdruck kommt sowie was dies für ein professionelles pädagogisches Handeln in Fortbildungssituationen bedeuten kann.

8.2 Rassismuserfahrung und professionelles Handeln in der Migrationsarbeit

Mit der Analyseperspektive der ideologietheoretischen Rassismustheorie kann Rassismus (s. Kap. 4) als diskursive Praxis verstanden werden, „in der Gewohnheiten des Denkens und Handelns ermöglicht und nahegelegt werden" (Mecheril/Melter 2010, S. 157) und die hierarchische Differenz symbolischer und materieller Privilegien legitimiert wird. An rassistische Unterscheidungen anschließende und diese vermittelnde Muster werden in der vorstrukturierten Praxis der Subjekte angeeignet. Die Ordnung rassistischer Unterscheidung stellt in diesem Sinne einen *Kontext der Subjektivierung* dar, in dem aus Individuen Subjekte werden (Broden/Mecheril 2010). Rassismus als Differenzordnung strukturiert Räume, in denen Individuen sich als spezifische Subjekte erfahren und im Zuge dieser Erfahrungen ihre Handlungsfähigkeiten und Selbstverständnisse, die stets an die Struktur des Kontexts gebunden sind, ausbilden. In der aktiven Aneignung der Strukturen des Raumes nehmen die Subjekte diese auf und bestätigen sie, transformieren und modifizieren diese aber auch; immer jedoch in Relation zu den bereits bestehenden Vorstrukturierungen des Raumes.

Die Kategorie Rassismuserfahrung nimmt die gesellschaftlich vermittelte Erfahrung, in einem degradierten Sinne als natio-ethno-kulturell kodierter Andere/r zu gelten, sowie den sozial vorstrukturierten Umgang mit diesen Erfahrungen in den Blick. Die Eingebundenheit, Verstrickung und Involviertheit in die Ordnung des Rassismus artikuliert sich jedoch nicht einseitig über degradierende Rassismuserfahrungen. Die Rassismuskritik geht vielmehr davon aus, dass das Erleben, Wissen und Handeln aller Subjekte auch von Rassekonstruktionen vermittelt ist und Erleben, Wissen und Handeln unter bestimmten Bedingungen Rassekonstruktionen artikulieren. Privilegierung versus Degradierung bzw. Privilegierungserfahrung und Rassismuserfahrung verweisen auf unterschiedliche Modi und unterschiedliche Konsequenzen der Involviertheit. Die Kategorie Rassismuserfahrung verweist demnach zwar explizit auf von Rassismus degradierte Subjektpositionen und deren Konstruktionscharakter, macht implizit jedoch auch durch Rassismus privilegierte Subjektpositionen zum Thema. Die Kategorie Rassismuserfahrung verweist damit auch darauf, dass die Position derer, die in den von Rassekategorien vermittelten und diese stärkenden Ordnungen als fraglos zugehörig gelten, nicht den Nullpunkt, den Punkt der Neutralität darstellt, sondern wie die Position derer, die in durchaus unterschiedlichen Weisen rassistisch belangbar sind[2], als gesellschaftlich vermittelte Subjektposition zu fassen ist, die mit gewissen Bereitschaften des Denkens, Handelns und Fühlens einhergeht (vgl. auch: Bönkost 2016; Matias 2016; Tißberger 2017).

Wie Untersuchungen zu Alltagsrassismus (Belina 2016; Essed 1991; Jäger/Jäger 2007; Leiprecht 2001; Marmer/Sow 2015; Velho 2016) oder Formen institutioneller Diskriminierung (Gomolla 2010, 2015) nahelegen, sind Rassismuserfahrungen nicht auf angedrohte oder faktische, körperliche Gewalterfahrungen beschränkt. Es können weitere Formen von Rassismuserfahrungen differenziert werden. Nach einer vor einigen Jahren vorgeschlagenen Heuristik können Rassismuserfahrungen wie folgt unterschieden werden (Mecheril 2003: 67 ff.):

a) Ausprägungsart:
   – massiv (etwa: körperliche Gewalt, Beschimpfung)
   – subtil (etwa: Zuschreibungen im Rahmen von interkulturell kodierten Situationen wie dem „Interkulturellen Frühstück" (Kalpaka 2015) oder in „Herkunftsdialogen" (Battaglia 2007))
b) Vermittlungskontext:
   – institutionell und organisational (etwa in Verwaltungen, Bildungsinstitutionen, bei der Polizei, in der Arbeit etc.)
   – individuell (durch Handlungsweisen einzelner Personen)
c) Vermittlungsweise:
   – kommunikativ (unmittelbar in Interaktionen)
   – imaginativ (über Vorstellungen, Träume, Befürchtungen und Bilder)
   – medial (Zeitungs-, Radio-, Fernsehberichte etc.)
d) Erfahrungsmodus:
   – persönlich (Belangungserfahrung, die Ego macht)

---

[2] So kann davon ausgegangen werden, dass Schwarze Deutsche vermutlich tendenziell andere Rassismuserfahrungen machen als etwa muslimisch oder türkisch adressierte Deutsche, „osteuropäische Arbeitsmigrant/innen" oder als Roma, Sinti oder jüdisch positionierte Deutsche, insofern insbesondere in Zeiten eines „post-racism" eine Vielfalt an Rassismen mit den unterschiedlichsten Bedingungen funktional artikuliert werden kann.

- identifikativ (Belangungserfahrung, die Ego über die singuläre Belangungserfahrung nahestehender Personen macht[3])
- vikariell (Belangungserfahrung von Ego in der Position der Beobachter/in: Belangungserfahrungen, die andere machen, gehen Ego in der Weise an, dass andere an Egos statt belangt werden)
- kategorial (Belangungserfahrung von Ego bei der Rezeption von allgemeinen, auf generalisierte Andere bezogene Belangungssymbole)

Weiterhin können primäre von sekundären Rassismuserfahrungen unterschieden werden (Çiçek/Heinemann/Mecheril 2015; Melter 2006). Während primäre Rassismuserfahrungen direkt rassistisch degradieren und verletzen, werden unter sekundären Rassismuserfahrungen all jene negativen Erfahrungen gefasst, die bei der Thematisierung bzw. der Verhinderung der Thematisierung von (primären) Rassismuserfahrungen gemacht werden. Sekundäre Rassismuserfahrungen sind bspw. diejenigen Erfahrungen, die gemacht werden, wenn primäre Rassismuserfahrungen angesprochen, zugleich aber mittels Bagatellisierung („sei nicht so empfindlich") oder Verleugnung („bei uns gibt es keinen Rassismus[4]") wieder dethematisiert werden (zu De_Thematisierung s. Shure 2021).

Formen sekundärer Rassismuserfahrungen (die wiederum persönlich, identifikativ, vikariell oder kategorial sein können) verweisen darauf, dass die Thematisierung von rassistischer Realität und den von diesen vermittelten Erfahrungen alles andere als einfach ist. Insbesondere im postkolonial und postnationalsozialistisch geprägten Kontext des Nationalstaats Deutschland findet die Thematisierung von Rassismus unter erschwerten Bedingungen statt. Dies kann mit der Erfahrung der Dethematisierung und Bagatellisierung von Rassismuserfahrungen einhergehen (hierzu: Çiçek/Heinemann/Mecheril 2015; Melter 2006; Messerschmidt 2010). Da die Gründung der Bundesrepublik von dem Versuch gekennzeichnet war, in der Proklamation eines Neuanfangs die nationalsozialistische Vergangenheit hinter sich zu lassen, war Rassismus als Diagnose gegenwärtiger Verhältnisse in Deutschland lange unaushaltbar und unhaltbar. Dies wirkt nach wie vor. Vor dem Hintergrund der nationalsozialistischen Geschichte hat der Rassismusvorwurf zu einem abwehrenden Umgang mit rassistischer Gewalt geführt, der zugespitzt dem Muster folgt, dass nicht sein kann, was nicht sein darf (Linnemann/Mecheril/Nikolenko 2013).

---

[3] *Weiße* Eltern schwarzer Kinder können Rassismuserfahrungen machen.

[4] So bestreitet der Präsident der Bundespolizeidirektion, Dieter Romann, die Existenz von Rassismus in der Polizei, „da die Dienstvorschriften Rassismus ausschließen" (zit. nach Gude/Stark 2012).

Da gesellschaftliche Ordnungen in und über Praxis hergestellt und aufrechterhalten werden und diese Ordnungen mit unterschiedlichen Positionen der Handlungsmacht und Verletzbarkeit verknüpft sind (vgl. etwa Butler 2013), ist die Schwierigkeit der Anerkennung und Benennung der Verletzungs- und Degradierungserfahrungen in die Strukturen der Ordnung selbst eingelassen. Die Kategorie Rassismuserfahrung bezieht sich auf die subjektivierende Wirkung von Praktiken, die über zumeist implizit bleibende Rassekonstruktionen vermittelt sind und mit der Herstellung von differenziellen (rassistisch degradierbaren versus nicht-degradierbaren) Subjektpositionen einhergehen[5]. Die Kategorie Rassismuserfahrung verweist also sehr wohl auf die unterschiedliche Involviertheit in natio-ethno-kulturelle Verhältnisse. Sie verweist aber damit nicht auf die „Nicht-Involviertheit" oder eine größere Distanziertheit von nicht-rassismuserfahrungsbegabten Subjekten. Vielmehr verdeutlicht sich in dem Privileg, weitgehend nicht rassistisch degradierbar zu sein, nicht nur die Involviertheit in über Rassekonstruktionen vermittelte Verhältnisse, sondern auch die Abhängigkeit der eigenen Privilegiertheit von der degradierten Position Anderer.

Worauf verweisen nun aber die Aushandlungen über den Status von Rassismuserfahrungen im Rahmen des Workshops, wenn uns Fragen professionellen Handelns in der Migrationsgesellschaft allgemein interessieren?

a) Professionalität wird in diesen Auseinandersetzungen zunächst als etwas deutlich, dem keine feststehende, selbstverständliche Bedeutung zukommt. Was als „professionell" gilt, ist vielmehr Teil von Aushandlungsprozessen, in denen um die dominante Bedeutung dessen, was als professionell anerkannt wird, argumentativ gerungen wird. Professionalität stellt damit eine Größe dar,

---

[5] Migrationsgesellschaftliche Differenzordnungen unterscheiden die in Deutschland lebenden Menschen in natio-ethno-kulturell fraglos zugehörige, prekär zugehörige und nichtzugehörige Gruppen (Mecheril 2003). Diese differenziellen Subjektpositionen wirken sich etwa auf die Verteilung von Privilegien und Benachteiligungen aus (s. etwa Studien zu alltäglicher, struktureller und/oder institutioneller Diskriminierung; überblicksartig etwa bei: Scherr/El-Mafaalani/Yüksel 2017). Zudem stellen die Erfahrungen, die man in Bezug zu diesen gesellschaftlich hergestellten Subjektpositionen macht, bedeutsame Referenzpunkte der eigenen Subjektkonstitution respektive Subjektivierung dar (etwa: Broden/Mecheril 2010; Rose 2012; Velho 2016). Integrationsarbeit bezieht sich explizit auf die Unterscheidung zwischen natio-ethno-kulturell unterschiedenen Gruppen. Trotzdem finden sich in aktuellen Publikationen zu Integrationsarbeit (etwa: Lietz 2017; Matter 2017) keine Auseinandersetzungen mit den (Nicht-)Rassismuserfahrungen der in diesem Feld beruflich Tätigen. Vielmehr herrscht weiterhin vorwiegend ein Fokus auf die Förderung der Integration – im Sinne von Anpassung oder auch der Ermöglichung von Teilhabe – der Anderen in die sogenannte Aufnahmegesellschaft vor.

die sich mit Bezug auf unterschiedliche normative Erwartungen konstituiert. Fortbildung wird hier zu einem Schauplatz der Aushandlung um die Bedeutung dessen, was als professionelles Handeln bzw. wer als professionell Handelnde/r erachtet wird. Dass „professionell" somit ein Deutungs- und Kommunikationsmittel ist, den eigenen Status aufzuwerten, ist somit ein erstes Moment, das für Professionalisierungsprozesse zu gewinnen wäre: Welche instrumentelle Funktion kommt dem Einsatz des Kürzels (das oder jene/r sei nicht oder durchaus) professionell zu? Wer nutzt es wann und wie, um wen oder was wie zu positionieren? Wem nutzt und wem oder was schadet dieses Deutungs- und Kommunikationsmanöver?

b) Die Kommunikationspraxis, „ist professionell" bzw. „ist nicht professionell", sowie die Auseinandersetzung mit der Frage, welche Bedeutung und Konsequenzen von Rassekonstruktionen vermittelten und/oder diese bestärkenden Diskriminierungserfahrungen für die professionelle Tätigkeit zukommt, sind weiterhin von der Schwere des Themas Rassismus und auch des Themas Rassismuserfahrungen vermittelt: Professionelles Handeln in der Migrationsgesellschaft ist sich dieser Schwere und der Schwierigkeit über Rassismus zu sprechen, bewusst: Es gehört zur Programmatik der meisten demokratischen Kontexte, dass die Idee und Praxis der benachteiligenden Einteilung von Menschen nach Gesichtspunkten wie Kultur, Geschlecht, Religion oder Rassekonstruktionen nicht akzeptabel ist. Mit dem Wort Rassismus wird in demokratischen Zusammenhängen auf Phänomene hingewiesen, die aus grundlegenden normativen Überzeugungen abgelehnt werden. Rassismus – dies darf als zumindest rhetorischer Konsens in der deutschsprachigen Öffentlichkeit gelten – ist etwas „Schlechtes". Auch dies macht es schwierig, Rassismus als Analysekategorie für „das Eigene" zu verwenden. Diese Schwierigkeit ist nicht nur kennzeichnend für Diskurse in Politik und Wissenschaft im deutschsprachigen Raum; die Schwierigkeit findet sich auch auf der Ebene situierter, alltäglicher Interaktionen (auch in pädagogischen Feldern). Phänomene der Dethematisierung von rassistischen Erfahrungen durch (sozial-)pädagogische Professionelle sind in diversen Arbeiten (Akbaş 2018; Linnemann/Ronacher 2016; Matias 2016; Melter 2006; Tißberger 2017; Walgenbach/Reher 2016) nachgezeichnet worden. In diesen Arbeiten zeigt sich, dass das Sprechen über Rassismus bei Personen, die keine Rassismuserfahrungen machen, mit Gefühlen der unangenehmen Verantwortung verknüpft sein und als Hinweis auf die eigene privilegierte Stellung verstanden werden kann. Das Sprechen über Rassismus ist problematisch, weil insbesondere im deutschsprachigen Raum dieses Sprechen in einer zuweilen diffusen Weise mit Vorwürfen und dem Versuch ihrer Entkräftung verbunden ist. Das Nicht-Wissen(-Wollen) in Bezug auf an Rassismus anschließende Phänomene hat für Pädagog/innen eine subjektive und institutionelle Funktion der Reduktion von Konflikten innerhalb des Hilfesystems (Kalpaka 2009).

Die Abwehr der Auseinandersetzung mit Rassismus aufgrund einer vagen, aber wirksamen Angst davor, einer Schuld bezichtigt zu werden, ist eines der Themen, die in der *Critical Whiteness-Forschung* (Bönkost 2017; Digoh/Golly 2015; Tißberger et al. 2017; Wollrad 2005; Pech 2006) zum Thema werden. Für Mehrheitsangehörige, die von rassistischen Praktiken direkt oder indirekt (etwa, weil sie unbehelligt Orte aufsuchen können, ohne in Bezug auf Hautfarbe und Herkunft angegriffen zu werden, weil sie nicht fürchten müssen, aufgrund ihres Namens auf dem Wohnungs-, Arbeits- und Heiratsmarkt benachteiligt zu werden und diese Benachteiligungen erfahren) profitieren, kann es unangenehm sein, über Rassismus zu sprechen, da die eigene privilegierte Position in einem historisch entstandenen System der Ungleichheit deutlich wird. Dadurch stellt die Nicht-Thematisierung von Rassismus im eigenen Nahbereich und der eigenen professionellen Wirklichkeit ein potenzielles Mittel der Bewahrung von Privilegien dar. Aber auch bei Personen, die Rassismuserfahrungen machen und über ein mindestens implizites Wissen über Rassismus verfügen (Terkessidis 2004), ist Rassismus ein zuweilen problematisches Gesprächsthema (vgl. etwa Badawia 2002; Keim 2003; Scharathow 2014; Schramkowski 2007): Denn das Gewahr-Werden eigener Rassismuserfahrungen kann eine Ernüchterung im Hinblick auf die eigene gesellschaftliche Position nach sich ziehen, auch mit Erinnerungen an schmerzvolle Erfahrungen verknüpft sein. Bei Rassismuserfahrungen handelt es sich zuweilen um die Erfahrung von Hilflosigkeit und die Erfahrung, dass Solidarität und Rechte vorenthalten werden. Zudem führt die Thematisierung von Diskriminierungserfahrungen nicht selten dazu, dass erstens die Wirklichkeit dieser Erfahrungen bestritten und zweitens, dass das Ansehen der Person, die die Erfahrung artikuliert, herabgewürdigt wird (Messerschmidt 2010; Çiçek/Heinemann/Mecheril 2015). Sprechen über Rassismus und die Erfahrung rassistischer Diskriminierung ist weiterhin „schwierig", weil sich rassistische Momente darin reproduzieren können (Deilami 2011).

c) Das Wissen um die von der eigenen migrationsgesellschaftlichen Biographie vermittelten Empfindsamkeiten, das Wissen über Tendenzen der Abwehr, aber auch des Aufbauschens, die Distanznahme von Phänomenen der Verhaftung in der eigenen Affektivität stellt Teil professionellen Handelns in der Migrationsgesellschaft dar. Zugleich kann diese reflexive Distanznahme nicht dazu führen, dass professionelles Handeln unter allen Umständen und immer möglich ist. Anders als professionalitätstheoretische Überlegungen, die Professionalität an bestimmte Berufsgruppen (Ärzt/innen, Jurist/innen…) binden oder Professionalität als nahezu kontextunabhängige Größe („Kompetenz") verstehen, gehen wir davon aus, dass professionelles Handeln sich unter spezifischen Bedingungen und in Abhängigkeit sozialer Konstellationen ereignet. Das Wissen darum, in welchen Konstellationen ich nicht zu professionellem Handeln in der Lage bin, etwa weil ich als rassismuserfahrungsbegabtes Subjekt nicht imstande, aber auch nicht bereit bin, mit rassistisch agierenden Personen(gruppen) zu arbeiten und auch das Wissen darum, dass diese Personen(gruppen) sich auf das unbestimmt spezifische soziale Verhältnis einer beruflichen pädagogischen Situation mit mir nicht einlassen würden, das Wissen, dass ich als nicht-rassismuserfahrungsbegabtes Subjekt womöglich nur eingeschränkt einen Rahmen mitgestalten kann, in dem Rassismuserfahrungen rassistisch belangbarer Gegenüber artikuliert und erkundet werden, ist Bestandteil professionellen Handelns. Nicht jede/r kann und muss mit jedem – auch in der Bildungsarbeit nicht (s. etwa die Auseinandersetzungen um „geschützte Räume" in der Bildungsarbeit: Benbrahim 2017; Kalpaka 2009; Yiğit/Can 2009).

Literatur

Akbaş, B. (2018). *Von Sprachdefiziten und anderen Mythen: Eine Studie zum Nicht-Verbleib von Elementarpädagoginnen und -pädagogen mit Migrationshintergrund*. Wiesbaden: Springer VS.

Badawia, T. (2002). *"Der Dritte Stuhl". Eine Grounded Theory-Studie zum kreativen Umgang bildungserfolgreicher Immigrantenjugendlicher mit kultureller Differenz*. Frankfurt a.M.: IKI – Verl. für Interkulturelle Kommunikation.

Battaglia, S. (2007). Die Repräsentation des Anderen im Alltagsgespräch: Akte der natio-ethno-kulturellen *Belangung* in Kontexten prekärer Zugehörigkeiten. In A. Broden & P. Mecheril (Hrsg.), *Re-Präsentationen. Dynamiken der Migrationsgesellschaft*. Zugriff am 25.02.2021 unter www.IDA-Nrw.de

Belina, B. (2016). Der Alltag der Anderen: Racial Profiling in Deutschland? In B. Dollinger & H. Schmidt-Semisch (Hrsg.), *Sicherer Alltag? Politiken und Mechanismen der Sicherheitskonstruktion im Alltag* (S. 125–146). Wiesbaden: Springer VS.

Benbrahim, K. (2017). Empowerment-Räume als Orte der Sichtbarmachung von Rassismus- und Diskriminierungserfahrungen im Kontext von Flucht und Asyl. In K. Koch, i.A. des IDA-NRW (Hrsg.), *kontext.flucht. Perspektiven für eine rassismuskritische Jugendarbeit mit jungen geflüchteten Menschen* (S. 23–27). Düsseldorf: IDA-NRW. Zugriff am 08.03.2020 unter https://www.ida-nrw.de/fileadmin/user_upload/brosch_flyer/IDA-NRW_Reader_kontext.flucht.pdf

Bönkost, J. (2016). Weiße Emotionen – Wenn Hochschullehre Rassismus thematisiert. *Antirassistisch-Interkulturellen Informationszentrum ARiC Berlin e. V.*. Zugriff am 08.03.2020 unter http://www.aric.de/fileadmin/users/aric/PDF/Weisse_Emotionen_Wenn_Hochschullehre_Rassismus_thematisiert.pdf

Bönkost, J. (2017). *Normalisierung weißer Emotionen als Strategie rassismuskritischer Bildungsarbeit*. Zugriff am 07.05.2021 unter https://diskriminierungsfreie-bildung.de/wp-content/uploads/2020/04/Normalisierung-weißer-Emotionen-als-Strategie-rassismuskritischer-Bildungsarbeit.pdf

Broden, A., & Mecheril, P. (Hrsg.) (2010). *Rassismus bildet. Bildungswissenschaftliche Beiträge zu Normalisierung und Subjektivierung in der Migrationsgesellschaft*. Bielefeld: transcript.

Butler, J. (2013). *Haß spricht. Zur Politik des Performativen*. 4. Aufl., Berlin: Suhrkamp.

Çiçek, A., Heinemann, A., & Mecheril, P. (2015). Warum so empfindlich? Die Autorität rassistischer Ordnung oder ein rassismuskritisches Plädoyer für mehr Empfindsamkeit. In B. Marschke & H.-U. Brinkmann (Hrsg.), „*Ich habe nichts gegen Ausländer, aber...*". *Alltagsrassismus in Deutschland* (S. 143–168). Münster: Lit.

Deilami, Z. (2011). Zur Relevanz einer selbstkritischen Auseinandersetzung mit dem eigenen Alltagsrassismus. In W. Scharathow & R. Leiprecht (Hrsg.), *Rassismuskritik. Bd. 2: Rassismuskritische Bildungsarbeit* (S. 366–377). 2. Aufl., Schwalbach/Ts.: Wochenschau.

DiAngelo, R. (2011). White Fragility. *International Journal of Critical Pedagogy, 3*(3), 54–70.

Digoh, L., & Golly, N. (2015). Kritisches Weißsein als reflexive und analytische Praxis zur Professionalisierung im Bildungsbereich. In E. Marmer & P. Sow (Hrsg.), *Wie Rassismus aus Schulbüchern spricht* (S. 54–71). Weinheim: Beltz.

Essed, P. (1991). *Understanding Everyday Racism. An Interdisciplinary Theory*. Newbury Park u. a.: SAGE.

Gomolla, M. (2010). Institutionelle Diskriminierung. Neue Zugänge zu einem alten Problem. In U. Hormel & A. Scherr (Hrsg.), *Diskriminierung. Grundlagen und Forschungsergebnisse* (S. 61–93). Wiesbaden: Springer VS.

Gomolla, M. (2015). Institutionelle Diskriminierung im Bildungs- und Erziehungssystem. In R. Leiprecht & A. Steinbach (Hrsg.), *Schule in der Migrationsgesellschaft. Ein Handbuch. Bd. 1: Grundlagen – Diversität – Fachdidaktiken* (S. 193–219). Schwalbach/Ts: debus Pädagogik.

Gude, H., & Stark, H. (2012). „Ein Stahlgewitter". *Der Spiegel, 65*(45).

Jäger, M., & Jäger, S. (2007). *Deutungskämpfe. Theorie und Praxis Kritischer Diskursanalyse*. Wiesbaden: VS.

Kalpaka, A. (2009). „Parallelgesellschaften" in der Bildungsarbeit – Möglichkeiten und Dilemmata pädagogischen Handelns in „geschützten Räumen". In G. Elverich, A. Kalpaka & K. Reindlmeier (Hrsg.), *Spurensicherung. Reflexion von Bildungsarbeit in der Einwanderungsgesellschaft* (S. 95–166). Münster: Unrast.

Kalpaka, A. (2015). Pädagogische Professionalität in der Kulturalisierungsfalle – Über den Umgang mit „Kultur" in Verhältnissen von Differenz und Dominanz. In R. Leiprecht & A. Steinbach (Hrsg.), *Schule in der Migrationsgesellschaft. Ein Handbuch. Bd. 2: Sprache – Rassismus – Professionalität* (S. 289–312). Schwalbach/Ts: debus Pädagogik.

Keim, S. (2003). *„So richtig deutsch wird man nie sein..." – Junge Migrantinnen und Migranten in Deutschland. Zwischen Integration und Ausgrenzung*. Frankfurt a.M.: IKO – Verl. für Interkulturelle Kommunikation.

Leiprecht, R. (2001). *Alltagsrassismus. Eine Untersuchung bei Jugendlichen in Deutschland und den Niederlanden.* Münster: Waxmann.
Lietz, R. (2017). *Professionalisierung und Qualitätssicherung in der Integrationsarbeit. Kriterien zur Umsetzung von Integrationslotsenprojekten.* Opladen u. a.: Budrich UniPress Ltd.
Linnemann, T., Mecheril, P., & Nikolenko, A. (2013). Rassismuskritik. Begriffliche Grundlage und Handlungsperspektiven in der politischen Bildung. *Zeitschrift für internationale Bildungsforschung und Entwicklungspädagogik (ZEP), 36*(2), 10–14.
Linnemann, T., & Ronacher, K. A. (2016). „Rassismus und Weißsein, das spielt bei uns keine Rolle"!? – Critical Whiteness-Perspektiven auf kulturelle Bildung. In M. Ziese & C. Gritschke (Hrsg.), *Geflüchtete und Kulturelle Bildung. Formate und Konzepte für ein neues Praxisfeld* (S. 187–200). Bielefeld: transcript.
Marmer, E., & Sow, P. (Hrsg.) (2015). *Wie Rassismus aus Schulbüchern spricht.* Weinheim: Beltz.
Matias, C. E. (2016). *Feeling White. Whiteness, Emotionality, and Education.* Rotterdam: Sense.
Matter, M. (Hrsg.) (2017). *Auf dem Weg zur Teilhabegesellschaft. Neue Konzepte der Integrationsarbeit.* Göttingen: V&R unipress.
Mecheril, P. (2003). *Prekäre Verhältnisse. Über natio-ethno-kulturelle (mehrfach-) Zugehörigkeit.* Münster u. a.: Waxmann.
Mecheril, P., & Melter, C. (2010). Gewöhnliche Unterscheidungen. Wege aus dem Rassismus. In Mecheril, M. d. M. Castro Varela, Í. Dirim, A. Kalpaka & C. Melter (Hrsg.), *Bachelor | Master Migrationspädagogik* (S. 150–178). Weinheim/Basel: Beltz.
Melter, C. (2006). *Rassismuserfahrungen und Jugendhilfe. Eine empirische Studie zu Kommunikationspraxen in der sozialen Arbeit.* Münster: Waxmann.
Messerschmidt, A. (2010). Distanzierungsmuster. Vier Praktiken im Umgang mit Rassismus. In A. Broden & P. Mecheril (Hrsg.), *Rassismus bildet. Bildungswissenschaftliche Beiträge zu Normalisierung und Subjektivierung in der Migrationsgesellschaft* (S. 41–57). Bielefeld: transcript.
Pech, I. (2006). Whiteness – akademischer Hype und praxisbezogene Ratlosigkeiten? Überlegungen für eine Anschlussfähigkeit antirassistischer Praxen. In G. Elverich, A. Kalpaka & K. Reindlmeier (Hrsg.), *Spurensicherung. Reflexion von Bildungsarbeit in der Einwanderungsgesellschaft* (S. 63–92). Frankfurt a.M.: IKO – Verl. für Interkulturelle Kommunikation.
Rose, N. (2012). *Migration als Bildungsherausforderung. Subjektivierung und Diskriminierung im Spiegel von Migrationsbiographien.* Bielefeld: transcript.
Scharatow, W. (2014). *Risiken des Widerstandes: Jugendliche und ihre Rassismuserfahrungen.* Bielefeld: transcript.
Scherr, A., El-Mafaalani, A., & Yüksel, G. (Hrsg.) (2017). *Handbuch Diskriminierung.* Wiesbaden: Springer VS.
Schramkowski, B. (2007). *Integration unter Vorbehalt. Perspektiven junger Erwachsener mit Migrationshintergrund auf Integration.* Frankfurt a.M.: IKO – Verl. für Interkulturelle Kommunikation.
Shure, S. (2021). *De_Thematisierung migrationsgesellschaftlicher Ordnungen. Lehramtsstudium als Ort der Bedeutungsproduktion.* Weinheim/Basel: Beltz Juventa.

Terkessidis, M. (2004). *Die Banalität des Rassismus. Migranten zweiter Generation entwickeln eine neue Perspektive.* Bielefeld: transcript.
Tißberger, M. (2017). *Critical Whiteness. Zur Psychologie hegemonialer Selbstreflexion an der Intersektion von Rassismus und Gender.* Wiesbaden: Springer VS.
Tißberger, M., gem. mit Studierenden des Master-Studiengangs MSO 2015 (2017). Critical Whiteness als Praxis im Umgang mit Rassismus, Migration und Intersektionalität in der Sozialen Arbeit. In Ch. Stark (Hrsg.), *Interkulturelle Soziale Arbeit Forschungsergebnisse 2016* (S. 8–131). Linz: pro mente edition.
Velho, A. (2016). *Alltagsrassismus erfahren. Prozesse der Subjektbildung – Potenziale der Transformation.* Frankfurt a.M.: Peter Lang.
Walgenbach, K., & Reher, F. (2016). Reflecting on privileges: Defensive strategies of privileged individuals in anti-oppressive education. *Review of Education, Pedagogy, and Cultural Studies, 38*(2), 189–210.
Wollrad, E. (2005). *Weißsein im Widerspruch. Feministische Perspektiven auf Rassismus, Kultur und Religion.* Königstein im Taunus: Helmer.
Yiğit, N., & Can, H. (2009). Die Überwindung der Ohn-Macht. Politische Bildungs- und Empowerment-Arbeit gegen Rassismus in People of Color-Räumen – das Beispiel der Projektinitiative HAKRA. In G. Elverich, A. Kalpaka & K. Reindlmeier (Hrsg.), *Spurensicherung. Reflexion von Bildungsarbeit in der Einwanderungsgesellschaft* (S. 167–194). Frankfurt a.M.: IKO – Verl. für Interkulturelle Kommunikation.

Prof. Dr. Paul Mecheril Universität Bielefeld, Professur für Erziehungswissenschaft mit dem Schwerpunkt Migration, AG 10 Migrationspädagogik und Rassismuskritik, Email: paul.mecheril@uni-bielefeld.de

Matthias Rangger Universität Bielefeld, Fakultät für Erziehungswissenschaft, Wissenschaftlicher Mitarbeiter in der AG 10 Migrationspädagogik und Rassismuskritik, Email: matthias.rangger@uni-bielefeld.de

Und wenn ich dann das Wort – zum Beispiel: Rassismus – nenne... – (Nicht-) Sprechen-Können und Professionalität

Paul Mecheril und Matthias Rangger

9.1 Über Rassismus sprechen (können)

In einem Interview mit einer Teilnehmerin der Fortbildung – fünf Module waren bereits durchgeführt – wurde sie unter anderem zu ihrem beruflichen Handlungsfeld befragt: Was sind Ihre Aufgaben? Was die allgemeinen Herausforderungen, die Sie in Ihrem beruflichen Alltag sehen? Können Sie uns hierzu ein spezifisches Beispiel aus Ihrer Praxis schildern? Im zweiten Teil des Interviews ging es um eine Einschätzung der Fortbildungsreihe: Was fanden Sie gut? Was fanden Sie nicht so gut? Was erscheint Ihnen wichtig, uns in Bezug auf die Fortbildungsreihe mitzuteilen? Die nachfolgende Interviewsequenz stammt aus dem zweiten Interviewteil. Die Teilnehmerin gab hier eine allgemeine Rückmeldung zu der Fortbildung; dazu, was sie als gelungen an der bisherigen Fortbildungsreihe empfand und was weniger. In ihrer Antwort betont sie zu Beginn, dass sie sich sehr freut, dass die Fortbildungsreihe stattfindet, kritisiert aber die Räumlichkeiten, in denen die Termine in der Großgruppe (60 Personen) durchgeführt wurden. Im Anschluss führt sie aus, dass sie das, *„was ich bisher mitgenommen habe"*, als *„sehr, sehr gut"* empfand, und dass sie auch darin gestärkt wurde, Rassismus als Deutungsschema (wieder) heranzuziehen:

> *„Ich persönlich fand die bisherigen Sitzungen der Fortbildungsreihe und was ich bisher mitgenommen habe, wie gesagt, das war für mich sehr, sehr gut und es hat mich auch*

ein bisschen darin gestärkt, weil ich hatte mal zwischendurch so das Gefühl, oh mein Gott, vielleicht bin ich so stark sensibilisiert, dass ich auf jedes Wort von Deutschen reagiere und dass dann immer so empfinde. Und dass ich immer wieder, so wie ich anfangs in Deutschland neu war, so immer geguckt habe, nicht aufzufallen oder nicht immer alles so gegen mich gerichtet sehe, was auch nicht immer so der Fall ist, aber das hat mich gestärkt [...]." (I/02, 349–356)

Die Teilnehmerin geht hier im Rahmen des Interviews auf die Bedeutung ein, die die Thematisierung bestimmter Erfahrungen unter der Kategorie Rassismus für sie hat. Eigene Erfahrungen als sie „*anfangs in Deutschland neu*" war, werden angesprochen – Erfahrungen als Nicht-Deutsche wahrgenommen und einer bestimmten Behandlung durch Personen ausgesetzt gewesen zu sein, die gemeinhin als Deutsche gelten. Sie habe aber gelernt, sich zu fragen, ob die Bedeutung und Intensität der Erfahrungen nur auf ihre eigene „Sensibilität" und „Empfindlichkeit" zurück zu führen sind. In diesem Zusammenhang wird für die Teilnehmerin die Thematisierung von Rassismus im Fortbildungskontext bedeutsam; diese bezeichnet sie als stärkend. Diese Einschätzung wird von ihr im weiteren Interviewverlauf wiederholt und bekräftigt:

„weil wie ich gesagt habe, durch diese Fortbildung bin ich wieder zu dem eigentlich ursprünglichen Thema des Menschens. Meine Legitimation erhalte ich nicht dadurch, wenn ich andere für schuldig halte oder ausgrenze oder die für unfähig halte oder die für defizitär sehe, ne, und so existiere. Und dafür bin ich auch sehr dankbar und dafür komme ich auch sehr gerne, also ich bin dann so sechs Stunden mindestens unterwegs und – also ich würde mir das generell regelmäßiger wünschen. Und eine Form finden, die wir dann auch vor Ort umsetzen können, also dass man dann auch in den jeweiligen Kommunen so eine kleine Einheit für Schulleitungen, Lehrer, Politiker. So das Thema einfach mal, aber wirklich auch beim Namen zu nennen." (I/02, 356–368)

Die Teilnehmerin verweist hier erneut darauf, dass sie die Thematisierungen im Fortbildungskontext und *„das Thema einfach mal, aber wirklich auch beim Namen zu nennen"*, als stärkend empfunden hat. Dafür nimmt sie auch gerne einen großen zeitlichen Aufwand von mehreren Stunden in Kauf, um an der Fortbildung teilzunehmen und wünscht sich, dass eine Auseinandersetzung dieser Art häufiger und auch mit anderen Akteur/innen stattfinden würde und dass sie *„eine Form finden [würden], die wir dann auch vor Ort umsetzen können"* (I/02, 361–362).

In mehrerlei Hinsicht hebt die Teilnehmer/in die Bedeutung der Auseinandersetzungen im Fortbildungskontext hervor. Einerseits wird es ihr mithilfe der im Fortbildungskontext angebotenen (rassismuskritischen) Perspektive möglich, ihre eigenen Erfahrungen anders zu artikulieren, das heißt mit einem anderen Sinn zu versehen, als sie dies vorher „lernte" zu tun (zu Rassismuskritik und Artikulation s. Kap. 4). Hatte sie selbst bereits an sich gezweifelt und sich überlegt, ob sie vielleicht einfach „*so stark sensibilisiert [sei], dass ich auf jedes Wort von Deutschen reagiere und dass dann immer so empfinde*", so hat die Fortbildungsreihe sie darin bestärkt, ihre Erfahrungen unter der Perspektive Rassismus zu verstehen und zu artikulieren. Im Gegensatz zu einer individualistischen („zu sensibel sein") und assimilatorischen („nicht auffallen") Perspektive legt Rassismuskritik den Fokus auf implizite wie explizite Rassekonstruktionen, die ungleiche natio-ethno-kulturell kodierte Zugehörigkeitsordnungen zu dem Kontext, der hier als „Deutschland" bezeichnet wird, als legitim erscheinen lassen und stellt diese infrage.

Es scheint plausibel, dass es sich bei den Erfahrungen, auf die sich die Teilnehmer/in bezieht, um die Erfahrung der Degradierung als migrationsgesellschaftlich Andere im Zugehörigkeitskontext „Deutschland" handelt. Als jemand, die *„in Deutschland neu war"*, vernimmt sie Äußerungen und Worte, die sie als gegen sie gerichtet erlebt.

Nicht nur die Erfahrung der Degradierung wird im Fortbildungskontext von der Teilnehmer/in mit einem anderen Sinn versehen, sondern auch ihre eigene Umgangsweise damit und das Selbstverhältnis, das sich darin artikuliert: Bezichtigte sie sich anfangs, möglicherweise zu „übersensibel" zu sein, so ermöglicht ihr die rassismuskritische Perspektive eine Einsicht in dominanzkulturelle Verhältnisse und damit zu sich selbst. Der Umstand, dass eigene Erfahrungen als „zu sensibel" verstanden und benannt werden, wie auch der Wunsch, nicht aufzufallen, nicht salient zu sein (Battaglia 1995), verweisen auf entsprechende vulnerable Positionen im Rahmen (migrations-)gesellschaftlicher Verhältnisse. In diesem Sinne muss auch das *„self-blaming"*, die Selbstbezichtigung als zu sensibel als Selbstverständnis verstanden werden, das mit der spezifischen Positionierung im Rahmen der vorherrschenden gesellschaftlichen Verhältnisse und vorherrschenden ideologischen Deutungsweisen einhergeht. In der Scham bestätigt diejenige, die negativ mit einer Logik stabil differenzieller Verteilung von Missachtung konfrontiert wird, die Gültigkeit und bis zu einem bestimmten Punkt auch die Legitimität dieser Logik (Neckel 1991; Goffman 2016).

Die Gehalte der rassismuskritischen Perspektive bezeichnen für die Teilnehmerin jedoch keine gänzlich neuen Zusammenhänge. Sie beschreibt ihren Bildungsprozess damit nicht schlicht als Zuwachs neuen Wissens, sondern als Zugang zu verborgenem und aufgrund der Macht der Verhältnisse, die darauf wirken, was gewusst und gesagt werden kann, verschüttetem Wissen. Biografisch war für die Teilnehmerin das Wissen um rassistisch unterscheidende Verhältnisse als eine Art implizites Wissen dem Prinzip nach immer schon da. Mark Terkessidis (2004, S. 115 ff.) unterscheidet drei Typen von Wissen über Rassismus bei „Migrant/innen": (1) eine Art praktisches und implizites Erfahrungswissen über

Rassismus, für das jedoch der Analysebegriff Rassismus dem Subjekt (noch) nicht zugänglich ist bzw. fehlt; (2) ein Wissen über offensichtlich rassistische Erlebnisse und (3) ein generelles, abstraktes bzw. theoretisches Wissen über Rassismus. Es kann davon ausgegangen werden, so Terkessidis, dass insbesondere Typ 1 bei allen als Migrant/innen geltenden Subjekten anzutreffen ist und dass man aber „[a]ngesichts der Probleme, welche die deutsche Gesellschaft mit dem Thema Rassismus hat, und auch angesichts der immensen Begriffsverwirrung in der wissenschaftlichen Literatur, [...] kaum von den Betroffenen erwarten [kann], dass ausgerechnet sie nun explizite Vorstellungen vom Gegenstand [Rassismus] haben" (ebd., S. 115). Die Fortbildung reaktualisiert dieses implizite Wissen und differenziert es aus. Sie bietet den rassismuserfahrungsbegabten Teilnehmer/innen eine Sprache an, die es ihnen ermöglicht, ihre Erfahrungen in einer plausiblen und analytischen Weise in Worte zu fassen. Bildung kann darin auch als eine Art Reaktualisierung und Stärkung von (herrschaftskritischem) Wissen verstanden werden, das unter den gegebenen Bedingungen eher nicht sein darf (Geier/Mecheril 2017).

In diesem Sinne wird der Fortbildungszusammenhang zu einem Raum des Empowerments (s. Can in diesem Band und Yiğit/Can 2009). Empowerment zielt auf die Ermöglichung der Überwindung von Ohn-Mächtigkeit degradierter Subjekte in Verhältnissen der Differenz und Dominanz (Yiğit/Can 2009, S. 170). Dabei wird davon ausgegangen, „dass Veränderungen im alltäglichen, gesellschaftlichen Leben erst dann möglich und wirksam werden, wenn der Einzelne in die Lage versetzt wird, durch Bewusstwerdung und Selbstreflexion seine eigene Situation zu verstehen, um so Zugang zu den für die Veränderung notwendigen eigenen Ressourcen zu erlangen" (ebd., S. 171). Die ideologische „Stärkung" der Teilnehmerin verändert zwar noch nicht die materiellen und symbolischen Verhältnisse, in denen sich die Teilnehmerin alltäglich bewegt, wohl aber kann diese Form des Empowerments durchaus als eine Energie auch für professionspolitische Aktivitäten im eigenen beruflichen Feld verstanden werden. Die Teilnehmerin kommt im weiteren Verlauf des Interviews auf die Bedeutung der Analysekategorie Rassismus für ihr Arbeitsfeld zu sprechen:

„Teilnehmer/in: Wenn ich zum Beispiel von meiner Fortbildung erzähle – deswegen habe ich Sie ja gefragt, ob wir so eine Teilnahmebestätigung bekommen -, dann...
Interviewer/in: ...bekommen Sie übrigens. Ich weiß nicht, ob ich Ihnen davon schon eine Antwort gegeben habe (lacht leicht)...
Teilnehmer/in: ...(lacht auch) Nein. Nein und wenn ich dann das Wort – zum Beispiel: Rassismus – nenne, dann: hääää (sie schreckt leicht zurück und zieht die Stirn nach oben). Also dass das ein Tabu in dem Sinne in unseren Arbeitsbereichen ist, hätte ich

nicht gedacht. Deswegen bin ich aber sehr, sehr dankbar, dass dies angeboten wird und ich persönlich nehme sehr viel mit." (I/02, 368–374).

Die Thematisierung von Rassismus ist tabuisiert, auch, so die Interviewauskunft, im Arbeitsbereich der Teilnehmerin. Werde Rassismus zum Thema gemacht, dann folge eine Reaktion des Erschreckens, der Irritation respektive Verwunderung. Rassismus, so kann die Logik des Feldes, in dem die Teilnehmerin tätig ist, gelesen werden, liegt außerhalb des legitim Sagbaren *("dann: hääää")*. An der Fortbildung hebt sie positiv hervor, dass der Rahmen dessen, was legitimer Weise thematisierbar ist, eine Erweiterung erfährt. Die Erfahrung der Legitimität der Thematisierung von Rassismus wird hierbei von der Teilnehmerin über die Fortbildung hinaus „mitgenommen". Die Fortbildungsreihe wird als ein Ort der Ermöglichung skizziert, um geltende Ordnungen des Sprechens anders zu denken, Dinge zu thematisieren, die zuvor tabuisiert waren oder unter die Kategorie Überempfindlichkeit fielen. Während sie *„anfangs in Deutschland neu"* bestimmte Phänomene nicht unter der Kategorie Rassismus thematisieren konnte, wird dies im Kontext der Fortbildungsreihe möglich.

Die hier kommentierten Interviewangaben der Teilnehmerin machen deutlich, dass die Thematisierung migrationsgesellschaftlicher Wirklichkeit im Kontext der Fortbildungsreihe mitunter auch mit einer Thematisierung allgemein vorherrschender Sprechordnungen einhergeht (zur Verwobenheit von Thematisierung und Dethematisierung s. Shure 2021); diesen Zusammenhang nehmen wir im Folgenden in allgemeiner Einstellung in den Blick.

9.2 Die Thematisierung migrationsgesellschaftlicher Wirklichkeit und Sprechordnungen

Die Frage, welche Deutung als zutreffende gilt und welche nicht, welches Thema als respektabel gilt und welches nicht, und welche Sichtweise als zulässige gilt und welche nicht, hängt immer mit Macht- und Herrschaftsverhältnissen zusammen. Denn bestimmte Themen und Sichtweisen sind in bestimmten Kontexten sozial anerkannt, andere nicht und zudem sichern diese Verhältnisse der Sagbarkeit materielle und symbolische Verhältnisse der Privilegierung, ermöglichen und wiederholen sie. Was in einem bestimmten Kontext als sagbar oder nicht-sagbar gilt, verweist auf eine machtvermittelte und machterhaltende Sprechordnung. Ob in einem bestimmten Kontext die Kategorie Rassismus als angemessene Deutungsweise bestimmter sozialer Phänomene gilt oder aber ob die Thematisierung und Erkundung solcher Phänomene als Herrschaftsphänomene als Ausdruck einer „Überempfindlichkeit" Einzelner verstanden und kommuniziert wird, konstituiert sehr unterschiedliche Sprechzusammenhänge und damit unterschiedliche Kontexte der Erfahrungsartikulation sowie der Möglichkeit eigene Erfahrungen ebenso wie die Anderer zu begreifen und im Rahmen der Auseinandersetzung mit der Kontextualisierung dieser Erfahrungen gewissermaßen eine Andere zu werden, mithin in Bildungsprozesse einzusteigen.

Kontextrelative Sprechordnungen verweisen aber nicht nur darauf, was in einem bestimmten Kontext als sagbar oder nicht-sagbar gilt, sondern auch darauf, wer aus welcher sozialen Position heraus, was (nicht) sagen kann und welche De-/Legitimierungsstrategien für wen zur Verfügung stehen. Auf Letzteres richten wir im Folgenden unseren Fokus.

Darauf, dass die Frage des Sprechens in einem grundlegenden Sinne mit der Berechtigung zum Sprechen und der Anerkennung als kommunikatives und intelligibles Subjekt zu tun hat, hat bekanntermaßen Gayatri Ch. Spivak hingewiesen. In „Can the subaltern speak?" beschäftigt sich Spivak (2008) „anhand des Verbots der Witwenverbrennung ‚Sati' in Indien durch die englische Kolonialverwaltung" (Nandi 2006, S. 131) mit der Frage, wie in diesem Diskurs die betroffenen „Witwen" repräsentiert werden. Sie sprechen zwar, was sie aber sprechen, wird im hegemonialen Diskurs und von denen, die sie repräsentieren, jedoch nicht gehört, „weder von den indigenen Eliten noch von den Engländern" (ebd.).

> „Denn beide Seiten maßten sich an, für und damit auch an Stelle der betroffenen Frauen sprechen zu können. Die Kolonialverwaltung stellt sie als passive Opfer dar, die man vor ihrer eigenen Kultur schützen müsse, der brahmanischen Ideologie zufolge wählen die Witwen bewusst den Tod. In diesem Diskurs verschwindet die Stimme der betroffenen Frau." (ebd.)

„Sprechen-Können" ist keine Frage der bloßen Technik, sondern bedarf des Umstands, „einen Sprechakt vollständig zu vollziehen" (ebd.), also vollständig in dem Sinne, dass der Sprechakt eine Wirkung erzielt. Als subaltern positionierte Subjekte können für Spivak demnach nicht sprechen – nicht, weil ihnen die Fähigkeit, etwas (sprachlich) zum Ausdruck zu bringen, fehlen würde, sondern weil das zum Ausdruck-Gebrachte nicht (angemessen) Gehör findet. Es stößt nicht auf Resonanz in den hegemonialen Sprechordnungen.

> „Die Subalterne kann nicht ‚sprechen', das meint also, dass sogar dann, wenn die Subalterne eine Anstrengung bis zum Tode unternimmt, um zu sprechen, dass sie sogar dann nicht fähig ist, sich Gehör zu verschaffen – und Sprechen und Hören machen den Sprechakt erst vollständig." (Spivak 2008, S. 127)

Der letztlich zugehörigkeitstheoretische Gedanke (Mecheril 2003), dass Sprechvermögen nur vollständig ist, wenn mir zugehört wird, findet sich auch bei Pierre Bourdieu (vgl. zum Folgenden ausführlicher Mecheril/Quehl 2006). In der „Ökonomie des sprachlichen Tauschs" heißt es: „Die Sprachkompetenz, die ausreicht, um Sätze zu bilden, kann völlig unzureichend sein, um Sätze zu bilden, *auf die gehört wird*, Sätze, die in allen Situationen, in denen gesprochen wird, als rezipierbar anerkannt werden können. Auch hier ist die soziale Akzeptabilität nicht auf die Grammatikalität beschränkt. Sprecher ohne legitime Sprachkompetenz sind in Wirklichkeit von sozialen Welten, in denen diese Kompetenz vorausgesetzt wird, ausgeschlossen oder zum Schweigen verurteilt." (Bourdieu 2005, S. 60)

Der schriftliche und mündliche Gebrauch von Sprache ist eine soziale Praxis, die nicht nur etwas mit dem Vermögen zu tun hat, Äußerungen hervorzubringen, die als semantisch und grammatisch angemessen gelten, sondern ist vielmehr an Bedingungen eines differenziellen Systems der Legitimität des Gebrauchs (dies ist in etwa Bourdieus Kritik an der Sprachtheorie von de Saussure und von Chomsky) geknüpft. Bei performativen Äußerungen (im Sinne Austins) stellt sich nicht so sehr die Frage, ob sie wahr oder falsch sind, sondern ob sie glücken oder nicht glücken. Dieses Glücken ist aber nicht allein eine Frage der „Sprachkompetenz" im Chomskyschen Sinne, sondern auch eine Frage nach den sozialen und mikropolitischen Bedingungen, an die das „Glücken-Können" der Äußerungen von Sprecher/innen gebunden ist. Die Sprachkompetenz des idealisierten Sprechens bei Chomsky muss ergänzt werden um die gesellschaftlichen Voraussetzungen, Möglichkeiten und Restriktionen konkreter sprachlicher Produktionssituationen und *konkreter Sprecher/innen*. Die praktische Kompetenz empirischer Sprecher/innen

> „umfasst nicht nur die Fähigkeit, grammatische Äußerungen zu produzieren, sondern *auch* die Fähigkeit, sich Gehör, Glauben, Gehorsam und so weiter zu verschaffen. Wer spricht, muss sicherstellen, dass er unter den gegebenen Umständen zum Sprechen befugt ist. Und wer zuhört, muss der Ansicht sein, dass der Sprecher Aufmerksamkeit verdient. Diese Anerkennung des Rechts zu sprechen und die damit verbundenen, in allen Kommunikationssituationen implizit enthaltenen Formen von Macht und Autorität werden jedoch von einer Sprachwissenschaft, die den sprachlichen Austausch als einen intellektuellen Vorgang betrachtet, bei dem es nur um das Enkodieren und Dekodieren von grammatisch korrekten Aussagen geht, in der Regel ausgeblendet." (Bourdieu 2005, S. 9)

Der Gebrauch von Sprache hat nicht nur etwas mit der Frage zu tun, ob man grammatisch richtige Sätze produzieren kann, sondern auch mit der Frage, ob die Sprecher/in befugt ist, in einer gegebenen Situation zu sprechen, ob ihre sich in ihrer *Art zu sprechen* anzeigende und ihre Art zu sprechen begründende soziale Position positive Aufmerksamkeit und Anerkennung findet (oder nicht). Um konkrete Situationen des Sprechens zu verstehen, müssen wir uns in Erinnerung rufen, dass die Variation der Sprechweisen in einer Sprache (migrations-)gesellschaftlichen Abstufungen entspricht und diese sozialen Schattierungen reproduziert und produziert. Sprechen-Können stellt eine Art kontextspezifisch glückende Verkoppelung (Artikulation) von Subjektposition und legitimer Sprechweise dar, die nicht zuletzt diskursiv vermittelt ist.

Was wem als angemessenes und respektables Sprechen über (migrations-) gesellschaftliche Wirklichkeit gilt, wessen Stimme gehört und wessen Erfahrung ernst genommen wird, stellt eine bedeutsame und folgenreiche Frage dar – auch im Kontext der Fortbildung. Pädagogische Räume, wie der Raum der Fortbildung, können als Räume der Produktion, Reproduktion und Transformation von Sprechordnungen verstanden und reflektiert werden.

Wenn wir Sprechen-Können als ein kontextrelationales Phänomen verstehen, verweist dies für professionelles Handeln auf die Bedeutsamkeit der Thematisierung und Reflexion der spezifischen Bedingungen des (Nicht-)Sprechen-Könnens, die für das eigene Handlungsfeld charakteristisch sind als auch der mit diesen Sprechverhältnissen einhergehenden Effekte (Shure 2021). Wer spricht wie über wen oder was? Wer spricht nicht? Was ist legitim von wem sagbar, was nicht? Wer gilt eigentlich warum als anerkannte, professionelle Sprecher/in und unter welchen Voraussetzungen? Mit welchen Bedingungen hängt Sprechen-Können in diesem Feld zusammen? Welche Konsequenzen gehen damit einher? Wessen und welches Sprechen-Können werden als bedeutsamer, respektabler und schützenswerter angesehen? Wer profitiert in welcher Weise davon? Wer nicht? Wie kann eine normativ angemessene Sprechordnung aussehen, die nicht nur „den üblichen Verdächtigen" die Möglichkeit und Freiheit zum Sprechen ermöglicht?

Maßgaben, die für die Auseinandersetzung mit diesen Fragen im Sinne einer offenen, an der Veränderung von Herrschaftsverhältnissen interessierten Analyse differenzieller (migrations-) gesellschaftlicher Sprechordnungen und im Sinne der Ermöglichung von Prozessen migrationsgesellschaftlicher Professionalisierung aus rassismuskritischer Perspektive förderlich sein können, sind hierbei unter anderem diese:

1. *Es geht nicht um die Identifikation einzelner „Täter/innen", sondern um die Reflexion hegemonialer Machtverhältnisse!* Insofern wir davon ausgehen, dass Sprechordnungen, die bspw. über Rassekonstruktionen vermittelt sind, strukturierende Zusammenhänge darstellen, die den Einzelnen nicht jederzeit zugänglich und bewusst sind, interessiert sich eine rassismuskritische

Perspektive nicht vorrangig dafür, „die Rassist/in" respektive den rassistischen (Sprech-)Akt zu identifizieren. Rassismuskritik ist vielmehr eine (Lese-) Perspektive auf das Soziale (das Gesellschaftliche, das Organisationale, das Interaktive, das Subjektive), mit der gesellschaftliche Realität und auch die eigenen Erfahrungen in den Blick genommen werden können (s. Kap. 4). Mithilfe dieser Perspektive wird es dann möglich, degradierende Sprechordnungen und -praktiken sowie Missachtungserfahrungen und Erfahrungen der Respektabilität auf ihre Vermitteltheit von (verborgenen) Rassekonstruktionen zu befragen, in gewisser Weise „aufzuklären" und zu schwächen.

2. *Es geht nicht um selbstbezügliche Biografiearbeit, sondern um die Verbesserung des eigenen beruflichen Handelns!* Erkenntnisse über eigene Affekte, Handlungsweisen, Verlegenheiten, Deutungsbereitschaften, Betörbarkeiten etc. spiegeln in gewisser Weise die differenziell je unterschiedliche Involviertheit (Messerschmidt 2009) in migrationsgesellschaftliche (Sprech-)Verhältnisse wider. Diese Erkenntnis kann hilfreich sein, die eigene Geschichte mit einer anderen Bedeutung zu versehen, sie zu resignifizieren. Professionalisierung findet hierbei statt, wenn die Auseinandersetzung nicht auf der Ebene einer bloß selbstbezüglichen, sozusagen individualpsychologischen Biografiearbeit verbleibt, sondern vielmehr dann, wenn diese Biografiearbeit beruflich gewendet wird und Lernverhältnisse verhindernde oder stärkende Muster der Kommunikation oder subtile Formen differenzieller Ermutigung im eigenen beruflichen Feld erkennbar werden.

3. *Ziel der Auseinandersetzung ist nicht das moralische Urteil, vielmehr geht es darum, die Widersprüchlichkeit, Verkürzungen und Einseitigkeiten des eigenen Tuns kontinuierlich zu reflektieren!* Der Begriff Rassismus, ähnlich wie soziale Ungleichheit oder Diskriminierung, ist nicht allein ein analytischer, sondern auch ein stellungnehmender, bewertender und normativer Begriff. In der (pädagogischen) Öffentlichkeit gilt als Konsens, dass der Ausdruck Rassismus auf etwas hinweist, das per se ablehnenswert ist. Selbst wenn der Begriff als Analysekategorie für gegenwärtige Verhältnisse umstritten ist (Terkessidis 2018), so ist für Pädagog/innen klar, dass Rassismus etwas „Schlechtes" ist und Anstrengungen unternommen werden müssen, über Wege aus dem „Schlechten" nachzudenken. Gerade für jene Spielarten des Anti-Rassismus, die sich nicht reflexiv auf die eigene Normativität beziehen, ist herausgestellt worden, dass der antirassistische Moralismus zu begrifflichen Verkürzungen neigt und dazu, durch die Kraft des moralischen Urteils über andere selbst gewaltvoll zu werden (etwa: Gillborn 2000). Gerade für macht- und differenzkritische Perspektiven wie die der Rassismuskritik ist es insofern

sinnvoll, sich mit der Frage der Angemessenheit und der Effekte der normativen Grundierung der eigenen Praxis auseinanderzusetzen: Wo neigt die rassismuskritische Praxis, auch etwa aus der Verhaftung der Akteur/innen in eigene (Missachtungs-)Erfahrungen oder aufgrund des Begehrens moralischer Unantastbarkeit und politischer Selbstüberhöhung dazu, eine unangemessen distanzlose Praxis moralischen Urteilens zu sein?

Literatur

Battaglia, S. (1995). Interaktive Konstruktion von Fremdheit. Alltagskommunikation von Menschen binationaler Abstammung. *Journal für Psychologie, 3,* 16–23.
Bourdieu, P. (2005). *Was heißt sprechen? Zur Ökonomie des sprachlichen Tausches.* 2. Aufl., Wien: Braumüller.
Geier, T., & Mecheril, P. (2017). Diversität. In A. Kraus, J. Budde, M. Hietzge & Ch. Wulf (Hrsg.), *Handbuch Schweigendes Wissen. Erziehung, Bildung, Sozialisation und Lernen* (S. 235–245). Weinheim/Basel: Beltz Juventa.
Gillborn, D. (2000). Rassismus, Identität und Moderne: Pluralismus, moralischer Antirassismus und modellierbare Ethnizität. In T. Quehl (Hrsg.), *Schule ist keine Insel* (S. 72–96). Münster: Waxmann.
Goffman, E. (2016). *Stigma. Über Techniken der Bewältigung beschädigter Identität.* 23. Aufl., Frankfurt a.M.: Suhrkamp.
Mecheril, P. (2003). *Prekäre Verhältnisse. Über natio-ethno-kulturelle (Mehrfach-)Zugehörigkeit.* Münster u.a.: Waxmann.
Mecheril, P., & Quehl, T. (2006). Sprache und Macht. Theoretische Facetten eines (migrations)pädagogischen Zusammenhangs. In P. Mecheril & T. Quehl (Hrsg.), *Die Macht der Sprachen. Englische Perspektiven auf die mehrsprachige Schule* (S. 355–381). Münster: Waxmann.
Messerschmidt, A. (2009). *Weltbilder und Selbstbilder. Bildungsprozesse im Umgang mit Globalisierung, Migration und Zeitgeschichte.* Frankfurt a.M.: Brandes & Apsel.
Nandi, M. (2006). Gayatri Chakravorty Spivak: Übersetzungen aus Anderen Welten. In S. Moebius & D. Quadflieg (Hrsg.), *Kultur. Theorien der Gegenwart* (S. 129–139). Wiesbaden: VS.
Neckel, S. (1991). *Status und Scham. Zur symbolischen Reproduktion sozialer Ungleichheit.* Frankfurt a.M.: Campus.
Shure, S. (2021). *De_Thematisierung migrationsgesellschaftlicher Ordnungen. Lehramtsstudium als Ort der Bedeutungsproduktion.* Weinheim/Basel: Beltz Juventa.
Spivak, G. Ch. (2008). *Can the Subaltern Speak? Postkolonialität und subalterne Artikulation.* Wien: Turia + Kant.
Terkessidis, M. (2004). *Die Banalität des Rassismus. Migranten zweiter Generation entwickeln eine neue Perspektive.* Bielefeld: transcript.

Terkessidis, M. (2018). Rassismus definieren (1998/2017). In N. Foroutan, C. Geulen, S. Illmer, K. Vogel & S. Wernsing (Hrsg.), *Das Phantom „Rasse". Zur Geschichte und Wirkungsmacht von Rassismus* (S. 65–82). Wien u.a.: Böhlau.

Yiğit, N., & Can, H. (2009). Die Überwindung der Ohn-Macht. Politische Bildungs- und Empowerment-Arbeit gegen Rassismus in People of Color-Räumen – das Beispiel der Projektinitiative HAKRA. In G. Elverich, A. Kalpaka & K. Reindlmeier (Hrsg.), *Spurensicherung – Reflexion von Bildungsarbeit in der Einwanderungsgesellschaft* (S. 167–193). 2. Aufl., Münster: Unrast.

Prof. Dr. Paul Mecheril Universität Bielefeld, Professur für Erziehungswissenschaft mit dem Schwerpunkt Migration, AG 10 Migrationspädagogik und Rassismuskritik, Email: paul.mecheril@uni-bielefeld.de

Matthias Rangger Universität Bielefeld, Fakultät für Erziehungswissenschaft, Wissenschaftlicher Mitarbeiter in der AG 10 Migrationspädagogik und Rassismuskritik, Email: matthias.rangger@uni-bielefeld.de

Pippi Langstrumpf oder die Frage der Gültigkeit von Normen und Wissen

10

Paul Mecheril und Matthias Rangger

10.1 Literarische Werke, die zu einem anderen historischen Zeitpunkt entstanden sind – Kinderbücher und ihre Kritik

Rassismus als Analyseperspektive ist häufig mit Fragen nach dem Sinn, der Berechtigung, der Angemessenheit oder der Validität des Gebrauchs dieser Analyseperspektive konfrontiert, insbesondere dann, wenn es um Ereignisse, Erfahrungen und Strukturen geht, die für die Gegenwart bedeutsam sind (s. Kap. 4). Aus der Perspektive der Rassismuskritik sind solche Anfragen selbst wiederum darauf zu befragen, inwiefern mittels dieser Anfragen die verbreitete Wirksamkeit des Rassedenkens kaschiert und ausgeblendet wird. Zugleich aber hat Rassismuskritik die kritische Anfrage nach der Angemessenheit der Perspektive Rassismuskritik immer wieder ernst zu nehmen. Denn Rassismuskritik ist ein Projekt der (Selbst-)Kritik.

Die beobachtete Handlungssequenz, die nachfolgend thematisiert wird, stammt aus dem Workshop in Modul 3, „Diskriminierungserfahrungen und die Rolle von Institutionen" der Fortbildungsreihe[1].

P. Mecheril · M. Rangger (✉)
Fakultät für Erziehungswissenschaft, Universität Bielefeld, Bielefeld, Deutschland
E-Mail: matthias.rangger@uni-bielefeld.de

P. Mecheril
E-Mail: paul.mecheril@uni-bielefeld.de

[1] Das Modul fand in Form von zwei separaten Workshops mit zwei etwa gleich großen Teilnehmer/innen-Gruppen statt; an dem Workshop, aus dem die nachfolgende Sequenz stammt, nahmen 21 Teilnehmer/innen teil.

© Der/die Herausgeber bzw. der/die Autor(en) 2022
P. Mecheril und M. Rangger (Hrsg.), *Handeln in Organisationen der Migrationsgesellschaft*, https://doi.org/10.1007/978-3-658-19000-2_10

Zu Beginn des Workshops führen die Workshopleiterinnen in ihr theoretisches Verständnis der Analysekategorie Diskriminierungserfahrung ein. Diskriminierungserfahrungen verweisen diesem Verständnis nach darauf, dass faktische wie mögliche Benachteiligungen erlebt werden, die auf gesellschaftlich vermittelte, soziale Unterscheidungen zurückgehen. In Diskriminierungserfahrungen, so die Workshopleiterinnen, spiegeln sich gesellschaftliche Strukturen. Die Workshopleiterinnen stellen den Teilnehmer/innen eine Analyseheuristik vor, die Diskriminierungserfahrungen in Bezug auf Ausprägungsart, Vermittlungsweise, aber auch in Bezug auf unterschiedliche Typen von Erfahrungen unterscheidet (s. Arbeitsblatt in Kap. 14 am Ende). Die Heuristik geht unter anderem auf einen Aufsatz zum Thema „Sprechen über Rassismus" zurück (Çiçek et al. 2015; s. auch Kap. 8) und differenziert zwischen primären und sekundären Diskriminierungserfahrungen. Primäre Erfahrungen bestehen demnach in direkt erfahrener Diskriminierung oder auch in der Erfahrung, diskriminierbar zu sein. Sekundäre Diskriminierungserfahrungen verweisen auf diejenigen Erfahrungen, die gemacht werden können, wenn die Thematisierung primärer Diskriminierungserfahrungen interaktiv (etwa, wenn der Versuch der Thematisierung und Kommunikation zurückgewiesen, belächelt, befragt oder bagatellisiert wird) und persönlich (wenn etwa mit der Thematisierung von Diskriminierung Gefühle der Scham, des Exponiertseins, der Vulnerabilität etc. verbunden sind) verhindert oder problematisiert wird. Für eine weitergehende Darstellung der Analyseheuristik führen die Workshopleiterinnen einige Beispiele an, darunter auch das Kinderbuch *Pippi Langstrumpf* und abwertende Darstellungen von als nichteuropäisch in Szene gesetzten Figuren in dem Buch. Anhand des heuristischen Modells verweisen die Workshopleiterinnen darauf, dass abwertende Darstellungen im Buch *Pippi Langstrumpf* rassistische Diskriminierungserfahrungen bei rassistisch belangbaren Personen vermitteln können. Aufgrund der Darstellungen im Buch, die sich aus weißer, eurozentrischer und letztlich kolonialer Perspektive an eine weiße Leser/innenschaft richten (s. etwa Tißberger 2017), werden Nicht-Weiße als Andere identifiziert, worüber rassistisch belangbare Leser/innen des Buches mit degradierenden Wissensbeständen und Bildern konfrontiert werden, die womöglich dazu beitragen, dass sie Missachtungserfahrungen machen (vgl. auch Bordo 2014; Eggers 2008). Zugleich werden Selbsterfahrungen des Nicht-Andersseins und der Normalität bei denjenigen gestärkt, die rassistisch nicht belangbar sind und aus deren Perspektive das Buch geschrieben ist, wobei es zur Logik der diskriminierenden Unterscheidung gehört, dass die Erfahrung, nicht-anders zu sein, weitgehend nicht explizit und insofern sozusagen unter der kommunikativen Oberfläche bleibt – genau das macht ihre Wirksamkeit aus.

Mit der Analysekategorie der sekundären Rassismuserfahrung wird von den Workshopleiterinnen darauf hingewiesen, dass der Umstand, solche Darstellungen nicht in ihrer Rassekonstruktionen aufrufenden Qualität zu erkennen, Rassismuserfahrungen bagatellisiert. Sie nicht zu thematisieren, womöglich der individuellen Empfindsamkeit der Rezipient/in des Buches zuzuschreiben, reproduziert die inferiorisierende Position rassistisch belangbarer Subjekte und führt damit die rassistische Ordnung fort. Gleichzeitig aber ruft auch die Thematisierung von Rassismuserfahrungen die unterscheidende, inferiorisierend-superiorisierende Logik des Rassismus auf und verweist in diesem Zuge auch die jeweils beteiligten Personen im Raum auf ihren eher inferioren oder eher superioren Status. Die Entscheidung zur Thematisierung von Rassismuserfahrungen geht insofern potenziell damit einher, sich selbst respektive andere der Gefahr der Reproduktion von Erfahrungen des inferioren Subjektstatus auszusetzen – ein nicht ungefährlicher Raum, der in der Fortbildungssituation eröffnet wird.

Im Anschluss an ihren Kurzvortrag ermöglichen die Workshopleiterinnen Nachfragen. Eine Teilnehmerin erkundigt sich, ob es in gegenwärtig verfassten Kinderbüchern diese Art von Darstellungen wie bei *Pippi Langstrumpf* noch gibt oder ob das nur auf ältere Bücher zutrifft. Nachdem eine andere Teilnehmerin auf ein ihr bekanntes, aktuell verfasstes Buch hinweist, meldet sich ein Teilnehmer (Tn1) zu Wort. An die Workshopleiterinnen gerichtet sagt er, dass er ihnen dem Prinzip nach recht gibt. Die ausgesuchte Stelle aus dem Kinderbuch *Pippi Langstrumpf* als Beispiel für rassistische Diskriminierungserfahrungen ist seines Erachtens jedoch etwas unglücklich gewählt. Denn gerade in Bezug auf literarische Werke, die zu einem anderen historischen Zeitpunkt entstanden sind, gibt es auch theoretische Perspektiven, etwa literaturhistorische, die dies anders sehen: Diese Perspektiven verweisen darauf, dass die in bestimmten Werken auffindbaren Repräsentationen aufgrund des historisch-spezifischen Kontexts, in dem diese Werke entstanden sind, nicht rassismustheoretisch analysiert werden können. Er weist die Workshopleiterinnen auf die Gefahr hin, mit der Auswahl des Auszuges als exemplarisches Beispiel für rassistische Diskriminierungserfahrungen Personen, die etwa aus einer literaturhistorischen Perspektive auf das Phänomen schauen, implizit des sekundären Rassismus zu bezichtigen. Der Teilnehmer bringt damit eine andere Perspektive in die Auseinandersetzungen im Workshop ein und verweist auf die machtvolle Wirkung und Gefahr, die von dem Analyseinstrument Rassismus ausgeht, insbesondere wenn dieses dekontextualisiert bzw. enthistorisiert eingesetzt wird.

Im Anschluss an den Beitrag von Tn1 erklärt eine der Workshopleiterinnen, dass sie einerseits aufpassen müssen, die Diskussion jetzt nicht zu sehr auf das Beispiel von Kinderbüchern einzuschränken. Sie verweist weiterhin auf empirische Untersuchungen zu aktuelleren Büchern[2], die zu dem Schluss kommen, dass auch dort Rassekonstruktionen aufgerufen und vermittelt werden. Mit dem Beispiel von *Pippi Langstrumpf* ging es, so die Workshopleiterin, um die exemplarische Veranschaulichung dessen, dass rassistische Darstellungsweisen auch gegenwärtig bedeutsam sind. Das was darin noch expliziter zum Ausdruck kommt, ist ihres Erachtens die Wirksamkeit von Rassekonstruktionen aufrufenden Repräsentationen in der Gegenwart der Rezeption – sowohl bei aktuell als auch bei in der Vergangenheit verfassten und heute noch breit rezipierten Kinderbüchern. Im Anschluss an den Wortbeitrag der Workshopleiterin melden sich mehrere Teilnehmer/innen gleichzeitig. Nachdem über die kollektive Bewegung und den kleinen Aufruhr ein wenig gescherzt wird, sagt ein anderer Teilnehmer (Tn2):

„Naja, was mir einfach nur dazu aufgefallen ist, trotzdem findet diese Diskriminierungserfahrung ja tatsächlich ganz häufig statt, weil Pippi Langstrumpf ist noch in allen Regalen, (unverständliches), ähm, also deswegen ist das schon ein Beispiel, dass man zu diesem Thema anwenden kann, weil…"

Eine andere Teilnehmerin (Tn3) fällt ihm ins Wort und spricht dazwischen: „Ja, klar, aber die Frage war, ob sich dazu in der Zwischenzeit etwas geändert hat."

„Ja, ja die Frage, die Diskriminierungserfahrung, ja klar", geht der vorangegangene Teilnehmer (Tn2) darauf ein, „die Diskriminierungserfahrung ist weiterhin gegeben. Dadurch, dass das immer noch präsent ist, das Kinderbuch. Ob das damals natürlich im Bewusstsein der Autoren war, das ist eine ganz andere Frage und heute hat sich das Bewusstsein vielleicht ein Stück weit geändert, das weiß ich nicht, da müsste man erst mal lesen, was da so erscheint. Aber die Erfahrung wird weiterhin gemacht." (Be/1.03/01/04R)

Tn2 bringt sich in die Diskussion über die Bedeutung des Buches *Pippi Langstrumpf* ein. Seines Wissens nach steht das Buch immer noch „in allen Regalen", deshalb trifft die Analyse mit Blick auf Diskriminierungserfahrung auch zu. Weil das Buch noch immer in den Regalen steht, kann es rassistisch wirksam werden und auch zu Diskriminierungserfahrungen führen. Insofern ist für die Frage, ob Darstellungen rassistisch unterlegte Missachtungserfahrungen nach sich ziehen können, irrelevant, dass das Buch in einem anderen historischen Kontext entstanden ist. Die Deutung des Beispiels unter der Perspektive Diskriminierungserfahrung ist seines Erachtens zutreffend.

---

[2] Exemplarisch, aber nicht in Absprache mit der Workshopleiterin, könnten vielleicht folgende Bücher angeführt werden: Mätschke 2017; Selzer 2011; Wollrad 2009, 2011.

10 Pippi Langstrumpf oder die Frage der ...

Tn2 wird von Tn3 unterbrochen. Diese gibt ihm zwar grundsätzlich Recht, merkt aber an, dass die Ausgangsfrage eine andere war. In der Auslegung der allgemeinen Fragestellung durch sie ging es darum, ob sich in den Büchern in Bezug auf Diskriminierung(-serfahrung) in der Zwischenzeit etwas geändert habe, ob also aktuellere Bücher auch noch Rassekonstruktionen ungebrochen aufrufen und rassistisch vermitteln oder ob die Problematik nur bei älteren Büchern besteht. Tn2 greift diesen Einwand auf, antwortet aber nochmals in Bezug auf die ihn beschäftigende Frage, ob das Beispiel *Pippi Langstrumpf* nun mit der Kategorie Diskriminierungserfahrung gedeutet werden kann oder nicht. Hierzu erläutert er nochmals seine Auffassung, dass die Erfahrung beim Lesen des Buches ja noch immer gemacht wird, unabhängig davon, ob es den damaligen Autor/innen bewusst war oder nicht, dass sie in ihren Texten Rassekonstruktionen aufrufen und transportieren.

Im Laufe der dargestellten Episode entwickelt sich eine Aushandlung um die Bedeutung der Inhalte historischer Bücher, in diesem Fall das Kinderbuch *Pippi Langstrumpf,* und der Frage, ob eine rassismuskritische Sichtweise und damit die Perspektive der Workshopleiterinnen einen inhaltlich angemessenen Beitrag zur Bedeutungsexplikation zu leisten imstande ist. Hierzu werden Wissensbestände angedeutet und eingebracht, die unterschiedliche Deutungen des Phänomens nach sich ziehen und mit unterschiedlichen Konsequenzen einhergehen. Die Deutung eines Beispiels durch die Workshopleiterinnen wird durch die Bezugnahme auf die Autorität eines anderen Wissensbestands, eine literaturhistorische Perspektive, zumindest indirekt infrage gestellt. Jedenfalls folgen auf den Hinweis von Tn1, dass aus einer literaturhistorischen Perspektive historische Texte nicht mit in der Gegenwart entwickelten Kriterien bewertet werden können, Redebeiträge (insbesondere der Workshopleiterin und Tn2), die in Form von verteidigenden Ausführungen gehalten sind. Unabhängig von der Frage, welche Intention den Teilnehmer Tn1 leitete, entwickelt sich gewissermaßen eine Aushandlung darüber, ob die im Workshop dargestellte Perspektive eine angemessene und auch legitime ist und sein kann.

Das exemplarische Heranziehen eines Ausschnitts aus dem Kinderbuch *Pippi Langstrumpf* knüpft in der Tat an eine breite und kontroverse mediale wie wissenschaftliche Diskussion an (etwa: Benz 2010; Emde et al. 2016; Funk et al. 2013; Hahn et al. 2015; Panagiotopoulou et al. 2016), die insbesondere zu Beginn des Jahres 2013 rund um die öffentliche Ankündigung eines deutschen Verlegers geführt wurde, „herabwürdigende Begriffe wie ‚N[.]' in Kinderbuch-Klassikern […] durch wertneutrale Begriffe zu ersetzen" (Hahn et al. 2015, S. 7). Auch wenn redaktionelle Veränderungen nicht zuletzt von Kinderbuchklassikern keine Neuigkeit darstellen, deutet die „Heftigkeit, mit der die Debatte 2013 über einige

Zeit geführt wurde, [...] darauf hin, dass es um mehr ging als um Kunst und Literatur. Verhandelt wurden gleichzeitig die Problematik des alltäglichen Rassismus in unserer Gesellschaft und dessen sprachliche Manifestationen." (ebd.) Dass die Debatte ausgerechnet bei der Frage um rassistisch konnotierte Begriffe in Kinderbüchern auf große öffentliche und widerstreitende Resonanz stößt, lässt erahnen, dass die Analyseperspektive Rassismus und der Hinweis, hier (in diesem Lied, in diesem Buch, in dieser Darstellung, in dieser Rede) würde eine Reproduktion rassistischer Repräsentationen stattfinden, beunruhigt. Konsequenz dieser Beunruhigung kann die Infragestellung der Autorität derer sein, die rassismuskritische Analyseperspektiven einbringen. Aus rassismuskritischer Perspektive möchten wir hierzu einige allgemeine Anmerkungen formulieren:

a) Auch wenn die kritische Auseinandersetzung mit Rassekonstruktionen in bestimmten Zeiten (und Kontexten) nicht in jenem Maße verbreitet war (bzw. ist), sodass etwa von einer Autor/in eines Kinderbuches sowie den Rezipient/innen des Buches etc. nicht erwartet werden kann, in gleicher Weise wie zum Beispiel im Rahmen der rassismuskritisch angelegten Fortbildung um die differenziell benachteiligende Wirkung von Rassekonstruktionen zu wissen, schwächt dies den Sinn rassismuskritischer Analyse nicht. Ganz im Gegenteil ist die Analyse nicht zuletzt da von Bedeutung und relevant, wo Rassekonstruktionen und rassistisch konnotierte Bilder der Anderen (die implizit ein Selbst aufrufen) noch eher unbefangen verwendet werden, weil auch und vielleicht gerade Praktiken und Kulturen der Unbefangenheit auf ihre Machtwirkungen und -strukturen zu untersuchen sind. Das Argument, dass damit den immanenten normativen Ansprüchen jener Zeit und jenes historischen Kontexts nicht Rechnung getragen werde, kann hier nicht greifen, da es ja Rassismuskritik in erster Linie nicht darum geht, die semantischen, epistemischen, aber auch normativen Maßstäbe des jeweiligen Kontexts (etwa der 1940er in Schweden, wo einige Kinderbücher geschrieben wurden) zu rekonstruieren und zu kommentieren.

Das in der Debatte um rassistische Darstellungen in Kinderbüchern häufig eingebrachte Argument, dass es zu einer gewissen Zeit einfach so war und es noch nicht in dem Maße wie hier und heute ein kritisches Bewusstsein für die gewaltförmige Wirksamkeit von Rassekonstruktionen aufrufenden Bildern und Texten gab, kann nicht dazu führen, die Analyse zu unterlassen. Wo dies erfolgt, liegt eine Art Kategorienfehler vor, der Rassismuskritik lediglich als normatives Urteil versteht und mit diesem Verständnis ein Terrain bereitet, auf dem argumentiert werden kann, dass jede Kritik an einem Kontext die jeweiligen normativen Maßstäbe des Kontexts in Rechnung zu stellen und als immanente Kritik zu fungieren habe. Die Gewalt, die von Rassekonstruktionen ausgeht, findet statt, auch wenn die Akteur/innen dies aufgrund ihrer kulturellen oder historischen Situation gar nicht beabsichtigen (können) oder sich der Gewaltförmigkeit der von ihnen eingebrachten Unterscheidungen nicht bewusst sind. Um Rassismen zu (re-) produzieren, benötigt es keiner bewussten Entscheidung dafür. Rassismus als von Bewusstsein und der Intention der/des Einzelnen abhängiges Phänomen zu denken, trägt zu einer voluntaristischen Reduktion von Rassismus und Diskriminierung bei. Insofern geht es im Rahmen der Rassismuskritik (erstmals Mecheril 2004) auch gar nicht so sehr darum, irgendeine Person des Rassismus zu bezichtigen und zu überführen (s. Kap. 9). Rassismuskritik stellt, ihrem Anspruch nach, keine polizeilich-juridische Praktik dar. Dies gilt auch für Formen der sekundären Rassismuserfahrung. Rassismuskritik geht es in erster Linie nicht darum, Akteur/innen der Banalisierung, Leugnung oder Abwiegelung von Herrschaftsverhältnissen zu bezichtigen (Messerschmidt 2009), sondern um das Erkennen der phänomenalen Formen, der antezedenten Bedingungen und Konsequenzen sekundärer Rassismuserfahrung.

b) Die allgemeine Frage, ob es legitim und angemessen ist, mit einem normativen Maßstab Zusammenhänge zu beurteilen, die über andere Maßstäbe verfügen, ist sicher nicht einfach zu beantworten. Stellen wir uns beispielsweise vor, dass in einer Familie patriarchale Gewalt auch in ihrer sprachlichen Form als legitim gilt und dies auch die Zustimmung von Frauen und Kindern erhält. Kann diese Gewalt von einem Außenstandpunkt dann nicht mehr als Gewalt verstanden und bezeichnet werden? Wird Gewalt erst in jenem historischen und gesellschaftlichen Kontext, der diese als Gewalt erkennt, zur Gewalt? In einer Perspektive, der es nicht um die moralische Verurteilung einzelner Individuen geht, plädieren wir für eine doppelte Blickrichtung: Auf der einen Seite ist ein kontextualisierender Blick bedeutsam, der kontextspezifisch geltende, auch normative Ordnungsmuster zu rekonstruieren sucht, in denen etwa bestimmte Verhältnisse der Superiorität und Inferiorität als „nicht so tragisch", „normal" oder gar „natürlich" gelten. Auf der anderen Seite kann professionelles Handeln nicht beim Nachvollzug anderer normativer Ordnungen (etwa rechtsextremer Milieus) stehen bleiben, sondern bringt auch, nicht sogleich urteilend, sondern vielmehr den sozialen Sinn erkennend, eigene normative Standpunkte ein.

In Bezug auf die allgemeine Frage nach der Angemessenheit „exmanenter" normativer Kritik ist es von Bedeutung, weder der Indifferenz eines weitreichenden Relativismus (jede Zeit/jeder Kontext hat ihre eigenen Normen und ist berechtigt, diesen zu folgen) noch einem unbedingten Moralismus (wer Rassekonstruktion verwendet, macht sich schuldig) zuzuarbeiten, sondern die Spannung zwischen einem analytischen Relativismus (welche kontextrelativen Normen sind hier bedeutsam?) und einem Universalismus moralischer Normen (wir verabscheuen Grausamkeit – überall) freundlich und selbstkritisch aufrecht zu halten. Dies zumindest ist das Anliegen der Rassismuskritik, der es normativ darum geht, nicht dermaßen auf Rassekategorien angewiesen zu sein (vgl. Mecheril/Melter 2009).

Sprache und Gewalt

Von den europäischen Sklavenhändlern und jenen, die sich ihr Wohlleben durch Optionen im Sklavenhandel verschafften, ist bekannt, dass sie im Zusammenhang ihrer „Expansionen" Menschen unter der Bezeichnung „N." in eine mehrere Jahrhunderte dauernde Geschichte der Zwangsarbeit und Erniedrigung zwangen. Was unter der Chiffre „N." geschah, deutet Lutz van Dijk in seiner „Geschichte Afrikas" anhand eines Dokuments an: „Die Menschen", schreibt er, „wurden ... nicht einmal mehr als individuelle Personen notiert, sondern in Tonnen angegeben. Zum ersten Mal wurde so eine Genehmigung (,Asiento') 1518 ausgegeben. Ein Dokument aus dem Jahre 1696 erlaubt der portugiesischen Guina-Kompanie ,10 000 t N[.]' pro Jahr einzuführen." (van Dijk 2004, S. 84) Ein grober Blick auf das Guina-Dokument könnte dazu veranlassen, die Gewalt, die die betroffenen Menschen leibhaftig erfahren haben, von der Sprache zu trennen, in der dieses Dokument verfasst ist. Schon die Bezeichnung „N." aber – die nicht aus der Selbstbezeichnung der Betroffenen stammt – weist darauf hin, dass eine Trennung von *Sprache* und *Gewalt* einer genaueren Betrachtung nicht standhält.

Der Zusammenhang von Sprache und Gewalt ist jedoch nicht auf (die Erinnerung an) körperliche Gewalt reduzierbar (Hermann/Kuch 2010). Aus eigener Erfahrung wissen wir, dass Sprache eine unmittelbare körperliche Wirkung haben kann – auch über den Augenblick hinaus. So sprechen wir zum Beispiel davon, dass ein Wort uns „getroffen", ein anderes Wort uns „verletzt" oder ein bestimmter Satz wie ein „Schlag ins Gesicht" gewesen wäre. Zudem nutzen wir Begriffe wie „Beleidigung", worin das körperliche „Leiden" genauso mitgedacht ist wie im Begriff „Kränkung" der Hinweis auf eine den Körper schwächende Krankheit (ebd., S. 7). Es scheint offensichtlich, dass Ausdrücke, die

> auch noch so alltäglich und scheinbar harmlos daher kommen (wie der Ausdruck „N-Kuss") oder historisch vermittelt auftreten (wie der Ausdruck „N-König" in Pippi Langstrumpf), auch auf körperlicher Ebene (aber nicht auf diese beschränkt) Reaktionen wie Schmerz, Empörung, aber auch Trauer und inneren Rückzug auslösen können. *(durch die Autoren gekürzter und modellierter Auszug* aus Çiçek et al. 2015)

Nun ist weiterhin der normative Beitrag der Rassismuskritik auch darin zu verstehen, dass sie darauf zielt, zu erkennen, wo die eigene Praxis den eigenen moralischen Maßstäben nicht genügt. Astrid Lindgren setzte sich Zeit ihres Lebens für die Menschenrechte ein (Andersen 2017). Wir können durchaus davon ausgehen, dass sie von der Universalität der menschlichen Würde überzeugt war. Jedoch verfügte sie noch nicht über die (rassismustheoretischen) intellektuellen Ressourcen, die Darstellung von Schwarzen in unterwürfigen Gesten und in irgendwie dumpfer und zugleich kindisch-naiver Manier als Darstellungsform zu erkennen, die in der europäisch-kolonialen Tradition der Repräsentation der Anderen mit dem Motiv und Effekt der Selbstaufwertung des europäischen Nicht-Anderen steht (s. etwa: Said 2009). Rassismuskritik ist mithin auch eine Praxis der Aufklärung – auch in Bezug darauf, wo die eigenen, universellen moralischen Maßstäbe verfehlt werden.

Wenn die Frage, ob bestimmte Darstellungen herabwürdigend sind, nicht allein dem jeweiligen kulturellen Kontext überlassen bleiben können, da sich Professionalität ansonsten in einem Relativismus der Maßstäbe verliert, muss zu Rassekonstruktionen aufrufenden Darstellungen auch gesagt werden, dass sie Rassekonstruktionen – deren historischer und gegenwärtiger Sinn in der (Legitimation der) Herrschaft des Menschen über den Menschen besteht (McCarthy 2015) – aufrufen und dass dies dem Prinzip nach eher zu vermeiden wäre.

c) Unabhängig von der Frage, ob etwa *Pippi Langstrumpf* ein kulturelles Artefakt darstellt, das Rassekonstruktionen transportiert, und unabhängig von der Frage, ob dies als normative Einschätzung über das in einer bestimmten Zeit entstandene Buch herangezogen werden darf, erscheint uns ein anderer Aspekt von Bedeutung, der durch die Fokussierung auf die beiden ersten Fragen zuweilen aus dem Blick gerät – und damit sekundäre Rassismuserfahrungen bewirken kann. Der Aspekt besteht darin, dass bestimmte sprachliche Figuren wie das „N.-Wort" (Arndt 2011) oder die Frage, „Wo kommst du (eigentlich/ursprünglich/wirklich) her?" (Battaglia 2007), gerade bei rassistisch belangbaren Personen eine Art „Trigger-Funktion" besitzen können, vielleicht nicht zuletzt dann, wenn sich rassistisch diskreditierbare Personen mit rassistischen Verhältnissen, Rassismustheorie etc. auseinandergesetzt und diese Auseinandersetzung auch auf ihre eigene Biografie gewendet haben. Dabei ist irrelevant, ob verletzende oder degradierende Äußerungen unbedacht, aus wirklichem Interesse und mit den besten Absichten, von einer im Grunde menschenfreundlichen Person ausgesprochen werden. Es geht hier weniger um die Person, die durch ihr Handeln etwas auslöst und die Frage, ob sie dies auslösen wollte, sondern um das, was ausgelöst wurde. Professionell handelt, wer um die mögliche Trigger-Wirkung bestimmter Darstellungen, Ausdrücke und sprachlichen Wendungen weiß; sie können Diskriminierungserfahrungen auslösen, weil sie als Singuläres auf das Allgemeine einer Herrschaftsgeschichte verweisen – der eigenen und der gesellschaftlichen Geschichte und Gegenwart. Es geht dann nicht darum, die Anderen der Empfindlichkeit zu bezichtigen, sondern Empfindlichkeit allgemein zu erhöhen (Çiçek et al. 2015).

Warum können sprachliche Akte verletzen?
Weil Menschen soziale, sprachliche Wesen sind, die durch sprachliche Akte nicht nur An-Erkennung erfahren oder nicht. Sprachliche Akte der Würdigung und Nicht-Würdigung konstituieren Subjekte (s. auch Kap. 7). Beschämung und Verletzung durch über Rassekonstruktionen vermittelte und diese (re-)produzierende Rede ereignet sich, weil die Wirklichkeit hegemonialer Verhältnisse den Subjekten nicht nur äußerlich ist. Die Subjekte sind vielmehr (auch) selbst diese Verhältnisse. Diese Verhältnisse, die rassistisch Diskreditierbaren nicht nur einen deprivilegierten Ort zuweisen, sondern den Wert ihrer selbst inferior bestimmen, werden auch über sprachlich konstruierte Ordnungen hergestellt und aufrechterhalten. Die Verletzung und noch vielmehr die Scham bestätigen, dass Diskreditierbare und Diskreditierte Teil der (rassifizierten oder rassistischen) Verhältnisse sind. Dass dies nicht heißt, dass rassistisch Diskreditierbare allein Spielball der Verhältnisse sind, ist eine wichtige Voraussetzung zu ihrer Veränderung.

Da von Rassekonstruktionen vermittelte Differenzordnungen gerade nicht bewusst (re-)produziert werden, sondern über permanente Wiederholungen der Unterscheidungsschemata ins Selbstverständliche und

> Unbewusste eingehen, ist eine Bewusstwerdung und Thematisierung von Rassismen in den gegebenen Verhältnissen nicht einfach. Allemal in einem gesellschaftlichen oder organisationalen Kontext, in dem Rassismus moralisch und politisch eigentlich nicht sein darf, ist das Sprechen über Rassismus und Rassismuserfahrungen sowie die Anerkennung der eigenen privilegierten oder deprivilegierten Positioniertheit im Rahmen dieser Verhältnisse für alle Beteiligten besonders schwierig. Gerade in diesen Verhältnissen scheint eine Zunahme an Empfindlichkeit für rassistische Verletzungen besonders bedeutsam zu sein. Eine Empfindlichkeit, die weder darauf zielt, moralistische Täterzuschreibungen vorzunehmen, noch passivierenden Viktimisierungen zuzuarbeiten, sondern von der Ambition geleitet ist, zum Thema zu machen, in welcher Weise, unter welchen Bedingungen und mit welchen Konsequenzen Selbstverständnisse und Handlungsweisen von (rassistisch auf- oder abgewerteten) Individuen, Gruppen und Institutionen von Rassekonstruktionen vermittelt sind. Es geht hier darum, die Bedingungen der Möglichkeit der Entwicklung einer allgemeinen Sensibilität und eines allgemeinen Vermögens zur Auseinandersetzung mit der Frage zu schaffen, inwiefern die eigene Wahrnehmungs- bzw. Deutungsstruktur respektive die eigene Sprache rassistische Unterscheidungen bestärkt. (*durch die Autoren gekürzter und modellierter Auszug* aus Çiçek et al. 2015)

Die Diskussion über die Frage, ob es legitim ist oder nicht, Darstellungsweisen aus einem anderen historischen Kontext mit normativen Maßstäben der Gegenwart zu beurteilen, verweist allgemein auch auf eine Auseinandersetzung darum, wer, unter welchen kontextuellen Bedingungen, was, wann und aus welcher Perspektive wie deuten darf und welches als das legitime Deutungswissen gilt. Der Aushandlung des Deutungswissens im Fortbildungsgeschehen wenden wir uns deshalb nun kurz zu.

10.2 Wissen und Deutungshoheit

Der Ausdruck „Fortbildung", der wie „Weiterbildung", „Ausbildung", „Allgemeinbildung" im weiten und auch vagen semantischen Feld der „Bildung" angesiedelt ist, setzt mindestens zweierlei voraus. Einerseits wird mit ihm ein

Ort bezeichnet und aufgerufen, der mit der Annahme verbunden ist, dass die Personen, die an diesem Ort zusammenkommen, bereits ein gewisses Maß an grundlegenden Kenntnissen angezeigt durch formale Bildungstitel für den jeweils spezifischen Zusammenhang mitbringen. Teilnehmer/innen an einer „Fort-Bildung" werden als bereits irgendwie gebildete Subjekte adressiert. Da formale Bildung häufig mit der Aneignung von Wissen assoziiert wird, setzt Fortbildung immer schon wissende Subjekte voraus, die ihre Wissensaneignung vorantreiben wollen und sollen; sie setzen sie fort. Das Setting der Fortbildung gibt dabei in der Regel einen Rahmen vor, in dem die Fortbildung stattfindet. Dieser Rahmen ist nicht allein ein organisatorischer, sondern auch ein inhaltlicher Zusammenhang, der auch durch die Asymmetrie von Wissensbeständen geprägt ist. Die Verantwortung der Fortbildungsleiter/innen ist es, die erwünschten und als sinnvoll geltenden Lern- und Bildungsprozesse zu planen, anzuleiten und zu gewährleisten. In diesem Sinne ist dem Konzept und dem Setting Fortbildung die Differenz zweier Typen wissender Subjekte, die in einem asymmetrischen Verhältnis zueinander stehen, bereits eingeschrieben: einerseits die Teilnehmer/innen, die sich durch ein bestimmtes Vorwissen als auch als Träger/innen eines berufsspezifischen Erfahrungswissens (zum Ausdruck Erfahrungswissen in professionalitätstheoretischer Hinsicht vgl. Schmidt 2008) auszeichnen; andererseits die Fortbildner/innen, die mindestens einen Vorsprung fachlichen und methodischen Wissens in Bezug auf die im Fortbildungskontext behandelten Inhalte sowie die Art und Weise ihrer Behandlung in diesen einbringen. Wissen kann als soziales und kulturelles Phänomen verstanden werden, das aus Praktiken von Menschen resultiert und an diese gebunden bleibt. Wissen als Phänomen sozialer Praxis zu verstehen, verweist darauf, dass Wissen immer auch Produkt spezifischer Aushandlungs- und damit auch Macht-, womöglich auch Herrschaftsverhältnisse ist, in denen zwischen maßgeblichem und untergeordnetem, richtigem und falschem, wissenschaftlichem und pseudo-wissenschaftlichem Wissen unterschieden wird.

Wissenschaftlich gewonnene Erkenntnis bzw. das Wissen, das in Fortbildungssituationen durch die Workshopleiter/innen eingebracht wird, beruht nun aber trotz aller Relativierung eines szientistischen Objektivitätsanspruchs auf dem Anspruch einer gewissen Vorrangigkeit gegenüber nicht-wissenschaftlichem Wissen. Pädagogische Settings basieren auch darauf, dass dem Wissen der Pädagog/innen ein besonderer Wert in der (Weiter-)Entwicklung des Wissens der Teilnehmer/innen an den Lernsettings zugesprochen wird. Dies macht einen Teil ihrer Autorität aus (vgl. Lehmann-Rommel 2017 oder die Beiträge in Schäfer/Thompson 2009).

Damit geht das Wissen der Fortbildungsanleiter/innen strukturell mit einem gewissen Vorrangigkeitsanspruch einher, der aufgrund ihrer relativen Distanziertheit gegenüber dem Gegenstand der Fortbildung, der Arbeit und Zeit, die sie aufgewendet haben, um den Gegenstand systematisch zu durchdringen, sowie didaktischer und formalkommunikativer Bedingungen rechtfertigbar ist und das Arrangement einer Fortbildung grundsätzlich trägt.

Die Erkenntnis, dass Wissen kein objektives Abbild von Wirklichkeit, sondern immer interpretierte Wirklichkeit ist, die auf spezifischen Voraus-Setzungen und kontingenten Perspektiven beruht, die Standortgebundenheit des Sinns und der Gültigkeit von Wissen machen die Praxis der Wissensvermittlung zu einer prekären, riskanten und fragilen Angelegenheit. Dieses Moment ist insbesondere für Praktiken der Wissensvermittlung kennzeichnend, die ihren programmatischen Ausgangspunkt in der Befragung hegemonial gewordener Wissensbestände nehmen und somit auch mit der Aufforderung wie Zumutung einhergehen, sich selbst neu zu beschreiben sowie ehemals gewonnene Sicherheiten über Bord zu werfen und kontinuierlich zu befragen. Die Gleichzeitigkeit der kritischen Relativierung von Wissen etwa aufgrund der potenziell bevormundenden Machtförmigkeit von Wissen (Schäfer 2004) und der Behauptung einer gewissen Vorrangigkeit der eigenen Perspektive aufgrund ihrer Wissensbasis verweist auf ein weiteres, nicht technologisch auflösbares, professionelles Spannungsverhältnis.

Die machtkritische und diskursanalytische Verdeutlichung der Kontingenz und Standortgebundenheit von Wissen kann in Fortbildungen auch den paradoxen Effekt haben, dass die Autorität (des Wissens) der Fortbildungsleiter/innen unterminiert wird und einer Art wahllosem Relativismus, im Sinne von: „es kommt nur auf den Standpunkt an", Vorschub geleistet wird. Dies kann von einer vorsichtigen Relativierung bis zur weitgehenden Disqualifizierung des vermittelten Wissens reichen, und zwar durch:

- das Einbringen anderer wissenschaftlicher Wissensbestände bzw. konzeptioneller Perspektiven,
- das Einbringen von Erfahrungswissen,
- die von Differenzordnungen wie Alter, Geschlechterverhältnisse oder natio-ethno-kulturell kodierter Zugehörigkeit intersektional vermittelte Nicht-Anerkennung der Wissensautorität der Wissensvermittler/innen.

Der prekäre Autoritätsstatus betrifft alle Praktiken der Wissensvermittlung, ist aber für wissensreflexive, differenz- und machttheoretische Ansätze von besonderer Bedeutung. Fortbildung kann dazu beitragen, diese Prozesse und Dynamiken der Aushandlung des Wissens selbst zu analysieren und zum Gegenstand der

Reflexion zu machen. Es ginge also nicht um eine defensive Zurückweisung der Infragestellung von eigener Autorität und Wissen, sondern um die Gestaltung eines gemeinsamen Erkundungs- und Lernraums, ohne dass der das Setting tragende Grundsatz der rollenförmigen Asymmetrie von Leitung und Teilnahme, gewissermaßen von Führung und Nachfolge (Krenz-Dewe/Mecheril 2014) aufgegeben wird. Wie lässt sich, so kann gefragt werden, dem unvermeidbaren und darin beunruhigenden Moment der hegemonialen Setzungen, die Führung und Nachfolge eingeschrieben sind, reflexiv-herrschaftskritisch begegnen? Herrschaftsverhältnisse und Wahrheitsregime sind stets umkämpft, haben eine bestimmte Geschichte und gerade dadurch sind sie auch veränderbar. Die Kontingenz des Bestehenden (welches nicht notwendig so hätte kommen müssen, wie es ist, aber zugleich auch keinesfalls zufällig so ist, wie es ist und aber auch nicht so bleiben muss, wie es ist) ist jedoch oftmals nicht thematisierbar, gerade weil das Bestehende zugleich das Selbstverständliche ist. Ein herrschaftskritischer Umgang im pädagogischen Feld kann sich um Strategien bemühen, dies zu ändern. Dabei hat sich freilich die entsprechende pädagogische Haltung in ihrem unumgänglichen Anspruch auf Führung und Nachfolge selbst zur Disposition zu stellen. Wie könnte es gelingen, das pädagogische Verhältnis aufrechtzuerhalten und dennoch gleichsam seine nicht nur grundlosen, sondern vielmehr auch in spezifische Herrschaftsverhältnisse involvierten Ansprüche kritisch-reflexiv zu beleuchten und zu schwächen? Wie kann Pädagogik in Bezug auf ihre Verstrickung in Macht- und Herrschaftsverhältnisse, aber auch in Bezug auf ihre notwendigen Asymmetrien bearbeitbar gemacht werden?

Es geht unseres Erachtens darum, die Verwiesenheit auf Führung und Nachfolge im pädagogischen Verhältnis so zu gestalten, dass Setzungen in ihren Kontingenzen wahrnehmbar werden. Die Wahrnehmung und Erfahrung von Kontingenz tragen zwar nicht zwangsläufig dazu bei, dass von diesen Setzungen weniger symbolische Gewalt ausgeht; sie können aber zumindest eine zentrale Ermöglichungsbedingung dafür darstellen. Mit Gramsci wäre dies als eine Bewegung des „kritisch-Machens" des Alltagsverstandes zu denken (Gramsci 2012, S. 1382). Gramsci beschreibt diesen tätigen Prozess der politischen (Selbst-) Veränderung als ein kollektives Projekt: „Eine kulturelle und moralische Bildung des Selbst ist nicht als ein individueller Prozess der ‚Identitätsfindung' oder einer naturwüchsigen Selbstverwirklichung zu denken, vielmehr verwirklicht sich der Mensch als ‚Kollektivmensch', in der selbstpotenzierenden Aneignung von Gesellschaft." (Merkens 2004, S. 31) Es geht um eine Form von Selbstreflexivität, die die Disposition der eigenen Subjektivität als Spur des geschichtlichen Ablaufs in den Blick bekommt. So sind etwa rassismuskritische Bildungsprozesse sinnvoll als involvierte Bildung (Messerschmidt 2009) zu beschreiben. Welt- und

Selbstbilder sind strukturelle Voraussetzung von Bildungsprozessen, in denen solche Welt- und Selbstbilder einerseits nahegelegt, andererseits behindert werden. Astrid Messerschmidt (ebd.) versteht Bildung als soziales und gesellschaftliches Geschehen und das heißt: als von den an dem Bildungsgeschehen beteiligten Subjekten, ihren historischen Vermögen und gesellschaftlichen Interessen, ihrer Stellung zu der Welt, zu Anderen und sich selbst vermittelten Vorgang. Diese Positionierungen sind von Macht- und Herrschaftsverhältnissen vermittelt und vergegenwärtigen diese gewissermaßen. Eine doppelte Gefahr, die wesenhaft zur Bildung gehört, also weder praktisch umgangen noch begrifflich von Bildung geschieden werden kann, ist mit diesem Umstand verbunden. Bildung ist gefährdet, die Herrschaftsweisen, die in den Positionen der Subjekte eingewoben sind und diese Positionen und ihre Subjekte erst hervorbringen, zu bestätigen und fortzuführen. Darüber hinaus finden sich in Bildungszusammenhängen genau jene Mittel, diese Herrschaftsweisen zu verschleiern und als ihr Gegenteil auszugeben. In der Tradition kritischer Bildungstheorie versteht Messerschmidt den Bildungsbegriff drittens als Möglichkeit, die innere Widersprüchlichkeit jeder pädagogischen Unternehmung zu erkennen und herauszuarbeiten. Bildungstheorie ist hier Widerspruchsanalyse und „Bildungsarbeit" Arbeit an Widersprüchen (s. hierzu auch Kap. 13).

Literatur

Andersen, J. (2017). *Astrid Lindgren. Ihr Leben*. München: Pantheon.
Arndt, S. (2011). „Neger_in". In S. Arndt & N. Ofuatey-Alazard (Hrsg.), *Wie Rassismus aus Wörtern spricht. (K)Erben des Kolonialismus im Wissensarchiv deutsche Sprache* (S. 653–657). Münster: UNRAST.
Benz, W. (Hrsg.) (2010). *Vorurteile in der Kinder- und Jugendliteratur*. Berlin: Metropol-Verlag.
Battaglia, S. (2007). Die Repräsentation des Anderen im Alltagsgespräch: Akte der natio-ethno-kulturellen *Belangung* in Kontexten prekärer Zugehörigkeiten. In A. Broden & P. Mecheril (Hrsg.), *Re-Präsentationen. Dynamiken der Migrationsgesellschaft* (S. 181–202). Düsseldorf: IDA-NRW.
Bordo, O. (2014). *Vermittlung von Vorurteilen und Stereotypen im Kindesalter – „Pippi Langstrumpf" als Buch und als Film*. Zugriff am 08.03.2020 unter https://heimatkunde.boell.de/de/2014/02/24/vermittlung-von-vorurteilen-und-stereotypen-im-kindesalter-pippi-langstrumpf-als-buch-und-und
Çiçek, A., Heinemann, A., & Mecheril, P. (2015). Warum so empfindlich? Die Autorität rassistischer Ordnung oder ein rassismuskritisches Plädoyer für mehr Empfindsamkeit. In B. Marschke & H.-U. Brinkmann (Hrsg.), *„Ich habe nichts gegen Ausländer, aber…". Alltagsrassismus in Deutschland* (S. 143–168). Münster: Lit.

Eggers, M. M. (2008). *Pippi Langstrumpf – Emanzipation nur für weiße Kinder? Rassismus und an (weiße) Kinder adressierte Hierarchiebotschaften*. Zugriff am 08.03.2020 unter https://blog.derbraunemob.info/2008/12/19/pippi-langstrumpf-emanzipation-nur-fuer-weisze-kinder/

Emde, O., Möller, L., & Wicke, A. (Hrsg.) (2016). *Von „Bibi Blocksberg" bis „TKKG". Kinderhörspiele aus gesellschafts- und kulturwissenschaftlicher Perspektive*. Opladen u.a.: Barbara Budrich.

Funk, J., Jacob, K., Larsen, L., Mast, M., Weiland, V., & Wenz, K. (2013). *Negerkönig oder Südseekönig? Eine linguistisch-sprachkritische Stellungnahme*. Zugriff am 16.05.2019 unter http://europsprachkritik.com/wp-content/uploads/2015/02/Funk-et-al_final1.pdf

Gramsci, A. (2012). *Gefängnishefte. Kritische Gesamtausgabe*. Bd. 1–10. Hamburg: Argument.

Hahn, H., Laudenberg, B., & Rösch, H. (Hrsg.) (2015). *„Wörter raus!?" Zur Debatte um eine diskriminierungsfreie Sprache im Kinderbuch*. Weinheim/Basel: Beltz.

Hermann, S. K., & Kuch, H. (2010). Philosophien sprachlicher Gewalt – eine Einleitung. In H. Kuch & S. K. Hermann (Hrsg.), *Philosophien sprachlicher Gewalt. 21 Grundpositionen von Platon bis Butler* (S. 7–37). Weilerswist: Velbrück.

Krenz-Dewe, D., & Mecheril, P. (2014). Einsicht, Charisma, Zwang. Die illusionären Grundlagen pädagogischer Führung und Nachfolge. In A. Schäfer (Hrsg.), *Hegemonie und autorisierende Verführung* (S. 41–45). Paderborn: Ferdinand Schöningh.

Lehmann-Rommel, R. (2017). Schweigende Dimensionen von Macht in pädagogischen Beziehungen: Autorität und (Selbst-)Regierung. In A. Kraus, J. Budde, M. Hietzge & C. Wulf (Hrsg.), *Handbuch Schweigendes Wissen: Erziehung, Bildung, Sozialisation und Lernen* (S. 721–729). Weinheim: Beltz

Mätschke, J. (2017). Rassismus in Kinderbüchern: Lerne, welchen Wert deine soziale Positionierung hat!. In K. Fereidooni & M. El (Hrsg.), *Rassismuskritik und Widerstandsformen* (S. 249–268). Wiesbaden: Springer VS.

McCarthy, T. (2015). *Rassismus, Imperialismus und die Idee menschlicher Entwicklung*. Berlin: Suhrkamp.

Mecheril, P. (2004). *Einführung in die Migrationspädagogik*. Weinheim: Beltz

Mecheril, P., & Melter, C. (2009). Rassismustheorie und -forschung. Kontur eines wissenschaftlichen Feldes. In C. Melter & P. Mecheril (Hrsg.), *Rassismuskritik: Rassismusforschung und Rassismuserfahrungen* (S. 13–22). Schwalbach/Taunus: Wochenschau.

Merkens, A. (2004). Erziehung und Bildung im Denken Antonio Gramscis. Eckpunkte einer intellektuellen und politischen Praxis. In A. Merkens (Hrsg.), *Antonio Gramsci. Erziehung und Bildung. Gramsci Reader 1* (S. 6–14). Hamburg: Argument.

Messerschmidt, A. (2009). *Weltbilder und Selbstbilder. Bildungsprozesse im Umgang mit Globalisierung, Migration und Zeitgeschichte*. Frankfurt a.M.: Brandes & Apsel.

Panagiotopoulou, A., Rosen, L., & Wagner, M. (2016). „Die Frage is halt jetzt, darf Pippi Langstrumpfs Vater noch der Negerkönig sein". Zur (Re-)Produktion von Rassismus im Rahmen universitärer Lehrveranstaltungen. In E. Arslan & K. Bozay (Hrsg.), *Symbolische Ordnung und Bildungsungleichheit in der Migrationsgesellschaft* (S. 215–238). Wiesbaden: Springer VS.

Said, E. (2009). *Orientalismus*. Frankfurt a.M.: Fischer.

Schäfer, A. (2004). Macht – ein pädagogischer Grundbegriff? Überlegungen im Anschluss an die genealogischen Betrachtungen Foucaults. In N. Ricken & M. Rieger-Ladich (Hrsg.), *Michel Foucault: Pädagogische Lektüren* (S. 145–163). VS.

Schäfer, A., & Thompson, C. (Hrsg.) (2009). *Autorität*. Paderborn: Schöningh.

Schmidt, A. (2008). Profession, Professionalität, Professionalisierung. In H. Willems (Hrsg.), *Lehr(er)buch Soziologie – Für die pädagogischen und soziologischen Studiengänge, Bd. 2* (S. 835–864). Wiesbaden: VS.

Selzer, G. (2011). „Zehn kleine Negerlein" – AfrikaBilder & Rassismus im Kinder- und Jugendbuch. In P. Kersting & K. W. Hoffmann (Hrsg.), *AfrikaSpiegelBilder. Reflexionen europäischer Afrikabilder in Wissenschaft, Schule und Alltag* (S. 23–28). Mainz: Mainzer Kontaktstudium Geographie.

Tißberger, M. (2017). *Critical Whiteness. Zur Psychologie hegemonialer Selbstreflexion an der Intersektion von Rassismus und Gender*. Wiesbaden: Springer VS.

Wollrad, E. (2009). „dass er so weiß nicht ist wie ihr". Rassismus in westdeutschen Kinder- und Jugendbüchern. In C. Melter & P. Mecheril (Hrsg.), *Rassismuskritik. Bd. I. Rassismustheorie und –forschung* (S. 163–178). Schwalbach/Ts.: Wochenschau.

Wollrad, E. (2011). Kinderbücher. In S. Arndt & N. Ofuatey-Alazard (Hrsg.), *Wie Rassismus aus Wörtern spricht. (K)Erben des Kolonialismus im Wissarchiv deutsche Sprache* (S. 379–389). Münster: UNRAST.

van Dijk, L. (2004). *Die Geschichte Afrikas*. Frankfurt a.M.: Campus.

Prof. Dr. Paul Mecheril Universität Bielefeld, Professor für Erziehungswissenschaft mit dem Schwerpunkt Migration, AG 10 Migrationspädagogik und Rassismuskritik, Email: paul.mecheril@uni-bielefeld.de

Matthias Rangger Universität Bielefeld, Fakultät für Erziehungswissenschaft, Wissenschaftlicher Mitarbeiter in der AG 10 Migrationspädagogik und Rassismuskritik, Email: matthias.rangger@uni-bielefeld.de

Was ist aber, wenn ich gar nicht will, dass bestimmte Tendenzen in unserer Gesellschaft eine normative Bedeutung bekommen... – Professionelles Handeln und die Legitimität sozialer Ordnungen

11

Paul Mecheril und Matthias Rangger

11.1 Gesellschaft, Partizipation und Migration

Modul 6 der Fortbildungsreihe stand unter dem Titel „Zukunftswerkstatt zu ‚Migrationsgesellschaftlicher Öffnung von Institutionen'". Mithilfe des Formats „Zukunftswerkstatt" (Jungk/Müllert 1993) soll die Entwicklung von konkreten Handlungsperspektiven der Teilnehmer/innen ermöglicht werden. Anliegen dieses Moduls war es deshalb, die in den fünf vorangegangenen Modulen der Fortbildungsreihe vermittelten Perspektiven nochmals genauer und konkreter auf die jeweiligen organisationalen Handlungszusammenhänge der Teilnehmer/innen zu beziehen und über Fragen der Umsetzung der Perspektiven in einen verbindlichen Austausch zu kommen. Dies erfolgte mit der allgemeinen Ausrichtung in Bezug auf eine migrationsgesellschaftliche Öffnung von Institutionen. Methodisch war der Workshop in vier Phasen unterteilt: eine Phase der Formulierung von Zielen und Visionen, eine Phase der Kritik, eine Phase der Utopieentwicklung und eine Phase der Entwicklung von Verwirklichungsperspektiven.

Im ersten Teil des Workshops verständigen sich die Teilnehmer/innen in Kleingruppen über ihre Ziele und Visionen in Bezug auf ihre berufliche Tätigkeit,

P. Mecheril · M. Rangger (✉)
Fakultät für Erziehungswissenschaft, Universität Bielefeld, Bielefeld, Deutschland
E-Mail: matthias.rangger@uni-bielefeld.de

P. Mecheril
E-Mail: paul.mecheril@uni-bielefeld.de

halten diese auf kleinen Moderationskärtchen fest und präsentieren sie dann im Plenum. Anschließend leitet der Workshopleiter in eine Phase der Kritik ein, in der die Teilnehmer/innen dazu aufgefordert werden, „*schonungslose Kritik*" an ihrem Handlungsfeld, den eigenen organisationalen Praktiken etc. zu üben. Während die Teilnehmer/innen hierzu in Kleingruppen arbeiten, geht der Workshopleiter die Moderationskärtchen mit den Zielen und Visionen durch, die an Pinnwänden angebracht sind. Er schaut sie sich an, blickt immer wieder in sein Notizbuch und ordnet die Kärtchen an den Pinnwänden neu. Ab und an fügt er ein neues Kärtchen in anderer Farbe hinzu. Nachdem die Teilnehmer/innen vom Workshopleiter aufgefordert werden, die Phase der Kritik abzuschließen und wieder an ihre Plätze zurückgekehrt sind, erläutert der Workshopleiter, dass er in der Zwischenzeit ein Cluster mit den im ersten Schritt geäußerten „*Zielvorstellungen*" (Ziele und Visionen) erstellt hat. Er hat hierbei versucht, eine Ordnung zu erstellen und die jeweiligen Vorstellungen unter übergeordneten Kategorien zusammenzufassen. Die von den Teilnehmer/innen geäußerten Ziele und Visionen hat er dabei den Überkategorien „*Gerechtigkeit*", „*Teilhabe*", „*Diversität (leben, gestalten, ermöglichen)*", „*Gesellschaftliche Veränderungen (anstoßen, moderieren)*", „*Unterstützung*", „*Kompetenz & Kommunikation*" sowie „*Reflexion*" zugeordnet. Nachdem er seine Überlegungen erläutert hat, fragt er, ob die Teilnehmer/innen noch Änderungswünsche haben. Nach einer kurzen Zeit hebt eine Teilnehmerin die Hand und erklärt, dass sie bei einem Punkt, der eingebracht wurde, zwar nicht dagegen ist, aber „*ein kleines Problem*" damit hat. Hierbei geht es ihr um den Punkt „*Unterstützung von Benachteiligten*" und sie führt aus, dass es ihres Erachtens dabei nicht zu Formen des Paternalismus kommen darf. Die anderen Teilnehmer/innen stimmen ihr zu und sie diskutieren darüber, wie Unterstützungsangebote ohne paternalistische Bevormundung aussehen können. Dabei beziehen sie sich auf den Begriff der Partizipationskultur, der bei der Bestimmung der Ziele und Visionen auch erwähnt wurde. Sie diskutieren, wie eine angemessene Partizipationskultur aussehen könnte. Die an der Diskussion beteiligten Teilnehmer/innen einigen sich schließlich darauf, dass „Partizipation" eine größere Bedeutung zukommen sollte, als in der bisherigen Diskussion deutlich wurde. Der Workshopleiter schlägt deshalb in Bezug auf das von ihm erstellte Cluster vor, das Kärtchen „*Partizipationskultur*" als normatives Ziel der Teilnehmer/innen zu markieren. Das Geschehen, so wie es im Beobachtungsprotokoll festgehalten wurde, entwickelt sich wie folgt weiter:

Die Teilnehmer/innen nicken großteils, einige sagen auch „ja", und der Workshopleiter hängt das Kärtchen weiter nach oben. Daraufhin meldet sich ein Teilnehmer (Tn1), der sich bisher noch nicht gemeldet hat. Er hebt kurz seine Hand und sagt:

„Ich habe da noch sozusagen eine kritische Anfrage. Das klingt ja jetzt so, als wenn es uns dann darum geht, gerechtere Zugänge von migrantischen Milieus zu ermöglichen. Was ist aber, wenn ich gar nicht will, dass bestimmte – sagen wir mal – Tendenzen – ich sage jetzt mal: Salafismus – in unserer Gesellschaft eine normative Bedeutung bekommen oder ich Befürchtungen habe, dass gesellschaftliche Fortschritte, die wir in langen Kämpfen erreicht haben, durch Zuwanderung zurückgeschraubt werden. Also versteht ihr, was ich sagen will? Wir tun sozusagen so, als wenn das alles ein multikulturelles Stadtteilfest ist, wo es nur darum gehen würde sozusagen die Teilhabe zu erhöhen an der Stelle. Die realen Diskurse sind aus meiner Sicht aber schwieriger. Und die laufen sozusagen unmittelbar auch mit. Und das in Brüchigkeit zu dem, was ich da sozusagen lese." (Be/1.06/02/05R)

Der Teilnehmer (Tn1) beginnt mit einem Kommentar in Bezug auf den Vorschlag, Partizipationskultur als normatives Ziel von Organisationsentwicklung zu verstehen. Er sagt, er hat *„eine kritische Anfrage"* bezüglich des vermeintlichen Ziels, *„gerechtere Zugänge von migrantischen Milieus zu ermöglichen"*. Mit dem Verweis darauf, dass er hierzu *„eine kritische Anfrage"* hat, bringt er ein gewisses Unbehagen zum Ausdruck. Der durch den Tn1 skeptisch betrachteten normativen Idee liegt die Annahme zugrunde, dass „migrantische Milieus" keinen angemessenen Zugang zu bestimmten Bereichen, Ressourcen etc. erhalten, im Gegensatz zu dem „Wir", dem auch die Teilnehmer/innen angehören und das zumindest die Möglichkeit hat, sich darüber Gedanken zu machen, wie es die (Teilhabe-)Situation anderer verbessern kann. Es wird hierbei eine gewisse Asymmetrie in den Einflussmöglichkeiten der unterschiedenen Gruppen von „Wir" und *„migrantischen Milieus"* deutlich, die zum Gegenstand einer an „gerechteren" Verhältnissen interessierten Praxis wird.

Tn1 formuliert aus der Ich-Perspektive: *„Was ist aber, wenn ich gar nicht will, dass bestimmte [...] Tendenzen [...] in unserer Gesellschaft eine normative Bedeutung bekommen..."* In der Frage artikuliert sich zwar keine kategorische Ablehnung der Idee eines gerechteren Zugangs von gesellschaftlich schlechter gestellten Gruppen. Die Idee eines prinzipiell gerechteren Zugangs wird jedoch mit Verweis auf *„bestimmte Tendenzen"*, die keine *„normative Bedeutung bekommen"* sollen, eingeschränkt. Der Teilnehmer sieht in bestimmten Tendenzen, die er exemplarisch unter der Chiffre *„Salafismus"* fasst, eine Gefahr für die von ihm konstatierten *„gesellschaftlichen Fortschritte, die wir in langen Kämpfen erreicht haben"*. Die Passung zu *„unserer Gesellschaft"* wird zur Voraussetzung für das Recht auf gerechtere Teilhabe.

Die Formulierung, *„Was ist aber, wenn ich gar nicht will..."* schließt zunächst an Vorstellungen an, die die Entscheidung darüber, wer von den „migrantischen" Gruppen, die hier in einer Art sozialwissenschaftlich verdeckten Kulturalisierung als Milieus bezeichnet werden, einen gerechteren Zugang „verdient", vom Wollen des strukturell besser gestellten Wir abhängig machen. Dieses Wollen wird an vage bleibenden normativen Vorstellungen bemessen – bspw. einer selbst festgestellten Fortschrittlichkeit –, der die als *„unsere Gesellschaft"* gefasste Gruppe vermeintlich eindeutig entspricht. *„Unsere Gesellschaft"* wird damit implizit als homogene Einheit mit einem bestimmten Entwicklungsstand entworfen, die sich – gegen wen oder was auch immer – einen gewissen moralischen oder politischen Fortschritt vermeintlich erkämpft, also hart erarbeitet hat.

„[M]igrantische Milieus" werden mit und in dem Begriff der *„Zuwanderung"* als Elemente gedacht, die zu etwas bereits Bestehendem (*„unsere Gesellschaft"*) dazukommen. Während das Wir ungebrochen mit Fortschritt in Verbindung gebracht wird, werden migrantische Milieus *potenziell* als rückständig aufgerufen. Es wird ein Problemszenario entworfen, nach dem der erkämpfte, also nicht ohne weiteres selbstverständliche Fortschritt potenziell rückgängig gemacht werden kann, sobald auch die als rückständig gedachten Tendenzen der Anderen einen gerechteren Zugang zu *„unserer Gesellschaft"* erhalten. Moralischer Rückschritt durch kulturelle Überfremdung sozusagen. Fortschrittlichkeit und Rückständigkeit werden als gewissermaßen gruppenbezogene Entwicklungsstadien entworfen.

„Salafismus" stellt hierbei in der protokollierten Fortbildungssequenz eine Chiffre dar, die exemplarisch für die Unterscheidung von Fortschrittlichkeit und Rückständigkeit sowie fraglos zugehörig („nicht-migrantisch") und nicht-fraglos zugehörig („migrantisch") steht. Der Klang *„Salafismus"* hat hierfür im deutschsprachigen Diskurs eine zweifellos negative Bedeutung und das Wissen darum kann auch bei den anderen Teilnehmer/innen vorausgesetzt werden[1]. Allein über den Hinweis auf *„Salafismus"* ist das Argument gemacht, das Feld bereitet: die Unvereinbarkeit von *„gerechtere Teilhabe"* und bestimmter gesellschaftlicher Tendenzen wird deutlich. Das Phänomen *„Salafismus"* gewinnt seine Bedeutung nicht aus sich selbst heraus, sondern in der Bedeutung, die *„Salafismus"* im Sprechen des Wir für dieses Wir erhält. *„Salafismus"* wird zur Warnung vor einer vermeintlich naiven Politik der gerechteren Teilhabe von Migrant/innen: *„Wir tun sozusagen so, als wenn das alles ein multikulturelles Stadtteilfest ist, wo es nur darum gehen würde sozusagen die Teilhabe zu erhöhen an der Stelle."* In der metaphorischen Beschreibung der Vision von *„gerechteren Zugängen"* als *„multikulturelles Stadtteilfest"* wird die Warnung vor einer naiven Politik des Einbezugs Anderer untermauert. Dem Anliegen der anderen Teilnehmer/innen wird eine zu

---

[1] „Die Menschen, die in der öffentlichen Debatte oder von den Sicherheitsbehörden als Salafisten bezeichnet werden, lehnen diese Zuschreibung zudem meist ab, nicht zuletzt weil der Begriff ‚Salafismus' in Deutschland sehr negativ besetzt ist. Sie bezeichnen das Wort ‚Salafist' daher gerne als ‚eine Erfindung der Medien'." (Kraetzer 2018)

vereinfachte Sicht auf die Realität attestiert: „*Die realen Diskurse sind aus meiner Sicht aber schwieriger.*"

Das Sprechen über „*Ziele und Visionen*" der Teilnehmer/innen unter dem allgemeinen Etikett „Migrationsgesellschaftliche Öffnung von Institutionen" führt zu der Frage des Sinns, der Möglichkeiten und der Gefahren gesellschaftlicher Veränderungen. Nachdem einige Teilnehmer/innen „*gerechtere Zugänge*" für marginalisierte Gruppen als angemessene normative Zielsetzung formulieren, findet ein Nachdenken über die möglichen politischen und moralischen Kosten für „*unsere Gesellschaft*" statt. Sowohl in der normativen Zielvorstellung, „*gerechtere Zugänge*", als auch in der imaginierten Befürchtung des Rückschritts werden unterschiedliche Vorstellungen davon deutlich, wie „*unsere Gesellschaft*" zu sein habe und wer zu „*unserer Gesellschaft*" gehört, gehören soll und wer nicht. Typisierend können hier mit Bezug auf die Fortbildungssequenz zwei Vorstellungen einer „guten" gesellschaftlichen Ordnung unterschieden werden: Zum einen die Vorstellung einer gerechteren Gesellschaft, die die Grenzen des Wir nicht an der Unterscheidungslinie migrantisch vs. nicht-migrantisch festlegt und deshalb für eine weitgehende Teilhabe marginalisierter Subjektpositionen eintritt und dafür keine besonderen Bedingungen formuliert. Diese Vorstellung wird dahingehend kritisiert, dass die Ermöglichung einer bedingungslosen Teilhabe mit der Gefahr verbunden ist – die Chiffre „*Salafismus*" steht genau dafür (Friedrich/Schultes 2012) – demokratiefeindliche, präsäkulare, religiös fundamentalistische und patriarchale Tendenzen zu befördern und damit gesellschaftliche Rückschritte zu riskieren. Die hierin zum Ausdruck kommende und gegensätzliche politische Vorstellung bindet die „gute" Ordnung an ein homogenes Wir und begegnet dem Nicht-Wir mit einem Vorbehalt, indem sich nicht nur ihr Potenzial zur Gefährdung unserer moralisch-politischen Fortschrittlichkeit (McCarthy 2015) artikuliert, sondern ihre potenzielle Rückschrittlichkeit.

Eine andere Teilnehmerin (Tn2) spricht gleich dazwischen und sagt: „Aber wenn ich mich doch an Gerechtigkeit, Verwirklichung von Menschenrechten und so weiter orientiere und das meine Ebene ist, dann kommen die doch da gar nicht drinnen vor." Der vorhergehende Teilnehmer (Tn1) reagiert und sagt gleich im Anschluss: „Ja, aber du hast sie aber hier. Sozusagen die Frage des Umgangs damit. In meine normative..., also wir hatten ja zum Beispiel die Debatte um die Beschneidungsgeschichte. Also welches Recht ist höher zu bewerten, die religiöse Freiheit oder definieren wir das als eine körperliche Verstümmelung, die überschritten wird? So. Da werden sozusagen die Zielkonflikte deutlich, die auch, die wir in dieser Gesellschaft auch haben, weil wir in dieser Gesellschaft Zuwanderung haben aus bisher für uns fremden Kulturen und Milieus. Und das produziert Brüchigkeit, darauf will ich nur hinweisen. Und, dass sozusagen die Arbeit von Institutionen mit hehren Zielen auch Brüchigkeit drin hat und ich eben sozusagen diesen Blick auf die Brüchigkeit auch lenken mag, weil ich glaube, dass es nicht so einfach ist damit umzugehen an der Stelle. So darum geht es mir." (Be/1.06/02/05R)

Im weiteren Verlauf der Sequenz setzt sich die Diskussion über die von Tn1 eingebrachten Überlegungen fort. Eine Teilnehmerin (Tn2) reagiert auf die Kritik ihres Vorredners (Tn1) und bringt mit *„aber"* einen Einwand zum Ausdruck. Sie zieht dafür die normativen Referenzen *„Gerechtigkeit"* und *„Verwirklichung von Menschenrechten"* heran und verweist darauf, dass *„gerechtere Zugänge"* menschenrechtswidrige Gruppen und Praktiken ausschließen. Die Positionen scheinen sich also in der Frage der (Nicht-)Anerkennung bestimmter gesellschaftspolitischer Tendenzen nicht zu sehr zu unterscheiden, gleichwohl beharrt Tn1 auf seinem Einwand, den er ebenfalls mit einem sogar zweifachen *„aber"* in die Diskussion einbringt und präzisiert: *„Ja, aber du hast sie aber hier. Sozusagen die Frage des Umgangs damit."* Der Teilnehmer macht deutlich, dass *„sie"* – also diejenigen *„migrantischen Milieus"*, die er als rückständig beschreibt – *„aber hier"*, gewissermaßen bereits in *„unserem"* Territorium sind. Um der Gefahr vorzubeugen, dass *„gesellschaftliche Fortschritte, die wir in langen Kämpfen erreicht haben, durch Zuwanderung zurückgeschraubt werden"*, müsse man deshalb über den Umgang damit und nicht bloß über *„gerechtere Zugänge"* sprechen.

Der vermutliche Anlauf zu einer Art Explikation des eigenen normativen Standpunkts *(„In meine normative...")* wird abgebrochen und es findet ein Wechsel auf die Ebene eines Beispiels statt, dass Tn1 bei den anderen Teilnehmer/innen als allgemein bekannt voraussetzt: *„also wir hatten ja zum Beispiel die Debatte um die Beschneidungsgeschichte"*. In der Debatte ging es, so der Teilnehmer, darum, inwiefern Beschneidung als legitime Praxis anerkannt werden kann oder nicht. Hierzu stellt er zwei Bewertungsmaßstäbe gegenüber, die mit unterschiedlichen Konsequenzen einhergehen. Entweder werde das *„Recht"* auf *„religiöse Freiheit"* stärker gewichtet oder die Praxis der Beschneidung als *„körperliche Verstümmelung"* eingeschätzt. Dieser Vergleich markiert aus der Perspektive von Tn1 einen *„Zielkonflikt"* in *„dieser Gesellschaft"*, der sich wiederum auf die Frage nach der eher bedingungslosen bzw. eher reglementierten Teilhabe von *„migrantischen Milieus"* zurückführen lässt. Er führt den *„Zielkonflikt"* auf eine *„Brüchigkeit"* zurück, die zwischen der *„Arbeit von Institutionen mit hehren Zielen"* und *„Zuwanderung [...] aus bisher für uns fremden Kulturen und Milieus"* entsteht.

Was passiert hier? Mit der Intervention des Teilnehmers (Tn1) wird ein Einspruch gegenüber den im Fortbildungsgeschehen durchscheinenden Konsens in Bezug auf eine allgemein „gute" soziale Ordnung erhoben, die durch die

Erhöhung der Partizipationsmöglichkeiten von Migrant/innen ermöglicht werden soll. Mit dem Einspruch wird auf eine Art konstitutive Widersprüchlichkeit hingewiesen, die dem normativ-moralischen Anspruch auf gerechtere Partizipationsmöglichkeiten eingelagert ist und die es systematisch zu reflektieren gilt. Aus einer rassismuskritischen Perspektive ist das Spannungsverhältnis zwischen dem Wert und der normativen Alternativlosigkeit kultureller Pluralität und der Notwendigkeit der Zurückweisung kultureller Praktiken, die im Zeichen der Kultur nichtrechtfertigbare Gewalt gegen Andere ausüben, für programmatisch demokratische Kontexte konstitutiv und stellt nicht nur eine moraltheoretische und politisch-regulative, sondern auch theoretisch-analytische Frage (was etwa heißt „nichtrechtfertigbare Gewalt"?) dar (s. hierzu Kap. 13). Allerdings muss davon ausgegangen werden, dass dieses Spannungsverhältnis allgemein bedeutsam ist. Die Vorstellung, dass erst die vermeintlich aus einem Außen kommenden, dämonischen Anderen („Salafisten") die gute, bei uns geltende Ordnung gefährden, ist angesichts der Gewöhnlichkeit von beispielsweise Gewalt gegen Frauen[2] oder Gewalt gegen Nicht-Weiße (Brausam 2020) wenig überzeugend. Wir gehen davon aus, dass Tn1 und den anderen Teilnehmer/innen diese Zusammenhänge geläufig sind und sie den Hinweis darauf sowohl als gleichermaßen zutreffende wie nicht ungewöhnliche Perspektive auffassen würden.

Gleichwohl aber scheinen dem Sprechen affektive, unbewusste und jederzeit abrufbare Wissensbestände über soziale Wirklichkeit eingelagert, die im Sprechen in dem reflexiven Raum der Fortbildung immer wieder wirksam werden. In der hier exemplarisch herangezogenen Fortbildungssequenz kommt ein Wissen über *„unsere Gesellschaft"* und die Anderen zum Ausdruck, in dem diese als statische, abgeschlossene und antagonistische Einheiten entworfen werden. Gesellschaft stellt in dieser Perspektive ein einheitliches Gebilde dar, das sich auf einem bestimmten Territorium, dem Nationalstaat, konstituiert und auf diesen einen Anspruch hat. Dem Territorium entspricht ein scheinbar fraglos zugehöriges und relativ homogenes und gutes und darin gefährdetes Wir. Eine solche Perspektive ist in verbreiteten Diskursen zu und Praktiken der Integration vorzufinden (etwa: Bojadijev 2018 und Kap. 6), denen die Teilnehmer/innen qua institutioneller Ausrichtung in gewisser Weise verpflichtet sind. Das Dispositiv der Integration (Mecheril 2011) trägt dazu bei, mittels der Imagination und Erzeugung der (zu integrierenden, „defizitären") Anderen die Imagination des natio-ethno-kulturell kodierten Wir als gutes Wir zu bestätigen.

---

[2] Zur Kriminalstatistischen Auswertung des Bundeskriminalamts in Bezug auf Partnerschaftsgewalt s.: https://www.bkF.de/DE/AktuelleInformationen/StatistikenLagebilder/Lagebilder/Partnerschaftsgewalt/partnerschaftsgewalt_node.html (Zugriff am 03.11.2020);

Im Folgenden fokussieren wir deshalb auf die dominanzkulturell vorherrschende Gleichsetzung von Nationalstaat und Gesellschaft sowie ihre Widersprüchlichkeit, auch weil migrationsgesellschaftliche Diskurse über die vermeintliche Rückständigkeit der Anderen in den vergangenen Jahren wieder erheblich zugenommen haben (s. etwa: Castro Varela/Mecheril 2016; Hark/Villa 2017; Dietze 2019).

11.2 Der Nationalstaat und die Kontingenz sozialer Ordnung[3]

Es ist eine gängige Vorstellung, dass die Vorstellung der Staatswerdung einer Nation eine Selbstmythologisierung des Nationalstaats bezeichnet. „In Wirklichkeit", schreibt Georg Kneer (1997, S. 95), „verhält es sich umgekehrt: Staaten ‚bringen' Nationen und Ethnien hervor, dies geschieht eben dadurch, dass der Prozeß der Herausbildung von Staaten als Werk von (imaginierten) nationalen Gemeinschaften beschrieben wird." Nation ist eine „vorgestellte politische Gemeinschaft" (Anderson 1996, S. 15), weil, wie Benedict Anderson (ebd.) zum Ausdruck bringt, „die Mitglieder selbst der kleinsten Nation die meisten anderen niemals kennen, ihnen begegnen oder auch nur von ihnen hören werden, aber im Kopf eines jeden die Vorstellung ihrer Gemeinschaft existiert". Nationen ermöglichen Beziehungen und Verbundenheiten zu Unbekannten im Modus von *face-to-face*-Kontakten. Das Nationale wirkt hierbei als eine verräumlichte Imagination mit territorialer Referenz. Der nationale Körper wird mit Bezug und mit Anspruch auf ein bestimmtes Territorium imaginiert. Die Nation, so Eric J. Hobsbawm (1991, S. 20 f.), ist keine „ursprüngliche oder unveränderliche soziale Einheit. Sie gehört ausschließlich einer bestimmten und historisch jungen Epoche an. Sie ist eine gesellschaftliche Einheit nur insofern, als sie sich auf eine bestimmte Form des modernen Territorialstaates bezieht, auf den ‚Nationalstaat', und es ist sinnlos, von Nation und Nationalität zu sprechen, wenn diese Beziehung nicht mitgemeint ist." (ebd., S. 20 f.)

Diese Konstruktion von Raum als Territorium sowie von Menschen, die in einem Verweisungszusammenhang stehen, als natio-ethno-kulturelles Wir, diese Konstruktion des Nationalstaats steht unter gegenwärtigen Bedingungen praktisch-funktional wie legitimatorisch in einer tiefen und grundlegenden Krise.

---

[3] Die nachfolgenden Überlegungen finden sich ausführlicher an anderen Stellen (Mecheril 2020 und Kooroshy/Mecheril 2019).

In dem Vorwort zur deutschsprachigen Ausgabe von 2004 seiner 1990 erstmals erschienenen Abhandlung zu Nationen und Nationalismus schreibt Eric J. Hobsbawm im Vorwort: „Jener Prozess, der aus Bauern Franzosen und aus Einwanderern amerikanische Staatsbürger hat machen lassen, kehrt sich gegenwärtig um" (ebd., S. XII) und er schließt das Vorwort mit der Frage, „[w]as, wenn überhaupt irgendetwas, […] im 21. Jahrhundert an dessen Stelle als allgemeines Modell der Beziehung zwischen Staat und Volk treten [wird]" (ebd., S. XIII). Seine Antwort ist: „Wir wissen es nicht." (ebd.) Anders als vorherrschende Krisensemantiken es nahelegen, haben wir es also gegenwärtig weniger mit einer Migrations- oder Flüchtlingskrise denn mit der Krise der Legitimität und Funktionalität der nationalstaatlichen (Welt-)Ordnung zu tun – einer Krise, die nicht allein, aber auch durch transnationale Migrationen intensiviert wird.

Die Institution des Nationalstaats benötigt das Phantasma der Nation und produziert es zugleich. Das Phantasma der Nation, „das uns definiert, aber zugleich undefinierbar bleibt" (Salecl 1994, S. 14), basiert auf einer symbolischen Lücke, die unter bestimmten Bedingungen zum Problem werden kann. Spätestens dann stellen Rassekonstruktionen probate Mittel dar, die symbolische Lücke zu schließen. Je bedeutsamer die Schwierigkeit der Bestimmung der Grenze wird, desto attraktiver wird die phantasmatische Absicherung und Iteration des Wir auf Basis (vermeintlich) eindeutiger natio-ethno-kultureller Zugehörigkeitskonstruktionen[4].

Zygmunt Bauman (1995) hat etwa in seinem Buch „Moderne und Ambivalenz" auf den Zusammenhang zwischen der Institutionalisierung rassistischen Denkens und dem Projekt der europäischen Moderne verwiesen. So bestehe eine strukturelle Verwandtschaft zwischen den Vereindeutigungspraktiken des Rassismus und der Logik des Nationalstaats. *Race* und Nation sind nicht identisch, stehen aber in einer engen Wechselbeziehung. Kennzeichnend und konstitutiv für die Zugehörigkeitspraxis nationalstaatlicher Ordnungssysteme ist die von allen Nationalstaaten getragene Absicht der weitgehenden Verhinderung von Mehrstaatlichkeit und der *Vereindeutigung von Zugehörigkeitsverhältnissen*. In dem Augenblick, in dem der moderne Staat seit dem 19. Jahrhundert über diese Gewissheit verfügen will, wer Bürger/in des Landes ist und wer nicht, schreibt Rudolf Stichweh, „gewinnen Techniken physischer Identifikation mittels Lichtbild, Hinweis auf körperliche Besonderheiten (Narben, Haar-, Augenfarbe) an

---

[4] Dies gilt auch und umso mehr für noch umständlichere natio-ethno-kulturell kodierte Konstruktionen mit territorialer Referenz wie Europa oder der Westen. Wir beschränken uns hier aber auf das Konstrukt der Nation.

Bedeutung [...]" (Stichweh 1995, S. 180). Diese Techniken werden gegenwärtig mit allen Möglichkeiten biotechnologischer Kontrolle und Identifikation intensiviert (Heinemann/Weiß 2016).

Neben der Erfindung eindeutiger Zugehörigkeit findet sich die zweite große Imagination des Nationalstaats in der Vorstellung, es bestünde ein Anspruch des imaginierten Wir auf ein Territorium. Und nur der Staat, so Hobbes im Leviathan (2006), kann diesen territorialen Anspruch artikulieren und sichern, weswegen nach Hobbes es gerechtfertigt ist, dass die „Europäer" Amerika annektieren und nach ihrer Willkür verwenden, da der Naturzustand der eigentlichen „Bewohner" des Kontinents, ihre Wildheit keinen Besitzanspruch formulieren kann (Kooroshy/Mecheril 2019). Von Beginn an ist die theoretische wie politische Konstruktion des Nationalstaats mit *race*-Bildern und -Praktiken durchsetzt (Goldberg 2002). Die Verknüpfung von einem durch Staatsgrenzen markierten Staats-Territorium mit der Großimagination „Volk" sowie der Glaube an ein legitimes Anrecht des Wir-Volkes auf dieses Territorium ist konstitutiv für den Nationalstaat.

Es kann davon ausgegangen werden, dass auch die Beschäftigung mit Migrationsgesellschaftlichkeit auf diesem diskursiven Terrain stattfindet. Aus diesem Grunde sind im Zuge der Thematisierung von Migration erstens Aushandlungen über Vorstellungen der „guten" sozialen Ordnung nicht unwahrscheinlich und zweitens können diese maßgeblich vermittelt werden von den vorherrschenden Vorstellungen und Imaginationen von Gesellschaft – auch in einem rassismustheoretisch reflektierenden Fortbildungsgeschehen.

Aber warum kommt es gegenwärtig zu dieser außerordentlichen Zunahme öffentlicher Artikulationen, die vor der vermeintlichen sexistischen und patriarchalen Rückständigkeit muslimischer Männer warnt (Hark/Villa 2017; Jäger/Wamper 2017; Klemm 2017) – trotz beispielsweise der jahrelangen Ablehnung, dass Vergewaltigungen in der Ehe in Deutschland als Straftatbestand anerkannt werden (das ist in Deutschland nach langem Kampf erst 1997 erreicht worden[5])?

Zwei Antwortmöglichkeiten aus herrschaftskritischer Perspektive seien hier skizziert:

1. Identitätskonstruktion und Legitimation von Herrschaft: Um die Legitimität des Anspruchs einer natio-ethno-kulturellen Gruppe auf ein Territorium durchzusetzen und an die Legitimität dieser Phantasie, also den Zusammenhang einer

---

[5] „In welchem Verhältnis stehen Sie zum Täter? – Wir sind verheiratet. – Na, dann gehen Sie nach Hause. So argumentierten Polizei und Gerichte bis in die Spätphase der Ära Kohl." (Steinke 2017, o.S.)

nationalen Identität mit territorialer Referenz, zu glauben, ist insbesondere in Zeiten der Krise dieser Ordnung die rassistisch-dämonisierende Kodierung der Anderen ein probates Mittel der Krisenbewältigung. Die Affektinszenierungen, die etwa in der diskursiven Bearbeitungen der Kölner Silvesternacht beobachtet werden konnten, die Intensität mit der die „sexuelle" und „terroristische" Bedrohung durch die migrationsgesellschaftlichen Anderen empfunden wurde und wird, können als Territoriums- und Superioritätsansprüche eines in die Krise geratenen Wir verstanden werden. Rassekonstruktionen aufrufende Bilder und Imaginationen der Anderen gewinnen dabei ihren dominanzkulturellen Sinn zur Durchsetzung dieses Anspruchs sowie zur Produktion imaginierter Gemeinschaft.

Es ist insofern nicht die Anzahl der „Anderen", die Rassismus steigert. Das Insistieren auf der Rechtmäßigkeit der Bewegungs*un*freiheit der Anderen, das Insistieren auf der Legitimität der Verhinderung von Grenzüberschreitungen mobilisiert Rassismus, weil mittels Rassekonstruktionen die Evidenz der Bedrohung affektiv ausgewiesen werden kann. Die Grenzpraktiken der ab etwa Mitte des 20. Jahrhunderts formell und programmatisch anti-rassistischen Nationalstaaten und natio-ethno-kulturell kodierten Suprakontexte wie Europa, sind mit rassistischen Praktiken verwoben. Rassismen erweisen sich als funktional für die Aufrechterhaltung dieser den Nationalstaat erhaltenden Grenzpraktiken. In diesem Sinne ist auch der Hinweis von Alana und Ronit Lentin (2006, S. 7) zu verstehen, dass die Diskurse und Praktiken der westlichen Staaten sowohl rassistisch als auch antirassistisch zugleich seien. Es ist diese Widersprüchlichkeit der sich als „aufgeklärt", „emanzipiert" und „humanistisch" imaginierenden und inszenierenden westlichen Nationalstaaten, die sich in den zehntausenden Toten im Mittelmeer, die dort ihr Leben als Folge europäischer Grenzpolitik verloren haben, spiegelt und ideologische Legitimationen verlangt. Um Europa weiterhin als Ort des auserwählten Guten, der Werte, als Hort der Geschlechteregalität, der Menschenrechte und als Raum der Gerechtigkeit zu inszenieren, brauchen wir die Anderen, ihre Hässlichkeit, ihre Gefährlichkeit, ihre Unzivilisiertheit und Rückständigkeit. „Die [weißen] Engländer", so hat diesen Gedanken Stuart Hall formuliert (1999, S. 93), „sind nicht deshalb rassistisch, weil sie die Schwarzen hassen, sondern weil sie ohne den Schwarzen nicht wissen, wer sie sind". An dem phantasmatischen Bild des Anderen, das als Bild muslimischer Anderer in Europa und im Westen überhaupt nicht erst seit dem 11. September 2001 errichtet wird, bestätigt sich Europa seines Vorzugs (Said 2009).

2. Sicherung von Privilegien: Menschen hungern und sterben alltäglich. Die Nicht-Hungernden in den relativ privilegierten Zonen dieser Welt verfolgen dies. Bilder und Berichte wie auch etwa die Anwesenheit von geflüchteten Menschen in den Zonen relativer Privilegierung und relativen Wohlstands konfrontiert die Bewohner/innen dieser Zonen nicht nur mit den geopolitischen Verhältnissen und damit mit der Not und dem Leiden der geopolitisch Anderen, sondern verdeutlicht auch die eigene, letztlich zufällige Privilegiertheit. Es gibt zumindest drei idealtypisch unterscheidbare und empirisch nicht selten sich überlagernde Reaktionsweisen auf diesen Umstand: Privilegien abgeben und teilen; Gleichgültigkeit; die paradoxe Wut auf die leidenden Anderen. Man kann sich diesen dritten Reaktionstypus mit Bezug auf den Typus von Antisemitismus vergegenwärtigen, der für Deutschland insbesondere in der zweiten Hälfte des 20. Jahrhunderts bis heute bedeutsam gewesen ist und der „sekundärer Antisemitismus" (Rommelspacher 1998, S. 45) genannt wird; ein Judenhass „nicht trotz, sondern wegen Auschwitz" (ebd.). In Anlehnung an das Konzept des sekundären Antisemitismus kann mit Blick auf globale Verhältnisse der Ungleichheit und ihre Verarbeitung durch global relativ Privilegierte der dritte Reaktionsmodus wie folgt paraphrasiert werden: Wir, die wir geopolitisch privilegiert sind, wir verzeihen den Geflüchteten, dem „Abfall" einer Weltordnung, die nicht unwesentlich von westlichen Akteur/innen und Instanzen errichtet wurde und von der der Westen unermesslich profitiert (Bauman 2006), wir verzeihen diesen Geflüchteten nicht, dass sie leiden und uns mit ihrem Leid in den gut eingerichteten Vierteln unseres Wohlstands im wahrsten Sinne zu Leibe rücken. Deshalb müssen sie dämonisiert, herabgewürdigt und letztlich entmenschlicht werden.

Eine Perspektive, die kategorisch zwischen natio-ethno-kulturell kodierten Gruppen unterscheidet und diesen Gruppen kontextrelativ unterschiedliche Werte zuordnet, ist dem Funktionieren gegenwärtiger nationalstaatlicher Vergesellschaftung konstitutiv eingeschrieben (Goldberg 2002; Lentin/Lentin 2006). Migrationsbewegungen stellen diese Ordnung infrage. Sie können damit als Anregung verstanden werden, das in die Logiken nationalstaatlichen Funktionierens eingegangene (und nicht unwesentlich über Rassismen vermittelte) „Wissen" einer kritischen Reflexion zu unterziehen.

Die Thematisierung migrationsgesellschaftlicher Differenzverhältnisse aus einer macht- und differenztheoretischen Perspektive befragt die scheinbare Legitimität der bestehenden (globalen wie lokalen) sozialen Ordnung und macht diese zum Gegenstand der Aushandlung. Dies geschieht auch in Fortbildungen; sie stellen insofern Arenen der politischen Auseinandersetzung dar.

Literatur

Anderson, B. (1996). *Die Erfindung der Nation. Zur Karriere eines folgenreichen Konzepts.* Frankfurt a.M./New York: Campus.

Bauman, Z. (1995). *Moderne und Ambivalenz. Das Ende der Eindeutigkeit.* Frankfurt a.m.: Fischer.
Bauman, Z. (2006). *Verworfenes Leben. Die Ausgegrenzten der Moderne.* 2. Aufl., Hamburg: Hamburger Edition.
Bojadžijev, M. (2018). Migration und Integration. Zur Genealogie des zentralen Dispositivs. *Migration und Soziale Arbeit, 40* (1), 54–61.
Brausam, A. (2020). *Todesopfer rechter Gewalt seit 1990.* Zugriff am 03.11.2020 unter https://www.amadeu-antonio-stiftung.de/rassismus/todesopfer-rechter-gewalt/
Castro Varela, M. d. M., & Mecheril, P. (Hrsg.) (2016). *Die Dämonisierung der Anderen. Rassismuskritik der Gegenwart.* Bielefeld: transcript.
Dietze, G. (2019). *Sexueller Exzeptionalismus. Überlegenheitsnarrative in Migrationsabwehr und Rechtspopulismus.* Bielefeld: transcript.
Friedrich, S., & Schultes, H. (2012). Bedrohung Salafismus? Aktuelle Debatte in Deutschland bedient antimuslimischen Rassismus und nützt dem Verfassungsschutz. *Standpunkte 15/2012.* Zugriff am 19.01.2021 unter https://www.rosalux.de/fileadmin/rls_upl oads/pdfs/Standpunkte/Standpunkte_15-2012.pdf
Goldberg, D. T. (2002). *The Racial State.* Malden/Oxford: Blackwell.
Hark, S., & Villa, P.-I. (2017). *Unterscheiden und herrschen. Ein Essay zu den ambivalenten Verflechtungen von Rassismus, Sexismus und Feminismus in der Gegenwart.* Bielefeld: transcript.
Heinemann, T., & Weiß, M. (2016). *An der Grenze. Die biotechnologische Überwachung der Migration.* Frankfurt a.M./New York: Campus.
Hobbes, T. (2006). *Leviathan oder Stoff, Form und Gewalt eines kirchlichen und bürgerlichen Staates.* Frankfurt a.M.: Suhrkamp.
Hobsbawm, Eric J. (1991). *Nationen und Nationalismus. Mythos und Realität seit 1780.* Frankfurt a.M.: Campus.
Hobsbawm, Eric J. (2004). *Nationen und Nationalismus. Mythos und Realität seit 1780.* Frankfurt a.M.: Campus.
Jäger, M., & Wamper, R. (Hrsg.). (2017). *Von der Willkommenskultur zur Notstandsstimmung. Der Fluchtdiskurs in deutschen Medien 2015 und 2016.* Zugriff am 17.03.2018 unter http://www.diss-duisburg.de/wp-content/uploads/2017/02/DISS-2017-Von-der-Wil lkommenskultur-zur-Notstandsstimmung.pdf
Jungk, R., & Müllert, N. R. (1993). *Zukunftswerkstätten. Mit Phantasie gegen Routine und Resignation.* 3. Aufl., München: Heyne.
Hall, S. (1999). Ethnizität: Identität und Differenz. In J. Engelmann (Hrsg.), *Die kleinen Unterschiede. Der Cultural Studies-Reader* (S. 83–98). Frankfurt a.M. u.a.: Campus.
Klemm, S. (2017). *Der deutsche Asyldiskurs vor und nach der Silvesternacht 2015. Eine Diskursanalyse parlamentarischer Debatten des Deutschen Bundestags.* Zugriff am 17.03.2018 unter https://refubium.fu-berlin.de/bitstream/handle/fub188/21972/WP16_S arah-Klemm.pdf?sequence=1
Kneer, G. (1997). Nationalstaat, Migration und Minderheiten. Ein Beitrag zur Soziogenese von ethnischen Minoritäten. In A. Nassehi (Hrsg.), *Nation, Ethnie, Minderheit. Beiträge zur Aktualität ethnischer Konflikte* (S. 85–102). Köln: Böhlau.
Kooroshy, S., & Mecheril, P. (2019). Wir sind das Volk. Zur Verwobenheit von race und state. In B. Hafeneger, K. Unkelbach & B. Widmaier (Hrsg.), *Rassismuskritische Politische Bildung* (S. 78–91). Frankfurt a.M.: Wochenschau Verlag.

Kraetzer, U. (2018). *Die salafistische Szene in Deutschland.* Zugriff am 08.03.2020 unter https://www.bpb.de/politik/extremismus/radikalisierungspraevention/211610/die-salafistische-szene-in-deutschland

Lentin, A., & Lentin, R. (Hrsg.) (2006). *Race and State.* Newcastle: Cambridge Scholars Press.

McCarthy, T. (2015). *Rassismus, Imperialismus und die Idee menschlicher Entwicklung.* Berlin: Suhrkamp.

Mecheril, P. (2011). Wirklichkeit schaffen. Integration als Dispositiv. *Aus Politik und Zeitgeschichte, 61*(43), 49–54.

Mecheril, P. (2020). Gibt es ein transnationales Selbstbestimmungsrecht? Bewegungsethische Erkundungen. In I. van Ackeren, H. Bremer, F. Kessl, H.-C. Koller, N. Pfaff, C. Rotter, E. D. Klein & U. Salaschek (Hrsg.), *Bewegungen. Beiträge zum 26. Kongress der Deutschen Gesellschaft für Erziehungswissenschaft* (S. 101–117). Opladen: Barbara Budrich.

Rommelspacher, B. (1998). *Dominanzkultur. Texte zu Fremdheit und Macht.* 2. Aufl., Berlin: Orlanda Frauenverlag.

Said, E. (2009). *Orientalismus.* Frankfurt a.M.: Fischer.

Salecl, R. (1994). *Politik des Phantasmas. Nationalismus, Feminismus und Psychoanalyse.* Wien: Turia + Kant.

Steinke, R. (2017). *Als Vergewaltigung in der Ehe noch straffrei war.* Zugriff am 03.11.2020 unter https://www.sueddeutsche.de/leben/sexuelle-selbstbestimmung-als-vergewaltigung-in-der-ehe-noch-straffrei-war-1.3572377

Stichweh, R. (1995). Der Körper des Fremden. In M. Hagner (Hrsg.), *Der falsche Körper. Beiträge zu einer Geschichte der Monstrositäten* (S. 174–186). Göttingen: Wallstein.

Prof. Dr. Paul Mecheril, Universität Bielefeld, Professor für Erziehungswissenschaft mit dem Schwerpunkt Migration, AG 10 Migrationspädagogik und Rassismuskritik, Email: paul.mecheril@uni-bielefeld.de

Matthias Rangger, Universität Bielefeld, Fakultät für Erziehungswissenschaft, Wissenschaftlicher Mitarbeiter in der AG 10 Migrationspädagogik und Rassismuskritik, Email: matthias.rangger@uni-bielefeld.de

12 Involviertheit, Sprechen-Können, Pippi Langstrumpf und „die Salafisten" – Zur politischen Dimension pädagogischer Praxis

Paul Mecheril und Matthias Rangger

12.1 Einleitung

Wer wird eigentlich als Professionelle/r anerkannt? Welche Bedeutung kommt migrationsgesellschaftlichen Diskriminierungserfahrungen dabei zu? Wer gilt als legitime Sprecher/in und was darf von wem gesagt werden? Warum kann wer und aus welcher Perspektive beanspruchen, dass ihre Deutungen, Einschätzungen und Kenntnisse ernstgenommen werden? In den vorangegangenen Kapiteln (Kap. 8–11) haben wir Aushandlungen zu diesen Fragen in den Blick genommen und in Bezug auf professionelles Handeln diskutiert.

Im Zentrum unseres Anliegens stand dabei die Frage, wie sich der Raum der Fortbildung *als Raum der Fortbildung* konstituiert und welche Hinweise sich darüber in Bezug auf grundlegende Bedingungen pädagogischen Handelns in der Migrationsgesellschaft und professionell pädagogischen Handelns überhaupt gewinnen lassen. Die Reflexionstexte der vorangegangenen Kapitel schließen hierbei an theoretische Ansätze an, die Raum nicht im Sinne eines materiell klar abgegrenzten „Containers" oder „Behälters" (Günzel 2010; Löw 2001) fassen, „in dem Dinge und Menschen aufgenommen werden können und ihren festen Platz haben" (Schroer 2008, S. 141). Räume sind nicht einfach „da". Sie werden vielmehr durch Praktiken sowie institutionelle und strukturelle Bedingungen kontinuierlich erzeugt. Eine solche Perspektive auf Raum schließt

---

P. Mecheril · M. Rangger (✉)
Fakultät für Erziehungswissenschaft, Universität Bielefeld, Bielefeld, Deutschland
E-Mail: matthias.rangger@uni-bielefeld.de

P. Mecheril
E-Mail: paul.mecheril@uni-bielefeld.de

insbesondere an sozialkonstruktivistische und diskurstheoretische Raumverständnisse an, die Raum als Produkt sozialer Praktiken untersuchen und beschreiben (vgl. etwa Glasze/Mattissek 2009; Schroer 2008). Soziale Wirklichkeit und damit auch Räume liegen „nicht unabhängig von ihrer Beobachtung und Beschreibung vor" (Günzel 2010, S. 116). Wie und als was Raum wahrgenommen wird, wie dieser angeeignet, genutzt und praktisch wird, von wem er legitimer Weise angeeignet und genutzt werden kann, ist immer bereits Teil der Konstruktion von Wirklichkeit (ebd.). Räume sind damit, wie beispielsweise Michel Foucault (1999) hervorgehoben hat, weder allein geografisch bestimmte Einheiten noch leer oder homogen, sondern Resultat zuweilen kooperativer, aber auch kompetitiv-antagonistischer Prozesse symbolischer Zuschreibung und sozialer Gestaltung.

Der Fortbildungsraum ist gemäß dieser Perspektive nicht einfach vorhanden, sondern wird beispielsweise in und durch diskursive und interaktive Praktiken sowie organisatorische Vorgaben hervorgebracht. In einer somit gewissermaßen praxistheoretischen Einstellung (s. Kap. 3) auf „Raum" sind wir in den vorangegangen Kapiteln den Fragen nachgegangen, wie sich der pädagogische Raum der Fortbildung in und durch die Praktiken der beteiligten Akteur/innen konstituiert, was dabei über diesen Raum deutlich wird und was dies allgemein für pädagogisches Handeln bedeutet.

Hierbei haben wir uns vor allem für Praktiken im Rahmen des Fortbildungsgeschehens interessiert, in denen die politische Dimension (fortbildungs-) pädagogischer Praxis – und zwar als „migrationsgesellschaftliche Wirklichkeit" – zum Thema wird, sei es über die Thematisierung spezifischer Vorstellungen in Bezug auf migrationsgesellschaftliche Sachverhalte, sei es in Bezug auf Themen, die auf natio-ethno-kulturell kodierte Differenzverhältnisse bezogen sind.

Der programmatische Anspruch, der den Fortbildungsraum mithervorbrachte, bestand darin, Lern- und Reflexionsprozesse als Professionalisierungsprozesse aufseiten der Teilnehmer/innen zu ermöglichen. Die konkrete Frage, die unser Nachdenken hier anleitete, bestand darin, wie sich dieser als Bildungsraum gerahmte Raum in der konkreten Fortbildungspraxis darstellt, was also unter der Voraus-Setzung „Fortbildung zu professionellem Handeln in Organisationen der Migrationsgesellschaft" geschieht und was dabei über diesen Raum sowie pädagogisches Handeln in der Migrationsgesellschaft deutlich wird.

Insofern Migration als Grenzüberschreitung soziale Ordnungen irritiert und Grenzziehungen problematisiert, geht die Beschäftigung mit migrationsgesellschaftlichen Fragestellungen mit der Frage nach der Herstellung und Verfasstheit sozialer Ordnung einher. Fragen nach der Herstellung sowie der Verfasstheit sozialer Ordnung stellen Fragen dar, die die Dimension des Politischen berühren.

Das Politische verweist hierbei auf den Moment der Be- und Ent-Gründung sozialer Ordnung (Laclau 1990; Marchart 2013; Mouffe 1999, 2015). Mit der Frage danach, wie sich der Fortbildungsraum als ein spezifischer Fortbildungsraum durch bestimmte Praktiken konstituiert, sprechen wir insofern die Frage nach der politischen Dimension (fortbildungs-)pädagogischer Praxis an (ausführlicher zum Politischen weiter unten).

Durch die Entscheidung für die Beschäftigung mit der politischen Dimension des Fortbildungsraumes anhand der Analyse von Fortbildungssequenzen, die migrationsgesellschaftliche Wirklichkeit und ihre Bedeutung in und für das Fortbildungsgeschehen zum Thema haben, wurden andere Phänomene und mögliche Analyseperspektiven wie Geschlechter- oder Klassenverhältnisse eher ausgeblendet; die Fokussierung ermöglichte aber zugleich eine perspektivengebundene und systematische Auswahl und Betrachtung des Materials.

Auf was verweisen nun die Aushandlungen im Fortbildungsgeschehen, die wir in den vorangegangenen Kapiteln in den Blick nahmen? Und was bedeutet das für pädagogische (Fortbildungs-)Praxis? Diesen Fragen möchten wir abschließend nachgehen. Dabei gehen wir davon aus, dass in diesen Aushandlungen im Kern das Phänomen zum Ausdruck kommt, dass keine der Antworten auf diese Fragen auf einen ultimativen Grund zurückführbar ist. Vielmehr sind die jeweiligen Begründungen stets umstritten, da sie das unentscheidbare Terrain des Sozialen immer nur vorläufig und kontextrelativ zu entscheiden vermögen und damit immer auch andere Antwortmöglichkeiten andeuten, indem sie sie ausschließen (Laclau 1999). Mit dieser Perspektive schließen wir an sozialontologische Annahmen an, die das Soziale als *notwendigerweise kontingent* auffassen (Marchart 2010, S. 74 ff.). Damit wird zum Ausdruck gebracht, dass *jede* soziale Ordnung immer auch anders sein kann und es keine unbestreitbaren objektiven Gründe für die jeweils vorherrschende soziale Ordnung gibt, aus denen sich die Rationalität einer jeweils spezifischen Ordnung ableiten ließe. Auch wenn stets Gründe vorgebracht werden müssen, auf denen sich das Soziale konstituiert. Aushandlungen um die Ordnung des Fortbildungsraumes – also darüber, was in diesem sozialen Raum als „angemessen" und „anerkannt" gilt – verweisen einerseits auf die Kontingenz der vorherrschenden, sedimentierten Ordnung, auf Basis derer die Fortbildungspraktiken stattfinden, und stellen anderseits ein Ringen um die als angemessen geltende Be-Gründung dieses Zusammenhangs dar. Hiermit rückt die politische Dimension des Sozialen, die wir im Weiteren in Bezug auf (fortbildungs-)pädagogische Praxis näher ausführen, in den Mittelpunkt. Der Zusammenhang von Pädagogik und dem Politischen, und welche Konsequenzen daraus für professionelles Handeln in der Migrationsgesellschaft gezogen werden können, stellt den zentralen Gegenstand unserer, diesen Buchteil abschließenden Reflexion dar.

12.2 Pädagogik und das Politische

Pädagogik soll nicht politisch sein – dies ist eine Position, die zu einer weit verbreiteten Anforderungs- und Selbstdarstellungsweise im Sprechen über Pädagogik geworden ist. Ihren aktuellen Höhepunkt findet dieses Sprechen in der „empirischen Wende" (Buchhaas-Birkholz 2009, S. 27) hin zur sogenannten „empirischen Bildungsforschung" (etwa: Reinders et al. 2015). In der Beanspruchung einer Forschung, die nicht „politisch-ideologisch" (Buchhaas-Birkholz 2009, S. 28), sondern basierend auf verobjektivierten Messinstrumenten und -verfahren durchgreifend „empirisch" sein soll, „sollen mit Mitteln der *Beobachtung* (…) [von] Bildungsrealität Kenntnisse gewonnen werden, wie Bildung funktioniert und unter welchen Bedingungen dieser Prozess (optimal) verläuft" (Reinders et al. 2015, S. 49). In der empirischen Bildungsforschung wird hierbei eine Position zum Ausdruck gebracht, die „gute" Bildungsforschung wie auch „gute" Pädagogik am Kriterium der nicht-normativen und entpolitisierten, rationalen Empiriegeleitetheit bemisst. Bildungsforschung, Pädagogik und (Bildungs-)Politik müssen in dieser Perspektive ihre Handlungsbegründungen strikt aus der empirisch erfassten (Bildungs-)Realität ableiten. Anspruch von Bildungsforschung und pädagogischem Handeln ist somit eine nicht außer-empirisch „kontaminierte" Bildungspraxis. So verlockend dieses, einen Ort außerhalb gesellschaftlicher Auseinandersetzungen in Aussicht stellende Anliegen sein mag, so sehr ist die „funktionalistische Orientierung" (Baumert et al. 2001, S. 19) empirischer Bildungsforschung, wie etwa der PISA-Studien, und das, was diese empirisch als „Bildung" abzubilden vorgeben, bereits in dem Sinne normativ, als es im Sinne des Funktionierens einer bestimmten (politischen, ökonomischen und sozialen) Ordnung ausgerichtet und konzipiert ist (Krinninger/Müller 2012). Die Untersuchung der Bedingungen zur Ermöglichung von „Kompetenzen" beispielsweise steht in der Gefahr, zu einem unreflektierten Instrument der Durchsetzung neoliberaler Subjektbildung zu werden (etwa: Höhne 2015; Münch 2009; Pongratz 2017; Radtke 2015): es geht dann lediglich um „die lebenslängliche Anpassung der menschlichen Qualifikationen an die wechselnden Erfordernisse der kapitalistischen Wirtschaft" (Bernhard 2018, S. 141).

Das Selbstverständnis, doch nur zu beobachten, was der Fall ist, verstärkt die Struktur, die das, was der Fall ist, zu einem Fall macht. Dies gilt nicht nur für die (Bildungs-)Forschung, sondern auch für vorderhand sich nicht politisch verstehende (Bildungs-)Praxis, die in der Affirmation der gegebenen Verhältnisse sich ihrer eigenen politischen Wirkung und Verstrickung nicht mehr gewahr wird. Diese Zurückweisung des Politischen im Aufgehen in ebendiesem wirkt auf eine Überhöhung des Pädagogischen. In der vehementen Zurückweisung „fremder" (politischer) Ansprüche kommt es zu einer Verschleierung der Einflussnahme von Politik auf Pädagogik (Fuchs 2017; Höhne 2015) sowie der grundlegenden politischen Dimension und Verfasstheit des Pädagogischen (Bünger 2013; Casale et al. 2016). Werden diese ausgeblendet, wird die (Selbst-)Reflexion in Bezug auf die Einflussnahme von Politik auf pädagogische Praxis (etwa der Integration) sowie die grund-legende Funktion des Politischen für das Pädagogische verdeckt.

An dieser Stelle ist die Unterscheidung zwischen dem Politischen und der Politik von Bedeutung. Diese wurde in den vergangenen Jahren vor allem in denjenigen theoretischen Perspektiven (wieder) prominent gemacht, die unter den Bezeichnungen „Postfundamentalismus" oder „Postfundationalismus" Eingang in den deutschsprachigen Diskurs gefunden haben (Marchart 2010). Postfundamentalistische Ansätze verbindet eine Perspektive auf das Soziale, mit der die Annahme der radikalen Kontingenz sozialer Wirklichkeit verbunden ist. Kontingenz verweist hierbei auf die „Unmöglichkeit eines letzten Grundes" (ebd., S. 81), auf dem soziale Ordnung instituiert werden kann. Kontingenz verweist darauf, dass „[i]m Reich des Sozialen [...] nichts möglich [ist], was nicht auch anders möglich wäre" (Marchart 2013, S. 31).

Zugleich verbindet sich mit postfundamentalistischen Perspektiven ein Denkhorizont, in dem die Kontingenz des Sozialen nicht „antifundamentalistisch" aufgefasst wird. Es wird demnach „nicht die Abwesenheit *aller* Gründe behauptet [...], sondern die Abwesenheit *eines ultimativen* Grundes, denn erst unter dieser Voraussetzung werden Gründe im Plural möglich" (Marchart 2010, S. 62). Die postfundamentalistische Perspektive, dass es nicht keine Gründe des Sozialen, sondern nur keinen ultimativen Grund des Sozialen gibt, geht zwar davon aus, dass soziale Zusammenhänge auf die Begründung gemeinsamer, das Handeln konstituierender Gründe angewiesen sind. Der Ausweis der Gründe, kann jedoch nicht auf einen letzten Grund, der soziale Verhältnisse rational aus sich ableitet, zurückgeführt werden. Wie die Gründe einer spezifischen sozialen Ordnung begründet werden, stellt eine Entscheidung unter einer Vielzahl möglicher Begründungen, oder anders ausgedrückt: eine Entscheidung in einem Feld der Unentscheidbarkeit dar (Laclau 1999, S. 114 ff.).

„Deshalb begnügt sich der Postfundamentalismus nicht mit der Behauptung der Abwesenheit eines letzten Grundes und verwandelt sich in keinen Nihilismus oder

Existenzialismus, um die Abwesenheit *aller* Gründe, also etwa vollständige Sinnlosigkeit, absolute Freiheit oder totale Autonomie, zu proklamieren. Noch wandelt er sich zu einem postmodernen Pluralismus, für den alle Meta-Narrative gleichermaßen hinweggeschmolzen sind. Denn was aus postfundamentalistischer Perspektive trotz Abwesenheit eines letzten Grundes akzeptiert wird, ist die Notwendigkeit *gewisser Gründe.*" (Marchart 2010, S. 62)

Die ontologische Dimension der fortwährenden Be- und Ent-Gründung des Sozialen kann mit der Theoriesprache des Postfundamentalismus als das Politische im Gegensatz zu der Politik gefasst werden (Mouffe 1997). So versteht Chantal Mouffe (2015, S. 16) bspw. unter dem Politischen „die Dimension des Antagonismus, die ich als für menschliche Gesellschaften konstitutiv betrachte, während ich mit ‚Politik' die Gesamtheit der Verfahrensweisen und Institutionen meine, durch die eine Ordnung geschaffen wird, die das Miteinander der Menschen im Kontext seiner ihm vom Politischen auferlegten Konflikthaftigkeit organisiert". Das Politische stellt in diesem Denken die Dimension „der Konstitution aller Begriffe und aller Objekte des Sozialen" (Marchart 2010, S. 58) dar, es ist der Moment der Be- und Ent-Gründung des Sozialen, seiner Institutionen sowie Organisations- und Praxisformen (Laclau 1990, S. 35). Soziale Ordnung ist in diesem Verständnis nie endgültig schließbar, da sie immer auf der machtvollen Instituierung eines Grundes beruht, der letztlich selbst auf einem Abgrund und der Möglichkeit einer Vielzahl anderer Begründungen basiert. Das Soziale existiert dann nur, „als partieller Versuch […], Gesellschaft zu konstruieren – das heißt [als] ein objektives und geschlossenes System von Differenzen" (Laclau/Mouffe 2012, S. 165), das jenseits jeglicher Möglichkeit einer objektiven Begründung existiert.

Kontingenz und die Möglichkeit einer Pluralität von Begründungen des Sozialen verweisen insofern auf das Phänomen der Konflikthaftigkeit (Marchart 2013, S. 51). Wenn sich eine soziale Ordnung immer nur als vorläufig und nie gänzlich geschlossenes System von Differenzen konstituiert und auch die darin artikulierten Differenzen auf keinem ultimativen Grund basieren, dann können sich sowohl diese Ordnung als auch die artikulierten Differenzen nie über ihre eigene Positivität, sondern nur über ihre Negativität, also dem, was ihre Existenz als System von Differenzen radikal verneint (Antagonismus), herstellen. Kontextspezifische soziale Ordnungen konstituieren sich demnach immer darüber, was sie nicht sind. Die Negativität des Sozialen führt dazu, dass soziale Ordnung, nie identisch mit sich selbst sein kann, niemals also endgültig geschlossen und fixiert. Ihre Bedeutungsgebungen sind einem steten Wandel ausgesetzt und sie muss als vorläufiges System relationierter Differenzen kontinuierlich performativ hergestellt und aufrechterhalten werden. In diesem Sinne kann „Gesellschaft […] nie vollständig

Gesellschaft sein, weil alles in ihr von ihren Grenzen durchdrungen ist, die verhindern, daß sie sich selbst als objektive Realität konstituiert" (Laclau/Mouffe 2012, S. 167).

Wenn wir das Politische nun also nicht differenzierungstheoretisch als spezifischen Bereich des Sozialen verstehen, sondern als grundlegende Dimension sozialer Auseinandersetzungen und des Sozialen überhaupt und damit das Politische nicht allein rückbinden auf Verhandlungen um die und in den offiziellen politischen Institutionen und Prozedere, dann zeigt sich der Zusammenhang von pädagogischer und politischer Dimension in spezifischer Weise. Mit Bezug auf die Thematisierung offizieller Politik, die in pädagogischen Kontexten nicht nur in der politischen Bildung eine Rolle spielt, kann Positionen durchaus zugestimmt werden, die darauf verweisen, dass Indoktrination und performative Einschwörung die Idee des Pädagogischen verfehlen, in der Selbsttätigkeit und Selbstbildung pädagogischer Gegenüber mindestens kontrafaktisch und paradox der Gestaltung des pädagogischen Arrangements eine Leitlinie und ein Maß sind. Gänzlich aus dem Blick gerät bei einer dualistischen Gegenüberstellung von Politik und Pädagogik allerdings die konstitutive politische Dimension des Pädagogischen. Das „Politische" ist nicht auf Staatlichkeit und den Apparat staatlichen Funktionierens reduzierbar. Mit dem Begriff des Politischen verbindet sich vielmehr eine Perspektive, die darauf zielt, soziale Phänomene im Hinblick auf den Umstand zu erkennen und zu untersuchen, inwiefern sie implizite oder explizite Einsätze im Kampf um die Regelung öffentlicher Angelegenheiten darstellen. In Abgrenzung von staatszentrierten Konzepten finden sich Orte des Politischen überall dort, wo soziale Zusammenhänge direkt oder indirekt Macht über sich selbst wirksam werden lassen oder danach streben, dies zu tun. Pädagogische Arrangements sind an der Re-/Produktion politischer Ordnungen beteiligt, weil sowohl vermittelte Wissensbestände als auch die Form und Gestalt der Vermittlungsverhältnisse („autoritär", „kooperativ", „individualisiert" etc.) zur Sicherung und Problematisierung vorherrschender Figurationen beitragen.

Pädagogik ist in diesem Sinne *immer* politisch, insofern sie Teil einer spezifischen (politisch instituierten) sozialen Ordnung ist, auf die sie sich in unterschiedlicher Weise (deskriptiv, affirmativ, kritisch etc.) bezieht. Zugleich ist Pädagogik *nicht* immer politisch, insofern weder das Politische mit dem Pädagogischen in eins fällt, noch das Politische stets im Pädagogischen präsent ist. Da das Politische den Moment der De- und Reinstituierung einer sozialen Ordnung und das Soziale in diesem Sinne „eine Form des Politischen im ‚Schlafzustand'" darstellt (Marchart 2010, S. 216), ist Pädagogik in dieser Perspektive immer nur dann politisch, wenn sie mit ihrem Tun das Soziale aus seinem Schlummerzustand weckt.

Die paradoxe Formulierung, das Pädagogische sei *immer* und zugleich *nicht immer* politisch, versucht zu beschreiben, dass notwendige Kontingenz immer möglich ist, zugleich aber nicht immer in Erscheinung tritt bzw. aktualisiert wird. Die Aktualisierung oder Realisierung von Kontingenz hängt von spezifischen Bedingungen ab, die den „Moment der Kontingenz" hervorbringen (Marchart 2010, S. 80 f.). Das Sprechen von der Moderne als „Zeitalter der Kontingenz" (Joas 2012) kann in diesem Sinne nicht auf das plötzliche Auftreten von Kontingenz auf der „Weltbühne" zurückgeführt werden, die es in vormodernen Zeiten vermeintlich noch nicht gegeben hätte. Selbst wenn die Zunahme komplexer sozialer Ordnungen das Hervortreten von Kontingenz sicherlich forcieren, ist es insbesondere auch die moderne Einsicht, dass soziale Ordnung vom Menschen selbst geschaffen wird und nicht gottgegeben ist, die das zunehmende Erkennen und Anerkennen von Kontingenz ermöglicht. Genau „[d]ieses Moment der Begegnung mit Kontingenz kann – aus Perspektive der politischen Theorie – als Moment des Politischen bezeichnet werden" (Marchart 2010, S. 80). Es ist die Erfahrung, dass *alles* auch anders sein kann, die die Erfahrung von Kontingenz zu einer politischen macht. Eine Erfahrung, die insbesondere in Momenten der Krise oder des Konflikts manifest werden kann (ebd.). Das Politische wird in diesem Sinne immer dann im Pädagogischen präsent, wenn Kontingenz in Erscheinung tritt. Es kann davon ausgegangen werden, dass insbesondere Momente der Krise und des Konflikts mit hoher Wahrscheinlichkeit Momente der Begegnung mit dem Politischen im Pädagogischen darstellen.

Perspektiven der Überhöhung der Autonomie von Pädagogik gegenüber dem Politischen können als Praktiken der De- oder Ent-Politisierung von Pädagogik bezeichnet werden. In der Dethematisierung der politischen Dimension pädagogischer Praxis setzen sie ausgerechnet ihre „relative Autonomie" auf das Spiel. Auf diese Weise verunmöglichen sie die explizite Begegnung mit der politischen Dimension des Sozialen respektive des Pädagogischen und arbeiten dabei insgeheim einem Fundamentalismus des empirisch Notwendigen zu (Rieger-Ladich 2016). Dabei wäre es ausgerechnet der Anspruch von Pädagogik *nicht* einen Beitrag zur Notwendigkeit, sondern einen zur Unverfügbarkeit über sich selbst und andere zu leisten (Schäfer 2012). Die Anerkennung der politischen Dimension von Pädagogik ist folglich unumgänglich.

12.3 Die Anerkennung des Politischen und professionelles pädagogisches Handeln

Was folgt nun aus der Anerkennung der grundlegenden politischen Dimension und Verfasstheit pädagogischer Praxis? Und welche Schlussfolgerungen können daraus für professionelles pädagogisches Handeln gezogen werden?

Diskussionen darüber, was (migrations-)gesellschaftlich als legitim oder nichtlegitim, als sagbar oder nicht-sagbar, als erlaubt oder verboten, als fortschrittlich oder rückständig sowie wer in einem bestimmten Kontext als zugehörig oder nicht-zugehörig, als anerkennbar oder nicht-anerkennbar gilt, können als Aushandlungspraktiken um die Ordnung des je spezifischen Raums gelesen werden. Die Fortbildung ist ein sozialer Raum, in dem es um Fragen der angemessenen sozialen Ordnung sowohl a) des (fortbildungs-)pädagogischen Raums als auch b) der Organisationen der Teilnehmer/innen und c) der (Migrations-)Gesellschaft im Allgemeinen geht. Aushandlungen um den Status von Rassismuserfahrungen für Professionalität oder um gültiges Wissen und Deutungsautorität stellen in dieser Perspektive Praktiken dar, in denen auf symbolische Ordnungen, die zwischen natio-ethno-kulturell Zugehörigen und Nicht-Zugehörigen unterscheiden, Bezug genommen wird sowie in denen diese Ordnungen im lokalen Raum der Fortbildung zugleich neu ausgehandelt werden. Die Ordnung des Fortbildungsraums wird folglich auch von gesellschaftlich vorherrschenden Differenz- und Zugehörigkeitsordnungen vermittelt; diese werden im Fortbildungsgeschehen aufgerufen, bekräftigt, problematisiert, ironisiert, erkannt, gerechtfertigt etc. Im Folgenden geht es uns nun weniger um diesbezüglich „angemessene" strukturelle Bedingungen der Ermöglichung professionellen Handelns (s. hierzu Kap. 13). Wir führen vielmehr die normative Bestimmung von pädagogischer Professionalität mit Bezug auf die politische Verfasstheit des Sozialen weiter aus.

Im Rahmen einer politischen Perspektive auf soziale Wirklichkeit wie die der Hegemonietheorie (s. etwa Gramsci 2012; Hall 2012a; Laclau/Mouffe 2012) kommt dem Ideologischen und Ideologien eine grundlegende Bedeutung in der Konstitution der gegebenen Verhältnisse zu. Hegemonie kann dabei allgemein als ein Herrschaftsverhältnis verstanden werden, das nicht einfach Resultat von Unterdrückungsstrukturen ist, sondern insbesondere auf Einsicht und Zustimmung zu diesen Verhältnissen, auch der untergeordneten und unterdrückten Subjekte, beruht. Zustimmung und Zwang gemeinsam konstituieren die Herrschaftsform der Hegemonie. In diesem Zusammenhang ist auch die Bedeutung zu verstehen, die im Horizont der Hegemonietheorie dem Ideologischen zugewiesen wird. Anders etwa als einflussreiche marxistische Ideologieverständnisse in der Zeit Antonio Gramscis (vgl. Becker et al. 2013, S. 110) stellt Ideologie für

Gramsci weder Verblendung noch klassendeterminierte Weltauffassung dar. Vielmehr verweist er mit Bezug auf Marx und Engels darauf, dass „die Menschen sich der Konflikte, die in der ökonomischen Welt auftreten, auf dem Terrain der Ideologien bewußt werden" (Gramsci 2012, S. 501). Das Ideologische stellt in diesem Sinne auch das Terrain dar, auf dem um die Einsicht und Zustimmung zu bestimmten Verhältnissen geworben und gekämpft wird. Ideologien bilden „den innersten Zement" einer Gesellschaftsformation (ebd., S. 1313). Ideologien geben sozialem Geschehen eine Bedeutung und einen spezifischen Sinn, die die Subjekte erst handlungsfähig machen (Hall 2012b, S. 152).

Die Reflexion auf die bedeutungsvolle Vermitteltheit des eigenen Denkens und Fühlens – der eigenen epistemisch-affektiven Verhaftung in hegemoniale Diskurse über Zugehörigkeit, die Anderen, ihre Kultur etc. – kann in diesem Sinne durchaus als ideologiekritische Auseinandersetzung mit der eigenen Praxis beschrieben werden. Auch wenn der Ideologiebegriff vom Diskursbegriff verdrängt und sozusagen ein wenig aus der Mode gekommen sein mag, ermöglicht er doch eine angemessene Thematisierung der politischen Dimension von Pädagogik. „Indem die Beziehung", so Carsten Bünger (2016, S. 113), „zwischen den das Selbstverständnis begründenden Vorstellungen und den selbstverständlich wirkenden Alltagspraktiken in den Blick genommen wird, verlieren die vorherrschenden Sichtweisen und üblichen Gewohnheiten den Anschein ihrer Notwendigkeit, ihrer Begründetheit. Ideologie verweist damit auf eine Politizität der Selbst- und Sozialverhältnisse, die aus der ‚Verdeckung' und möglichen ‚Aufdeckung' ihrer Bedingtheit, ihrer Kontingenz resultiert."

In den in den vorangegangenen Kapiteln herangezogenen Fortbildungs- und Interviewsequenzen werden unterschiedliche ideologische Bezüge deutlich, die die Aushandlungspraktiken zur Deutung und Interpretation der gegebenen, von Differenz geprägten Bedingungen strukturieren und diese vermitteln, etwa: Vorstellungen über ein autonomes Subjekt, das mit Distanz und Rationalität auf einen Sachverhalt blickt (Kap. 8); oder Vorstellungen über die partikulare Relativität von Rassismus als gesellschaftliches Randphänomen (Kap. 9) entgegen einer historischen Relativität rassistischer Gewalt mangels rassistischen Bewusstseins (Kap. 10); und zu guter Letzt Vorstellungen der Essentialität von Gesellschaft(lichkeit) im Sinne eines *methodologischen Nationalismus* respektive *Orientalismus* (Kap. 11).

Pädagogik nimmt eine privilegierte (migrations-)gesellschaftliche Rolle in der ideologischen Reproduktions-, Transformations- und Vermittlungsarbeit ein (s. etwa Althusser 2016 zur Schule als ideologischer Staatsapparat). Pädagogik vermittelt ein spezifisches Bewusstsein über die Welt- und Anderenverhältnisse sowie die eigene Position darin. In diesem Zusammenhang ist eine der grundlegenden Aufgaben von Pädagog/innen, in ein Bewusstsein einzuführen, dass zum einen sich selbst nicht außerhalb des Feldes des Ideologischen versteht und zum anderen an einer Kritik an Ideologien interessiert ist, die die Subjekte sozial, kognitiv, affektiv und leiblich in die vorherrschenden sozialen Ungleichheitsverhältnisse involvieren sowie diese Verhältnisse begründen. Eine Pädagogik, die die politische Verfasstheit sozialer Wirklichkeit anerkennt, aktiviert hierbei eine Kritik, die einerseits die Widersprüchlichkeiten im ideologisch konstituierten Bewusstsein ihrer Adressat/innen in gewisser Weise freilegt und zur Geltung bringt sowie andererseits sich selbst nicht außerhalb der Verhältnisse positioniert.

In diesem Zusammenhang geht es einer angemessenen pädagogischen Professionalität in der Migrationsgesellschaft, neben der oben skizzierten notwendigen Aufmerksamkeit für Phänomene der Schließung des Sozialen überhaupt, in kritischer Hinsicht auch um die Analyse und Markierung von pädagogischen Arrangements, in denen die Gewalt, die der Zustimmung zu der und der Einfädelung in die Ordnung folgt, eine Gewalt, die sich gegen das Subjekt selbst und andere richtet, geringer ist. Neben einer allgemeinen Hegemonieanalyse ist damit die Untersuchung und Kritik jener spezifischen Schließungen von besonderer Bedeutung, die differenziell privilegierende Unterschiede zwischen den Menschen zur Folge haben (hegemoniale Differenzordnungen wie Rassismen, Heterosexismen etc.; vgl. Mecheril/Rose 2012). Eine notwendige Kritik der unaufhebbaren Verwobenheit des Pädagogischen und Politischen kann deshalb nicht allein auf eine gewissermaßen formale Kritik der Schließung beschränkt bleiben. Es geht auch immer um die Frage, mit welchen inhaltlichen Annahmen über die Welt, die Dinge und die Menschen sowie mit welchen (subjektivierenden) Effekten Setzungen verbunden sind. Der Blick auf die Verschränkung von Politischem und Pädagogischem, den wir bevorzugen, wird hierbei angeleitet von einer negativen Idee der Kritik, die wir in der bewusst vagen und unabgeschlossenen, in kommunikativer Auseinandersetzung je neu zu überantwortenden Formulierung, weniger Gewalt und weniger Würdelosigkeit über Andere, fassen (s. hierzu genauer Mecheril et al. 2013).

Unter den politisch instituierten Bedingungen asymmetrischer natio-ethno-kultureller Zugehörigkeitsordnungen muss diesem Anliegen in der differenzierten Figur der Pädagog/in respektive ihrer Adressat/innen nachgegangen werden, die rassistisch belangbar sind oder nicht. Rassistisch (nicht) belangbar ist die Pädagog/in (respektive ihre Adressat/innen), weil ihr in der natio-ethno-kulturell kodierten Ordnung eine Position zukommt, die (nicht) von Rassismuserfahrungen vermittelt ist, eine Position also, auf der sie rassistisch (nicht) degradiert, herabgewürdigt und verächtlich gemacht werden kann. Dabei gehen wir zum einen *nicht* davon aus, dass im Zusammenhang mit rassistischer Belangbarkeit eine privilegiertere, weniger involvierte Position einnehmbar ist, die Professionalität eher ermöglicht (s. Kap. 8). Wir gehen zum anderen aber schon davon aus, dass die rassistisch (nicht) belangbare Pädagog/in sich – womöglich im Rahmen ihrer (künftig vielleicht nicht unrealistischen) pädagogischen Aus- und Fortbildungen – mit ihrer Position, ihren Ressourcen, ihrer Scham und Ignoranz, die Teil des rassistischen Komplexes sind, auseinander zu setzen hat, um mit ihrer eigenen rassistisch belangbaren Position nicht in erster Linie defensiv und mit ihrer eigenen rassistisch *nicht* belangbaren Position nicht in erster Linie bewahrend umzugehen, sondern in der Lage ist, als professionelle Pädagog/in zu agieren.

Einer dermaßen herrschaftskritischen Pädagogik respektive einer dermaßen rassistisch (nicht) belangbaren Pädagog/in der Migrationsgesellschaft geht es dann etwa um die Identifikation und Analyse migrationsgesellschaftlicher Herrschaftsstrukturen, die Menschen im Hinblick auf die Möglichkeit einer freieren Existenz behindern, ihre Würde einschränken und sie entmündigen sowie um die Identifikation und Analyse der ideologischen Praktiken der Legitimierung dieser Verhältnisse. Es handelt sich hierbei etwa um die Strategien der Universalisierung (des Partikularen), der Naturalisierung (des Kulturellen), der Vernotwendigung (des Kontingenten), der Normativierung (des Empirischen) oder der Essentialisierung (des Relationalen), die hier nur angedeutet werden können.

Wer an einer kritischen Analyse des Einsickerns und Eindringens von Macht in die Möglichkeiten der Menschen interessiert ist, „ihr Leben auf würdige und sichere Art zu verbringen" (Grossberg 1999, S. 62), wer daran interessiert ist, die machtvolle Beschneidung von Handlungsräumen und -möglichkeiten zum Thema zu machen, kann nicht darauf verzichten, sich begrifflich und empirisch mit den Themen Verhinderung, Einschränkung und Begrenzung oder auch Widerstand auseinanderzusetzen. Dass es hierbei empirisch vielfältige Formen der Verhinderung und Ermöglichung von würdevollen Handlungen und Lebensweisen gibt, die sich flexibel verknüpfen, kontextspezifisch neue Konstellationen schaffen, sich entkoppeln und wieder verbinden und damit einfache Analysen, Veränderungsvorschläge und Parteinahmen erschweren, sollte und kann nicht davon abhalten, die grundsätzliche Gegebenheit ungleicher Verhältnisse der Verhinderung/Ermöglichung zum Thema zu machen und damit symbolisch zu konturieren, was es heißen kann, dass Menschen ihr Leben auf würdigere und sicherere Art führen.

Daran anschließend verfolgt eine herrschaftskritische Pädagogik der Migrationsgesellschaft das Ziel der Analyse von Subjektivierungsprozessen unter den

Bedingungen migrationsgesellschaftlicher Herrschaft. In Form von Subjektivierungen entfalten diskursiv gefasste Entwürfe oder Vorstellungen von „Normalität" ihre materialisierende Kraft, nicht allein indem Dinge und Gegenstände des Wissens und der gesellschaftlichen Wirklichkeit in einer bestimmten Weise entworfen und sozial hervorgebracht werden, sondern auch und zentral indem aus Individuen Subjekte (gemacht) werden, die jene soziale Ordnung, der sie sich verdanken, nicht nur repräsentieren, sondern vielmehr verkörpern.

In diesem Zusammenhang interessiert sich eine herrschaftskritische Pädagogik der Migrationsgesellschaft insbesondere auch für Zustimmungs-, Bestätigungs- und Bekräftigungspraktiken (inferiorisierter Positionen) sowie für die Analyse von Möglichkeiten und Formen der Verschiebung und Veränderung von Zugehörigkeitsordnungen und Herrschaftsstrukturen als auch des Widerstands gegen sie und in ihnen. Herrschaftsverhältnisse sind weder strikt determinierend noch notwendig, sie weisen Handlungs- und Möglichkeitsräume auf und sind kontingent. Eine auf dem Motiv der Kritik gründende Pädagogik ist an der Auslotung dieser Räume und Optionen der Kontingenz in besonderer Weise interessiert, geraten doch hier Alternativen in den Blick, die der Komparativform des „Freieren", „Würdigeren" und „Mündigeren" nahe kommen.

Diese Komparativformen der „freieren Existenz", der „würdevolleren Form" oder der „geringeren Unmündigkeit" sind gleichzeitig immer nur kontextspezifisch zu verstehen. Worin diese bestehen ist Gegenstand der herrschaftskritisch-professionellen (empirischen wie begrifflichen) Analyse. Das „Freiere" und „Würdigere" zeigt sich in unterschiedlichen Kontexten diachron und synchron unterschiedlich. Es ist nicht festgelegt. Genau dieses Nicht-Festgelegt-Sein, diese Modulation und Variation gilt es nachzuvollziehen. Die begriffliche und empirische Konkretisierung dessen, was es heißt, dass Menschen ihr Leben auf „würdige und sichere Art" führen, ist jedoch notwendig offen zu halten und in dem unabschließbaren Projekt der fortwährenden Re-Vision der Kritik immer wieder zu öffnen. In diesem Zusammenhang geht es einer herrschaftskritischen Pädagogik der Migrationsgesellschaft immer auch darum, sich in ein reflexives Verhältnis zu den eigenen Involviertheiten (Messerschmidt 2016) sowie den eigenen (impliziten) Ansprüchen, Anmaßungen und (Macht-)Wirkungen des eigenen Tuns zu setzen.

Literatur

Althusser, L. (2016). *Ideologie und ideologische Staatsapparate*. Neuauflage. München: C. H. Beck.

Baumert, J., Stanat, P., & Demmrich, A. (2001). PISA 2000: Untersuchungsgegenstand, theoretische Grundlagen und Durchführung der Studie. In J. Baumert, E. Klieme, M. Neubrand, M. Prenzel, U. Schiefele, W. Schneider, P. Stanat, K.-J. Tillmann & M. Weiß (Hrsg.), *PISA 2000. Basiskompetenzen von Schülerinnen und Schülern im internationalen Vergleich* (S. 15–68). Opladen: Leske + Budrich.

Becker, F., Candeias, M., Niggemann, J., & Steckner, A. (Hrsg.) (2013). *Gramsci lesen. Einstiege in die Gefängnishefte*. Hamburg: Argument.

Bernhard, A. (2018). Bildung. In A. Bernhard, L. Rothermel & M. Rühle (Hrsg.), *Handbuch Kritische Pädagogik. Eine Einführung in die Erziehungs- und Bildungswissenschaft* (S. 132–148). Weinheim/Basel: Beltz Juventa.

Buchhaas-Birkholz, D. (2009). Die „empirische Wende" in der Bildungspolitik und in der Bildungsforschung. Zum Paradigmenwechsel des BMBF im Bereich der Forschungsförderung. *Erziehungswissenschaft, 20*(39), 27–33.

Bünger, C. (2013). *Die offene Frage der Mündigkeit. Studien zur Politizität der Bildung*. Paderborn u. a.: Ferdinand Schöningh.

Bünger, C. (2016). Ideologiekritik – Blickwechsel zwischen kritischer Bildungstheorie und radikaler Demokratietheorie. In R. Casale, H.-C. Koller & N. Ricken (Hrsg.), *Das Pädagogische und das Politische. Zu einem Topos der Erziehungs- und Bildungsphilosophie* (S. 113–132). Paderborn: Ferdinand Schöningh.

Casale, R., Koller, H.-C., & Ricken, N. (Hrsg.) (2016). *Das Pädagogische und das Politische. Zu einem Topos der Erziehungs- und Bildungsphilosophie*. Paderborn: Ferdinand Schöningh.

Foucault, M. (1999). Andere Räume. In M. Foucault & J. Engelmann (Hrsg.), *Botschaften der Macht. Der Foucault-Reader Diskurs und Medien* (S. 145–157). Stuttgart: Deutsche Verlags-Anstalt.

Fuchs, M (2017). *Politik und Pädagogik. Zur notwendigen Revitalisierung einer spannungsvollen Beziehung*. München: kopaed.

Gramsci, A. (2012). *Gefängnishefte. Kritische Gesamtausgabe. Band 1–10*. Hamburg: Argument.

Glasze, G., & Mattissek, A. (Hrsg.) (2009). *Handbuch Diskurs und Raum. Theorien und Methoden für die Humangeographie sowie die sozial- und kulturwissenschaftliche Raumforschung*. Bielefeld: transcript.

Grossberg, L. (1999). Was sind Cultural Studies? In K. H. Hörning & R. Winter (Hrsg.), *Widerspenstige Kulturen. Cultural Studies als Herausforderung* (S. 42–83). Frankfurt a.M.: Suhrkamp.

Günzel, S. (2010). Kritik der Raumkehren. In St. Günzel (Hrsg.), *Raum. Ein interdisziplinäres Handbuch* (S. 110–116). Stuttgart/Weimar: Metzler.

Hall, S. (2012a). Gramscis Erneuerung des Marxismus und ihre Bedeutung für die Erforschung von „Rasse" und Ethnizität. In S. Hall, *Ideologie, Kultur, Rassismus. Ausgewählte Schriften 1* (S. 56–91). 5. Aufl. (engl. Original 1981), Hamburg: Argument.

Hall, S. (2012b). Die Konstruktion von „Rasse" in den Medien. In S. Hall, *Ideologie, Kultur, Rassismus. Ausgewählte Schriften 1* (S. 150–171). 5. Aufl. (engl. Original 1981), Hamburg: Argument.

Höhne, T. (2015). *Ökonomisierung und Bildung. Zu den Formen ökonomischer Rationalisierung im Feld der Bildung*. Wiesbaden: Springer VS.

Joas, H. (2012). Das Zeitalter der Kontingenz. In K. Toens & U. Willems (Hrsg.), *Politik und Kontingenz* (S. 25–38). Wiesbaden: Springer VS.

Krinninger, D., & Müller, H.-R. (2012). Hide and Seek. Zur Sensibilisierung für den normativen Gehalt empirisch gestützter Bildungstheorie. In I. Miethe & H.-R. Müller (Hrsg.), *Qualitative Bildungsforschung und Bildungstheorie* (S. 57–76). Opladen et al.: Barbara Budrich.

Laclau, E. (1990). New Reflections on the Revolution of Our Time. In E. Laclau, *New Reflections on the Revolution of Our Time* (S. 3–85). London/New York: Verso.

Laclau, E. (1999). Dekonstruktion, Pragmatismus, Hegemonie. In C. Mouffe (Hrsg.), *Dekonstruktion und Pragmatismus. Demokratie, Wahrheit und Vernunft* (S. 111–153). Wien: Passagen.

Laclau, E., & Mouffe, C. (2012). *Hegemonie und radikale Demokratie. Zur Dekonstruktion des Marxismus*. 4. Aufl. Wien: Passagen.

Löw, M. (2001). *Raumsoziologie*. Frankfurt a.M. Suhrkamp.

Marchart, O. (2010). *Die Politische Differenz. Zum Denken des Politischen bei Nancy, Lefort, Badiou, Laclau und Agamben*. Berlin: Suhrkamp.

Marchart, O. (2013). *Das unmögliche Objekt. Eine postfundamentalistische Theorie der Gesellschaft*. Berlin: Suhrkamp.

Mecheril, P., Arens, S., Melter, C., Romaner, E., & Thomas-Olalde, O. (2013). Migrationsforschung als Kritik? Eine Annäherung an ein epistemisches Anliegen in 57 Schritten. In P. Mecheril, S. Arens, C. Melter, E. Romaner & O. Thomas-Olalde (Hrsg.), *Migrationsforschung als Kritik? Konturen einer Forschungsperspektive* (S. 7–55). Wiesbaden: Springer Fachmedien.

Mecheril, P., & Rose, N. (2012). Qualitative Migrationsforschung – Standortbestimmungen zwischen Politik, Reflexion und (Selbst-)Kritik. In F. Ackermann, T. Ley, C. Machold & M. Schrödter (Hrsg.), *Qualitatives Forschen in der Erziehungswissenschaft* (S. 115–134). Wiesbaden: Springer VS.

Messerschmidt, A. (2016). Involviert in Machtverhältnisse. In A. Doğmuş, Y. Karakaşoğlu & P. Mecheril (Hrsg.), *Pädagogisches Können in der Migrationsgesellschaft* (S. 59–70). Wiesbaden: Springer VS.

Mouffe, C. (1997). *The Return of the Political*. 2. Aufl., London: Verso.

Mouffe, C. (1999). Dekonstruktion, Pragmatismus und die Politik der Demokratie. In C. Mouffe (Hrsg.), *Dekonstruktion und Pragmatismus. Demokratie, Wahrheit und Vernunft* (S. 11–35). Wien: Passagen.

Mouffe, C. (2015). *Über das Politische. Wider die kosmopolitische Illusion*. 5. Aufl., Frankfurt a.M.: Suhrkamp.

Münch, R. (2009). *Globale Eliten, lokale Autoritäten. Bildung und Wissenschaft unter dem Regime von PISA, McKinsey & Co*. Frankfurt a.M.: Suhrkamp.

Pongratz, L. A. (2017). Unmögliche Möglichkeiten. Bildungsphilosophische Grenzgänge. In M. Spieker & K. Stojanov (Hrsg.), *Bildungsphilosophie. Disziplin – Gegenstandsbereich – Politische Bedeutung* (S. 159–172). Baden-Baden: Nomos.

Radtke, F.-O. (2015). Methodologischer Ökonomismus. Organische Experten im Erziehungssystem. *Erziehungswissenschaft, 26*(50), 7–16.

Reinders, H., Ditton, H., Gräsel, C., & Gniewosz, B. (Hrsg.) (2015). *Empirische Bildungsforschung. Gegenstandsbereiche*. 2. Aufl., Wiesbaden: Springer VS.

Rieger-Ladich, M. (2016). „Gegen-Schicksalsgeschichten" erzählen. Konturen einer Politischen Ästhetik nach Jaques Rancière und Alexander Kluge. In R. Casale, H.-C. Koller & N. Ricken (Hrsg.), *Das Pädagogische und das Politische. Zu einem Topos der Erziehungs- und Bildungsphilosophie* (S. 143–164). Paderborn: Ferdinand Schöningh.
Schäfer, A. (2012). *Das Pädagogische und die Pädagogik. Annäherungen an eine Differenz.* Paderborn: Ferdinand Schöningh.
Schroer, M. (2008). Raum. Das Ordnen der Dinge. In S. Moebius & A. Reckwitz (Hrsg.), *Poststrukturalistische Sozialwissenschaften* (S. 141–157). Frankfurt a.M.: Suhrkamp.

Prof. Dr. Paul Mecheril, Universität Bielefeld, Professur für Erziehungswissenschaft mit dem Schwerpunkt Migration, AG 10 Migrationspädagogik und Rassismuskritik, Email: paul.mecheril@uni-bielefeld.de

Matthias Rangger, Universität Bielefeld, Fakultät für Erziehungswissenschaft, Wissenschaftlicher Mitarbeiter in der AG 10 Migrationspädagogik und Rassismuskritik, Email: matthias.rangger@uni-bielefeld.de

Teil IV
Migrationsgesellschaftliche Öffnung

Im vierten Teil des Buches gehen wir der Frage nach (Kap. 13), wie ein kundiges und verantwortbares, mithin professionelles Handeln in Organisationen der Migrationsgesellschaft ermöglicht werden kann. Die Überlegungen schließen an die Praxisreflexionen in Teil II und III dieses Bandes sowie an die in Kap. 3 formulierte praxistheoretische Annahme an, dass sich (professionelles) Handeln von situativen wie übergeordneten Bedingungen vermittelt ereignet und markieren und erläutern Prinzipien der migrationsgesellschaftlichen Öffnung von Organisationen. Die Überlegungen zielen hierbei auf die Explikation angemessener organisationaler (Handlungs-)Bedingungen für professionelles Handeln in der Migrationsgesellschaft.

Migrationsgesellschaftliche Öffnung von Organisationen

13

Paul Mecheril, Matthias Rangger und Andreas Tilch

13.1 Einleitung

Der Ausdruck „Öffnung von Organisationen" findet sich im Zusammenhang von Debatten zu Organisationsentwicklung und nimmt seinen allgemeinen Ausgangspunkt in der Kritik an Vorstellungen von und Ansätzen zu Professionalität, die diese, etwa kompetenztheoretisch, im Wesentlichen auf das individuelle Vermögen der handelnden Personen beziehen und damit dazu neigen, den professionellen Umgang mit sozialer Wirklichkeit im Modell technischer Handhabbarkeit zu fassen. Aus einer praxis- und strukturtheoretisch inspirierten Perspektive auf professionelles Handeln (s. Kap. 3) wird dadurch die Bedeutung der komplexen strukturellen und institutionellen Bedingungen des jeweiligen Handlungsfeldes zu wenig zum Thema und hinterfragt. Die in den jeweiligen Feldern vorherrschenden Macht- und Herrschaftsverhältnisse werden damit tendenziell ausgeblendet. Im Anschluss an die Praxisreflexionen in den Buchteilen II und III und ausgehend von der in Kap. 3 formulierten praxistheoretischen Annahme, dass sich (professionelles) Handeln vermittelt von situativen wie übergeordneten Bedingungen ereignet, gehen wir in diesem Kapitel der Frage nach, wie ein kundiges und verantwortbares, mithin professionelles Handeln in Organisationen der

---

P. Mecheril · M. Rangger (✉)
Fakultät für Erziehungswissenschaft, Universität Bielefeld, Bielefeld, Deutschland
E-Mail: matthias.rangger@uni-bielefeld.de

P. Mecheril
E-Mail: paul.mecheril@uni-bielefeld.de

A. Tilch
CvO Universität Oldenburg, Oldenburg, Deutschland
E-Mail: andreas.tilch@uol.de

© Der/die Herausgeber bzw. der/die Autor(en) 2022
P. Mecheril und M. Rangger (Hrsg.), *Handeln in Organisationen der Migrationsgesellschaft*, https://doi.org/10.1007/978-3-658-19000-2_13

Migrationsgesellschaft ermöglicht werden kann. Im Gegensatz zu Ansätzen, die entsprechende Praktiken und Prozesse mithilfe der Vokabel „Kultur" (etwa „interkulturelle Öffnung von Organisationen", vgl. etwa Eppenstein/Kiesel 2008) erfassen, sprechen wir hier von der *migrationsgesellschaftlichen Öffnung von Organisationen*. Die Rede von Organisationen in dieser Allgemeinheit ist allerdings reichlich unspezifisch und abstrakt. Immerhin kann Organisation als ein historisch spezifisches Dispositiv zur Hervorbringung moderner Gesellschaften, aber auch als Praktik des Organisierens oder auch als spezifischer sozialer Ort (Gebilde) verstanden werden. Alle drei konstituieren sich historisch und kontextuell in spezifischer Weise und unterliegen spezifischen Vorstellungen und Erwartungen (etwa der Rationalität) (Türk et al. 2006). Als soziale Gebilde können etwa inter- oder transnationale (bspw. die UNO mit ihren vielfältigen Hilfsorganen, Programmen und Sonderorganisationen oder auch Automobil- oder Nahrungsmittelkonzerne etc.), nationale (staatliche wie etwa die Gerichte, die Polizei oder intermediäre wie Interessenverbände wie etwa der ADAC etc.) oder auch regionale und lokale (etwa Jugendzentren, Sportvereine, Einzelschulen etc.) Organisationen unterschieden werden (ebd.). Der Begriff der Organisation(en) besitzt keine feste und eindeutige Referent/in (ebd., S. 11). Sprechen wir im Folgenden von Organisationen changieren wir dabei zwischen verallgemeinerten organisationstheoretischen Bezugnahmen und auf bestimmte Organisationstypen hin spezifizierte Konkretisierungen. Dabei behalten wir das begrifflich nicht spezifizierte Sprechen von „Organisationen" im Allgemeinen bei, unsere Überlegungen und Modellierungen werden aber in der Regel angeleitet durch die im Hintergrund mitschwingende Imagination pädagogischer Organisationen bzw. jenen Organisationstypen, die im Rahmen der Fortbildung von Bedeutung waren. Es handelt sich hierbei um Organisationen, die in dem Handlungsfeld der Migrationsarbeit vorzugsweise auf Integration und Bildung ausgerichtet sind und zugleich einer Vielzahl unterschiedlicher Tätigkeiten in verschiedenen Handlungsfeldern nachgehen (genauer s. Kap. 2). Dieser Typ von Organisationen unterscheidet sich etwa von anderen Organisationen, insbesondere von denen, die nicht explizit auf Migrationsarbeit ausgerichtet sind und keinen (sozial-)pädagogischen Anspruch verfolgen, wie etwa Krankenhäuser, Wirtschaftsunternehmen, Verwaltungen etc. Die Ausführungen in diesem Kapitel können gleichwohl von Relevanz für diese und andere Organisationstypen sein (müssten in bestimmten Aspekten aber gewiss auf das jeweilige Handlungsfeld, die Tätigkeiten und normativen Ansprüche hin spezifiziert werden).[1]

Die terminologische Umstellung von der interkulturellen auf die migrationsgesellschaftliche Organisationsentwicklung wird in einem ersten Schritt zum Thema (Abschn. 13.2), ehe wir daran anschließend drei Leitlinien migrationsgesellschaftlicher Öffnung und Organisationsentwicklung beschreiben (Abschn. 13.3): Die erste Maxime der Öffnung von Organisationen lautet, dass dieser Prozess grundlegend an einer menschenrechtlichen Ethik orientiert ist, mit der das Ziel verfolgt wird, zu *mehr Gerechtigkeit* beizutragen (Abschn. 13.3.1); zweitens geht es um die Institutionalisierung von *Differenzfreundlichkeit* (Anerkennung) und *Diskriminierungskritik* (Dekonstruktion) als Beitrag zur Ermöglichung von Handlungsvermögen in der Migrationsgesellschaft (Abschn. 13.3.2); drittens geht es um die Etablierung *kritisch-reflexiver Räume* zur Ermöglichung von klugen und verantwortbaren Umgangsweisen in Bezug auf die strukturellen Widersprüche des Feldes (Abschn. 13.3.3).

Abschließend werden unter der Bezeichnung „professionelle Organisationen" Möglichkeiten der Institutionalisierung organisationaler Bedingungen skizziert, die eine Orientierung an den drei Leitlinien migrationsgesellschaftlicher Öffnung ermöglichen (Abschn. 13.4).

13.2 Von der interkulturellen zur migrationsgesellschaftlichen Öffnung von Organisationen

Auf der Landkarte der Thematisierung pädagogischer Professionalität in der Migrationsgesellschaft stellen Diskurse zu „interkultureller Kompetenz" und „interkultureller Öffnung" zwei zentrale Zugänge zur Konzipierung professionellen Handelns in der Migrationsgesellschaft dar. Mit dem Schlagwort „interkulturelle Kompetenz" verband sich historisch ein Perspektivwechsel von dem Blick auf die vermeintlichen Defizite migrantischer Zielgruppen zu der Auseinandersetzung mit bedeutsamen Handlungskompetenzen von Professionellen (Auernheimer 2008). Die Debatte um „interkulturelle Öffnung" ermöglicht hierbei den Ort des Handelns, die Organisation, ihre Strukturen und Routinen zum Thema zu

---

[1] Zu stärker auf einzelne pädagogische Handlungsfelder bezogenen Programmatiken pädagogisch-migrationsgesellschaftlicher Organisationsentwicklung s. etwa auch: Foitzik et al. 2019; Heinemann et al. 2018;

machen. Im folgenden Abschnitt betrachten wir in Schlaglichtern die Herausbildung der Debatten um „interkulturelle Öffnung" im amtlich deutschsprachigen Raum (genauer: Kalpaka/Mecheril 2010), um darauf aufbauend die Notwendigkeit und die Umrisse migrationsgesellschaftlicher Öffnung von Organisationen zu skizzieren.

13.2.1 Interkulturelle Öffnung

„Interkulturelle Öffnung von Organisationen" stellt eine verbreitete Perspektive zur Thematisierung der Bedingungen professionellen Handelns in der Migrationsgesellschaft dar (etwa: Gaitanides 2004; Griese/Marburger 2012; Göhlich 2010; Göhlich et al. 2012; Handschuck/Schröer 2000; Schröer 2007; Vanderheiden/Mayer 2014). Für Wolfgang Hinz-Rommel (1994, S. 9) war „interkulturelle Öffnung" Ende des 20. Jh. „die überfällige Antwort auf Migration und Einwanderung […]. Nicht nur der Markt für soziale Dienstleistungen verlangt die Öffnung, sondern auch die beschäftigten Mitarbeiterinnen und Mitarbeiter spüren neue Anforderungen, die aus einer ethnisch vielfältigen Klientel erwachsen." Neben Marktargumenten und dem Hinweis auf die Überforderung von Mitarbeiter/innen in den sogenannten Regeldiensten, wird auch der Anspruch von Migrant/innen, adäquat beraten zu werden, als Argument für die als interkulturell bezeichnete Öffnung angeführt. Die damit verbundene Erweiterung des Blicks war insofern wichtig, als damit auch institutionelle und organisationale Zugangsbarrieren für Migrant/innen in Einrichtungen der Bildung und Beratung, aber auch insgesamt in Einrichtungen der Regelversorgung benannt und kritisiert wurden.

In den 1990er Jahren nehmen auch staatliche Einrichtungen, Stadtverwaltungen und Städte das Label „interkulturelle Öffnung" auf und versuchen „interkulturelle Leitbilder" zu entwerfen und umzusetzen. Als Vorreiterin in diesem Zusammenhang galt die Stadt Essen, die in den 1990er Jahren in Verzahnung mit Strategien der Stadtentwicklung einen langfristig und partizipativ angelegten Veränderungsprozess der kommunalen Verwaltung auf den Weg brachte (Breitkopf/Schweitzer 2000, S. 25 ff.). Als ein weiteres bekanntes Beispiel zählt der Entwicklungsprozess der Stadt München, an dem Sabine Handschuck und Hubertus Schröer maßgeblich beteiligt waren. Mit ihrem Strategievorschlag zur interkulturellen Orientierung und Öffnung von Organisationen verfolgten sie das Ziel, „die drei wesentlichen Elemente der Reform von sozialen Diensten – Instrumente des Neuen Steuerungsmodells, Erfahrungen einer beteiligungsorientierten Sozial-, Kinder- und Jugendhilfeplanung und Philosophie eines kundenorientierten Qualitätsmanagements – so miteinander zu verknüpfen und mit einer strategischen Zielorientierung zu verbinden, dass sie für die interkulturelle Orientierung von öffentlicher Sozialverwaltung und der von ihr geförderten Sozialeinrichtungen freier Träger fruchtbar gemacht werden können" (Handschuck/Schröer 2000, S. 86). „Interkulturelle Orientierung" wird damit zu einem Standard und einem Querschnittsthema der Gesamtverwaltung und zielt darauf ab, die Angebote der jeweiligen Einrichtungen darauf zu prüfen, ob sie der migrationsgesellschaftlichen Wirklichkeit angemessen sind. In einem Diskurs, der vor allem Defizite der als Migrant/innen adressierten oder als mit Migrationshintergrund geltenden Personen fokussiert und damit zugleich hervorbringt, stellt dies einen bedeutsamen Paradigmenwechsel hin zu der Auseinandersetzung mit den Rahmenbedingungen sozialer, administrativer, pädagogischer und kommunaler Arbeit in der Migrationsgesellschaft dar.

13.2.2 Kritik der Interkulturalität

In der Verwendung des Kennwortes „interkulturell" drückt sich die zunehmende Relevanz und Beachtung gesellschaftlich existierender Vielfalt und Differenz aus – auch und gerade in ihrer Bedeutung für Bildungsinstitutionen und pädagogisches Handeln (etwa Roth 2018). Die Chiffre „interkulturell" bezieht sich auf ein geteiltes Wissen darüber, dass sich Lebensformen und -äußerungen vervielfältigt haben und dass eine angemessene Auseinandersetzung mit gesellschaftlicher Realität sich auf diese Diversität der Sprachen, Lebenslagen und Alltagswelten beziehen muss. Organisationen haben sich entsprechend zu verändern, sich interkulturell zu öffnen (Mayer/Vanderheiden 2014). Nun wird „interkulturell" in pädagogischen Handlungskontexten und Theoriebildungen aber vornehmlich mit einem anderen Ausdruck verbunden, nämlich dem der Migration. Interkulturelles Vermögen und Reflexion sei erforderlich, so eine verbreitete Annahme, weil aufgrund von Migration eine kulturelle Diversifikation gesellschaftlicher und auch pädagogischer Realität stattgefunden habe. Dass dies in gewisser Weise stattgefunden hat, soll hier nicht bezweifelt werden. Problematisch ist allerdings die Annahme, „Kultur" sei die zentrale Differenzdimension, auf der die relevanten Unterschiede zwischen migrationsgesellschaftlich unterschiedlich positionierten Subjekten und Gruppen zu beschreiben, zu untersuchen und zu behandeln seien. Denn „interkulturell" ist als Perspektive für die Beschäftigung mit von Migrationsprozessen hervorgebrachter Pluralität zu eingeschränkt und geht mit der Tendenz zur *Kulturalisierung des Sozialen* (s. Kap. 5) einher und insofern damit, die Komplexität der Beschaffenheit des gesellschaftlichen Raumes zu simplifizieren sowie zur Konstruktion kultureller Differenz und (dominanz)kulturell Anderer beizutragen (vgl. etwa Kiesel 1996; Geier 2011).

Die Perspektive „kulturelle Differenz" ist bedeutsam, um pädagogische Zusammenhänge zu erfassen (Näheres zu kultureller Differenz s. Kap. 5). Allerdings nur als eine Differenzdimension unter mehreren sowie nur als allgemeine und nicht als spezifisch auf „Migrant/innen" eingeschränkte Perspektive. Erst, wenn die Rede von „interkulturell" verallgemeinert wird, also beispielsweise alle Situationen, in denen professionell Handelnde sich wiederfinden oder von denen sie Kenntnis nehmen, potenziell unter der Perspektive „(inter)kulturell" betrachtet werden, ist es am Ende sinnvoll, auch pädagogische Interaktionen, in denen das Thema und die Vorstellung „Migration" relevant sind, unter dem Blickwinkel „(inter)kulturell" zu betrachten – immer allerdings unter dem Vorbehalt: „Vorsicht vor Kulturalisierungen". Insofern der Ausdruck „interkulturelle Öffnung" dazu beiträgt, Migration auf kulturelle Differenz zu reduzieren (Heinemann 2018, S. 13), reproduziert er das vorherrschende Bild, das Migrant/innen als kulturell Andere und Nicht-Migrant/innen als kulturell Nicht-Andere erscheinen lässt. Somit ist der programmatische Ausdruck „interkulturelle Öffnung", der die gesellschaftliche Situation als durch Migration geprägte Situation versteht und auf eine entsprechende Veränderung der Organisationen der Verwaltung oder der Sozialen Arbeit zielt, bestenfalls irreführend, in der Regel wohl mehr als das: machtvoll in der Re-Produktion von Bildern und Figuren, in denen zwischen einem natio-ethno-kulturell kodierten Wir und Nicht-Wir (s. Kap. 5) unterschieden wird (Heinemann 2018).

13.2.3 Migrationsgesellschaftliche Öffnung von Organisationen

Mit dem Terminus „migrationsgesellschaftliche Öffnung" präferieren und verwenden wir einen Ausdruck, der sich von der Reduktion migrationsgesellschaftlicher Differenz auf „kulturelle Differenz" und den mit dieser Reduktion einhergehenden Gefahren des Aufrufens kulturalisierend-rassistischer Schemata distanziert. „Migrationsgesellschaftliche Öffnung" stellt aber nicht bloß ein neues Etikett für handlungskonzeptuelle Vorschläge der interkulturellen Organisationsentwicklung dar. Vielmehr geht mit dem Ausdruck der Anspruch einher, Organisationen, ihre Praktiken und Strukturen, darauf hin zu betrachten, ob diese der migrationsgesellschaftlichen Realität in normativ und praktisch angemessenerer Weise entsprechen und diese dementsprechend zu verändern, dass sie den relevanten Fragen, die mit der migrationsgesellschaftlichen Realität einhergehen, angemessener antworten (s. auch Foitzik 2018; Foitzik et al. 2019; Heinemann et al. 2018; Kalpaka/Wlkening 1997).

Mit dem Punkt, dass Organisationen migrationsgesellschaftliche Realitäten in diesem Sinne zu verantworten haben (sollten), geht die Frage einher, wie sich organisationale (Handlungs-)Bedingungen überhaupt konstituieren und wie sie verändert werden können. Für einen migrationspädagogischen Ansatz, der nicht zuletzt von der machtdurchsetzten und herrschaftsförmigen Kontingenz sozialer Wirklichkeit ausgeht (s. Mecheril 2016; Çiçek 2020), sind hierbei insbesondere solche organisationstheoretischen Perspektiven bedeutsam, die Organisationen und organisationale Bedingungen nicht als statische, objektiv gegebene, einheitliche und zweckrationale Steuerungseinheiten, sondern als komplexe, umkämpfte, dynamische und relationale Phänomene verstehen (für einen allgemeinen Überblick s. Kieser/Ebers 2014; Ortmann et al. 2000a). Organisationen stellen in dieser Perspektive sowohl *Medium* als auch *Produkt* menschlicher Praktiken dar (s. etwa mikropolitische und strukturationstheoretische Ansätze bei Altrichter/Posch 1996, Ortmann et al. 2000b). Gleichzeitig werden diese Praktiken von spezifischen (migrations-)gesellschaftlichen Bedingungen vermittelt, die über das Individuelle, das Interaktive und Organisationale hinausgehen (s. etwa Kap. 4; ausführlicher zum Praktikenbegriff s. Kap. 3; zur Relationalität von Organisationen und Gesellschaft s. auch Türk et al. 2006 oder neo-institutionalistische Perspektiven: DiMaggio/Powell 2009 bzw. regime- und governancetheoretische Ansätze: Schimank 2007).

Organisationen stellen in dieser Perspektive das sedimentierte Resultat von heterogenen, nicht immer widerspruchsfreien und nicht allein vernunftgeleiteten Praktiken entsprechender Akteur/innen dar. Zugleich müssen Organisationen aber auch als soziale Zusammenhänge verstanden werden, die die Praktiken ihrer Akteur/innen durch Verfügbarmachen und Vermittlung grundlegender Handlungsspielräume mitstrukturieren. Herbert Altrichter (2004, S. 90 ff.) fasst dies in der Metapher der Spielregeln (Handlungsbedingungen), auf die unterschiedliche, aber durch das Spiel und seine Regeln reglementierte Spielzüge (Handlungen) folgen können.

Im Anschluss an Klaus Türk, Thomas Lemke und Michael Bruch (2006), die Organisationen und Gesellschaft nicht als vor-, neben- oder übergeordnete, sondern als sich wechselseitig strukturierende Phänomene verstehen, lautet die Frage nicht „*was* Organisationen sind" (ebd., S. 37) und wie diese verändert werden können, sondern „*wie* Menschen Organisationen produzieren" (ebd.) und wie die Praktiken des Produzierens verändert werden können. Im Verständnis von Türk, Lemke und Bruch stellen Organisationen „weder eine anthropologische Konstante noch eine historische Universalie oder ein allgemeines Phänomen der Menschheitsgeschichte" (ebd., S. 10) dar. Organisationen sind ein „modernes Phänomen und [...] ein zentrales Strukturmoment für die Konstitution, Etablierung und Reproduktion der dominanten gesellschaftlichen Verhältnisse der Moderne" (ebd.) und zeichnen sich gerade in dieser historischen Kontingenz und Involviertheit vor allem dadurch aus, dass sie nicht in einheitlichen Kriterien eines spezifischen Wesenskerns erfasst werden können. Die jeweiligen Organisationstypen können deshalb nur im Hinblick auf ihre spezifischen Praktiken der Produktion und ihre historisch spezifischen Bedingungen analysiert werden. Dafür können aber drei Dimensionen von Grenzziehungen analysiert werden, vermittels dieser sich Organisationen in ihrer Spezifizität konstituieren (ebd., S. 37): erstens Organisation als Prozess: „durch Sortierungen von Relevanzen und Irrelevanzen mittels eines Konzepts von Ordnung (rational-irrational)" (ebd.), zweitens „durch Selektion von Zurechnungen vermittels des Gebildekonstruktes (internextern)" (ebd.), sowie drittens „durch Unterscheidung von Zugehörigkeit und Nicht-Zugehörigkeit in der Vergemeinschaftungsdimension (wir-die anderen)" (ebd.). Organisationen werden in diesem Verständnis durch permanente Grenzziehungspraktiken hergestellt, die auf spezifischen Konzepten von Rationalität und Irrationalität, von Internalität und Externalität, sowie Zugehörigkeit und Nicht-Zugehörigkeit beruhen. Organisationen bringen hierbei spezifische Praxisformen als rational, intern und zugehörig hervor und schließen andere als irrational, extern und nicht-zugehörig aus. Die Rekursivität zwischen organisationaler Strukturierung *von* Praktiken und der Hervorbringung dieser Organisationsstrukturen *durch* Praktiken verstehen Türk, Lemke und Bruch (2006, S. 38) aber nicht lediglich als eine Form systemischer Selbstreproduktion, sondern sehen insbesondere für moderne Gesellschaften einen konstitutiven Zusammenhang zwischen Organisationen und den gegebenen gesellschaftlichen Herrschafts- und Machtverhältnissen. Organisationen stellen in diesem Sinne keine „neutrale[n] Instrumente zur Erreichung kollektiver Zwecke" (ebd., S. 45), sondern einen „zentralen Modus moderner Herrschaft" (ebd.) dar. Sie werden nicht durch moderne Herrschaft in besonderer Weise hervorgebracht und modelliert, sondern sind „eine unverzichtbare Existenzbedingung für den modernen Kapitalismus und den modernen Staat" (ebd., S. 10), indem sie etwa (a) „bedeutende ‚Aktionszentren' der Gesellschaft" (ebd, S. 11) darstellen, (b) gesellschaftliche Strukturen etwa der sozialen Ungleichheit hervorbringen sowie (c) über ein übermäßig ausgeprägtes Ausmaß an gesellschaftlicher „Thematisierungs- und Problematisierungsmacht" (ebd.) verfügen.

Migrationsgesellschaftliche Organisationsentwicklung bedeutet somit, die Praktiken, die von den organisationalen und (migrations-)gesellschaftlichen Bedingungen getragen und vermittelt werden sowie diese Bedingungen stärken und problematisieren, auf ihre impliziten wie expliziten Mechanismen der Grenzziehungen insbesondere mithilfe der Entgegensetzung von Rationalität\Irrationalität, Internalität\Externalität sowie Zugehörigkeit\Nicht-Zugehörigkeit zu reflektieren und so zu verändern, dass der Beitrag der Organisationen zur Minderung sozialer Ungleichheit und Erhöhung von sozialer Gerechtigkeit (s. weiter unten) ein Stück ausgebaut wird.

Migrationsgesellschaftliche Organisationsentwicklung stellt ein komplexes und spannungsvolles Vorhaben dar. Dieses Vorhaben kann nur dann gelingen, wenn das Wissen um die Komplexität, die Ambivalenz und Ungewissheit professionellen Handelns systematisch im Prozess der Organisationsentwicklung verankert wird. Dafür gilt es aus unserer Perspektive insbesondere Praktiken und Räume der Reflexion und der Kritik zu institutionalisieren, die die eigenen organisationalen Praktiken und Strukturen systematisch in Bezug auf deren migrationsgesellschaftliche Angemessenheit hin befragen. Reflexiv-kritisch ist die Ausrichtung einer Organisation, wenn sie sich selbstkritisch mit den eigenen Deutungsmustern und Wissenshaushalten auseinandersetzt und vermittelt dieser Praxis Räume außerhalb der Organisation schafft, in denen Reflexion und Kritik für Stadtteilbewohner/innen, Lehrer/innen, Schüler/innen möglich wird und sinnvoll ist. Wie ein solcher Öffnungs- und Entwicklungsprozess aus unserer Perspektive ermöglicht werden kann, soll im Folgenden umrissen werden.

13.3 Leitlinien migrationsgesellschaftlicher Öffnung von Organisationen

Basierend auf theoretischen Vorannahmen in Bezug auf Handeln in Organisationen in der Migrationsgesellschaft werden wir nachfolgend drei Leitlinien ansprechen, die die Praxis der migrationsgesellschaftlichen Öffnung auf einer (a) normativen Dimension, (b) auf der Dimension von Handlungskonzepten und (c) der Dimension der Umsetzung oder Übersetzung in die Praxis anleiten können. Selbst wenn zum Teil bestimmte Formate und Strategien vorgeschlagen werden, besteht der zentrale Anspruch bei der Kommentierung der Leitlinien darin, eine Reflexionsheuristik vorzuschlagen, mithilfe derer die je eigenen organisationalen Praktiken und Strukturen einer kontinuierlichen, (selbst-)kritischen Analyse unterzogen werden können, um so sukzessive zu einer „gelungeneren" migrationsgesellschaftlichen Organisationsentwicklung beizutragen.

Drei Leitlinien[2]:

a) Maxime der normativen Dimension: Der Prozess migrationsgesellschaftlicher Öffnung ist grundlegend am Bestreben orientiert, zu mehr Gerechtigkeit beizutragen (s. Abschn. 13.3.1).
b) Maxime der handlungskonzeptuellen Dimension: Dekonstruktive Differenzfreundlichkeit und Diskriminierungskritik leiten das Handeln an (s. Abschn. 13.3.2).
c) Maxime der praktischen Dimension: Es gibt keine Rezepte! Benötigt wird die Institutionalisierung kritisch-reflexiver Räume zur Ermöglichung von klugen und verantwortbaren Umgangsweisen in Bezug auf die strukturellen Widersprüche des Feldes (s. Abschn. 13.3.3).

13.3.1 Annäherung an Gerechtigkeit: Menschenrechte, post-kommunitäre Solidarität und professionelle Haltung

Migrationsgesellschaftliche Öffnung von Organisationen ist von dem allgemeinen Anliegen getragen, organisationale (Handlungs-)Bedingungen zu schaffen, die angemessen auf migrationsgesellschaftliche Differenz- und Machtverhältnisse antworten. Die migrationsgesellschaftliche Öffnung von Organisationen wird dabei umso weniger von einem bloß mechanischen Verständnis der Gestaltbarkeit sozialer Verhältnisse getragen, die mitunter „der Frage des normativen Rahmens wie auch der des kulturgemeinschaftlichen Sinns aus dem Weg" (Göhlich 2008, S. 270) gehen, je mehr die Frage nach der angemessenen Normativität sowie die Frage nach dem Allgemeinen, dem der Veränderungsprozess verpflichtet ist, gestellt werden. Denn solche Fragen ziehen ein reflexives Verhältnis zur eigenen Praxis nach sich, die sich damit nicht allein zu bewähren hat an der Anwendung praktischer Handlungsregeln.

Organisationen (nicht nur) der kommunalen, politischen, (sozial-)pädagogischen und sozialadministrativen Migrationsarbeit können also nicht hinreichend erfasst und beschrieben werden ohne Bezug auf ihre normativen Orientierungen (Ortmann et al. 2000b). Hierbei sind die Quellen des Normativen durchaus unterschiedlich und formieren ein komplexes und spannungsreiches

---

[2] Gegenüber einer früheren Fassung der Leitlinien, die auch in der Fortbildung eingesetzt und diskutiert wurde (s. Kap. 4), hat sich eine gewisse Modifikation ergeben.

Feld. Politische Vorgaben und Rahmungen, normative Erfordernisse bei der erfolgreichen Beschaffung von monetären und symbolischen Ressourcen, politischer Zeitgeist und Diskurslage, die Organisationstradition und auch der etwa über Hochschul- und Weiterbildung geformte Habitus der professionell Tätigen bringen normative Vorgaben und Orientierungen in das organisationale Handlungsfeld ein, wodurch normative Überlagerungen, Vermischungen, Amalgamierungen, auch Widersprüche, Konflikte sowie Un- und Missstimmigkeiten entstehen können.

Die Frage, welche normative Orientierung dem Umstand angemessen ist, dass „Migration" ein zentrales Moment gesellschaftlicher Realität und Dynamik ist, gehört etwa seit den 1980er Jahren zu den intensiv im deutschsprachigen Raum in Medien, Politik und Alltagswelten debattierten Themen und prägt als offener Topos die Fraglichkeit gesellschaftlicher Realität. Die Tragweite und Bedeutung dieser Frage wird davon vermittelt, dass „Migration" nicht allein nach gewissermaßen technischen Fragen der Regulierung „der menschlichen Menge" verlangt, sondern eine Problematisierung von symbolischen Grenzen der Zugehörigkeit darstellt (s. etwa Mecheril 2018). Auf dieser grundlegenden symbolischen Ebene des gesellschaftlichen Selbstverständnisses geht es nicht nur um die politische Frage, wie wir *leben* möchten, sondern fundamentaler noch um die Frage, wer *wir* sind, wer also das legitime politische Subjekt ist, wer dem imaginären „Wir" zugehören darf und wer nicht.

Wenn wir soziale Normen als symbolische Unterscheidungen verstehen, die das, was für das Zusammenleben gut ist und deshalb sein soll, von dem trennen, was nicht gut ist,[3] können diese im Hinblick auf ihre Reichweite und ihren Geltungsanspruch zwei großen, idealtypischen Klassen zugeordnet werden (die empirisch nicht immer zu unterscheiden sind und argumentativ wie praktisch zuweilen auch ineinander verschränkt werden): partikulare Konzepte oder universelle Konzepte.

Partikulare Konzepte, empirisch etwa an das Stichwort „Integration" geknüpft, machen das Funktionieren eines abgegrenzten Zusammenhangs („Deutschland", „unsere Gesellschaft", „die Kommune", „die Stadt") zum Hauptbezug ihrer normativ gegründeten, regulativen Vorschläge (z. B. Migrant/innen sollen die deutsche Sprache erlernen, weil diese die vorherrschende Verkehrssprache ist und sie gesellschaftliches Funktionieren und Teilhabe ermögliche). Das Funktionieren des lokalen, sozialen Zusammenhangs stellt in diesem Typ von Normativität die

---

[3] „Während das Verhalten, das den Zusammenhalt in einem Bienenstaat ermöglicht, genetisch vorgegeben ist und mittels chemischer Auslöser funktioniert, läuft die Verbindung der Individuen zu sozialen Gebilden bei Menschen über die Vorstellungen der Individuen über das, was gut für sie ist." (Tugendhat 2006, S. 14)

zentrale Referenz ihrer Geltung dar. Erst in diesem konzeptionellen Horizont gilt beispielsweise als legitim, einen rechtlichen Unterschied zwischen Menschen und in dem nationalen Kontext privilegierten Menschen („Bürgern") zu machen. *Universelle Konzepte* hingegen beziehen sich nicht auf den Vorrang des Partikularen, etwa des nationalstaatlichen Raums, sondern auf die nicht kontextrelativ, sondern universell gedachte Würde oder Integrität der Einzelnen. Normativ geht es darum, Bedingungen der Möglichkeit von Entwicklung, Stärkung und Bewahrung der allgemeinen Würde der und des Einzelnen zu bedenken, zu identifizieren und zu schaffen. Wenn im Zuge der ersten normativen Orientierung danach gefragt wird, wie migrationsgesellschaftliche Verhältnisse modelliert und gesichert werden können, die das Funktionieren der gesellschaftlichen Teilsysteme (organisiert beispielsweise um „Recht", „Gesundheit", „Bildung") in einem größeren Funktionszusammenhang ermöglichen, geht es mit der zweiten normativen Orientierung um die Frage, wie migrationsgesellschaftliche Verhältnisse geschaffen werden können, die die Wahrscheinlichkeit erhöhen, dass alle Individuen sich gleichermaßen selbst als würdevolle Wesen erfahren und entwickeln.

Organisationen der kommunalen politischen, (sozial-)pädagogischen und sozialadministrativen Migrationsarbeit befinden sich immer im Spannungsfeld beider normativer Orientierungen (s. auch Abschn. 13.3.3). Sie können auf der einen Seite die Reproduktion gegebener gesellschaftlicher Verhältnisse nicht zum alleinigen Maß ihres Handelns und Deutens erklären, haben auf der anderen Seite aber immer auch die Unumgänglichkeit des Bezugs auf die gegebenen Verhältnisse zu berücksichtigen. Die allgemeine Würde des Menschen kommt ihm schließlich immer in konkreten Kontexten zu und wird ihm dort verwehrt.

Gleichwohl scheint es uns geboten, einen Vorrang geltend zu machen und die Orientierung auf die universelle und uneingeschränkte Ermöglichung der Würde der und des Einzelnen zu stärken. Angesichts der Vorherrschaft eines zielgruppenspezifischen Integrationsansatzes in der Migrationsarbeit, der die Eingliederung der als migrationsgesellschaftlich anders Markierten in das Gegebene zur Aufrechterhaltung des Gegebenen als zentrale Maxime versteht, stellt die vorrangige Orientierung an der Universalität des Anspruchs des Menschen auf ein würdevolles Leben auch ein Instrument der Kritik dar. Dieser Orientierung, die wir nachfolgend mit Bezug auf die Konzepte Menschenrechte und Solidarität diskutieren, sei hier in der Weise ein Primat zugesprochen, dass an ihr ein Maß gewonnen wird, an dem sich die Programme, Aktivitäten und Wirkungen von Organisationen in der Migrationsarbeit zu bewähren haben. Es geht schlussendlich um die Ausbildung eines professionellen Ethos respektive einer kritisch-reflexiven Haltung, die von dem Anliegen getragen wird, die allgemeinen organisationalen Handlungsbedingungen dahingehend zu reflektieren und zu verändern, dass gerechtere Verhältnisse möglich werden.

Das Menschenrecht auf Menschenrechte
Wenn die oberste Leitlinie der migrationsgesellschaftlichen Transformation und Öffnung von Organisationen von einer Vorstellung von Gerechtigkeit orientiert wird, dann ist es angesichts der Gerechtigkeitsdefizite und sozusagen Disziplinierungsüberschüsse der normativ-regulativen Maxime der „Integration" (vgl. Kap. 6) angemessen, die Orientierung an der Würde jeder einzelnen Person als Prinzip zu konzipieren, an dem sich die Transformation und Öffnung von migrationsgesellschaftlichen Organisationen zu bewähren hat.

Um diese Maxime zu konkretisieren, ist es hilfreich, sich dem Begriff der Menschenrechte und entsprechenden Konzepten zuzuwenden und Migrationsarbeit zu konzipieren als Einsatz für das Recht auf Menschrechte aller in der globalen Migrationsgesellschaft. Wir schlagen hier also vor, Menschenrechte als normative Orientierungsgrundlage und Referenz von Kritik und Reflexion in der Migrationsarbeit zu verstehen (vgl. auch Ebert 2018; Grönheim 2018; Hormel/Scherr 2004; Prasad 2017, 2018; Scherschel 2016; Schirilla 2010, 2016). Das, was Würde des Menschen meint[4], wird hierbei vor allem in der Verletzung des Unantastbarkeitsgebots deutlich. Mit Margalit (1997) ist eine negative Annäherung an das, was Würde meint, aufgrund der „Erfahrungen und Artikulationen von Rechtslosigkeit, Missachtung, Demütigungen und Erniedrigungen" (zit. nach Hormel/Scherr 2004, S. 147) möglich[5].

---

[4] „Die Würde des Menschen unterscheidet sich von den spezifischen ‚Würdigkeiten' innerhalb der hierarchischen Ständegesellschaft gerade durch ihre egalitäre Ausrichtung; von der Würde kann deshalb heute nur im Singular die Rede sein. Als universalistisches Prädikat ist der Begriff der Würde heute – anders als im traditionellen Sprachgebrauch – zugleich klar vom Begriff der Ehre zu unterscheiden, der auch heute noch typischerweise an partikulare gesellschaftliche Rollenerwartungen, Statuspositionen oder auch persönliche Verdienste geknüpft wird." (Bielefeldt 2008, S. 107)

[5] „Kant", schreibt Richard Rorty (1992, S. 310 f.), „hat in denkbar bester Absicht die Moralphilosophie auf einen Weg geschickt, der es den Moralphilosophen schwer gemacht hat zu sehen, welche Bedeutung für den moralischen Fortschritt diese detaillierten empirischen Beschreibungen haben sollten. Kant wollte Entwicklungen erleichtern, die tatsächlich inzwischen stattgefunden haben: die Herausbildung demokratischer Institutionen und eines kosmopolitischen Bewußtseins. Er meinte aber, daß man diese Entwicklung erreiche, indem man nicht die Gefühle des Mitleides gegenüber Schmerz und der Reue die über Grausamkeit auszeichne, sondern die Vernunft und die Pflicht, vor allem die moralische Pflicht. Er sah die Achtung für die ‚Vernunft' als den allen gemeinsamen Kern der Menschlichkeit,

Der Verzicht auf psychische und physische Herabwürdigung durch migrationsgesellschaftliche Institutionen und pädagogisches Handeln sowie die Minderung der Erfahrungen von Rechtslosigkeit, Missachtung, Demütigungen und Erniedrigungen im Rahmen von Institutionen ergibt sich damit als ein zentrales Anliegen der Migrationsarbeit. „In meiner Würde als Mensch anerkannt zu sein heißt generell, in Fragen, die mich wesentlich betreffen, nicht übergangen zu werden." (Forst 2009, S. 15) Dieses Nicht-Übergangen-Werden wird von Forst als eine Art Recht auf die Möglichkeit, Rechtfertigungsansprüche einbringen und einfordern zu können, entwickelt. Auch wenn mit dieser letztlich kommunikationsethischen Konkretisierung der Idee, wie Würde tatsächlich verwirklicht werden kann, einige Probleme verknüpft sind[6], bietet sich diese Konkretisierung doch pragmatisch als weitere Orientierung für die Arbeit von und in migrationsgesellschaftlichen Bildungsorganisationen an: Strukturen und (auch sprachliche) Ressourcen ermöglichen, aufgrund derer Menschen sich zu den sie grundlegend betreffenden Fragen verhalten können, und deren Realisierung von entsprechenden Organisationen einfordern.

„Wenn wir uns nicht zur Empörung über den Täter berechtigt wüßten,", schreibt Hauke Brunkhorst (1997, S. 140), „würden wir den Gefolterten wie einen behandeln, der Pech gehabt hat. Aber der Gefolterte hat kein Pech gehabt, ihm ist ein Unrecht geschehen". Regina Kreide (2014, S. 61) verweist darauf, dass Menschenrechte nicht dem positiven Recht oder der abstrakten moralphilosophischen Reflexion entspringen, sondern Ergebnisse politischer Kämpfe sind, die von Unrechtserfahrungen mobilisiert werden. In ihrer somit nicht

---

als den einzigen nicht ‚rein empirischen' – nicht von den Zufällen der Aufmerksamkeit oder der Geschichte abhängigen – Beweggrund des Handelns an. Indem er die ‚Achtung für die Vernunft' allen Gefühlen von Mitleid und Wohlwollen entgegensetzte, ließ er diese anderen Gefühle als ziemlich unzuverlässige, zweitklassige Beweggründe für das Vermeiden von Grausamkeit erscheinen. Er machte die ‚Moralität' zu einem Verhalten, das von der Fähigkeit, Schmerz und Demütigung zu bemerken und sich mit ihnen zu identifizieren, sehr verschieden ist."

[6] Diskutiert werden kann, inwiefern sich hier eine Vorstellung von Würde artikuliert, die paradoxer Weise all jenen den Status der Würde vorenthält, die weder einen Sinn darin sehen noch leiblich dazu in der Lage sind, Rechtfertigungsansprüche einbringen und einfordern zu können. Nicht unwahrscheinlich erscheint, dass hier Subjekten bestimmte Vermögen nicht nur zugesprochen werden, ihre Würde geltend zu machen, sondern Subjekten die Verfügung über diese Vermögen auch unterstellt wird, ohne dass alle Individuen über eben diese Vermögen (Artikulation von Rechtfertigungsansprüchen) verfügen (wollen). Damit wirkt das kommunikationsethische Würde-Konzept selbst einerseits exkludierend, andererseits disziplinierend.

moralischen und nicht juridischen, sondern politischen Konzeption der Menschenrechte unterscheidet sie vier Aspekte: Menschenrechte erwachsen (1) aus konkreten Unrechtserfahrungen; sie stellen (2) Ansprüche an ein Regelsystem einer gerechten Ordnung; sie spezifizieren (3) die Pflichten der Akteur/innen und Institutionen – „Bürger und deren Repräsentanten besitzen demnach die Pflicht, für ein Regelsystem einzutreten, das eine innergesellschaftliche wie auch internationale Verwirklichung der Menschenrechte zuläßt" (ebd., S. 64; auf diesen Punkt kommen wir weiter unten genauer zu sprechen) – und sind (4), eben weil sie eine politische Praxis darstellen, veränderbar.

In dieser politischen Konzeption werden Menschenrechte als Form interner Kritik (ebd., S. 70) verstanden, was meint, dass Menschenrechte dann politisch wirksam zu einer Referenz der Kritik werden, wenn sie bereits in der jeweiligen Lebensform Zustimmung finden. Wir wollen diesen Gedanken hier so abändern, dass sein impliziter Kulturalismus geschwächt wird und das Argument so wenden: die politische Praxis der Menschrechte strebt danach, die Räume interner Kritik zu mehren, also den Bereich der prinzipiellen Zustimmung zu dem Grundgedanken der universellen Würde des Menschen und ihrer Unantastbarkeit zu erweitern. Vermutlich stellt sich dieser politische Kampf und diese Form der Kritik weder als bloß immanente oder bloß exmanente Kritik dar und ist viel eher als ein Oszillieren zwischen externer und interner, immanenter und exmanenter Kritik zu beschreiben. In dieser Bewegung formieren Menschenrechte eine „spezifische Sichtweise auf die politische Legitimität einer Gesellschaft" (ebd., S. 67).

Menschenrechte artikulieren Unrechtserfahrungen und in entsprechenden Diskursen und politischen Praktiken sucht man, den intrinsischen „Zusammenhang zwischen Unrechtserfahrungen und Rechten" (ebd., S. 60) zu intensivieren und zu erweitern – nicht zuletzt das Recht des und der Einzelnen gegen Zugriffe des Staats. Je verstaatlichter das Soziale, desto dringlicher stellt sich die Frage der Menschenrechte. Denn diese können als Kriterium und Instrument gegen die Gewalt staatlicher Akteur/innen, die die Würde Einzelner missachtet, fungieren. An der Situation von Menschen, die auf der Flucht sind, nicht weil sie von einem Nachbarn gepiesackt werden, sondern weil sie gewissermaßen systemisch verursacht mit Not und Entbehrung, Gewalt und Zerstörung konfrontiert sind, zeigt sich dieses Moment in jener Eindrücklichkeit, die Hanna Arendt (1955) bewogen hat, das „Recht auf Rechte" zu formulieren. Auch die Geflüchteten der Gegenwart symbolisieren dieses Begehren nach dem grundlegenden Recht; dem Menschenrecht, Menschenrechte in Anspruch zu nehmen. Sie symbolisieren dieses existenzielle Begehren und fordern es zuweilen auch ein. Flucht vor Not und Bedrohung kann also als Ausdruck eines Strebens nach dem Recht auf Rechte interpretiert werden. Dieses Streben nach dem Recht auf Rechte kann aber durchaus scheitern. Nicht zuletzt die Weigerung Europas, dem Recht des Menschen auf Rechte entgegenzukommen, wie auch die Menschenrechtsverletzungen innerhalb Europas verweisen darauf, dass es irrig wäre, Europa in einer superiorisierenden Phantasie mit einem oder gar dem Raum gleichzusetzen, in dem Menschenrechte geachtet werden (s. u. a. Eule et al. 2020; Forschungsgruppe Staatsprojekt Europa 2014; Friese 2014, 2017; Heimeshoff et al. 2014). So sind Abschiebegefängnisse bedeutender Bestandteil jener nationalstaatlichen und EU-europäischen Mechanismen, mithilfe derer die Ausweisung und Abschiebung einer großen Zahl von unerwünschten und entrechteten Menschen bürokratisch geplant und durchgeführt wird. Seit 2015 nimmt die Zahl der Inhaftnahmen stark zu. 2017 wurden mehr als 4000 Menschen in Abschiebegefängnissen festgehalten, wobei die Zahl der Abschiebungen aus der Haft deutlich unter der Zahl der Inhaftierungen liegt. Giorgio Agamben (2001) versteht die staatliche Praxis der Abschiebehaft als Teil jener Praktiken und Orte, die aufgrund eines behaupteten Ausnahmezustands einen Ausnahmezustand schaffen, als ein Lager, an dem „nicht Rechtssubjekte, sondern nackte Existenzen anzutreffen sind […]. In der gesetzlichen Frist ihres Zwangsaufenthalts in der Abschiebehaft bleibt den Internierten das nackte Leben, sie sind jedes rechtlichen Status entblößt." (ebd., o. S.)

Unrechtserfahrungen können den Einsatz für Menschenrechte mobilisieren. Doch auch der überzeugte Neo-Nazi macht Erfahrungen, die er als Unrecht erleben mag, dann zum Beispiel, wenn er verurteilt oder, sollte es sich um einen besonders empfindsamen Neo-Nazi handeln, wenn er abfällig geguckt wird. Unrechtserfahrungen mobilisieren also nur dann das Engagement für Menschenrechte, wenn im Zuge eines universellen Verständnisses der Andere als Mensch anerkannt wird und ihm von daher Rechte zukommen, die je meinem Handeln, Empfinden und Wollen angemessener Weise Grenzen auferlegen. Mit dieser Begrenzung kann man einverstanden sein, wenn man die Rechte der Anderen grundlegend ernst nimmt. Die Annahme der Universalität der Menschlichkeit des Menschen ist der Grund der Menschenrechte. Doch die Anerkennung des Anderen als Mensch kann selbst nicht noch einmal so begründet werden (Kreide 2014, S. 66), dass dieser Grund zwingend für Andere einsehbar wird. Die Universalität der Menschlichkeit des Menschen ist somit ein Grund, an den man glauben muss, damit er zu einem Grund wird.

Der Umstand, dass der Bezug auf Menschenrechte durchaus wie im „War on Terror" genutzt wird, um Herrschaftsverhältnisse zu stabilisieren sowie entsprechende Praktiken zu legitimieren (Roth 2007), dass wie Marx ausführt, Menschenrechte der Sicherung bourgeoiser Besitzverhältnisse dienen (Kreide 2014, S. 71), als auch der Hinweis, dass Menschenrechte auch ein einseitiges

Subjektivierungs- und Normierungsmedium in Richtung eines individualistisch responsiblen Subjekts darstellen, verweisen darauf, dass die politische und kulturelle Praxis der Menschenrechte durchaus im Hinblick auf ihre problematischen Effekte zu betrachten ist. „Doch während Verbrechen gegen die Menschheit", schreiben María do Mar Castro Varela und Nikita Dhawan (2015, S. 207), „vor allem von Europa ausgingen, denkt auch heute die Mehrheit der Menschen im globalen Norden bei Menschenrechtsverletzungen nicht an Europa, sondern eben an jene Länder, die Europa angeblich zu ‚zivilisieren' trachtet(e)".

So heißt es in einem mit „Der UNO-Querulant aus Costa Rica" (Kraus 2007) überschriebenen Kommentar des Präsidenten des Deutschen Lehrerverbandes zum Bericht des damaligen UNO-Beauftragten Vernor Muñoz, der das Bildungssystem in Deutschland, insbesondere die als migrationsanders geltenden Schüler/innen benachteiligende, frühe schulische Selektion im dreigliedrigen Schulsystem kritisiert und diese als Menschenrechtsverletzung bezeichnet hatte: „Deutschland auf dem Niveau von Drittländern? Da ist offensive Widerrede patriotische Pflicht. Hat der Menschenrechtsbeauftragte der UNO denn nichts Wichtigeres zu tun? Warum kümmert er sich nicht um Länder, in denen Menschenrechte und Bildung wirklich darniederliegen? Warum kümmert er sich nicht um sein eigenes Land?" (ebd.) Indem Menschen des globalen Südens zu „Opfern" der politischen „Wildheit", die dort herrsche, erklärt werden, kann sich Europa und der Westen als „Retter" inszenieren. „Die ‚Retter' ähneln kaum akzidentiell den Kolonialbeamten und Missionar_innen imperealistischer Hoch-Zeiten." (Castro Varela/Dhawan 2014, S. 154 f.)

Trotz der ernstzunehmenden Kritik an der diskursiven und politischen Praxis der Menschenrechte ergibt sich der Wert und die Bedeutung einer auf Menschenrechten fußenden (pädagogischen) Arbeit in der Migrationsgesellschaft „zunächst daraus, dass diese einen kritischen Maßstab bereitstellen, der in Diskussionen über die anzustrengende Gestaltung der Einwanderungsgesellschaft beansprucht werden kann" (Hormel/Scherr 2004, S. 131).

Um beispielsweise rassistische Verhältnisse und entsprechend diskriminierende institutionelle Praktiken zu kritisieren, bedarf es eines normativen Maßstabs (zu Rassismus und seiner Bedeutung für migrationsgesellschaftliche Verhältnisse s. Kap. 4). Rassismus kann dauerhaft nicht wirksam mit dem Argument kritisiert und reduziert werden, dass dieser schlecht für „die Wirtschaft" sei oder nicht zeitgemäß. Allein deshalb, weil Rassismus und Kapitalismus vielfältige Allianzen eingegangen sind und kontemporär eingehen (Balibar/Wallerstein 1991) sowie das Zeitgemäße und das Nicht-Zeitgemäße des Rassismus Konjunkturen unterliegt (Demirović/Bojadžijev 2002), ist eine rein funktionalistische Kritik des Rassismus nicht überzeugend. Um die auf Rassekategorien basierende Herrschaft des Menschen über den Menschen zu kritisieren, um sie – was der konkreten Kritik vorgelagert ist – überhaupt wahrzunehmen und ein Unbehagen an diesem Verhältnis zu verspüren, bedarf es eines Maßes wie der Universalität der Würde des Menschen. Zu der Verpflichtung gegenüber der universellen menschlichen Würde kann nun der und die nicht verpflichtet werden, die diese Universalität bestreiten würde oder dieser Universalität einen geringeren Wert beimisst als zum Beispiel dem Wohl einer partikularen sozialen Einheit („Volk"). Jedoch kann für eine entsprechende Verpflichtung geworben und die Sinnhaftigkeit der Menschrechtsorientierung plausibel gemacht werden.

Zugleich ist diese Orientierung als professionelle Orientierung immer von gesellschaftlichen Widerspruchsverhältnissen vermittelt, die als Ohnmachtserfahrungen oder solcher als beruflicher Sinnlosigkeit erfahren werden können. Nicht zuletzt das, was Seyla Benhabib als Paradox demokratischer Legitimität und Souveränität (Benhabib 2016, S. 198) bezeichnet hat, strukturiert die migrationsgesellschaftliche Praxis durchgängig. Unter dem demokratischen Paradox versteht Benhabib den Umstand, dass in der Logik der demokratischen Revolutionen der Moderne Bürgerrechte auf Menschenrechten beruhen, aber Bürgerrechte nur einer exklusiven Wir-Gruppe zugesprochen werden. Dieses demokratische Paradox wird in seiner Fragwürdigkeit im Zeitalter der transnationalen Migration besonders augenfällig.

Solidarität: Anerkennung der menschenrechtlichen Ansprüche aller
Jede auf andere hin bezogene Moral schränkt ein und reduziert das Tableau der je eigenen Handlungsmöglichkeiten. Insofern ist jede Verpflichtung auf moralische Normen zumindest quantitativ und formal als Einschränkung zu beschreiben und zuweilen wohl auch als Zumutung. Dies gilt für die Menschenrechte in einem besonderen Sinne. „Die Deklaration von Menschenrechten etabliert die Erwartung einer moralischen Verpflichtung auch gegenüber Individuen, mit denen jeweilige AdressatInnen in keinem konkreten Kommunikations- und Kooperationszusammenhang stehen. Eine solche abstrakt gefasste moralische Verpflichtung ist nicht als unmittelbare Konsequenz aus eigenen sozialen Erfahrungen einsichtig" (Hormel/Scherr 2004, S. 144) und verweist damit auf eine konstitutive Schwäche der Menschenrechte. Zugleich artikulieren Menschrechte aber auch die empirische Textur der Gegenwart. Ethische Forderungen sind empirisch zwar weder zu widerlegen noch zu bestätigen, doch sie sind insbesondere dann besonders überzeugend, wenn sie auf die gegenwärtige und einsehbar zukünftige Lebensrealität der Menschen bezogen sind, in diesem Bezug ihre auch empirische Plausibilität ausweisen können. Angesichts der Bedeutsamkeit von Migrationsbewegungen

und globaler sozialer Verweisungs- und Verflechtungsstrukturen verweisen moralische Normen, die auf Globalität bezogen sind und damit auf den Menschen als Menschen (und nicht eingeschränkt auf seinen Status als Staatsbürger oder Volksgenossin oder Landsmann) auf angemessene Normhorizonte. Die Frage nach unserer heutigen Verantwortung für die Menschen, die in 200 Jahren auf der Erde leben werden und etwa nach der Legitimität, Kohlenstoffsenken zu zerstören, oder auch transnationale politische, familiale oder ökonomische Kommunikations- und Kooperationszusammenhänge verweisen auf empirische Zusammenhänge, die die abstrakt gefasste moralische Idee der Menschenrechte konkret werden lassen.

Auch aufgrund der globalen Verflechtungszusammenhänge artikuliert die Idee der Menschenrechte den Rahmen einer moralisch reflektierten Lebensform, die als aktives Engagement für die Belange anderer, auch jener anderer, zu denen ich nicht in einem lebensweltlich engeren Näheverhältnis stehe, einen angemessenen Entwicklungsschritt darstellt. Hier deutet sich bereits an, dass es von Bedeutung ist, will man Menschenrechte nicht allein als individuellen Anspruch auf eigene Rechte verstehen und konzipieren, im Rahmen von Menschenrechtskonzeptionen und -bildung (s. u.) die Rechte der Anderen soweit ernst zu nehmen, dass es naheliegend ist, füreinander einzutreten: „Eine Gesellschaft braucht Menschen, die sich ihrer Rechte bewusst sind, zugleich aber auch füreinander solidarisch eintreten." (Nußberger 2016, S. 13)

Bei Solidarität[7] handelt es sich um ein supererorgatorisches Phänomen, „das [...] jenseits des Forderbaren, und d. h. des Rechts, liegt" (Wildt 1995, S. 46). Das eigentümliche Gesicht der Solidarität besteht darin, dass sie einer moralischen Einschätzung der Notlage anderer entspringt und doch nicht von außen eingefordert werden kann, vielmehr nur als selbstverantwortliche Handlung einer moralisch motivierten sozialen Akteur/in wirksam wird. Auch wenn und gerade weil Solidarität nicht schlicht eingefordert werden kann, so gilt es doch sich für organisationale Bedingungen einzusetzen, die diese Weise des Zur-Welt-Seins befördern, da der Beziehungstyp Solidarität unter Bedingungen vielfältiger globaler, migrationsgesellschaftlicher Verweisungszusammenhänge angemessen erscheint, die strukturelle Differenz zu verantworten, die zwischen dem Recht und einer unbestimmbaren und immer in der Zukunft liegenden Gerechtigkeit[8] gilt (Derrida 2016, S. 126 f.).

---

[7] Die folgenden Ausführungen sind in ähnlicher Weise auch im Rahmen eines anderen Texts erschienen (Mecheril 2014).

[8] Das Menschenrecht auf Rechte verstehen wir als eine Annäherung an die Vision der Gerechtigkeit.

Unter Berücksichtigung der Faktizität migrationsgesellschaftlicher Differenz und Pluralität sowie im Anschluss an bildungstheoretische (Klafki 2007) wie demokratietheoretische (Marchart 2010) Überlegungen kann nun postkommunitäre Solidarität als allgemein angemessenes, aber „empirisch" fortlaufend zu konkretisierendes normatives Maß von Bildungs- und Professionalisierungsprozessen verstanden werden. Um sich gerechteren Verhältnissen weiter anzunähern, kommt insbesondere im Fokus auf gesellschaftliche Pluralität und Differenzverhältnisse dem Phänomen der Verbundenheit unter „Unvertrauten" und „Fremden" (Brunkhorst 1997, 2003) besondere Bedeutung zu. Der Bezug auf die Unvertrautheit und Fremdheit der je Anderen, mit denen der und die Einzelne in zwar „außerfamilialen" gleichwohl pragmatisch relevanten Zusammenhängen steht und auf die sich das supererogatorische Motiv der Solidarität bezieht, setzt sich von Modellen ab, die Solidarität an Vertraut-Sein, lebensweltliche und emotionale Nähe binden. Nicht zuletzt setzt sie sich auch von kulturalistischen und idyllisierenden Verständnissen von Solidarität ab, welche sich aktuell in den in Europa massiv erstarkenden (insbesondere: antimuslimisch argumentierenden) rechtspopulistischen Bewegungen prominent und wirkungsvoll finden (etwa: SVP; FPÖ; AfD, Front National, Pegida, Identitäre etc.). Im Gegensatz zu einer „Gemeinschafts-Solidarität" verweist postkommunitäre Solidarität auf das Engagement für ein Gegenüber, das zwar „unvertraut" und „außerfamiliär" ist und sein kann, mit dem die Einzelne aber in einem praktischen Zusammenhang einer globalen migrationsgesellschaftlichen Lebenswirklichkeit steht (Karakayali 2014).

Solidarität ist ein „spezifischer Typ sozialer Regelung", der, „in der heutigen Bedeutung des Wortes, zu Beginn des 19. Jahrhunderts als Antwort auf die neuen Probleme der industriellen Gesellschaft" entstand (Hondrich/Koch-Arzberger 1992, S. 10). Solidarität bezeichnet eine Form von Verbundenheit zu Menschen, welche möglich wird, weil man sich in bestimmter Hinsicht „als gleich versteht" (ebd., S. 12), ohne dass dadurch alle Differenz aufgehoben würde. Solidarität ist demnach eine „Verbundenheit trotz Differenz" (ebd., S. 13). Sie ist zugleich eine „Verbundenheit wegen Differenz" (ebd.), da Solidarität eine moralisch fundierte Praxis bezeichnet, in dem die Beteiligten sich in unterschiedlichen Lagen der Not oder Bedrängnis befinden:

> „Die Geschichte der Gemeinschaften ist eine ihres Werdens, der Suche nach Identität, die in der Geschichte der Revolten, Aufstände und Gehorsamsverweigerungen zum Ausdruck kommt und in der die Minderheiten oder Anderen nicht nur die Schließungen des Gemeinwesens repräsentieren, indem sie zu Objekten der staatlichen Gewalt werden, was immer dann deutlich wird, wenn sich große soziale Bewegungen nicht im Namen der ‚eigenen Interessen' formieren, sondern um anderer Willen, etwa im

Protest gegen den Krieg in Vietnam, den zahlreichen Solidaritätsbewegungen gegen Diktaturen in Südeuropa oder in der Dritten Welt oder im Widerstand gegen den Kolonialismus." (Karakayali 2014, S. 122)

Solidarität betont die Notwendigkeit der Anerkennung lebensweltlicher Strukturen, in denen die Anerkennung von einzelnen Subjekten erst zur Geltung kommen kann. Solidarität ist mithin ein auf den Erhalt und die Ermöglichung von Lebensformen zielendes Engagement, welches über die bloße Orientierung an positivem Recht hinausgeht. Axel Honneth (1994, S. 209) versteht in diesem Sinne gesellschaftliche Solidarität als jenes soziale Anerkennungsverhältnis, in dem jedes Gesellschaftsmitglied in die Lage versetzt wird, sich selbst in dem Sinne wertzuschätzen, dass es seine Fähigkeiten und Leistungen für den Gesellschaftszusammenhang als bedeutsam erfährt. Dabei tendiert ein solches Verständnis von Solidarität dazu, Solidarität als Bestandteil und Medium eines integrierten Gesellschaftszusammenhangs zu fassen und darin den Aspekt des kulturellen, (national-)staatlichen Eigenen zu betonen. Vor diesem Hintergrund plädiert etwa Oliver Marchart (2010, S. 359) für eine „Entsolidarisierung mit dem Eigenen" als Voraussetzung einer Solidarität, die auf Andere bezogen ist. „Solidarisch kann ich nur mit jemandem sein, dessen Position sich von meiner unterscheidet." (ebd.)

Solidaritätskonzepte, die auf die Figur einer „Solidarität unter Vertrauten" beschränkt bleiben, sind einem politischen Denken der Differenz nur begrenzt überzeugend (vgl. Brunkhorst 1997). Unter Berücksichtigung der Faktizität gesellschaftlicher Differenz und Pluralität sowie der Ausdehnung des Gesellschaftlichen über Nationalstaaten und territoriale Grenzen hinweg kann davon gesprochen werden, dass Menschen potenziell in einem handlungsbedeutsamen Zusammenhang mit allen in einem weiten Sinne sprach- und handlungsbegabten Menschen stehen.[9] Diese Einsicht ist Grundlage postkommunitärer Solidarität.

Der handlungsrelevante Zusammenhang, in dem sich Menschen befinden, kann durch Gefühle der Verbundenheit gestiftet oder angezeigt werden, muss es aber nicht: Menschen lernen mehr und mehr, sich als signifikant in nationale, supranationale und globale Handlungskontexte ökonomischer, rechtlicher, kultureller und politischer Art eingebunden zu begreifen, die sich auch auf einer sinnlich-leiblichen Ebene simplen Vereinheitlichungssuggestionen widersetzen.

---

[9] Mit Menschen, die dem weiten Sinn von Sprach- und Handlungsbegabung nicht (mehr) entsprechen, weil sie etwa krankheits- oder unfallbedingt komatös sind, ist Solidarität kaum möglich, sehr wohl aber andere moralische Empfindungen und Bezugnahmen wie Liebe, Empathie und Mitgefühl.

Die Fremdheit der Anderen, mit denen der und die Einzelne in zwar „außerkommunitären", gleichwohl pragmatisch relevanten Zusammenhängen steht, ist der Anlass, über Modelle, die Solidarität an Vertraut-Sein, lebensweltliche und emotionale Nähe binden, über kulturalistische und idyllisierende Modelle von Solidarität hinauszugehen.

Lucie Billmann und Josef Held (2013) führen in Anlehnung an Stuart Hall aus, dass die „neoliberale Kultur" eine Zunahme von Pluralisierungs- und damit einhergehend auch Individualisierungsformen bewirkt, die einerseits zu einer Auflösung von Formen solidarischem Handelns führt, andererseits aber auch neue Formen von Solidarität hervorbringt: „Insgesamt werden unter dem Einfluss der neoliberalen Kultur grundlegende Werte verändert. Werte, die für das politische Handeln sehr wichtig sind, werden umdefiniert und damit ihrer Bedeutung für das kollektive Handeln enthoben. Das gilt insbesondere für den umfassenden Begriff der Freiheit, der unter neoliberalem Vorzeichen eher den verantwortungslosen Egoismus propagiert. [...] In ähnlicher Weise verlieren in der neoliberalen Kultur die Werte Würde und Anerkennung ihre ursprüngliche fundamentale Bedeutung." (Billmann/Held 2013, S. 15)

Zugleich gibt es auch gegenläufige Tendenzen. So kann Globalisierung gleichermaßen wie Individualisierung als „Solidaritätschance" verstanden werden „oder sogar neue Formen solidarischen Handelns mit sich bringen" (Marvakis 2005, S. 163 zit. nach Billmann/Held 2013, S. 16), eine Form, die als „solidarischer Individualismus" bezeichnet wurde (ebd.).

Marvakis (2013) macht darauf aufmerksam, dass der Solidaritätsbegriff im Rahmen der sogenannten Wirtschafts- und Bankenkrise von der extremen Rechten in Griechenland in Form der Anrufung einer Notwendigkeit nationaler Solidarität instrumentalisiert wird, um nationalistische Ideen zu verbreiten. Auch Albert Scherr (2013) verweist auf die Problematik der Instrumentalisierung des Solidaritätsbegriffs durch rechte Parteien (auch in Deutschland) und kritisiert einen „gruppen-egoistischen" Solidaritätsbegriff:

> „Der Rückblick auf die Realgeschichte der universalistischen Idee der Solidarität, auf das Scheitern der Versuche, eine wirkungsmächtige inter- bzw. transnationale Arbeiterbewegung zu organisieren, auf den menschenverachtenden Missbrauch der Idee der Klassensolidarität im Stalinismus und Maoismus sowie der gegenwartsbezogene Blick auf gesellschaftliche Fragmentierungen lassen kein naives Fortschreiben des Solidaritätsgedankens mehr zu. Aus der historischen Erfahrung ist vielmehr zu lernen: Gegenüber Ideen, die Opfer verlangen, ist aus guten Gründen Skepsis naheliegend und gegenüber Anrufungen eines Kollektivs, zu dem man sich zugehörig fühlen und mit dem man sich solidarisieren soll, ist durchaus Misstrauen angebracht. Immer dann, wenn kollektive Identitäten und kollektive Interessen Vorrang gegenüber

dem Eigensinn und der Vernunft der Einzelnen haben sollen, besteht die Gefahr einer repressiven Ein- und Unterordnung." (ebd., S. 263 f.)

Scherr beschreibt Solidarität als emanzipatorischen politischen Begriff, der erstens – worin bereits die gruppen-egoistische Verfallsform angelegt ist – den Anspruch erhebt, „sich für gemeinsame Interessen durch Formen des kollektiven Handelns" (ebd., S. 264) einzusetzen, der zweitens einen „Zusammenschluss derjenigen [darstellt], die Herrschafts- und Ungleichheitsverhältnissen unterliegen" (ebd.). Drittens ist nach Scherr für Solidarität „eine universalistische Perspektive kennzeichnend: Es geht dann um mehr als die Verfolgung gruppen-egoistischer Interessen, sondern um ein Verständnis jeweiliger Interessen, das mit Vorstellungen einer gerechteren Gestaltung der sozialen Verhältnisse für alle verknüpft ist." (ebd.) Viertens zeichnet sich Solidarität für Scherr durch Freiwilligkeit und nicht durch Zwang aus. Fünftens ist es wichtig, „die postmoderne Kritik universalistischer Rechtfertigungen von Macht und Herrschaft in den Solidaritätsbegriff aufzunehmen. Das heißt: Solidarität kann nicht länger auf einen abschließenden Konsens über die richtige Gesellschaftsgestaltung oder das gute Leben gegründet werden, sondern ist darauf verwiesen, das ‚universale Recht, anders zu sein' als ‚die einzige Universalität, die kein Verhandlungsgegenstand ist', anzuerkennen." (ebd., S. 265)

Rainer Zoll (2000) diagnostiziert eine tiefe Krise der Solidarität in der Gegenwart, wobei er darin kein Ende, sondern vielmehr einen Wandel alter Formen von Solidarität (Solidarität unter Gleichen) zu neuen Form von Solidarität (Solidarität unter Fremden) erkennt. Das Verständnis von Solidarität, das für unseren Zusammenhang bedeutsam ist, verweist also auf soziale Verhältnisse eines Engagements für ein Gegenüber, das zwar fremd ist und sein kann, mit dem der und die Einzelne aber in einem praktischen Zusammenhang einer geteilten Lebensform steht. Hierbei wird Solidarität von einer Bezugnahme auf Andere getragen, die erst als Handlung oder Handlungsbereitschaft zu Solidarität wird. Solidarität ist insofern „mehr" als bloßes Mitgefühl, als Empörung oder als eine moralische Stellungnahme; für Solidarität ist ein Engagement kennzeichnend, das – zumindest seinem Anliegen nach – darauf bezogen ist, Verhältnisse, in denen sich die mir fremden und vertrauten sozialen Kooperationspartner/innen nicht entfalten und entwickeln können, zu verändern oder weitergehend noch: diese Verhältnisse zu verhindern.

Menschenrechte, postkommunitäre Solidarität und professionelle Haltung
„Jeder hat das Recht, Informationen über alle Menschenrechte und Grundfreiheiten zu kennen, zu suchen und zu empfangen, und soll Zugang zu

Menschenrechtsbildung und -ausbildung haben." (UN 2011, S. 409) Menschenrechtsbildung in der Migrationsarbeit und nicht nur hier kann somit verstanden werden als zentrale Voraussetzung zur Verwirklichung der Menschenrechte. Menschenrechtsbildung vermittelt hierbei „Wissen, Kompetenzen und Verständnis" (ebd.) über, durch und für die Menschenrechte und trägt zur Entwicklung von „Einstellungen und Verhaltensweisen [...], zum Aufbau und zur Förderung einer universalen Kultur der Menschenrechte" bei (ebd.). Menschenrechtsbildung basiert auf der Vermittlung von Grundbegriffen und -werten wie Freiheit, Gerechtigkeit, Menschenwürde oder Nichtdiskriminierung. Sie basiert auf „den Grundsätzen der Allgemeinen Erklärung der Menschenrechte und der einschlägigen [menschenrechtlichen] Verträge und Übereinkünfte" (ebd., S. 409 f.). Menschenrechtsbildung ist Bildung über, durch und für Menschenrechte. Bildung über Menschenrechte umfasst die Bereitstellung von „Wissen und Verständnis über die Menschenrechtsnormen und -grundsätze, die ihnen zugrundliegenden Werte und die Mechanismen für ihren Schutz" (ebd.). Bildung durch Menschenrechte umfasst Formen des Lernens und Unterrichtens, welche „die Rechte sowohl der Lehrenden als auch der Lernenden" (ebd.) achten. Bildung für Menschenrechte bedeutet schließlich „die Menschen zum Genuss und zur Ausübung ihrer Rechte und zur Achtung und Wahrung der Rechte anderer zu befähigen" (ebd.).

Professionelles Handeln, das auf Menschrechten basiert und sich für diese Rechte einsetzt, kann sich jedoch nicht erschöpfen in dem zweifellos wichtigen und grundlegenden Engagement für die Inanspruchnahme juristischer Rechte, sondern sollte, auch weil Menschrechte sich beständig weiterentwickeln, den normativen Kern der Menschrechte als Begründungsgrundlage für die eigene Praxis verstehen (Hormel/Scherr 2004, S. 138). Bedeutsam für eine Menschenrechtsbildung in der Migrationsgesellschaft ist hierbei, „den Zusammenhang zwischen individuellen Vorurteilsstrukturen, kulturalisierenden Zuschreibungen und Formen struktureller und sozialer Benachteiligung zu thematisieren und aufzuzeigen" (ebd., S. 192). Gerade rassistische Argumentationsmuster dienen dazu, menschenrechtliche Ansprüche zurückzuweisen und Verhältnisse der materiellen und symbolischen Ungleichheit zu wahren, in denen einige bevorteilt werden. Rassismus stellt hierbei zunächst einmal kein außergewöhnliches Phänomen dar, sondern ist eher ein gewöhnliches Deutungs- und Handlungsmuster, das in allen gesellschaftlichen Bereichen anzutreffen ist und unter bestimmten Bedingungen auch genutzt wird (vgl. Kap. 4). Rassismus ist ein auf Rassekonstruktionen basierendes Deutungssystem, das Menschen so versteht und so behandelt, dass der Wert der Menschen unterschiedlich ausfällt und dies zudem irgendwie richtig und gerechtfertigt erscheint. Rassekonstruktionen sind wirksam, kommen aber ohne die ausdrückliche Verwendung des Begriffs der Rasse aus und greifen auf äquivalente Schemata wie beispielsweise Kultur, Ethnizität oder auch Religion zurück. Im Sprechen beispielsweise über „die Religion der Anderen" (Mecheril/Thomas Olalde 2018) können Rassekonstruktionen zum Vorschein kommen. Diese dienen alltagsweltlich wie institutionell dazu, bestimmte Privilegienzusammenhänge zu bewahren und als rechtmäßig auszugeben. Nicht nur weil rassistische Äußerungs- und Argumentationsmuster gegenwärtig eine ausgesprochene Konjunktur haben[10], aber auch deshalb stellt sich den öffentlichen Organisationen der Migrationsgesellschaft die Aufgabe, erstens um den Zusammenhang der Erzeugung und Legitimation sozialer Ungleichheit und Rassekonstruktionen zu wissen, zweitens solche Praktiken zu analysieren, zu problematisieren und zu kritisieren.

Im Zuge einer an Menschenrechten und postkommunitärer Solidarität orientierten migrationsgesellschaftlichen Öffnung von Organisationen werden Handlungskonzepte entworfen und entsprechende Aktivitäten durchgeführt, die sich an mindestens folgenden Maßstäben bewähren:

- Vermittlung von Wissen über menschenrechtliche Ansprüche;
- Ermutigung zur Inanspruchnahme der Rechte;
- Einsatz für die Durchsetzung menschenrechtlicher Ansprüche aller (etwa gegen Abschiebungen, für Bleiberechte, Bildungschancen und für Familienzusammenführungen);
- Darstellung der Universalität der Menschenrechte in ihrer Sinnhaftigkeit und Attraktivität;
- Erkennen, Problematisieren und Kritisieren von Äußerungs- und Argumentationsmustern (in den Medien, dem Stadtviertel, der eigenen Bildungseinrichtung...), die rassistische Deutungs-, Empfindens- und Handlungsschemata stärken;
- Erweiterung des affektiven Raums, in dem mich die Ungerechtigkeit und Grausamkeit, die anderen widerfährt, etwas angeht;
- Erweiterung des Raums, in dem Menschen, in Fragen, die sie wesentlich betreffen, nicht übergangen werden;
- Ermöglichung von Debatten, in denen Fragen nach dem allgemein guten Leben gestellt werden;
- Eröffnung von Räumen, in denen Unrechtserfahrungen thematisiert und artikuliert werden können;

---

[10] Für einen Überblick über quantitative Studien s. etwa https://mediendienst-integration.de/desintegration/rassismus.html (Zugriff am 26.05.2021).

- Schaffung von Strukturen, um Unrechtserfahrungen so zu reflektieren, dass Kritik an den migrationsgesellschaftlichen Verhältnissen formuliert und entsprechende Rechte eingefordert werden können;
- …

Eine Orientierung professioneller Tätigkeit an Menschenrechten kann aber nicht allein über organisationale Regeln und/oder eine Anreizstruktur gewährleistet werden. Professionalität kann nicht schlicht Regeln befolgen, sondern hat sich mit eigenen Maßstäben (Menschenrechte) zu gegebenen Regeln zu verhalten. Die Praxis der Motivation zu professionellem Handeln durch Anreizstrukturen neigt dazu, die intrinsische Bindung Professioneller an den Maßstäben ihres Handelns auszuhöhlen. Statt sich zu fragen, worin die je eigene Verantwortung besteht, rückt dann die Frage in den Vordergrund, ob dem persönlichen Interesse gedient ist. Jenseits der Orientierung an Regeln sowie einer Anreizstruktur bedarf es also der Ausbildung eines professionellen Ethos:

„Während Tätigkeiten, die im Zusammenhang mit einem von Hannah Arendt beschriebenen neuzeitlichen und zur Poiesis umgedachten Praxisbegriff stehen, auf ein herstellendes Machen zielen, liegt der Grund für die Pädagogik im Sinne des klassischen Verständnisses von Praxis in einem ideengeleiteten, verantwortlichen Handeln, welches seinen Zweck (prospektiv) immer schon in sich selbst trägt und seinen Wert nicht erst (retrospektiv) durch das hergestellte Produkt gewinnt. Als eine solche praktische Theorie unterscheidet sich Pädagogik wesentlich sowohl von einer theoretischen Theorie (wie z. B. der Logik und Erkenntnistheorie) als auch von einer poietischen Theorie (also einer Technologie)." (Seichter 2011, S. 193)

Dieses professionelle Ethos, ließe sich als eine Art Haltung verstehen, die sich der pädagogischen Verantwortung bewusst ist und entsprechend das eigene Handeln (prä-)formiert und dabei auch kritisch-reflexiv auf normative Erwartungen seitens der Organisation Bezug nimmt.

Allgemein soll hier unter Haltung ein durch ein Ensemble von Dispositionen (Erfahrungen, Wissen, Vorstellungen etc.) auch normativ orientiertes Selbst-, Welt-, und Anderenverhältnis verstanden werden (Tilch 2020). Die spezifische Art und Weise, in der Welt zu sein, kommt im Begriff der Haltung zum Ausdruck und beschreibt weiterhin eine (normative) Orientierung des Subjekts, das sein Zur-Welt-Sein leitet. Wie Subjekte in ihrem Bezug auf sich selbst, auf ihre Praxis, Andere und die Welt positioniert sind, ist dabei nicht rein zufällig, sondern abhängig von den je für die Einzelnen kennzeichnenden (migrations-)gesellschaftlichen Bedingungen, die ihre Erfahrungen und Selbstverständnisse beeinflussen. Haltungen sind, zumindest unter bestimmten Bedingungen die Handlungsentlastetheit ermöglichen, reflexiv einholbar und kritisierbar, mithin auch veränderbar. Der

Grad der Flexibilität einer Haltung hängt auch von der Bestimmtheit ab, mit der sie eingenommen wird. Diese Bestimmtheit drückt sich in der Intensität aus, in der Haltung orientiert, in der Vehemenz, mit der diese verteidigt und der Klarheit, in der die Haltung Praxis strukturiert.

In der kritisch-reflexiven Haltung, die wir für den pädagogisch-professionellen Ethos zentral halten, drückt sich eine beständige, kritisch-reflexive Bewegung zwischen einem ethisch-normativen Moment und den Bedingungen der Möglichkeit von Handlungspraxis aus. Mit der kritisch-reflexiven Haltung verbindet sich das Interesse an der Kritik und Transformation der Bedingungen der Möglichkeiten von Praxis in Bezug auf jene Punkte, die den ethisch-normativen Erwartungen (noch) nicht entsprechen. Eine professionelle, kritisch-reflexive Haltung (vgl. ausführlicher weiter unten) einzunehmen, heißt demnach, die eigenen Muster der normativen Selbst-, Welt- und Anderenverhältnisse in ihrer pädagogisch-praktischen, ihrer alltagsweltlichen, interaktiven und institutionell-organisationalen Bedeutsamkeit zu erkennen. Wenn ein zentrales Ziel des professionellen Handelns darin besteht, Demütigung und Missachtung zu erkennen und sich für Alternativen einzusetzen (s. auch weiter unten), dann ist dies als Disposition für die professionelle Haltung grundlegend. Zugleich ist diese Haltung konfrontiert damit, in (migrations-)gesellschaftliche Verhältnisse eingebunden zu sein, in denen Praktiken der Demütigung und Missachtung Teil der Normalität sind.

Reflexionsanleitende Fragen

- Inwiefern *orientiert* sich die Organisation in ihren Handlungsweisen, ihren Aktivitäten und ihrer Praxis an menschenrechtlichen und postkommunitär-solidarischen Ansprüchen?
- Inwiefern *trägt* sie zu einem allgemeinen Bewusstsein über die Legitimität des Anspruchs auf das Recht auf Rechte aller, den Einsatz gegen Praktiken der Verwehrung dieses Rechts und die Kritik rassistischer Deutungs-, Empfindens- und Handlungsschemata *bei*?
- Inwiefern *eröffnet* und *schafft* die Organisation angemessene Räume der Artikulation, der Reflexion von Unrechts- und Privilegierungserfahrungen in Verhältnissen der wechselseitigen Verwiesenheit aufeinander?
- Inwiefern *ermöglicht* sie Praktiken postkommunitärer Solidarität sowie Räume und Strukturen, in denen Menschen, in Fragen, die sie wesentlich betreffen, nicht übergangen werden?

- Inwiefern *trägt* die in den organisationalen Praktiken und Konzepten in spezifischer Weise konkretisierte Orientierung an dem Recht auf Menschenrechte für alle sowie postkommunitärer Solidarität tatsächlich zu mehr Gerechtigkeit aller *bei*?
- etc.

13.3.2 Institutionalisierung von dekonstruktiver Differenzfreundlichkeit und Diskriminierungskritik

Der professionellen Verpflichtung auf das Streben nach mehr Gerechtigkeit, das wir über die Orientierung an dem Recht auf Menschenrechte sowie dem Prinzip postkommunitärer Solidarität konkretisiert haben, kann auf einer eher handlungskonzeptionellen Ebene mithilfe von zwei Orientierungen entsprochen werden: dekonstruktive Differenzfreundlichkeit und Diskriminierungskritik.

(Dekonstruktive) Differenzfreundlichkeit
Das, was wir hier Differenzfreundlichkeit nennen, schließt zunächst an anerkennungstheoretisch fundierte Ansätze an (s. Kap. 7). Wenn wir diese auf die Organisationsentwicklung in der Migrationsgesellschaft beziehen, dann ist von Bedeutung, dass Handlungsfähigkeit, die die universell gedachte Würde oder Integrität der Einzelnen (s. o.) berücksichtigt, sich im Rahmen eines Anerkennungsansatzes nicht auf die schlichte Zubilligung beschränkt, gleichberechtigt an öffentlichen Gütern partizipieren zu dürfen. Handlungsfähigkeit wird anerkennungstheoretisch vielmehr verstanden als responsives Verhältnis zwischen Bildungs-/Handlungssubjekt und Bildungs-/Handlungsraum. Es reicht also nicht aus, teilhaben zu dürfen, die Frage ist selbstverständlich auch woran und wie. Erst wenn Individuen die spezifischen, nur im Rahmen der jeweiligen besonderen individualgeschichtlichen Lebensumstände, der Geschichte und Biographie verstehbaren Dispositionen und Vermögen im Handlungs- und Bildungsraum nicht ausblenden müssen, ist in einem anerkennungstheoretischen Sinne ein angemessener Rahmen geschaffen. In Bezug auf die migrationsgesellschaftliche Realität geht es unter anderem um:

- die Berücksichtigung unterschiedlicher Sprachen;

- die Bezugnahme auf unterschiedliche soziale Narrative, Erinnerungen und (etwa transnationale) Zukunftsentwürfe;
- die Beachtung unterschiedlicher symbolischer und normativer Praktiken;
- den Bezug auf unterschiedliche migrationsgesellschaftliche Erfahrungsformen und Subjektpositionen;
- die selbstverständliche Repräsentation migrationsgesellschaftlich unterschiedlich positionierter Subjekte auf allen Ebenen und in allen Funktionen der Organisation;
- die Ausweitung normativer, kultureller, religiöser Reflexionsangebote;
- ...

Anerkennungsansätze sind insofern von einer achtenden und freundlichen Bezugnahme auf Differenz geprägt. Für diese Ansätze nimmt die Praxis der Wahrnehmung zunächst eine entscheidende Rolle ein. Wahrnehmung nimmt „insofern eine primäre Funktion gegenüber dem Denken und Handeln ein, als eine Praxis und bewusste Reflexion nur dann Anhaltspunkte in der Welt finden kann, wenn das Subjekt zuvor einzelne Entitäten, Bewegungsmuster und Zusammenhänge als solche identifiziert hat" (Prinz 2019, S. 54). Entsprechende Praktiken der Anerkennung brauchen demnach ein „spezifisches ‚Wahrnehmungswissen'", auf welches sie zurückgreifen können (ebd., S. 55). Das Wahrnehmungswissen wird „in der konkreten und wiederholten Auseinandersetzung mit den performativen, diskursiven, visuellen und materiellen Ordnungen seiner jeweiligen gesellschaftlichen Daseinsbedingungen" angeeignet (ebd., S. 56).

Soll professionelles Handeln in der Migrationsgesellschaft einen Beitrag zur Erweiterung des Handlungsvermögens der Adressat/innen der jeweiligen Organisation leisten, ist es sinnvoll, soziale Räume zu schaffen, die auf die Pluralität der unter Bedingungen migrationsgesellschaftlicher Differenz ausgebildeten Selbstverständnisse und Disponiertheiten antworten. Dies setzt ein spezifisches Wahrnehmungsvermögen aufseiten der professionell Handelnden voraus. Wenn jedoch die gesellschaftlichen Verhältnisse immer auch durch Machtverhältnisse konstituiert sind, ist auch das Sehen durch diese vermittelt und zugleich eine Form der Ausübung von Macht. Dies gilt im Besonderen dann, wenn die Wahrnehmung von Unterschieden als körperlich-natürlicher Automatismus verstanden wird, die Wahrnehmung in ihrem konstituierenden Zusammenhang mit den kulturellen Bedingungen aus dem Blick gerät, die Wahrnehmung selbst also nicht wahrgenommen wird. Aufgrund der gesellschaftlichen Vermitteltheit professioneller Wahrnehmungsmuster ist es bedeutsam, die jeweils standortrelativen „Blickordnungen oder Blickregime" (Gottuck 2019, S. 98), die durch den praktischen Vollzug in der Aushandlung mit der Welt angeeignete kulturelle Ordnungen widerspiegeln, in den Blick zu nehmen. Es geht hier somit um eine Art Positionsreflexivität, d. h. die Reflexion der Verortung und Position innerhalb gesellschaftlicher Verhältnisse.

Sehen[11] ist ein aktiver Vorgang und ein produktiver Akt der Herstellung von Repräsentationen und Sachverhalten; im Sehen wird etwas fokussiert und anderes zugleich ausgeblendet. Sehen geht mit einer spezifischen Ausgerichtetheit der Beobachter/in und der Betrachter/in einher und ist damit über Perspektivität und Kontingenz charakterisiert, „[d]enn um überhaupt etwas – sei es ein Ding, ein Gebäudekomplex oder eine technische Apparatur – als einen in sich geschlossenen, handhabbaren Gegen-Stand identifizieren zu können", müssten Sehende, so Sophia Prinz (2014, S. 7), „von einer Reihe von Elementen abstrahieren" (ebd.). Sehen ist auf die Ordnungs- und Selektionsleistungen eines „Wahrnehmungsschemas" (ebd.) angewiesen, mit dem bestimmte visuelle Aspekte herausgehoben und andere systematisch ausgeblendet werden (ebd.). Sehen ereignet sich somit nicht allein als Funktionsweise eines biologischen sich selbst und autonom entfaltenden Apparats, sondern ist als Sinnestätigkeit eine sowohl gesellschaftlich vermittelte als auch vermittelnde soziale Praxis. Der Mensch kommt nicht auf die Welt und sieht, er erlernt vielmehr das Sehen und dies ist immer eine kulturell geformte, bestimmte Weise des Sehens, also eine Praxis des Hervorhebens und Abschattens, eine des Unterscheidens. Für Bourdieu werden Wahrnehmungsschemata in sozialer Praxis verinnerlicht und einverleibt (Krais/Gebauer 2014). Sehen als soziale Praxis ist folglich praktisch erworben und ordnet das, was gesehen werden kann implizit und nicht-bewusst als habituelle Disposition. Zudem existiert ein Eigenwert der Dinge des Sehens im Prozess des Sehens (etwa Prinz 2014); Sehen ist ein Phänomen, das nicht schlicht allein von der Qualität des jeweiligen Wahrnehmungsschemas, sondern auch den Eigenschaften der Dinge, die gesehen werden, abhängig ist.

Die Analyse der gesellschaftlichen und kulturellen Bedingungen des Sehens ermöglicht, die Frage zu stellen, was in welchen Kontexten sichtbar wird, was gesehen werden kann und gesehen wird. Die visuelle Figur-Hintergrund-Unterscheidung, um es in Anlehnung an eine gestaltpsychologische Figur zu formulieren, stellt nicht bloß die Leistung eines sich selbst entfaltenden physiologischen oder neurologischen Apparats dar. Vielmehr werden solche Unterscheidungen auch von kulturellen Ordnungen vermittelt, die als Ordnungen

---

[11] Der folgende Abschnitt geht zurück auf eine Passage aus einem an anderer Stelle erschienen Text (Gottuck et al. 2019).

von Praktiken der Unterscheidung symbolischer Gegenstände aufgefasst werden können (Gottuck/Mecheril 2014).

Sehen, sowohl im konkreten, visuellen Sinne als auch in seiner metaphorischen Bedeutung als Wahrnehmen, Erkennen, Deuten und Verstehen, stellt eine Praxis der Produktion von Erkenntnis dar. Sehen etabliert also einen spezifisch sinnhaften, standortrelativen und auch selektiven Zugang zur Welt, der von vorgängigen Bedeutungszusammenhängen vermittelt ist, ohne von diesen jedoch determiniert zu sein oder darin aufzugehen. Im Sehen artikuliert sich ein Vorrang des sehenden Subjekts bzw. der sehenden Praxis gegenüber dem gesehenen Objekt. Diesem Vorrang wohnt eine verobjektivierende Asymmetrie zwischen dem Sehen und dem, was gesehen wird, inne, wobei hier zwischen einer allgemeinen und gesellschaftlich spezifischen Verobjektivierung unterschieden werden kann. Allgemein ist jene Objektivierung des Objekts, die im Rahmen einer vielleicht als generelle Phänomenologie des Sehens zu bezeichnenden Auseinandersetzung mit dem Sehen in den Blick gerät (etwa Schulz 2019). Spezifisch sind jene Objektivierungen, die von gesellschaftlichen Mustern institutionalisierter sozialer Asymmetrien vermittelt sind, wie etwa im Verhältnis von Ärzt/in und Patient/in (die Ärzt/in sieht, die Patient/in wird gesehen) oder im patriarchalen Geschlechterverhältnis (der Mann sieht, die Frau wird gesehen) oder im Blickregime der *race*-Ordnung (die *Weiße* sieht, die Schwarze wird gesehen, s. Prinz 2019 mit Bezug auf Fanon). Die Obszönität des Blicks, die Verfügbarkeit der Anderen, die Vergegenständlichung des Gegenübers, die Überlegenheit derer, die sieht, die Scham der Betrachteten, aber auch der Kampf um die Frage, wer wen sieht und objektivierend in Augenschein nimmt, die Umkehrung des Sehens im Besehen des Sehenden etc. können als Facetten dieses Machtverhältnisses beschrieben werden. Die soziale Praxis des Sehens ist immer vermittelt von dem Umstand, dass Ressourcen, aufeinander Einfluss zu nehmen und einander zu sehen, situativ unterschiedlich gegeben und gesellschaftlich in Abhängigkeit von Rolle und Status sowie der Position im komplexen Geflecht von Differenzverhältnissen (wie *class, gender, race, ability*) unterschiedlich verteilt sind. Sehen steht insofern in einer zweifachen Beziehung zu Macht: Sehen wird von Machtverhältnissen vermittelt und ist zugleich eine Form der Ausübung von Macht (Gottuck 2019). Gewissermaßen methodologisch gewendet wäre damit immer zu fragen, welche Macht, verstanden als Vermögen, das Soziale in bestimmter Weise wirklich werden zu lassen, über das, was gesehen wird, damit einhergeht, dass gesehen wird, was gesehen wird.

Vor diesem Hintergrund wird die Praxis des Sehens hier nicht schlicht als ein sozusagen natürlicher Prozess der aktiven Nutzung eines Sinnesorgans verstanden, sondern als eine kulturelle Praxis, die in jedem Moment präreflexive und überindividuelle Entscheidungsprozesse impliziert, auch weil die je gegenwärtige Praxis von historischen (Entscheidungs-)Prozessen vermittelt ist. Der Begriff der Entscheidung verweist hier nicht auf einen puren Akt der Absichtlichkeit, dem ein Abwägen von Folgen vorausgesetzt ist, sondern schlicht auf das Betreten eines (Bedeutungs-)Pfades unter der Bedingung der Möglichkeit von vielen Pfaden. Professionalität findet da statt, wo nicht automatisiert die dominanzkulturell gewöhnlichen Pfade beschritten, sondern diese befragt werden, und, wo erforderlich, nach alternativen Wegen gesucht wird.

Als hegemoniales Sehen bezeichnen wir jenes Sehen, das vorwiegend das sieht, was bekannt ist und sich aufdrängt. Es drängt sich einem auf, was aus der historischen Entwicklung heraus als an-erkennbar sich formiert hat. Hegemoniales Sehen wirkt darauf, dass erkannt wird, was als erkennbar gilt, und anerkannt wird, was als anerkennbar gilt.

Das hegemoniale Sehen kann aber verändert werden; dazu „bedarf es eines aktiven, leiblichen ‚Umlernens' seitens des Subjekts" (Prinz 2019, S. 56). Dieses Umlernen kann als Teil fortlaufender pädagogischer Professionalisierung angesehen werden.

Die reflexiv eingeholte Praxis des hegemonialen Sehens und seine Befragung steht im Dienste einer anderen, erweiterten Anerkennungspraxis. Mit Werner Nothdurft (2007) kann hier von dem Erfordernis gesprochen werden, Anerkennungsarenen zu schaffen und auszuweiten. Anerkennungsarenen bezeichnen „die spezifischen sozialen Gelegenheiten, in denen – kultur-, milieu- oder gruppenspezifisch – Anerkennung erstrebt bzw. gezollt wird" (ebd., S. 118). Arenen der Anerkennung, die im Rahmen einer reflexiven Professionalität gestaltet werden, gehen auch immer mit der Möglichkeit zum „Umlernen" von Anerkennungspraktiken einher, sodass in diesen Arenen das hegemoniale Sehen zum Thema und womöglich auch irritiert und transformiert wird. Es geht mithin darum, relevante Anerkennungsordnungen zu erkennen und kritisch zu thematisieren. Anerkennungsordnungen beziehen sich auf das je spezifische „System von Standards, Kriterien und Gesichtspunkten..., aus dem heraus Anerkennung für kommunikative Leistungen gezollt wird" (ebd.) und in denen geregelt ist, „wer (Autorität) für was (performative Leistung) in welcher Weise (Anerkennungsmodi) Anerkennung gewinnt bzw. gewährt" (ebd.).

Praktiken der Anerkennung sind in besonderer Weise machtvolle Praktiken, weil erstens mit dem Erkennen von etwas die strukturelle Voraussetzung seiner Herabwürdigung geschaffen ist und zweitens weil die Erkennung dem Erkannten nicht gerecht werden muss und Anerkennung potenziell Verfehlung sein kann und drittens das, was anerkannt wird, in Strukturen der machtvollen Unterscheidung entstanden ist und der Akt der Anerkennung diese Struktur bestätigt (s. auch

Kap. 7). Leistet berufliches Handeln beispielsweise einen Beitrag zur Anerkennung von sogenannten „Menschen mit Migrationshintergrund", dann mag diese Praxis unter Bedingungen der Benachteiligung von Individuen und Gruppen, die als „mit Migrationshintergrund" gelten zwar naheliegend sein, allerdings bestätigt diese Anerkennungspraxis die machtvolle Differenzordnung, die zwischen Menschen mit und ohne Migrationshintergrund unterscheidet.

Neben dem Ernstnehmen des Anerkennungsgedankens ist somit eine Kritik der Wahrnehmungs- und Anerkennungsordnungen erforderlich, die jede konkrete Praxis der Anerkennung strukturieren. Nicht zuletzt die kritische Reflexion der grundlegenden migrationsgesellschaftlichen Unterscheidungsschemata, die das hegemoniale Sehen strukturieren und in denen diejenigen anerkannt und in ihrer positiven Identität benannt und angesprochen werden, die dominanzkulturell als anerkennbare und respektable Subjekte gelten, ist von zentraler Bedeutung für migrationsgesellschaftliche Professionalität.

Migrationsgesellschaftliche Professionalität setzt somit lediglich in einer sozusagen abgeschwächten und bedächtigen Weise auf die Anerkennung des und der Anderen. Es wird hier eine paradoxe Handlungsperspektive deutlich, da angemessenes professionelles Handeln in der Migrationsgesellschaft einerseits von dem Versuch orientiert ist, die Grenzen, die zwischen anerkennbaren Anderen und nicht-anerkennbaren Anderen liegen, stetig so hinauszuschieben, dass weniger „Anderes" exkludiert werden muss. Andererseits muss sich die professionell Tätige in der Einbeziehung der kulturell Anderen gleichsam sogleich davon distanzieren, da dieser Einbezug der Differenz zwischen Anderem und Nicht-Anderem geschuldet ist. Es bedarf somit in einem grundlegenden und weitreichenden Sinne einer kritischen Reflexivität (s. Kap. 7), die die eigene Praxis darauf befragt, inwiefern sie zu einer Ausschließung des Anderen und/oder zu einer reproduktiven Erschaffung des Anderen beiträgt. Sowohl der Ausschluss als auch die Erschaffung des und der Anderen durch professionelles Anerkennungshandeln sind unvermeidlich. Möglich allerdings ist es, die spezifischen Formen von Ausschluss und Erschaffung an den konkreten Orten, an denen pädagogisch gehandelt wird, zu beschreiben, zu bedenken und gegebenenfalls im Sinne der Idee der „bedächtigen Anerkennung der Anderen" zu verändern.

Diskriminierungskritik
Mit Avishan Margalit verweist Werner Nothdurft auf drei Formen einer „institutionellen Demütigung" (Nothdurft 2007, S. 116): a) Beraubung von Selbstkontrolle durch institutionelle Übergriffigkeit: „Demütigende Gesten legen es fast immer darauf an, dem Opfer zu zeigen, dass es sein Schicksal nicht mehr in

der Hand hat und der Gunst bzw. der Brutalität seiner Peiniger wehrlos ausgeliefert ist" (Margalit 1997, S. 144); b) Behandlung als „Nicht-Mensch" wie z. B. als Tier, Mensch zweiter Klasse, Untermensch, Nummer, Kind, Unmündiger, Untersuchungsobjekt, Repräsentant/in einer Klassifizierung von Krankheit, Ethnie, Klientel, Bedarfslage, Zielgruppe etc.; c) Zurückweisung der identitätsrelevanten Gruppe: Da die Selbstachtung eines Menschen von der Zugehörigkeit zu einer für ihn relevanten Gruppe abhängen kann, stellt ihre Nichtbeachtung auch für den Einzelne/n eine Demütigung dar (Nothdurft 2007).

Die Aufgabe von Organisationen in der Migrationsgesellschaft besteht nun nicht nur darin, solche Formen institutioneller Demütigung zu vermeiden, sondern ein Wissen darüber zu entwickeln, dass diese Formen der Demütigung beispielsweise angesichts der nationalstaatlich geprägten Routinen der Organisationen, ihrer Verweisungszusammenhänge und Abhängigkeitsstrukturen, durchaus nicht unwahrscheinlich sind.

Positiv gewendet pflegen Organisationen eine institutionelle Sensibilität für die Unterschiedlichkeit der Individuen und Gruppen in Form des Respekts und des Takts gegenüber den Selbstinterpretationsleistungen der Anderen. Diskriminierungskritik beginnt also mit einer reflexiven Bezugnahme auf die potenziell diskriminierenden Mechanismen und Routinen der eigenen Organisation mit dem Ziel, das Ausmaß der Ausschlüsse zu minimieren. Organisationen stehen Mechanismen zur Verfügung, die durch die Gleichbehandlung der Menschen („bei uns wird nur Deutsch gesprochen") oder durch Ungleichbehandlung („nichtchristliches Personal ist nicht vorgesehen") Diskriminierungen realisieren können (Dirim/Mecheril 2018). Diese Mechanismen gilt es zu identifizieren und wo möglich und geboten abzubauen.

Diskriminierungskritik setzt mit institutioneller Selbstreflexion ein, ist aber nicht darauf beschränkt. Allgemein geht es im Rahmen von Diskriminierungskritik darum, gesellschaftliche Verhältnisse so zu reflektieren und zu thematisieren, dass das essentialisierend-beeinträchtigende, disziplinierende und gewaltvolle Potenzial von Humanunterscheidungen reduziert werden kann. Einige grundsätzliche Charakteristika einer diskriminierungskritischen Orientierung von Organisationen in der Migrationsgesellschaft seien im Folgenden angesprochen (in Anlehnung an Mecheril 2004, S. 205 ff.; zu diskriminierungskritischer Organisationsentwicklung s. auch Foitzik et al. 2019 sowie Heinemann 2018).

a) Beitrag zu mehr (Verteilungs-)Gerechtigkeit: Wenn gesellschaftliche und sozialpädagogische Organisationen und Institutionen ihre Leistungen, Güter und/oder Zertifikate, die sie zu vergeben haben, unter der Hinsicht „natio-ethno-kulturelle Zugehörigkeit" in quantitativer und qualitativer Hinsicht ungleich distribuieren, dann stimmt etwas mit den Organisationen und den sie umgebenden politischen Kontexten nicht. Nicht die „andere kulturelle Identität" derer, die beispielsweise die monolingualen und -kulturellen Zugangsbarrieren weitgehend deutschsprachiger Organisationen nicht „erfolgreich" überwinden, wird aus einer diskriminierungskritischen Perspektive fokussiert, sondern die organisationalen Praktiken und Strukturen, die zu einer sukzessiven und systematischen Schlechterstellung führen. Aus diskriminierungskritischer Perspektive ist es demnach Aufgabe der Organisationen, ausschließende Praktiken und Strukturen dahingehend zu reflektieren und zu verändern, dass sich die ungleiche Verteilung der jeweils zu vergebenden Güter reduziert. Hierzu bedarf es einer dekonstruktiven Differenzfreundlichkeit, die sich sowohl gegen Diskriminierung durch Gleichbehandlung als auch gegen Diskriminierung durch Ungleichbehandlung wendet.

b) Diskriminierungskritische Performanz der Organisation: Auch wenn *„Political Correctness"* eine letztlich problematische pädagogische Perspektive darstellt (Hall 1994), muss ihr doch zugute gehalten werden, dass sie eine Art von Schutz vor bestimmten Formen rassistischer Degradierung und Beschämung darstellt. Wo gelernt wird, Ausdrücke wie „N.kuss" oder „jemanden türken" nicht zu benutzen, wo nicht automatisiert jene, die migrationsgesellschaftlich als Andere belangbar sind, nach ihrer eigentlichen Herkunft (Battaglia 2007) befragt werden, sind Rassismen und mögliche Diskriminierungen zwar nicht „abgebaut". Dennoch sind (informelle) Regeln, die andere sprachliche Gewohnheiten nahelegen, deshalb zu begrüßen, weil sie für von rassistischer Diskriminierung negativ Betroffene eine Entlastung darstellen und zu angemesseneren begrifflichen Deutungspraktiken anregen können. Die antirassistische und diskriminierungskritische Selbstdarstellung von Organisationen der Migrationsgesellschaft, aber auch das symbolische Engagement ihrer Mitarbeiter/innen gegen Rassismen und Diskriminierung sind deshalb insbesondere unter den gegenwärtigen migrationsgesellschaftlichen Bedingungen und Entwicklungen zwar prekäre, aber notwendige Bestandteile einer diskriminierungskritischen Organisationspolitik.

c) Vermittlung von Wissen über Rassismus und Diskriminierung: Auch wenn das „Wissen z. B. über Imperialismus und die Benachteiligung Schwarzer nicht von selbst und automatisch eine Zunahme antirassistischer Auffassungen und Praktiken" zur Folge hat (Epstein 2000, S. 65 f.), ist die kognitive Dimension in professioneller (Migrations-)Arbeit bedeutsam. Das Wissen, mit dem wir soziale, migrationsgesellschaftliche Phänomene in einer jeweils spezifischen Weise interpretieren und repräsentieren, stellt einen bedeutsamen Aspekt der Herstellung und Veränderung sozialer Wirklichkeit dar. Neben dem allgemeinen rassismus- und diskriminierungstheoretischen Wissen (s. Kap. 4) und der Kenntnis der

Ergebnisse der empirischen Rassismusforschung geht es hier auch immer um geschichtliches Wissen. Die Beschäftigung mit dem Antisemitismus in Deutschland, die Auseinandersetzung mit dem Nationalsozialismus und dem Holocaust, die Thematisierung des Kolonialismus des 19./20. Jh., der in der globalen Ordnung bis heute nachwirkt, aber auch die Vermittlung von Kenntnissen „lokaler Rassismen" (und Anti-Rassismen) bezogen auf ein Stadtviertel, einen Betrieb oder einer Schule sind hier bedeutsam.

Auf einer abstrakteren Ebene wird es unter einer rassismus- und diskriminierungskritischen Perspektive darum gehen, die Partikularität und Kontingenz von nationalen Einheiten, Lebensformen und kulturellen Lebenspraxen zu verdeutlichen und zu verstehen; eine eher nicht lineare Geschichtsschreibung und nicht evolutionistische Konzepte werden im Vordergrund der Interpretation gegenwärtiger migrationsgesellschaftlicher Phänomene stehen.

Ganz konkret geht es darum, das Wissen um Diskriminierung (vgl. etwa die Beiträge in Fereidooni/El 2016 oder Scherr/El-Mafaalani/Yüksel 2017) ernst zu nehmen, weder gesellschaftliche Diskriminierungsstrukturen zu dethematisieren (s. Shure 2021) noch Diskriminierungserfahrungen zu bagatellisieren oder gar zu verleugnen.

d) Zulassen und Thematisieren von Zugehörigkeitserfahrungen: Diskriminierungskritische Perspektiven beziehen sich nicht allein auf abstrakte Gegenstände, sondern beschäftigen sich immer auch mit konkreten Erfahrungen, Selbst- und Fremdwahrnehmungsmustern und eigenen Zugehörigkeitskonzepten. Um „gegen Rassismus effektiv arbeiten zu können, sollte jede(r) mit der Reflexion eigener ‚Rassismen' beginnen – dort aber nicht stehen bleiben" (Teo 1995, S. 31). Aus diskriminierungskritischer Perspektive ist es demnach bedeutsam, die Thematisierung von Erfahrungen der verwehrten, untergeordneten oder degradierten Zugehörigkeit zuzulassen, ernst zu nehmen und zu ermöglichen.

Die Thematisierung von Zugehörigkeitserfahrungen unter der Perspektive Rassismus und Diskriminierung ist immer gefährdet, Dominanz zu reproduzieren (Mecheril et al. 2003). Insofern bedarf es gerade im Hinblick auf die Frage, wie Rassismuserfahrungen artikuliert und thematisiert werden können, einer genauen Beschäftigung mit der Struktur der Räume, in denen Rassismuserfahrungen thematisiert und kommuniziert werden. Hier können kommunikative Handlungsmaximen und kommunikative Beziehungsmaximen der professionellen Auseinandersetzung mit Rassismuserfahrungen unterschieden werden (Mecheril 1995): die Ermöglichung der Auseinandersetzung mit Rassismuserfahrungen, die Ermöglichung der Wahrnehmung der rassistisch durchsetzten Lebenswelt und die Ermöglichung einer differenzierten Wahrnehmung von Rassismuserfahrungen stellen kommunikative Handlungsmaximen, die Anerkenntnis und Nicht-Banalisierung der Rassismuserfahrungen des Gegenübers, die Sensibilität für die Affektgeladenheit des Themas rassistischer Diskriminierung und das Eingestehen möglicher Verstehensklüfte kommunikative Beziehungsmaximen dar.

e) Reflexion der Zuschreibungsmuster: Ansätze, die Moralisierung im Sinne einer sich selbst moralisch aufwertenden und überhöhenden Praxis zu vermeiden suchen, gleichwohl die Notwendigkeit normativ-moralischer Orientierungsgrößen nicht ausblenden (s. die erste Maxime migrationsgesellschaftlicher Öffnung), gehen davon aus, dass es für eine diskriminierungskritische Perspektive angemessen ist, solche Zuschreibungen von „Anderssein" und „Fremdheit", die an rassistische Unterscheidungen anschließen, (gemeinsam) zu reflektieren und über alternative Zuschreibungsmöglichkeiten nachzudenken.

Prinzipiell können drei Ebenen der diskriminierungskritischen Reflexion in pädagogischen Zusammenhängen unterschieden werden: die organisationsbezogene Reflexion, die Reflexion auf der Ebene des professionellen Handelns und des Habitus der einzelnen Professionellen und schließlich die Reflexion, die sich auf die Lebenswirklichkeit und das Handeln der die jeweilige Organisation in Anspruch nehmenden Personen bezieht.

Reflexionsanleitende Fragen
Wie können organisationale Verhältnisse geschaffen werden,

- in denen die Anerkennungsroutinen und -strukturen der professionell Handelnden und der Organisation kritisch im Sinne der ersten Maxime der Mehrung von Gerechtigkeit reflektiert werden (Reflexion der Anerkennungspraxis), sodass
- die unterschiedlichen Disponiertheiten und Selbstverständnisse *aller* möglichst breit anerkannt werden (Anerkennung von Differenz),
- ohne dabei die jeweiligen Individuen auf zugeschriebene oder auch vorläufig festgestellte bzw. nur bestimmte und erwünschte Fertigkeiten und Selbstverständnisse dauerhaft festzulegen (Dekonstruktion von Differenz), und
- die von Routinen und Strukturen getragen werden, die zu mehr (Verteilungs-)Gerechtigkeit beitragen und sich explizit gegen Rassismen und Diskriminierungen aussprechen, sowie über Wissen über die

Wirkungs- und Erscheinungsweisen von Rassismen und Diskriminierung verfügen und dieses kritisch vermitteln, Zugehörigkeitserfahrungen thematisieren und zulassen, rassistische Zuschreibungsmuster reflektieren nicht-binäre Logiken und Ungewissheit hervorheben (Diskriminierungskritik)?

13.3.3 Es gibt keine Rezepte! Strukturelle Widersprüche des Feldes und reflexive und kluge Praxis

Die Widerspruchsstruktur professionellen Handelns in der Migrationsgesellschaft Nachdem wir mit der Leitlinie (a) grundlegende normative Orientierungen angesprochen haben (Abschn. 13.3.1), die Prozesse migrationsgesellschaftlicher Öffnung anleiten können, und diese mit der Leitlinie (b) handlungskonzeptuell mit Bezug auf dekonstruktive Differenzfreundlichkeit und Diskriminierungskritik übersetzt haben (Abschn. 13.3.2), bezieht sich die Leitlinie (c) insbesondere auf die Frage der Umsetzbarkeit von Organisationsentwicklungsprozessen, die die migrationsgesellschaftliche Realität in ihrer Komplexität und Widersprüchlichkeit ernst nehmen. Dabei gehen wir davon aus, dass professionelles Handeln – und so auch Organisationsentwicklung als eine pädagogische Praxis – in mehrerlei Hinsicht ein komplexes und kompliziertes Unterfangen darstellt. Es „ist als hochgradig komplexes, antinomisch strukturiertes, kontingentes und ungewisses Handeln mit vielfältigen Risiken, nicht intendierten Wirkungen und eigensinnigen Verwendungen durch die Adressaten, bei zugleich hoher Verantwortlichkeit, einer starken Begründungspflicht bei mangelnder ‚Technologie' zu kennzeichnen" (Helsper 2008, S. 183 f.). Professionelles Handeln findet in Möglichkeitsräumen statt, die strukturell, institutionell und diskursiv von Spannungs- und Widerspruchsverhältnissen strukturiert und gerahmt sind. Im erziehungswissenschaftlichen Fachdiskurs wird diese Dimension des Unbestimmten mit Gegensatzpaaren, die für die paradoxe Anforderungsstruktur pädagogischen Handelns stehen, wie Förderung/Selektion, Selbsttätigkeit/Führung, Nähe/Distanz, Hilfe/Kontrolle beschrieben. Werner Helsper (2006) unterscheidet sechs konstitutive Antinomien (schul-)pädagogischen Handelns (1. Autonomie und Zwang, 2. Organisation und Interaktion, 3. Kulturelle Pluralisierung, 4. Nähe und Distanz, 5. „Naturentfaltung" und Disziplinierung, 6. Allgemeinbildung und Brauchbarkeit). Professionelle Umgangsweisen werden – je nach inhaltlicher

Ausrichtung – als Aushalten-Können, als dialektische Ausbalancierung, als Transparent-Machen von Widersprüchen gegenüber Adressat/innen akzentuiert. Insgesamt können vier Facetten oder Dimensionen pädagogischer Unbestimmtheit unterschieden werden: normative, technische, hermeneutische und soziale Unbestimmtheit (Mecheril/Hoffarth 2011).

Diese Unbestimmtheit des Handelns wird durch die strukturelle Notwendigkeit, entscheiden und handeln zu müssen, intensiviert. Die professionelle Praxis kennzeichnenden Momente des Handlungsdrucks und der Begründungspflicht stellen eine zentrale widersprüchliche Anforderung des Handlungsfeldes dar, nicht zuletzt, weil diese Momente eine unterschiedliche Zeitstruktur aufweisen (Helsper 1996, S. 528 f.). In der konkreten Handlungssituation muss gehandelt werden. Die zwar stets über allgemeine Handlungsbedingungen vermittelte, gleichwohl singuläre Handlungssituation kann nicht erst wie eine Filmaufzeichnung angehalten werden, um über das konkrete Geschehen und angemessenes Handeln zu reflektieren. Zugleich besteht der Anspruch an professionell Tätige, ihr Handeln anhand auf allgemeine Zusammenhänge bezogenes, wissenschaftliches Wissen bei gleichzeitiger Achtung der Singularität des jeweiligen Falls, der jeweiligen Situation und der jeweiligen sozialen Konstellation begründen bzw. erläutern zu können. Aufgrund der Unbestimmtheit und Komplexität des Sozialen (s. auch Kap. 12) bleibt jedoch genau die Frage nach dem Verhältnis zwischen Regelwissen und der je singulären Handlungssituation unbestimmbar. Denn die Bestimmung des angemessenen Verhältnisses zwischen Regelwissen und Singularität erfordert im Grunde die genaue Analyse der Situation – ihrer historischen, kontext-, interaktions- und personenspezifischen Bedingungen –, um basierend darauf ein Handeln zu entwerfen, das dieser spezifischen Situation angemessen ist. Nicht nur ist diese Analyse aufgrund der Zeitstruktur des Handeln-Müssens nicht möglich, vielmehr wäre selbst ein auf handlungsentlasteter Analyse basierendes Handeln in seinen Effekten ebenfalls unbestimmt, auch weil die Differenz zwischen Handlungsabsichten und Handlungseffekten für das Handeln konstitutiv ist (Oelkers 1982). „Im Unterschied zum Laien", so Michael Wimmer (1996, S. 431), „der in der Regel glaubt zu wissen, was der singuläre Andere ist und was wie zu tun ist, muß der professionelle Pädagoge wissen, dass er nicht weiß und wissen kann". Die Unbestimmtheit und Widersprüchlichkeit professionellen Handelns verweisen auf die Notwendigkeit, ein reflexives Verhältnis zum eigenen Tun zu etablieren.

Die Praxis der Reflexion
Robin Celikates (2009) entwickelt nach einer kritischen Lektüre von Pierre Bourdieus Werk einen Kritikbegriff nach dem Vorbild der psychoanalytischen Praxis.

Mithilfe dieses Kritikbegriffs soll hier der Umriss einer professionellen Praxis der kritischen Reflexion gekennzeichnet werden. Celikates geht davon aus, dass Akteur/innen im Allgemeinen in der Lage sind, sich auf ihre „eigenen Überzeugungen, Absichten und Handlungen, auf den Kontext [ihres] Handelns und auf andere Akteure reflektierend zu beziehen und dabei auch die Perspektive anderer (realer oder imaginierter) Akteure einzunehmen" (ebd., S. 164). Diese reflexive Fähigkeit versteht er dabei jedoch weder als angeboren noch als gleichbleibend, sondern in Abhängigkeit von spezifischen Bedingungen im ständigen Wandel befindend, Bedingungen, die die Ausbildung und Ausübung von Reflexivität erst ermöglichen oder auch verhindern (ebd., S. 174). Reflexion ist dabei für ihn selbst wieder eine Möglichkeitsbedingung von Erkenntnisprozessen, Kritik und Transformation (ebd., S. 222). Dabei stellt auch die Kritik eine „immanente und konstitutive Dimension der Alltagspraxis" (ebd., S. 164) dar, die mit der Praxis der Reflexion im Zusammenhang steht.

Auch wenn unseres Erachtens Celikates das Vermögen von Subjekten, sich selbst zu erkennen und auf sich selbst Einfluss zu nehmen, tendenziell überschätzt, nehmen wir doch den Gedanken auf, dass Subjekte grundsätzlich in der Lage sind, sich reflexiv zu beeinflussen. Auch wenn die Vorstellung, das Subjekt könne abgesehen von den Reflexionsblockaden (s. u.) gänzlich über sich verfügen, wenig überzeugend ist, soll hier auch nicht gegensätzlich von einer gänzlichen Selbst-Unverfügbarkeit des Subjekts ausgegangen werden, auch weil damit der für Professionalität bedeutsame Topos der Verantwortung nicht mehr denkbar wäre.

Die spezifische Praxis der Reflexion, um die es im Anschluss an Celikates hier gehen soll, ist eine solche, die einen reflektierten und wissensbegründeten, gewissermaßen klugen Umgang mit den strukturellen Widersprüchen des Feldes ermöglicht. Wir bezeichnen diese Praxis als „professionelle Reflexion". Sie stellt in erster Linie keine auf das einzelne Individuum fokussierte und individualpsychologisch verengte Reflexionspraxis dar. Gegenstand professioneller Reflexivität ist nicht vorrangig und erst recht nicht ausschließlich das Individuum, seine individuellen (Fehl-)Leistungen, Befindlichkeiten, Stärken oder Schwächen. Professioneller Reflexivität geht es vielmehr darum,

1. die widersprüchlichen (Handlungs-)Bedingungen beruflicher Praxis in der Migrationsgesellschaft,
2. die allgemeinen Wissensbestände, die die eigenen organisationalen Praktiken implizit wie explizit anleiten, sowie
3. die Effekte des jeweiligen Handelns (insbesondere für das pädagogische Gegenüber) und

4. schließlich auch die von der je eigenen migrationsgesellschaftlichen Position vermittelten individuellen Deutungs-, Empfindungs- und Wahrnehmungsmuster zum Gegenstand des Nachdenkens und der Kritik zu machen.

Die Praxis der professionellen Reflexivität zeichnet sich dadurch aus, dass sie die eigenen organisationalen Deutungsmuster und Praktiken, ihre kontextuellen Bedingungen und Konsequenzen in systematischer Weise zum Gegenstand der Reflexion macht und sie gegebenenfalls verändert.

Die relevanten Kontextebenen, von denen konkrete Deutungspraktiken vermittelt sind und die zum Gegenstand der reflexiven Auseinandersetzung werden können, sind die Folgenden:

- Ebene gesellschaftlicher Diskurse
- Ebene organisationaler Vorgaben und der Organisationskultur
- Ebene der Interaktion

Deutungspraktiken können mithin darauf betrachtet werden, wie sie von allgemeinen gesellschaftlichen Diskursen (etwa über „Geschlechterordnungen nichtwestlicher Kulturen"), von den informellen (welche sozialen Gruppen gelten als „schwierig"?) und formellen (wer kann die Angebote der Organisation in Abhängigkeit etwa von Aufenthaltstiteln in Anspruch nehmen?) Strukturen der jeweiligen Organisation sowie des konkreten interaktiven Kontexts (etwa in der Beratung eines heterosexuellen Paares, bei der sich der Mann wiederholt abfällig gegenüber natio-ethno-kulturell kodierten Minderheiten sowie gegenüber Lebensformen, die nicht in den Rahmen der Heteronormativität passen, äußert) beeinflusst, womöglich strukturiert sind. Sie können weiterhin mithilfe der in den ersten beiden Leitlinien formulierten normativen Aufmerksamkeitsrichtungen kritisch befragt werden. Dies erfordert nicht nur Wissen um relevante Kontextgrößen, sondern auch den Mut, die eigene Praxis zu betrachten. Genau dies, die Verschränkung von Wissen und Mut verweist auf jene Klugheit, die Professionalität unseres Erachtens kennzeichnet.

Auch die reflexive Auseinandersetzung mit Deutungspraktiken stellt eine soziale Praxis dar, die sich unter den gegebenen, widersprüchlichen organisationalen und (migrations-)gesellschaftlichen Bedingungen vollzieht und nicht schlicht vorhanden bzw. einforderbar ist. Reflexivität „muß empirisch bestimmt werden" (Moldaschl 2005, S. 364), „ist selbst situiert, also vom (gewordenen) Kontext der jeweiligen Praxis geprägt" (ebd., S. 365) und „stets im Begriff, von neuen Routinisierungen überwuchert zu werden" (ebd.). Um professionelle Reflexivität zu institutionalisieren, bedarf es deshalb auch der kontinuierlichen Reflexion der

Praxis der Reflexion (in Bezug auf ihre eigenen Bedingungen, ihren Gegenstand sowie ihre normativen Referenzen) und der Formen ihrer organisationalen Institutionalisierung. Professionelle Reflexivität bedeutet demnach auch immer ein systematisches Nachdenken über die jeweils etablierten Räume und routinisierten Praktiken der Reflexion und ihrer spezifischen Leerstellen und „toten Winkel".

Es ist hierbei davon auszugehen, dass gesellschaftliche und dominanzkulturelle Bedingungen in die Praktiken der Reflexion, auch diejenigen, die eine kritische Absicht verfolgen, hineinwirken. Hier lassen sich zwei Ebenen unterscheiden. Erstens das Reflexionsdefizit auf gesellschaftlicher Ebene (Celikates 2009, S. 168). Damit ist gemeint, dass unter den je herrschenden Bedingungen bestimmte Fragen, Probleme und Gegenstände üblicherweise thematisch und andere eher ausgeblendet werden, sodass die gesellschaftlichen Bedingungen eine Art Reflexionsweiche darstellen, welche die Ausbildung und Ausübung von Praktiken der Reflexion und Kritik unterschiedlich ermöglichen bzw. verunmöglichen. Damit geht zweitens eine Eingeschränktheit auf der individuellen Ebene einher, die mit Celikates als Reflexionsblockade bezeichnet werden kann und die von gesellschaftlichen Bedingungen vermittelt ist. Diese Blockade erschwert individuellen Akteur/innen beispielsweise „‚problematische' (etwa ungerechte oder entfremdete) Situationen" (ebd.) zu erkennen. Unter diesen Bedingungen kann auch die moralische Orientierung „und die Fähigkeit, sich von der Situation zu distanzieren und diese angemessen zu beurteilen sowie entsprechend zu handeln" (Dejours 1998, S. 116 f. zit. n. Celikates 2009, S. 180) eingeschränkt sein. Das Reflexionsdefizit, das sich auf gesellschaftlicher Ebene zeigt, spiegelt sich somit in der Blockiertheit spezifischer Reflexionen auf individueller Ebene wider. Damit verunmöglichen Reflexionsblockaden als Teil gesellschaftlicher Bedingungen auch, dass Ungerechtigkeiten „überhaupt aufgedeckt, kritisiert und verändert werden können" (Celikates 2009, S. 169).

Wenn wir davon ausgehen, dass Praktiken der Reflexion ihren Ort haben, sie situiert sind, dann gilt es die spezifischen Praktiken der Reflexion ermöglichenden und verunmöglichenden Bedingungen zu erkennen. Orte gehen mit „partiellen Einschränkung[en]" (ebd., S. 222) einher, die Möglichkeiten und Grenzen der „Ausbildung und Ausübung" (ebd., S. 168) von reflexiven Fähigkeiten sowie von Praktiken der Kritik vermitteln.

Für Organisationen, in denen professionelles Handeln und damit professionelle Reflexion möglich sein soll, bedeutet dies, die organisationalen Bedingungen, im Hinblick auf ihre Einschränkung von Reflexion und Kritik hin zu reflektieren und so kritisch in den Blick zu nehmen, dass professionelle Reflexion und Kritik möglich werden. Wenn die gesellschaftlichen Strukturen in Bezug auf Reflexion als Bedingungen der Ermöglichung und Verunmöglichung verstanden werden, dann bezeichnet auch die Reflexion auf die gesellschaftlichen Bedingungen der (Un-) Möglichkeit von Reflexion einen notwendigen Bezugspunkt von Professionalität. In Bezug auf die migrationsgesellschaftliche Öffnung von Organisation scheint uns das weiter oben (13.3.1) angesprochene Paradox demokratischer Legitimität und Souveränität (Benhabib 2016, S. 198) von besonderer Bedeutung. So das demokratische Paradox (Bürgerrechte beruhen auf Menschenrechten, werden aber nur einer exklusiven Wir-Gruppe zugesprochen) unter Bedingungen transnationaler Migration besonders klar in Erscheinung tritt, können wir unter Bedingungen der nationalstaatlich verfassten Demokratie davon ausgehen, dass die Ausblendung des sich im Paradox zwischen Menschen- und Bürgerrechten zeigenden Demokratiedefizits der Demokratie (Mecheril 2020) ein verbreitetes Phänomen ist. Da, wo gesellschaftliche Demokratiedefizite und damit verbunden die Demokratiedefizite, die die Routinen der jeweiligen Organisation bestimmen und prägen, nicht ausgeblendet werden, entstehen Räume der Selbstreflexion.

Reflexionsblockaden können auf der individuellen, aber auch auf der organisationalen Ebene dazu führen, dass die Verhinderung der Auseinandersetzung mit durch natio-ethno-kulturellen Zugehörigkeiten vermittelten Routinen (der Ungleichbehandlung) selbst dann noch möglich ist, wenn ein kritisches Selbstverständnis eingenommen wird, das zwar beispielsweise die Kritik der Praxis „rassistischer Anderer" leidenschaftlich verfolgt, zu der kritischen Reflexion der eigenen Praxis aber nur in Ansätzen imstande ist. Denn, so wäre die These hier: solange gesamtgesellschaftlich und dominanzkulturell wirksame „Blockaden" unreflektiert bleiben, bleiben auch beispielsweise rassistisch grundierte Deutungspraktiken unerkannt, da sie durch die Blockade förmlich „geschützt" werden.

Vor diesem Hintergrund werden demnach subjektive Reflexionsblockaden und auch solche, die organisationales Handeln prägen, als Folge gesellschaftlicher Reflexivitätsdefizite verständlich, die dazu führen, dass die Selektivität des eigenen Wissens und seine Herrschaftsförmigkeit, der eingeschränkte Rückgriff auf professionell-normative Grundorientierungen sowie die strukturell bedingte Mutlosigkeit des eigenen Tuns unangetastet bleiben. Dies unterstreicht die große Bedeutung von (kollektiver) Reflexion der (gesellschaftlich vermittelten) organisationalen und individuellen Reflexionsblockaden.

In dem fortlaufenden Reflexionsprozess sind Perspektivwechsel und das Erkennen der eigenen Perspektivgebundenheit grundlegend bedeutsam. Um

Reflexionsblockaden zu thematisieren, kann professionelle Reflexion[12] und Reflexivität aus unserer Perspektive als kollektive Praxis gelingen, in der die jeweiligen professionellen Seh- und Deutungsgewohnheiten im Rahmen einer intersubjektiven Praxis in den Blick geraten und dadurch in Bezug auf Stärken und Schwächen, Möglichkeiten und Einschränkungen, die sich mit den Seh- und Deutungsgewohnheiten verbinden, ausgelotet werden. In kollektiver Kollaboration können Reflexivitätsdefizite erkundet und thematisiert werden, um auf diese Weise die Möglichkeit zu eröffnen sie abzubauen. Mit der Wahrnehmung und Versprachlichung von Reflexivitätsdefiziten, ihrer gesellschaftlichen Vermitteltheit sowie ihren je konkreten Wirkungsbedingungen geht professionelle Reflexion über die Selbstgewissheit hinaus, die das in Routinen des Denkens, Fühlens und Deutens verbleibende Handeln kennzeichnet. Der „bewusstmachende[n] Kritik" (Celikates 2009, S. 173) kommt demnach im professionellen Handeln eine zentrale Rolle zu.

Die kollektive Praxis der Kritik kann in Anlehnung an Celikates als rekonstruktive Kritik verstanden werden, welche als dialogischer Prozess angelegt ist (ebd., S. 182). Professionalisierung findet unter anderem in der dialogisch-kommunikativen Praxis zwischen professionell Handelnden statt, die darauf zielt die Muster und Bedingungen der Deutung kritisch zu rekonstruieren.

Die Praxis der rekonstruktiven Kritik steht hierbei in einem spezifischen Verhältnis zu professionellem Wissen:

1. Die rekonstruktive Kritik gründet auf theoretischem und empirischem Wissen über z. B. gesellschaftliche Differenz- und Dominanzverhältnisse, wobei dieses Wissen im „Wechselspiel von Deutung und Selbstdeutung, praktisch wirksam und nur auf diesem Weg überprüft werden" (ebd., S. 196) kann. Theoretisches und empirisches Wissen etwa über migrationsgesellschaftliche Dominanzverhältnisse (s. Kap. 4) dient zur kritisch-reflexiven Kommunikation zwischen den pädagogischen Professionellen, in der sich das Wissen bewährt, weiterentwickelt und revidiert wird.
2. Da die rekonstruktive Kritik nach den normativen (Hinter-)Gründen einer Praxis fragt und diese befragt, ist auch implizites, verschwiegenes, praktisches, verkörpertes Wissen und damit auch das Gespür dafür, was richtig ist und was falsch, was gerecht ist und was ungerecht, Gegenstand der Kritik (zum Thema des verschwiegenen Wissens vgl. die Beiträge in Kraus et al. 2017).

---

[12] An dieser Stelle beziehen wir uns unter anderem auf Robin Celikates (2009) Überlegungen zu sozialer Praxis als Kritik.

3. Zugleich zielt die rekonstruktive Kritik auf die Generierung von neuem Wissen. Es geht um die Reflexion des eigenen Verhaftetseins in migrationsgesellschaftlich vorherrschende Deutungs- und Empfindungsmustern und ihren ermöglichenden und blockierenden Status für die Kritik, um die Reflexion der Norm-Praxis-Diskrepanz sowie die Entwicklung von hierzu alternativen Perspektiven.

In Bezug auf Organisationen bedeutet dies, dass nur unter der Bedingung, dass die Bedingungen der Möglichkeit von Kritik, kritisierbar werden, Kritik an der eigenen alltäglichen Praxis geübt werden kann. Verstehen wir strukturelle, institutionelle, aber auch individuelle Blockaden als „Abwehrpraktiken" (vgl. Tilch 2021), die der Vermeidung von Kritik und der Bewahrung des Bestehenden dienen, dann ginge es in migrationsgesellschaftlichen Organisationen, die wir hier betrachten, nicht zuletzt um eine kritische Sensibilität für unbewusste (und un/gewollte) Abwehrmechanismen gegenüber Kritik.

Dieses Abwehrverhalten kann dabei auf verschiedenen Ebenen zutage treten:

- auf der individuellen Ebene, als eine Reaktion, mit der das „Gesicht gewahrt" werden soll und damit das persönliche Unbehagen oder die Scham, die dem folgt, einen Fehler begangen zu haben, wichtiger genommen wird, als das professionelle Ethos und die professionelle Haltung (individuelle Mutlosigkeit);
- auf der Ebene der Organisation, die vornehmlich auf den Erhalt eines positiven Selbstverständnisses abhebt, können Praktiken der Rechtfertigung Teil der Abwehr und Zurückweisung von Kritik werden (organisationale Mutlosigkeit).

Die Institutionalisierung von Räumen der Reflexion und rekonstruktiver Kritik zielt mithin darauf ab, einen Kontext zu schaffen, für den die Erwartung konstitutiv ist, gemeinsam zu ergründen wie angemessen die Zurückweisung von Kritik ist und welche Möglichkeiten zur Verfügung stehen, ein reflexiv-kritisches Verhältnis zur eigenen Praxis zu entwickeln und zu stärken. Das bedeutet, dass diese Räume mit einer engagierten Selbstverpflichtung einhergehen, die nicht darauf aus ist, individuell und organisational herausfordernde Krisen(-erfahrungen) zu vermeiden. Krisen sind nach unserem Verständnis notwendiger Teil von Bildungs- und daher auch von Professionalisierungsprozessen, sodass da, wo beständig die Furcht vor der Krise leitend ist, ein Problem für professionelle Reflexion und Professionalität im Allgemeinen entsteht.

Das Maß der Kritik der eigenen Praxis findet sich in den normativen Prinzipien, denen sich die Organisation und auch die Einzelnen verpflichtet haben (einen fortwährenden Beitrag dazu zu leisten, dass das Recht auf Rechte universalisiert wird etc.; s. unsere Ausführungen zur ersten Maxime unter Abschn. 13.3.1). Kritik erkundet insofern das Verhältnis von Norm und Praxis und Differenzen zwischen dem, was sein soll und dem, was die konkrete Praxis kennzeichnet und was aus ihr resultiert. Für die Wahrnehmung der Differenz zwischen Norm und Praxis bedarf es dabei einer besonderen professionellen Sensibilität (Tilch 2020). Diese changiert zwischen Sensibilität für die Verletzbarkeit und Verletztheit Anderer einerseits sowie dem (auf dem Wissen um das eigene Nicht-Wissen sowie dem Wissen um die konstitutive Unbestimmtheit professionellen Handelns gründenden) Bewusstsein darum, „fehlbar" zu sein andererseits.

Professionelles Handeln ist geprägt von Nicht-Wissen, Un-Bestimmtheit und Widerspruchsverhältnissen. Es gilt organisationskulturelle Bedingungen zu etablieren, in deren Rahmen die Unwägbarkeiten professionellen Handelns toleriert werden können, das gleichzeitig aber von der gemeinsamen Ambition getragen wird, zu angemesseneren Verhältnissen, Praktiken und Strukturen beizutragen. Nicht zuletzt unter Bedingungen migrationsgesellschaftlicher Differenz liegt es nahe, organisationskulturelle Bedingungen in der Praxis zu schaffen, die der strukturellen Unmöglichkeit und Fehlbarkeit (Norm-Praxis-Diskrepanzen) beruflichen Handelns nicht sanktionierend oder moralisierend, sondern fehlerfreundlich gegenüberstehen. In fehlerfreundlichen Zusammenhängen wird es möglich, aus nicht intendierten Ereignissen und Abweichungen von Erwartungen ernsthaft zu lernen (Kleiber/Wehner 1988).

Mit Selbstkritik und der kollektiven Kritik können die Differenzen zwischen der menschenrechtlichen Orientierung, der man sich mit Gründen verpflichtet hat, und der eigenen professionellen Praxis thematisch werden. Diese kritischen Praktiken sind dabei verbunden mit einer Rekonstruktion der (gesellschaftlichen und organisationalen) Verhältnisse, die diese Differenz (mit-)hervorgebracht haben.

Im Rahmen von Professionalität stellen die Bedingungen, die die Reflexion der eigenen Deutungs-, Empfindens- und Handlungsroutinen verhindern, den Gegenstand der Auseinandersetzung dar. Kollaborative Zusammenhänge, in denen die Erweiterung von Reflexionsfähigkeit stattfinden kann, sind somit Räume der Professionalisierung.

Sowohl das Sichtbarmachen von Norm-Praxis-Diskrepanzen und Reflexionsblockaden, als auch die kritische Rekonstruktion der normativen Orientierung der professionellen Praxis und die Frage nach ihrer normativen Angemessenheit können zur Stärkung des individuellen und institutionellen, professionellen Wissens und damit auch zu Professionalisierung beitragen. Räume der kritischen Reflexion und rekonstruktiven Kritik produzieren neues Wissen, in und mit dem die Thematisierung und Modifikation eingefahrener, organisationaler Handlungsformen der Mutlosigkeit und Ignoranz ermöglicht werden.

Reflexionsanleitende Fragen
Wie können Organisationen Räume schaffen, in denen:

- die (widersprüchlichen) Bedingungen der eigenen Praxis (z. B. die Norm-Praxis-Diskrepanz),
- die impliziten wie expliziten (alltagsweltlichen, berufsmilieuspezifischen, wissenschaftlichen...) Wissensbestände, die diese Praxis vermitteln,
- die Praktiken der Reflexion und Kritik sowie
- die Einschränkungen, denen sie unterliegen und die gesellschaftlich-historischen Bedingungen, die sie erzeugen,

reflektiert werden (können), sodass:

- Klugheit im Sinne eines Lernens aus den eigenen Erfahrungen und der Thematisierung der diese vermittelnden Mustern und Strukturen so möglich wird,
- dass „das nächste Mal" anders (im Sinne der ersten Leitlinie: sukzessive Annäherung an Gerechtigkeit) gehandelt wird?

13.4 Professionelle Organisationen – Ausblicke

Für eine migrationsgesellschaftliche Öffnung von Organisationen stellt sich abschließend die Frage, wie angemessene organisationale Voraussetzungen geschaffen werden können, die einen kritischen, reflektierten und klugen Umgang innerhalb der widersprüchlichen und unbestimmten Verfasstheit des Feldes organisational ermöglichen, ohne Reflexivität und Klugheit allein den einzelnen Individuen aufzubürden. Wie können strukturelle und kontextuelle Bedingungen geschaffen werden, in denen Organisationen und ihre Mitglieder systematisch aus dem, was sie tun und nicht tun, und den Wissensformen, Ermöglichungs- und

Abwehrstrukturen, die diesem (Nicht-)Tun zugrunde liegen, lernen und einen klugen Umgang damit entwickeln? Wie können „professionelle Organisationen"[13], so möchten wir diesen Typ von Organisation bezeichnen, geschaffen und institutionalisiert werden, die in angemessener Weise auf die komplexen und widersprüchlichen Anforderungen beruflichen Handelns in der Migrationsgesellschaft antworten?

Dieser Frage kann nicht in einem technologisch-teleologischen Sinne nachgegangen werden, da a) Organisationsentwicklungsprozesse immer auch mikropolitisch umkämpft sowie polyvalenten Sinngebungs- und Deutungsprozessen unterliegen[14] und sich b) Professionalität nicht in der Anwendung von Verhaltensregeln, sondern in der komplexen und widersprüchlichen Praxis ereignet (s. Abschn. 13.3.3). Mit Bezug auf diesen Charakter der Vollzughaftigkeit von (professionellen) Organisationen, kann ein allgemeiner Rahmen skizziert werden, in dem Praktiken und Prozesse organisationaler Entwicklung möglich werden können, aber nicht in einer technologisch-teleologischen Weise müssen.

In diesem Sinne und als eine Art Resümee aus dem bisher Ausgeführten stellen unseres Erachtens insbesondere zwei Perspektiven Orientierungspunkte für die Entwicklung professioneller Organisationen dar: a) die Etablierung reflexiver Räume und b) die Einforderung und Ermöglichung professionellen Wissens (um Nicht-Wissen).

Etablierung reflexiver Räume
Angesichts der (migrations-)gesellschaftlichen Widerspruchsstruktur geht es bei der Institutionalisierung von professionellen Organisationen, um die Etablierung

---

[13] Wir präferieren gegenüber dem Ausdruck der lernenden Organisation (vgl. etwa Dollhausen/Nuissl von Rein 2007; Sattelberger 1991; Schratz/Steiner-Löffler 1998 etc.) den der professionellen Organisation, um deutlich zu machen, dass neben der reflexiven Akkumulation von Wissen und Erfahrungen auch soziale Verantwortung und die Verpflichtung auf das normative Moment, einen Beitrag zur Stärkung gerechterer Verhältnisse (vgl. Abschn. 13.3.1) zu leisten, Kennzeichen der von uns anvisierten Organisationen sind.

[14] „Organisationale Entscheidungsprozesse, nicht zuletzt solche, in denen über die Reorganisation der Produktion entschieden wird", so Günther Ortmann, Jörg Sydow und Arnold Windeler (2000b, S. 344) aus einer mikropolitischen und strukturationstheoretischen Perspektive, „werden [...] als politikhaltig, immer kontingent sowie von abteilungsspezifischen und persönlichen Interessen gesteuert begriffen. [...] Die Durchsetzung von Interessen ist beispielsweise darauf angewiesen, daß sich Akteure sensibel auf herrschende Regeln der Bedeutungszuweisung und Sinnkonstitution (über interpretative Schemata) und auf Regeln der Legitimation (über Normen) beziehen."

organisationaler Handlungsbedingungen, die professionelle Reflexivität beispielsweise in Bezug auf das angemessene Verhältnis von Differenzfreundlichkeit und Dekonstruktion (vgl. Abschn. 13.3.2) systematisch ermöglichen.

Um diese Bedingungen zu schaffen, ist es in einem ersten Schritt sinnvoll, die jeweils spezifischen organisationalen Strukturen und Routinen dahingehend zu befragen, inwiefern dauerhaft und systematisch Räume und Maßnahmen verankert werden können, die es allen relevanten Akteur/innen ermöglichen, sich kontinuierlich in ein reflexives Verhältnis zu den vorherrschenden organisationalen Bedingungen, Strukturen und Routinen, sowie Unsichtbarkeiten, Unwegbarkeiten und Scheinhaftigkeiten zu setzen. Nach Manfred Moldaschls (2005, S. 369 ff.) Skizze einer „Institutionellen Reflexivität" können institutionelle Verankerungen von Selbstbeobachtung und -kritik sowie die systematische Berücksichtigung von Fremdbeobachtung zu einer „Schaffung von Rückkopplungskanälen" (ebd., S. 371) beitragen, die Raum für die Praxis der Reflexion ermöglichen. Auf der Ebene der Selbstbeobachtung kann dies nach Moldaschl (ebd., S. 370) bspw. durch die Einrichtung von Controllingabteilungen, die Durchführung von Monitoring oder die Installierung eigener Organisationsentwicklungsteams gelingen[15]. Fremdbeobachtung hingegen könne, so Moldaschl (ebd.), bspw. durch externe Beratung, die Auswertung von Kundenreklamationen oder wechselseitige Hospitationen gewährleistet werden. Diese Instrumente und Maßnahmen zur Institutionalisierung von „Rückkopplungskanälen" können gewiss die Voraussetzungen für eine Reflexion der eigenen organisationalen Praktiken und Routinen schaffen, indem sie diese in gewisser Weise spiegeln. Es erscheint uns aber insbesondere von Bedeutung die Institutionalisierung der Reflexion in Form von reflexiven Räumen in den Vordergrund zu rücken, die nicht bloß auf der Ebene einer Spiegelung organisationaler Praktiken und Routinen verbleibt. Es benötigt vielmehr auch Räume, die zu einer Verstetigung reflexiven Vermögens aller relevanten Akteur/innen beitragen und zugleich auch den Rahmen und die Voraussetzung bieten können, um diese Disponiertheiten selbst immer wieder infrage zu stellen und zu verändern. Insofern macht die Verstetigung des kritisch-reflexiven Vermögens nicht vor sich selbst halt. Kritische Reflexivität muss immer auch rekursiv auf die eigenen Bedingungen zurückgehen. Hierzu bedarf es der Schaffung unterschiedlicher Formen von

---

[15] Die hier angeführten exemplarischen Maßnahmen richten sich insbesondere auf Großunternehmen. Moldaschl (2005, S. 371 f.) verweist deshalb darauf, dass institutionelle Reflexivität immer kontextangemessen sein muss. Ein Kleinunternehmen „mit vier Personen würde man wohl nur in Sendungen mit versteckter Kamera danach befragen, ob e[s] eine Abteilung für Umweltcontrolling hat" (ebd., S. 371).

Reflexionsräumen auf allen Ebenen der Organisation, in denen das Nachdenken über die Norm-Praxis-Diskrepanz (s. o.) in der eigenen alltäglichen Praxis, der allgemeinen Ausrichtung, Zielsetzung und den Veränderungsbedarfen der Organisation, in den Routinen und Effekten der eigenen Tätigkeit etc. mit Regelmäßigkeit und systematisch praktiziert werden kann. Räume, in denen die jeweils relevanten Praktiken im Sinne der oben skizzierten Idee professioneller Reflexivität im Zentrum der Betrachtung stehen, können unseres Erachtens insbesondere ermöglicht werden[16]:

- durch sowohl intern und kollegial stattfindende als auch extern angeleitete regelmäßige Reflexionseinheiten bspw. in Form von Praxiswerkstätten (s. u.) oder Fallarbeit (s. etwa Geier 2016; Kalpaka/Wilkening 1997; Braun et al. 2011),
- durch gemeinsame Fortbildungen (s. Buchteil III),
- durch die Ritualisierung selbstorganisierter Minuten, Stunden, Tage der Betrachtung und Rückschau,
- durch die Verankerung kooperativer, wechselseitiger Formen der kollegialen Fremdbeobachtung beispielsweise im Sinne von kollegialer Hospitation/Reflexion (s. etwa Brenk/Hilding-Kalde 2013; Buhren 2016; Dick et al. 2016),
- vermittels „größerer", die allgemeinen Strukturen, Routinen und Ausrichtungen der Organisation betrachtender, routinemäßig durchgeführter Zusammenkünfte etwa in Form von Zukunftswerkstätten (Jungk/Müllert 1993), Klausuren etc.

Auch wenn es bedeutsam erscheint, die organisationalen Bedingungen und Möglichkeiten zu schaffen, in denen auch individuell über die eigene Praxis nachgedacht werden kann, so geht es bei der Institutionalisierung reflexiver Orte insbesondere um die Schaffung von Räumen und Strukturen, die eine Praxis des *kollektiven* Nachdenkens über spezifische Praktiken und Phänomene möglich machen. Von besonderem Interesse für die Etablierung und Institutionalisierung solcher reflexiven Räume können Ansätze forschenden und kasuistischen Lernens sein, wie sie auch in Ansätzen der qualitativen, interpretativen Sozialforschung, insbesondere in der institutionalisierten Form von „Forschungswerkstätten", praktiziert werden (Dausien 2007). Kollektivität ermöglicht nicht nur den Austausch

---

[16] Zu theoretischen wie anwendungsorientierenden Überlegungen diskriminierungskritischer Reflexion s. etwa auch Czejkowska et al. (2015), Foitzik 2018, Foitzik et al. (2019) sowie Kalpaka/Wilkening (1997).

über unterschiedliche Deutungsweisen, das ergänzende, modifizierende und korrigierende Dekonstruieren und Befragen des zentralen Gegenstandes (ebd.) sowie den reflexiven und gesellschaftlichen Voraussetzungen seiner Perspektivierung, sondern ist auch Voraussetzung für die Veränderung organisationaler Strukturen und Praktiken, die von den Praktiken ihrer Mitglieder getragen werden.

Die Praxiswerkstatt Migrationspädagogik – Beispiel einer reflexiven Praxis
Die Praxiswerkstatt Migrationspädagogik[17] folgt der Idee einer kollaborativen und kooperativen Professionalisierung. In ihr ist es möglich, Fragen des pädagogischen Handelns in der Migrationsgesellschaft aus wissenschaftlichen Praxisperspektiven zu diskutieren und zu reflektieren. Sowohl wissenschaftliche als auch auf praktischem Erfahrungswissen basierende Perspektiven und Deutungen werden als gleichberechtigt verstanden. Dabei findet in diesem Rahmen „Professionalisierung" nicht statt, indem Wissenschaft die Praxis belehrt und auch nicht, indem Praxis wissenschaftliche Zugänge und Wissen belehrt oder abwehrt, sondern vielmehr dadurch, dass in einem Raum in dem gemeinsam Perspektiven auf geteilte Gegenstände, d. h. Praktiken, Einschränkungen oder andere Phänomene, aus verschiedenen Perspektiven betrachtet, Verhältnisse transformiert und so neues Wissen gewonnen und Bildungsprozesse ermöglicht werden.

Die Praxiswerkstatt wendet sich an Personen, die in universitärer oder außeruniversitärer Praxis mit migrationspädagogischen Themen und Problemen befasst und interessiert sind, diese Themen in einem Zusammenhang zu reflektieren, der begrifflich-theoretische und handlungsbezogen-praktische Dimensionen aufweist. Die Praxiswerkstatt wird hierbei von drei grundlegenden Annahmen strukturiert:

1. dass (migrations-)pädagogisches Handeln gekennzeichnet ist von Widersprüchen, Spannungsverhältnissen, Dilemmata und auch Paradoxien (z. B. das Spannungsverhältnis zwischen der Anerkennung von minoritären Identitäten und der unangemessen Festlegung auf diese Identitäten).
2. dass Spannungsverhältnisse nicht einfach durch Rezepte „richtigen professionellen Handelns" aufgelöst werden können.
3. dass es sinnvoll und produktiv ist, über die z. T. widersprüchliche Struktur des Handlungsfeldes und Möglichkeiten und Unmöglichkeiten professionellen Handelns zu sprechen; insbesondere dann,

wenn das Gespräch zu einer Begründung und vielleicht sogar „(Selbst)Aufklärung" professionellen Handelns beiträgt.

Reflexionen dieser Art finden in der regelmäßig stattfindenden Praxiswerkstatt statt (monatlich einmal über einen Zeitraum von 3–4 h). Die Gespräche können und sollen sich hierbei auf konkrete Erfahrungen und Episoden ebenso beziehen wie auf Handlungskonzepte und institutionelle Routinen sowie auf abstraktere Fragen (etwa nach der Legitimität (migrations)pädagogischen Handelns unter politischen Bedingungen von Assimilationsgeboten). Im Rahmen der Praxiswerkstatt Migrationspädagogik werden Fallarbeit und Fallreflexionen auf theoretische Reflexionen bezogen und umgekehrt. Abstraktere Reflexion und konkrete Analyse ergänzen sich wechselseitig. Ein Schwerpunkt der Arbeitsweise liegt hierbei auf einem fallanalytischen Vorgehen, das thematisch gebunden ist. Dabei verständigt sich die Praxiswerkstatt zu Beginn eines Halbjahres auf Themen, die für alle Beteiligten relevant sind (etwa: Wie können Geflüchtete unterstützt werden, ohne sie auf einen Opferstatus festzulegen? Wie sieht eine Deutschförderung aus, die die lebensweltliche Situation der Lernenden ernst nimmt? Wie gehen wir mit Gewalt von migrantischen Jugendlichen in unserer Einrichtung um, ohne diese Jugendlichen zu stigmatisieren? Wie können an rassistische Traditionen anschließende Deutungsmuster thematisiert werden, ohne dass diese Thematisierung als moralischer Angriff erlebt wird? etc.). Es wird vereinbart, wer zu welchem Thema wann aus ihrem/seinem Praxiszusammenhang ein Fallbeispiel einbringen kann, dass das Thema konkret macht. In der jeweiligen Sitzung der Praxiswerkstatt wird das vereinbarte Thema entlang von ein bis zwei Fallbeispielen bearbeitet. Die Bearbeitung der Praxiserfahrungen und -beispiele erfolgt nach einem bestimmten Schema (zum Beispiel das folgende):

1. Rollen klären: Fallerzähler/in, Moderation, evtl. Protokollant/in, aktive Kommentator/innen, Beobachtend.
2. Darstellung des Falls: Fallerzähler/in stellt Sachverhalt vor (Moderation stellt Rückfragen: Was macht den Fall zu einem Fall?).
3. Fallerzähler/in stellt Auftrag/Frage an die Gruppe: bspw. Resonanz, Spiegelung, Klärung einer komplexen Sachlage, Ideensammlung für weiteres Vorgehen, Analyse: *What the hell is going on here?* bzw. Was ist überhaupt die zu stellende Frage?

4. Kommentator/innen stellen Nachfragen zum Fallverständnis (eine Art Auftragsklärung).
5. Kommentator/innen verständigen sich, versuchen dem Auftrag nachzukommen (wenden sich hierbei nicht an Fallerzähler/in).
6. Fallerzähler/in gibt Rückmeldung.
7. Beobachter/innen kommentieren, machen Anmerkungen, formulieren Fragen.
8. Abschluss: Fallerzähler/in sagt, was interessant war (Rückbezug auf Auftrag).

Neben der Fallarbeit (Prinzip: Auseinandersetzung mit einzelnen Erfahrungen, Episoden etc., sodass über diese Auseinandersetzung allgemeine Zusammenhänge und Orientierungsmöglichkeiten sichtbar werden) dient die Praxiswerkstatt auch als Raum des Austauschs über die eigene Situation sowie als Raum des Austauschs über kulturelle, politische, mediale, rechtliche Ereignisse und Entwicklungen (parlamentarische Präsenz der AfD; Europäisches Fluchtregime...), die die eigene Arbeit und das Selbstverständnis betreffen. Schließlich können in die Praxiswerkstatt auch gelegentlich externe Impulse eingebracht werden, etwa dann, wenn die Praxiswerkstatt sich auf die gemeinsame Lektüre und Diskussion von Literatur (zu etwa diskriminierungskritischer Pädagogik oder Jugend und Klassenverhältnisse) verständigt oder Referent/innen aus der Wissenschaft oder pädagogischen Praxis einlädt.

Einforderung und Ermöglichung professionellen Wissens (um Nicht-Wissen)
Durch die für die pädagogische Praxis kennzeichnende Undurchschaubarkeit und Widersprüchlichkeit von thematisch werdenden Situationen und durch die Mehrdeutigkeit von Anliegen, Problemlagen und möglichen Wegen der Bearbeitung ist ein Modell, das professionelles Handeln als technisch-mechanische Übersetzung von Wissen in Handeln konzipiert, nicht wirklich überzeugend. Da keine allgemeinen Regeln für die Übersetzung abstrakten Wissens auf lebensweltliche Situationen zur Verfügung stehen, *bleibt stets ein Rest,* der nicht Wissen ist und nicht Wissen werden kann und dessen Verhältnis zum Wissen unklar ist

---

[17] Seit 2013 an der Carl von Ossietzky Universität Oldenburg, seit 2020 auch an der Universität Bielefeld in Kooperation mit dem Kommunalen Integrationszentrum Bielefeld (durch die Pandemie ab März 2020 bis zum Zeitpunkt des Erscheinen dieses Buches auf Eis gelegt).

(Wimmer 1996, S. 425). Dieser „Rest" bezeichnet eine Unsicherheit professionellen Handelns, die nicht überwindbar ist. Sie stellt vielmehr eine konstitutive Dimension professionellen Handelns dar. Der „Rest" bezeichnet eine Unsicherheit professionellen Handelns, die nicht schlicht überwindbar ist. Die Aus- und Abblendung des „Wissens um das Nicht-Wissen und Nicht-Wissen-Können aber führt gerade zu einer nochmaligen Steigerung der Ungewissheit in der Etablierung von Scheingewissheiten" (Helsper 2002, S. 81). Die Institutionalisierung von Reflexivität bedarf deshalb der systematischen Verankerung der Anerkennung von Nicht-Wissen und Nicht-Wissen-Können, von Kontingenz, Ungewissheit und Ambivalenz. Um einen Umgang mit der strukturellen Ungewissheit zu finden, schlägt Manfred Moldaschl (2005, S. 18) die Institutionalisierung „strategischer Optionalisierung" vor, die zusätzlich zur Notwendigkeit der *„Akzentuierung von Nichtwissen"* den *„Entwurf alternativer Gegenwarten und Zukünfte"* (ebd.), also das systematische Nachdenken und Entwickeln hypothetischer Handlungsalternativen, ermöglichen kann[18].

Erst die Anerkennung des Rests, die Anerkennung von Nicht-Wissen ermöglicht eine Bezugnahme auf das pädagogische Gegenüber, die es nicht von vornherein in den Kategorien der bezugnehmenden Person darstellt. Erst das Ineinandergreifen von Wissen und Nicht-Wissen ergibt einen geeigneten Ausgangs- und Endpunkt professionellen Handelns. Reflexive Professionalität problematisiert das eigene Wissen, nicht zuletzt auch wegen der Machtförmigkeit des professionellen Wissens. „Wissende" definieren die soziale Wirklichkeit der Betroffenen und erkennen diese mit Konzepten wie „Kulturkonflikt", „mangelnde Integrationsbereitschaft", „untergeordnete Rolle der muslimischen Frau" oder „kulturelle Anpassungsschwierigkeiten". Die Berücksichtigung von Nicht-Wissen fordert zur Reflexion des je spezifischen Verhältnisses von Erkenntnis, Handlung und Macht auf. Nicht-Wissen bedeutet hierbei nicht „kein" Wissen zu haben; es reduziert soziale Praxis keineswegs auf Intuition, indem es epistemische Einsichten als Deutungshilfen für die berufliche Praxis prinzipiell verwirft. Nicht-Wissen ermöglicht vielmehr jene Art von Wissen, die auch ein Wissen um die Grenzen des Wissens umfassen, seiner Anwendbarkeit und seiner Eingebundenheit in Verhältnisse der Macht und Dominanz.

---

[18] „Verfahren, die dergleichen institutionalisieren, also auf Dauer stellen und von den Dispositionen einzelner Personen lösen, sind u. a. folgende: systematische *Aufgaben-, Funktions-, Abteilungs- und Betriebswechsel* von Organisationsmitgliedern, ebenso *parallele Entwicklerteams*. Hinzuzählen können wir auch *Kreativitätstechniken* (etwa Rollenspiele wie die Sechs-Hüte-Methode de Bonos). Im Grunde sind auch das *Dezentrierungsregeln* [...]." (Moldaschl 2005, S. 18)

Literatur

Agamben, G. (2001). Ohne Bürgerrechte bleibt nur das nackte Leben. *Jungle World, 27*, Interview mit Beppe Caccia. Zugriff am 26.05.2021 unter https://jungle.world/artikel/2001/27/ohne-buergerrechte-bleibt-nur-das-nackte-leben

Altrichter, H. (2004). Die mikropolitische Perspektive im Studium schulischer Organisationen. In W. Böttcher & E. Terhart (Hrsg.), *Organisationstheorie in pädagogischen Feldern. Analyse und Gestaltung* (S. 85–102). Wiesbaden: VS.

Altrichter, H., & Posch, P. (Hrsg.) (1996). *Mikropolitik der Schulentwicklung. Förderliche und hemmende Bedingungen für Innvoationen in der Schule.* Innsbruck/Wien: Studien Verlag.

Arendt, H. (1955). *Elemente und Ursprünge totaler Herrschaft.* Frankfurt a.M.: Europäische Verlagsanstalt.

Auernheimer, G. (2008). Einleitung. In G. Auernheimer (Hrsg.), *Interkulturelle Kompetenz und pädagogische Professionalität* (S. 7–11). 2. Aufl., Wiesbaden: VS.

Balibar, E., & Wallerstein, I. (Hrsg.). (1991). *Race, Nation, Class. Ambiguous Identities.* London/New York: Verso.

Battaglia, S. (2007). Die Repräsentation des Anderen im Alltagsgespräch: Akte der natio-ethno-kulturellen *Belangung* in Kontexten prekärer Zugehörigkeiten. In A. Broden & P. Mecheril (Hrsg.), *Re-Präsentationen. Dynamiken der Migrationsgesellschaft* (S. 181–202). Düsseldorf: IDA-NRW.

Benhabib, S. (2016). *Kosmopolitismus ohne Illusionen: Menschenrechte in unruhigen Zeiten*, Berlin: Suhrkamp.

Bielefeldt, H. (2008). Menschenrechtlicher Universalismus ohne eurozentristische Verkürzung. Zugriff am 26.05.2021 unter https://www.kas.de/c/document_library/get_file?uuid=8afeca0e-0c44-c894-b05e-01acc153bded&groupId=252038.

Billmann, L., & Held, J. (2013). Einführung. Solidarität, Kollektives Handeln und Widerstand. In L. Billmann & J. Held (Hrsg.), *Solidarität in der Krise. Gesellschaftliche, soziale und individuelle Voraussetzungen solidarischer Praxis* (S. 13–29). Wiesbaden: Springer VS.

Braun, A., Graßhoff, G., & Schweppe, C. (2011). *Sozialpädagogische Fallarbeit.* München/Basel: Erst Reinhardt.

Breitkopf, T., & Schweitzer, H. (2000). Was kann interkulturelle Kompetenz in kommunaler Verwaltung und Gemeinwesenarbeit bewirken? Das Beispiel der Stadt Essen. *Kommunaler Workshop „Interkulturelle Kompetenz in Kommunalverwaltung und Gemeinwesenarbeit", 30*, 25–60.

Brenk, M., & Hidding-Kalde, C. (Hrsg.) (2013). *Gemeinsam über Unterricht und Schule nachdenken. Reflexives Lernen und kollegiale Hospitation.* Berlin: Cornelsen Scriptor.

Brunkhorst, H. (1997). *Solidarität unter Fremden.* Frankfurt a.M.: Fischer.

Brunkhorst, H. (2003). *Solidarität von der Bürgerfreundschaft zur globalen Rechtsgenossenschaft.* Frankfurt a.M.: Suhrkamp.

Buhren, C. G. (2016). *Kollegiale Reflexion. Wege, Methoden und Erfahrungen zur Unterichtshospitation.* München: Oldenbourg.

Castro Varela, M. d. M., & Dhawan, N. (2014). Human Rights and its Discontents. Postkoloniale Intervention in die Menschenrechtspolitik. In J. König & S. Seichter (Hrsg.),

Menschenrechte. Demokratie. Geschichte. Transdisziplinäre Herausforderungen an die Pädagogik (S. 145–162). Weinheim/Basel: Beltz Juventa.

Castro Varela, M. d. M., & Dhawan, N. (2015). Postkoloniale Theorie. Eine kritische Einführung. 2. Aufl., Bielefeld: transcript.

Celikates, R. (2009). Kritik als soziale Praxis. Gesellschaftliche Selbstverständigung und kritische Theorie. Frankfurt a.M.: Campus.

Çiçek, A. (2020). Vom Unbehagen an der Zugehörigkeit. Eine migrationspädagogische Derridalektüre. Opladen u. a.: Budrich.

Czejkowska, A., Ortner, R., & Thuswald, M. (Hrsg.) (2015). Facing Differences. Materialien für differenzsensible Vermittlung in pädagogischer Aus- und Weiterbildung. Wien: Löcker.

Dausien, B. (2007). Reflexivität, Vertrauen, Professionalität. Was Studierende in einer gemeinsamen Praxis qualitativer Forschung lernen können. Forum Qualitative Sozialforschung, 8(1), 1–8.

Demirović, A., & Bojadžijev, M. (Hrsg.) (2002). Konjunkturen des Rassismus. Münster: Westfälisches Dampfboot.

Derrida, J. (2016). Marx' Gespenster. Der Staat der Schuld, die Trauerarbeit und die neue Internationale. 5. Aufl., Frankfurt a.M.: Suhrkamp.

Dick, M., Neubauer-Herzig, C., & Klemke, J. (2016). Wechselseitige kollegiale Visitation. In M. Dick, W. Marotzki & H. Mieg (Hrsg.), Handbuch Professionsentwicklung (S. 321–330). Bad Heilbrunn: Julius Klinkhardt.

DiMaggio, P. J., & Powell, W. W. (2009). Das „stahlharte Gehäuse" neu betrachtet: Institutionelle Isomorphie und kollektive Rationalität in organisationalen Feldern. In S. Koch & M. Schemmann (Hrsg.), Neo-Institutionalismus in der Erziehungswissenschaft. Grundlegende Texte und empirische Studien (S. 57–84). Wiesbaden: VS.

Dirim, İ, & Mecheril, P. (2018). Heterogenitätsdiskurse – Einführung in eine machtkritische und kulturwissenschaftliche Perspektive. In İ, Dirim & P. Mecheril (Hrsg.), Heterogenität, Sprache(n) und Bildung. Eine differenz- und diskriminierungstheoretische Einführung (S. 19–26). Bad Heilbrunn: Julius Klinkhardt.

Dollhausen, K., & Nuissl von Rein, E. (Hrsg.) (2007). Bildungseinrichtungen als „lernende Organisationen"? Befunde aus der Weiterbildung. Wiesbaden: Deutscher Universitäts-Verlag.

Ebert, J. (2018). Menschenrechtsbildung und Demokratiepädagogik als Voraussetzung für eine Kritische Soziale Arbeit mit Flüchtlingen. In S. A. Rohloff, M. Martínez Calero & D. Lange (Hrsg.), Soziale Arbeit und Politische Bildung in der Migrationsgesellschaft (S. 93–103). Wiesbaden: Springer VS.

Epstein, D. (2000). Kulturen des Klassenzimmers in der Veränderung – Themen und Fragestellungen. In T. Quehl (Hrsg.), Schule ist keine Insel. Britische Perspektiven antirassistischer Pädagogik (S. 49–71). Münster: Waxmann.

Eppenstein, T., & Kiesel, D. (2008). Soziale Arbeit interkulturell. Theorien – Spannungsfelder – reflexive Praxis. Stuttgart: W. Kohlhammer.

Eule, T. G., Borelli, L. M., Lindberg, A., & Wyss, A. (2020). Hinter der Grenze, vor dem Gesetz. Eine Ethnografie des europäischen Migrationsregime. Hamburg: Hamburger Edition.

Fereidooni, K., & El, M. (Hrsg.) (2016). Rassismuskritik und Widerstandsformen. Wiesbaden: Springer VS.

Foitzik, A. (2018). Erfahrungen mit Rassismus im pädagogischen Alltag. Eine Einführung zum Thema Rassismus für Fachkräfte in Jugendhilfe und Schule. Zugriff am 26.05.2021 unter http://thema-jugend.de/fileadmin/redakteure/THEMA_JUGEND_KOMPAKT/TJK_Rassismus.pdf

Foitzik, A., Holland-Cunz, M., & Riecke, C. (2019). *Praxisbuch Diskriminierungskritische Schule*. Weinheim/Basel: Beltz.

Forschungsgruppe Staatsprojekt Europa (Hrsg.) (2014). *Kämpfe um Migrationspolitik. Theorie, Methode und Analysen kritischer Europaforschung*. Bielefeld: transcript.

Forst, R. (2009). Der Grund der Kritik. Zum Begriff der Menschenwürde in sozialen Rechtfertigungsordnungen. In R. Jaeggi & T. Wesche (Hrsg.), *Was ist Kritik?* (S. 150–164). Frankfurt a.M.: Suhrkamp.

Friese, H. (2014). *Grenzen der Gastfreundschaft. Die Bootsflüchtlinge von Lampedusa und die europäische Frage*. Bielefeld: transcript.

Friese, H. (2017). *Flüchtlinge: Opfer – Bedrohung – Helden. Zur politischen Imagination des Fremden*. Bielefeld: transcript.

Gaitanides, S. (2004). Interkulturelle Öffnung in der Sozialen Arbeit. In B. Rommelspacher (Hrsg.), *Die offene Stadt. Interkulturalität und Pluralität in Verwaltung und sozialen Diensten. Tagungsdokumentation* (S. 4–18). Berlin: ASF Berlin.

Geier, T (2011). *Interkultureller Unterricht. Inszenierung der Einheit des Differenten*. Wiesbaden: Springer VS.

Geier, T. (2016). Reflexivität und Fallarbeit. In A. Doğmuş, Y. Karakaşoğlu & P. Mecheril (Hrsg.), *Pädagogisches Können in der Migrationsgesellschaft* (S. 179–199). Wiesbaden: Springer VS.

Gottuck, S. (2019). Macht – Sehen – Differenzen (be-)deuten. Cultural Studies als Analyseperspektive im Kontext pädagogischer Professionalisierung. In S. Gottuck, I. Grünheid, P. Mecheril & J. Wolter (Hrsg.), *Sehen lernen und verlernen: Perspektiven pädagogischer Professionalisierung* (S. 95–126). Wiesbaden: Springer VS.

Gottuck, S., & Mecheril, P. (2014). Einer Praxis einen Sinn zu verleihen, heißt sie zu kontextualisieren. Methodologie kulturwissenschaftlicher Bildungsforschung. In F. von Rosenberg & A. Geimer (Hrsg.), *Bildung unter Bedingungen kultureller Pluralität* (S. 87–108). Wiesbaden: Springer VS.

Gottuck, S., Grünheid, I., Mecheril, P., & Wolter, J. (2019). Sehen (ver)lernen. Einführende Anmerkungen. In S. Gottuck, I. Grünheid, P. Mecheril & J. Wolter (Hrsg.), *Sehen lernen und verlernen: Perspektiven pädagogischer Professionalisierung* (S. 1–21). Wiesbaden: Springer VS.

Göhlich, M. (2008). Schulentwicklung als Machbarkeitsvision. Eine Re-Vision im Horizont professioneller Ungewissheit. In W. Helsper, S. Busse, M. Hummrich & R. T. Kramer (Hrsg.), *Pädagogische Professionalität in Organisationen. Neue Verhältnisbestimmungen am Beispiel der Schule* (S. 263–275). Wiesbaden: Springer VS.

Göhlich, M. (2010). Interkulturelle Öffnung und interkulturelle Kompetenz. Kultursensible Organisations- und Personalentwicklung als pädagogische Aufgabe. *Erwägung Wissen Ethik, 21*(2), 163–166.

Göhlich, M., Weber, S., & Engel, N. (Hrsg.) (2012). *Organisation und kulturelle Differenz. Diversity, interkulturelle Öffnung, Internationalisierung*. Wiesbaden: Springer VS.

Griese, C., & Marburger, H. (2012). *Interkulturelle Öffnung. Ein Lehrbuch*. München: Oldenbourg.

Grönheim, H. v. (2018). Menschenrechte und soziale Gerechtigkeit als Leitmotive Sozialer Arbeit im Kontext rassistischer Asyldiskurse. In S. A. Rohloff, M. Martínez Calero & D. Lange (Hrsg.), *Soziale Arbeit und Politische Bildung in der Migrationsgesellschaft* (S. 25–38). Wiesbaden: Springer VS.

Hall, S. (1994). Some "Politically Incorrect" Pathways Through PC. In S. Dunant (Hrsg.), *The War of the Words. The Political Correctness Debate* (S. 164–184). London: Virago Press.

Handschuck, S., & Schröer, H. (2000). Interkulturelle Öffnung sozialer Dienste. Ein Strategievorschlag. *Migration und soziale Arbeit, 3*(4), 86–95.

Heimeshoff, L.-M., Hess, S., Kron, S., Schwenken, H., & Trzeciak, M. (Hrsg.) (2014). *Grenzregime II. Migration – Kontrolle – Wissen. Transnationale Perspektiven.* Berlin: Assoziation A.

Heinemann, A. M. B. (2018). Institutionelle Öffnung und Migrationsgesellschaft – einige rahmende Anmerkungen. In A. M. B.Heinemann, M. Stoffels & S. Wachter (Hrsg.), *Erwachsenenbildung für die Migrationsgesellschaft. Institutionelle Öffnung als diskriminierungskritische Organisationsentwicklung* (S. 11–39). Bielefeld: wbv Media.

Heinemann, A. M. B., Stoffels, M., & Wachter, S. (Hrsg.) (2018). *Erwachsenenbildung für die Migrationsgesellschaft. Institutionelle Öffnung als diskriminierungskritische Organisationsentwicklung.* Bielefeld: wbv Media.

Helsper, W. (1996). Antinomien des Lehrerhandelns in modernisierten pädagogischen Kulturen: Paradoxe Verwendungsweisen von Autonomie und Selbstverantwortlichkeit. In A. Combe & W. Helsper (Hrsg.), *Pädagogische Professionalität. Untersuchungen zum Typus pädagogischen Handelns* (S. 521–570). Frankfurt a.M.: Suhrkamp.

Helsper, W. (2002). Wissen, Können, Nicht-Wissen-Können: Wissensformen des Lehrers und Konsequenzen für die Lehrerbildung. In G. Breidenstein, W. Helsper & C. Kötters-König (Hrsg.), *Die Lehrerbildung der Zukunft – eine Streitschrift* (S. 67–86). Opladen: Leske + Budrich.

Helsper, W. (2006). Pädagogisches Handeln in den Antinomien der Moderne. In H.-H. Krüger & W. Helsper (Hrsg.), *Einführung in Grundbegriffe und Grundfragen der Erziehungswissenschaft* (S. 15–34). 7. Aufl., Opladen/Farmington Hills: Barbara Budrich.

Helsper, W. (2008). Ungewissheit und pädagogische Professionalität. In Bielefelder Arbeitsgruppe 8 (Hrsg.), *Soziale Arbeit in Gesellschaft* (S. 162–168). Wiesbaden: Springer VS.

Hinz-Rommel, W. (1994). *Interkulturelle Kompetenz. Ein neues Anforderungsprofil für die soziale Arbeit.* Münster u. a.: Waxmann.

Hondrich, K. O., & Koch-Arzberger, C. (1992). *Solidarität in der modernen Gesellschaft.* Frankfurt a.M.: Fischer.

Honneth, A. (1994). *Kampf um Anerkennung. Zur moralischen Grammatik sozialer Konflikte.* Frankfurt a.M.: Suhrkamp.

Hormel, U., & Scherr, A. (2004). Menschenrechtsbildung im Kontext einer einwanderungsgesellschaftlichen Programmatik. In U. Hormel & A. Scherr (Hrsg.), *Bildung für die Einwanderungsgesellschaft: Perspektiven der Auseinandersetzung mit struktureller, institutioneller und interaktioneller Diskriminierung* (S. 131–201). Wiesbaden: VS.

Jungk, R., & Müllert, N. R. (1993). *Zukunftswerkstätten. Mit Phantasie gegen Routine und Resignation.* 3. Aufl., München: Heyne.

Kalpaka, A., & Mecheril, P. (2010). »Interkulturell«. Von spezifisch kulturalistischen Ansätzen zu allgemein reflexiven Perspektiven. In P. Mecheril, M. d. M. Castro Varela, İ. Dirim, A. Kalpaka & C. Melter, *Bachelor | Master: Migrationspädagogik* (S. 77–98). Weinheim/Basel: Beltz.

Kalpaka, A., & Wilkening, C (1997). *Multikulturelle Lerngruppen veränderte Anforderungen an das pädagogische Handeln. Ein Seminarkonzept.* Lübeck: Hiba.

Karakayali, S. (2014). Solidarität mit den Anderen. Gesellschaft und Regime der Alterität. In A. Broden & P. Mecheril (Hrsg.), *Solidarität in der Migrationsgesellschaft. Befragungen einer normativen Grundlage.* (S. 111–126). Bielefeld: transcript.

Kiesel, D. (1996). *Das Dilemma der Differenz. Zur Kritik des Kulturalismus in der Interkulturellen Pädagogik.* Frankfurt a.M.: Cooperative-Verl.

Kieser, A., & Ebers, M. (Hrsg.) (2014). *Organisationstheorien.* 7. Aufl., Stuttgart: W. Kohlhammer.

Klafki, W. (2007). *Neue Studien zur Bildungstheorie und Didaktik. Zeitgemäße Allgemeinbildung und kritisch-konstruktive Didaktik.* 6. Aufl., Weinheim/Basel: Beltz.

Kleiber, D., & Wehner, T. (1988). Fehlerfreundlichkeit: ein Plädoyer zur Vitalisierung nicht intendierter Ereignisse (Handlungsfehler, therapeutische Mißerfolge u. a.). In D. Kleiber & A. Kuhr (Hrsg.), *Handlungsfehler und Mißerfolge in der Psychotherapie* (S. 18–33). Tübingen: DGVT.

Krais, B., & Gebauer, G. (2014). *Habitus. Einsichten.* Bielefeld: transcript.

Kraus, J. (2007). *Der UNO-Querulatn aus Costa Rica. Kommentar zum Bericht des UNO-Beauftragten Vernor Muñoz.* Zugriff am 26.05.2021 unter https://web.archive.org/web/20070722182458/ http://www.lehrerverband.de/querul.htm

Kraus, A., Budde, J., Hietzge, M., & Wulf, C. (Hrsg.) (2017). *Handbuch Schweigendes Wissen: Erziehung, Bildung, Sozialisation und Lernen* (S. 235–245). Weinheim: Beltz.

Kreide, R. (2014). Menschenrechte und Kritik. Zur Verteidigung einer politischen Menschenrechtskonzeption. In J. König & S. Seichter (Hrsg.), *Menschenrechte. Demokratie. Geschichte. Transdisziplinäre Herausforderungen an die Pädagogik* (S. 50–75). Weinheim/Basel: Beltz Juventa.

Marchart, O. (2010). *Die Politische Differenz. Zum Denken des Politischen bei Nancy, Lefort, Badiou, Laclau und Agamben.* Berlin: Suhrkamp.

Margalit, A. (1997). *Politik der Würde über Achtung und Verachtung.* 2. Aufl., Berlin: A. Fest.

Marvakis, A. (2013). Zur Dialektik des neuen Faschismus (nicht nur) in Griechenland – oder: „Der Mensch lebt nicht vom Brot allein, besonders wenn er keines hat". In L. Billmann & J. Held (Hrsg.), Solidarität in der Krise. Gesellschaftliche, soziale und individuelle Voraussetzungen solidarischer Praxis (S. 281–296). Wiesbaden: Springer VS.

Mayer, C.-H., & Vanderheiden, E. (2014). Grundlagentexte: Begriffe und Konzepte im Kontext interkultureller Öffnung. In E. Vanderheiden & C.-H. Mayer (Hrsg.), *Handbuch Interkulturelle Öffnung. Grundlagen, Best Practice, Tools* (S. 27–65). Göttingen: Vandenhoeck & Ruprecht.

Mecheril, P. (1995). Rassismuserfahrungen von Anderen Deutschen. Einige Überlegungen (auch) im Hinblick auf Möglichkeiten der psychotherapeutischen Auseinandersetzung. In I. Attia, M. Basqué, U. Kornfeld, G. Magiriba Lwanga, B. Rommelspacher, P. Teimoori, S. Vogelmann & U. Wachendorfer (Hrsg.), *Multikulturelle Gesellschaft – monokulturelle Psychologie? Antisemitismus und Rassismus in der psychosozialen Arbeit* (S. 99–111). Tübingen: DGVT.

Mecheril, P. (2004). *Einführung in die Migrationspädagogik*. Weinheim/Basel: Beltz.
Mecheril, P. (2014). Postkommunitäre Solidarität als Motiv kritischer (Migrations-) Forschung. In A. Broden & P. Mecheril (Hrsg.), *Solidarität in der Migrationsgesellschaft. Befragungen einer normativen Grundlage*. (S. 73–92). Bielefeld: transcript.
Mecheril, P. (2016). Migrationspädagogik – ein Projekt. In P. Mecheril (Hrsg.), *Handbuch Migrationspädagogik* (S. 8–30). Weinheim/Basel: Beltz.
Mecheril, P. (2018). Ordnung, Krise, Schließung. Anmerkungen zum Begriff Migrationsregime aus zugehörigkeitstheoretischer Perspektive. In A. Pott, C. Rass & F. Wolff (Hrsg.), *Was ist ein Migrationsregime? What is a Migration Regime? Migrationsgesellschaften* (S. 313–330). Wiesbaden: Springer VS.
Mecheril, P. (2020). Gibt es ein transnationales Selbstbestimmungsrecht? Bewegungsethische Erkundungen. In I. v. Ackeren, H. Bremer, F. Kessl, H.-C. Koller, N. Pfaff, C. Rotter, E. D. Klein & U. Salaschek (Hrsg.), *Bewegungen. Beiträge zum 26. Kongress der Deutschen Gesellschaft für Erziehungswissenschaft* (S. 101–117). Opladen: Barbara Budrich.
Mecheril, P., & Hoffarth, B. (2011). Ironie. Erkundung eines vergnüglichen Bildungsereignisses. In A. Aßmann & J. O. Krüger (Hrsg.), *Ironie in der Pädagogik. Theoretische und empirische Studien zur pädagogischen Bedeutsamkeit der Ironie* (S. 25–48). Weinheim/München: Juventa.
Mecheril, P., Scherschel, K. & Schrödter, M. (2003). „Ich möchte halt von dir wissen, wie es ist, du zu sein". Die Wiederholung der alienierenden Zuschreibung durch qualitative Forschung. In T. Badawia, F. Hamburger & M. Hummrich (Hrsg.), *Wider die Ethnisierung einer Generation. Beiträge zur qualitativen Migrationsforschung* (S. 93–110). Frankfurt a.M.: IKO-Verlag.
Mecheril, P., & Thomas-Olalde, O. (2018). Religion oder die Identifikation der Anderen. In İ, Dirim & P. Mecheril, *Heterogenität, Sprache(n) und Bildung. Eine differenz- und diskriminierungstheoretische Einführung* (S. 179–196). Bad Heilbrunn: Julius Klinkhardt.
Moldaschl, M. (2005). Institutionelle Reflexivität. Zur Analyse von „Change" im Bermuda-Dreieck von Modernisierungs-, Organisations- und Interventionstheorie. In M. Faust, M. Funder & M. Moldaschl (Hrsg.), *Die „Organisation" der Arbeit* (S. 355–382). München/Mering: Rainer Hampp.
Nothdurft, W. (2007). Anerkennung. In J. Straub, A. Weidemann & D. Wiedemann (Hrsg.), *Handbuch interkulturelle Kommunikation und Kompetenz. Grundbegriffe – Theorien – Anwendungsfelder* (S. 110–121). Stuttgart/Weimar: J.B. Metzler.
Nußberger, A. (2016). *Globale Menschenrechte und Solidarität. Öffentlicher Abendvortrag von Professor Dr. Dr. h.c. Angelika Nußberger, Richterin am Europäischen Gerichtshof für Menschenrechte*. Zugriff am 26.05.2021 unter https://www.schader-stiftung.de/fileadmin/content/Vortrag_Prof_Nussberger_Globale_Menschenrechte_und_Solidaritaet_03.pdf
Oelkers, J. (1982). Intention und Wirkung: Vorüberlegungen zu einer Theorie pädagogischen Handelns. In N. Luhmann & K. E. Schorr (Hrsg.), *Zwischen Technologie und Selbstreferenz. Fragen an die Pädagogik* (S. 139–185). Frankfurt a.M.: Suhrkamp.
Ortmann, G., Sydow, J., & Türk, K. (2000a). Organisation, Strukturation, Gesellschaft. Die Rückkehr der Gesellschaft in die Organisationstheorie. In G. Ortmann, J. Sydow & K. Türk (Hrsg.), *Theorien der Organisation. Die Rückkehr der Gesellschaft* (S. 15–34). 2. Aufl., Wiesbaden: Westdeutscher Verlag.

Ortmann, G., Sydow, J., & Windeler, A. (2000b). Organisation als reflexive Strukturation. In G. Ortmann, J. Sydow & K. Türk (Hrsg.), *Theorien der Organisation. Die Rückkehr der Gesellschaft* (S. 315–354). 2. Aufl., Wiesbaden: Westdeutscher Verlag.

Prasad, N. (2018). Statt einer Einführung: Menschenrechtsbasierte, professionelle und rassismuskritische Soziale Arbeit mit Geflüchteten, In N. Prasad (Hrsg.), Soziale Arbeit mit Geflüchteten. Rassismuskritisch, professionell, menschenrechtsorientiert (S. 9–32). Opladen & Toronto: Verlag Barbara Budrich.

Prasad, N. (2017). *Soziale Arbeit als Menschenrechtsprofession im Kontext von Flucht*, In J. Gebrande, C. Melter, S. Bliemetsrieder (Hrsg.), *Kritisch ambitionierte Soziale Arbeit. Intersektional praxeologische Perspektiven* (S. 349–368). Weinheim Basel: Beltz Juventa.

Prinz, S. (2014). Dispositive des Sichtbaren. Was die Dinge zu sehen geben. In M. Löw (Hrsg.), *Vielfalt und Zusammenhalt. Verhandlungen des 36. Kongresses der Deutschen Gesellschaft für Soziologie in Bochum und Dortmund 2012* (S. 1–12). Frankfurt a.M.: Campus.

Prinz, S. (2019). Das Tableau der „weißen Welt". In S. Gottuck, I. Grünheid, P. Mecheril & J. Wolter (Hrsg.), *Sehen lernen und verlernen. Perspektiven pädagogischer Professionalisierung* (S. 45–70). Wiesbaden: Springer VS.

Rorty, R. (1992). *Kontingenz, Ironie und Solidarität*. Frankfurt a.M.: Suhrkamp.

Roth, R. (2007). Jenseits der Menschenrechte? Der „Krieg gegen den Terror" als Herausforderung für Menschenrechts-NGOs. In A. Klein & S. Roth (Hrsg.), *NGOs im Spannungsfeld von Krisenprävention und Sicherheitspolitik* (S. 47–68). Wiesbaden: VS.

Roth, H.-J. (2018). Interkulturelle Bildung als allgemeine Aufgabe von Bildung. In I. Gogolin, V. B. Georgi, M. Krüger-Potratz, D. Lengyel & U. Sandfuchs (Hrsg.), *Handbuch Interkulturelle Pädagogik* (S. 239–242). Bad Heilbrunn: Julius Klinkhardt.

Sattelberger, Th. (1991). *Die lernende Organisation. Konzepte für eine neue Qualität der Unternehmensentwicklung*. Wiesbaden: Gabler.

Scherr, A. (2013). Solidarität im postmodernen Kapitalismus. In L. Billmann & J. Held (Hrsg.), *Solidarität in der Krise. Gesellschaftliche, soziale und individuelle Voraussetzungen solidarischer Praxis* (S. 263–270). Wiesbaden: Springer VS.

Scherr, A., El-Mafaalani, A., & Yüksel, G. (Hrsg.) (2017). Handbuch Diskriminierung. Wiesbaden: Springer VS.

Scherschel, K. (2016). Asyl und Flucht zwischen nationalstaatlicher Kontrolle und Menschenrechten – Perspektiven für eine kritische Soziale Arbeit. In Fakultät Angewandte Sozial- und Gesundheitswissenschaften & Forum Sozialwissenschaften (Hrsg.), *Kritische Soziale Arbeit im globalen Kontext. Dokumentation einer Fachtagung an der OTH Regensburg* (S. 28–37).

Schimank, U. (2007). Die Governance-Perspektive: Analytisches Potential und anstehende konzeptionelle Fragen In H. Altrichter, T. Brüsemeister & J. Wissinger (Hrsg.), *Educational Governance – Handlungskoordination und Steuerung im Bildungssystem* (S. 231–260). Wiesbaden VS.

Schirilla, N. (2010). Migration und Menschenrechte in der Einwanderungsgesellschaft. In W. Schwendemann & T. Oeftering (Hrsg.), *Menschenrechtsbildung und Erinnerungslernen. Eine Ringvorlesung zur Menschenrechtspädagogik im Sommersemester 2010* (S. 125–137). Berlin: Lit Verlag.

Schirilla, N. (2016). *Migration und Flucht. Orientierungswissen für die Soziale Arbeit*, Stuttgart: W. Kohlhammer.

Schratz, M., & Steiner-Löffler, U. (1998). *Die lernende Schule. Arbeitsbuch pädagogische Schulentwicklung.* Weinheim/Basel: Beltz.

Schröer, H. (2007). *Interkulturelle Orientierung und Öffnung: Ein neues Paradigma für die Soziale Arbeit.* Zugriff am 26.05.2021 unter http://www.i-iqm.de/dokus/Interkulturelle_Orientierung%20_oeffnung.pdf

Schulz, R. (2019). Zur Phänomenologie des Sehens. In S. Gottuck, I. Grünheid, P. Mecheril & J. Wolter (Hrsg.), *Sehen lernen und verlernen: Perspektiven pädagogischer Professionalisierung* (S. 25–44). Wiesbaden: Springer VS.

Seichter, S. (2011). Pädagogisches Ethos. In J. Kade, W. Helsper, C. Lüders, B. Egloff, F.-O- Radtke & W. Thole (Hrsg.), *Pädagogisches Wissen. Erziehungswissenschaft in Grundbegriffen* (S. 191–198). Stuttgart: W. Kohlhammer.

Shure, S. (2021). *De_Thematisierung migrationsgesellschaftlicher Ordnungen. Lehramtsstudium als Ort der Bedeutungsproduktion.* Weinheim/Basel: Beltz Juventa.

Teo, T. (1995). Rassismus: Eine psychologisch relevante Begriffsanalyse. *Journal für Psychologie, 3*(3) 24–32.

Tilch, A. (2020). „Wie wäre es eine rassismuskritische Haltung einzunehmen?" In S. Bücken, N. Streicher, A. Velho & P. Mecheril (Hrsg.), *Migrationsgesellschaftliche Diskriminierungsverhältnisse als Gegenstand und strukturierende Größe in Bildungssettings* (S. 167–182). Wiesbaden: Springer VS.

Tilch, A. (2021). Abwehr im Kampf um Zugehörigkeit(-sordnungen) und ihre Beziehung zum migrationsgesellschaftlichen Unbewussten – Eine psychoanalytische Suchbewegung nach einem rassismuskritischen Abwehrbegriff. In M.-A. Boger & B. Rauh (Hrsg.), *Geschlecht, Migration und (Post-)Kolonialität in der Psychoanalytischen Pädagogik.* Opladen: Barbara Budrich, S. 97–110.

Tugendhat, E. (2006). *Egozentrizität und Mystik. Eine Anthropologische Studie.* München: C.H. Beck.

Türk, K., Lemke, T., & Bruch, M. (2006). *Organisation in der modernen Gesellschaft. Eine historische Einführung.* 2. Aufl., Wiesbaden: VS.

UN. (2011). Erklärung der Vereinten Nationen über Menschenrechtsbildung und -ausbildung [Resolution 66/137]. Zugriff am 31.05.2021 unter https://www.un.org/depts/german/gv-66/band1/ar66137.pdf

Vanderheiden, E., & Mayer, C.-H. (Hrsg.) (2014), *Handbuch Interkulturelle Öffnung. Grundlagen, Best Practice, Tools.* Göttingen: Vandenhoeck & Ruprecht.

Wildt, A. (1995). Solidarität. In J. Ritter & K. Gründer (Hrsg.), Historisches Wörterbuch der Philosophie. Bd. 9 (S. 1003–1015). Basel: Schwabe.

Wimmer, M. (1996). Zerfall des Allgemeinen – Wiederkehr des Singulären. Pädagogische Professionalität und der Wert des Wissens. In A. Combe & W. Helsper (Hrsg.), *Pädagogische Professionalität. Untersuchungen zum Typus pädagogischen Handelns* (S. 404–447). Frankfurt a.M.: Suhrkamp.

Zoll, R. (2000). *Was ist Solidarität heute?* 2. Aufl., Frankfurt a.M.: Suhrkamp.

Prof. Dr. Paul Mecheril, Universität Bielefeld, Professur für Erziehungswissenschaft mit dem Schwerpunkt Migration, AG 10 Migrationspädagogik und Rassismuskritik, Email: paul.mecheril@uni-bielefeld.de

Matthias Rangger, Universität Bielefeld, Fakultät für Erziehungswissenschaft, Wissenschaftlicher Mitarbeiter in der AG 10 Migrationspädagogik und Rassismuskritik, Email: matthias.rangger@uni-bielefeld.de

Andreas Tilch, Carl von Ossietzky Universität Oldenburg, Institut für Pädagogik, Wissenschaftlicher Mitarbeiter im Arbeitsbereich Pädagogik und Didaktik der Elementar- und Primarbildung im Projekt „Professionalisierung für die Migrationsgesellschaft" (ProMig), Email: andreas.tilch@uol.de

Teil V
Perspektiven migrationspädagogischer Professionalisierung

Das Anliegen der diesem Band zugrundeliegenden Fortbildungsreihe bestand darin (vgl. Kap. 2), die Teilnehmer/innen mit grundlegenden theoretischen Perspektiven auf das Thema „Professionelles Handeln in Organisationen der Migrationsgesellschaft" bekanntzumachen. Diese können allgemein als differenz- und machttheoretische Perspektiven bezeichnet werden. Des Weiteren ging es darum, die Teilnehmer/innen in eine spezifische reflexive Praxis einzuführen.

In einem weiten Sinne orientierten sich die modular strukturierten Workshopangebote der Fortbildungsreihe (s. Kap. 2) an dem migrationspädagogischen Ansatz (s. Kap. 1). In dem fünften und abschließenden Teil des Buches finden sich nun Texte von Kolleg/innen, die eines oder mehrere Module/Workshops durchgeführt haben. Die Texte geben die Perspektiven wieder, die in den Workshops leitend waren und vermitteln das Panorama der durchaus aufeinander bezogenen thematischen Schwerpunkte der Fortbildung.

Arzu Çiçek und Saphira Shure (Kap. 14) verdeutlichen in ihren Ausführungen zu „Theorie-Praxis-Verwobenheit", dass Professionalität in der Migrationsgesellschaft auch auf einer kritischen Auseinandersetzung mit Diskriminierungserfahrungen gründet, wobei diese Auseinandersetzung als theoretisierende Bewegung verstanden wird.

İnci Dirim und Birgit Springsits (Kap. 15) thematisieren migrationsgesellschaftliche Sprachenverhältnisse mit Blick auf Anforderungen für pädagogische Professionelle. Im Mittelpunkt des Beitrags steht die kritische Auseinandersetzung mit dem unterschiedlichen symbolischen Wert von Sprachen sowie den damit verknüpften Über- und Unterordnungen.

Der Beitrag von Rudolf Leiprecht und Charlotte Triebus (Kap. 16) verweist – sowohl grundlegend als auch mit Bezug auf konkrete Methoden – auf das intersektionale Verhältnis unterschiedlicher Differenzlinien sowie die Notwendigkeit, im Rahmen von Professionalisierungsprozessen, eigene Positioniertheiten zu reflektieren.

Gegenstand des Beitrags von Zülfukar Çetin (Kap. 17) sind gesamtgesellschaftlich vorherrschende Diskurse, in denen als christlich-westlich verstandene Lebensweisen als Norm aufgerufen und als solche bestätigt werden. Der Beitrag geht auf historische Dimensionen sowie gegenwärtige Formen des Antimuslimischen Rassismus ein.

Halil Can (Kap. 18) erläutert in seinem Beitrag das Konzept des Empowersharings (das sich terminologisch aus Empowerment und Powersharing zusammensetzt), eine machtkritisch reflektierende, (bildungs-)politische Handlungsstrategie, mit der Ungleichheits- und Diskriminierungsverhältnisse reflektiert und Möglichkeiten ihrer Überwindung sondiert werden.

Theorie-Praxis-Verwobenheit. *Eine* Perspektive auf (pädagogische) Professionalität in der Migrationsgesellschaft

Arzu Çiçek und Saphira Shure

14.1 Einleitung

Um eine produktive Annäherung an das Thema (pädagogischer) Professionalität in der Migrationsgesellschaft und die damit verbundene Idee der „Verwobenheit" zu ermöglichen, erscheint es aus unserer Sicht relevant, unsere(n) Ausgangspunkt(e) zu erläutern beziehungsweise einen Einblick in die Vorgedanken zu den nachfolgenden Ausführungen zu geben. Denn in diesem Text geht es uns darum, eine differenzierte Perspektive auf das Feld „Migration und Bildung" zu ermöglichen, ohne – so hoffen wir – die Unüberschaubarkeit des Feldes zu einer Grundlage für Handlungs*un*fähigkeit werden zu lassen. Wir möchten die Komplexität der migrationsgesellschaftlichen Verhältnisse andeuten, diskutieren und dabei besonders die Idee (pädagogischer) Professionalität in den Blick nehmen. Es geht uns in diesem Zusammenhang darum, eine Idee von Professionalität in der Migrationsgesellschaft zu bekräftigen, in deren Rahmen ein Bewusstsein für die Bedeutung der kritischen Auseinandersetzung mit der Konstituierung von Diskriminierungserfahrungen entwickelt und gestärkt wird. Für diese Auseinandersetzung bedarf es, dies ist ein Grundgedanke unserer Ausführungen, theoretisierender Bewegungen und Beweglichkeiten.

A. Çiçek
Bergische Universität Wuppertal, Wuppertal, Deutschland
E-Mail: arzu.cicek@posteo.de

S. Shure (✉)
Universität Bielefeld, Bielefeld, Deutschland
E-Mail: saphira.shure@uni-bielefeld.de

In dem vorliegenden Text wird es also um zweierlei *nicht* gehen: Erstens wird es hier nicht um Schüler/innen, beziehungsweise die Menschen „mit Hintergrund" gehen, denn die in öffentlichen Diskursen prominente (und einseitige) Fokussierung von Schüer/innen „mit Hintergrund" (und deren familiären Kontexten) stellt keine angemessene Fokussierung dar, um die Herausforderungen in den Bildungsinstitutionen und anderen pädagogischen Handlungsfeldern anzugehen [hierzu etwa Paul Mecherils (2012) Kommentar zum Bremer Bildungsbericht]. Diese Fokussierung blendet nämlich die zentrale Bedeutung der institutionellen und strukturellen Bedingungen im „Feld" „Migration und Bildung" aus. Zweitens, und dieser Hinweis erscheint uns besonders wichtig: Es wird hier nicht um „Rezepte" gehen. In pädagogischen Handlungsfeldern, wie etwa der Schule, sind oftmals praktische Handreichungen gefragt. Solche Handreichungen (wir nennen sie Rezepte) erwecken – im Hinblick auf stets erneuerte Richtlinien, Erlasse, Lehrpläne und vorhandenen Handlungszwang – den Eindruck, die pädagogische Arbeit zu vereinfachen. Wir sind Rezepten gegenüber immer erst einmal skeptisch, weil sie zum einen die Singularität der einzelnen „Fälle" unsichtbar machen können und sie zum anderen eine Vereinfachung der Dinge vornehmen, die jenen einzelnen „Fällen" und der Komplexität sozialer Zusammenhänge nicht angemessen begegnen und daher für professionelles (pädagogisches) Handeln keine wirklich gute Empfehlung beziehungsweise sogar kontraproduktiv sein können, eben weil sie die verführerische Vereinfachung – unter dem Deckmantel der Handlungssicherheit – unterstützen.

Stattdessen möchten wir im Folgenden *zwei Dinge* tun: Zum einen erscheint es uns sinnvoll, einige exemplarische Markierungen in Bezug auf das „Theorie-Praxis-Verhältnis" im Bereich oder Handlungsrahmen der Pädagogik zu machen. Dies soll verdeutlichen, wie wir als Autorinnen die Relevanz des vorliegenden Textes und unserer Blickrichtung, aber auch die Grenzen beider Aspekte (also von Text und Blick) verstehen. Zusätzlich, so hoffen wir, wird in den Ausführungen zu „Theorie" und „Praxis" bereits ein Spielraum für professionelles Handeln in einem durch symbolische und institutionelle Praxen regulierten sozialen Geschehen eröffnet.

Zum anderen möchten wir einen *Kreuzungspunkt* andeuten, der in diesem durch Praxen verengten sozialen Geschehen ein differenziertes Nachdenken über das „Feld" „Migration und Bildung" sowie das Entdecken unserer eigenen (professionellen) Denk- und Handlungspotenziale zulässt. Wir werden in diesem Zusammenhang für die Beschäftigung mit Diskriminierungserfahrungen eine dekonstruktive Lesart vorführen, welche die Bedingungen der Möglichkeit von Diskriminierungserfahrungen aufzuzeigen sucht.

14.2 Zum Verhältnis von „Theorie" und „Praxis" in pädagogischen Feldern

Wichtig erscheint uns zunächst, unsere eigene Perspektive kurz zu erläutern, also zu Beginn eine kurze Auseinandersetzung mit der Frage zu führen: Wer spricht beziehungsweise schreibt hier eigentlich aus welcher Perspektive über Professionalität oder professionelles Handeln im Kontext von „Migration und Bildung"?

Wir würden unsere Perspektive als eine theoretisierende verstehen, die mithilfe der „migrationspädagogischen Brille" auf „formelle und informelle Bildungskontexte" blickt (Mecheril u. a. 2010). Vereinfacht, zugespitzt oder plakativ formuliert geht es in diesem Text um einen Blick aus der „Perspektive der Theorie" auf das Handlungsfeld und die Praxis der bzw. in Institutionen – also um einen Blick aus der „Theorie" auf die „Praxis". „Vereinfacht, zugespitzt oder plakativ" ist diese Art der Darstellung, weil wir nicht festmachen können, was eigentlich genau mit „Theorie" gemeint ist und was im Gegensatz dazu „Praxis" bedeutet. Nicht nur das Verhältnis zwischen „Theorie" und „Praxis" ist dementsprechend ungeklärt oder erkundungsbedürftig, sondern es ist ebenso unklar, ob diese Bereiche sich eigentlich derartig scharf voneinander trennen lassen. So gibt es eine Vielzahl von Annäherungen an dieses Verhältnis sowie wahrscheinlich unzählige Empfehlungen wie „Theorie-" und „Praxis-Formen" unterschieden werden können (etwa Meyer-Drawe 1984; Schmied-Kowarzik 2008; Liebsch 2006; Heid 2004; Cramer 2014).

Wir zeichnen im Rahmen dieses Textes eine Annäherung an die Verwobenheit von Theorie und Praxis, die auf der Idee aufbaut, dass professionelles (pädagogisches) Handeln theoretischer Auseinandersetzungen bedarf – dies ist vielleicht einzufassen im Rahmen eines Verständnisses, in dem „Theorien meist als wissenschaftliche […] Aussagesysteme und Praxis als Tun bzw. konkretes situatives Handeln verstanden" wird (Patry zit. n. Cramer 2014, S. 345). Käte Meyer-Drawe greift in der Beschäftigung mit dem Verhältnis von „Theorie" und „Praxis" auf die Unterscheidung zwischen „Reflexion und Vollzug" zurück (Meyer-Drawe 1984, S. 254). Diese Unterscheidung ermöglicht es, auch die Theorie also in Meyer-Drawes Worten die „Reflexion" als Praxis zu begreifen und nicht den Eindruck zu stärken, die Seite der Theorie (so es diese gibt) würde wie reglos oder festgelegt dastehen und sich nicht ebenfalls ereignen und verändern. Unsere Ausführungen könnten in diesem Sinne verstanden werden als eine Beschäftigung mit der Bedeutung von (kritischer) Reflexion für „(pädagogische) Professionalität in der Migrationsgesellschaft" und damit für den konkreten (als pädagogisch verstandenen) „Handlungsvollzug".

Interessant ist, dass obgleich die Unbestimmbarkeit von „Theorie" und „Praxis" den diskursiven Raum um pädagogische Professionalität und insbesondere um Lehrer/innenhandeln erfüllt (etwa Böhme, Carmer & Bressler 2018), die Idee des so genannten „Theorie-Praxis-Problems" (Meyer-Drawe 1984, S. 249) eine lange wissenschaftliche und pädagogische Tradition hat. Käte Meyer-Drawe hat das Verhältnis von Theorie und Praxis als ein „Grundproblem der Philosophie" bezeichnet (ebd., S. 249). So hat es innerhalb dieser Trennung von Theorie und Praxis „vielfältige Grenzüberschreitungen und gegenseitige Diffamierungen" (ebd., S. 249) gegeben, ganz so als gäbe es diejenigen auf der Seite der reinen Theorie und die anderen auf der Seite der reinen Praxis. Häufig unterliegen theoretische Ausführungen sogar dem Verdacht, „der Praxis das Modell zugrunde zu legen, das man zu ihrer Erklärung erst konstruieren muß" (Bourdieu 1993, S. 148). Die „Theorie" wird in dieser Perspektive fast zu einer unliebsamen Gegnerin der „Praxis", die weniger zu reflektiertem Handeln als zu unnötigen zusätzlichen Anstrengungen beiträgt – was übrig bleibt, ist also vor allem die Konstruktion und Stärkung der Gegensätzlichkeit von Theorie und Praxis.

Bleiben wir zunächst bei dieser Gegensätzlichkeit. So identifiziert auch Pierre Bourdieu diese Gegensätzlichkeit durchaus überzeugend in und durch den Faktor der Zeit:

> „Die Praxis rollt in der Zeit ab und weist alle entsprechenden Merkmale auf, wie z. B. die Unumkehrbarkeit, die durch Synchronisierung beseitigt wird; ihre zeitliche Struktur, d. h. ihr Rhythmus, ihr Tempo und vor allem ihre Richtung, ist für sie sinnbildend: wie bei der Musik nimmt jede Manipulierung dieser Struktur, und sei es bloß eine Veränderung der Tempi in Richtung Allegro oder Andante, eine Entstrukturierung an ihr vor, die nicht auf den Effekt einer simplen Änderung der Bezugsachse zurückgeführt werden kann." (Bourdieu 1993, S. 149).

Mit Bezug auf die Zeitdimension arbeitet Bourdieu einen bedeutsamen Konflikt zwischen Theorie und Praxis heraus: Denn „[f]ür den Analytiker ist die Zeit aufgehoben: […] weil er immer erst analysiert, wenn alles schon vorbei ist, und daher nicht im Ungewissen über das mögliche Geschehen sein kann […], weil er die Zeit hat zu totalisieren, d. h. Zeiteffekte zu überwinden" (ebd., S. 149). In dem Moment der „Not des Praktikers" (Meyer-Drawe 1984, S. 255), erscheint die „Theorie" als verzichtbarer Luxus (ebd., S. 250). So bleibt „die Auffassung, dass man sich Theorie leisten können muß, […] bemerkenswertes Merkmal für das spannungsreiche Verhältnis von Theorie und Praxis" (ebd., S. 252).

Deutlich wird Bourdieus und auch Meyer-Drawes Unterscheidung in der Betrachtung eines Spiels oder besser anhand der Betrachtung der Position *auf* dem Feld im Gegensatz zu der Position *am Rande* des Feldes: Auf dem Feld – sei es beim Fußball, Volleyball oder anderen Sportarten – scheinen viele Fragen nicht bedeutsam zu sein, die beispielsweise für theoretische, Bourdieu verwendet hier den Begriff „analytische" (Bourdieu 1993, S. 149), Untersuchungen des Spiels durchaus bedeutsam sein können. Auf dem Spielfeld ist das zeitlich eingebundene „auf der Stelle" besonders präsent, denn auf der Stelle wird gehandelt oder soll beziehungsweise muss gehandelt werden (ebd., S. 150). Das Spiel erfordert von den Spielenden ein Handeln „unter Bedingungen, unter denen Distanzgewinne, Zurücklehnen, Überschauen, Abwarten, Gelassenheit" (ebd.) ausgeschlossen *zu sein scheinen.* Für das wissenschaftliche Tun oder die Theoretisierung hingegen sind Distanznahme und die Idee des Überschauens konstitutive Merkmale. Es geht um eine möglichst genaue sowie detaillierte Betrachtung der Praxis und um bedeutsame Fragen an diese Praxis. „Die Theorie" – und damit verbleiben wir in einer zugespitzten Betrachtung – befindet sich also *neben* dem Feld und diese Position unterscheidet sich dem Anschein nach maßgeblich von der Position *auf* dem Feld. „Es genügt, sich wie ein nüchterner Beobachter außerhalb des Spiels zu stellen, Abstand vom erstrebten Spielergebnis zu gewinnen, und schon verschwindet die Dringlichkeit, Apelle, Bedrohung, vorgeschriebene Spielzüge, aus denen sich reale, d. h. real bewohnte Welt zusammensetzt" (ebd., S. 150) – „der konkret Handelnde ist nicht Zuschauer eines Schauspiels" (Meyer-Drawe 1984, S. 253), sondern mitten im Schauspiel.

Inwieweit das *Neben* und das *Auf-dem-Feld-Sein* letztlich auch miteinander verwoben ist und damit einander beeinflusst – was also das Tun der Beobachter/in, das immer schon auch ein ordnendes ist, mit den Spieler/innen und dem Spiel macht, und was das Spiel und die Spieler/innen, die sich immer schon auch in Ordnungen bewegen, mit der Beobachter/in machen, gerät in einem solchen Setting aus dem Blick, wie auch die Frage, ob die Trennung von Theorie und Praxis von der Erfahrung her überhaupt gerechtfertigt ist. Deutlich wird: In dieser Spiel- und Feld-Metapher kommt die Theorie auf den ersten Blick wie ein eher verzichtbarer Luxus daher: „Theorie wird dann zum verzichtbaren Luxus, wenn die Situation auf Entscheidungen drängt und die Handelnden meinen, auf kritisches Unterscheiden verzichten zu müssen" (Meyer-Drawe 1984, S. 252).

Wenn wir an dieser Stelle jedoch die Idee einer „professionellen Praxis" ins Spiel bringen, die auf einer „reflexiven Grundlage stehen will" (Cramer 2014, S. 345) und die aufgrund ihrer kritischen Abstandnahme von symbolisch regulierten und institutionalisierten Praxen wie auch von „Alltagspraxis" abgegrenzt ist, würden wir gerade die Bedeutung des „kritischen Unterscheidens" und die Möglichkeit von Distanzgewinnen, Zurücklehnen, Überschauen, Abwarten, Gelassenheit usw. als wichtige Merkmale einer solchen professionellen Praxis ansehen. Es geht also um eine Praxis, die inmitten dessen, was sich ereignet, einen Abstand braucht. Wenn dieses Abstandnehmen in oder auf dem Feld der Praxis ausgeschlossen zu sein scheint, wie kann dann reflektiertes, professionelles Handeln im oder auf diesem Feld gedacht werden oder sogar etwa im Sinne eines angemessenen Handelns „gelingen"? Vielleicht müssen wir das Verhältnis von Theorie und Praxis unter geringfügigen Veränderungen des bereits skizzierten Verständnisses ein wenig anders konturieren, um hier neue Perspektiven zu eröffnen. Dazu werden wir im Rahmen dieses Textes auf das Thema Diskriminierungserfahrungen zu sprechen kommen, das im Hinblick auf pädagogische Professionalität in der Migrationsgesellschaft von grundlegender Bedeutung ist (siehe etwa Dirim & Mecheril 2018; Fereidooni 2016; Çiçek 2020).

14.3 Zur theoriegeleiteten Informiertheit auf dem Feld (pädagogischer) Professionalität

Die zur Bestimmung von „Theorie" und „Praxis" bislang gezeichneten Bilder oder Beispiele, die auf, nennen wir es mal, ein *Spielparadigma* und ein *Theaterparadigma* verweisen, reichen nicht aus, wenn im Kontext des Nachdenkens über (pädagogische) Professionalität Diskriminierungserfahrungen als bedeutsame Erfahrungen verstanden werden sollen.

Erfahrung verweist auf Singularität. Der Ort und der Zusammenhang, wo etwas erfahren wird, hat seine Koordinaten stets *hier* und *jetzt,* und Erfahrung ist als solche, dies bringt die Bezeichnung „Perspektive" in einer ihrer Falten, dem Sehen, Betrachten *(lat. specere),* zum Ausdruck, stets unwiederholbar und einzigartig, das heißt das, was am Ort des Geschehens, wo wir sinnvoll von *Erfahrung* sprechen können, geschieht, ist in diesem Sinne ein unwiederholbares Geschehen, in das jeder einzelne Mensch auf eine stets singuläre Weise *involviert* ist. In diesem Sinne er- und durchfahren wir qua Erfahrung die Welt oder, wie wir zuvor erwähnt haben, ein Feld, das bereits vor unserer Ankunft strukturiert ist, ein Feld, das unsere Erfahrung strukturiert und das zugleich aber auch durch unsere Erfahrung, die Gedächtnisspur der bereits hinter uns liegenden Fahrt strukturiert wird.

Mit der Zustimmung zu dieser Beschreibung, die eine nicht-symmetrische Wechselbeziehung von Erfahrung und Welt in Betracht bringt, ist bereits die Hälfte des Ausdrucks Diskriminierungserfahrung erschlossen. *Erfahrung* ist ein relationaler Ausdruck. Er bezeichnet eine Bezugnahme, eine *Beziehung,* in der man sich zu etwas verhält, ein *Verhältnis,* das stets vielfach in sich gefaltet ist. Erfahrungen stehen nicht für sich, sondern sind immer relational, sozusagen im Feld der Präpositionen artikuliert: Wir machen Erfahrung zugleich *von* etwas, *durch* etwas, *für* etwas, vielleicht auch *angesichts* von etwas, *während* etwas, *bezüglich* etwas, *mangels* etwas usw. usf. Erfahrung machen wir, in diesem Sinne betrachtet, also in einer komplexen Faltung der Situation, in welche die oder der Erfahrende im Ganzen von Ereignissen stets – hier und jetzt – *involviert* ist. Wenn Leser/innen etwa an den Worten dieses Textes entlangfahren, sind sie in unsere Erläuterungen *involviert*, worin sie vielleicht auch etwas wie eine *Bestätigung* ihrer bereits vorhandenen Begriffe erfahren – oder einen *unbemerkten* oder *spürbaren Einschnitt* und eine Veränderung der eigenen Perspektive. Wir sehen nicht nur etwas, sondern wir sehen etwas *durch (lat. per)* etwas. Wir sehen etwas *durch* diesen Text, durch das *Gewebe (lat. textura)* an dessen sichtbarer Seite wir entlangfahren, und, um im Bild der Falte zu bleiben, durch die Falten, die wir hier *entfalten,* wie man einen Fächer öffnet, eröffnet sich etwa den Leser/innen, wenn sie dem Gewebe des Textes folgen, ein Blick auf die gefaltete Welt, sozusagen eine Entfaltung der Realität durch sprachliche Figuren.

Die *Entfaltung* dieses Fächers soll im Folgenden *Theorie* heißen. Sie ist also ein Tun *(grch. praxis),* eine Bewegung in einem *bewegbaren Text,* eine darstellende Bewegung, die darauf abzielt einen Ausschnitt der Realität durch die Entfaltung eines Textes zu eröffnen. Die Praxis der Theorie besteht also darin, dass man sich mit der Frage beschäftigt, wie man *etwas,* das von *sich aus* nicht sagt, wie es beschrieben werden kann, oder etwas, das von sich aus nicht in jeder Hinsicht sprachlich ist, *beschreiben* kann. Sie ist eine Bewegung der Schrift, die uns auf diesem Weg, der *Einschreibung* der erfahrbaren Welt in das potenziell unendliche Gewebe allgemeiner Textualität, etwas *Allgemeines sehen* lässt *(grch. theorein).* Auf diesem Weg, der Beschreibung von Erfahrungen, kommt die *Theoria,* eine Spielart der geschriebenen Welt, zu Ihnen und schreibt sich, gleich ob Ihnen dies bewusst war oder auch nicht, von den Tagen Ihrer Kindheit an direkt oder indirekt in Form von „Sinn" und „Bedeutung", „Wahrheit", „Wissen", „Bewusstsein", „Vorstellung" usw. in Ihre Erfahrung ein. Das passiert in gezielter Weise oder aber beiläufig. Denn die lebendige Anschauung ist im Modus der Erfahrung mit der geschriebenen Welt verstrickt, verwoben, verschlungen, verknüpft: „Ich sehe eine Frau. Sie ist eine Migrantin." – Aber kann man eine „Migrantin" sehen? Woher kommen die Fäden, die sich in unserer Erfahrung verweben, die unsere Erfahrung konstituieren?[1]

Was in den Falten von *Perspektive* und *Erfahrung* in Betracht kommt, sind, wie sich angedeutet hat, *heterogene* Verhältnisse, das heißt, wir verhalten uns im Bedeutungsganzen zu etwas, das nie ganz Wort ist, niemals „ein Dies oder

---

[1] Auch der Frage danach, inwiefern wir eine „Frau" sehen, woher also diese Fäden kommen, kann in der hier erläuterten Perspektive nachgegangen werden.

ein Das", etwa „ein Baum", „ein Berg", „eine Migrantin", „ein Flüchtling". Da ist die „materielle Welt", die uns trägt, die wir atmen, essen, trinken, erfahren, die weder mit sich selbst bloß eins, noch durch die Vielfalt, die wir erfahren, in sich zerrissen ist. Sie steht im Zeichen der Bewohnbarkeit. Wir begegnen dort auch anderen Menschen, Menschen, die wie wir, in dem, was sie tun, in das allgemeine Bedeutungsgeschehen *involviert,* oder besser, *verstrickt* sind, verstrickt in ein *grenzenloses Feld beweglicher Textualität,* das sich je nach Konjunktur und Kontext in das, was wir Gedächtnis, Handlung, Erfahrung nennen, einschreibt, ohne dass eins im anderen aufgeht[2]. Die Erfahrung bewegt sich, dies war die erste Falte von „Perspektive", in einem stets einzigartigem Hier und Jetzt, wofür wir *prinzipiell* zumindest empfänglich sind, weil wir in einer konstitutiven Weise von dem, was dort, wo wir uns bewegen, abhängig sind und für das, was dort geschieht, offen sind, sonst könnten wir uns dazu prinzipiell gar nicht verhalten. Konstitutiv sind wir, wie unser Erfahrungs*lernen* zeigt, offen, und zwar in all den Dimensionen, wo wir von *Erfahrung* sprechen können, von Wahrnehmung, aber auch, und damit konstitutiv *verbunden,* von Denken und, um ein paar weitere Gesichtspunkte dieser Offenheit zu nennen, in unserer Handlungsfähigkeit, der Art und Weise wie wir sprechen, was wir zu sagen haben, der Artikulation, das heißt der Gliederung dessen, was wir tun, und vieles mehr, woraufhin *wir uns* in unseren Verstrickungen in die geschriebene Welt *überschreiten.*

Wir hatten auf dieses Überschreiten am Bedeutungsfächer von Präpositionen verwiesen. Wir *erfahren* etwas *durch* etwas, *von* etwas *her, vermittels* etwas, *auf* etwas *hin* usw. In jeder dieser Präpositionen überschreiten wir unsere Fähigkeit, jene Andersheit, jene *Alterität* dessen, was da auf dem Weg unserer Erfahrung zu uns kommt, *restlos* bestimmen zu können auf einen anderen Gesichtspunkt hin. Das heißt alles, was wir erfahren, ist *immer schon* eine Sache der Interpretation,

---

[2] Das Lesbarmachen dieser „Promiskuität", in der sich *Heterogenes* miteinander *verflicht, ohne* dabei, wie uns die Tradition, der Kanon des „klassischen" Textes einzuschreiben sucht, zu *verschmelzen* und *homogen* zu werden (etwa in „Seelenverwandtschaften", „Muttersprachen", „Kulturen" oder auch „Vaterländern" oder „Nationen" usw.), ist die Sache der *Grammatologie* und der frühen Schriften von Jacques Derrida. Das *Singuläre* (Einzigartige) von allem, was es gibt, *verschmilzt nicht* mit *Universellem* (Allgemeinem). Stattdessen irritiert (*lat. reizt, bewegt*) in dem *lebendigen* Text, dem *beweglichen heterogenen Gewebe,* in dem sich eine jede und jeder von uns bewegt, eins das andere, ohne jemals zu verschmelzen: „Daher kann diese Arbeit keine rein ‚theoretische' oder ‚begriffliche' oder ‚diskursive' sein, ich meine, es kann nicht die Arbeit eines gänzlich vom Wesen, vom Sinn, von der Wahrheit, vom Sagen-Wollen, vom Bewusstsein, von der Idealität usw. bestimmten Diskurses sein. Was ich als *Text* bezeichne, ist auch dasjenige, was in ‚der Praxis' die *Grenzen* eines derartigen Diskurses *einzeichnet* und *überschreitet.*" (Derrida 2009, S. 87, Hervorhebung A.C. & S.SH.)

die sich auf der Basis dessen vollzieht, was sich einer Interpret/in an Deutungsmustern in den lebendigen Text, der sie ist, eingeschrieben hat. Was wiederum darauf zurückgeht, in welche Kontexte ihr Text verstrickt ist.

Warum betonen wir diese konstitutive Promiskuität, dieses *Zugleich* von Offenheit und Verstricktsein, so ausführlich? Warum betonen wir die Offenheit nicht nur jeder einzelnen Perspektive, sondern auch die Offenheit des *ganzen grenzenlosen Feldes lebendiger Textualität*? Wir betonen sie deshalb, weil es innerhalb dieses grenzenlosen Feldes mächtige Bestrebungen gibt, die darauf abzielen, die Offenheit der Texturen zu schließen, feste, unveränderliche Grenzen zu etablieren, symbolische Ordnungen einzusetzen, Deutungsmuster zu fixieren, Denk- und Verhaltensweisen zu etablieren, an deren Vorgefasstheit Menschen genau das erfahren, was Diskriminierungserfahrung oder konkreter: Rassismuserfahrung heißt.

14.4 Rassismuserfahrungen – Überlegungen zum Konstruktionsprinzip

Die Konturierung der *lebendigen Erfahrung als ein heterogenes Gewebe* stellt in der geschichtlichen Situation, die unsere ist, eine dringende, ja not-wendige Dekonstruktion der legitimen Gewalt dar, die uns im *begrifflichen Erbe* dessen heimsucht, was Philosophie, Wissenschaft, Recht, Politik, Pädagogik *klassischer* Weise tut. Wir denken dabei nicht in erster Linie an die persönliche Vorteilsnahme ihrer Vertreter/innen, sondern an das, mit dieser Vorteilsnahme verwobene, ideologische Interesse, dass Philosophen wie etwa John Locke, David Hume oder auch Immanuel Kant im Beginn jener als „Aufklärung" bezeichneten Epoche des abendländischen Idealismus, jene Unheimlichkeit rechtfertigen ließ, die wir heute als Sklaverei bezeichnen (Duchrow/Hinkelammert 2005; Mbembe 2017; Dhawan 2016; Castro Varela & Dhawan 2015). Auch haben Philosophen Rassentheorien entwickelt, *die* von Juristen verbrieft wurden, von Wissenschaftlern auch in Praktiken des Vermessens verwendet und von Pädagogen im Zeichen der Kenntnis verbreitet wurden. Philosophie, Jurisdiktion, Wissenschaft oder auch Pädagogik stellten dabei verschiedene *Kontexte* dar, in denen im Anfang der Moderne die „Katalogisierung der Menschheit im Geiste der erwachenden Naturwissenschaften" (Mecheril 2010, S. 159) auf Sendung ging. Als Beispiel für das, was so zuvor nicht, von nun an aber in den kommenden Jahrhunderten in sämtlichen Kontexten des bürgerlichen Lebens auf die immer gleiche Weise in Texten, Reden, Vorträgen, Büchern zu erfahren ist, sei eine Sequenz aus den „Pädagogischen Schriften" des Königsberger Philosophen Immanuel Kant zitiert: „Die Menschheit ist in ihrer größten Vollkommenheit in der Race der Weißen. Die gelben [I*] haben schon ein geringeres Talent. Die [N*] sind weit tiefer, und am tiefsten steht ein Teil der amerikanischen Völkerschaften. […] Die [N*] von Afrika haben von der Natur kein Gefühl, welches über das Läppische stiege." (Kant 1923, S. 316) Diese Wertelehre, die heute ein politisch organisiertes Ordnungs- und Herrschaftssystem darstellt, steht in ihrer historischen Begründung zunächst in einem direkten Zusammenhang mit den kolonialistischen Bestrebungen des europäischen Bürgertums und der Sklaverei. Am deutlichsten wird dieser Zusammenhang am Fall des Vordenkers der modernen bürgerlichen Gesellschaft John Locke. Locke erwirbt, wie etwa auch Voltaire (Poliakov 1983, S. 110), seinen privaten Besitz und Wohlstand seinerzeit durch Optionen im Sklavenhandel (Macpherson 1973, S. 285). Er formuliert zugleich aber auch die bis heute wirksamste und zynischste Rechtfertigung der Sklaverei. Im Kern des Lockeschen Programms steht dabei, dass er das Wesen des Menschen per Definition durch *das Streben nach Eigentum* bestimmt. Aus dieser Bestimmung, die heute das bestimmt, was wir Globalisierung nennen, leitet er, eine Argumentation entwickelnd, unter anderem auch die Rechtfertigung der Sklaverei ab (Duchrow/Hinkelammert 2005, S. 55–96).

Was uns im Folgenden interessiert, ist das Konstruktionsprinzip der Diskriminierung, das uns die *Möglichkeitsbedingung* von Diskriminierungserfahrungen verstehen lässt.

Es ist der *Begriff des Begriffs* der sozusagen den Unterschied zwischen der klassischen Praxis der Unterscheidung und der von uns profilierten Perspektive markiert, die mit der Referenz auf die materielle Welt und das lebendige Leben eine Komplikation in Bezug auf das geltend macht, was wir gewöhnlich als „Wissen" bezeichnen. Der klassische Begriff besteht schlicht in Definitionen in der Sprache. Wir sagen in diesen, was etwas ist. Dies ist aber nur eine Art des Sprechens. Wir sprechen in dieser über etwas. Dies tun wir im Modus des Wissens. In der anderen Art des Sprechens, jene, die „der Klassiker" ausblendet, spricht etwas zu *uns*. Hier sind wir im Modus des Nicht-Wissens: „das nicht einfach Unwissenheit ist, sondern einer Ordnung angehört, die mit der Ordnung des Wissens nichts mehr zu tun hat. Ein Nicht-Wissen, das keinen Mangel darstellt, das nicht einfach Obskurantismus, Ignoranz und Nicht-Wissenschaft ist. Es handelt sich einfach um etwas, das dem Wissen heterogen ist." (Derrida 2003, S. 26) Das Kerngeschäft „klassischer Professionalität" bestand und besteht auch noch heute darin, im Vollzug einer Logik des „Alles oder Nichts", des „Dies oder Das" eine *eindeutige Bestimmung* dessen zu erarbeiten, was als Begriff von etwas *gelten* kann. Dies gilt in derselben Weise im Hinblick auf philosophische Begriffe, wie auf wissenschaftliche Untersuchungen, auf rechtsstaatliche Vorschriften oder auch die Bestimmung von Bildungsinhalten, Bildungszielen, Bildungsinstitutionen usw. Wir hatten auf die Grenze hingewiesen, an der dieser idealistische Begriff von Begriff auf etwas trifft, das ihm *heterogen* ist, das eine andere Art oder Beschaffenheit *bezeugt* als jene unterscheidungslogischen Aussagensysteme, welche auch diesen Text unhintergehbar strukturieren, welche dadurch zustande kommen, dass man bestimmten syntaktischen Regeln folgt, eine simple Logik der Opposition, der Gegenübersetzung sprachlicher Figuren (links/rechts, Mann/Frau, notwendig/zufällig usw.) gebraucht, die für die Binnenstruktur eines jeden Diskurses konstitutiv sind, die das bewegliche Feld allgemeiner Textualität auf die Gegenüberstellung von binären oder graduierbaren semantischen Werten hin ausrichtet, die dann explizit oder auch implizit die Aussage der Rede strukturieren.

Dieser Vorgang des Konstatierens hat seine Legitimität. Das heißt, es geht uns nicht etwa darum einer Konfusion das Wort zu reden, sondern es geht uns darum ein Bewusstsein von der *Kluft,* der *Differenz,* zu bilden, die alles Konstatieren, alles „Wissen über etwas" begleitet: In der Andersheit dieses *Etwas* hat das Wissen nämlich seine Grenze. Der Ordnung des Nicht-Wissens gerecht zu werden und ein Wissen vom Nicht-Wissen-Können auszubilden, hieße, dieses in das eigene *Unterscheidungsvermögen* aufzunehmen. Es hieße, dieses in die Entscheidung hinein zu holen, in der wir etwas *so oder auch anders* betrachten können, in der wir uns zu etwas so oder auch anders zu verhalten vermögen. Die von uns hier angesprochene Professionalität ist also nicht mehr, wie die des Klassikers, eine Frage der Wahrheit und des Rechts, sondern sie stellt eine Frage der Verantwortung und der Gerechtigkeit dar.

Nehmen wir zum Beispiel die Rede von der „deutschen Gesellschaft". Ein in gleichem Maße *voller* wie *leerer* Ausdruck. Man kann ihn, wie jeden sprachlichen Ausdruck in beliebigen Kontexten zitieren. Wenn wir nach dieser „deutschen Gesellschaft" im Internet suchen, finden wir mit den sich dafür anbietenden Suchmaschinen mehr als 3 Mio. Ergebnisse, unter denen wir geschätzt einige tausend *eingetragene* „Deutsche Gesellschaften" finden. Eine „Deutsche Gesellschaft für Schmerzmedizin", eine „Deutsche Gesellschaft für Transportrecht", eine „Deutsche Gesellschaft zur Rettung Schiffbrüchiger" usw.

Die „deutsche Gesellschaft" zirkuliert mehr oder weniger gebunden in zahllosen Variationen im öffentlichen Raum. In politischen, medialen, administrativen, ökonomischen oder auch rechtlichen Diskursen vermag sie unter Interessengesichtspunkten eine immense Wirksamkeit zu entfalten, auch weil die *Struktur* solcher Konstrukte, die in Ausdrücken wie „Gesellschaft", „Verband" oder „Gruppe" artikuliert wird, die Frage der Zugehörigkeit *impliziert*.

Wer oder was gehört dazu? Das heißt, wen oder was wollen wir ausschließen? Auf welche Begriffe, welche Regeln, welche Filter wollen wir uns berufen, wenn wir die Frage beantworten wollen? Und wenn wir die Frage beantwortet haben, mit welchem Einsatz von Gewalt, von physischer und symbolischer Gewalt, wollen wir den Ausschluss durchsetzen, die Grenze erhalten, die Norm etablieren? Und damit die begriffliche Seite nicht leer läuft, sondern empirische Effekte zeitigt: Woran, an welchem empirischen *Merkmal* wollen wir feststellen, wer oder was dazu gehört? Wer oder was ist der Träger der Zeichen? – Ist es die Wand, an der ein Kreuz hängt? Der Turm, dessen Spitze den halben Mond trägt? Ist es der Stock an dem ein Fähnchen weht? Die Haut, die eine Farbe trägt? Die Augenform, die den Blick eines leibhaftigen Menschen einfasst? Oder ist es das Kreuz, der Mond, das Fähnchen selbst, die Farbe der Haut, der *Blick* (Sartre 2003) eines Menschen, der nicht nur das Merkmal der Norm nicht erfüllt, sondern die Norm vielleicht infrage stellt?

Wer oder was gehört dazu? Das heißt in der historischen Situation, die unsere ist, wer oder was hat ein Recht auf sein Leben? Jene die innerhalb von zweieinhalb Stunden für 150 € von Tunis bis nach München fliegen? Oder auch jene, die für tausend Dollar bei Sturm und Regen in einem sinkenden Fischkutter sitzen, weil Aneignungskonflikte und Verträge zwischen Staaten und Konzernen ihre Lebensgrundlage zerstört haben? All diese Fragen verweisen auf Diskurse, welche das Kerngeschäft der klassischen Praxis sind. Sie verweisen uns auf die Erfindung der Grenze, auf die Herstellung von Wissen, auf Forschung, auf Information, auf Verträge, Vorschriften, Gesetze, auf Apparate der Macht, auf Institutionen und nicht zuletzt auf Technologien der Registrierung und Überwachung von Menschen, von Außen- und auch Binnengrenzen. Sie verweisen uns auf die Verfahren der Erzeugung von Grenzen, die Erzeugung von Filtern, die Konstruktion und Distribution von Werten, die Menschen legalisieren, das heißt zu „Gleichen" machen und andere illegalisieren. Sie verweisen uns auf die Legitimierung dieser abstrakten Texturen, welche zur Herstellung von Öffentlichkeit dienen, welche die Ordnung derartiger Legitimität bestätigen und die Exekution dieser Ordnung verlangen. Welche „Elemente" gehören dazu, sind im instrumentellen Sprachgebrauch technologischer Suggestionen „systemrelevant", welche nicht? Und dies ist immer auch eine *empirische Frage, nach welchen Merkmalen* sollen wir suchen? – Das ist sozusagen die immer gleiche Frage, in der, wie angedeutet, nicht nur Wissenschaftler/innen ihre sogenannten empirischen Felder erschaffen, sondern auch Politik, Verwaltung und Recht Gesellschaften hervorbringt, die vor allem eins sind, Texte, gesprochene oder geschriebene Texte. Diese Texte, ihre reproduktiven Ausführungen, ihre Hinterlassenschaften, Erfindungen und ihre sprachlichen Selbstermächtigungen strukturieren auch unsere Erfahrung.

Die reproduktive Ausführung strukturiert die Erfahrung jener, die fraglos durch die Filter sprachlich gezogener Grenzen gehen, die beim Durchgang sozusagen ein Upgrade erfahren, nicht weniger als die Erfahrung derer, welche die Filter nicht passieren, jener Träger von Merkmalen die überhaupt nicht passen, und jener, die vielleicht partiell hindurchgehen, und auf der anderen Seite (je nachdem in welchem Kontext sie sich dort bewegen) jene Erfahrungen machen, die wir *Diskriminierungserfahrungen* nennen.

Im Status von zum Beispiel „Migrant" markiert zu sein, bedeutet ganz andere Erfahrungen zu machen, als sich im Status eines Upgrades zu bewegen. Wenn man dies „empirisch" untersuchen würde, das hieße die sprachlichen Figuren in Betracht zu nehmen, die „vor Ort" auf Sendung sind, käme ein komplexes System der Markierungen in den Blick, das sich in Form einer *Bedeutungsökonomie* durch die Einsätze einer Vielzahl von Akteur/innen vermittels sprachlicher Ausdrücke und deren Bewertung *temporal* zu stabilisieren vermag[3]. Ein *Kopftuch* zum Beispiel ist nicht *per se,* das heißt aus sich selbst heraus, der Grund, warum eine kopftuchtragende Person in bestimmten Zusammenhängen so etwas wie Wertschätzung erfahren kann, in anderen Zusammenhängen aber so etwas wie Diskriminierung erfährt: „Diese Erfahrungen kommen", wie Fatoş Atali-Timmer und Paul Mecheril erläutern, „vielmehr zustande, weil bestimmte Merkmale mit bestimmten *Zuschreibungen* (etwa der kulturellen Fremdheit, der sozialen Nichtzugehörigkeit, der zivilisatorischen Rückständigkeit) verknüpft sind. Wäre das Kopftuchtragen assoziiert mit Modernität oder Individualität, so würde die Person andere Erfahrungen machen" (Atali-Timmer/Mecheril 2015, o.S.). *Diskriminierungserfahrungen* verweisen uns in diesem Sinne also auf *symbolisch* codierte *Merkmale.* Von dort aus verweisen sie uns auf sprachliche Grenzverläufe und Figuren im *prinzipiell* grenzenlosen und veränderlichen Feld allgemeiner Textualität und vor dem Gesichtspunkt einer *prinzipiell* offenen Erfahrung, in die sich eben *auch* in Bildungskontexten die Werte des klassischen Schemas einschreiben, verweisen sie uns im Hinblick auf die Erörterung von Diskriminierung und Diskriminierungserfahrungen auf die Erfindung des Anderen *als* einer Allegorie (Derrida 2012), einer Figuration, in welcher sich zwei Ordnungen kreuzen, eine „epistemologische Ordnung aus Wahrheit und Täuschung" und eine „narrative und kompositorische Ordnung der Überredung" (Derrida 2012, S. 17)[4].

---

[3] Für eine Theorie der allgemeinen Textualität, die den *lebendigen Text,* die dynamische Verstrickung von Subjektivität und Sozialität zu denken sucht, erweist sich der Begriff der Ökonomie geeigneter als der *ahistorische* und *un-dynamische* Begriff der Struktur.

[4] Beispielhaft im Hinblick auf die Erfindung des „Orients" und der „Orientalen" Said (2014).

Wenn Diskriminierung ein subtiler oder auch offensichtlicher Bestandteil des allgemeinen Bildungsgeschehens ist, lässt sich verstehen, was auch ein Blick in die Geschichte des Rassismus zeigt[5], dass Bildung im Hinblick auf Diskriminierung nicht *per se* hilft[6]. Stattdessen empfiehlt sich eine *Sensibilisierung* für das, was wir zuvor im Zeichen des Nicht-Wissen-Könnens, der Begegnung mit Alterität oder auch Heterogenität angedeutet hatten und vor diesem Gesichtspunkt, eine *kritische Befragung* dessen, was jeweils in den signifikanten Verstrickungen in unserem Sprachgebrauch auf *Sendung* ist.

Der Unterschied zwischen einer klassischen und einer zeitgemäßen Professionalität ist damit markiert. Es geht sozusagen um nichts anderes als die Frage, ob etwas, das auf Sendung ist (gegenständlich gesprochen: Wissen, Wahrheit, Sinn, Bedeutung; oder auch darstellungstheoretisch betrachtet: Reden, Bücher, Bilder, Filme usw.), der *Heterogenität* dessen gerecht zu werden sucht, woraufhin es sich in seiner Sendung, das heißt im Gebrauch von Darstellungsformen *überschreitet*[7].

Eine kritische Befragung der geschriebenen Welt, die von zahlreichen artifiziellen Dispositiven (Wissenschaft, Politik, Medien, Recht usw.) Tag für Tag aktiv erzeugt wird, Agent/innen auf dem Markt der Ökonomie der *Bedeutung,* von denen wir oft überhaupt nicht wissen, in wessen Dienst und Interesse die jeweiligen Produzent/innen, Verteiler/innen und Vermittler/innen stehen, wenn sogenannte *Realitäten* geschaffen werden, etwa durch Kriege, in deren Folge „plötzlich" und in Form von Daten und seltsamen Konstruktionen „Flüchtlings-",oder auch „Migrantenströme" unterwegs sind, wenn Menschen plötzlich „strömen" wie Flüsse oder wenn, und damit seltsam verwoben, nach dem Ende des „kalten Krieges" ein neues Feindbild, der „Islam", auftritt (Schulze 1991, S. 207 ff.). Eine kritische Befragung eben solcher Besendung, erscheint zumindest den Autorinnen dieses Textes dringend angebracht.

In der Perspektive, mit der die Texte der Migrationspädagogik in der Weise gelesen werden, dass die bedeutungsökonomische Verbreitung von sprachlich figurierten Werten in einem vollen und umfassenden Sinne nicht nur *gesellschaftliche* Verhältnisse schafft, sondern in einem vollen und umfassenden Sinne auch alle pädagogischen Bereiche und Handlungsfelder betrifft, geht es darum, eine

---

[5] Zur Geschichte der Bildung der „Rasse"-Konstruktion, etwa Arndt (2014).

[6] Vgl. etwa die 2013 an den Universitäten Osnabrück und der kanadischen University of Viktoria durchgeführte quantitative Studie zu antimuslimischen und antisemitischen Ressentiments unter Studierenden: Kassis, W., Schallié, C., Strube, S., von der Heyde, J. (2014); Kassis. W., Schallié, C. (2013).

[7] Hierzu ausführlich Çiçek 2020;

Sensibilität dafür herzustellen, was wir tun, wenn wir uns in den angedeuteten Idealisierungen bewegen, etwa im plakativen Wiederholen jenes Schemas der klassischen Politik und Parteienbildung: „Wir" und „die Anderen".

Die plumpe Idealität dieses Schemas erzeugt in ihrem Gehalt leere, aber zugleich mächtige sprachliche Differenzen. Sprachliche Figuren wie z. B. „der Islam" oder „der Westen", wie sie täglich in den Schematisierungen *klassischer Politik* verwendet werden, stellen gewissermaßen *rhetorische* Nullnummern dar, d. h. sie sind empirisch so leer wie die Gewänder von Gespenstern. Wenn man sich demgegenüber *Lebensräume* vor Augen führt, zum Beispiel Städte oder andere ausgedehnte Lebensräume von heute, dann zeigt sich wie voll und überbordend die Vielfalt jenseits der Vorstellungen ist, die „klassische Professionelle" in ihren schlichten Sendungen massenmedial noch immer verbreiten, um Menschen vermittels eben solcher *selektierenden* und *hierarchisierenden* Schemata in *Exemplare* von Gruppen, Klassen, Schichten usw. zu verwandeln.

14.5 Abschließende Bemerkungen

Weil es hier nicht um die Erörterung dessen gehen soll, was der Ausdruck *Mensch* bezeichnet, sondern darum, darzulegen, was Diskriminierungserfahrungen konstitutiv zugrunde liegt und welche Bedeutung eine kritische Auseinandersetzung mit diesen Konstitutionsbedingungen für (pädagogische) Professionalität hat, wollen wir abschließend, auch um aus der klassischen Polarisierung von Theorie und Praxis herauszukommen, ein – geeigneteres Verständnis – vom *Geschehen* im sozialen Miteinander andeuten. Wir wollen dazu uns noch einmal die oben eingeführten *Spiel- und Theaterparadigmata* vor Augen führen und ihnen ein weiteres Paradigma einfügen, nämlich das *Paradigma der Beschneidung* (ausführlich siehe Çiçek 2020).

So wie jedes Spiel im Sinne des Spielparadigmas darauf basiert, dass die Spieler/innen, wie etwa beim Fußballspiel, durch die Regeln des Spiels auf Spielzeiten und Spielräume, auf so etwas wie ein Feld des Spiels, und durch weitere Regeln in den *Möglichkeiten ihres Tuns* beschnitten werden, also eine regulierte Beschneidung der Handlung besteht, ist auch jede *Betrachtung* von *etwas* als *etwas,* wir sind im Theaterparadigma, eine Beschneidung der Perspektive. Eine Perspektive sieht immer nur und stets in der ihr möglichen Richtung *etwas* als *etwas*. Wo die Vielfalt der Modalitäten, die sich in jeder lebendigen Erfahrung entfalten, auf lineare, d. h. symmetrische bzw. ideelle Relationen reduziert werden, stellt sich jene typische Verengung des Blicks ein, welche, wie erörtert, das Ziel einer bestimmten, auf die Reduktion von Komplexität gerichteten, Professionalität ist. Dies lässt sich in der ganzen Bandbreite, die performative Verben anbieten, auffächern. Wir können etwas *als* etwas *betrachten,* etwas *als* etwas *beurteilen, darstellen, bemessen, erwägen, anpreisen, ausliefern, verpacken, verunglimpfen, denunzieren* usw. usf.

Die Komplexität, die sich in einem solchen Fächer eröffnet, und die eine scheinbar kluge, weil differenziertere Perspektive zu erzeugen verspricht, bringt uns überhaupt nichts, wenn wir nicht die *différance,* die uns erst die Heterogenität und Andersheit des zu Denkenden vor Augen führt, zu denken bereit sind. Wir verbleiben ohne das Denken der différance, egal wie weit wir den Fächer der Vervielfältigung sprachlicher Figuren öffnen, im Spiel und auf dem Feld des Idealismus. Mit dieser Gefahr muss etwa die Perspektive der Migrationspädagogik rechnen. Sie muss das Unberechenbare in die Rechnung aufnehmen. Eine solche Rechnung geht selbstverständlich nicht auf. Darum betont Paul Mecheril in seinen Empfehlungen an Pädagog/innen immer wieder auch eine „Fehlerfreundlichkeit" zu erlernen (Mecheril 2004). Es geht dabei nicht, wie eine klassisch gespurte Intuition vermuten könnte, darum, um dies noch einmal deutlich zu markieren, Pädagog/innen oder zeitgemäße Professionalität einer Konfusion auszusetzen, sondern es geht darum, die hier profilierte Differenzsensibilität als einen Grundwert verantwortlichen Entscheidens und Handelns zu erkennen.

Wie absurd und zugleich verführerisch sich die Theorielandschaft der Klassik darstellt, kann man sich auf dem einfachen Weg vor Augen führen, dass man die Art und Weise ihrer Welterschließung durchspielt: Misst man organisierten Praxen, Diskursen, Perspektiven, das heißt einem *geregelten Tun,* wie dem Tun, das bei einem Fußballspiel zu sehen ist, einen ästhetischen Wert bei, würde einem klassisch gesprochen, das Geschehen auf dem Feld ganz anders erscheinen, als wenn man ihm einen ökonomischen Wert beimisst oder etwa einen wissenschaftlichen Wert.

Ein solcher logozentrischer Fächer, klingt, trotz der gebotenen Kürze, auf den ersten Blick vielleicht plausibel. Denn unsere Sprache erlaubt die Einfalt, der einfachen Falte, das simple Spiel des: dies und nicht das. Aber wer, sei sie nun Wissenschaftler/in, Manager/in oder auch Schöngeist, würde von sich behaupten wollen, ein Fußballspiel in einer solchen Verengung der Perspektive, also rein ästhetisch, rein ökonomisch oder auch rein epistemisch betrachten zu können? Das solche Bahnen und Geflechte der Darstellung, die epistemische, ökonomische, ästhetische Beschreibungen erlauben, möglich sind und wir uns von ihrer Evidenz gerne täuschen lassen, hat seinen Grund darin, dass wir uns in jedem Sprechen immer auch im Raster solcher klassisch profilierten Begriffe und Schemata bewegen. Diese Schemata sind sozusagen wie das Pharmakon der

Pharmazie. Sie sind zugleich Heilmittel und Gift, wie der Denker der *différance* Jacques Derrida erläutert. Als kommunikative Wesen sind wir auf die Sprache angewiesen und als Wissenschaftler/innen auf den Umgang mit Begriffen. Migrationspädagogik beschäftigt sich in genau diesem Sinne *auch* im Hinblick auf Diskriminierung, wie Paul Mecheril programmatisch formuliert, *erstens* mit „der Beschreibung und Analyse jener Schemata und Praxen, in denen zwischen natio-ethno-kulturellem ‚Wir' und ‚Nicht-Wir' unterschieden wird" (Mecheril 2014, S. 160), das sind Schemata und Praxen klassifizierender Unterscheidung, die, wie wir angedeutet haben, das erst erzeugen, was sie zu beschreiben vorgeben, „Deutsche" und „Europäer/innen", „Migrant/innen" oder auch „Orientalen". Weshalb Migrationspädagog/innen, *zweitens,* mit *der Analyse der Entstehungsbedingungen solcher Orte,* die Absicht verbinden, durch die Lesbarmachung ihrer Bedingtheit, die Entstehung als etwas zu erweisen, das gemacht ist und das wir folglich auch anders machen können.

Um die „(selbst)kritische Reflexion", zum Beispiel hinsichtlich der Verunmöglichung von Bildung/Bildungsprozessen in diskriminierenden Verhältnissen, nicht alleine zu einer Begleiterin am Rande des „Feldes" zu machen – hier kommen wir abschließend noch einmal auf das Spielparadigma zurück –, sondern auch zu einem wichtigen Aspekt auf dem Feld und so zu einer bedeutsamen Säule von „(pädagogischer) Professionalität" und auch Handlungsfähigkeit werden zu lassen, braucht es zum einen die entsprechende Erkenntnis sowie Bereitschaft der Professionellen und zum anderen so etwas wie „Training"[8]. Das Abrollen *(lat. volvo)* in der Zeit kann ein differenzsensibles Handeln *(lat. praxis)* werden, wenn wir, die wir uns als pädagogisch-professionell Handelnde verstehen, „Verschiebung", „Vervielfältigung" und „Aufweichung" der *Schemata* vor dem Gesichtspunkt der *Differenz* zwischen dem, was ein Schema ist, und dem, woraufhin es sich *überschreitet,* „erproben" (zum Beispiel durch die Arbeit an Fällen). Auf diese Weise können wir uns hoffentlich nach und nach geübt(er) und damit zugleich (selbst)kritischer auf dem Feld (von „Migration und Bildung") bewegen.

---

[8] Das von uns am Ende dieses Textes angefügte Arbeitsblatt wäre ein „praktischer" Versuch, die „theoriegeleitete Brille" der Migrationspädagogik aufzusetzen beziehungsweise die beschriebene migrationspädagogische Perspektive einzunehmen und in dieser Weise auf das pädagogische (Handlungs-)Feld zu blicken. Dies *könnte* einer unter vielen möglichen Zugängen sein, dass „Abrollen in der Zeit" in einer Weise zu üben, die von dem Anspruch getragen wird, sich als kritisch-reflexiv zu den diskriminierenden Verhältnissen zu verhalten und das professionelle Handeln an dieser kritisch-reflexiven Perspektive auszurichten. Besonders relevant erscheint uns in diesem Zusammenhang, dass hier „Theorie" oder vielmehr „Theoretisierung von gesellschaftlichen Zusammenhängen" nicht als „Luxus" daherkommt, sondern einen Möglichkeitsraum für professionelles-pädagogisches Handeln eröffnen kann.

Auf diese Weise können wir voraussichtlich auch (pädagogische) Professionalität in der Migrationsgesellschaft als eine Professionalität denken, die nicht etwa „Menschen/Menschengruppen mit Hintergrund" und ihre „kulturellen Prägungen oder Zugehörigkeiten" fokussiert, sondern als eine Professionalität, die die Aufmerksamkeit auf weniger einschränkende, weniger idealistisch profilierte Handlungsweisen und Strukturen richtet.

Arbeitsblatt zur Reflexion von Diskriminierungserfahrungen
Modul I.3: „*Was sind Diskriminierungserfahrungen und welche Rolle spielen Institutionen?*"
Typ: Arbeitsblatt.
© *Arzu Çiçek und Saphira Shure*

Erläuterungen zum Arbeitsblatt
Mit diesem Arbeitsblatt als Grundlage für Gruppengespräche im Rahmen eines Workshops ist der Versuch verbunden, eine methodisch-didaktische Rahmung für das Ausprobieren einer „theoriegeleiteten Brille" zu schaffen und auf diesem Weg ein Sprechen über das eigene (pädagogische) Handlungsfeld zu ermöglichen, das einer gewissen Systematik folgt und auf zuvor besprochene theoriebezogene Informationen (einen Input zu Thema „Wissen über Diskriminierungserfahrungen") zurückgreift.

Im Mittelpunkt stehen hier einerseits die systematische Unterscheidung von primären und sekundären Diskriminierungserfahrungen und andererseits die funktionale Unterteilung des Handlungsfeldes in die Ebenen institutionell-organisational, strukturell-gesellschaftlich und interaktiv.

Die Modellierung „konkreter Beispiele" aus den Handlungsfeldern dient dazu, die von uns vorgeschlagene Systematik auszuprobieren und über diese Systematik in ein Gespräch zu kommen. Anschließend soll auch die Systematik selbst besprochen und reflektiert werden.

Arbeitsblatt für die Gruppengespräche
I „Reflexionsbrille" zu Diskriminierungserfahrungen
Primäre Diskriminierungserfahrung: (unmittelbare Wirkung)

- Direkte Diskriminierungserfahrungen:
    - im gesellschaftlichen Raum z. B. in Schulen, am Arbeitsplatz, auf Ämtern, mit der Polizei usw.
    - durch Handlungen einzelner Personen

- Indirekte Diskriminierungserfahrungen:
  - Vorstellungen, Träume, Befürchtungen, Bilder
  - sowie über Zeitungs-, Radio-, Fernsehberichte oder Medien wie Internet oder Werbung

Sekundäre Diskriminierungserfahrung:

- Sekundäre Diskriminierungserfahrung bezeichnet die Erfahrung der De-thematisierung von Diskriminierungserfahrungen

Quelle: Çiçek, A.; Heinemann, A. & Mecheril, P. (2014). *Warum Rede, die direkt oder indirekt rassistische Unterscheidungen aufruft, verletzen kann.* In: G. Hentges & K. Nottbohm (Hrsg.): Spache – Macht – Rassismus. Berlin: Metropol.

II Arbeitsauftrag für das Gruppengespräch

In welchen Handlungsfeldern Ihrer professionellen Praxis kann ein „Wissen" über Diskriminierungserfahrungen (die dargestellte systematische Unterscheidung) relevant sein/werden?

Betrachten Sie Ihr Handlungsfeld vermittelt durch folgende Ebenen:

- institutionell-organisational
- strukturell-gesellschaftlich
- interaktiv

Hinweis: „Ergebnisorientierung":

Verständigen Sie sich zunächst darüber, wo dieses „Wissens" über Diskriminierungserfahrungen in Ihrem Berufsalltag bedeutsam ist und notieren Sie auf der Grundlage Ihrer Gesprächsergebnisse **3 konkrete Beispiele** für Bereiche, in denen Sie **Handlungsbedarfe** sehen, auf Moderationskarten.

Im Anschluss möchten wir einige Punkte aus ihrem Gruppengespräche im Plenum Aufgreifen und diskutieren.

III Reflexion der „Brille"

Bitte sprechen Sie in der Kleingruppe über folgende Fragen, die wir anschließend auch im Plenum diskutieren möchten:

- In welcher Weise sind diese systematische Unterscheidung der Diskriminierungserfahrungen und die Unterteilung des Handlungsfeldes in die verschiedenen Ebenen hilfreich/produktiv?
- Welche Schwierigkeiten sind aufgekommen?
- Welche Chancen und welche Grenzen würden Sie in Bezug auf die „Reflexionsbrille" sehen?

Literatur

Arndt, S. (2014). Rassismus und Wissen. In G. Hentges & K. Nottbohm (Hrsg.), *Sprache – Macht – Rassismus* (S. 17–34). Berlin: Metropol.
Atali-Timmer, F., & Mecheril, P. (2015). *Zur Notwendigkeit einer rassismuskritischen Sprache*. Zugriff am 04.12.2015 unter http://antifra.blog.rosalux.de/zur-notwendigkeit-einer-rassismuskritischen-sprache/
Bourdieu, P. (1993). *Sozialer Sinn. Kritik der theoretischen Vernunft*. Frankfurt a. M: Suhrkamp.
Böhme, J., Cramer, C., & Bressler, C. (2018). *Erziehungswissenschaft und Lehrerbildung im Widerstreit!? Verhältnisbestimmungen, Herausforderungen und Perspektiven*. Bad Heilbrunn: Klinkhardt.
Castro Varela, M. d. M., & Dhawan, N. (2015). *Postkoloniale Theorie. Eine kritische Einführung*. 2. Aufl., Bielefeld: transcript.
Çiçek, A. (2020). *Vom Unbehagen an der Zugehörigkeit. Eine migrationspädagogische Derridalektüre*. Opladen/Berlin/Toronto: Budrich.
Cramer, C. (2014). Theorie und Praxis in der Lehrerbildung. Bestimmung des Verhältnisses durch Synthese von theoretischen Zugängen, empirischen Befunden und Realisierungsformen. *DDS – Die Deutsche Schule, 106* (4), 344–357.
Derrida, J. (2003). *Eine gewisse unmögliche Möglichkeit, vom Ereignis zu sprechen*. Berlin: Merve.
Derrida, J. (2009). *"Positionen"*. Wien: Passagen.
Derrida, J. (2012). *Psyche. Die Erfindung des Anderen I*. Wien: Passagen.
Dirim, İ., & Mecheril, P. u. a. (2018). *Heterogenität, Sprache(n), Bildung. Die Schule der Migrationsgesellschaft*. Bad Heilbrunn: Klinkhardt/UTB.
Dhawan, N. (2016). Die Aufklärung retten, *ZPTh, 7* (2), 249–255.
Duchrow, U., & Hinkelammert, F.J. (2005). *Leben ist mehr als Kapital*. Oberursel: Publik-Forum.
Fereidooni, K. (2016). *Diskriminierungs- und Rassismuserfahrungen im Schulwesen. Eine Studie zu Ungleichheitspraktiken im Berufskontext*. Wiesbaden: Springer VS.
Heid, H. (2004). Das Theorie-Praxis-Verhältnis im Kontext pädagogischen Denkens und Handelns. In H. Ackermann & S. Rahm (Hrsg.), *Kooperative Schulentwicklung* (S. 37–48). Wiesbaden: Springer VS.

Hentges, G., & Nottbohm, K. (Hrsg.). (2014). *Sprache – Macht – Rassismus*. Berlin: Metropol.
Kant, I. (1923). *Werke, Bd. IX, Physische Geographie*. Berlin: De Gruyter.
Kassis, W., & Schallié, C. (2013). The Dark Side of the Academy: Antisemitism in Canadian and German Students. *Journal for the study of antisemitism, 5* (63), 71–91.
Kassis, W., Schallié, C., Strube, S., & von der Heyde, J. (2014). Prediction of Anti-Muslim Sentiment on Campus: A Cross-Cultural Analysis of Prejudice in Two University Populations. *HIKMA – Journal of Islamic Theology and Religious Education, 5* (1), 141–165.
Liebsch K. (2006). Theorien und Praxis. In A. Scherr (Hrsg.), *Soziologische Basics* (S. 176–180). Wiesbaden: VS Verlag für Sozialwissenschaften.
Mbembe, A. (2017). *Kritik der schwarzen Vernunft*. Berlin: Suhrkamp.
Macpherson, C.B. (1973). *Die politische Theorie des Besitzindividualismus*. Frankfurt: Suhrkamp.
Mecheril, P. (2004). *Einführung in die Migrationspädagogik*. Weinheim: Beltz.
Mecheril, P. (2010). Anerkennung und Befragung von Zugehörigkeitsverhältnissen. Umriss einer migrationspädagogischen Orientierung. In P. Mecheril, M. d. M. Castro Varela, A. Kalpaka, I. Dirim & Melter, C., *Bachelor | Master: Migrationspädagogik. Materialien zum Band*. Weinheim: Beltz.
Mecheril, P. (2012). *Institutionen an die Schülerschaft anpassen, nicht umgekehrt – eine Einladung zur Kritik ausländerpädagogischer Förderung. Kommentar zum ersten Bildungsberichtsband für das Land Bremen „Bildung – Migration – soziale Lage. Voneinander und miteinander lernen"*. Zugriff am 04.12.2015 unter http://www.bildung.bremen.de/sixcms/media.php/13/kommentar_mecheril.pdf
Mecheril, P. (2014). Kritik als Leitlinie (migrations)pädagogischer Forschung. In A. Ziegler & E. Zwick (Hrsg.), *Theoretische Perspektiven der modernen Pädagogik* (S. 159–173). Berlin: LIT.
Mecheril, P., Castro Varela, M. d. M., Kalpaka, A., Dirim, İ., & Melter, C. (2010). *Bachelor | Master: Migrationspädagogik. Materialien zum Band*. Weinheim: Beltz.
Meyer-Drawe, K. (1984). Grenzen pädagogischen Verstehens – Zur Unlösbarkeit des Theorie-Praxis-Problems in der Pädagogik. *Vierteljahrsschrift für wissenschaftliche Pädagogik, 60* (3), 249–259.
Poliakov, L. (1983). *Geschichte des Antisemitismus. Bd. V. Die Aufklärung und ihre judenfeindlichen Tendenzen*. Worms: Heintz.
Said, E. (2014). *Orientalismus*. Frankfurt a. M.: Fischer.
Sartre, J.-P. (2003). Der Blick. In B. Schumacher (Hrsg.), *Das Sein und das Nichts*. Berlin: Akademie.
Schmied-Kowarzik, W. (2008). *Das dialektische Verhältnis von Theorie und Praxis in der Pädagogik*. Kassel: Kassel Univ. Press.
Schulze, R. (1991). Vom Anti-Kommunismus zum Anti-Islamismus. Der Kuwait-Krieg als Fortschreibung des Ost-West-Konflikts. In N. Mattes (Hrsg.), *Wir sind die Herren und ihr unsere Schuhputzer! Der Nahe Osten vor und nach dem Golfkrieg* (S. 207–219). Frankfurt a. M.: Dağyeli.

Dr. ⁱⁿ **Arzu Çiçek,** Bergische Universität Wuppertal, Wissenschaftliche Mitarbeiterin im Fach Erziehungswissenschaft mit dem Schwerpunkt Geschlecht und Diversität, vertritt aktuell die Professur Migration und Bildung an der Carl von Ossietzky Universität Oldenburg, Email: arzu.cicek@posteo.de

Dr. ⁱⁿ **Saphira Shure,** Universität Bielefeld, Fakultät für Erziehungswissenschaft, Wissenschaftliche Mitarbeiterin in der AG 10 Migrationspädagogik und Rassismuskritik, Email: saphira.shure@uni-bielefeld.de

„Wenn du ihn heute fragst: ‚Wie heißt das auf Ungarisch?', will er's nicht sagen." – Zusammenhänge zwischen Sprache(n), Positionierung und Bildung

İnci Dirim und Birgit Springsits

15.1 Einleitung

Sprachen sind nicht nur Kommunikationsmittel; sie erfüllen auch eine symbolische Funktion als Mittel der Markierung der gesellschaftlichen Position einer als solche konstruierten Sprecher_innengemeinschaft. Dieser symbolische Wert ist nicht ein für alle Mal festgelegt und erhält seine je spezifische Bedeutung im historischen und gegenwärtigen gesellschaftlichen Kontext, den wir im vorliegenden Beitrag als migrationssprachlichen Raum fokussieren. Auch das Deutsche nehmen wir aus dieser Betrachtung nicht heraus, weil das Deutsche und die Migrationssprachen im Zuge von politischen Regelungen und im wechselseitigen Verhältnis eine spezifische Bedeutung erhalten. Wir gehen von der Annahme aus, dass verschiedene Sprachen, die Menschen zugeordnet werden (als „ihre Sprachen", „Erstsprachen", „Zweitsprachen" etc.), auch dazu genutzt werden, Personen(gruppen) machtvoll zu unterscheiden und darüber gesellschaftliche Verhältnisse zu regulieren. Das heißt, dass uns die Frage beschäftigt, welche „ordnende Rolle" die Sprachen im Migrationskontext spielen, inwiefern die Sprachen zu einem Mittel werden, Gruppen zu konstruieren und Verhältnisse von Über-

İ. Dirim (✉)
Universität Wien, Wien, Österreich
E-Mail: inci.dirim@univie.ac.at

B. Springsits
Akademisches Gymnasium Wien, Wien, Österreich
E-Mail: birgit.springsits@akg-wien.at

und Unterordnung zu schaffen. Uns interessiert hierbei speziell die Frage, inwiefern im Bildungskontext Sprache/Sprachen eine Bedeutung bekommt/bekommen, durch die Zielpersonen von Bildungsmaßnahmen in migrationsgesellschaftliche (Mecheril 2004) Wir und Nicht-Wir-Gruppen eingeteilt werden, und inwiefern pädagogische Professionelle einen Beitrag dazu leisten können, diese Einteilung und damit einhergehende Über- und Unterordnungen zu reduzieren.

Im Folgenden stellen wir zunächst einige Überlegungen zur Mehrsprachigkeit der Migrationsgesellschaft vor, um ein Verständnis von Sprache(n) zu modellieren, von dem u. E. ausgegangen werden kann. Im Weiteren geht es dann um die Frage, wie mittels Sprache Wir- und Nicht-Wir-Gruppen konstruiert werden und welche Bedeutung diese Konstruktion für die Subjektivierung von Schüler_innen und Teilnehmer_innen von Bildungsmaßnahmen haben kann. Die Bewusstmachung dieser (häufig implizit und unbewusst ablaufenden) Prozesse und Praktiken soll dazu dienen, die systematische Inferiorisierung durch Relevantsetzung sprachlicher Unterschiede erzeugter Gruppen zu reduzieren.

15.2 Migrationsgesellschaftliche Mehrsprachigkeit[1]

Mehrsprachigkeit ist ein komplexes Phänomen. Uns geht es in dem vorliegenden kurzen Text v. a. darum, den subjektivierenden Aspekt des Umgangs mit Mehrsprachigkeit in institutionellen Kontexten in den Vordergrund zu stellen. Dazu ist es notwendig, einige grundsätzliche Überlegungen zum Thema Sprache(n) im Migrationskontext anzustellen.

Auch ohne Berücksichtigung des Umstandes der (sprach-) grenzüberschreitenden Wanderung von Menschen lässt sich zunächst feststellen, dass alle Menschen von Anbeginn an lernen, mit sprachlicher Heterogenität umzugehen. Dabei spielt es keine Rolle, ob sie „ein-", „zwei-" oder „mehrsprachig" aufwachsen. Jedes Kind lernt in der Kommunikation mit verschiedenen Gesprächspartner_innen unterschiedliche Register einer Sprache bzw. von verschiedenen Sprachen zu verstehen und zu gebrauchen. Z. B. merken Kinder, dass der Großvater anders spricht als die Mutter, dass die Nachbarn anders sprechen als die eigenen Eltern usw., auch wenn sie nicht benennen können, ob dieses jeweils andere Sprechen „Dialekt" genannt wird oder „Soziolekt" oder gar „Sprache", und nicht erschöpfend artikulieren können, was diese „Andersheit" jeweils konkret ausmacht. Auch ohne deklaratives Wissen über

---

[1] Auf den folgenden 3 Seiten kommen einige – adaptierte – Passagen der Seiten 27–31 aus Dirim (2015) vor.

sprachliche Heterogenität eignen sich Kinder in der Kommunikation interaktiv die Mittel an, die in den jeweiligen Gesprächskontexten „gültig" sind. Aus dieser Perspektive betrachtet sind alle Kinder mehrsprachig. Das Switchen zwischen den Registern einer Sprache fällt jedoch nicht so sehr auf wie das Switchen zwischen verschiedenen Sprachen, das für den Sprachgebrauch von migrationsbedingt mehrsprachig aufwachsenden Kindern und Jugendlichen im familiären und außerfamiliären Bereich kennzeichnend ist. Dass das Alternieren zwischen den Sprachen als auffällig wahrgenommen wird, liegt höchstwahrscheinlich daran, dass unsere Sichtweisen auf Sprache(n) von der historisch gewachsenen Vorstellung der Normalität der Einsprachigkeit geprägt sind, ein Umstand, der von Ingrid Gogolin im Zuge einer Untersuchung herausgearbeitet und mit dem Begriff „monolingualer Habitus" (Gogolin 1994) bezeichnet wurde. Die sprachliche Bearbeitung des Lebens und die damit zusammenhängende Gestaltung von Kommunikation jenseits von und in Auseinandersetzung mit Normen und Bewertungen zu verstehen, ist eine sehr grundsätzliche Voraussetzung des Verstehens von Mehrsprachigkeit und der Gestaltung von Bildungsprozessen.

Zum tieferen Verständnis des Gesagten kann folgendes kleines Beispiel dienen[2]: Ein etwa zweijähriger Junge tollt im Wohnzimmer seiner Großeltern herum und ist kaum zu bändigen. Er hält kurz inne und steuert einen Beistelltisch mit feiner Tischdecke an, der mit teuren Nippes dekoriert ist. Die Szene ereignet sich in einer Großstadt in der Türkei, mehrere Gäste befinden sich im Wohnzimmer, um zusammen Silvester zu feiern. Es wird Türkisch gesprochen, aber einige der anwesenden Gäste können auch Deutsch, da ein älteres weibliches Familienmitglied aus Deutschland stammt und das Deutsche an ihre Kinder und an das lebhafte Enkelkind weitergegeben hat. Der Großvater, der nicht Deutsch spricht, bemerkt, dass sein Enkelsohn im Begriff ist, die Nippes auf dem Beistelltisch anzufassen und womöglich auf den Boden fallen zu lassen, möchte ihn daran hindern und sagt zu ihm freundlich, aber sehr bestimmt „Onlar nein, oğlum!", ins Deutsche übersetzt etwa: „Die sind tabu!" Interessant ist, dass der Großvater, der kaum Deutsch kann, den zweisprachig aufwachsenden Enkelsohn nicht auf Türkisch anspricht, sondern in seinen Satz das deutschsprachige „Nein!" einbaut. Damit greift er zu einer in der soziolinguistischen Forschung in vielen Gegenden der Welt beobachteten Strategie des mehrsprachigen Sprachgebrauchs: Ein Verbot wird durch die Verneinung in einer Sprache, die gerade nicht als „Hauptsprache" verwendet wird, ausgedrückt, um ihm Nachdruck zu verleihen. Diese und viele andere Kommunikationsstrategien, die durch den abwechselnden Gebrauch

---

[2] Die beschriebene Szene wurde im Jahr 2002 von İnci Dirim beobachtet und dokumentiert.

verschiedener Sprachen erfüllt werden, sind in der einschlägigen wissenschaftlichen Fachliteratur ausführlich beschrieben worden (vgl. zum abwechselnden Sprachgebrauch im Migrationskontext u. a. Krefeld 2004).

In der beobachteten Szene befinden sich die sprechenden Personen nicht im Migrationskontext der „deutschsprachige Länder" genannten Regionen. Daran lässt sich erkennen, dass der abwechselnde Sprachgebrauch prinzipiell überall stattfinden kann, an jedem Ort, an dem Menschen zusammenkommen, die miteinander Codes/Dialekte/Soziolekte/Sprachen teilen. Studien zeigen, dass auch in Deutschland in migrationsgeprägten Umgebungen der abwechselnde Gebrauch der Sprachen zum Alltag gehört (etwa Dirim/Krehut 2017).

Mehrsprachigkeit, das sollte deutlich geworden sein, ist Normalität, allerdings wird sie, da die Institutionen monolingual geprägt sind, häufig als Ausnahme wahrgenommen und thematisiert. Folgende Aspekte spielen im Zusammenhang mit Mehrsprachigkeit eine Rolle:

a) Mehrsprachigkeit heißt, dass verschiedene Sprachen – je nach Möglichkeit, die einzelnen Sprachen zu erwerben – in unterschiedlichen Kompetenzprofilen beherrscht werden.
b) Mehrsprachigkeit heißt, dass die Sprachen miteinander interagieren und dass sie einander beeinflussen (können), wodurch Erleichterungen der Aneignung der Sprachen stattfinden, aber auch Interferenzen zustande kommen können.
c) Mehrsprachigkeit heißt, dass Migrationssprachen nicht unbedingt genauso wie in anderen Regionen, in denen sie die dominante Sprache darstellen, gesprochen werden. Sie können Spezifika aufweisen, die in diesen Regionen unbekannt sind. Im Gegenzug gibt es auch von Migrationssprachen beeinflusste Gebrauchsweisen des Deutschen.
d) Mehrsprachigkeit heißt, dass die Sprachen nicht immer im monolingualen Modus verwendet werden. Es kommen, wie oben dargestellt, verschiedene Mischungen zustande.
e) Mehrsprachigkeit heißt, dass verschiedene Bereiche des Lebens in der Migrationsgesellschaft auf unterschiedliche Weise ein- und/oder mehrsprachig gestaltet werden, wobei die Möglichkeiten, die migrationsbedingte Mehrsprachigkeit zu nutzen, in den als „deutschsprachige Länder" geltenden mehrsprachigen Gegenden weitestgehend auf den privaten Bereich beschränkt sind.

Die monolinguale Ausrichtung staatlicher Institutionen wirkt sich – wie Gogolin nachweisen konnte – so aus, dass trotz der oben geschilderten und den Alltag prägenden Mehrsprachigkeit viele Bereiche der Öffentlichkeit permanent Monolingualität zur Norm setzen. Davon ist auch die Wissenschaft nicht ausgenommen, auch die pädagogische Praxis nicht. Wir konzentrieren uns im Folgenden auf den schulischen Kontext.

15.3 Monolinguale nationalstaatliche Prägung des wissenschaftlichen Denkens bezüglich Mehrsprachigkeit

Da in der Schule der amtlich deutschsprachigen Regionen, genannt „deutschsprachige Länder", – bis auf zwei- bzw. mehrsprachige Projektschulen wie „Europaschulen" – auf Deutsch unterrichtet wird, wird von Seiten der Bildungsbehörden darauf gesetzt, durch Sprachförderung im Deutschen jene migrationsbedingt mehrsprachig aufwachsenden Schüler_innen, die nicht die erwarteten Kompetenzen im Deutschen besitzen, möglichst rasch an diese heranzuführen. Um die notwendigen Sprachförderaktivitäten zielgerecht, d. h. zeitökonomisch und möglichst gehaltvoll gestalten zu können, beschäftigt Wissenschaftler_innen, aber auch Lehrkräfte seit vielen Jahren die grundlegende Fragestellung, wie man den Spracherwerb in einer von Migration geprägten Umgebung erfassen und angemessen beschreiben kann. Als Antwort auf diese Frage wurden auf der Basis von Untersuchungen und theoretischen Überlegungen verschiedene Spracherwerbshypothesen aufgestellt. Unter Berücksichtigung soziolinguistischer Forschungsergebnisse, die keinen normativen Zwängen folgen müssen, zeigt sich allerdings, dass es gar nicht möglich ist, die Vielfalt der Spracherwerbskonstellationen in der Migrationsgesellschaft mit den gängigen Spracherwerbshypothesen, mit denen in pädagogischen Kontexten gearbeitet wird, hinreichend zu berücksichtigen. Ein Beispiel, mit dem die (begrenzte) Aussagekraft der gängigen Spracherwerbshypothesen erläutert werden kann, ist die Interdependenzhypothese (Cummins 1981). Nach dieser Hypothese wird davon ausgegangen, dass Sprachen, verstanden als Nationalsprachen, sich in Abhängigkeit voneinander entwickeln und dass positive Effekte auf die Entwicklung der jeweils anderen Sprache gezeitigt werden, wenn eine der Sprachen gefördert wird. Ohne in Abrede stellen zu wollen, dass einzelsprachliches sowie metasprachliches Wissen für die Aneignung jeglicher Sprache hilfreich sind, sei an dieser Stelle auf die oben angeführte Tatsache hingewiesen, dass Sprache mehr bedeutet als nur Nationalsprache. Register innerhalb der Sprachen, die vielfältigen Formen migrationsbedingter Veränderungen von Einzelsprachen und der Wechsel zwischen

Registern und Sprachen im Gespräch sowie deren Implikationen für den Spracherwerb werden mit dieser Hypothese nicht erfasst: Die Hypothese reduziert die migrationssprachliche Vielfalt auf Nationalsprachen (Dirim/Knappik 2014). Da keine der bisher aufgestellten Spracherwerbshypothesen die Fülle der Phänomene zu erfassen vermag, die beim migrationsbedingten Spracherwerb eine Rolle spielt, ist Vorsicht geboten, etwa bei der Formulierung von Argumenten und Urteilen, die auf ihnen fußen und die mitunter zu nicht unerheblichen Konsequenzen für Schülerinnen und Schülern führen können.

Ein typisches Urteil, das spracherwerbstheoretisch fundiert zu sein scheint, kommt in dem folgenden Beispielsatz zum Ausdruck „Die Kinder müssen ja erst einmal ihre Muttersprache Türkisch richtig lernen, wenn sie gut Deutsch lernen wollen." Eine solche Forderung wird im Hinblick auf ein als türkisch geltendes Kind, das zu Hause Kurdisch, Deutsch und Türkisch in verschiedenen Mischungen spricht, bedeutungslos (Brizić 2007). Welche Sprache ist seine „Muttersprache"? Warum kann Deutsch nicht auch als seine „Muttersprache" verstanden werden, wenn es seit seiner frühesten Kindheit auch Deutsch spricht, wenn auch anders als Kinder, die nur Deutsch sprechen? Auch die gängige Spracherwerbshypothese Schwellenniveauhypothese (Cummins 1981), die dem Beispielsatz zugrunde liegt, arbeitet also mit Vorstellungen von Nationalsprachen, die zudem in einer festgefügten Reihenfolge gelernt werden (sollten) – eine Vorstellung, die die empirische Realität, wie wir sie leben und vorfinden, nur zum Teil zu erfassen vermag. Normalitätsannahmen, mit denen sprachliche Verhältnisse (v)erkannt, beschrieben und erklärt werden, halten den Tatsachen der Sprachverhältnisse nicht Stand, die für migrationsbedingt mehrsprachig aufwachsende Kinder gegeben sind. Es ist nicht von der Hand zu weisen, dass nationale Sprachenstandards eine enorme Rolle in der Sprachentwicklung von Kindern spielen – aber nicht die einzige.

U.a. sind es solche wissenschaftliche Hypothesen, die häufig als unhinterfragbare Wahrheiten in die Bildungsinstitutionen gelangen und dort didaktische Entscheidungen und organisatorisch- methodische Planungen bestimmen. Dabei werden, wie wir im Folgenden zeigen, migrationsgesellschaftliche „Wir"- und „Nicht-Wir"-Gruppen konstruiert.

Eine Perspektive, die wir für fruchtbar halten, um durch diese Praxen entstehende Angebote bzw. Zuweisungen höherer und niedrigerer symbolischer Positionen erkennen und sie ggf. verändern zu können, ist die der Subjektivierungskritik, deren Grundzüge wir in einem nächsten Schritt kurz darstellen möchten.

15.4 Subjektivierung an Hand von Sprache und sprachlichen Zugehörigkeiten

Wie bereits an mehreren Stellen beschrieben (z. B. Dirim et al. 2013) gehen wir von einem Subjektivierungsbegriff aus, der auf den Überlegungen Foucaults (und auf darauf aufbauenden Theorien) basiert. Grundlegend dabei ist das Subjektverständnis, das u. a. in „The Subject and Power" folgendermaßen ausgedrückt wird:

> „Das Wort Subjekt hat zwei Bedeutungen: es bezeichnet das Subjekt, das der Herrschaft eines anderen unterworfen ist und in seiner Abhängigkeit steht; und es bezeichnet das Subjekt, das durch Bewusstsein und Selbsterkenntnis an seine eigene Identität gebunden ist." (Foucault 2005, S. 275)

Foucault beschreibt damit das Subjekt als ein unterworfenes. Durch das, was von außen an es herangetragen wird der Mensch zum Subjekt, und zwar zu einem spezifischen Subjekt – mit spezifischen Kontingenzen und mit einer spezifischen Handlungsmacht. Subjektivierung (also zugleich Unterwerfung und Subjektwerdung) geschieht konkret in einem „Alltagsleben" – wie Foucault weiter schreibt – „welches das Individuum in Kategorien einteilt, ihm seine Individualität aufprägt, es an seine Identität fesselt, ihm ein Gesetz der Wahrheit auferlegt, das es anerkennen muss und das andere in ihm anerkennen müssen" (Foucault 2005, S. 275).

Foucault spricht dem Subjekt nun aber damit nicht jede Freiheit ab. Es herrscht demnach keineswegs ein Automatismus vor, bei dem das Subjekt gleichsam und ausschließlich ein Ensemble aus den äußeren Gegebenheiten darstellt. Im Gegenteil, Freiheit ist eine unabdingbare Voraussetzung dafür, dass Macht ausgeübt werden kann, wie das bei jedem Subjektivierungsprozess der Fall ist:

> „Macht kann nur über ‚freie Subjekte' ausgeübt werden, insofern sie ‚frei' sind – und damit seien hier individuelle oder kollektive Subjekte gemeint, die jeweils über mehrere Verhaltens-, Reaktions- oder Handlungsmöglichkeiten verfügen. Wo die Bedingungen des Handelns vollständig determiniert sind, kann es keine Machtbeziehung geben." (Foucault 2005, S. 287)

Im Anschluss an Foucault kann daher – wie z. B. Stuart Hall das tut – auch davon ausgegangen werden, dass bei der Subjektwerdung nicht nur die Angebote von bestimmten Subjektpositionen eine Rolle spielen, sondern in entscheidendem Maße auch die Reaktion des Individuums darauf. Das Einnehmen einer Subjektposition erfordert nicht nur, dass das Subjekt innerhalb eines Diskurses in die Subjektposition hineingerufen wird, sondern dass es auch in die Position "investiert". Dies kann durch ein einfaches Sich-Hineinfügen geschehen, aber auch durch eine kreative Ausgestaltung oder Veränderung der Position bzw. durch einen anhaltenden Kampf gegen die Position (Spies 2009).

Somit kann Subjektwerdung immer als ein Zusammenspiel von außen und innen betrachtet werden. Subjektivierungskritik nimmt somit die Freiheit des Individuums ernst, nimmt aber v. a. aber auch die Machtbeziehungen in den Blick, in denen es steht und die zum Entstehen des je spezifischen Subjekts maßgeblich beitragen.

Subjektivierung ist somit an sich noch nichts, das verhindert werden sollte oder könnte. Sie geschieht ständig und kann auch als Voraussetzung dafür gesehen werden, dass wir zu Subjekten werden, die handeln und sprechen können. Subjektivierung in diesem Sinne findet auch in Bildungskontexten immer statt und sie gehört zum Bildungsprozess unabdingbar dazu. Aufgabe einer subjektivierungskritischen Betrachtungsweise ist es allerdings u. a. diskriminierende Praxen zu erkennen, bei denen Individuen aufgrund realer oder zugeschriebener Merkmale als höherwertig oder niederwertig geltende und als solche auch wirkende Subjektpositionen angeboten werden.

Dieser Perspektive ist demnach ein Bildungsbegriff zugrunde zu legen, der Bildung nicht nur als Wissenszuwachs oder Kompetenzerwerb begreift, sondern sie auch als Subjektivierungsprozess versteht, der u. a. durch die Bildungsangebote ausgelöst oder zumindest mitgeprägt wird, wie er etwa von Nadine Rose (2012) vertreten wird. Rose fokussiert dabei sowohl auf Zuschreibungen „als fremd, anders" als auch darauf, wie in deren Folge „ein bildungsrelevanter Umgang mit solchen Zuschreibungen erfolgt" (Rose 2012, S. 11).

Im migrationsgesellschaftlichen Kontext spielen dabei die Wahrnehmung und der Umgang mit Mehrsprachigkeit eine besondere Rolle. Es ist zu fragen, wer z. B. aufgrund von tatsächlichen oder vermuteten (fehlenden) Sprachkompetenzen oder weil er oder sie als ein- oder mehrsprachig gesehen wird, mit welchen Positionierungsangeboten konfrontiert wird und wer welche Möglichkeiten hat, spezifische Positionen anzunehmen oder abzulehnen. In pädagogischen Kontexten – insbesondere im schulischen Bereich – ist dabei die Verquickung der migrationsgesellschaftlichen mit den pädagogischen Machtverhältnissen zu beachten, wo dann z. B. Konstellationen wie Mehrheitsangehörige_r vs. Minderheitenangehörige_r, Erwachsene_r vs. Kind, Lehrende_r vs. Lernende_r eine Rolle spielen und sich gegenseitig beeinflussen.

Die Analyse von Subjektivierungsprozessen ist nicht einfach, da Subjektivierung zumeist unauffällig und daher unmerklich vollzogen und in der Iteration einer Vielzahl von familienähnlichen Ereignissen und Erfahrungen wirksam wird. Bei der Analyse von Subjektivierungspraxen ist im migrationsgesellschaftlichen

Raum – wie bereits mehrfach erwähnt – die Konstruktion von Gruppen (z. B. Sprach-Gruppen) mit zu berücksichtigen, wobei über die Zu-Ordnung zu diesen Gruppen die Zuweisung, das Angebot und der Zugang zu bestimmten (symbolischen) Positionen geregelt wird. Um diese Gruppenbildung, bei der, um ein einheitliches, unhinterfragbares Wir zu etablieren, ein Nicht-Wir erzeugt wird, das als nicht-zugehörig und zumindest potenziell problematisch vorgestellt wird, zu beschreiben, wird im migrationspädagogischen Bereich häufig von „Othering" gesprochen. Othering-Prozesse können als Subjektivierungspraxen analysiert werden (Thomas-Olalde/Velho 2011, S. 27).

15.5 Inferiorisierende Subjektivierung und Othering in der Schule

Wenn Strukturen und Situationen, die in Bildungsinstitutionen – v. a. auch in der Schule – von Bedeutung sind, unter einer subjektivierungskritischen und migrationspädagogischen Perspektive analysiert werden sollen, können u. a. folgende Fragen gestellt werden:

- Welche Gruppen werden anhand welcher Merkmale gebildet bzw. konstruiert, welche migrationsgesellschaftlichen Unterscheidungen werden dabei bedeutsam (gemacht) und wer wird wie zu einem/einer Zugehörigen dieser Gruppe?
- Inwiefern werden Sprachen in diesen Prozessen relevant gesetzt?
- Wem werden welche Subjektpositionen angeboten, mit welchem Grad an Macht, Selbstwirksamkeit, Zugang zu Ressourcen, Ansehen etc. sind diese verbunden? Welche Hierarchien entstehen dadurch, welche Formen von Diskriminierung gehen damit einher?
- Wer hat welche Möglichkeiten, diese Positionierungsangebote anzunehmen, abzulehnen bzw. zu verändern?
- Welche Formen von Widerstand sind möglich, welche Räume von Freiheit bleiben in der jeweiligen Begrenztheit und Determiniertheit bestehen? Wie wird Widerstand in der jeweiligen Situation bewertet und welche Folgen sind zu erwarten?
- Wie wirken gesellschaftliche Faktoren (z. B. Sprachenhierarchien, Mediendiskurse, politische Rahmenbedingungen,…), pädagogische Diskurse und die konkrete Unterrichtsinteraktion zusammen? Wie beeinflussen sich die unterschiedlichen Faktoren gegenseitig?

- Welche Möglichkeiten eröffnen sich für einzelne, auf bestimmte Faktoren Einfluss zu nehmen, wo liegen die Grenzen dieser Möglichkeiten?

Mit Hilfe dieser und ähnlicher Fragen können nun unterschiedlichste pädagogisch relevante Strukturen, Situationen und Praxen analysiert werden – von der Makroebene (etwa: Schulsystem, politische Rahmenbedingungen,...) bis hin zur Mikroebene der einzelnen Interaktion etwa im schulischen Alltag.

Relativ eindeutig stellt sich die Sachlage z. B. bei einer Betrachtung des (weitgehend) monolingualen Schulsystems in den amtlich deutschsprachigen, real aber mehrsprachigen, Ländern dar. Wenn Kinder eingeschult werden, lernen sie nicht nur neue Klassenräume, neue Menschen, neue Inhalte (kennen), sondern sie lernen auch, dass der soziale Raum, in dem sie sich befinden, einer ist, in dem (Ein-, Erst-, Zweit-, Mehr-, Deutsch-)Sprachigkeit als Unterscheidungsmerkmal eine bedeutende Rolle spielt. Sie erlernen „ihre soziale Position und lernen sich gemäß ihrer sozialen Position kennen" (Mecheril/Quehl 2006, S. 364). Schon allein dadurch, dass der Unterricht und dass die Kommunikation mit den Lehrkräften im Normalfall auf Deutsch stattfindet, dass es zunächst hauptsächlich darum geht, in dieser Sprache Lesen und Schreiben zu lernen und dass der Zugang zu Bildungsinhalten über diese Sprache stattfindet, lernen die Kinder, ob sie zu jenen gehören, die die passenden Voraussetzungen für „Schule" mitbringen bzw. als solche gelten, von denen das selbstverständlich angenommen wird, oder nicht. Mit diesen Zugehörigkeiten gehen nun Hierarchisierungen einher, und somit die Herstellung superiorer und inferiorer Subjekte. Jedoch ist es ein Trugschluss zu glauben, man müsse nur an Schulen mehrsprachige Unterrichtsmodelle einführen oder Migrationssprachen in den Regelunterricht „einbeziehen", um solche Inferiorisierungen zu vermeiden. Einerseits gelingt es in den einzelnen Modellen kaum, alle Sprachen, die für die Kinder und Jugendlichen relevant sind, in gleicher Weise zu berücksichtigen, andererseits werden hier gesellschaftliche Diskurse über Sprache(n) bedeutsam, die in die Schule hineinwirken.[3]

Um welche Art von Diskursen es sich handelt, wird z. B. an den Ergebnissen von Untersuchungen deutlich, die sich mit der Entstehung und der Wirksamkeit von Sprachhierarchien beschäftigen. So ist in Untersuchungen in Hamburg festgestellt worden, dass Jugendliche, die in einem afrikanischen Land Französisch gesprochen haben, mit dieser Sprachkompetenz im Französischunterricht weniger ernst genommen werden als Jugendliche mit einem in Frankreich erworbenen Französisch (Niedrig 2015). Dieses Nicht-Ernstgenommenwerden kann

---

[3] Zu einer detaillierteren Analyse der Subjektkonstitution im monolingual deutschen Bildungssystem und in Projekten zur Mehrsprachigkeitsförderung siehe u. a. Springsits (2016).

als Praxis verstanden werden, die sich auf das Selbstverständnis der Jugendlichen auswirkt und zu der sich die Jugendlichen – zustimmend, ablehnend, ausdifferenzierend – verhalten müssen.

Für Österreich zeigt Brigitta Busch am Beispiel der Statistik Austria, wie Sprachhierarchien in offiziellen Sprachenstatistiken konstruiert bzw. verstärkt und Personen diesen Hierarchien zugeordnet werden. Sie kann dabei u. a. aufzeigen, dass bei der Reihung der Sprachen in Fragebögen sowohl der offizielle Sprachstatus (z. B. anerkannte Volksgruppensprachen), als auch der historische Kontext der Migrationsgeschichte und die Position auf dem österreichischen Sprachmarkt eine Rolle spielen. Ebenso kann festgestellt werden, dass versucht wird, Eindeutigkeit herzustellen, indem jeder Person in der Statistik eine einzige Umgangssprache zugeordnet wird (Busch 2013, S. 96–101).

In die Schule wirken solche Reihungen bzw. auch die Ausblendung bestimmter Sprachen direkt hinein, wenn z. B. bei internationalen Schulleistungsmessungen die eine Erst-/Mutter-/Familiensprache angegeben werden soll und die Liste zum Ankreuzen der Antwort eine Reihenfolge aufweist, die solche Sprachenhierarchien wiederspiegelt. Ein anderes Beispiel dafür sind Schulaufnahmegespräche, in denen Direktor_innen die Eltern nach der zu Hause gesprochenen Sprache fragen. Katharina Brizić (2007) berichtet in diesem Zusammenhang beispielsweise von Suggestivfragen, in denen Eltern anhand des Namens Antworten nahegelegt werden, und von der Ausblendung von Minderheitensprachen oder (vermeintlich) unbekannteren Sprachen zugunsten von Nationalsprachen.

Ein Beispiel soll nun auch die Ebene der Unterrichtskommunikation beleuchten, wobei im Folgenden ein sehr kleiner Ausschnitt aus einem Interview vorgestellt wird, in dem ein Lehrer einer Wiener Grundschule über seine Erfahrungen im Unterricht in einem Projekt berichtet, in dem die Kinder die Möglichkeit haben, neben dem Deutschen auch auf Türkisch bzw. auf BKS[4] Lesen und Schreiben zu lernen. Darüber hinaus wird immer wieder versucht, auch andere Sprachen, die für die Schüler_innen in ihrem Alltag Bedeutung haben, im Unterricht zu berücksichtigen. Der Lehrer blickt bei dem Interview auf die vergangenen vier Jahre zurück, die er bereits in dieser Klasse unterrichtet. Auf die Frage, ob er sich an ein Beispiel aus der 1. Klasse erinnern könne, in der die Reaktion eines Kindes auf die Aufforderung in einer bestimmten Sprache schreiben zu sollen, deutlich wird, antwortet er Folgendes:

„Da haben wir so einen kleinen Steckbrief... hätten sie schreiben sollen in ihrer Muttersprache. Manche haben das sofort gemacht. Manche haben gesagt: Ah, super, ich

---

[4] Bosnisch-Kroatisch-Serbisch.

darf! Hurra! Manche waren sich komplett unsicher: Soll ich es wirklich? Zum Beispiel der Robert in Ungarisch. Wenn du ihn heute fragst: „Wie heißt das auf Ungarisch?", will er's nicht sagen. Aber die... der Großteil eigentlich ist Feuer und Flamme, wenn's... Hurra, ich darf in der Muttersprache. Also, das... Und in der Ersten speziell, also da hat's ihnen halt Sicherheit gegeben einfach. [...] Bei dem Steckbrief war das so ziemlich augenscheinlich. Und dann ist viel mehr gekommen, als ich mir erwartet habe."

An sich wird hier eine Erfolgsgeschichte geschildert. Es geht um eine Unterrichtssequenz, in der Mehrsprachigkeit bewusst eingesetzt wird, um sprachliche Vorkenntnisse der Kinder zu berücksichtigen und wohl auch, um die Vorherrschaft des Deutschen aufzubrechen.

Allerdings werden auch Irritationen miterzählt: die Irritation, dass zuerst bei einigen Kindern Unsicherheit wahrgenommen wird, und die Irritation, dass trotz der Bemühungen um das Aufbrechen – u. a. durch den Einbezug anderer Sprachen als Deutsch in den Unterricht – Kinder dagegen Wiederstand leisten, ihre nicht deutschen Familiensprachen einzusetzen.

Im Folgenden geht es nicht darum zu bewerten, ob die geschilderte Unterrichtsaktivität oder gar die dieser zu Grunde liegende Pädagogik „gut" oder „schlecht" ist. Vielmehr sollen durch die subjektivierungskritische Perspektive Aspekte in den Blick kommen die sonst möglicherweise ausgeblendet blieben und die das Verständnis dessen, was hier passiert, bereichern können.

Zunächst fällt auf, dass bei der Beschreibung des Arbeitsauftrags die Rede davon ist, dass der Steckbrief in der „Muttersprache" geschrieben werden soll. Es wird hier allerdings nicht von einer Irritation berichtet – kein Kind muss fragen, was denn nun seine „Muttersprache" sei. Dabei wird „Sprache" als unterscheidendes migrationsgesellschaftliches Merkmal relevant: jede_r Schüler_in wird genau EINER Sprachgruppe zugeordnet bzw. hat bereits gelernt, sich dieser selbst zuzuordnen, was wiederholt wird und sich damit weiter verfestigt. Bei Kindern, die in mehreren Sprachen kommunizieren können, ist es die nicht-deutsche Sprache, mit der ihre Zugehörigkeit bestimmt wird. Außerdem fällt auf, dass die Zugehörigkeit zu dieser Gruppe nicht wählbar ist und die Jahre überdauert, gleich, ob die betreffende Person – im Beispiel Robert – die für die Gruppenzuordnung verwendete Sprache zur Kommunikation gebraucht oder nicht.

Durch die Aufgabenstellung werden die Kinder als Angehörige einer bestimmten Sprachgruppe angesprochen und dazu aufgefordert, sich als Zugehörige zu verhalten, was offenbar unterschiedliche Reaktionen hervorruft. Es scheint so zu sein, dass Freude über das sichtbare Ausleben der konstruierten Zugehörigkeit als wünschenswerte Reaktion gesehen wird. Grundsätzlich wird durch den Arbeitsauftrag versucht, allen Kindern Subjektpositionen anzubieten, die das gleiche

Ausmaß an Zugang zu der vorgesehenen Aktivität ermöglichen und eine Hierarchisierung durch ein Deutsch-Schreib-Gebot aufzuheben. Da die Sprachen jedoch im sonstigen Unterricht unterschiedliche Funktionen übernehmen (Deutsch als allgemeine Unterrichtssprache, Türkisch und BKS als Projektsprachen, Englisch als Schulfremdsprache, einige andere Sprachen als nur im „Muttersprachlichen Unterricht" geförderte Sprachen, sonst nicht präsente Sprachen), ist davon auszugehen, dass eine Zuordnung zu einer bestimmten Sprache auch unterschiedliche Positionierungen im sozialen Raum zur Folge hat. Obwohl vermutlich nicht intendiert, wird durch die Zuweisung zu verschiedenen „Nicht-Wir"-Gruppen (anhand der „Muttersprachen", die als nicht-deutsch definiert sind) das „Wir" einer deutschsprachigen Mehrheitsgesellschaft aufgerufen, deren Teil die Schule darstellt.

Da die Aufgabenstellung von einer Lehrperson ausgeht, ist es durch das „pädagogische Machtgefälle" nur schwer möglich, das Positionierungsangebot abzulehnen oder zu modifizieren. Ein Nachfragen („Soll ich es wirklich?") wird zumindest als auffällig wahrgenommen, eine Ablehnung („…will er's nicht sagen") als Irritation, die dann als (bedauerlicher?) Einzelfall geschildert wird.

Die Gründe dafür, dass Robert es ablehnt, im Unterricht einzelne Phrasen oder Wörter ins Ungarische zu übersetzen, können allein auf der Grundlage des Interviewausschnitts natürlich nicht angegeben werden, es ist aber sicherlich produktiv, darüber nachzudenken:

- Möglicherweise wirken hier gesellschaftliche Diskurse in Bezug auf Sprachenhierarchien in den Unterricht hinein; Ungarisch könnte als niedriger positioniert wahrgenommen werden als Deutsch und sein Gebrauch deshalb abgelehnt werden.
- Es könnte sich auch eine bestimmte Sprachenhierarchie innerhalb der Klasse/Schule gebildet haben (durch Mehrheitsverhältnisse, das Mehrsprachigkeitsprojekt etc.), die sich in der Weigerung zeigt.
- Darüber hinaus könnte der Widerstand möglicherweise auch daraus resultieren, dass Robert gegen eine Festlegung auf eine bestimmte Sprache protestieren oder nicht immer wieder als „fremd" markiert werden möchte.
- Möglicherweise geht es aber auch schlicht um eine Dynamik, die v. a. innerhalb des Systems Klasse-Lehrkräfte unter den einzelnen Akteur_innen wirksam wird und bei der hauptsächlich persönliche Gründe eine Rolle spielen.

Diese Liste ließe sich noch länger fortsetzen und das Ausloten von Interpretationsmöglichkeiten könnte im Hinblick auf das Verständnis und die Gestaltung der pädagogischen Arbeit fruchtbar sein. Sie könnte helfen, (voreilige) Festlegungen zu vermeiden. Hier sollen diese wenigen Ausführungen genügen, zu zeigen, wie bei einer subjektivierungskritischen Analyse vorgegangen werden kann.[5] Als letzter Schritt wären nun noch ein Ausloten der Handlungsmöglichkeiten und eine Entscheidung über konkrete Schlüsse, die aus der Analyse gezogen werden sollen, von Bedeutung. Dieser kann hier jedoch nicht „theoretisch" angegangen oder gar festgelegt werden, sondern muss den Akteur_innen im jeweiligen Feld vorbehalten bleiben.

15.6 Fazit und Ausblick

In diesem kurzen Text haben wir versucht, eine Perspektive vorzustellen, die unserer Meinung nach geeignet ist, Strukturen und Praxen in Bildungseinrichtungen der Migrationsgesellschaft zu analysieren. Die Subjektivierungskritik ermöglicht es, die vielen Bedingtheiten, die ein Individuum prägen und es zu einem spezifischen Subjekt machen, zu beachten, dabei aber auch die Freiheit des und der einzelnen ernst zu nehmen, die einen deterministischen Automatismus ausschließt. Insbesondere aber nimmt sie die vielfältigen machtvollen und hierarchischen Beziehungen mit in den Blick, die das pädagogische Feld mitbestimmen. Darüber hinaus versucht sie im Wissen um die vielen Begrenztheiten dennoch Räume der Handlungsfähigkeit aufzuzeigen, jedoch nicht Handlungsanweisungen vorzugeben. Vielmehr möchte sie übliche Betrachtungsweisen aufbrechen bzw. ergänzen, die bei der konkreten Entscheidung für oder gegen bestimmte Maßnahmen, Handlungen, Konzepte,... hilfreich sein können.

Literatur

Brizić, K. (2007). *Das geheime Leben der Sprachen – gesprochene und verschwiegene Sprachen und ihr Einfluss auf den Spracherwerb in der Migration (Internationale Hochschulschriften 465)*. Münster u. a.: Waxmann.
Busch, B. (2013). *Mehrsprachigkeit*. Wien: Facultas.
Cummins, J. (1981). Interdependence of First- and Second-Language Proficiency in Bilingual Children. In E. Bialystock (Hrsg.), *Language Processing in Bilingual Children* (S. 70–89). Cambridge: University Press.

---

[5] Weitere Analysen aus subjektivierungskritischer Sicht können u. a. in Dirim, Eder & Springsits (2013; zum Umgang mit Kinder- und Jugendliteratur und mit Schulbuchtexten) oder Dirim & Springsits (2016) nachgelesen werden.

Dirim, İ. (2015). Umgang mit migrationsbedingter Mehrsprachigkeit in der schulischen Bildung. In R. Leiprecht & A. Steinbach (Hrsg.), *Schule in der Migrationsgesellschaft. Ein Handbuch. Bd. 2: Sprache – Rassismus-Professionalität* (S. 25–48). Schwalbach Ts.: Debus Pädagogik.

Dirim, İ., Döll, M., Springsits, B., & Knappik, M. (2013). Subjektivierende Effekte von Bildungsmaßnahmen des Deutschen in der Migrationsgesellschaft. In B. Haider (Hrsg.), *Baustelle Mehrsprachigkeit* (S. 15–26). Wien: Edition Volkshochschule.

Dirim, İ., Eder, U., & Springsits, B. (2013). Subjektivierungskritischer Umgang mit Literatur in migrationsbedingt multilingual-multikulturellen Klassen der Sekundarstufe. In I. Gawlitzek & B. Kümmerling-Meibauer (Hrsg.), *Mehrsprachigkeit und Kinderliteratur* (S. 121–141). Filibach: Stuttgart.

Dirim, İ., & Knappik, M. (2014). Das „andere" Deutsch. Zur Problematik der nationalstaatlichen Situiertheit der gängigen Spracherwerbshypothesen zum bilingualen Spracherwerb. *MitSprache. Fachzeitschrift für Sprachheilpädagogik 46*(3), 2–23.

Dirim, İ., & Krehut, A. (2017). Sprachgebrauch außerhalb der Schule. In B. Ahrenholz & I. Oomen-Welke (Hrsg.), *Deutsch als Zweit- und Fremdsprache* S. 535–547. 4. Aufl., Baltmannsweiler: Schneider.

Dirim, İ., & Springsits, B. (2016). „Türkisch ist voll gangster!" Zur Berücksichtigung gesellschaftlicher Diskurse in der Mehrsprachigkeitsdidaktik. In T. Geier, & K. U. Zabarowski (Hrsg.), *Migration: Auflösungen und Grenzziehungen. Perspektiven einer erziehungswissenschaftlichen Migrationsforschung* (S. 135–152). Berlin: Springer.

Foucault, M. (2005). Subjekt und Macht. In M. Foucault, *Schriften in vier Bänden. Dits et Ecrits. Band. IV, 1980–1988* (S. 269–294). Frankfurt a. M.: Suhrkamp.

Gogolin, I. (1994). *Der monolinguale Habitus der multilingualen Schule*. Münster: Waxmann.

Krefeld, T. (2004). *Einführung in die Migrationslinguistik*. Tübingen: Gunter Narr.

Mecheril, P. (2004). *Migrationspädagogik*. Weinheim & Basel: Beltz.

Mecheril, P., & Quehl, T. (2006). Sprache und Macht. Theoretische Facetten eines (migrations-)pädagogischen Zusammenhangs. In P. Mecheril & T. Quehl (Hrsg.), *Die Macht der Sprachen. Englische Perspektiven auf die mehrsprachige Schule* (S. 355–381). Münster: Waxmann.

Niedrig, H. (2015). Postkoloniale Mehrsprachigkeit und „Deutsch als Zweitsprache". In N. Thoma & M. Knappik (Hrsg.), *Sprache und Bildung in Migrationsgesellschaften. Machtkritische Perspektiven auf ein prekarisiertes Verhältnis* (S. 69–88). Bielefeld: transcript.

Rose, N. (2012). *Migration als Bildungsherausforderung. Subjektivierung und Diskriminierung im Spiegel von Migrationsbiographien*. Bielefeld: transcript.

Springsits, B. (2016). „Warum gehen wir dann auch nirgendwo?" Zuweisung unterschiedlicher und unterscheidender Subjektpositionen im ein- und mehrsprachigen Unterricht. In M. Hummrich, N. Pfaff, İ. Dirim & C. Freytag (Hrsg.). *Kultur und Bildung – kritische Perspektiven auf erziehungswissenschaftliche Verhältnisbestimmungen* (S. 247–258). Berlin: Springer.

Spies, T. (2009). Diskurs, Subjekt und Handlungsmacht. Zur Verknüpfung von Diskurs- und Biografieforschung mithilfe des Konzepts der Artikulation [70 Absätze]. *Forum Qualitative Sozialforschung/Forum: Qualitative Social Research, 10*(2), Zugriff am 24.03.2016 unter http://www.qualitative-research.net/index.php/fqs/article/view/1150/2760

Thomas-Olalde, O., & Velho, A. (2011). Othering and its Effects – Exploring the Concept. In H. Niedrig & C. Ydesen (Hrsg.), *Writing Postcolonial Histories of Intercultural Education. Reihe: Interkulturelle Pädagogik und postkoloniale Theorie – Bd. 2* (S. 27–51). Frankfurt am Main: Peter Lang.

Prof. [in] **Dr.** [in] **İnci Dirim,** Universität Wien, Philologisch-Kulturwissenschaftliche Fakultät, Institut für Germanistik, Professur für Deutsch als Zweitsprache, Email: inci.dirim@univie.ac.at

Birgit Springsits, Lehrerin am Akademischen Gymnasium Wien, zur Zeit der Fortbildungsreihe Wissenschaftliche Mitarbeiterin am Institut für Germanistik der Universität Wien, Email: birgit.springsits@akg-wien.at

Geschlechterverhältnisse in der Migrationsgesellschaft – ein Versuch mit Begriffen und Methoden im Rahmen politischer Bildung

Rudolf Leiprecht und Charlotte Triebus

16.1 Einleitung

Mit dem folgenden Text beschreiben wir zum einen den Versuch, im Rahmen politischer Bildung so auf Geschlechterverhältnisse aufmerksam zu machen, dass neben Geschlecht und Heteronormativität auch andere soziale Ordnungen, Wissenssysteme und Identitätsmuster thematisiert werden. Dabei gehen wir davon aus, dass es unverzichtbar ist, für europäische Migrationsgesellschaften mindestens auch auf Zusammenhänge mit (sozialen Konstruktionen zu) Ethnie/Nation/Kultur/,Rasse' hinzuweisen. In aller Kürze skizzieren wir dazu einen Begriffsrahmen, auf den auch in Bildungsveranstaltungen (wie dem im Rahmen der Fortbildungsreihe durchgeführten Workshop) zurückgegriffen wird. Damit wird die eigene wissenschaftliche Perspektive sichtbar und inhaltlich begründet. Im ersten Textteil beschreiben wir also die theoretische, aber zugleich empirisch abgesicherte Brille, die mit (guten) Gründen aufgesetzt wird, um Phänomene wahrzunehmen und zu analysieren. Im zweiten Textteil geht es dann um die Methoden/Übungen, mit denen versucht wird, zu veranschaulichen und die Teilnehmenden dazu einzuladen, über ihre je eigenen Verhältnisse, Positionierungen, Zuschreibungen und Erwartungen nachzudenken.

R. Leiprecht (✉)
CvO Universität Oldenburg, Oldenburg, Deutschland
E-Mail: rudolf.leiprecht@uni-oldenburg.de

C. Triebus
Köln, Deutschland
E-Mail: charlotte.triebus@hs-duesseldorf.de

© Der/die Herausgeber bzw. der/die Autor(en) 2022
P. Mecheril und M. Rangger (Hrsg.), *Handeln in Organisationen der Migrationsgesellschaft*, https://doi.org/10.1007/978-3-658-19000-2_16

Wir beide – Rudolf Leiprecht und Charlotte Triebus – haben bei der Erstellung dieses Beitrages im Team und zugleich arbeitsteilig gearbeitet. Letztere hat für die Methoden/Übungen, aber auch für den vorliegenden Text, eigene Bilder und Graphiken entworfen. Ersterer war für den Text und die Durchführung/Erprobung des Workshops im Rahmen politischer Bildung zuständig. Die Produktionselemente *Text* und *Bild/Graphik* haben wir inhaltlich-thematisch eng aufeinander abgestimmt.

16.2 Theoriekonzepte und Begriffe: System Zweigeschlechtlichkeit, soziale Konstruktion, Doing Gender, Intersektionalität

System Zweigeschlechtlichkeit
Geschlechterverhältnisse beruhen auf sozialen Ordnungen, Wissenssystemen und Identitätsmustern, die in den meisten Gesellschaften durch ein *dominierendes System der Zweigeschlechtlichkeit* gekennzeichnet sind. Dabei wird erstens zwischen ‚männlich' und ‚weiblich' unterschieden, zweitens diese Unterscheidung durch hegemoniale Formen von ‚Männlichkeit' und ‚Weiblichkeit' reguliert und drittens das emotional-sexuelle Begehren als ‚normal' behauptet, wenn es sich entlang von Beziehungen zwischen Männern und Frauen bewegt, womit zugleich homo- und bisexuelles Begehren als mehr oder weniger unerwünschte Abweichung dargestellt wird, genauso wie alle Phänomene, die zwischen oder neben den beiden Geschlechterformen hegemonialer Zweigeschlechtlichkeit liegen könnten. Die sich so ergebenden Möglichkeitsräume des Geschlechtlichen und Sexuellen sind also keineswegs frei von Vorgaben, Erwartungen und Zuschreibungen. Die Geschlechter- und Migrationsforscherin Helma Lutz weist darauf hin, dass es vielmehr um ein *Ordnungsprinzip* geht,

„das von jedem Mitglied der Gesellschaft erwartet, sich selbst einem von zwei Geschlechtern zuzuordnen. Diese Zuordnung bleibt aber nicht optional und subjektiv, sondern erfolgt am Schnittpunkt von institutionellen Zwängen, normativen Mustern und individuellem Verhalten, die den gesamten Lebenslauf von Menschen beeinflussen." (Lutz 2017, S. 14)

Dies bedeutet allerdings nicht, dass Geschlechterverhältnisse eine statische und unveränderbare Größe darstellen. Ein Blick in die Geschichte genügt, um deutliche Entwicklungen festzustellen. Selbst wenn nur historisch sehr kurze Perioden betrachtet werden, ist die Dynamik sichtbar. So müssen zum Beispiel verheiratete Frauen heute – anders als etwa in den 1960er Jahren – keine schriftliche

Genehmigung ihres Ehemannes mehr vorlegen, um in einem Geschäft eine Waschmaschine auf Raten zu kaufen oder eine Erwerbstätigkeit aufzunehmen. Erwachsene (Ehe-) Frauen gelten als selbstständige Wirtschaftssubjekte. Ähnlich hat sich im Bereich des emotional-sexuellen Begehrens viel verändert. Es gibt seit der Jahrtausendwende in den großen Städten in Deutschland Bürgermeister/innen, die offen mit ihrer Homosexualität umgehen, und dass ein Außenminister und Vizekanzler der Bundesrepublik mit einem männlichen Lebenspartner oder der Bundesminister für Gesundheit zusammenlebt, erzeugt zu Beginn des 21. Jahrhunderts kaum öffentliche Aufregung mehr. Wenige Jahrzehnte zuvor hätte die bekannt gewordene Homosexualität eines prominenten Amtsinhabers zu einem öffentlichen Skandal geführt und sehr wahrscheinlich auch zu einem erzwungenen Rücktritt. Gleichzeitig ist die Entwicklung allerdings überaus schwerfällig und kann an unterschiedlichen sozialen und regionalen gesellschaftlichen Zusammenhängen *ungleichzeitig* sein. So ist – trotz aller Fortschritte – ‚schwule Sau' immer noch eines der am häufigsten gebrauchten und beliebtesten Schimpfwörter unter männlichen Jugendlichen, und noch immer ist die Suizid-Rate unter jungen homosexuellen oder transsexuellen Menschen, deren Selbstfindungs- und Identifizierungsprozesse meist keineswegs selbstverständlich auf Anerkennung stoßen, besorgniserregend hoch (vgl. Finke 2009; Plöderl et al. 2009; FRA 2014).

Mitunter sind die Veränderungen selbst aber auch mit statischen Elementen unterlegt. So wurden zum Beispiel in den 1960er Jahren an europäischen Stränden Frauen, die einen Bikini[1] trugen, von Polizisten mit einer Ordnungsstrafe belegt und dazu aufgefordert, ihren Körper weitergehend mit Textilien zu verhüllen (s. Abb. 16.1). Der Staat kümmerte sich also um die Bedeckung des weiblichen Körpers. Fast sechzig Jahre später konnte man dann an ähnlichen Stränden Polizisten dabei beobachten, wie sie Frauen, die mit einem Burkini[2] bekleidet waren, ermahnten, den Strand zu verlassen oder aber etwas weniger anzuziehen und mehr nackten Körper zu zeigen (s. Abb. 16.2). Verändert haben sich – und zwar in extremer Weise – die Bekleidungsformen, die von großen Teilen der einzelnen Gesellschaften für angemessen gehalten werden, teilweise zu entsprechenden Kontrollaufträgen für die staatlichen Ordnungsmächte führen und entweder mehr oder weniger Körperbedeckung verlangen. Und verändert haben sich – aus der

---

[1] Eine Strandbekleidung, die zwar 1946 in St. Tropez (Frankreich) und zuvor bereits in der Antike erfunden worden war, sich aber erst mit der sog. sexuellen Revolution Ende der 1970 Jahre in vielen Ländern durchzusetzen begann.
[2] Ein Ganzkörperanzug mit Kopfhaube aus Stoffen, die wenig Wasser aufnehmen und schnell trocknen. Er wurde 2004 von der libanesisch-australischen Designerin Aheda Zanetti entwickelt, um auch islamischen Frauen in traditionellen Kontexten das Schwimmen zu ermöglichen.

Abb. 16.1 [3] „A police officer issuing a woman a ticket for wearing a bikini on a beach at Rimini, Italy, in 1957." (Rubin 2016)

Charlotte Triebus Artworks 2019

Perspektive der verschiedenen Trägerinnen von Strandbekleidung – die Motive, Lebensgefühle und Symboliken; das eine Mal verbunden mit sexueller Befreiung und Ungezwungenheit, das andere Mal mit dem Versuch, traditionelle Vorstellungen und Freizeitaktivitäten in Einklang zu bringen. Gleich geblieben ist jedoch die Tatsache des staatlichen Eingriffs, wenn es um den weiblichen Körper geht.

Das Beispiel zeigt aber auch, dass Geschlechterverhältnisse mit internationalen Einflüssen zu tun bekommen, etwa industriellen Modewelten, bei denen es im Falle der Durchsetzung des Bikinis vermutlich weniger um sexuelle Befreiung, sondern mehr um das Verkaufsmuster ‚sex sells' ging. Zugleich wird deutlich, dass Geschlecht/Weiblichkeit/Körper in Verbindung mit anderen Differenzlinien wirken. So etwa mit der Differenzlinie Alter/Generation, wenn im Falle des Bikini-Verbots eine junge Frau gemaßregelt, aber auch von den Medien 1957

---

[3] Wir haben für diesen Beitrag zwei Fotographien als Anregung benutzt, um eigene Bilder anzufertigen, die das in der Fotographie präsentierte Geschehen möglichst genau nachzeichnen. Die Original-Fotographien (Abbildung 1: ullstein bild, via Akg-Images; Abbildung 2: Credit BestImage) illustrieren den Beitrag „From Bikinis to Burkinis, Regulating What Women Wear" von Alissa J. Rubin, erschienen in der New York Times vom 27. August 2016. Die Zitate von Alissa J. Rubin unter den Bildern stammen aus diesem Text.

Abb. 16.2 [3] „Armed police officers forced a woman to remove her shirt on a beach in Nice, France, on Tuesday after a ban on burkinis went into effect." (Rubin 2016)

Charlotte Triebus Artworks 2019

lustvoll-verschämt, gewissermaßen die günstige Gelegenheit ergreifend, öffentlich präsentiert wird. Oder mit der Differenzlinie Nation/Ethnie/Kultur, wenn es, wie im Falle des Burkini-Verbots, um die Durchsetzung einer ‚Leitkultur' geht, die als abendländisch-freiheitlich behauptet und gegen ein Bekleidungsstück ins Feld geführt wird, das als Symbol islamischer Unterdrückung inszeniert wird, dabei aber geflissentlich übersehend, dass die entsprechenden Frauen vermutlich gerade versuchen, ihren eigenen Möglichkeitsraum mit dem Schwimmen in der Öffentlichkeit zu erweitern.

Neben den Wandlungsprozessen von Geschlechterverhältnissen, die bei einer historischen Betrachtungsweise erkennbar werden, lassen sich in den Biographien der Menschen selbst Veränderungen beobachten. Zudem spielen auch hier – wie auf der gesellschaftlichen Makro- und Mesoebene – unterschiedliche Differenzlinien in ihrem Zusammenspiel eine Rolle. Zusammenfassend weist Helma Lutz darauf hin, dass:

> „[d]ie Bedeutung von Geschlecht […] sich über die Biographie hinweg verändern (kann); gleichzeitig muss Geschlecht zu anderen Kategorien (wie soziale Klasse, Ethnizität, Nationalität, Alter etc.) ins Verhältnis gesetzt werden. Dabei müssen wiederum singuläre und statische Betrachtungen vermieden werden, da das Geschlechterverhältnis zu unterschiedlichen Zeiten (in Sozialisation, Bildung, Erwerbsleben, Familienleben, Alter) unterschiedlich ausgeprägt ist." (Lutz 2017, S. 14)

Soziale Konstruktion

Schon die relativ raschen Veränderungsprozesse und die sich in der Welt herausbildende empirische Bandbreite, in der unterschiedliche Geschlechterverhältnisse gelebt werden, weisen darauf hin, dass es sich bei der Wirklichkeit der Geschlechterverhältnisse nicht um eine bloße Naturkonstante handeln kann, die ein stets identisches Muster generiert. Vielmehr ist davon auszugehen, dass die Verhältnisse und Differenzen im Kontext historisch-gesellschaftlicher Prozesse sich wandeln und mit kulturellen Deutungsmustern aufgeladen sind. Geschlecht gilt als eine *gesellschaftlich hergestellte* Kategorie, die sich *nicht* auf Natur *reduzieren* lässt.

In früheren Phasen der Geschlechterforschung wurde deshalb zwischen *Sex* als Begriff für die biologischen Aspekte und *Gender* als Begriff für die sozialisierten, erlernten Aspekte der Geschlechterverhältnisse unterschieden (vgl. für viele andere z. B. Scott 1988). Nicht von ungefähr waren deshalb sozialkonstruktivistische Betrachtungsweisen in der Geschlechterforschung recht früh in prominenter Weise vertreten – *Geschlecht als soziale Konstruktion* –, wobei die Philosophin Judith Butler die Unterscheidung zwischen Sex und Gender kritisiert, da auch die Vorstellungen und Denkweisen zu den biologischen Aspekten der Geschlechterverhältnisse durch Sprache und Diskurs hervorgebracht werden. Sie weist darauf hin, dass – ausgestattet mit einem kulturellen Konstruktionsapparat, in dem bestimmte (historisch-gesellschaftlich sich entwickelnde) Vorstellungen und Praxisformen über das Geschlechterverhältnis bereits eingeschrieben sind – das biologische Geschlecht mit dem Begriff Sex als eine Gegebenheit entworfen wird, die außerhalb jeder Bedeutungsproduktion stehen soll. Allerdings unterliegt jedoch – so betont Butler – auch das biologische Geschlecht sozialen Konstruktionen. Die angeblich natürlichen Sachverhalte werden (beispielsweise im Rahmen wissenschaftlicher Einzeldisziplinen wie der Medizin oder der Biologie) „diskursiv produziert" (Butler 1990, S. 67).

Wie immer wir dies begrifflich fassen wollen, weist das Theoriekonzept *Soziale Konstruktion* jedenfalls darauf hin, dass es um die gesellschaftliche *Herstellung* und *Gewordenheit* entsprechender Denkweisen und Praxisformen geht. Dies führt aber mindestens zu Fragen danach, *wie, in welcher Weise, durch wen* und *in welchen Kontexten* (mit-) konstruiert wird, *weshalb* und *von wem* solche Konstruktionen als plausibel empfunden und *welche* Konstruktionen sich als *dominant* durchsetzen.

Doing Gender

Im Kontext des symbolischen Interaktionismus und der Ethnomethodologie ist – verbunden mit Namen wie Erving Goffman, Harold Garfinkel und schließlich

Candance West, Sarah B. Fenstermaker und Don H. Zimmermann – eine Version des Konstruktivismus entstanden, die sich mit dem Begriff *Doing Gender* den performativen Akten und Interaktionen des Alltags zuwendet. Mit dem Begriff *Doing Gender* sind die Prozesse, Praktiken, Routinen, Mechanismen usw. gemeint, in und mit denen Geschlechterverhältnisse, Geschlechteridentitäten, Geschlechterrollen und Geschlechterbilder hergestellt, reproduziert, bestätigt, u. U. aber auch modifiziert und verändert werden. Dabei handelt es sich auch hier

> „keineswegs um eine beliebige, individuelle Aktivität [...]. [I]nstitutionalisierte Rahmenbedingungen [legen] das Format dieser Aktivität nahe, [...] strukturieren [sie vor ...], so dass Regelverstöße, die in der Kindheit überwacht und bestraft werden (ein Junge zieht keine Röcke an und weint nicht), schließlich [eher] vermieden werden. Dieses Verhalten wird im Rahmen der primären (familiären) und sekundären (Schule, Sportclubs, etc.) Sozialisationsprozesse eingeübt und gleichsam zu einer internalisierten Matrix" (Lutz 2017, S. 17).

Diese Prozesse und Ergebnisse sind oft zwar unbewusst, können jedoch bewusst gemacht werden und sind der Reflexion zugänglich. Mit dem Theoriekonzept *Doing Gender* werden im Prinzip *alle* angesprochen, sich zu fragen, *wie, in welcher Weise* und *weshalb* sie zur Herstellung von *welchen* Geschlechterverhältnissen beitragen; die ‚Mit-Beteiligung' in spezifischen sozialen Kontexten (wichtig: nicht die Allein-Verantwortung) wird also hervorgehoben. Von hier aus gedacht ist es nicht naheliegend, Menschen auf die Position und Rolle stets hilfloser Opfer übermächtiger Verhältnisse zu reduzieren. Vielmehr kann – passend zur Theorieskizze – auch gefragt werden, welche Potenziale zu einem ‚Anders-Machen' vorhanden sind. Dabei ist die Frage nach der verfügbaren (Handlungs-)Macht und der Reichweite der Wirksamkeit des eigenen Handelns von großer Bedeutung.

Konstruktionen von Großgruppen und Differenzlinien
Für den biographischen Ausgangspunkt von Subjekten ist der jeweilige soziale Ort, an dem sie in die Welt und in eine Gesellschaft hineingeboren werden, bedeutungsvoll. Angesichts gesellschaftlicher Schichtungs- und Positionierungsverhältnisse kann dieser soziale Ort sehr unterschiedlich aussehen und von Benachteiligung, Ausgrenzung und Diskreditierung betroffen sein, und oft finden sich in den Diskursen der Gesellschaft machtvolle Begründungen und Rechtfertigungen, mit denen die Verantwortung in das ‚Innere' der benachteiligten Subjekte selbst gelegt wird, oft flankiert durch essentialisierende Zuschreibungsmuster, die das jeweilige ‚Innere' dann als biologisches oder kulturelles Resultat von

Gruppenzugehörigkeiten behaupten. Solche Zuschreibungen verlaufen oft parallel zu Konstruktionen von Großgruppen, mit denen vereinheitlichende Bilder und Vorstellungen über *die* Frauen, *die* Mädchen, *die* Schwulen, *die* Lesben, aber eben auch *die* Jugendlichen, *die* Ausländer, *die* Türken, *die* Albaner, *die* Angehörigen des Islam, *die* Flüchtlinge usw. geschaffen werden. Dabei geht es um Fremd- und Selbstzuschreibungen, die auf die Bedeutung von Geschlecht, sexueller Orientierung (also entlang von Homosexualität bzw. Heteronormativität), Familiensprache, Religion, Herkunft, sog. Migrationshintergrund, Hautfarbe, sozialer Klasse bzw. Schicht, Alter und Generation und/oder geistiger und körperlicher (Nicht-)Beeinträchtigung verweisen. All diese Großgruppenkonstruktionen tragen zu Differenzlinien/Differenzordnungen bei, die häufig mit mannigfachen Problemlagen, Benachteiligungen und Negativbewertungen, aber auch – auf der komplementären Seite – mit Privilegien und Begünstigungen einhergehen. Und es ist wenig überraschend, dass entlang dieser Differenzlinien/Differenzordnungen deshalb oft auch *unterschiedliche* Ressourcen, Lernvoraussetzungen, Lernerfahrungen, Lebensweisen, Krisenbewältigungsmuster usw. festzustellen sind. Solche Differenzlinien/Differenzordnungen wurden für die Sozial- und Erziehungswissenschaften von Helma Lutz und Norbert Wenning in einer Übersicht dargestellt (vgl. Lutz/Wenning 2001). Dabei ging es ihnen nicht nur um den Hinweis auf duale Konstruktionsmuster, sondern vor allem auch um die Frage nach Spezifik der einzelnen Differenzlinien/Differenzordnungen und um die Frage nach den Verbindungen zwischen ihnen (s. Abb. 16.3). Ergänzen lässt sich diese erste Übersicht durch eine zweite, bei der explizit auf die Systeme und Ordnungen von Negativbewertung, Hierarchisierung, Ausgrenzung usw., die mit den Großgruppenkonstruktionen oft verbunden sind (s. Abb. 16.4), aufmerksam gemacht wird.

Intersektionalität

Ein weiteres zentrales Theoriekonzept neben *Sozialer Konstruktion, Doing Gender* und *Differenzlinien,* das zur Diskussion von Geschlechterverhältnissen unverzichtbar ist, wurde zwar bereits implizit erwähnt, aber noch nicht erläutert. Dabei handelt es sich um *Intersektionalität*. Dieses Theoriekonzept ist mit den Namen von us-amerikanischen Wissenschaftlerinnen wie Kimberlé Crenshaw (1994) und Valerie Smith (1998) verbunden, in Deutschland war es u. a. Helma Lutz, die den Begriff in den Sozial- und Erziehungswissenschaften eingeführt hat (vgl. Lutz et al. 2010). Mit Intersektionalität wird versucht, Verbindungen, Überschneidungen, Überlagerungen von Kategorien wie und Großgruppenkonstruktionen zu z. B. Geschlecht/Sexualität mit Ethnie/Nation/Kultur/‚Rasse', Klasse/Schicht und/oder Generation/Alter wahrzunehmen und zu thematisieren. Gezeigt werden

Kategorien (mit Konstruktionen von Großgruppen verbunden)	Grunddualismus (Beispiele für hegemoniale Konstruktionsmuster)	
	dominierend	dominiert
Geschlecht	männlich	weiblich
Sexualität	heterosexuell	homosexuell
„Rasse"	„weiß"	„schwarz"
Ethnie	dominante Gruppe = nicht ethnisch	ethnische Minderheit(en) ethnisch
Nation / Nationalstaat	Angehörige Staatsbürger/in	Nicht-Angehörige Nicht-Staatsbürger/in
„Kultur"	„zivilisiert"	„unzivilisiert"
soziale Klasse / soziale Schicht / Kaste	„oben" / etabliert	„unten" / nicht etabliert
Besitz	reich / wohlhabend	arm
Generation / Alter	„erwachsen" (alt) „erwachsen" (jung)	jung alt
„Behinderung"	ohne „Behinderungen" / „gesund"	mit „Behinderungen" / „krank"

Abb. 16.3 *Kategorien/Großgruppenkonstruktionen und Differenzlinien.* (© Rudolf Leiprecht)[4]

soll, dass sie – je nach Konstellation – verstärkend oder auch abschwächend aufeinander einwirken. Ihre Wechselwirkungen verändern sich je nach gesellschaftlich-politischem Kontext und – so betont die Erziehungswissenschaftlerin Marianne Krüger-Potratz – in den Analysen sollte deutlich werden, dass, unter welchen gesellschaftlichen Verhältnissen und wie die Einzelnen nicht generell „passive Opfer" in solchen Überkreuzungen, sondern auch Mitgestaltende sind (vgl. Krüger-Potratz 2011). Mit dem Analyseinstrument *Intersektionalität* wird davon ausgegangen, dass *alle* Menschen am Schnittpunkt (intersection) solcher Großgruppenkonstruktionen und Kategorien positioniert sind. Diese wirken

---

[4] Die Abbildung wurde von Rudolf Leiprecht entworfen; dabei inspiriert und aufbauend auf den Ausführungen bei Helma Lutz und Norbert Wenning (2001, S. 20).

Kategorien (mit Konstruktionen von Großgruppen verbunden)	Systeme/Ordnungen von Negativbewertung, Hierarchisierung, Benachteiligung, Ausgrenzung, Unterdrückung, Ausbeutung, ...
Geschlecht Sexualität	Paternalismus Sexismus Heteronormativität
„Rasse" Ethnie Nation Kultur	Rassismus Ethnozentrismus / Ethnizismus Nationalismus kulturalisierender Rassismus [Kolonialismus / Nationalsozialismus]
soziale Klasse / soziale Schicht / soziale Kasten / Besitz	Klassismus [Feudalismus] [Kapitalismus]
Generation / Alter	Adultismus Altersdiskriminierung
„Behinderung"	„Behindertenfeindlichkeit" / Ableism / Handicapism / Bodyismus

Abb. 16.4 *Systeme von Negativbewertung, Hierarchisierung, Ausgrenzung usw.* (© Rudolf Leiprecht)

als soziale Platzanweiser und führen zu sozialen Positionierungen, generieren aber auch kollektive Identitäten („Wir'-Gruppen). Hinzu kommt, dass jede der Kategorien in sich ausdifferenziert ist, sie ‚verflüssigt' sich bei genauerer Analyse. Beispielsweise gibt es keine Positionierung als weiblich oder männlich sozialisiert, bei der nicht gleichzeitig eine Position in den Klassen- und Schichtungsverhältnissen eingenommen wird, die wiederum mit einer Generation verbunden ist, die in einem nationalen Kontext ihre Erfahrungen gemacht hat und dort mit einer bestimmten ethischen Herkunft eher zu den Privilegierten oder Deprivilegierten gehört, usw. Man könnte auch sagen, in den einzelnen Kategorien sind, ähnlich wie bei einer sog. ‚russischen Puppe', die jeweils anderen bereits enthalten, müssen aber in den empirischen Verhältnissen durch eine Analyse sichtbar gemacht und nach ihrer spezifischen wechselseitigen Konstellation und Bedeutung in einem konkreten Fall befragt werden.

16.3 Methoden und Inhalte

Der Tango und der einzelne Tänzer[5]
Ein Kalenderblatt:[6] Zwei Gestalten sind zu sehen, etwa gleich groß, in enger Umarmung verbunden, die Gesichter einander zugewandt, die Nasen nur einen Zentimeter voneinander entfernt. Das Bild zeigt die Momentaufnahme einer Bewegung; offenbar eine Drehung, der linke Fuß der einen Gestalt befindet sich im geöffneten Schritt der anderen Gestalt, Torsion und Dynamik im Körper sind sichtbar. Das Paar befindet sich in Tanzhaltung. Die beiden sind sich sehr nahe. Ein Lächeln ist auf dem einem Gesicht zu erkennen. Im Hintergrund lassen sich unscharf eine Wasserfläche, eine Art Kaianlage und verschiedene Gebäude ausmachen.

© Charlotte Triebus Artworks 2012

---

[5] Bei dem folgenden Abschnitt handelt es sich um korrigierte und überarbeitete Textpassagen, die an anderer Stelle teilweise bereits publiziert wurden (vgl. Leiprecht 2012, S. 37–39).

[6] Bei dem Kalenderblatt, das wir bei Vorträgen zeigen, handelt es sich um ein Foto, nicht um eine – wie im vorliegenden Beitrag – (dem Foto nachempfundene) eigene Grafik. Die Rechte für das Original-Foto waren für diese Publikation leider nicht zu ermitteln.

Wir zeigen dieses Kalenderblatt mitunter bei Vortragsveranstaltungen. Untermalt mit dem Musiktitel *Oblivion* von Astor Piazzolla lassen wir Bild und Musik zwei Minuten auf das Publikum wirken und fragen anschließend danach, was den Einzelnen durch ‚den Kopf gegangen' ist. Mitunter notieren wir die genannten Assoziationen und sortieren sie ein wenig.

Meist wissen einige über den argentinischen Tango Bescheid und erkennen, dass es sich bei der eingefrorenen Bewegung des Paares auf dem Kalenderblatt um einen Tanzschritt handelt, der gut zu der gehörten Musik des Altmeisters des neueren Tangos – Astor Piazzolla – erfolgt sein könnte. Oft wird diese Information noch ergänzt um Vermutungen über den Ort des Geschehens; der Hintergrund wird dann beispielsweise als Hafenanlage in Buenos Aires oder Montevideo identifiziert. Und wieder andere informieren darüber, dass die Beiden auf dem Bild vermutlich miteinander üben: Es wird von Männern gesprochen, die den Tanz zunächst ohne Frauen tanzten, um für den Tanz mit Frauen – gewissermaßen dem ‚Ernstfall' – gut vorbereitet zu sein. Sie erinnern damit an die Einwanderungsgeschichte Argentiniens und Uruguays: Es waren zunächst vor allem Hunderttausende an allein reisenden Männern, die im 19. Jahrhundert als mittellose Landarbeiter und Handwerker ihr Glück versuchten, in der Hoffnung, dass es ihnen besser ergehen würde als in Europa. „Der Tango", so Ivonne Lauthardt und Martina Schuster, „wurde zum Ausdrucksmittel ihrer Enttäuschungen und Sehnsüchte. Aufgrund des Frauenmangels wurde er zunächst meist nur unter Männern oder mit Prostituierten in den Bordellen getanzt" (Lauthardt/Schuster 1998, S. 102). Mit diesem Flair von Anrüchigem ausgestattet, wurde der Tango zu einer Kunstform (Tanz, Musik, Texte, Kleidung), die von den sich als besser und überlegen verstehenden Klassen eher gemieden wurde.

Die allmählich entstehende und sich immer wieder wandelnde Tangomusik war und ist ein Ausdruck *kultureller Mischung:* Rhythmen und Trommeln aus Afrika, Lieder aus Europa (vor allem aus Spanien und Italien) und der argentinischen Pampa, und auch ein Instrument, das Eingewanderte aus Deutschland mitgebracht hatten und das bald für den spezifischen Klang des Tangos stand: das Bandoneon. All dies fügte sich in unterschiedlichen, aber doch typischen musikalischen und tänzerischen Formen und Gesangstexten stets aufs Neue zusammen.

Eine erste Rückmeldung von uns zu dieser Sammlung von Informationen erfolgt im Rahmen von Workshops in der Form einer Metapher: *Wenn ich etwas über den Tango weiß, dann weiß ich noch nicht viel über die einzelnen Tanzenden.*

Dies ist ein theoriebezogener Hinweis auf die Wirkung von Makro-Strukturen, wie sie zum Beispiel auch kulturelle Systeme (mit ihren Werten, Normen, Bedeutungsmustern, etc.) darstellen. Wir gehen davon aus[7], dass diese Strukturen *keine* deterministische Wirkung entfalten, sondern vielmehr den Möglichkeitsraum der Einzelnen rahmen, ihn (vermutlich stark) beeinflussen und in ihn eingehen, aber innerhalb dieser Möglichkeitsräume können kulturelle und strukturelle Verhältnisse und Deutungsmuster interpretiert und subjektive Entscheidungen getroffen werden. Dabei sind die Prämissen und Gründe für solche Entscheidungen nicht selten unbewusst, jedoch zumindest potentiell der jeweils eigenen Reflexion zugänglich (vgl. Leiprecht 2013). Mit einem Wissen zur Tangokultur und seinen Regeln kann ich vielleicht die Schritte der Tanzenden erkennen, ihren Stil lesen, die Qualität des Gezeigten einschätzen und den Tanz, Musik und Text in ihrer Aktualität und Geschichte einordnen. *Was* aber die jeweils Tanzenden fühlen und denken, *weshalb* sie tanzen, *was* sie damit verbinden, *wie* sie mit der Tangokultur umgehen und einen kleinen Beitrag zur Reproduktion und/oder Veränderung der Tangokultur leisten, *in welcher Weise* und *warum* dies für die Einzelnen in ihrer jeweiligen Biographie und Lebenswelt bedeutungsvoll ist, usw., all dies weiß ich mit meinem (mehr oder weniger umfangreichen und differenzierten) Wissen zur Tango-Kultur nicht. Wenn ich auf *solche Fragen* eine Antwort haben möchte, dann bin ich mindestens darauf angewiesen, dass die Tanzenden sich selbst und mir gegenüber *reflexiv öffnen* und eine *entsprechende dialogische Kommunikation* gelingt.

Wann und weshalb Differenzlinien/Differenzordnungen zum Thema machen?
Neben Hinweisen auf den Tango werden als Reaktion auf Bild und Musik aus dem Publikum heraus aber auch immer wieder Vorstellungen über ‚Männlichkeit' formuliert: So wird darauf hingewiesen, dass es hier zwei Männer sind, die eng umschlungen tanzen, und vorsichtig wird erläutert, dass dies nicht unbedingt den hierzulande vorherrschenden Vorstellungen über Männer und Männlichkeit entspricht. Allenfalls beim Sport und/oder in der Freude über den einen oder anderen sportlichen Erfolg, scheinen sich in Deutschland Männer in der Öffentlichkeit so in den Armen zu liegen.

An dieser Stelle macht dann meist jemand darauf aufmerksam, dass es sich auch um homosexuelle Männer handeln könnte: Es wird also nicht getanzt, um sich für den Tanz mit einer Frau vorzubereiten, sondern der Tanz Mann mit

---

[7] Dabei beziehe wir uns u. a. auf die Kritische Psychologie, deren bekanntester Vertreter der (Sozial-)Psychologe Klaus Holzkamp war (vgl. Holzkamp 1983). Ähnliche theoretische Zugänge lassen sich auch im Kontext diversitätsbewusster Ansätze finden, etwa bei Miu Chung Yan (2016).

Mann ist für sich bereits mit einer spezifischen Form verbunden, die möglicherweise erotisch aufgeladen ist. Nicht von ungefähr erfolgen solche Hinweise in aller Regel mit einiger Zurückhaltung: Das Publikum, vor dem wir meist vortragen, möchte sich vermutlich nicht dabei ertappen lassen, auch nur den Anschein zu erwecken, als würde es davon ausgehen, dass es sich bei homosexuellen Neigungen um etwas Besonderes handele, um etwas, das – noch problematischer – möglicherweise nicht zu akzeptieren sei.

In Bezug auf die Nicht-/Thematisierung von Homosexualität stimmt ja, dass es eigentlich gar nicht notwendig und auch wenig sinnvoll ist, mit der Frage danach und einer Bemerkung dazu zugleich möglicherweise eine Unterscheidung einzuführen, schließlich ist das eigene sexuelle Begehren, ist es nun heterosexuell, homosexuell, bisexuell oder asexuell ausgerichtet, eine Privatangelegenheit. Dies geht außer den unmittelbar Betroffenen, die im Einverständnis miteinander und auf Augenhöhe zueinander handeln, niemanden etwas an. Und das Publikum weiß: In der Tolerierung von Homosexualität ist man in Deutschland bereits weit fortgeschritten (s. o.). Allenfalls wundert man sich, wenn man sensibel genug ist, höchstens darüber, wieso es beispielsweise so wenige Männer in der Öffentlichkeit (aber auch in den Medien, in der Werbung, etc.) gibt, die sich gegenseitig küssen, während küssende zweigeschlechtliche Paare doch recht häufig zu sehen sind. Heteronormativität wird von vielen *nicht* wahrgenommen.

Im Vortrag versuchen wir – als Reaktion auf entsprechende Beiträge aus dem Publikum – solche Gewohnheiten des Sehens und Nicht-Sehens zu verdeutlichen. Zudem weisen wir darauf hin, dass eine Aufmerksamkeit für diesen Unterschied und solche Unterscheidungen spätestens dort *keine* Privatsache ist, wo Homosexualität unterdrückt, verfolgt und verächtlich gemacht wird. Bis Ende der 1980er Jahre war dies auch in Argentinien – und dabei zeigen wir nochmal auf das Bild der beiden Tanzenden – in überaus deutlicher Weise der Fall. Insbesondere zu Zeiten der Militärdiktatur herrschte ein brutales Regime, in dessen Rahmen (auch) Menschen mit homosexueller Orientierung massiv unterdrückt, verletzt und verfolgt wurden. Seitdem hat sich im Laufe des allgemeinen Demokratisierungsprozesses der Gesellschaft auch die Situation für Menschen mit homosexueller Orientierung verbessert. Eine im Staat und in der Zivilgesellschaft in umfassender Weise *fraglos gegebene* und *selbstverständlich anerkannte* Orientierung und Lebensform ist Homosexualität – ähnlich wie in Deutschland – allerdings immer noch nicht.

Dies führt zum zweiten Satz, auf den wir dann hinweisen: *Kategorien und Unterschiede, die mit Zuschreibungen zu und Konstruktionen von Großgruppen zu tun haben, müssen dann thematisiert werden, wenn es um eine damit verbundene*

Unterdrückung, Ausbeutung, Benachteiligung, Gewalt, Stereotypisierung und/oder Abwertung geht.

Sehr schnell kann es in unserem Vortrag dann weitergehen mit dem Herausarbeiten der Notwendigkeit einer spezifischen *diversitätsbewussten und differenzsensiblen Aufmerksamkeit,* über die Professionelle etwa in Arbeitsbereichen wie Bildung und Sozialer Arbeit verfügen sollten: Gruppenbezogene Zuschreibungen und Differenzlinien/Differenzordnungen zum Beispiel zu Kultur (Tango), Geschlecht (zwei Männer), körperliche ‚Behinderung' (das ‚Körperbild' der beiden Männer), Generation (zwei relativ junge Männer), sexuelle Orientierung (vielleicht homosexuell) und Nationalstaat (Argentinien, Deutschland) kommen sehr selten isoliert und getrennt voneinander vor, sondern sind in den allermeisten Fällen intersektional (s. o.) miteinander verbunden.

„Die andere Frage stellen"
Nach und nach haben wir in der Fortbildungsveranstaltung mittlerweile die oben dargestellten Begriffe und Theorieansätze erläutert, möglichst in einem Stil, der den Austausch mit dem Publikum ermöglicht und offen für Nachfragen ist. Mit der nächsten Übung knüpfen wir an die Idee von Intersektionalität an und gehen einen Schritt weiter. Dabei greifen wir einen Vorschlag auf, den die US-amerikanische Rechtswissenschaftlerin Mari Matsuda (1991) mit der Untersuchungshaltung „Die andere Frage stellen …" in die Fachdebatten eingebracht hat. Bei Ereignissen, die deutlich nach Sexismus aussehen, schlägt sie vor, gezielt auch nach Rassismus zu fragen, bei rassistischen Situationen zu prüfen, wo und in welcher Weise Klassismus vorkommt, und bei Benachteiligungen entlang von Klassenpositionen zu fragen, ob und wie Heteronormativität darin stecken könnte, usw.? Dieses Prüfmuster lässt sich auch bei Texten anwenden, in dem z. B. dort, wo ein Frauenname steht, versuchsweise ein Männername eingefügt wird, und dort, wo eine Migrantin beschrieben wird, sie durch eine Person ohne sog. Migrationshintergrund ersetzt wird usw. Meist ist es sehr aufschlussreich, zu schauen, was mit einem Text nach einem solchen Gedankenexperiment geschieht. Oft werden so Fixierungen und unhinterfragte Selbstverständlichkeiten aufgebrochen. Und meist ergibt sich so der Beginn weiterer Fragen und Untersuchungen.

Dem Prinzip der „anderen Frage" versuchen wir zu entsprechen, indem ähnliche, aber doch bedeutsam unterschiedlich Tango tanzende Figuren gezeigt werden, unterlegt wiederum durch Fragen. Bei den Figuren handelt es sich um Graphiken von Paaren, die einen argentinischen Tango tanzen. Wir führen diese Übung ein, in dem wir darum bitten, in kleinen Gruppen (etwa zu dritt) zusammenzuarbeiten, und informieren die Teilnehmenden, dass es im Tango eine *führende Position* gibt und eine *geführte Position*. Im traditionellen Tango wurde

© Charlotte Triebus Artworks 2014

a) Beschreiben Sie möglichst genau, was Sie sehen.
b) Benutzen Sie die Positionierung (führend/geführt, oben/unten) der beiden Figuren im Bild als Metapher.
Suchen Sie damit in der Gesellschaft nach Ähnlichkeiten für eine solche Anordnung. Werden Sie fündig? Wenn ja, wo und in welcher Weise? Häufig?

Abb. 16.5 Ein Tango tanzendes Paar

erstere Rolle lange Zeit (zumindest in der Öffentlichkeit) nur von Männern eingenommen, zudem gab es kaum einen Wechsel in den Positionen zwischen Männern und Frauen.[8] Die führende Position hat hier den Raum vor sich, sieht, wohin es geht, achtet darauf, dass es zu keinen Kollisionen mit anderen Tanzpaaren kommt, entscheidet (zumindest mit einem ersten Angebot), welcher Schritt als nächstes ausgeführt wird. Die geführte Position bewegt sich mit dem Rücken zum Raum, die Tanzrichtung liegt meist hinter ihr, sie muss sich auf die Führung verlassen. Wir bitten die Kleingruppen dann, sich in aller Ruhe das erste Bild anzuschauen und die dazugehörigen Fragen zu beantworten, unterlegen dies u. U. mit ruhiger Tango-Musik (s. Abb. 16.5).

Nach einer gewissen Zeit sammeln wir die Antworten, ohne, dass wir sie kommentieren, und notieren sie in Kurzform so, dass die Teilnehmenden die Beiträge sehen können (also z. B. auf einem größeren Plakat). Die Antworten der Teilnehmenden kreisen hier meist um die Thematik *Geschlechterverhältnisse,* wobei

---

[8] Mittlerweile gibt es viele andere Praktiken des Tangos, die auch die Veränderung von Geschlechterverhältnissen und die Kritik daran widerspiegeln. Hinterfragt wird dabei auch die Verwendung des Verbpaars führen/folgen. Auf Grundlage der Improvisation und Möglichkeiten, die die Kommunikationssprache des Tangos suggerieren, sind diese Bezeichnung und die damit verbundenen Vorstellungen und Festlegungen schon allein deshalb zu hinterfragen, weil die Tanzrichtung zwar durch eine Person initiiert, durch die andere Person jedoch akzeptiert und beantwortet bzw. vervollständigt wird (vgl. dazu auch Lepecki 2013, S. 35).

Beiträge durchaus kontrovers ausfallen können. Mitunter wird das Bild als eine Metapher für Frauenunterdrückung gedeutet, teilweise als Hinweis darauf, dass es oft eher Männer sind, die führende Positionen in der Gesellschaft einnehmen, wobei die Verantwortung für diese Tatsache von einigen eher bei Frauen (und ihren strukturellen Möglichkeiten, Kontexten etc.) und von einigen eher bei Männern (und ihren strukturellen Möglichkeiten, Kontexten, etc.) verortet wird. Manchmal wird auch betont, dass solche eindeutigen Verhältnisse der Geschichte angehören und wohl endgültig überwunden sind, und manchmal ergibt sich eine Kontroverse darüber, wo und wie genau dies so pauschal eben nicht stimmt. Teilweise wird auch über die Bedeutung von Führung diskutiert, verbunden mit der Frage danach, ob Führungsverhältnisse immer zu Unterwerfung und/oder Macht-Asymmetrien führen müssen. Meist angestoßen durch eine entsprechende Moderation wird schließlich auch noch danach gefragt, welche Anhaltspunkte es dafür gibt, die beiden Figuren als ‚weiblich' oder ‚männlich' wahrzunehmen und ob es nicht auch Möglichkeiten jenseits dieser Binarität gibt.

Danach präsentieren wir das nächste Bild (Abb. 16.6).

Sehr selten weist bereits beim ersten Paar (Abb. 16.5) jemand auf „weiße" Hautfarbe hin, obwohl dies doch deutlich sichtbar und prominent anwesend ist, und zudem soeben in der Veranstaltung über Differenzlinien/Differenzordnungen und die jeweiligen Markierungen/Nicht-Markierungen bei den Beispielen für

© Charlotte Triebus Artworks 2014

Beschreiben Sie möglichst genau, was Sie sehen.
Was haben Sie beim vorherigen Bild vielleicht nicht gesehen? Weshalb?

Abb. 16.6 Ein Tango tanzendes Paar

hegemoniale Konstruktionsmuster diskutiert wurde. Wenn dies geschieht, kommt der Hinweis entweder von „schwarzen" Teilnehmenden oder aber von Teilnehmenden, die zwar mit ihrer Hautfarbe nicht die Erfahrung machen, als „schwarz" markiert zu werden, aber für solche Themen bereits in anderer Weise sensibilisiert worden sind und eine entsprechende Aufmerksamkeit entwickelt haben. Meist wird die „weiße" Hautfarbe von „weißen" Teilnehmenden *nicht* gesehen. Diese Erfahrung löst teilweise Betroffenheit und Nachdenklichkeit aus. So ergibt sich eine Öffnung, um herauszuarbeiten, dass es bei solchen Wahrnehmungsbeschränkungen *nicht* um einen Sachverhalt geht, der auf die individuelle Geschichte und Verantwortung reduziert werden kann.

Sehr gut lässt sich dies mit Theorieskizzen und Analysen unterbauen, deren Verfassende durch die Beschäftigung mit unterschiedlichen Differenzlinien zu recht ähnlichen Ergebnissen kommen. So versuchte der Rassismusforscher und langjährige Direktor des Centers für Contemporary Cultural Studies (CCCS) in Birmingham Stuart Hall (1994) in seinen Analysen die gängige Zuschreibungspraxis aufzulösen, bei der die („weißen") Mitglieder dominanter Gruppen sich als *nicht-ethnisch* verstehen und präsentieren, dabei aber den Maßstab für die Imaginierung „Anderer" bilden und dies als „Unmarkierte" aus einer sich verdeckt haltenden Position heraus tun. Mit Halls (1989) Thematisierungen werden auch die Orte und Ausgangspunkte der dominierenden Ordnung, die einer immanenten (weißen) Perspektive folgen, sichtbar. Hall analysiert die Darstellung und Anordnung von Beobachtungen und Beschreibungen, die zunächst „neutral" und „objektiv" erscheinen, kann dabei aber zeigen, dass diese bereits eine bestimmte Position abbilden, hinter der sich eine hegemoniale Struktur mit einer Konstellation von Praxisformen und Diskursen verbirgt. Es handelt sich um die Position des alles beherrschenden weißen Blicks, der von einem ungenannten oder unmarkierten Standort aus beschreibt und bewertet (vgl. ebd., S. 159).[9] Deutlich wird, dass die privilegiert Positionierten, wenn sie gewissermaßen unter sich sind, das allzu selbstverständlich Anwesende, nämlich die exklusive Ansammlung eher privilegierter Menschen, was ja einen Ausschluss weniger privilegierter Menschen meist voraussetzt, eher selten wahrnehmen.

In Bezug auf diesen Mechanismus kommt der US-amerikanische Männlichkeitsforscher Michael Kimmel, sich mit Geschlechterverhältnissen befassend, zu einem vergleichbaren Ergebnis. Kimmel hat in vielen Analysen bestätigt gefunden, dass „[o]bwohl allgegenwärtig in Machtpositionen, [...] viele Männer für sich selber als Geschlechtswesen unsichtbar [bleiben]" (Kimmel 2004, S. 339).

---

[9] Siehe dazu auch seine Untersuchung über das „allumfassende ‚Englische Auge' " (Hall 1994, S. 45).

© Charlotte Triebus Artworks 2014

Abb. 16.7 Ein Tango tanzendes Paar

Kimmel beschreibt sich selbst als „weißen" Mittelklasse-Mann und stellt für sich fest: „Ich genieße das Privileg der Unsichtbarkeit. Eben jene Prozesse, die einer bestimmten Gruppe und nicht einer anderen ein Privileg übertragen, sind für diejenigen unsichtbar, die das Privileg übertragen bekommen." (ebd., S. 340) Dies kann sich durchaus als Problem darstellen, wenn es darum geht, Männer zu geschlechterrelevanten Themen anzusprechen. Für Männer sind Geschlecht, Heteronormativität und Macht oft Themen, die für sie „unsichtbar sind" (ebd., S. 347).

Wenn noch etwas Zeit ist, kann an dieser Stelle auch die Übersicht zu Differenzlinien (s. Abb. 16.3) nochmal herangezogen werden, um zu untersuchen, ob, wann, wo und in welcher Weise die linke Spalte, also die dominierenden Positionen, eher unsichtbar und unmarkiert sind.

Anschließend zeigen wir in rascherer Reihenfolge und jetzt meist im Plenum arbeitend, die nächsten drei Bilder (s. Abb. 16.7, 16.8 und 16.9).[10] Stets ver-

© Charlotte Triebus Artworks 2014

Abb. 16.8 Ein Tango tanzendes Paar

ändert sich das Verhältnis der Positionierungen im Paar, wobei jetzt teilweise auch dominierte Positionierungen eine führende Rolle übernehmen (Abb. 16.7 und 16.9) oder eine dominierte Positionierung eine andere dominierte führt (Abb. 16.8). In aller Regel bieten die Bilder eine gute Möglichkeit, über Differenzlinien, gesellschaftliche Konstellationen, die Situation in der eigenen Organisation/Einrichtung, die eigenen Gefühle, Wahrnehmungen, Erfahrungen und Sichtweisen ins Gespräch zu kommen.

Zwei letzte Hinweise schließen die Reflexionsübung ab. Ein erster Hinweis gilt der Bekleidung, die in allen Paarkonstellation fixiert ist. Stets ist bei der ‚weiblichen' Figur mehr Haut sichtbar, und stets ist die ‚männliche' Figur mit einem Anzug ausgestattet, der nur Kopf, Hals und Hände unbedeckt lässt. Beides scheint zu dominierenden Bekleidungs- und Bedeckungsmustern zu gehören, die – je nach Zusammensetzung der Gruppe der Teilnehmenden – jedoch nicht von allen als selbstverständlich und akzeptabel wahrgenommen werden und vor

---

[10] Die Fragen zu den Bildern sind jeweils identisch (auch mit der Abb. 16.5 weiter oben, weshalb sie, um hier im Text Platz zu sparen, weggelassen wurden).

© Charlotte Triebus Artworks 2014

Abb. 16.9 Ein Tango tanzendes Paar

allem an vielen Orten in der Welt auf andere Vorstellungen von ‚richtiger' Bekleidung stoßen. Bei einer solchen Diskussion können dann auch die Bilder zu den Regulierungsversuchen des Staates gegenüber Bikini und Burkini herangezogen werden (s. Abb. 16.1 und 16.2). Ein zweiter Hinweis ist der Frage nach dem hegemonialen Konstruktionsmuster zu ‚Behinderung' gewidmet. Wurde bemerkt, dass in den Repräsentationen jeweils (vermutlich) nur die dominierende Seite erscheint, allerdings – in Bezug auf Differenzlinien/Differenzordnungen – unmarkiert hinsichtlich ihrer spezifischen Dominanz?

16.4 Schlussbemerkung

Reflektieren, Lernen und Sich-Bilden ist auch in Veranstaltungen politischer Bildung mit Interpretationen verbunden. Die Teilnehmenden entwickeln Lesarten des Präsentierten, und im günstigen Fall tauschen sie sich dazu aus und kommen zu einem Thema, das *alle* angeht, und auf Augenhöhe in ein ernsthaftes Gespräch, vielleicht jetzt ausgestattet mit einem besonderen Reflexionswissen und einer besonderen Aufmerksamkeit. Dieses Gespräch muss weitergehen und in Einrichtungen und Organisationen fortgeführt werden. Die letzteren sind dabei dazu aufgefordert, solche Auseinandersetzungen möglich zu machen und dafür zu sorgen, dass den neuen Aufmerksamkeiten auch institutionelle bzw. organisationale Veränderungsprozesse folgen können. Ein Workshop wie der hier präsentierte kann nur ein Anfang sein.

Literatur

Butler, J. (1991). *Das Unbehagen der Geschlechter*. Frankfurt a. M.: Suhrkamp.
Crenshaw, K. (1994). Mapping the margins: intersectionality, identity politics and violence against women of color. In M. Fineman & R. Mykitiuk (Hrsg.), *The public nature of private violence* (S. 93–118). New York: Routledge.
Finke, B. (Hrsg.) (2009). *MANEO Lesewerke 1: Standpunkte Texte zum Thema Homophobie*. Berlin: Maneo.
FRA – European Union Agency for Fundamental Rights (2014). *European Union lesbian, gay, bisexual and transgender survey*. Zugriff am 12.02.2021 unter http://fra.europa.eu/en/publication/2014/eu-lgbt-survey-european-union-lesbian-gay-bisexual-and-transgender-survey-main
Garfinkel, H. (1967). *Studies in Ethnomethodology*. Cambridge: Polity Press.
Goffman, E. (Hrsg.) (1994). Das Arrangement der Geschlechter. In E. Goffman, *Interaktion und Geschlecht* (S. 105–158). Frankfurt a. M./New York: Campus.
Hall, S. (1989). Die Konstruktion von „Rasse" in den Medien. In S. Hall, *Ideologie, Kultur, Medien, Neue Rechte, Rassismus. Ausgewählte Schriften I* (S. 150–171). Hamburg: Argument.
Hall, S. (1994). Das Lokale und das Globale: Globalisierung und Ethnizität. In S. Hall, *Rassismus und kulturelle Identität. Ausgewählte Schriften II* (S. 44–65). Hamburg: Argument.
Holzkamp, K. (1983). *Grundlegung der Psychologie*. Frankfurt a. M.: Campus.
Kimmel, M. (2004). Frauenforschung, Männerforschung, Geschlechterforschung: Einige persönliche Überlegungen. In M. Meuser & C. Neusüß (Hrsg.), *Gender Mainstreaming. Konzepte – Handlungsfelder – Instrumente* (S. 337–355). Berlin: bpb.
Krüger-Potratz, M. (2011). Intersektionalität. In H. Faulstich-Wieland (Hrsg.), *Umgang mit Heterogenität und Differenz. Band III der Reihe Professionswissen für Lehrerinnen und Lehrer* (S. 183–200). Hohengehren: Schneider.
Lauthardt, I., & Schuster, M. (1998). Tango Argentino. Faszination und Widersprüche. In U. Bechdolf & Projektgruppe „Tanzen" am Ludwig-Uhland-Institut für Empirische Kulturwissenschaft (Hrsg.), *Tanzlust. Empirische Untersuchungen zu Formen alltäglichen Tanzvergnügens* (S. 101–111). Tübingen: Tübinger Vereinigung für Volkskunde e. V.
Leiprecht, R. (2012). Diversity Education in einer diskriminierungskritischen Perspektive. In K. Benbrahim (Hrsg.), *Diversität bewusst wahrnehmen und mitdenken, aber wie?* (S. 37–43) Düsseldorf: Informations- und Dokumentationszentrum für Antirassismusarbeit e. V. (IDA).

Leiprecht, R. (2013). „Subjekt" und „Diversität" in der Sozialen Arbeit. In S. Wagenblass & C. Spatscheck, (Hrsg.), *Bildung, Teilhabe und Gerechtigkeit – Gesellschaftliche Herausforderungen und Zugänge Sozialer Arbeit* (S. 184–199). Weinheim: Beltz/Juventa.

Lepecki, A. (2013). From Partaking to Initiating: Leadingfollowing as Dance's (a-personal) Political Singularity. In G. Siegmund & S. Hölscher (Hrsg.), *Dance, Politics & Co-immunity* (S. 21–38). Zürich: Diaphanes.

Lutz, H. (2017). Geschlechterverhältnisse und Migration. Einführung in den Stand der Diskussion. In H. Lutz & A. Amelina (2017). *Gender, Migration, Transnationalisierung. Eine intersektionelle Einführung* (S. 13–44). Bielefeld: transcript.

Lutz, H., & Wenning, N. (2001). Differenzen über Differenz – Einführung in die Debatten. In H. Lutz & N. Wenning (Hrsg.) (2001), *Unterschiedlich verschieden. Differenz in der Erziehungswissenschaft* (S. 11–24). Opladen: Leske & Budrich.

Lutz, H., Herrera Vivar, M. T., & Supik, L. (Hrsg.) (2010). *Fokus Intersektionalität – Bewegungen und Verortungen eines vielschichtigen Konzepts*. Wiesbaden: Springer VS.

Matsuda, M. (1991). Beside my Sister, Facing the Enemy. Legal Theory out of Coalition. *Standford Law Review 43*, 1183–1192.

Plöderl, M., Kralovec, K., Fartacek, C., & Fartacek, R. (2009). Homosexualität als Risikofaktor für Depression und Suizidalität bei Männern. *Blickpunkt Der Mann. Wissenschaftliches Journal für Männergesundheit 07*, 28–37.

Rubin, A. J. (2016). *From Bikinis to Burkinis, Regulating What Women Wear*. Zugriff am 12.02.2021 unter https://www.nytimes.com/2016/08/28/world/europe/france-burkini-bikini-ban.html.

Scott, J. W. (1988). *Gender and the Politics of History*. New York: Columbia University Press.

Smith, V. (1998). *Not Just Race, Not Just Gender. Black Feminist Readings*. London: Routledge.

West, C., & Fenstermaker, S. B. (1995). Doing Difference. *Gender & Society 9*(1), 8–37.

West, C., & Zimmermann, D. H. (1987). Doing Gender. *Gender & Society 1*(2), 125–151.

Yan, M. C. (2016). Multiple Positionality and Intersectionality: Toward a Dialogical Social Work Approach. In A. Al-Krenawi, J. R. Graham & N. Habibov (Hrsg.), *Diversity and Social Work in Canada* (S. 114–138). Don Mills: Oxford University Press.

Prof. Dr. Rudolf Leiprecht, Hochschullehrer und Wissenschaftler an der Carl von Ossietzky Universität Oldenburg, Institut für Pädagogik, Sozialpädagogik/Diversity Education, Email: rudolf.leiprecht@uni-oldenburg.de

Charlotte Triebus, Performancekünstlerin, künstlerisch-wissenschaftliche Mitarbeiterin an der Hochschule Düsseldorf, Kontakt: www.charlottetriebus.de, Email: charlotte.triebus@hs-duesseldorf.de

Der neue und alte antimuslimische Rassismus im (post-)kolonialen-Europa

Zülfukar Çetin

17.1 Einleitung

> „*Islamismus und Terrorismus bedrohen uns alle. Wer dieses Thema im Namen ‚politischer Korrektheit' tabuisiert, versündigt sich an unserem Gemeinwesen. Daher fordern wir die Vorlage eines jährlichen Situationsberichtes über den Stand der Islamisierung. Ein solcher Bericht hat sich kritisch mit der Integration von Muslimen zu befassen im Hinblick auf die Themenbereiche Praktizierung der Scharia, Gewaltpotential und Terrorismusgefahr, Lebensweise und Bildung einer Parallelgesellschaft, Haßprediger, religiöse Erziehung, Haltung zum Extremismus, Zwangsehe, Ehrenmord, Menschenrechte, Gleichberechtigung von Mann und Frau, Demokratieverständnis und Toleranz.*"[1]

Der Gegenstand dieses Beitrages sind weder der Islam noch die Muslim_innen, sondern die Diskurse eines gesellschaftspolitisch dominierenden Kollektives, das sich in erster Linie als christlich und westlich versteht und sich darüber hinaus von anderen abgrenzt, die vermeintlich nicht diesem Selbstbild entsprechen. Das Christlich-Westliche wird dabei historisch, philosophisch, akademisch und politisch als Norm, als Zentrum oder als allgemeingültig erklärt.

Im Zentrum dieses Beitrages stehen die Fragen, wie man zum einen antimuslimischen Rassismus historisch rekonstruieren kann. Zum zweiten stellt sich die

---

[1] Erläuterung einer antimuslimischen Kampagne vom PRO-NRW-Vorsitzenden Markus Beisicht zitiert nach Häusler 2008, S. 155.

Ich bedanke mich bei meinem Mann Oliver Ohlsen (1965–2018) für die Korrekturen und hilfreiche Diskussionen über einzelne Passagen des vorliegenden Textes.

Z. Çetin (✉)
Evangelische Hochschule Berlin, Berlin, Deutschland
E-Mail: cetin@eh-berlin.de

Frage, wie man Kontinuitäten dieser Form des Rassismus vor dem Hintergrund aktueller rassistischer Politiken aufzeigen kann. Um diese zwei Fragen beantworten zu können, wird in diesem Beitrag die zunächst auf europäische Geschichte des antimuslimischen Rassismus eingegangen. Danach wird der gegenwärtige antimuslimische Rassismus anhand konkreter aktueller Beispiele veranschaulicht. Ziel dieser Auseinandersetzung ist es, zum einen die Leser_innen und das gesellschaftinteressierte Publikum auf die Geschichten des Rassismus und deren Verwobenheit mit der Gegenwart aufmerksam zu machen. So kann es möglich sein, die Ursprünge des Rassismus zu verstehen und einen kritischen und sensiblen Umgang mit unterschiedlichen Formen und Ebenen des Rassismus zu finden. Ein weiteres, vielleicht auch wichtigeres, Ziel des Beitrages ist, dass den Leser_innen ermöglicht wird, nachvollzuziehen, dass es beim Rassismus nicht um die individuellen Befindlichkeiten und Vorurteile geht, sondern darum, dass Rassismus historisch und gesamtgesellschaftlich verankert ist und auch heute noch gesellschaftliche Machtverhältnisse bestimmt.

17.2 Spuren antimuslimischer Ideologien

Es ist nicht umstritten, dass der 11. September 2001 bis zur sogenannten „Flüchtlingskrise" 2015 oft als ein Wendepunkt in der Geschichte der „westlichen" Welt dargestellt wurde. Nach dem 11. September wurden nicht selten in verschiedenen Bereichen Diskussionen geführt, Politiken durchgesetzt, Strategien entwickelt, Bildungsprojekte initiiert, Studien betrieben und Kampagnen gegen Terror und für Aufklärung und Demokratie gefördert (Çetin/Taş 2014). Durch diese komplexen und miteinander verflochtenen Aktivitäten konnten vor allem das „Wir", das gemeinsame Werte und Normen besitzen soll, und das „Andere", das als Abweichung von dem bereits konstruierten „Wir" betrachtet wird, re-definiert. Die Definitionen von dem „Wir" und dem „Anderen" dienten zur Legitimation für Abgrenzung, Ausgrenzung und Diskriminierung des „Anderen". Dabei wurde der Aspekt des Rassismus gegen Muslim_innen und als muslimisch imaginierte Menschen in diesen Ausschlusspraktiken kontinuierlich dethematisiert oder auch ausgeblendet.

Seit der so genannten „Flüchtlingskrise" 2015 spricht man nicht mehr häufig über die Ursachen und Folgen des 11. Septembers für den Westen und die Welt. Stattdessen wird das Thema Flucht aus den Kriegsgebieten als ein neuer Wendepunkt für Deutschland, andere Länder der Europäischen Union und aber auch für den Rest des Westens in der Politik und vor allem in den Medien erklärt

(Jäger/Wamper 2017). Damit werden antimuslimisch rassistische Debatten, Praktiken und Politiken unweigerlich fortgesetzt (ebd.). Während die rassistischen Verhältnisse nach dem 11. September aus dem sozialen Gedächtnis verschwinden, wird der Westen als eine Einheit dargestellt, die durch Geflüchtete als bedroht bzw. gefährdet inszeniert wird (ebd.). Ein antimuslimischer Rassismus wird erneut zementiert, der über eine lange Geschichte verfügt.

Die Anfänge der antimuslimischen Politiken gehen bereits bis zur frühmittelalterlichen Geschichte Europas zurück (Bruder/Çetin 2013) und zwar beginnend mit der spanischen Reconquista, also mit der so genannten Wiedereroberung der Iberischen Halbinsel, seit dem achten Jahrhundert. An ihr kann man die „Wurzeln" des gegenwärtigen antimuslimischen Rassismus in den westlichen Ländern erkennen und verstehen.

Zwischen dem achten und dem Ende des fünfzehnten Jahrhunderts war Spanien nicht nur muslimisch und als Territorium des Emirats gewesen. Von Anfang der Eroberung an führten die Reste der von den Mauren besiegten Westgotischen Reiche einen hartnäckigen und ununterbrochenen Kampf gegen diese „Fremdherrschaft" der Muslim_innen (ebd.).

Entsprechend der christlichen Ideologisierung dieses Kampfes wurde ein Pilgerweg entlang der Grenze eingerichtet, der von der Grenze zu Frankreich bis zum Atlantik führte und dessen Ziel Santiago war, benannt nach dem zum Schutzheiligen erhobenen Jakob, dessen Grab in der Nähe der Atlantikküste rechtzeitig „entdeckt" worden war (ebd.). Santiago wurde neben Jerusalem und Rom zum dritten und schließlich ersten Heiligen Ort der Pilgerreisen. Der Jakobsweg durchzog das gesamte christliche Europa. Er führte nicht nach Rom, sondern nach Santiago. Waren die Jakobspilger die ideologischen Kämpfer der Reconquista, so verzichtete diese nicht auf tödliche Waffen tragende Ritter. Jakob wurde zugleich als „Maurentöter" bezeichnet. Die „Jakobsritter" eroberten schrittweise das muslimische Spanien („zurück") (ebd.).

Die damalige Bevölkerung in Spanien muss man sich als eine in ständiger Kriegsbereitschaft oder Kriegszustand Befindliche vorstellen. Die Militarisierung der spanischen und aber auch der europäischen Gesellschaften, die durch bewaffnete Teilnahme an den Kreuzzügen mobilisiert wurden, war die Folge. Die Kreuzzüge wurden nicht nur gegen die Mauren in Spanien, sondern auch gegen die Muslim_innen in Palästina geführt. Meist kamen sie aber nur dazu, auch die christlichen Gesellschaften, die auf ihrem Weg ins „Gelobte Land" lagen, mit Krieg und Zerstörung zu überziehen, Konstantinopel war am meisten davon betroffen, lange bevor es den Muslimen 1453 in die Hände fiel und als Hauptstadt des Osmanischen Reiches eine kulturelle Blüte erlebte, die Europa damals nicht kannte (ebd.). Gegen das Osmanische Reich richtete sich nach dem Sieg über die Mauren in Spanien die Feindschaft gegen die Muslime (ebd.). Bis zur Eroberung von Granada 1492, womit die Reconquista an ihr Ziel der „Wiedervereinigung" gekommen war, herrschte in Spanien eine Vielfalt von unterschiedlichen Kulturen und Religionsgemeinschaften (Çetin 2012). Diese Vielfalt wurde nicht nur durch den Sieg der Katholischen Könige beendet. Die Sieger übten grausame Rache an den Besiegten. Im Namen eines (militanten) Katholizismus wurden „Andersgläubige" und Angehörige anderer „ethnischen" Gruppen vertrieben, nicht nur Muslime sondern auch Juden aus Kastilien und Aragon waren betroffen (Dopsch 2002). Einige Jahrzehnte später erlitten auch die zum Christentum konvertierten Juden, die als „Marranen" (Schweine) bezeichnet wurden, dasselbe Schicksal (ebd.).

Mit den so genannten „Entdeckungsfahrten" Christoph Kolumbus' im selben Jahr 1492, die die spanische Krone finanziert hatte, beginnt eine neue Qualität der Herrschaft für die spanischen Machthaber. Sie konnten sich ein Weltreich schaffen, das erste „in dem die Sonne nie unterging" (ebd.). Im 16. und 17. Jahrhundert beteiligten sich auch andere europäische Mächte an dieser Expansion (Naumann 2010, S. 30 f.). Kolonialismus war die dabei entwickelte Politik.

Thomas Naumann beschreibt den Zusammenhang zwischen der europäischen Expansion und der Feindlichkeit gegenüber „muslimischen" Osmanen und den damit verbundenen Rückgang des muslimischen „Orients" und dessen Rückwirkung auf Europa. Im Schatten der europäischen Auseinandersetzung mit dem Osmanischen Reich begann bereits im 16. und 17. Jahrhundert eine andere Epoche, nämlich die der europäischen Seefahrt. Erst dadurch wurde die europäische Expansion der folgenden Jahrhunderte möglich und zwar unter Umgehung der Einflussgebiete des Osmanischen Imperiums. Denn dort befanden sich die alten kontrollierten Handelsrouten zu Land Richtung Süden und Osten. Während Europa zur Weltmacht aufsteigt, während Russland in die islamisch geprägte Kaukasusregion und nach Mittelasien vordringt, geht der weltpolitische Einfluss des islamischen „Orients" zunehmend zurück (ebd., S. 30 f.).

1529 standen „die Türken vor Wien". Wieder versammelte ein Erbe des spanischen Reiches, das habsburgische Österreich, alle Kräfte zum Kampf gegen die Muslim_innen. Wieder begann Europa, „den Feind zu beschreiben" (Höfert 2003, zit. N. Jonker 2010, S. 74.) und sich zudem in der Retrospektive als christlich zu definieren (Borgolte 2006, zit. n. Jonker). Infolge dessen bekam auch der „Feind" einen religiösen Anstrich, was sich alsbald zu einer religiösen Essentialisierung seiner „Andersartigkeit" ausweitete (Jonker 2010, S. 73). Während die Muslim_innen in der Zeit der spanischen Reconquista mit Araber_innen in Verbindung gebracht wurden, waren es nach Wien die Türk_innen. Sie wurden gleichzeitig als gefährlich, gewaltbereit und despotisch dämonisiert und – nach dem Sieg über sie – als unkultiviert, barbarisch, unzivilisiert abgewertet: der europäische Glaube an die eigene Überlegenheit war wieder gerettet.

Das europäische Christentum „übernahm" die Erziehung und Zivilisierung der Menschheit, weil es mit seiner Technologie, Kultur und Geschichte den Anspruch vertrat, fortschrittlicher und aufgeklärter zu sein, verbreitete die Darstellung von Islam und dessen (vermeintlichen oder tatsächlichen) Angehörigen als unterentwickelt, despotisch und verantwortlich für Armut (Çetin 2018).

Nach dem ersten Weltkrieg waren die Feinde nicht mehr die Muslim_innen, sondern die jüdische Weltverschwörung. Der Antisemitismus drängte den antimuslimischen Rassismus in den Hintergrund (Bunzl 2008, S. 62 f.). Erst als geopolitisch konstruierter „Feind" Israels war der Islam es wieder wert, die Bühne der Weltpolitik erneut als Feind der christlich (und nun auch: jüdischen) Wertegemeinschaft zu betreten (Ruf 2012, zitiert nach Bruder und Çetin, 2013).

Naumann (2010, S. 34) interpretiert die Rückkehr bzw. das Erstarken des antimuslimischen Rassismus in den 1970er Jahren als eine mögliche Folge der Arbeitsmigration: Das koloniale (West-) Europa sei nicht vorbereitet gewesen, sich mit dem Islam und den Muslim_innen wieder auseinanderzusetzen. Die „alten" Bilder über die Muslim_innen sind reaktualisiert worden und die „neuen" Feinde wurden re-produziert bzw. wieder erfunden: Seit den 1970er Jahren werden immer wieder diejenigen beschrieben, bewertet und bestimmt, die nicht mit „unseren" freiheitlich-demokratischen Werten übereinstimmen sollen. An dieser Stelle ist es angebracht, auf das einleitende Zitat zurückzukommen: Am 11. September 2001 hat man in allen möglichen Informationskanälen von den Anschlägen auf das Welthandelszentrum in New York City und den Hauptsitz des US-Verteidigungsministeriums in Washington gehört. Als die Täter_innen identifiziert wurden, sie seien Militant_innen einer islamistischen Terrororganisation, wurden sehr rasch die Bilder vom islamistischen Terrorismus vermittelt und verbreitet (Yılmaz-Günay 2011).

Nach dem 11. September 2001 und den nachfolgenden Anschlägen in Europa bekamen Muslim_innen und der Islam wieder eine zunehmende Aufmerksamkeit in den öffentlichen und sozial-politischen Debatten. Die Debatte um die Attentate in Paris im Jahr 2015 sorgten dafür, dass Europa sich „wieder" als eine Gemeinschaft definieren musste, die sich in Abgrenzung zur muslimischen Welt als christlich, aufgeklärt, demokratisch und freiheitlich darstellt und sich als Zielscheibe bzw. Opfer des islami(sti)schen Terrorismus erklärt (Jäger/Wamper 2017). Aufgrund der genannten Anschläge wurden die europäischen Gesellschaften, vor allem diejenigen, die sich nicht als muslimisch betrachten, alarmiert: *„wir"* würden in einer von islamischem Terrorismus dominierten Ära leben. Über diese

Alarmierung seit dem 11. September 2001 konnte eine allgemeine Angst vor dem Islam und vor Muslim_innen aufgebaut werden. Dieser antimuslimische Diskurs bewirkt jedoch die Verbreitung und Etablierung von extrem rechten Ideologien in der Mitte der mehrheitsdeutschen Gesellschaft. Die geflüchteten Menschen aus Syrien werden damit als potenzielle Terrorist_innen, Armutsbringer_innen oder Gefährliche deklariert. In den Demonstrationen gegen Geflüchtete erhebt die mehrheitsdeutsche Gesellschaft ihre Stimme und spricht wiederholt von der Islamisierungs-, Verarmungs- und Entzivilisierungsgefahr des Abendlandes. Durch verschiedene negative Redeweisen über den Islam und stigmatisierende Vorstellungen über Muslim_innen wird der antimuslimische Rassismus verfestigt: Manche sprechen ununterbrochen über die Notwendigkeit wirksamer Integrationspolitik und -maßnahmen; manche halten Muslim_innen für rückständig und unzivilisiert; manche behaupten, ihre Werte seien nicht mit denen der westlichen christlichen Gesellschaften vereinbar, manche sehen die Muslim_innen als Gefahr für die freiheitlich demokratische Grundordnung. Manche sprechen wieder über die deutsche Leitkultur, an die die Geflüchteten und andere Migrant_innen sich anpassen müssen (Tauber 2015). Im Zuge der Fluchtbewegungen aus Syrien nach Deutschland und Europa diskutierte die CDU wieder die Integrationsthematik auf ihrem Bundesparteitag Ende 2015 und sah ein „Integrationspaket" vor, das „gegenseitig" unterzeichnet werden sollte:

„Der Antrag sieht nach Informationen des ‚Spiegels' vor, dass Migranten den Grundwertekatalog akzeptieren und sich unter anderem verpflichten, die Gleichberechtigung von Mann und Frau sowie den Vorrang der deutschen Gesetze vor der Scharia anzuerkennen. Eine Diskriminierung von Frauen, Homosexuellen und Andersgläubigen dürfe nicht als Ausdruck religiöser Vielfalt akzeptiert werden. Außerdem sollten die Einwanderer zusichern, das Existenzrecht Israels anzuerkennen. Bei Verstößen solle es die Möglichkeit geben, Sozialleistungen zu kürzen oder den Aufenthaltsstatus zu ändern." (Birnbaum et al. 2015).

Auch andere politische Eliten trugen bzw. tragen zur Stabilisierung dieser rassistisch hergestellten Unterscheidung von „wir" und „die Anderen" bei. Die Thesen von Thilo Sarrazin, *„Wir werden auf natürlichem Wege durchschnittlich dümmer"*[2], haben größte öffentliche Aufmerksamkeit erhalten. Er wurde zum Held der mehrheitsdeutschen Gesellschaft erklärt, einer, der endlich die (Meinungs-) Tabus gebrochen habe.

---

[2] Hervorhebung Çetin (2012); Sarrazin erklärt die Verdummung der Deutschen, 2010. In: http://www.spiegel.de/politik/deutschland/0,1518,700031,00.html.

Mit dem Buch Thilo Sarrazins „Deutschland schafft sich ab" erreichte der antimuslimische Rassismus im Jahr 2010 die Mitte der weiß-deutschen Mehrheitsgesellschaft. Mit den im Buch aufgestellten Thesen fühlten sich nicht nur extreme Rechte vertreten, sondern auch eine große Zahl von Menschen in der mehrheitsdeutschen Bevölkerung, sodass das Buch in kürzester Zeit eine enorme Verkaufszahl erreichen konnte. Auch wenn kritische Politik- und Sozialwissenschaftler_innen wie Journalist_innen sowie Migrantenorganisationen das scharf kritisiert und die SPD aufgefordert hatten, Sarrazin von der Partei aufgrund seiner rassistischen und sozialdarwinistischen Thesen auszuschließen, wurde er mit dem Argument der Meinungsfreiheit in der SPD belassen. Solche antimuslimisch intendierten Ereignisse konnten ein Jahr später, mit der ungewollten Aufdeckung der NSU-Morde an Menschen, die man einfach für Türken hielt, nicht beendet werden. Als die NSU-Mordserie am 4. November 2011 auftauchte, wurden die Opfer und deren Angehörigen zu Täter_innen gemacht (Güleç 2015). Man hat ihnen Kriminalität zugesprochen und verfolgte eine Ermittlungsmoral, die zum Schutz der Täter_innen und zur Unsicherheit der Opfer und deren Angehörigen führte (Förster et al. 2018). Als Anfang 2012 das Thema Salafisten aufgrund der kostenlosen Verteilung von Koranexemplaren wieder diskutiert wurde, versuchte man das Thema NSU-Terror durch die mediale Berichterstattung auszublenden (Friedrich/Schultes 2012; Çetin/Voß 2016). Nach damaliger Berichterstattung wurde Deutschland abermals als vom islamistischen Terrorismus bedroht inszeniert und der rechte (NSU) Terror wurde dadurch (erneut) dethematisiert (Förster et al. 2018). Die antimuslimischen Diskurse und die Dethematisierung des Rassismus häuften sich im Jahr 2012 verstärkt dadurch, dass die Beschneidung der Jungen ein halbes Jahr lang intensiv debattiert wurde, in der vor allem den muslimischen Eltern Körperverletzung, Barbarei, Rückständigkeit, Unmenschlichkeit etc. unterstellt wurden (Çetin et al. 2012). Das Kindeswohl wurde in dieser Debatte so instrumentalisiert, dass auch die Vertreter_innen der jüdischen Gemeinde in Deutschland sich direkt betroffen fühlten und von einer zweiten „Vertreibung" der Jüd_innen in der Geschichte der Bundesrepublik sprachen (Knobloch 2012). Durch ein Verbot der Beschneidung sahen sie keine Möglichkeit für ihre Existenz in der Bundesrepublik Deutschland. Erst durch die Reaktion der jüdischen Gemeinde und des Zentralrats der Muslime wurde die Beschneidung in Deutschland durch ein Zusatzgesetz legalisiert (Çetin/Wolter 2012)[3]. Die Legalisierung der Beschneidung des männlichen Kindes kann hier nur als Essentialisierung bzw. Kenntlichmachung einer „Anders-Zugehörigkeit" von Jüd_innen und Muslim_innen gegenüber den christlichen Gesellschaften verstanden werden.

---

[3] siehe BGB unter https://dejure.org/gesetze/BGB/1631d.html.

Während vor allem die Muslim_innen und als Muslim_innen markierte Menschen in diesen Diskursen zum Anderen gemacht und dadurch rassistisch diskriminiert werden, werden die Privilegien einer christlich geprägten weißen Mehrheitsgesellschaft gesichert (Rommelspacher 2009). Diese antimuslimischen Diskurse haben zur Folge, dass die so Ausgegrenzten auch häufig vom Zugang zu wirtschaftlichen, sozialen, politischen und kulturellen Ressourcen ausgeschlossen werden (ebd.). Beispielsweise sind oft kopftuchtragende Frauen von öffentlichen Arbeitsbereichen (Gesundheit, Dienstleistung, Wissenschaft, Bildung etc.) ausgeschlossen (ADNB 2017). Das Berliner Neutralitätsgesetz macht beispielsweise die Diskriminierung von muslimischen Frauen, die Kopftuch tragen, besonders deutlich: In den §§ 1 und 2 der Berliner Verfassung heißt es, *dass*.

„Beamtinnen und Beamte, die im Bereich der Rechtspflege, des Justizvollzugs oder der Polizei beschäftigt sind, dürfen innerhalb des Dienstes keine sichtbaren religiösen oder weltanschaulichen Symbole, die für die Betrachterin oder den Betrachter eine Zugehörigkeit zu einer bestimmten Religions- oder Weltanschauungsgemeinschaft demonstrieren, und keine auffallenden religiös oder weltanschaulich geprägten Kleidungsstücke tragen. Das gilt im Bereich der Rechtspflege nur für Beamtinnen und Beamte, die hoheitlich tätig sind."

Und der § 2 lautet weiter:

„Lehrkräfte und andere Beschäftigte mit pädagogischem Auftrag in den öffentlichen Schulen nach dem Schulgesetz dürfen innerhalb des Dienstes keine sichtbaren religiösen oder weltanschaulichen Symbole, die für die Betrachterin oder den Betrachter eine Zugehörigkeit zu einer bestimmten Religions- oder Weltanschauungsgemeinschaft demonstrieren, und keine auffallenden religiös oder weltanschaulich geprägten Kleidungsstücke tragen. Dies gilt nicht für die Erteilung von Religions- und Weltanschauungsunterricht."

Auch wenn dieses Gesetz auf den ersten Blick für die Angehörigen aller Glaubensgruppen, die in der Hauptstadt Berlin leben, zu gelten scheint, ist eine besondere Gruppe auf Grundlage dieses Gesetzes vom Ausschluss im öffentlichen Dienst betroffen: Muslimische Frauen, die Kopftuch tragen, werden u. a. in Berlin am meisten wegen dieses Neutralitätsgesetzes entweder gekündigt oder sie werden nicht eingestellt (ADNB 2017).

Das Argument, das Kopftuch gefährde das Neutralitätsgebot des Staates in den Bereichen, für die er zuständig ist, wurde von unterschiedlichen migrantischen Vertretungsorganisationen stark kritisiert. In einer Presseerklärung des Türkischen Bundes Berlin und Brandenburg (TBB) vom 30.11.2015 hieß es, *„Das Berliner Gesetz behandele alle Glaubens- und Weltanschauungsrichtungen unterschiedslos. Dieses Argument ist noch problematischer, weil es die Diskriminierung wegen dem*

Glauben im Öffentlichen Dienst für alle Glaubensrichtungen rechtfertigt." (TBB, 2015).

Das Berliner Gesetz würde beispielsweise die Beschäftigung einer kopftuchtragenden Lehrerin verbieten, weil ihr Kopftuch aufgrund seiner symbolischen Werte und religiösen Bedeutungszusammenhänge den Schulfrieden stören würde (Vieth-Entus 2018). Da die bisher bekannten Gerichtsfälle meistens das Verbot des Tragens eines Kopftuches behandeln, und die Symbole anderer Religionen, wie Kreuz oder Kippa, weder thematisieren noch problematisieren, lässt sich die Betroffenheit der muslimischen Frauen mit Kopftuch von der mittelbaren Diskriminierung besonders erkennen (ADNB 2017).

Die neuesten Debatten um die „deutsche Leitkultur", die im Zuge der Fluchtbewegungen aus Syrien seit spätestens Sommer 2015 wieder wichtig wurde, zeigen die Komplizen mehrerer Vertreter_innen etablierter politischer Parteien auf. Das bekannteste schwule Online-Magazin Queer.de berichtete z. B. über die öffentliche Erklärung des ehemaligen CDU-Generalsekretärs Peter Tauber zur deutschen Leitkultur:

„CDU-Generalsekretär Peter Tauber erklärt bei cicero.de die deutsche Leitkultur: Dazu gehöre mehr als das Grundgesetz – nämlich unter anderem Fleiß, ehrenamtliches Engagement und – jawohl – auch Toleranz gegenüber Schwulen, die sich auf der Straße einen Schmatzer geben. Angesichts der aktuellen Debatte um Zuwanderung müsse man deshalb ‚neuen Mitbürgern' erklären, welche Werte unsere Heimat prägen, wie das Zusammenleben hier funktioniert." (Queer.de 2015).

Die weiteren Debatten um Kopftuch und Kopftuch tragende Frauen und muslimische Familien, sie würden ständig kleine Kopftuchmädchen produzieren (Sarrazin 2009), um die vermeintlich migrantische bzw. muslimische Homophobie [Studien vom Lesben- und Schwulenverband in Deutschland von 2007–2008 (Simon 2008)], um die so genannten Ehrenmorde oder Zwangsheirat (Kampagnen und Studie im Auftrag von Ministeriums für Familie 2011) sowie die Demonstrationen der Patriotischen Europäer gegen die Islamisierung des Abendlandes (Pegida) oder die Demonstrationen von so genannten „besorgten Bürgern", die sich von den muslimischen Geflüchteten bedroht fühlen oder die Vertreter_innen einer humanistischen Flüchtlingspolitik als Verräter_innen begreifen, zeigen nur einige gewaltvolle Aspekte des neuen antimuslimischen Rassismus auf.

17.3 Wie funktionieren die alten und neuen antimuslimischen Rassismen?

Der erfundene Gegensatz „*Wir und die Anderen*" war und ist hauptsächliches Merkmal von biologistischem Rassismus. Die Besonderheit des antimuslimischen Rassismus kennzeichnet sich dagegen durch eine Verschränkung von Naturalisierung und Kulturalisierung der Menschen und Menschengruppen, denen man unterschiedliche negative Eigenschaften zuschreibt. Im antimuslimischen Rassismus, der auch eine Form des kulturalistischen Rassismus darstellt, geht es in erster Linie um die Naturalisierung der kulturalisierten Merkmale. Biologische Eigenschaften werden hier durch kulturelle ersetzt. Dass die Menschen mit islamischem Hintergrund als gefährlich, unvertraut, bedrohlich konstruiert werden, zeigt den naturalisierenden, verallgemeinernden und differenzierenden Charakter des antimuslimischen Rassismus. Durch die Naturalisierungen und Kulturalisierungen werden sie einerseits negativ gewertet und andererseits nach diesen negativen Wertungen hierarchisiert. Hierdurch werden Gesellschaften entweder in eine Rangordnung gebracht oder in zwei verschiedene Gruppen polarisiert. Der zentrale Punkt der Theorie des antimuslimischen Rassismus liegt in der Behauptung der Unvereinbarkeit vermeintlich verschiedener Kulturen. Religion, Sprache und Geschichte gelten dabei als grundlegende Merkmale einer als homogen gedachten Kultur (Rommelspacher 2009). Menschen, die als Angehörige dieser (konstruierten) Kultur angesehen werden, werden auch als homogen betrachtet. Durch die Naturalisierung, Kulturalisierung und Homogenisierung sowie die Hierarchisierung und negative Wertung werden Differenzen zwischen Menschengruppen erzeugt, die einerseits als essentiell betrachtet und andererseits als Hindernisse für deren Zusammenleben in einer Gesellschaft lanciert werden.

In diesem Beitrag wurde zunächst die Entwicklung des antimuslimischen Rassismus in der Geschichte Europas dargestellt. Diese Geschichte macht es deutlich, dass die aktuelle Ausgrenzungsmechanismen, diskriminierende Handlungen sowie Otheringprozesse (also zum Anderen machen), tradiert sind und weiterhin fortgesetzt werden. In diesem Beitrag konnten auch unterschiedliche Funktionsweisen des (antimuslimischen) Rassismus aufgezeigt werden, wie zum Beispiel bestimmte individuelle Eigenschaften als Merkmale einer (konstruierten) Gruppen verallgemeinert werden. So wurde es auch deutlich, dass in der europäischen Geschichte als muslimisch markierte/imaginierte Menschen und Gesellschaften als eine homogene Einheit angesehen werden, damit der konstruierte Gegensatz in Form von „Wir und die Anderen" begründet werden konnte und kann. Neben der Funktionsweise des (antimuslimischen) Rassismus war auch wichtig zu thematisieren, dass der Rassismus in unterschiedlichen Ebenen wirksam ist. Am Beispiel des Neutralitätsgesetzes wurde zum einen die institutionelle Ebene des Rassismus sichtbar. Zum anderen konnte eine besonders betroffene Gruppe von diesem Gesetz, nämlich die kopftuchtragenden Musliminnen, thematisiert und ihre Situation aufgrund des institutionellen Rassismus problematisiert werden. So zielte der Beitrag auch darauf ab, dass von Rassismus verschiedene Personengruppen aufgrund religionsbezogener, geschlechtsbedingter oder anderer Zuschreibungen unterschiedlich betroffen sein können. Damit wurde nachvollziehbar, dass der Rassismus auch mit anderen Formen der Ungleichheitsmechanismen, wie Sexismus, zusammenwirkt und zusammenwirken kann.

Um die Komplexität des Rassismus zu verstehen, wäre sinnvoll, mit Betroffenen und Betroffenenorganisationen sowie Beratungsstellen zusammenzuarbeiten und gemeinsamen zu reflektieren, wie der Rassismus funktioniert, auf welche gesellschaftlichen Ebenen er wirkmächtig ist sowie mit welchen anderen Formen der Ungleichheitsmechanismen er zusammenwirkt.

Literatur

Antidiskriminierungsnetzwerk Berlin des TBB, 2017. *Gemeinsame Pressemitteilung des Antidiskriminierungsnetzwerks des Türkischen Bundes in Berlin-Brandenburg und des Netzwerks gegen Diskriminierung und Islamfeindlichkeit (Inssan e.V.) von Berlin, 09.02.2017. Landesarbeitsgericht Berlin: Neutralitätsgesetz ist diskriminierend.* Letzter Zugriff am 26.11.2018 unter: http://www.adnb.de/de/Aktuelles/Pressemitteilungen/
Birnbaum, R., Woratschka, R., Austilat, A., & Böhme, C. (28.11.2015). *CDU will Integrationspflicht.* Zugriff am 29.01.2021 unter http://www.tagesspiegel.de/politik/rechte-und-pflichten-fuer-neubuerger-cdu-will-integrationspflicht/12653132.html
Borgolte, M. (2006). *Christen, Juden, Muselmanen. Die Erben der Antike und der Aufstieg des Abendlandes 300 bis 1400 n. Chr.* München: Siedler.
Bruder, K.-J., & Çetin, Z. (2013). Editorial. *Journal für Psychologie, 21*(1), 1–10.
Bundesministeriums für Familie, Senioren, Frauen und Jugend (2011). *Zwangsverheiratungen in Deutschland – Anzahl und Analyse von Beratungsfällen.* Zugriff am 29.01.2021 unter https://www.bmfsfj.de/blob/95584/d76e9536b0485a8715a5910047066b5d/zwangsverheiratung-in-deutschland-anzahl-und-analyse-von-beratungsfaellen-data.pdf
Bunzl, M. (2008). Zwischen Antisemitismus und Islamophobie. Überlegungen zum neuen Europa. In J. Bunzl & A. Senfft (Hrsg.), *Zwischen Antisemitismus und Islamophobie. Vorurteile und Projektionen in Europa und Nahost* (S. 53–74). Hamburg: VSA.
Çetin, Z. (2018). Politik der Zivilisierungsmission im Zusammenhang von Homophobie und Sexismus. In N. Prasad (Hrsg.), *Soziale Arbeit mit Geflüchteten. Rassismuskritisch, professionell, menschenrechtsorientiert* (S. 81–96). Leverkusen: Barbara Budrich.
Çetin, Z., & Voß, H.-J. (2016). *Schwule Sichtbarkeit – schwule Identität: Kritische Perspektiven.* Gießen: Psychosozial-Verlag.

Çetin, Z., & Taş, S. (2014). Kontinuitäten einer Kooperation: Antimuslimischer Rassismus in Zivilgesellschaft, Wissenschaft und Staat. In F. Hafez (Hrsg.), *Jahrbuch für Islamophobieforschung* (S. 19–41). Wien: new academic press.

Çetin, Z. (2012). *Homophobie und Islamophobie. Intersektionale Diskriminierungen binationaler schwuler Paare in Berlin*. Bielefeld: transcript.

Çetin, Z., Voss, H.-J., & Wolter, S. A. (Hrsg.). (2012). *»Interventionen gegen die deutsche »Beschneidungsdebatte«*. Münster: Assemblage.

Dopsch, H. (2002). *Das islamische Spanien und die Kreuzfahrerstaaten. Kontaktzonen zwischen Islam und Christentum im Mittelalter*. Zugriff am 09.10.2015 unter http://www.uni-salzburg.at/pls/portal/docs/1/544381.PDF

Förster, A., Moser, T., & Selvakumaran, T. (Hrsg.). (2018). *Ende der Aufklärung. Die offene Wunde NSU*. Tübingen: Klöpfer & Meyer.

Friedrich, S., & Schultes, H. (2012). *Bedrohung Salafismus? Aktuelle Debatte in Deutschland bedient antimuslimischen Rassismus und nützt dem Verfassungsschutz*. Zugriff am 29.01.2021 unter http://www.rosalux.de/fileadmin/rls_uploads/pdfs/Standpunkte/Standpunkte_15-2012.pdf

Güleç, A. (2015). Fordern, überfordern, verweigern. Bild- und Raumpolitik(en) in der Migrationsgesellschaft. In Z. Çetin & S. Taş (Hrsg.), *Gespräche über Rassismus. Perspektiven & Widerstände* (S. 189–216). Berlin: Yılmaz-Günay.

Häusler, A. (2008). Antiislamischer Populismus als rechtes Wahlkampf-Ticket. In Ders. (Hrsg.), *Rechtspopulismus als „Bürgerbewegung". Kampagnen gegen Islam und Moscheebau und kommunale Gegenstrategien* (S. 55–169). Wiesbaden: Springer VS.

Höfert, A. (2003). *Den Feind Beschreiben. »Türkengefahr« und europäisches Wissen über das Osmanische Reich 1450–1600*. Frankfurt: Campus.

Jäger, M., & Wamper, R. (Hrsg.). (2017). *Von der Willkommenskultur zur Notstandsstimmung. Der Fluchtdiskurs in deutschen Medien 2015 und 2016, eine Untersuchung des Duisburger Instituts für Sprach- und Sozialforschung*. Zugriff am 29.01.2021 unter http://www.diss-duisburg.de/wp-content/uploads/2017/02/DISS-2017-Von-der-Willkommenskultur-zur-Notstandsstimmung.pdf

Jonker, G. (2010). Europäische Erzählmuster über den Islam. Wie alte Feindbilder in Geschichtsschulbüchern die Generationen überdauern. In T. G. Schneiders (Hrsg.), *Islamfeindlichkeit. Wenn die Grenzen der Kritik verschwimmen* (S. 71–83), 2. Aufl. Wiesbaden: Springer VS.

Knobloch, C. (12.07.2012). *Die Brit Mila bleibt! Beschneidung ist für das Judentum elementar und muss legal möglich sein*. Zugriff am 29.01.2021 unter: http://www.juedische-allgemeine.de/article/view/id/13458

Naumann, T. (2010). Feindbild Islam – Historische und theologische Gründe einer europäischen Angst. In T. G. Schneiders (Hrsg.), *Islamfeindlichkeit. Wenn die Grenzen der Kritik verschwimmen* (S. 19–36), 2. Aufl. Wiesbaden: Springer VS.

queer.de (19.11.2015). *Peter Tauber: Schwule Küsse sind deutsche Leitkultur*. Zugriff am 29.01.2021 unter http://www.queer.de/detail.php?article_id=25065

Rommelspacher, B. (2009) Was ist *eigentlich* Rassismus? In C. Melter & P. Mecheril (Hrsg.), *Rassismuskritik, Rassismustheorie und -forschung* (S. 25–38). Schwalbach: Wochenschau.

Ruf, W. (2012). *Der Islam – Schrecken des Abendlandes. Wie sich der Westen sein Feindbild konstruiert*. Köln: PapyRossa.

Simon, B. (2008). Einstellungen zur Homosexualität: Ausprägungen und psychologische Korrelate bei Jugendlichen ohne und mit Migrationshintergrund (ehemalige UdSSR und Türkei). *Zeitschrift für Entwicklungspsychologie und Pädagogische Psychologie, 40*(2), 87–99.

Tauber, P. (18.11.2015). *Leitkultur ist... „Dass sich zwei Männer auf der Straße ganz selbstverständlich küssen"* erschienen in cicero, Zugriff am 29.01.2021 unter http://www.cicero.de/leitkultur-peter-tauber/60133

Sarrazin, T. (2009). Interview im Lettre International, Berlinheft vom 30. September 2009.

Türkischer Bund in Berlin und Brandenburg (TBB) (2015). *Presseerklärung vom 30.11.2015, "Kopftuchurteil" des Bundesverfassungsgerichts muss auch in Berlin umgesetzt werden.* Zugriff am 26.11.2018 unter http://tbb-berlin.de/?id_presse=429

Vieth-Entus, S. (14.04.2018). *Berliner Neutralitätsgesetz Klagen fürs Kopftuch.* Zugriff am 29.01.2021 unter https://www.tagesspiegel.de/berlin/berliner-neutralitaetsgesetz-klagen-fuers-kopftuch/21174844.html

Yılmaz-Günay, K. (Hrsg.). (2014). *Karriere eines konstruierten Gegensatzes: zehn Jahre «Muslime versus Schwule». Sexualpolitiken seit dem 11. September 2001.* Münster: Edition Assemblage.

Prof. Dr. Zülfukar Çetin, Evangelische Hochschule Berlin, Professor für Migration und Diversity in der Sozialen Arbeit, Email: cetin@eh-berlin.de

Doing Empowersharing – Empowerment und Powersharing als machtkritische und inklusive Handlungsstrategien gegen Rassismus und intersektionale Diskriminierungen

18

Halil Can

18.1 Einleitung

Soziale Ungleichheits- und Diskriminierungsverhältnisse[1] prägen und bestimmen unsere Alltagsbeziehungen wesentlich und manifestieren sich in ihren verschiedensten Formen[2], Facetten[3] und Dimensionen[4]. Ausgehend von dem

---

H. Can (✉)
Berlin, Deutschland
E-Mail: canacan@gmx.net

[1] Diskriminierung kann allgemein als ein Phänomen der sozialen Konstruktion von Differenzen und Ungleichheiten beschrieben werden, das über Eigenschafts- und Merkmalszuschreibungen in diversen Formen, Facetten und Dimensionen soziale Praktiken und Verhältnisse der Benachteiligung, der Abwertung, des Ausschlusses und der Unterdrückung (re-)produziert. Bezüglich des vertiefenden und mehrperspektivischen Zugangs zum Begriff „Diskriminierung" sei verwiesen auf das „Handbuch Diskriminierung" von Scherr/El-Mafaalani/Yüksel (2017).

[2] Formen bzw. Arten von Diskriminierung wären beispielsweise Klassismus, Sexismus, Rassismus, Heteronormativität, Ableismus, Ageismus, Lookismus, Adultismus.

[3] Mit Facetten von Diskriminierung sind hier die Verschränkung und Überlagerung von einzelnen Diskriminierungsformen gemeint, die als Mehrfachdiskriminierung oder mit ursprünglichem Bezug auf den kritischen Diskurskontext des Black Feminism und der Critical Race Theory in den USA als Intersektionalität bezeichnet werden (siehe hierzu das Portal Intersektionalität – Schlüsseltexte, wie etwa den Text von Katharina Walgenbach (2012).

[4] Diskriminierungen können in ihrer raum-zeitlichen Dimensionalität individuell-gesellschaftlich auf den Ebenen Alltag, Institutionen, Struktur und Diskurs in nationaler und transnational/globaler wie zeithistorischer Perspektive beschrieben und untersucht werden.

Verständnis der sozialen Konstruiertheit von Ungleichheits- und Diskriminierungsverhältnissen richtet sich in diesem Beitrag der Blick auf die Thematik und Fragestellung nach den Möglichkeiten und Formen ihrer Überwindung. Das Handlungskonzept des *Empowersharings,* also das ganzheitliche Zusammendenken der Handlungsbausteine Empowerment und Powersharing, steht hierbei, in Abgrenzung zum *individualisierenden Empowerment-Ansatz,* für eine machtkritisch reflektierende wie (bildungs-)politische Handlungsstrategie. Dabei handelt es sich jedoch konzeptionell wie praktisch nicht nur um ein Verständnis und ein Erfordernis der politischen Handlung, sondern zugleich auch der ethischen Haltung und Verantwortung. Vorgestellt und besprochen wird dieser hier mit dem Fokus auf intersektionalen[5] Rassismus in der Migrationsgesellschaft Deutschland, unter anderem mit Bezugnahme auf das rassismuskritische bildungspolitische HAKRA-Empowerment-Konzept. Im Kern geht es in dem hier zur Diskussion vorgelegten Empowersharing-Handlungsansatz aber um individuelle und kollektive Befreiungsprozesse und damit Grenzen überwindend um die partizipatorische und transformative Gestaltung einer menschenrechtsbasierten, solidarischen und inklusiven Gesellschaft mit antropozentrismuskritischer und ganzheitlicher Ausrichtung. Dabei wird die Trinität von Mensch, Natur und Welt/Kosmos als Einheit gedacht, die in ihren Vielfältigkeiten ineinander verflochten miteinander in Verbindung und Resonanz stehen.

18.2 Depowering Racism

Die Welt scheint aus den Fugen geraten zu sein. Vor dem Hintergrund von ökonomischen und politischen Globalisierungsprozessen, den damit einhergehenden transnationalen Migrations- und Fluchtbewegungen und der technisch-digitalen Revolution erleben wir augenblicklich im 21. Jahrhundert in allen Lebensbereichen dermaßen tiefgreifende gesellschaftliche Transformationen, dass bisher als stabil geglaubte soziale und geografische Ordnungen, Grenzen und Positionen erdbebenartig erschüttert werden. Während dabei die in Bewegung geratene Menschheit in einer verantwortungslos auf sich fixierten leistungs-, wachstums- und konsumorientierten Haltung immer weiter mit ihren nicht zu stillenden Bedürfnissen auch bevölkerungsmäßig unentwegt und ungebremst wächst und zunehmend sich in den Metropolen zusammenballt, pluralisiert und kosmopolitisiert, manifestieren, verschärfen und entladen sich auf der anderen Seite immer stärker die sozialen Konflikte zwischen den Menschen lokal-national

---

[5] Zum Begriff „Intersektional(ität)" siehe Fußnote 3.

wie transnational-global entlang identitär auf der Folie von vor allem auf den Körper eingeschriebenen und sozial gelebten essentialisierenden Grenz- und Unterscheidungsmarkierungen, wie Klasse, „Rasse"/Kultur, Geschlecht und sexuelle Orientierung. Dabei entstehen zwischen den Menschen sozial konstruierte Differenzpositionen durch sozial konstruierte Machtungleichheitsverhältnisse, die wiederum eng verbunden sind mit dem Verfügen und den Zugängen von Einzelnen und Gruppen zu Machtpositionen, Privilegien und Kapitalien[6] in sozial-geographisch-ökologischen Lebensräumen. In den sozialen Beziehungen und gesellschaftlichen Verhältnissen manifestieren sich diese historisch-politisch gewachsenen und in den Körpern wie auch in die (Welt-)Gesellschaft eingeschriebenen Machtungleichheitsverhältnisse in Form von Diskriminierungen bzw. Mehrfachüberlagerungen von Diskriminierungen (Intersektionalität)[7].

In diesem Kontext wird unter Rassismus in den Dimensionen von Raum und Zeit eine (kolonial-)historisch konstruierte und in den verschiedenen Gesellschaftsebenen alltäglich, institutionell, strukturell und diskursiv wirkungsmächtige Diskriminierungs- und Gewaltform unter vielen anderen verstanden, die über nationale Formationen hinaus auch eingeschrieben in transnationale und globale Strukturen und Prozesse basierend auf biologisch-phänotypischen und kulturell-sozialen Merkmalen durch In- und Exklusionsmechanismen und -prozessen zwischen Individuen und Kollektiven beim Zugang zu bzw. in der

---

[6] Beim Kapitalbegriff wird hier auf die Kapitaltheorie des Soziologen Pierre Bourdieu zurückgegriffen, der im Zusammenhang mit der soziologischen Beschreibung und Theoriebildung von sozialen Machtungleichheitsverhältnissen und deren Wirkmechanismen der In- und Exklusion, der Privilegierung und Deprivilegierung ausgehend von Karl Marx' ökonomischem Kapitalbegriff des Weiteren zwischen sozialem, kulturellem/wissensbezogenem und symbolischem Kapital differenziert (Bourdieu 1983). Ausgehend von Bordieus Kapitalbegriff soll hier allerdings in Erweiterung dazu bezüglich dessen zudem auch vom politischen, ökologischen, geologischen und vom Körperkapital gesprochen werden; politisch hinsichtlich der politischen Rechte und Partizipations- und Entscheidungsmöglichkeiten, ökologisch hinsichtlich den natürlichen Lebensbedingungen (Umwelt- und Klima), geographisch hinsichtlich des Lebensorts und der Mobilitätsmöglichkeiten bzw. Grenz- und Raumstrukturierung (Gobaler Norden/Süden, West-Ost, In-/Ausland, Stadt-Land, Zentrum-Rand) und körperlich hinsichtlich des psycho-somatisch-kognitiven Daseins (wie Aussehen, Gesundheit, Alter, sexuelle Orientierung, Geschlecht).

[7] Dieser Absatz ist ein ergänzter Auszug aus meinem Kurztextbeitrag „Doing Empowersharing" (Can 2018).

Verteilung von Macht, Kapitalien und Positionen Differenz und Ungleichheit konstruiert und generiert.[8] Rassismus tritt dabei selten alleine auf, sondern vielmehr intersektional in Überlappung mit anderen Diskriminierungsformen.

In Deutschland gibt es mittlerweile in der pädagogischen, historischen und politischen Bildungsarbeit verschiedene Ansätze bzw. Konzepte gegen Diskriminierungen bzw. rassistische Diskriminierungen. Zu nennen wären etwa der Interkulturelle-, der Diversity-, der Social Justice-, der Betzavta-, der Menschenrechts-, der Critical-Whiteness-, der Inklusions- und der Empowerment-Ansatz. Grundsätzlich ist zunächst, mit Ausnahme des Interkulturellen Ansatzes[9], allen Ansätzen gemein, in kritischer Haltung gegen Diskriminierungen einen dialogischen Raum für Bewußtseins-, Aufklärungs- und Sensibilisierungsprozesse über Diskriminierung(serfahrung)en zu schaffen. Dabei gibt es jedoch unterschiedliche inhaltliche und methodische Schwerpunktsetzungen, etwa mit Bezug auf eher kognitive Aufklärung und/oder eher körper- und erfahrungsbezogene Arbeit. Konzeptionelle und auch handlungspraktische Unterschiede finden sich bei entsprechenden Ansätzen auch bezüglich des Methodendesigns, in der Zielgruppenbestimmung, der Bestimmung der Bildungs- und Lernziele sowie der politisch-gesellschaftlichen Kontextualisierung des Bildungsangebots. Die genauere Darstellung der Gemeinsamkeiten und Unterschiede der jeweiligen Ansätze soll jedoch nicht weiter Gegenstand dieses Beitrags sein. Vielmehr soll die Relevanz und Bedeutung des Empowerment- bzw. Empowersharing-Ansatzes gegen (Mehrfach-)Diskriminierung und Rassismen aus der People of Color (PoC)-Perspektive[10], also das Entmächtigen von Rassismus (depowering racism),

---

[8] Zur analytisch-kritischen Begriffsbestimmung und sozialen Konstruktion von „Rasse" bzw. „Rassismus" sei etwa auf folgende Autor*innen verwiesen: Fanon 1985; Hall 1994; Rommelspacher 1995; Melter/Mecheril 2011; Mignolo 2012; Mbembe 2014.

[9] Beim „Interkulturellen Ansatz" geht es in erster Linie um die Begegnung, den dialogischen Austausch und die Verständigung von Menschen unterschiedlicher ethnisch-kulturell-nationaler Bezüge, wobei jedoch im Grundverständnis diesem Ansatz ein essentialistisches Kulturverständnis immanent ist und eine macht- und privilegienkritische Reflektion außerhalb ihres Blickfeldes bleibt.

[10] „Person oder People of Color (PoC)" ist im Kontext von intersektionalen Rassismen eine politische und solidarisierende Selbstbezeichnung von rassialisierten Menschen unterschiedlicher individuell-kollektiver Selbstbezüge und Rassismuserfahrungen, die in der antirassistischen politischen Bewegung der USA entstanden und mittlerweile auch in Deutschland Teil der antirassistischen politischen Identitätspolitiken geworden ist. Die PoC-Perspektive selbst steht hier für macht- und rassismuskritische und widerständige Haltungen, Positionierungen und Praxen des (Self-)Empowerments von PoCs aus der Erfahrungswelt des Rassialisiertseins.

auch in Abgrenzung von anderen Ansätzen hervorgehoben, vorgestellt und diskutiert werden. Dabei werde ich versuchen, das Thema auch aus der individuellen Perspektive als politischer Bildungsarbeiter und Aktivist in PoC-Positionierung mit einem zeitlichen Rückblick zu reflektieren.

18.3 Doing Empowersharing

Im Unterschied zu defizitorientierten und paternalistischen (Bildungs-)Ansätzen ist der Empowerment- bzw. Selbstbemächtigungs-Ansatz ressourcenorientiert und auf Autonomie bedacht, nimmt also die Stärken des Einzelnen in den Blick und geht von seiner Mündigkeit aus, in Selbstbestimmung selbstverantwortlich und selbstwirksam handeln zu können. Kurzum ist er von der Maxime Hilfe durch Selbsthilfe und Hilfe zur Selbsthilfe geleitet. Zugleich zeigen sich jedoch im Verständnis und in der Praxis des Empowerments zwei grundlegend unterschiedliche Ausrichtungen, die hier begrifflich als „individualisierend" und „machtkritisch" benannt und unterschieden werden.

18.3.1 Der individualisierende Empowerment-Ansatz

Beim *individualisierenden Empowerment-Ansatz* ist der Blick im Kern lediglich auf das einzelne Individuum und sein Handeln gerichtet. Sein gleichzeitig strukturelles Eingebettetsein und in dem Zusammenhang die Frage nach seiner sozialen Machtposition wird, anders als beim machtkritischen *individuellen Empowerment,* das weiter unten noch erläutert werden wird, ausgeblendet. Als Leitgedanke für den individualisierenden Empowerment-Ansatz kann die Überzeugung formuliert werden, dass der Mensch als Individuum Selbststärkung erfahren und Handlungsfähigkeit erlangen kann, indem er durch sozialarbeiterische, psychosoziale oder bildungspädagogische Unterstützungs-, Aktivierungs-, Sensibilisierungs- und Bewusstseinsarbeit bzw. -angebote sich aus den Mustern der erlernten und verinnerlichten Hilflosigkeit und Ohnmacht lösen und diese überwinden kann. Dieses Verständnis der rein individuumsfokussierten Selbststärkung findet sich dann in der ideologisch zugespitzten Ausformung im Geist der neoliberalen Agenda und Verheißung wieder. Als handlungsleitendes Prinzip wird hierbei individuelle Selbststärkung als eine Eigeninitiative des stetigen Arbeitens an sich selbst zur Selbstoptimierung gepredigt und der Glaubenssatz vom „freien" Individuum, „Jeder ist seines Glückes Schmied", gepriesen. Die Auf- und Herausforderung an diesen lautet dann, auf dem freien Markt der unzähligen Chancen und Angebote zuzugreifen und bei der Bastelarbeit am eigenen Ich zur Optimierung von Eigenkompetenzen sich die vorhandenen Ressourcen optimal zunutze zu machen.[11] Die Erwartungen, die sich an das sogenannte freie Individuum stellen, sind nicht nur, sich ständig selbstverantwortlich, der suggerierten Selbstbestimmung entsprechend den gegebenen gesellschaftlichen Normvorstellungen und ökonomischen Leistungserwartungen optimal und flexibel anzupassen, sondern zugleich sich auch fortwährend effizienzsteigernd zu verbessern. Die Soziolog*innen Ulrich Beck und Elisabeth Beck-Gernsheim sprechen in diesem Zusammenhang von „Individualisierung" und von „riskanten Freiheiten" (Beck/Beck-Gernsheim 1994) und der Soziologe Richard Sennett vom „flexiblen Menschen" (Sennett 1998) in der Postmoderne. So werden in institutionellen und unternehmerischen Kontexten Bildungs- und Qualifizierungsangebote mit Labels wie „(Personal-)Management durch Empowerment" oder „Empowerment – der mündige Mitarbeiter als Ziel" zur Aktivierung, zum Commitment, zur Partizipation, d. h. der Erweiterung von Handlungs- und Entscheidungsspielräumen des Personals angeboten. Dahinter steckt eigentlich aber zumeist das institutionelle bzw. unternehmerische Interesse der Leistungssteigerung des Humankapitals und damit die Produktivitätssteigerung im jeweiligen Betrieb oder der Organisation. Mehrdimensionale asymmetrische Ungleichverhältnisse bezüglich Machtpositionen, Kapitalien und Privilegien und deren soziale Reproduktionen bleiben jedoch in diesem Denkschema und Praxisansatz dethematisiert und ausgeblendet. Insofern wäre es in diesem Zusammenhang angebrachter, statt von Empowerment eher doch von Enhancement[12] zu sprechen.

18.3.2 Der machtkritische Empowersharing-Ansatz

In Abgrenzung zum *individualisierenden Empowerment-Ansatz* soll hier der Fokus auf den *machtkritischen Empowersharing-Ansatz*, d. h. zunächst den

---

[11] Ein Beispiel hierfür wäre die Initiierung von auf Eigeninitiative setzenden Ich-AGs im Rahmen der arbeitsmarktpolitischen Agenda-2010-Reformen der rot-grünen Bundesregierung 2003.

[12] „Als Enhancement wird in der Bioethik der Einsatz pharmakologischer oder biotechnischer Mittel zur Verbesserung, Leistungssteigerung oder Verschönerung bei Gesunden verstanden. Allgemein bedeutet der Begriff ‚Enhancement' Verbesserung, Erhöhung oder Steigerung (vgl. Fuchs et al. 2002, S. 15)." (Schöne-Seifert/Stroop 2015, S. 2).

machtkritischen Empowerment- und später auch dessen Pendant, den *machtkritischen Powersharing-Ansatz,* gerichtet werden. Denn im Gegensatz zum individualisierenden Empowerment-Ansatz wird im machtkritischen Empowersharing-Ansatz eben gerade unter besonderer Bezugnahme auf das Kernwort „Power" im Empowerment-Begriff die Machtfrage zur zentralen Kategorie der Betrachtung emporgehoben.

Dabei wird an dieser Stelle unter „Power" bzw. „Macht" zunächst einmal ganz allgemein und bewertungsfrei die Potenzialität des individuellen und sozialinteraktiven Handeln- und Wirken-Könnens auf das Selbst und die (Mit-) und (Um-)Welt abhängig von den Möglichkeiten des Verfügens, der Aneignung und des Zugangs zu Kapitalien verstanden.

In der begrifflichen Differenzierung des Machtbegriffs werden hier die geläufigen Bezeichnungen „mächtig"/„Mächtige" und „ohnmächtig"/„Ohnmächtige" bewusst vermieden, da diese die tatsächlichen sozialen Machtungleichheitsverhältnisse gerade mit Blick auf Intersektionalität in ihrer Vielschichtigkeit, Komplexität und Variabilität, in der sich eine Person oder ein soziale Gruppe je nach Situation und (zeitlich-räumlichem) Kontext befinden kann, in ein rein dualistisches und polarisierendes Konstruktions- und Zuschreibungsmuster von privilegierender Norm und deprivilegierender Abweichung reduzieren, wie etwa in den Dualismen Mann-Frau, Reich-Arm, Weiß-Schwarz[13], Deutsch-Nichtdeutsch, Heterosexuell-Homosexuell, Gesund-Krank. Daher wird hier stattdessen je nach Kapitalität[14] begrifflich zwischen *Machtreich(en)* und *Machtarm(en)* bzw. zwischen *Machtstark(en)* und *Machtschwach(en)* unterschieden, die zwar einerseits in einem machtasymmetrisch dual strukturierten sozialen Konstruktionsmuster als Privilegierte oder Deprivilegierte positioniert wären, andererseits aber zugleich beim intersektionalen Zoomen auf diese in der spezifischen Feinanalyse auch differente, nicht ganz eindeutige und widersprüchliche und damit hierarchische Abstufungen von sozialen Machtpositionen sichtbar werden. Das Weiß-Deutsch-Frau-Homosexuell- oder das Schwarz-Asylbewerber-Mann-Heterosexuell-Positioniert-Sein einer Person wären zwei mögliche Manifestationen für solch eine Überlagerung von sozialen Positionen der Privilegierung bzw. der Deprivilegierung in einer Person. Je nach analytischem Blick auf die sozialen

---

[13] Beim Gebrauch der Begriffe „Weiß" und „Schwarz" handelt es nicht um Farbbezeichnungen, sondern die Begriffe werden als analytische Kategorie verwendet, um in den sozialen Beziehungen und strukturellen Verhältnissen rassistische Konstruktions- und Zuschreibungsmuster zu benennen und kritisch zu hinterfragen. Zur Unterscheidung vom Farbbegriff wird hierbei immer die Großschreibung verwendet.

[14] Mit Kapitalität ist hier die relative Menge bzw. das Volumen an Kapitalien, über die bzw. das verfügt wird, gemeint.

Kategorien der Ungleichheit, also einer monokategoriellen oder intersektionalen Betrachtungsweise, lassen sich somit die sozialen Machtasymmetrien in ihrer Situativität und Kontextualität unterschiedlich beschreiben und deuten. Ausgehend von dieser Feststellung lässt sich die Schlussfolgerung ziehen, dass sich jede Person gesellschaftlich sowohl in machtschwachen als auch in machtstarken Positionen befinden kann.

Die komplementäre Wortwahl Machtreich(e)-Machtarm(e) bzw. Machtstark(e)-Machtschwach(e) erlaubt es zudem, das Individuum als handlungsmächtiges Subjekt wahrzunehmen, das nicht seinem Schicksal ohnmächtig ausgeliefert ist, sondern grundsätzlich über die Potenzialität verfügt, als Akteur*in in Selbstbestimmung und (Selbst-)Verantwortung auf sein Leben und die Welt wirken und damit in der Innen- wie auch der Außenwendung Veränderung herbeiführen zu können. Somit steht der machtkritische Empowerment- und auch der Powersharing-Ansatz für ein dynamisches und prozesshaftes Verständnis von Macht bzw. Mächtigkeit. Dabei ist dieser jedoch nicht auf die Umkehrung von Machtungleichheitsverhältnissen ausgerichtet, sondern intendiert und zielt weg von vertikal dualen und hierarchischen hin zu horizontalen, balancierten und solidarischen Vergemeinschaftungs- und Vergesellschaftungsformen auf die Umverteilung, den Ausgleich, der Balance von Macht- und damit Kapitalienverhältnissen ab. Infolge wird beim machtkritischen Ansatz von zwei grundsätzlichen Handlungsperspektiven des Empowerments bzw. Powersharings ausgegangen, also dem individuellen und dem kollektiven bzw. solidarischen Empowerment bzw. Powersharing, die nun in den folgenden Abschnitten näher erläutern werden.

Machtkritisches individuelles und kollektiv/solidarisches Empowerment
Hinsichtlich des machtkritischen Empowerment-Ansatzes wird hier zunächst einmal in der Handlungsmächtigkeit zusammenhängend zwischen individuellem und kollektivem bzw. solidarischem Empowerment aus der Perspektive von Machtarmen unterschieden und dieses Handeln nochmal auf der institutionellen, strukturellen und diskursiven Ebene sowie der zeitlichen Dimension beleuchtet.

Individuelles Empowerment
Beim *individuellen Empowerment* richtet sich der Blick zunächst einmal nur auf den einzelnen Menschen und seine potenzielle Handlungsmächtigkeit. Dabei wird grundsätzlich davon ausgegangen, dass dieser über die Macht verfügt, durch sein Fühlen, Denken und Handeln in Selbstbemächtigung selbstbestimmend und -wirksam auf sein Situiertsein in der Gesellschaft und der Welt aktiv einwirken zu können. Allerdings setzt diese potenzielle Handlungsmächtigkeit einerseits

entsprechend den individuellen Bedarfen und Möglichkeiten das Vorhandensein bzw. das Generieren können von und den barrierefreien Zugang zu Kapitalien voraus. Andererseits bedarf es zugleich des eigenen Bewusst- und Reflektiertseins über die eigene soziale Situiert- und Positioniertheit in der Gesellschaft bezüglich Macht und Kapitalien.

Kollektives bzw. solidarisches Empowerment
Womit wir die Brücke zum *kollektiven bzw. solidarischen Empowerment* bauen können. Hierbei geht es um die Bündelung und Konzentration von unterschiedlichen individuellen Kapitalien zur Potenzierung und Verstärkung der Handlungs- und Wirkungsmächtigkeit, ähnlich wie bei der Bündelung von Sonnenlichtstrahlen durch eine Linse zur Erreichung des Brennpunkts. Die Intention dabei ist, an der Stelle, wo individuelle und alltägliche Handlungs- und Widerstandsformen des Empowerments zur Überwindung von Diskriminierungs- und Unterdrückungsverhältnissen auf der institutionellen und strukturellen wie diskursiven Ebene an ihre Grenzen stoßen und unüberwindbar zu sein scheinen, durch die Kollektivierung und Solidarisierung von individueller Handlungsmächtigkeit von Machtarmen synergetische Transformationsprozesse zu dynamisieren.

Institutionelles Empowerment
Der Transformationsprozess vom individuellen zum kollektiv/solidarischen Empowerment zeigt sich auf der institutionellen Ebene beispielsweise in der Gründung von Selbsthilfegruppen, von Initiativen, Vereinen und Verbänden aus der vorangegangenen Bildung von geschützten Räumen *(save spaces)* von benachteiligten, minorisierten und diskriminierten sozialen Personen und Gruppen, wie Frauen, Menschen mit Behinderung, Migrant*innen, Flüchtlingen, Schwarzen Menschen, People of Color oder LGBTler*innen, die somit zu gesellschaftspolitischen Akteur*innen werden. Nicht selten stellen solche Zusammenkünfte und Zusammenschlüsse auch geschützte Räume von und für Personen mit spezifischen bzw. intersektionalen Diskriminierungserfahrung(en) dar. Diese in Selbsthilfe und Selbstorganisation geschaffenen zielgruppenspezifischen geschützten Räume können für die Akteur*innen als Orte der freien Kommunikation und Selbstartikulation wirken und bieten ihnen das Forum für interaktive Prozesse der gegenseitigen Stärkung, Anerkennung und Solidarität sowie der Identifikation, Sinnbildung und Heilung (Can 2011b) im Sinne von Salutogenese (Antonovsky 1997) und Resilienz.[15]

---

[15] Für Beispiele für institutionelles Empowerment von People of Color siehe Can/Meza Torrez (2013a & b) sowie Can (2015).

Strukturelles Empowerment

Von strukturellem Empowerment kann gesprochen werden, wenn marginalisierte und deprivilegierte Gruppen es auf gesellschaftspolitischer Ebene schaffen, in Solidarität über das institutionelle Empowerment auf gesellschaftspolitischer Ebene auf rechtliche, strukturelle Veränderungen hinzuwirken, die antidiskriminatorische, egalitäre und demokratische Prozesse verstärken und dafür die entsprechenden Rahmenbedingungen versuchen zu schaffen. Beispiele für strukturelles Empowerment wären die politischen Kämpfe wie: Wahlrecht für Frauen, Ehe für alle, Recht auf Mehrfachstaatsbürgerschaft, Recht auf Kommunalwahlrecht für Nicht-EU-Bürger*innen, Recht auf muttersprachlichen Unterricht etc.

Diskursives Empowerment

Das individuelle, institutionelle und strukturelle Empowerment geht einher mit Prozessen der aktiven Partizipation und Intervention auf diskursiv-kommunikativer Ebene geführte gesellschafts-politische Debatten um umkämpfte Begriffe, Definitionen, (Selbst-)Verständnisse, Themen, die ihrerseits von Relevanz sind hinsichtlich gesellschafts-politischer Repräsentation, Machtpositionen, Privilegien und Kapitalien. Beispiele hierfür wären die gesellschaftspolitische Kopftuch- oder die medial und virtuelle *#MeTwo*-Debatte über alltägliche Rassismuserfahrungen von postmigrantischen neuen Deutschen und People of Color in Deutschland.

Erinnerndes Empowerment

Empowerment aus der Perspektive von Machtarmen gewinnt zugleich eine gewichtige Bedeutung mit der Inbetrachtziehung der zeitlich-historischen Dimension. Gemeint ist damit das Erinnern, Verknüpfen, Dokumentieren und Archivieren von transgenerationellen, *community*-übergreifenden und transnationalen Erfahrungs- und Wissensressourcen bezüglich sozialpolitischer Widerstands- Gerechtigkeits- und Befreiungskämpfe. Es geht darum, über diese mehrperspektivische Erinnerungs- und Verknüpfungsarbeit zeitlich-historische mehrdimensionale Verbindungen und Kontinuitäten zu erkennen und sichtbar zu machen und in kritischer Reflexion aus diesen Bezügen Synergien schaffend Perspektiven für die politischen Handlungspraxen und -politiken von heute und morgen zu generieren. Beispiele hierfür sind das an der Alice-Salomon-Hochschule entstandene historisch-politische Forschungs- und Bildungsprojekt „Erinnerungsorte. Vergessene und verwobene Geschichten"[16] und das Projekt „The Living Archives" des Vereins xart splitta.[17]

Das HAKRA-Empowerment-Konzept und die Bedeutung von „geschützten Räumen"
Begrifflich und historisch-politisch kann man den Empowerment-Ansatz auf die Schwarze Bürgerrechtsbewegung und die feministische Bewegung in den USA der 1960er Jahre (vgl. Solomon 1976) zurückführen. Konzeptionell können auch Bezüge zu den antikolonialen und theologischen Befreiungsbewegungen nach dem Zweiten Weltkrieg im Globalen Süden hergestellt werden (vgl. Fanon 1985; Freire 1977). Resonanz und Bedeutung fand der Empowerment-Ansatz in Deutschland etwa ab den 1990er Jahren (vgl. Herriger 2010), obwohl es Ansätze der Hilfe zur Selbsthilfe bereits früher gab, wie etwa in der Behindertenbewegung. Aufgegriffen und konzeptionell ausgearbeitet für eine politische Bildungsarbeit gegen Diskriminierung und Rassismus aus der People-of-Color-Perspektive wurde der Empowerment-Ansatz in Deutschland 2001 von der SANKOFA- und nach deren Auflösung von der HAKRA-Empowerment-Initiative[18] in Berlin (Can/Yiğit 2006, Can 2008, Can 2011a). Zentral für dieses Konzept ist es – anders als viele andere interkulturelle, antidiskriminatorische und antirassistische Bildungsangebote in Deutschland – bewusst geschützte Empowerment-Räume nur für Menschen mit Rassismuserfahrungen zu schaffen. Für diese minorisierte und diskriminierte Zielgruppe wurde im kritischen Diskussions- und Aushandlungsprozess um Eigen- und Fremdbezeichnungen aus dem angloamerikanischen Kontext die politische Selbstbezeichnung *People of Color* (PoC) übernommen. Die Hauptintention lag dabei, durch politische Selbstbezeichnung die diskursive

---

[16] In dem Projekt geht es darum, die in der dominanten Erzählung der Mehrheitsgesellschaft verdrängten und verschwiegenen Migrationsgeschichten und -narrative und die Kämpfe und Widerstände ihrer Akteur*innen in den Blick zu nehmen und sichtbar zu machen. Näheres s.: Attia, I., & Bremer, T. (2016). *Erinnerungsorte. Vergessene und verwobene Geschichte.* Zugriff am 12.01.2022 unter https://www.ash-berlin.eu/forschung/forschungsprojekte-a-z/erinnerungsorte/.

[17] Die Arbeit in dem Projekt „The Living Archives" basiert im Engagement der Dokumentation, Archivierung und Weitergabe von Wissen aus und für BIPoC Communities. Zugriff am 12.01.2022 unter https://thelivingarchives.org/.

[18] Das Empowerment-Konzept der HAKRA-Empowerment-Initiative baut auf dem der zwischen 2001 bis 2004 bestehenden SANKOFA-Empowerment-Initiative auf, die die HAKRA-Initiator*innen mitgegründet hatten. Mittlerweile arbeiten die Initiator*innen als politische Bildungspraktiker*innen auf der Grundlage des gemeinsam entwickelten Empowerment-Konzepts in individueller Konzeption und Praxis weiter.

Macht von stigmatisierenden Bezeichnungen von Seiten der Mehrheitsgesellschaft in Deutschland, die, wie die Ausdrücke „Ausländer" oder „Mensch mit Migrationshintergrund", als Praktiken des Otherings verstanden werden können, zu brechen und somit den Blick auf rassialisierende Machtdifferenzen in der Gesellschaft zu lenken. Gleichzeitig sollten damit auch solidarisierende Empowerment-Effekte und Bündnisse unter rassistisch Diskriminierten gestärkt werden.

Die Ausarbeitung und Umsetzung des HAKRA-Empowerment-Konzepts aus der People-of-Color-Perspektive basierte einerseits auf den eigenen mehrperspektivischen und mehrdimensionalen (familien-)biographischen, akademischen, beruflichen und politisch-aktivistischen Erfahrungen der Initiator*innen im Kontext von Migration, Mehrfachdiskriminierung und Rassismus, andererseits entwickelte es sich im kontinuierlichen interaktiven Gruppenprozess aus der praktischen Umsetzung und Reflexion in den jeweiligen Workshop-Kontexten. Mit der Zeit kristallisierte sich das HAKRA-Empowerment-Konzept heraus, dass auf drei Hauptsäulen bzw. Modulen fußt. Die erste Säule bildete die Biographiearbeit. Dabei richtet sich das Augenmerk darauf, methodisch über (familien-)biographische Zugänge einen Vertrauensraum zu schaffen, in dem Rassismus- und Mehrfachdiskriminierungserfahrungen wie auch Empowerment-Strategien im Spiegel der eigenen Biographie und Familiengeschichte im historisch-politischen Kontext von Migration, Flucht und Kolonialvergangenheit artikuliert und ausgetauscht werden können. Die zweite Säule besteht darin, die individuell-familiären Erfahrungen und Geschichten in einen größeren historisch-politischen Gesellschafts- und Diskurszusammenhang einzubetten. Die dritte Säule bildet gewissermaßen eine Synthese der ersten beiden Säulen. Hier sollen die Teilnehmer*innen den Raum bekommen, über die empowernde Theater- und Körperarbeit nach Augusto Boal (Boal 1989) im kreativ-interaktiven Interaktionsprozess artikulierte eigene Rassismuserfahrungen in Szene zu setzen und über im Gruppenprozess improvisierte Interventionen selbstbemächtigende und befreiende Handlungs- und Lösungsstrategien zu entwickeln.[19]

Da das Konzept des HAKRA-Empowerment-Workshops inhaltlich-methodisch von Beginn an als offenes, dynamisches, interaktives, modulares und aus der praktischen Umsetzung sich im Prozess generierendes und veränderndes

---

[19] Die detaillierte Reflexion und Dokumentation der Konzeption, Umsetzung und Evaluation der ersten HAKRA-Empowerment-Workshops in geschützten People-of-Color-Räumen können in den Publikationen „Die Überwindung der Ohnmacht" (Can/Yiğit 2006) und „Empowerment und Powersharing als politische Handlungsmaxime(n)" (Can 2008) wie auch nachfolgend in intersektionaler Konzeptionalisierung in „Empowerment aus der People of Color-Perspektive" (Can 2013) nachgelesen werden.

Konzept verstanden wurde, ging es auch nie darum, ein festes und fertiges Konzept auszuarbeiten, sondern das Konzept an den Bedürfnissen der jeweiligen Zielgruppe und den Gegebenheiten und Veränderungen im gesellschaftspolitischen Diskurs um Migration, Rassismus/Kolonialismus, Intersektionalität, Empowerment wie auch den Erfahrungen und Diskussionen in der politischen (Bildungs-)Arbeit auszurichten. So wurden basierend auf den unterschiedlichen und vielfältigen Diskriminierungserfahrungen und artikulierten Bedarfen von People of Color aus den geschützten Räumen heraus Empowerment-Workshops konzipiert, die differenziert auf die spezifischen Mehrfachdiskriminierungserfahrungen von People of Color bezogen waren, so z. B. für Frauen of Color, Schwarze of Color, Männer of Color, Roma und Sinti of Color, Türkischsprachige of Color (vgl. Can 2013). Mit Berücksichtigung des Critical-Whiteness-Ansatzes wurde im weiteren Prozess der geschützte People-of-Color-Raum auch gegenüber Angehörigen der Mehrheits- bzw. Dominanzgesellschaft geöffnet, so dass nunmehr Workshops zu Rassismus und Diskriminierung sowohl in gemischten Zielgruppen übergreifenden wie auch in „getrennten Räumen" für People of Color und Angehörige der Mehrheitsgesellschaft angeboten werden konnten. Dadurch sollten im Zusammenhang von Rassismus und Diskriminierung neue Möglichkeits- und Erfahrungsräume zur Begegnung, Sensibilisierung und zur kritischen Auseinandersetzung und (Selbst-)Reflexion über einerseits individuell-kollektive asymmetrische Verstrickungen in Macht-, Unterdrückungs- und Gewaltbeziehungen und andererseits über mögliche Strategien im Kontext von Empowerment und Powersharing geschaffen werden.

Das 2003 initiierte Antidiskriminierungsnetzwerk ADNB in Berlin implementierte das HAKRA-Empowerment-Konzept als einen Baustein ihrer politischen Bildungsarbeit in ihr Trainingskonzept. Zudem begannen vom Empowerment-Konzept inspirierte Bildungspraktiker*innen of Color eigene Empowerment-Workshops aus der People-of-Color-Perspektive durchzuführen. Über Empowerment-Workshops und bundesweite Empowerment-Konferenzen (2005, 2008 und 2010) aus der People-of-Color-Perspektive, die die HAKRA-Empowerment-Initiative mit initiiert hatte, ging mit dem Namen *move-on-up* ein digitales E-mail-Forum, ein breites People-of-Color-Netzwerk hervor. Weiterhin gibt es mittlerweile im Bundesgebiet entsprechend den jeweiligen Interessen und Bedarfen zahlreiche unterschiedliche zielgruppenspezifische People-of-Color-Initiativen und -Gruppen, die sich, mit der Intention, individuelle und kollektive Handlungsmächtigkeit durch solidarisches Empowerment zu erlangen, in geschützten Räumen zusammengefunden haben (Can/Torres 2013a; Can 2015). Neben den bundesweit zahlreichen Empowerment-Workshop-Angeboten von und für rassialisierte Menschen, in denen geschützte Räume geschaffen werden, initiieren immer häufiger auch Student*innen, Eltern, Frauen, Woman/Trans*/Inter* of Color u.w.a. in Selbstbestimmung eigene Empowerment-Räume. Interessant ist dabei, wie immer mehr rassialisierte Menschen neben den realen Räumen zudem auch das Internet und die sozialen Medien als virtuellen Raum für sich als Artikulations-, Darstellungs-, Kommunikations- und Vernetzungsraum und -bühne nutzen, insbesondere auch auf kreative Weise mit künstlerisch-kulturellen Produktionen, sodass man hier auch vom *kulturellen Empowerment* sprechen kann.[20]

Zudem sind insbesondere in den letzten 10 Jahren zahlreiche deutschsprachige Texte in Printform und auch online publiziert worden, die aus vielfältigen Perspektiven von People of Color Themen wie Migration, Mehrfachdiskriminierung, Rassismus sowie Gegenkonzepte und -strategien des Empowerments, des Powersharings, der Dekolonialisierung und des Widerstands in kritischer Reflexion diskutieren.[21]

Erstmals konnten auch auf EU-Ebene im Rahmen des EU-Projekts *European Cities Against Racism* (ECAR) der Landesantidiskriminierungsstelle in Berlin (LADS) basierend auf dem HAKRA-Empowerment-Konzept Empowerment-Trainings gegen Rassismus aus der People-of-Color-Perspektive durchgeführt und dokumentiert werden (Can 2013). Das Weiterdenken und die Erweiterung des Empowerment-Ansatzes aus der People-of-Color-Perspektive in der politischen Bildungsarbeit von der nationalen auf die transnationale (europäische) Ebene ist die nächste Herausforderung, die dringend auf sich wartet. Dies insbesondere auch deshalb, weil Rassismus ein in Deutschland wie auch global omnipräsentes Phänomen ist, dessen Differenz konstruierender Mechanismus keine (national-)gesellschaftliche Ausnahmeerscheinung ist. Vielmehr produziert Rassismus fortwährend und, sich den wechselnden zeitlich-räumlich-situativen Rahmenbedingungen anpassend, von Neuem grenzüberschreitende asymmetrische Machtverhältnisse und damit auch Rassismuserfahrungen, wie auch Formen

---

[20] Beispiele für das kulturelle Empowerment wären mit ihren kritischen und z. T. humorvollen Comedies und Poetry Slams Rebell Comedy, Die Datteltäter, Jilet Ayşe und i‚Slam oder die Kommunikationsplattform #MeTwo.

[21] Verwiesen sei hierzu beispielsweise auf die folgenden online zugänglichen Texte und Dossiers: Heinrich-Böll-Stiftung (2013). *MID-Dossier. Empowerment*. Zugriff am 12.01.2022 unter https://heimatkunde.boell.de/dossier-empowerment; Rosa Luxemburg Stiftung (2015). *Neues Empowerment-Dossier*. Zugriff am 12.01.2022 unter http://www.rosalux.de/news/41261/neues-empowerment-dossier.html; Portal Intersektionalität (2021). *Portal Intersektionalität. Forschungsplattform und Praxisforum für Intersektionalität und Interdependenz*. Zugriff am 12.01.2022 unter http://portal-intersektionalitaet.de/startseite/.

des Widerstands gegen Rassismus und Diskriminierung (Can/Torres 2013a; Can 2015).

Auf Gleichstellungspolitik basierende interkulturelle, antidiskriminatorische und antirassistische pädagogische, politische und rechtliche Regelwerke wie auch solidarische Allianzen gegen Rassismus und Diskriminierung zwischen privilegiert und depriviligiert positionierten Individuen und Kollektiven sind unbedingt notwendig. Dies jedoch reicht aus der Perspektive von People of Color nicht aus, sich vor Rassismus zu schützen oder sich dagegen zu wehren, um aus der diskriminierenden und entmächtigenden Position heraus zu treten. Der Schutz, die Stärkung und der Widerstand von rassialisierten Menschen entsteht in befreiender Weise erst im Zusammenwirken aus ihrer individuellen und kollektiven Selbstbemächtigung in geschützten People-of-Color-Räumen. Denn diese bieten rassialisierten Menschen die Möglichkeit, für sich einen Vertrauensraum zu schaffen, in dem ihre Diskriminierungs- und Rassismuserfahrungen in der unmittelbaren gegenseitigen Begegnung und dem Austausch bewußt gemacht, ausgesprochen, gehört und verstanden werden können, ohne sich dabei erklären und rechtfertigen zu müssen oder paternalisiert, bemitleidet, verletzt und viktimisiert zu werden. Von daher sind geschützte Räume auch als soziale Räume zu verstehen, in denen über einen gelungenen machtreflexiven Vertrauensbildungsprozess Öffnung und Nähe und damit Resonanz und Empathie möglich werden können. Sie bieten eine Grundlage für Empowerment-Prozesse, auf der Synergien und Symbiosen entstehen und Befreiung und Heilung gedeihen kann. Somit bilden geschützte Empowerment-Räume zugleich die Labore und Werkstätten der politischen Bewußtwerdung und des politischen Handelns als Ausgangsarenen für individuelle und gesellschaftliche Transformationsprozesse.

Über diese Räume verfügen rassistisch diskriminierte Menschen zumeist bereits in ihren familialen Kontexten oder schaffen diese darüber hinaus durch die Bildung von *Peer Groups* oder anderen Formen der Allianzbildung, meist aufgrund von und als Reaktion auf soziale Mechanismen des Aus- oder Einschlusses. Informell entstandene Gruppenbildungen unter People of Color, die als geschützte Räume zum Selbstempowerment dienen, sind also alles andere als eine Form der Abschottung von der Mehrheitsgesellschaft, wie die herabwürdigende Rede von „Ausländer-Ghettos" und „Parallelgesellschaften" nahelegt. Vielmehr gilt es zum Zwecke des individuellen und kollektiven Selbstempowerments durch Powersharing für People of Color, aber auch für alle anderen diskriminierten Gruppen, entsprechend ihren Bedarfen notwendige Empowerment-Räume zu ermöglichen und dafür die entsprechenden infrastrukturellen, personellen und finanziellen Rahmenbedingungen zu schaffen, dazu zählen auch die Etablierung von Antidiskriminierungs- und Antirassismusstellen in öffentlich-staatlichen wie zivilgesellschaftlichen und privaten Institutionen und Organisationen, womit wir nun komplementär zu Empowerment zum Begriff und Ansatz des Powersharings überleiten können.

18.3.3 Powersharing – die positive Handlungsmächtigkeit von Machtstarken

Unter *Powersharing* wird hier verstanden, dass Privilegierte bzw. Machtstarke einerseits ihre Macht bzw. ihre Kapitalien dafür nutzen, um Deprivilegierte bzw. Machtschwache in einer nicht-paternalistischen Weise, im Sinne der Hilfe zur Selbsthilfe zu unterstützen und andererseits aktiv und bewußt (Umver-) Teilung von Macht bzw. Kapitalien von oben nach unten zu praktizieren (vgl. Rosenstreich 2006; Can 2008). Das Abgeben von Macht und Kapitalien an Deprivilegierte bzw. Machtschwache geht mit Verzicht und einer Freigiebigkeit für andere einher, ohne dass dabei eine entsprechende Gegenleistung erwartet wird. Powersharing wird im Folgenden als praktisches Handeln in Korrespondenz zum Empowerment-Handeln in den vier Formen individuelles, kollektiv-solidarisches, institutionelles und strukturelles Powersharing unterschieden:

1. Beim *individuellem Powersharing* richtet sich der Blick auf die zivile Einzelperson in der Rolle der machtstarken Akteur*in, die aus dem Status einer privilegierten Person heraus ihre Kapitalien in nicht-paternalistischer Haltung politisch bewusst und aktiv zur (Selbst-)Stärkung von diskriminierten Machtschwachen einsetzt, so z. B. durch die freigiebige Teilung bzw. der Zurverfügungstellung von Privilegien, Wissen, Räumen, Kontakten, Finanzen und Materialien an strukturell Deprivilegierte, wie Flüchtlinge, Illegalisierte, Nicht-EU-Bürger*innen, Obdachlose.
2. Beim *kollektiven bzw. solidarischen Powersharing* sind es im Vergleich zum individuellen Powersharing mehrere bzw. eine Gruppe von privilegierten Machtstarken, die als politisierte zivile Akteur*innen ihre gebündelte Macht und Kapitalien dafür nutzen, diskriminierte Menschen zu stärken, z. B. indem sie sich aktiv und unterstützend, aber nicht Repräsentationsmacht beanspruchend und bevormundend, am politischen Widerstand von Flüchtlinge beim Kampf um ihre Freiheits- und Menschenrechte solidarisieren.
3. Beim *institutionellen Powersharing* würde das Handeln von privilegierten Machtstarken einzeln oder als Gruppe darin beruhen, dass sie als politisierte Akteur*innen aus ihrer Macht- und Handlungsposition innerhalb einer Institution, als einem möglicherweise machtwirksamen Zusammenhang, im Interesse

der Machtstärkung von deprivilegierten, diskriminierten Machtschwachen handeln, z. B. durch den Einsatz von (positiven) Maßnahmen zur vermehrten Einstellung von rassistisch diskriminierten Menschen bzw. People of Color in Arbeitskontexten.
4. Beim *strukturellen Powersharing* handeln privilegierte Machtstarke individuell und/oder kollektiv dahingehend, dass gesellschaftlich-politische und diskursive Strukturen, die Diskriminierung und Machtdifferenz (re-)produzieren, aufgedeckt und diskriminierende Wirkmechanismen mit dem Ziel der Überwindung aktiv problematisiert werden. Über politische Artikulationen in zivilgesellschaftlichen und staatlichen Strukturen beispielsweise kann dazu beigetragen werden, diskriminierende und restriktive gesetzliche Bestimmungen und Regelungen, wie etwa die Residenzpflicht für Flüchtlinge, abzuschaffen oder das Recht auf das kommunale Wahlrecht, das den meisten in Deutschland ansässigen Nicht-EU-Bürger*innen vorenthalten wird, für alle in Deutschland und der EU lebenden Menschen politisch-rechtlich einzuklagen und durchzusetzen.

Fragiles Weißsein und das Reflektieren in kritischen Weißseins-Räumen
Powersharing im Kontext von Rassismus erfordert dabei von als Weiß positionierten Menschen ein selbstkritisches und selbstreflektiertes Bewusstsein über die eigene Verstricktheit in der rassistischen Machtmatrix, ein Bewusstsein darüber, Träger von Macht, Kapitalien und Privilegien zu sein und damit aus der privilegierten Dominanzposition die rassistischen Machtverhältnisse mit zu reproduzieren. Kritische Handlungsfähigkeit und eine ernsthafte Haltung gegen Rassismus ist nur aus einer kritisch-reflektierten Auseinandersetzung mit der eigenen Verstricktheit in rassistische Verhältnisse denkbar. Es erscheint jedoch für diejenigen, die von rassistischen Strukturen profitieren, besonders schwierig. Dies zeigt sich insbesondere, wenn Weiße mit ihrem Weiß- und Privilegiertsein in rassistischen Strukturen konfrontiert werden und darauf allzu oft sofort mit Stress reagieren, zunächst mit Unbehagen und Gefühlen der Scham und Schuld und dann mit Ablehnung, Wut bis hin zu Aggression als Abwehr und so ihren privilegierten Status als Weiße zu replatzieren und zu restabilisieren versuchen. Dieses rassistische, weiß reaktive Handeln hat die kritische Weißseinsforscher*in aus den USA Robin J. DiAngelo mit der Bezeichnung „white fragility" (weiße Zerbrechlichkeit) geprägt (DiAangelo 2018). Um so dringlicher ist daher das politische Handeln aus der kritischen Selbstreflektion heraus.
Für diesen Prozess bedürfen jedoch auch Privilegierte, in der rassistischen Dominanzstruktur Weiß-deutsch situierte Personen, so wie People of Color, eigener Kommunikations- und Reflexionsräume, um unter anderem auch auf diesem

Wege ihre rassistischen Verstrickungen im Austausch mit anderen Weißen Privilegierten in kritischer Reflexion zu erkennen und an deren Überwindung im Sinne des kritischen Weißseins (auch Critical Whiteness; vgl. Eggers u. a. 2005) zu arbeiten. Die selbstkritisch-selbstreflexive Sensibilisierung, Bewusstseinsbildung und Politisierung von Weißen über ihre Positionierung und Situiertheit in der rassistischen Gesellschaftsstruktur in eigenen und temporär geschlossenen, kritischen Weißseinsräumen bietet nicht nur den Raum für die individuelle Politisierung und Transformation, sondern schafft zugleich auch kreative und gelingende Handlungsmöglichkeiten der kollaborativen, kollektiven und solidarischen Politisierung sowie für widerständige Handlungspraxen gegen Rassismus und somit die Rahmenbedingungen für antirassistisch-antidiskriminatorische Transformationen in der Gesellschaft.

18.3.4 Vom „geschützten" über den „getrennten" zum „gemischten" als dem „dritten politischen Raum"

Auf diesem Weg ist im Sinne des Powersharings gerade die Ermöglichung und Förderung von geschützten Empowerment-Räumen von und für People of Color als dem „ersten politischen Raum", aber auch die Schaffung von getrennten kritischen Weißseinsräumen von und für Weiße als dem „zweiten politischen Raum", einer der wichtigsten Bau- und Meilensteine in der Antirassismusarbeit. Aufbauend auf der Arbeit in geschützten und getrennten Räumen könnten dann „gemischte" Räume, in der deprivilegierte People of Color und privilegierte Weiße wieder zusammen kommen, als ein „dritter politischer Raum" für individuelle und gesellschaftliche Transformationen geschaffen werden.[22] Dabei sollte die Selbstbemächtigung von rassistisch (mehrfach)diskriminierten Menschen perspektivisch als ein politischer Weg verstanden werden, wodurch nicht nur ihnen allein ermöglicht wird, sich selbst zu *empowern,* um ihre verinnerlichte Ohnmacht und ihr konstruiertes Unterdrücktsein zu überwinden und somit solidarisch handlungspraktische Lösungs- und Befreiungsstrategien für ihre Lebenssituation im Ausschluss zu entwickeln. Denn in ihrem widerständigen und selbstempowernden Handeln als rassialisierte Menschen wirken

---

[22] Die politische Praxis der Schaffung von geschützten, getrennten und gemischten Räumen als politische Räume der Bewusstwerdung, Reflexion, Befreiung und Transformation, wie hier an der sozialen Differenz- und Ungleichheitskategorie Rassismus ausgeführt, steht exemplarisch auch für alle anderen Kategorien der Differenz- und Ungleichheitskonstruktionen wie auch deren intersektionalen Überlagerungen und Positionalisierungen.

sie damit zugleich auch politisch transformativ auf antirassistische und menschenrechtsorientierte Demokratisierungs-, Befreiungs- und Inklusionsprozesse in der Gesellschaft. Denn jede Ermöglichung und Erkämpfung von Gleichheit und Gerechtigkeit für diskriminierte Andere kommt auch allen anderen Mitgliedern der (Welt-)Gesellschaft zugute. Sie bedeutet immer einen Schritt weiter hin zu einer gleichberechtigteren, friedlicheren und solidarischeren Gesellschaft und Welt.

18.4 Inklusives, ganzheitliches und nachhaltiges Empowersharing

Schließen wir an dieser Stelle den Kreis und kommen wieder auf unseren machtkritischen Empowersharing-Ansatz zurück, der für das Zusammendenken und -wirken der beiden politischen Handlungspraxen Empowerment und Powersharing als Tandem gegen Rassismus und intersektionale Diskriminierungen und in diesem Zusammenhang perspektivisch für die politisch-gesellschaftliche Transformation hin zu einer inklusiven, menschenrechtsorientierten und solidarischen (Migrations-)Gesellschaft steht. Das Gelingen dieser Handlungsperspektive hängt jedoch wesentlich auch davon ab, inwieweit sie konzeptionell wie praktisch als tragende Säule fest in die (bildungs-)politische Arbeit implementiert wird. Dies gilt auf institutioneller Ebene insbesondere für die Arbeit in den Organisationen der Migrationsgesellschaft, die in ihren selbstkritisch-reflexiven Öffnungsprozessen nicht nur bei diversity-sensiblen Ansätzen bleiben, sondern gerade Konzepte und Praxen des machtkritischen Empowersharings zu ihrem zentralen Leitbild machen sollten.

Politische Handlungspraxen und ethische Haltungsmaximen im Sinne des machtkritischen Empowersharings gegen diskriminierende und unterdrückerische Ungleichheitsverhältnisse verlangen jedoch zugleich auch einen verantwortungsbewussten und nachhaltigen Umgang mit Macht und Kapitalien, gerade auch hinsichtlich der begrenzten natürlichen Weltressourcen. Es geht hierbei um einen Paradigmenwechsel, der Überwindung der nur allein auf das Wohlsein des Menschen und seine Bedürfnisse fokussierenden anthropozentrischen[23] Denk-

---

[23] Nach den im Anthropozentrismus vorherrschenden dualistischen und hierarchischen Vorstellungen, wie im cartensianisch-aufklärerischen, evolutions-biologischen und monotheistisch-religiösen Denken vertreten, sei der Mensch dank seiner Vernunft, der evolutionären Naturgesetze oder seines göttlichen Auserwähltseins Mittelpunkt des Daseins, Maß aller Dinge, Krönung der Schöpfung oder Antlitz Gottes auf Erden. Damit wird zugleich eine Überlegenheit und Dominanz des Menschen über die Natur und Welt konstruiert und so sein

und Handlungsschemata. Macht-, Ausbeutungs- und Gewaltverhältnisse müssen auch im Verhältnis zur Natur und Erde kritisch hinterfragt werden. Dabei zeigt sich die Verwobenheit von rassistischen Diskursen und Diskriminierungen und dem anthropozentrischen Handeln des modernen Menschen exemplarisch in den Natur- und Klimaveränderungen mit katastrophalen Folgen insbesondere für Menschen aus dem Globalen Süden und den damit einhergehenden Angstdebatten in Ländern des Globalen Nordens wie Deutschland um drohende Klimaflüchtlinge.

Es gilt daher im Zusammenhang der machtkritischen Reflexion von intersektionalen Diskriminierungen und Rassismen und der Suche nach transformativen Handlungsperspektiven, wie etwa hier durch den politischen Empowersharing-Ansatz vorgestellt, in kritischer Reflexion auch einen ethischen Diskurs jenseits des Anthropozentrismus der Moderne zu führen und damit einen ganzheitlich inklusiven und nachhaltigen Blick auf das menschliche Dasein in Verbundenheit, Resonanz und im Einklang mit dem Natur-Welt/Kosmos-Dasein zu entwickeln.

Literatur

Attia, I., & Bremer, T. (2016). *Erinnerungsorte. Vergessene und verwobene Geschichte.* Zugriff am 12.01.2022 unter https://www.ash-berlin.eu/forschung/forschungsprojekte-a-z/erinnerungsorte/
Antonovsky, A. (1997). *Salutogenese. Zur Entmystifizierung der Gesundheit.* Tübingen: dgvt.
Beck, U., & Beck-Gernsheim, E. (Hrsg.). (1994). *Riskante Freiheiten – Individualisierung in modernen Gesellschaften.* Frankfurt a.M.: Suhrkamp.
Boal, A. (1989). *Theater der Unterdrückten. Übungen und Spiele für Schauspieler und Nicht-Schauspieler.* Frankfurt a.M.: Suhrkamp.
Bourdieu, P. (1983). Ökonomisches Kapital, kulturelles Kapital, soziales Kapital. In R. Krekel (Hrsg.), *Soziale Ungleichheiten. (Soziale Welt, Sonderband 2)* (S. 183–198). Göttingen: Schwartz.
Can, H. (2008). Empowerment und Powersharing als politische Handlungsmaxime(n). Strategien gegen Rassismus und Diskriminierung in „geschützten" People of Color-Räumen – das Beispiel der Empowerment-Initiative HAKRA. In S. Bundschuh, B. Jagusch & H. Mai (Hrsg.), *Holzwege, Umwege, Auswege – Perspektiven auf Rassismus,*

Privilegiertsein und seine Herrschaft auf der Erde legitimiert. Anthropozentrismuskritisch wird hier dementgegen ein holistisches Denken und Handeln vertreten und in Verknüpfung in die intersektional rassismuskritische Debatte eingebracht. Im Zusammenhang der Kritik am antropozentriischen Denken sei an dieser Stelle an den zeitgenössischen Philosophen Wolfgang Welsch und sein Plädoyer für den „homo mundanus", den Weltmenschen, verwiesen (Welsch 2012).

Antisemitismus und Islamfeindlichkeit (S. 53–56). IDA e. V., Düsseldorf: Düssel Druck & Verlag GmbH.

Can, H. (2011a). Empowerment – Selbstbemächtigung in People of Color-Räumen. In S. Arndt & N. Ofuatey-Alazard (Hrsg.), *Wie Rassismus aus Wörtern spricht. (K)Erben des Kolonialismus im Wissensarchiv deutsche Sprache. Ein kritisches Nachschlagewerk* (S. 587–590). Münster: Unrast.

Can, H. (2011b). Demokratiearbeit und Empowerment gegen Diskriminierung und Rassismus in selbstbestimmten People of Color-Räumen. In M. d. M. Castro Varela & N. Dhawan (Hrsg.), *Soziale (Un)Gerechtigkeit: Kritische Perspektiven auf Diversity, Intersektionalität und Antidiskriminierung* (S. 245–259). Münster: LIT.

Can, H. (2013). *Empowerment aus der People of Color-Perspektive. Reflexionen und Empfehlungen für die Durchführung von Empowerment-Workshops gegen Rassismus.* Zugriff am 12.01.2022 unter http://www.eccar.info/sites/default/files/document/empowerment_web broschuere_barrierefrei.pdf

Can, H. (2015). Sprache *M*acht Politik. Sprachliche Repräsentationen, politische Allianzen und Perspektiven des People of Color-Empowerments gegen intersektionale Rassismen. In S. Taş & Z. Çetin (Hrsg.), *Gespräche über Rassismus. Perspektiven & Widerstände* (S. 55–68). Berlin: Yılmaz-Günay.

Can, H. (2018). Doing Empowersharing [Handlungsmächtigkeit durch Empowerment und Powersharing gegen Rassismus und intersektionelle Diskriminierung]. *IQ-Konkret Fachmagazin: Teilhabe statt Diskriminierung – Für einen diskriminierungsfreien Arbeitsmarkt.* Zugriff am 12.01.2022 unter https://www.netzwerk-iq.de/fileadmin/Redaktion/Downloads/IQ_Publikationen/IQ_konkret/2018_01_IQ_konkret.pdf

Can, H., & Yiğit, N. (2006). Die Überwindung der Ohn-Macht – Politische Bildungs- und Empowerment-Arbeit gegen Rassismus in People of Color-Räumen – das Beispiel der Projektinitiative HAKRA. In G. Elverich, A. Kalpaka & Reindlmeier, K. (Hrsg.), *Spurensicherung – Reflexion von Bildungsarbeit in der Einwanderungsgesellschaft* (S. 167–193). Frankfurt a. M: IKO.

Can, H., & Meza Torres, A. (2013a). *Empowerment und Powersharing als Rassismuskritik und Dekolonialisierungsstrategie aus der People of Color-Perspektive.* Zugriff am 12.01.2022 unter http://heimatkunde.boell.de/sites/default/files/dossier_empowerment.pdf

Can, H., & Meza Torres, A. (2013b). *People of Color-Bewegung in Deutschland und Europa.* Zugriff am 12.01.2022 unter http://heimatkunde.boell.de/sites/default/files/dossier_empowerment.pdf

DiAngelo, R. J. (2018). *White Fragility: Why It's So Hard for White People to Talk about Racism.* Boston: Beacon Press.

Eggers, M. M., Kilomba, G., Piesche, P., & Arndt, S. (Hrsg.). (2005). *Mythen. Masken und Subjekte. Kritische Weißseinsforschung in Deutschland.* Münster: Unrast.

Fanon, F. (1985). *Schwarze Haut, weiße Masken.* Frankfurt a.M: Suhrkamp.

Freire, P. (1977). *Pädagogik der Unterdrückten. Bildung als Praxis der Freiheit.* Reinbek bei Hamburg: Rowohlt.

Hall, S. (1994). *Rassismus und kulturelle Identität. Ausgewählte Schriften 2.* Hamburg: Argument.

Heinrich-Böll-Stiftung. (2013). *MID-Dossier. Empowerment.* Zugriff am 12.01.2022 unter https://heimatkunde.boell.de/dossier-empowerment

Herriger, N. (2010). *Empowerment in der Sozialen Arbeit. Eine Einführung.* 4. Aufl., Stuttgart: Kohlhammer.
Mbembe, A. (2014). *Kritik der schwarzen Vernunft.* Berlin: Suhrkamp.
Melter, C., & Mecheril, P. (Hrsg.). (2011). *Rassismuskritik. Bd. 1: Rassismustheorie und -forschung.* Schwalbach/Ts.: Wochenschau.
Mignolo, W. D. (2012). *Epistemischer Ungehorsam. Rhetorik der Moderne, Logik der Kolonialität und Grammatik der Dekolonialität.* Wien, Berlin: Turia + Kant.
Portal Intersektionalität. (2021). *Portal Intersektionalität. Forschungsplattform und Praxisforum für Intersektionalität und Interdependenz.* Zugriff am 12.01.2022 unter http://portal-intersektionalitaet.de/startseite/
Rommelspacher, B. (1995). *Dominanzkultur. Texte zu Fremdheit und Macht.* Berlin: Orlanda Frauenverlag.
Rosa Luxemburg Stiftung. (2015). *Neues Empowerment-Dossier.* Zugriff am 12.01.2022 unter http://www.rosalux.de/news/41261/neues-empowerment-dossier.html
Rosenstreich, G. D. (2006). Von Zugehörigkeiten, Zwischenräumen und Macht. Empowerment und Powersharing in interkulturellen und Diversity-Workshops. In G. Elverich, A. Kalpaka & K. Reindlmeier (Hrsg.), *Spurensicherung – Reflexion von Bildungsarbeit in der Einwanderungsgesellschaft* (S. 195–231). Frankfurt a. M.: IKO.
Scherr, A., El-Mafaalani, A., & Yüksel, G. (Hrsg.). (2017). *Handbuch Diskriminierung.* Wiesbaden: Springer VS.
Schöne-Seifert, B., & Stroop, B. (2015). *Enhancement. Preprints and Working Papers of the Centre for Advanced Study in Bioethics.* Zugriff am 12.01.2022 unter https://www.uni-muenster.de/imperia/md/content/kfg-normenbegruendung/intern/publikationen/schoeneseifert/71_sch__ne-seifert.stroop_-_enhancement.pdf
Sennett, R. (1998). *Der flexible Mensch. Die Kultur des neuen Kapitalismus.* Berlin: Berlin Verlag.
Solomon, B. (1976). *Black Empowerment. Social Work in Oppressed Communities.* New York: Columbia University Press.
Walgenbach, K. (2012). *Intersektionalität – Eine Einführung.* Zugriff am 12.01.2022 unter http://portal-intersektionalitaet.de/theoriebildung/ueberblickstexte/walgenbach-einfuehrung/
Welsch, W. (2012). *Homo Mundanus. Jenseits der anthropischen Denkform der Moderne.* Weilerwist: Velbrück Wissenschaft.

Dr. des. Halil Can, Politikwissenschaftler, Europäischer Ethnologe, Wissenschaftlicher Mitarbeiter am Zentrum für Technik und Gesellschaft der Technischen Universität Berlin, Prozessbegleiter, Empowerment-Trainer und Mediator, Email: canacan@gmx.net

Printed by Printforce, United Kingdom